Krieger, Kämpfer und Soldaten

VON DER ANTIKE
BIS HEUTE

Krieger, Kämpfer und Soldaten

R.C. Grant

VON DER ANTIKE BIS HEUTE

BILDREDAKTION Sharon Spencer
BILDBETREUUNG Victoria Clark
GESTALTUNG Phil Gamble, Philip Fitzgerald,
Kenny Osinnowo, Peter Laws
DTP-DESIGN John Goldsmid

LEKTORAT Alison Sturgeon
PROJEKTBETREUUNG Ferdie McDonald,
Chris Stone, Andrew Szudek

CHEFBILDLEKTORAT Karen Self
CHEFLEKTORAT Debra Wolter
GRAFIK Bryn Walls
PROGRAMMLEITUNG Jonathan Metcalf

BERATER Dr. Arnold Harvey

BILDRECHERCHE
Jenny Baskaya, Sarah Hopper
Romaine Werblow

FOTOGRAFIE Gary Ombler,
Roger Dixon

KARTOGRAFIE Advanced Illustration Ltd

HERSTELLUNG Tony Phipps

Für die deutsche Ausgabe:
PROGRAMMLEITUNG Monika Schlitzer
PROJEKTBETREUUNG Andrea Göppner
HERSTELLUNGSLEITUNG Dorothee Whittaker

Genehmigte Lizenzausgabe für Verlagsgruppe
Weltbild GmbH,
Steinerne Furt, 86167 Augsburg
Titel der englischen Originalausgabe: Soldier
Copyright der englischen Originalausgabe © 2007 by
Dorling Kindersley Limited, London;
Ein Unternehmen der Penguin-Gruppe
Copyright der deutschsprachigen Ausgabe © 2008 by
Dorling Kindersley Verlag GmbH, München
Übersetzung: Burkhard Schäfer
Redaktion: Claus Keller, Stuttgart
Umschlaggestaltung: Uhlig, Augsburg /
www.coverdesign.net
Umschlagmotive: (Vorderseite) Goldene Rüstung ©
Tomasz Bidermann / Dreamstime.com, (Rückseite)
Römer © Rafael Laguillo / Dreamstime.com,
Civil War © Wayne Mckown / Dreamstime.com,
französische Uniformen © Bridgeman,
Maori-Maske © Ruth Black / iStockphoto

Gesamtherstellung: Firmengruppe APPL, aprinta
druck, Wemding
Printed in the EU
ISBN 978-3-8289-4491-6

2012   2011   2010
Die letzte Jahreszahl gibt die aktuelle
Lizenzausgabe an.

Einkaufen im Internet:
www.weltbild.de

INHALT

VORWORT

Keine Gestalt der Weltgeschichte ist so umstritten wie die des Soldaten: gleichzeitig verhasst, gefürchtet, geschmäht und doch auch geliebt, verehrt, mit Ruhm überhäuft. Ihm, dem Krieger und Kämpfer, wurden die meisten Denkmäler dieser Welt gewidmet. Zu allen Zeiten gedachte man seiner Taten und Erfolge, seiner Abenteuer und Leiden. An den Lagerfeuern erzählte man seine Geschichte, den Jungen ein Vorbild, den Alten zur Ehre. In den Tempeln wurden die Waffen seiner Feinde ausgestellt, als Dank an die Götter, für den Sieg, den sie ihm geschenkt hatten. Er war der Beschützer und Verteidiger der Gemeinschaft, der Horde, des Dorfes, der Stadt, des Königreiches.

Von seinem Mut und seiner Tapferkeit, seinem Können und seiner Kraft hing das Überleben aller ab: der Frauen, Kinder und Alten, das Bewahren von Ernte, Vorräten, Besitz und Behausung, die den Fortbestand der Gemeinschaft gewährleisteten. Der Krieger und Kämpfer musste bereit sein, sich dem Feind auch an fernen Gestaden entgegenzustellen, um eine militärische Bedrohung rechtzeitig abzuwenden oder Land und Beute zu gewinnen, Handelsverbindungen und Verbündete zu verteidigen, wenn durch die Natur und Klimaschwankungen die eigene Ernte verdorben wurde, Hunger und Not zum Aufbruch zwangen oder für die nachwachsende Jugend die beengte Heimat keine Lebenschancen mehr bot.

Krieger, Kämpfer und Beschützer waren am Anfang alle kampffähigen Männer der Gemeinschaft. Die Ausprägung der städtischen Zivilisation und größerer Reiche förderte die Spezialisierung der Bewaffnung und Kampfweise des Heeres, was ständige Übung und Ausbildung sowie spezielle Fähigkeiten der Männer verlangte. Der Kämpfer konnte sich nicht an Acker oder Heimat binden, sondern musste frei werden für längere Kriegszüge und den Aufbruch in die Ferne. Als Soldat machte er die Vorbereitung auf den Krieg und den Kampfeinsatz zu seinem Beruf. Er verdiente auf diese Weise seinen Lebensunterhalt, einen Sold, und oft einen Anteil an der Beute als Belohnung für überstandene Strapazen und als Lohn der Angst sowie als Versorgung für Invalidität und Alter.

In Friedenszeiten wurden die Soldaten oft als Last empfunden, gering geschätzt oder verachtet, wenn sie als Instrumente von Willkür und Gewaltherrschaft eingesetzt wurden. Erst die Bedrohung durch den Feind verlieh dem Soldaten eine hohe Wertschätzung, dann war er Stolz und Hoffnung der Gemeinschaft. Der Kriegseinsatz konnte endlose Märsche bedeuten, ein Leben unter kärglichen Bedingungen, harte Arbeit und öde Langeweile, bis zu jenem Augenblick, der oft überraschend kam und der über Leben oder Tod entschied, schicksalhaft oder selbst verschuldet, der Willkür des Feindes ausgeliefert, bei Krankheit oder Verwundung meist hilflos und dem Tode geweiht. Im Feindesland war der Soldat gehasst und gefürchtet, aber zugleich Herr über Leben oder Tod einer schutzlosen fremden Bevölkerung, wenn ihn nicht strenge Disziplin, Ehrgefühl oder Mitleid zur Milde und Rücksicht ermahnten.

Krieger, Kämpfer und Soldaten begleitet durch die Geschichte dieser soldatischen Tradition. Das Buch stellt 30 wichtige Soldaten und Kämpfer einzeln vor, darunter Seeleute und Flieger, und beschreibt über 70 weitere etwas allgemeiner. Man begegnet nicht nur den Elitekämpfern großer Reiche, sondern auch unerfahrenen Wehrpflichtigen und Freiwilligen. Jede Einzeldarstellung umfasst Organisation und Ausrüstung, Einblicke in die Motivation und eine Bewertung des Erreichten. So kann man sich in den Geist eines griechischen Hopliten versetzen, für den die Phalanx des Höchste war, die fernen Außenposten des Römischen Reiches mit den Augen eines Legionärs sehen oder modernere Soldaten und Armeen in fremde Länder oder auf die hohe See begleiten.

Es verbindet sie jener Stolz, den Krieger und Kämpfer zu allen Zeiten empfunden haben, jene Faszination von Männlichkeit, die allen Gefahren und Widrigkeiten zum Trotz die Bewährung im Kampf sucht und findet, die sich mit der Bereitschaft verbindet, das eigene Leben zu wagen.

PROF. DR. ROLF-DIETER MÜLLER

EINFÜHRUNG

In der Vergangenheit war es durchaus üblich, Krieg als positive Tätigkeit anzusehen. Der mittelalterliche Troubadour Bertran de Born erklärte:»Ich kenne keine größere Freude, als ... Hohe wie Niedere in die Gräben und ins Gras fallen zu sehen; Ihr Herren, verpfändet Eure Domänen, Burgen, Städte, aber gebt nie den Krieg auf!« In der Gegenwart würde das zumindest oberflächlich als überholtes Gefühl erscheinen. Die Zerstörungskraft moderner Waffen und die Opferzahlen der großen Konflikte des 20. Jh. haben Krieg unerträglich werden lassen. Und doch lebt die soldatische Tradition weiter. Tatsächlich gehörten Krieger offenbar schon zu den frühesten Gesellschaften, Krieg und Jagd waren die vorherrschenden Beschäftigungen der Männer. Unabhängig vom Anlass gehörte der Kampf zum Erwachsenwerden, und er hatte einen entscheidenden Platz im rituellen Leben. Krieger verzierten Trachten und Ausrüstung mit Symbolen von religiöser Bedeutung; dem Kampf gingen Zeremonie und Opfer voraus. Männer im Kriegeralter lebten häufig in abgeschlossenen Gruppen, um die Bindung zu stärken. Gleichzeitig wurden Kampfstile ritualisiert, um die Demonstration individuellen Könnens zu fördern. Diese scheinbar gegensätzlichen Elemente finden sich überall in der Geschichte der Kriegskunst: die Bindung der Kämpfer in einer Bruderschaft und das Erstreben individuellen Ruhms.

BRUDERBÜNDE

Bindung und Individualismus ergänzten sich in einer der frühesten permanenten militärischen Organisationen, der Kriegerhorde, einer Gruppe von Kriegern, die einem Anführer die Treue geschworen hatten, der als Kämpfer mit außergewöhnlichem Geschick und Mut anerkannt war. Ihre Motivation war nur zum Teil materiell, denn der Kampf bot dem Einzelnen auch die Möglichkeit, seine Stellung in der Gruppe zu verbessern. Der römische Schriftsteller Tacitus schrieb im 1. Jh. n. Chr. über die germanischen Krieger, unter ihnen sei es »Schande für den Fürsten, sich an Tapferkeit übertreffen zu lassen, Schande für die Gefolgschaft, die Tapferkeit des Fürsten nicht zu erreichen«. Die Krieger mussten den Konflikt suchen, so Tacitus, weil sie »leichter in Gefahr berühmt werden«. Diese Haltung zum Krieg hat man »Kriegerethos« genannt. Dem Kämpfer bereitet der Kampf Freude, denn

er kann seinen Mut beweisen, Ruhm erlangen und seine Stellung unter den Gefährten sichern. Die Ehre eines Mannes wird höher angesehen als sein Leben. Das Kriegerethos fand sich bei den Prärieindianern Nordamerikas, den Kampfgefährten Alexanders des Großen und den Wikingern im frühmittelalterlichen Skandinavien. Im Zweiten Weltkrieg wurde es auch unter den Jagdfliegern der deutschen Luftwaffe gefördert. Auf die eine oder andere Art wird es in jeder Gruppe Männer herrschen, die auszieht, um auf dem Schlachtfeld Außerordentliches zu leisten.

SOLDATEN UND KRIEGER

Natürlich ging auch vielen Kämpfern aller Zeiten die Begeisterung für den Krieg völlig ab. Als vor etwa 5000 Jahren die ersten hierarchischen Staatengebilde entstanden, traten starke Unterschiede zwischen Herrschern und Beherrschten, zwischen Reichen und Armen zutage. Für Kriege zur Ausweitung oder Verteidigung ihrer Reiche zwangen die Herrscher Männer aus den niederen Schichten zum Dienst. Die Beziehung dieser eilig ausgebildeten und schlecht ausgerüsteten Truppen zum Krieg war

weit von jeglicher Kriegertradition entfernt. Ein altägyptischer Papyrus aus der Zeit des Neuen Reiches beschreibt das Leben des durchschnittlichen Soldaten anschaulich: »Er marschiert bergauf durchs Gebirge. Er trinkt jeden dritten Tag Wasser; es stinkt und schmeckt nach Salz ... Der Feind kommt, umzingelt ihn mit Geschossen, sein Leben schwindet dahin. Er weiß nicht, was er tut. Sein Körper ist schwach, seine Beine versagen ... Falls er es überlebt, ist er vom Marschieren entkräftet.« Diese Erfahrung machten viele unfreiwillige Fußsoldaten aller Epochen.

Der Kriegerkodex bestand zwar in diesen hierarchischen Gesellschaften weiter, wurde aber zur Domäne der herrschenden Klasse. Als der oben zitierte Papyrus entstand, ließen sich ägyptische Pharaonen in Streitwagen abbilden, wie sie ihre Feinde mit Knüppeln oder mit Pfeil und Bogen bekämpfen. Der Kampf war immer noch eine prestigeträchtige Beschäftigung, doch nur in Verbindung mit Status und Macht. So verachteten beispielsweise die hochgestellten Ritter des europäischen Mittelalters die aus den niederen Schichten rekrutierten Fußsoldaten.

In der europäischen Geschichte entsprach die Unterscheidung zwischen Kriegern und bloßen

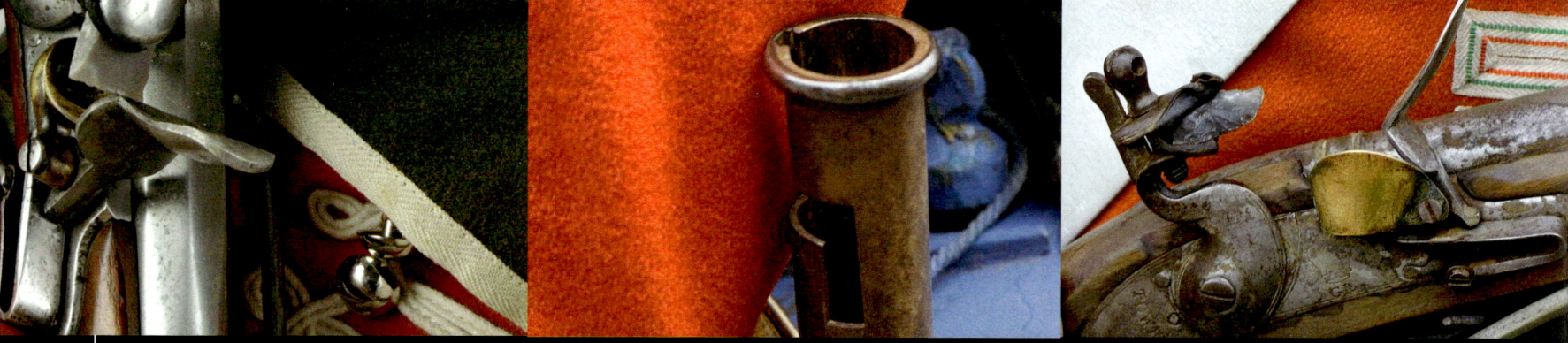

Soldaten häufig der angenommenen Überlegenheit des Berittenen über den Fußsoldaten. Selbst bei den Azteken, Inka oder Maya des präkolumbischen Amerikas, die keine Pferde kannten, wurde zwischen adligen Elitekämpfern und niederen Steinewerfern scharf unterschieden.

PRAKTISCHE KÄMPFER

Als Nachteil für den aristokratischen Krieger, der den Krieg als Arena für seine persönliche Tapferkeit ansah, erwies sich jedoch, dass Krieg grundsätzlich stets eine praktische Aktivität war, die die Zukunft ganzer Gesellschaften bestimmen konnte. Im Laufe der Geschichte haben immer wieder gut organisierte und ausgerüstete Männer aus den niederen Schichten die Kriegereliten bezwungen: durch ihren weniger individualistischen, praktischeren Ansatz. Die Legionen des römischen Kaiserreiches etablierten das Paradigma der professionellen Truppe aus Berufssoldaten, rekrutiert aus den niederen Gesellschaftsschichten, ausgebildet auf hohem Niveau militärischer Effektivität. Den Männern wurden Pflichtbewusstsein und Hingabe für die Ehre ihrer Legion eingeflößt, sie waren strenger

Disziplin unterworfen. Ihr Ziel war nicht individueller Ruhm, sondern bescheidener die Beförderung innerhalb der Hierarchie. Auch bei den modernen stehenden Heeren, die sich in Europa im 17. und 18. Jh. entwickelten, standen Disziplin und Drill im Mittelpunkt, um aus Männern, die von den Offizieren häufig als Abschaum angesehen wurden, mutige und zuverlässige Kämpfer zu machen. Die Kriegerprinzipien Ehre und Ruhm waren nicht vergessen, denn im Regimentssystem wurden die Soldaten Teil einer fortdauernden Organisation, mit der sie sich identifizieren konnten. Dafür wurden Initiative und Talent unterdrückt. In diesen uniformierten Armeen waren feste Rangordnungen und prompter Gehorsam Grundlagen des militärischen Lebens.

BÜRGERSOLDATEN

Das Konzept des Bürgersoldaten verdanken wir den alten Griechen. Im Athen des 5. Jh. v. Chr. war der unbezahlte Dienst als schwer bewaffneter Infanterist sowohl Pflicht als auch Privileg des freien Bürgers. Doch erst die Französische Revolution von 1789 machte aus einem Volk gleichgestellte Bürger, die für ein derartiges Heer

gebraucht wurden. Mit der *Levée en Masse* schlug das Revolutionsregime 1793 die Wehrpflicht nicht als Willkür der Macht eines Herrschers vor, sondern als Appell an die Pflicht der Bürger, für ihre Nation zu kämpfen. Die damit verbundene Statusänderung für den Soldaten zeigte, wenn auch unvollständig, die Behandlung der Männer, selbst in den Armeen, die gegen das revolutionäre Frankreich kämpften. Die Vorschriften für die 1800 aufgestellte British Rifle Brigade legen fest, dass ein Offizier oder Unteroffizier »Befehle in gemäßigter Sprache und unter Berücksichtigung der Gefühle der Männer unter seinem Kommando geben« und dass »Pflicht aus Frohsinn und Neigung heraus und nicht nur durch Befehl und Gehorsam erfüllt« werden sollte. Die Männer, die 60 Jahre später im amerikanischen Bürgerkrieg kämpften, wählten ursprünglich ihre Offiziere und gehorchten ihnen vielfach nur, wenn sie es als angemessen ansahen.

Durch die Mobilisierung ihrer Bürger konnten moderne Staaten Armeen ins Feld führen, die in die Millionen gingen. Westliche Gesellschaften bemühten sich bewusst, den Kriegergeist in dieser Zeit der Massenkriege zu erhalten oder wiederzubeleben. Kindern wurde bereits in der Schule beigebracht, wie ehrenvoll der Tod für das Vaterland in der Schlacht sei. Die Krieger der Vergangenheit wurden als Helden und Vorbilder gepriesen. Zu Beginn des amerikanischen Bürgerkrieges (1861–1865) und später des Ersten Weltkrieges (1914–1918) meldeten sich Massen ansonsten friedfertiger junger Männer freiwillig, um sich in der Schlacht zu beweisen. Doch auf den so zerstörerischen Schlachtfeldern des 19. und 20. Jh. blieb das Versprechen heldenhafter Abenteuer insgesamt unerfüllt. Propagandisten fanden zu rühmende Krieger schließlich unter den Fliegerassen der beiden Weltkriege oder bei Elitesoldaten wie den deutschen Sturmtruppen. Wahrheitsgetreuer gaben die Realität moderner Konflikte jedoch die Grabmale der unbekannten Soldaten und die riesigen Soldatenfriedhöfe wieder, die den anonymen Mut und das Opfer des einfachen Mannes ehrten. Der Soldat, der vor Gettysburg, an der Somme und am D-Day auf den Stränden der Normandie kämpfte, war typischerweise alles andere als ein Krieger, seine Lebenswelt waren Büro, Fabrik oder Bauernhof. Immer wieder jedoch erwiesen sich diese Zivilisten in Uniform im Hexenkessel der Schlacht als beeindruckende Kämpfer.

600 v. Chr. – 450 n. Chr.

PHALANGEN
UND LEGIONEN

Die meisten grundlegenden Waffentypen, die bis zur Einführung des Schießpulvers verwendet wurden, existierten bereits vor dem Entstehen der ersten hierarchisch organisierten Staatengebilde vor etwa 5000 Jahren. Bogen und Pfeile, Speere, Knüppel und Klingenwaffen wurden mit der Zeit immer wirksamer, vor allem durch neuartige Werkstoffe: von Stein über Kupfer, später zu Bronze und schließlich Eisen. Aber Hauen, Stechen und Werfen blieben als Kampftechnik unverändert. Neben einigen Belagerungsmaschinen war die einzige größere Neuerung der Einsatz von Pferden ab etwa 1700 v. Chr., zunächst zum Ziehen von Streitwagen, später als Reittiere der Kavallerie.

HIERARCHIE UND BEFEHL

Die in den unterschiedlichen Gesellschaften verfügbare Militärtechnik war nicht sehr vielfältig. Der Schlüssel für die Weiterentwicklung der Kriegskunst lag also in der Organisation und Motivation der Kämpfer. Charakteristisch für die Antike ist eine verwirrende Vielfalt von Kampftechniken: Stammesgesellschaften, in denen jeder erwachsene Mann ein Krieger war, standen Armeen aus Berufssoldaten mit Laufbahnen und festen Militärdienstzeiten gegenüber. Männer, die ausschließlich als berittene Bogenschützen kämpften, traten gegen im Nahkampf ausgebildete Infanteriearmeen an.

Die ersten hierarchisch organisierten Armeen tauchten in den sumerischen Stadtstaaten in Mesopotamien um 3000 v. Chr. auf. Bis etwa 1000 v. Chr. entwickelten sich ähnliche Heere in allen komplexen Gesellschaften: vom Niltal über

Griechische Kriegskunst
Die hier nackt abgebildeten Hopliten hatten eigentlich Panzer getragen. Die 2–3 m langen Spieße, die Hauptwaffe der Hopliten, zeigten beim Bilden der Phalanx nach vorn, die großen Schilde wurden dicht nebeneinander gehalten.

Römische Disziplin
Mit ihren glänzenden Helmen und Rüstungen waren die gut gedrillten römischen Legionäre des späten 1. Jh. n. Chr. ihren verschiedenen Feinden, die die Grenzen des Reiches bedrohten, mehr als ebenbürtig.

den Indus bis nach China. Diese Armeen führten erstmals zur Unterscheidung zwischen Kämpfern und Zivilisten – und zwischen verschiedenen Arten von Kämpfern. Es entwickelten sich Befehlsstrukturen, unterschiedlich bewaffnete Truppen erhielten auf dem Schlachtfeld unterschiedliche Aufgaben. Als die Armeen des ägyptischen Neuen Reiches (1552–1069 v. Chr.) oder des assyrischen Reiches (um 1000–600 v. Chr.) marschierten, hatte sich eine Unterscheidung herausgebildet zwischen adligen oder königlichen Kriegern – typischerweise beritten oder von Streitwagen aus kämpfend und sich als Helden sehend – und einer widerwilligen Masse von Fußsoldaten, die stoisch ihre Militärdienstzeit ertrug.

Während mächtige Staaten Reiche bildeten, wurden ihre Armeen durch Truppenteile unterschiedlicher Herkunft bunt gemischt. Die Abgrenzung zwischen Söldnerbanden, die ihre militärischen Fähigkeiten als Broterwerb verkauften, und Truppen, die von eroberten Staaten als Tribut zur Verfügung gestellt wurden, war dabei fließend. Dem griechischen Geschichtsschreiber Herodot zufolge bestand die Armee des persischen Reiches im 5. Jh. v. Chr. aus Soldaten mit 35 verschiedenen Nationalitäten, jede mit ihren eigenen typischen Waffen und Taktiken. Auch die karthagische Armee, mit der Hannibal 218 v. Chr. die Alpen überquerte und in Italien einfiel, war aus bewaffneten Banden zusammengewürfelt, darunter nordafrikanische Kavallerie und iberische Steinschleuderer.

BÜRGERSOLDATEN

Der Aufstieg der griechischen Stadtstaaten vom 6. Jh. v. Chr. an brachte als Alternative zu den adligen Kriegerhelden und gesichtslosen Fußsoldaten den hoch motivierten Bürgersoldaten mit sich.

Durch die Legende vom Trojanischen Krieg, die im 8. Jh. v. Chr. entstand und sich um den Kampf der Helden der beiden Seiten drehte, waren die Griechen mit dem Konzept des individualistischen, hoch angesehenen Kriegers vertraut. Doch die Stadtstaaten entwickelten ein System des kollektiven Heldentums, in dem der Kriegsdienst Pflicht wie auch Privileg der Bürger-

schaft war. Bürger kämpften als Hopliten, schwer bewaffnete Infanteristen, in enger Formation mit Gleichgestellten und verherrlichten so den Mut zum Nahkampf Mann gegen Mann. Die Hoplitenarmee erwies sich als sehr einflussreich. Allerdings wurde die Infanteriephalanx erst in Kombination mit der makedonischen Kavallerie Alexanders des Großen im 4. Jh. v. Chr. zur weltbeherrschenden Streitmacht.

Die Wirksamkeit der griechischen gepanzerten Fußsoldaten wurde von den berühmten Legionen Roms noch übertroffen. Aus einer Infanterie von Teilzeit-Bürgersoldaten ähnlich der griechischen entwickelten die Römer eine Vollzeit-Berufsarmee; die Bürgerschaft blieb jedoch weiterhin Qualifikation für den Dienst. Mit ihrer Disziplin, Ausbildung und einheitlichen Ausrüstung förderte die römische Legion das Eigenbild des Soldaten als jemand, der eine Aufgabe zu erledigen hat. Ruhm und Ansehen waren kollektives Eigentum der Legion, mit der sich der Soldat identifizieren sollte. Die Ausweitung der römischen Bürgerschaft über die Grenzen Italiens hinaus trug zum Erhalt der professionellen Bürgerarmee bei, doch konnte Rom auf Hilfstruppen ohne Bürgerstatus nie verzichten. Gegen Ende zu war das Kaiserreich auf fremde Truppen angewiesen, die unter ihren eigenen Anführern kämpften.

KRIEGERHORDEN

Bei den verschiedenen »Barbarenvölkern«, die zeitweise gegen die Römer kämpften und zeitweise Westrom dienten, galten ältere Prinzipien der Kriegerschaft. Die Kelten in Frankreich und Britannien schätzten individuellen Mut und seine persönliche Demonstration höher ein als Disziplin und Zusammenhalt. Germanische Stämme wie Goten und Vandalen bildeten Horden emotional gebundener Kämpfer, die einem für sein besonderes Geschick oder seine Tapferkeit bekannten Anführer die Treue schworen. Letzten Endes erwiesen sich diese einfacheren militärischen Strukturen als dauerhafter als die hochgradig organisierte, disziplinierte römische Armee: Anführer von Kriegerhorden erbten in Westeuropa die Reste des Römischen Reiches.

Um 450 n. Chr. setzte sich die Kavallerie einmal mehr auf dem Schlachtfeld durch. Goten und Vandalen hatten die Wirksamkeit gepanzerter Lanzenreiter demonstriert, die Hunnen, nomadische Krieger aus den Steppen Asiens, hatten Europa die Fähigkeiten schnell beweglicher berittener Bogenschützen gezeigt. In Asien wurden die Kataphrakten, schwer gepanzerte Reiter der persischen Sassaniden (226–637 n. Chr.), zum Vorbild für viele ihrer Feinde. Die dominierenden Krieger im nächsten Zeitalter würden beritten sein.

600 v.Chr – 300 v.Chr.

GRIECHISCHE HOPLITEN

>> TRITT HERAN, GEBRAUCHE EINEN LANGEN SPIESS ODER EIN SCHWERT IM NAHKAMPF UND TÖTE EINEN MANN. SETZE FUSS GEGEN FUSS, DRÄNGE SCHILD GEGEN SCHILD, STOSSE HELMBUSCH GEGEN HELMBUSCH, HELM GEGEN HELM UND BRUST GEGEN BRUST. <<

TYRTAIOS, SPARTANISCHER DICHTER

Die Kunst des Tötens
Darstellungen antiker griechischer Hopliten überlebten auf zahllosen Keramiktellern und Trinkgefäßen. Die Schale von ca. 500 v.Chr (*oben*) gibt einen lebhaften Eindruck von mit Spießen bewaffneten Kriegern, die im Hinterhalt liegen. Später, zur Zeit Alexanders des Großen, nutzen die Hopliten noch längere Spieße und das *Kopis*, ein furchteinflößendes gekrümmtes Messer, das ursprünglich aus Persien stammte (*rechts*).

D ie antiken griechischen Stadtstaaten erfanden einen gepanzerten Fußsoldaten unverwechselbaren Typs: den Hopliten. Diese mit Spießen bewaffneten Bürgersoldaten zeigten ihren Wert im 5. Jh. v.Chr. zunächst bei der Abwehr der persischen Invasoren, später im Peloponnesischen Krieg zwischen Athen und Sparta. Die weithin als beste Fußsoldaten ihrer Zeit anerkannten Hopliten zogen später mit Alexander dem Großen nach Asien und dienten als Söldner anderen Mächten, darunter Ägyptern und Persern.

Das antike Griechenland umfasste nicht nur das griechische Festland, sondern auch die Küste der heutigen Türkei, Sizilien, Süditalien und selbst den Süden Frankreichs. Die zahlreichen Stadtstaaten und ihre Kolonien verband zwar eine gemeinsame Kultur, politisch trennte sie jedoch vieles. Sie konnten sich gegen einen gemeinsamen äußeren Feind verbünden, wie sie es in der legendären Epoche, die Homer in seiner Ilias episch beschreibt, gegen die Trojaner getan hatten. Es gelang ihnen erneut, wenn auch unter Schwierigkeiten, gegen die Invasionsversuche der Perserkönige Dareios und Xerxes Anfang des 5. Jh. v.Chr. Doch in der zweiten Hälfte des Jahrhunderts führte die Rivalität zwischen Athen und Sparta zum sogenannten Peloponnesischen Krieg (431–404 v.Chr.). Die von den beiden Hauptmächten in dieser Zeit geschmiedeten Allianzen umfassten fast alle griechischen Stadtstaaten, sodass ihre Bürger ständig kriegsbereit sein mussten. Die Hopliten trugen dabei die Hauptlast der langen, blutigen Kämpfe.

Der Trojanische Krieg
Das Relief zeigt Achilles, der Hektors Leichnam um die Mauern von Troja schleift.

WAFFEN UND TAKTIK
Der Dienst als Hoplit war sowohl Pflicht als auch Privileg der erwachsenen Männer mit vollem Bürgerrecht. Ausrüstung und Taktik der Armeen der beiden führenden Stadtstaaten Athen und Sparta ähnelten sich weitgehend.

Der Hoplit trug eine dicke, schwere Bronzepanzerung aus Brustharnisch, Beinschienen und Helm; dazu einen großen Schild, einen Spieß und ein kurzes eisernes Schwert. Er kämpfte in enger Formation, der sogenannten Phalanx, die in der Regel aus acht Gliedern bestand und die langen Spieße als Hauptwaffe benutzte.

ATHENISCHE HOPLITEN
Organisation und Ausbildung unterschieden sich jedoch in Athen und Sparta. Die athenischen Hopliten waren wenig geübte Teilzeitsoldaten, die bei Bedarf ihre zivile Beschäftigung verließen und Dienst taten. Ihre Ausrüstung mussten sie selbst kaufen, doch war eine volle Rüstung sehr teuer und für die meisten Athener nicht bezahlbar. Nur die reichsten Bürger konnten ihren Status durch die beste Panzerung unterstreichen. Die Ärmsten dagegen fanden sich häufig als Ruderer in der athenischen Flotte wieder. Der Philosoph Sokrates z.B. diente Athen als Hoplit.

Zwar boten die traditionellen Wettläufe, Ringkämpfe und andere Sportarten den Athenern einige körperliche Übung, doch wurden sie anscheinend wenig oder gar keinem militärischen Drill unterzogen. Sie kämpften jedoch als freie Männer für ihre Stadt und ihre Ehre und zeigten daher mitunter hohe Moral und starkes Engagement.

DAS KOPIS, EIN LANGES HAUMESSER

Phalanx gegen Phalanx
Die antike griechische Schlachtordnung war streng symmetrisch aufgebaut: Zwei aufeinander treffende Phalangen bestanden aus den genau gleichen Wänden aus Schilden, über die die Spieße ragten. Links spielt ein Musikant auf einer Doppelflöte ein spartanisches Kriegslied, um die vorrückenden Hopliten moralisch zu unterstützen.

Sparta dagegen war ein vollkommen militarisierter Staat. Seine Bürger, den Athenern zahlenmäßig weit unterlegen, verließen sich auf eine große Zahl von Arbeitern ohne Bürgerrechte: die Heloten. Sie waren im Grunde Leibeigene, die dem Staat gehörten, und stellten damit eine viel größere Gefahr für die spartanische Herrschaft dar als die Sklaven einzelner Athener. Die Ausbildung aller männlichen Vollbürger Spartas (Spartiaten) zu Soldaten war zum Teil der Angst vor einem Helotenaufstand geschuldet.

ERZIEHUNG IN SPARTA
Junge Spartiaten wurden einem rigorosen System militärischer Ausbildung und Bindung unterworfen. Jungen wurden abgehärtet, u.a. indem sie im Winter nur leicht bekleidet und barfuß umherliefen, das Versagen bei Mutproben wurde bestraft. Mit 20 Jahren wurden sie in Kasernen untergebracht, wo sie für die nächsten zehn Jahre abseits von Frauen aßen und schliefen. Das System sollte eine disziplinierte Streitmacht hervorbringen, und es war offenbar erfolgreich.

Im Gegensatz zu den Athenern marschierten die Spartaner im Gleichschritt zur Musik in die Schlacht, sie hatten eine durchgängige Befehlskette und konnten recht komplexe Manöver ausführen, ohne die Formation aufzulösen.

GRIECHEN GEGEN GRIECHEN
Die von Bürgerarmeen der Stadtstaaten bestrittenen Feldzüge waren in der Regel kurz und dauerten nur einen Sommer lang. Es gab keine systematische Versorgung der Truppen im Feld, allerdings wurde das Heer auf seinem Marsch von vielen Sklaven – bzw. im Fall Spartas von Heloten – begleitet, zu deren Aufgaben auch die Verpflegung gehörte. Feldzüge endeten häufig einfach, weil auf beiden Seiten viele Bauern kämpften, die zu Hause ihre Felder abernten mussten. Trafen die Armeen der Stadtstaaten aufei-

nander, wurde zunächst den Göttern geopfert. Dann stellten sich die Phalangen in möglichst ebenem Gelände einander gegenüber auf – für hügeliges Gelände war die Phalanxtaktik kaum geeignet. Die erfahrensten Kämpfer standen in den vordersten drei Gliedern und im hintersten Glied, wo sie schwächere Gemüter am Weglaufen hindern sollten. Am Rande der Phalanx operierten Plänkler, viele von ihnen vermutlich die Sklaven der Hopliten, und störten den Feind mit einem Regen aus Steinen, Speeren und Pfeilen. Eine gepanzerte Phalanx auf dem Vormarsch – jeder Mann mit seinem Schild am linken Unterarm und dem Spieß in der rechten Hand – war ein furchteinflößender Anblick.

Kochen im Felde
Die Griechen stellten tragbare tönerne Kochherde her, die mit Holzkohle befeuert wurden. Vermutlich benutzten sie auch die griechischen Truppen.

GRIECHISCHE SEESTREITMACHT

Triere
Für die Riemen wurden 170 Mann gebraucht, dabei war das Synchronisieren der Schläge nicht einfach, wie die Freiwilligen an Bord der nachgebauten Triere *Olympias* herausfanden.

Die Griechen waren berühmt für ihr Geschick im Seekrieg, den sie mit leichten, schnellen Kriegsschiffen führten. Jede dieser Trieren wurde vom einem »Trierarch« befehligt. In Athen wurden Trierarchen unter den Besitzern von »Land und einem Haus« in der Stadt ernannt. Sie waren für die Rekrutierung und Bezahlung der Besatzung verantwortlich, in der Masse Ruderer. Für eine Flotte von 100 Trieren war es schwierig, genügend Rekruten zu finden, daher saßen neben bezahlten Bürgern auch ausländische Söldner und – zuvor frei gelassene – Sklaven an den Riemen. Daneben waren normalerweise zehn

gepanzerte Marinesoldaten und vier Bogenschützen an Bord. Da die Verpflegungs- und Wasservorräte nur für drei Tage reichten, ging die Besatzung mittags zum Essen und nachts zum Schlafen an Land. Wurde die Kriegsflotte nicht von Versorgungsschiffen begleitet, ging viel Zeit für die Suche nach Nahrung verloren.

Der Bug der Triere war mit einem Rammsporn aus Bronze ausgerüstet. Im Gefecht versuchten die Schiffe, ihn in die Flanke des Gegners zu rammen, während die Marinesoldaten und Bogenschützen ihre Geschosse auf den Feind regnen ließen. Eine Triere mit einem geschickten Steuermann und einer disziplinierten Besatzung konnte das gegnerische Schiff rammen oder über seine Riemen fahren und es damit manövrierunfähig zurücklassen. Oder die Marinesoldaten enterten das gerammte Schiff und eroberten es.

> **»DIE SPARTANER MARSCHIERTEN LANGSAM UND ZUR MUSIK ... SODASS SICH DIE MÄNNER DEM FEIND RUHIG UND GLEICHMÄSSIG NÄHERN KONNTEN, OHNE DIE FORMATION AUFZULÖSEN.«**

THUKYDIDES ÜBER DIE SPARTANER IN DER ERSTEN SCHLACHT BEI MANTINEIA, 418 V. CHR., PELOPONNESISCHER KRIEG

Die Spartaner waren die Ersten, die beim Vormarsch ein »Paian«, ein Kriegslied, sangen, ein Brauch, den später auch die meisten anderen griechischen Heere übernahmen. Singen half den Männern, das verzweifelte Gefühl der Verwundbarkeit vor dem Zusammenprall mit dem Feind zu bekämpfen. Der griechische Geschichtsschreiber Thukydides berichtet, wie eine vorrückende Phalanx dazu tendiert, nach rechts zu driften, da »Angst jeden Mann dazu trieb, seine ungeschützte Seite so gut wie möglich durch den

Unterbrechung des Krieges
Während der Olympischen Spiele, einer alle vier Jahre stattfindenden panhellenischen Feier, wurden die Feindseligkeiten zwischen Krieg führenden Städten in der Regel unterbrochen. Eine der am besten erhaltenen Stätten in Olympia ist die *Palästra*, der Ort, an dem die Athleten trainierten.

Schild des Mannes rechts von ihm zu schützen«. Damit bestand jedoch immer die Gefahr, die enge Phalanxformation zu verlieren. Der griechische Schriftsteller Xenophon beschrieb einen Fall, bei dem »ein Teil der Phalanx dem anderen vorauspreschte und der zurückbleibende mit doppelter Geschwindigkeit voraneilen musste«.

In einer gewissen Entfernung vom Feind begannen die Hopliten zu laufen und stürmten mit einem schrillen Kriegsschrei voran. Beim Zusammenprall der beiden Phalangen versuchten die Hopliten in den vordersten Gliedern, ihre Spieße in die Lücken in der feindlichen Schilderwand zu stoßen. Schließlich gab ein Teil einer Pha-

lanx unter dem Druck des Angriffes nach. War die Formation aufgebrochen und versuchten Männer zu fliehen, hatte die verlierende Seite starke Verluste zu erwarten. Auf der Seite der Gewinner betrugen die Verluste offenbar etwa fünf Prozent, darunter ein relativ hoher Anteil der Hopliten in den vordersten Gliedern. Auf der Verliererseite lagen die Verluste bei etwa 15 Prozent, darunter viele der fliehenden Soldaten.

KAMPF GEGEN DIE PERSER
Gründlich auf die Probe gestellt wurde die Kampfbereitschaft der griechischen Hopliten, als große persische Armeen erstmals 490 v.Chr. und noch einmal zehn Jahre später in Griechenland einfielen. Im ersten Fall trafen vor allem athenische Truppen bei Marathon auf ein weitaus größeres persisches Heer, einschließlich Kavallerie. Trotz ihrer zahlenmäßigen Unterlegenheit griffen die Hopliten die persischen Linien an.

Griechischer Krieger
Diese stilisierte Figurine zeigt einen Hopliten mit Federbusch am Helm und rundem Schild. In allen kleinen Stadtstaaten der griechischen Welt kämpften und kleideten sich die Hopliten auf ähnliche Weise.

Rote Streifen im Helmbusch durch Färbung mit Ocker

Alle Farben entstanden aus natürlichen Farbstoffen.

Helmbusch und Schweif aus Rosshaar

Wangenschutz lässt sich zur Kühlung nach oben klappen.

Chalkidischer Helm
Dieser reich verzierte Helmtyp, von dem man annahm, dass er ursprünglich aus der griechischen Stadt Chalkis stammte, wurde im 5. Jh. v. Chr. in den griechischen Kolonien in Südtalien hergestellt.

HILFSTRUPPEN

Zwar waren die Niederlagen der Perser dem Mut und Geschick der gepanzerten Bürgersoldaten geschuldet, doch verdeutlichen die Schlachtberichte des griechischen Geschichtsschreibers Herodot auch, dass auf griechischer Seite viele leicht bewaffnete Truppen kämpften. Er berichtet z.B., dass bei Plataiai »35 000 leicht bewaffnete Heloten« die 5000 spartanischen Hopliten unterstützten und zu den athenischen Truppen auch 800 Bogenschützen gehörten. Die Bedeutung dieser Plänkler hat im Verlauf der Peloponnesischen Kriege offenbar zugenom-

men. Ein Beispiel für den Einsatz der leichten Truppen – und für die gnadenlose Brutalität der griechischen Kriegführung – gibt Thukydides: Er berichtet, dass 459 v.Chr. die Athener eine große Zahl fliehender Korinther mit leichten Truppen einschließen konnten und alle Eingeschlossenen zu Tode gesteinigt wurden. Die berühmtesten Plänkler waren die nur mit einer dünnen Tunika bekleideten thrakischen Peltasten, leichtfüßige Soldaten, die nur einen leichten geflochtenen Schild trugen. Sie schleuderten Speere in die feindliche Phalanx, eine Angriffsform, gegen die die langsamen Hopliten mit ihren schweren Schilden und Panzern schutzlos waren. Bekannt wurden die Peltasten, die 390 v.Chr. im Dienste Athens vor Korinth eine spartanische Hoplitenbrigade vernichteten.

Die zunehmende Wirksamkeit der leichten Truppen führte zu Änderungen bei Ausrüstung

Die Perser waren vom aggressiven Einsatz der griechischen Infanterie überrascht, da sie sich mehr auf Bogenschützen, Reiter und Streitwagen verließen. Dennoch gelang es ihnen, das Zentrum der Griechen in die Flucht zu schlagen. Starke griechische Kräfte auf den beiden Flügeln griffen jedoch die Perser an, die sich fluchtartig zurückzogen. Bei der zweiten Invasion 480 v.Chr. kam es zu dem berühmten Kampf der 300 spartanischen Hopliten am engen Pass der Thermopylen. Bald nach dieser Verzögerung wurde die persische Flotte bei Salamis entscheidend geschlagen.

> » WIR … WERDEN GEGEN DIE DURCH LUXUS VER-
> DORBENEN MEDER UND PERSER KÄMPFEN, WÄH-
> REND WIR DURCH KRIEGSHANDWERK ABGEHÄR-
> TET SIND … EIN KAMPF FREIER GEGEN SKLAVEN. «
>
> **ALEXANDER DER GROSSE** ZU SEINER ARMEE VOR DER SCHLACHT VON ISSOS, 333 V. CHR.

Schlacht bei Issos
Die langen »Sarissen« sind in dieser Darstellung der Schlacht, bei der Alexander der Große den Perserkönig Dareios 333 v. Chr. besiegte, deutlich sichtbar.

Kampfstile
Antike griechische Darstellungen zeigen häufig Kämpfer mit Schwert und einem kleinen ovalen »böotischen« Schild (links außen). Ob dieser Schild und der Kampfstil älter ist oder noch von den Hopliten angewendet wurde, ist unklar. Dieser Schild wurde eindeutig anders gehalten als der größere runde Schild der Hopliten (links).

und Taktik der Hopliten. Anfang des 4. Jh. v. Chr. befreite der athenische General Iphikrates sie von ihren metallenen Beinschienen und Brustpanzern und ersetzte ihre großen, mit Bronze bedeckten Schilde durch kleinere mit Leder überzogene. Jetzt konnte sich der Hoplit besser gegen die Peltasten und andere Plänkler wehren. Gleichzeitig erhielt er einen längeren Spieß und war damit seinen schwerer bewaffneten Gegnern überlegen.

Das griechische Kriegshandwerk wurde insgesamt professioneller. Die Feldzüge wurden zu lang und ehrgeizig, um noch in Teilzeit von Bürgersoldaten bewältigt zu werden. Reguläre Truppen und Söldner konnten auf dem Schlachtfeld besondere Fähigkeiten einsetzen und befestigte Städte längere Zeit belagern. Unter dem militärischen Genie Epaminondas wurde Theben um 380 v. Chr. die führende Militärmacht Griechenlands, seine Armee unterschied sich wesentlich von den athenischen oder spartanischen Truppen, die gegen die Perser gekämpft hatten. Im Zentrum der thebanischen Armee stand die Heilige Schar, eine Eliteeinheit vom Staat bezahlter Vollzeitsoldaten, die offenbar aus homosexuellen Paaren bestand und die kameradschaftliche Bindung damit ins Extreme steigerte. Zur Taktik der Thebaner gehörten ein neuartiger Einsatz der Phalanx ebenso wie eine stärkere Rolle der Kavallerie: Sie wurde durch leicht bekleidete Läufer unterstützt, die zu Fuß mit den Pferden mithalten konnten. Zur Schlacht formierten sich die thebanischen Hopliten einschließlich der Heiligen Schar in der Regel zu einer auf dem linken Flügel 48 Glieder starken Phalanx. Diese Seite sollte den Gegner vernichten, während Kavallerie und leichte Truppen das Zentrum und die rechte Seite schützten.

MAKEDONIER UND RÖMER

Ab 337 v. Chr. gelangten die griechischen Stadtstaaten unter die Vorherrschaft der makedonischen Könige, zunächst Philipps II., später seines Sohnes Alexanders des Großen. In den Heeren der Makedonier war die Kavallerie die Elitetruppe, die Hopliten spielten eine zwar wichtige, aber sekundäre Rolle. Auf seinen erstaunlichen Eroberungszügen von 334 bis 323 v. Chr. setzte Alexander eine 16 oder 32 Glieder starke Pha-

lanx ein, die mit einem 6–7 m langen Spieß, der »Sarissa«, ausgerüstet war. Die Hopliten waren keine selbstbewusst mutigen und edlen Bürgersoldaten mehr, sondern Berufssoldaten aus relativ niederen Schichten, gedrillt auf stetige Leistung auf dem Schlachtfeld. Auch gegen Alexander kämpften viele Griechen, denn wegen ihrer berühmten Qualitäten als gepanzerte Fußsoldaten setzten sie Herrscher im gesamten östlichen Mittelmeerraum gern als Söldner ein, auch die Perserkönige.

Die Kampftechnik der Hopliten mit Phalanx und Spieß bestand, bis die hellenistische Welt im

2. Jh. v. Chr. mit der aufstrebenden Macht Roms in Konflikt kam. In der Schlacht von Pydna zogen sich die Römer 168 v. Chr. absichtlich in unebenes Gelände zurück, in dem die verfolgenden Makedonier ihre enge Formation auflösen mussten. Die mit Schwertern und Speeren bewaffnete römische Infanterie konnte die Phalanx aufbrechen. Im Nahkampf war die unhandliche Sarissa jedoch nutzlos. Die Hopliten warfen sie weg und kämpften mit Messern, wurden jedoch von den Römern niedergemacht. Eine neue Ära der Infanteriekriegführung hatte begonnen.

KAMPFTAKTIK DER HOPLITEN

Die hier gezeigte Taktik wurde im 5. Jh. v. Chr. angewendet, als sich die dichten Phalangen zweier griechischer Stadtstaaten in genau gleicher Formation auf dem Feld gegenüberstanden. Die Männer in den vorderen Gliedern rückten mit überlappenden Schilden und erhobenen Spießen vor. Prallten die vordersten Glieder aufeinander, drückten die Männer dahinter

mit ihren Schilden nach. So entstand der *Othismos*, das »Drängen« der Phalangen. Die taktischen Einzelheiten des Hoplitenkampfes sind jedoch umstritten. Manche Historiker argumentieren, dass die Hopliten beim Angriffslauf weiter auseinander rücken mussten und nur die verteidigende Seite stehend ihre Schilde überlappen lassen konnte.

Vorrücken in enger Phalanx
Die Phalanx rückt hier in sehr enger Formation, Schulter an Schulter, die Schilde jeweils im Rücken des Vordermannes, gegen die feindliche Phalanx vor. Nur die vordersten drei oder vier Glieder konnten den Feind mit ihren Spießen erreichen. Die längeren Spieße wurden später vermutlich unter dem Arm getragen.

SEITENANSICHT DER PHALANX

Senkrecht gehaltene Spieße weisen Geschosse ab.

Die ersten drei Glieder heben die Spieße zum Angriff.

PHALANX VON OBEN GESEHEN

Spieße der vordersten drei Glieder ragen aus der Formation nach vorn.

Phalanx besteht aus acht Gliedern.

Überlappende Schilde des vordersten Gliedes

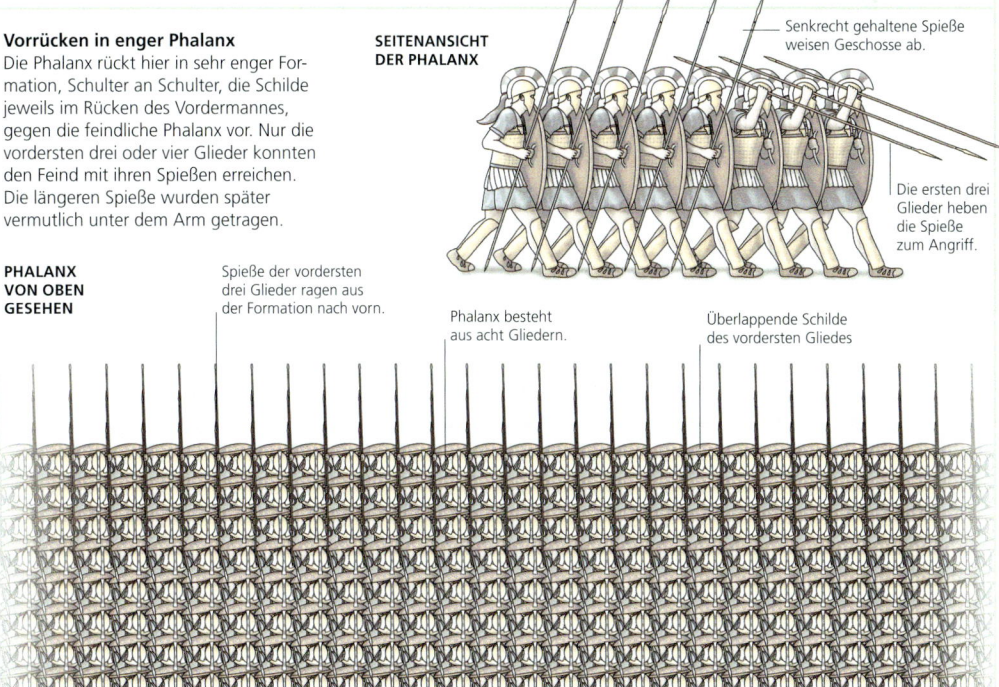

GRIECHISCHE WAFFEN

Die Panzerung bestand ursprünglich aus Bronze, wich aber später dem billigeren, leichteren Leinenpanzer, der die schnelleren Bewegungen der neuen Taktiken erst ermöglichte. Alleine das Aussehen spielte eine Rolle, ließen sich doch Pattsituationen mitunter durch rein visuelles Einschüchtern des Feindes lösen. Primäre und sekundäre Waffe des Hopliten war der Spieß (*Doru*). Brach die vordere Spitze beim Zusammenprall auf dem Schlachtfeld ab, konnte der Hoplit immer noch das ebenfalls mit einer Spitze versehene hintere Ende einsetzen.

Zusammenknoten der ledernen Befestigungsbänder

Innen liegender Griff des Schildes

Auf der linken Seite gebundener Linoth[...]

Kopis (»Hackmesser«)
Das in der Landwirtschaft aus der Sense entwickelte *Kopis* wurde in einer Hiebbewegung geführt.

Doru (Spieß)
Wurde eher gestoßen als geworfen. Primäre Waffe war die Spitze (*Aichme*). Mit dem unteren Ende, *Sauroter* (»Echsentöter«) genannt, wurden gestürzte Feinde aufgespießt. Der handgedrechselte Eschenschaft war 2–3 m lang.

Eiserne *Aichme* mit verstärkendem Mittelgrat

SPIESS-SPITZE

SPIESS-ENDE

Bronzener *Sauroter* mit quadratischem Querschnitt

Eschen-schaft

Zierstreifen auf der Höhe des Nabels

Bronze-schuppen

Gefärbtes Leinen

Lederscheide

Griffschalen aus Knochen

Schulter-stück

Die Borte verhinderte das Ausfransen der Naht.

Chiton
Unter dem Panzer wurde ein buntes Untergewand getragen, vorzugsweise rot oder blau gefärbt.

Korinthischer Helm
Stärkere Bewegung auf dem Schlachtfeld erforderte bessere Kommunikation. Dieser Nachbau eines Modells von 400 v. Chr. zeigt die gegenüber früheren Versionen verbesserten Öffnungen für Augen und Ohren.

Helmbusch aus Rosshaar in natürlichen Weiß- oder Brauntönen

Größere Sichtöffnungen verbessern das periphere Sehen.

Höröffnungen ermöglichen das Reagieren auf Befehle.

Xiphos (Schwert)
Die eiserne Klinge des *Xiphos* hatte zum Griff hin eine »Taille«. Der untere Teil der Klinge war schwerer, um über den Schild hinweg eine Hiebbewegung zu ermöglichen.

Aspis (Schild)
Der Skorpion auf dem Schild ist ein spartanisches Symbol der Stadt Geronthrae, das möglicherweise in der Schlacht bei den Thermopylen verwendet wurde.

Knauf aus Bronze

Griff aus Holz

Verjüngung

Linothorax
Dieser im 5. Jh. v. Chr. vorherrschende mehrschichtige Panzer bestand aus 16 bis 20 Schichten Leinen, die mitunter auf einen Lederkern aufgelegt wurden. Die vielen Schichten konnten die Wucht eines aufprallenden Projektils wirksam verteilen.

Pteryges – die Leinenlappen reichen bis zum oberen Ende der Oberschenkel.

Spitze zum Durchdringen der Panzerung

Schaft aus Holz

Axt
Die Standardaxt des Hopliten bestand aus Bronze, die zwar haltbarer als Eisen ist, nach einem Bruch aber neu gegossen werden muss.

BEINSCHIENEN

Unglasierter Ton

Wasserflaschen
Das Wasser sickerte langsam durch den unglasierten Ton, verdunstete und kühlte so auf einfache, doch sehr effektive Weise den Inhalt.

Beinschienen und Sandalen
Die Beinschienen bestanden aus Bronze, einer Legierung mit einem hohen Anteil von Kupfer. Die Muskelform diente der Verstärkung wie der Ästhetik. Auch bei kaltem Wetter wurden offene Schuhe getragen.

Die Riemen wurden um das Bein gebunden und am Knie verknotet.

Römischer Pionierbau
Während des ersten Feldzuges Kaiser Trajans gegen die Daker (101–102 n. Chr.) überqueren römische Soldaten die Donau auf einer neu gebauten Pontonbrücke. Der strenge Flussgott Danuvius beobachtet die Szene auf diesem Fries auf der Trajanssäule in Rom.

300 v. Chr. – 450 n. Chr.

RÖMISCHE LEGIONÄRE

» IN DER SCHLACHT WIRD DER SIEG NICHT ALLEIN DURCH ANZAHL UND ANGEBORENEN MUT, SONDERN DURCH GESCHICK UND ÜBUNG GEWÄHRT ... WIR SIEGTEN DURCH SORGSAMES WÄHLEN DER REKRUTEN, LEHREN DER KRIEGSPRINZIPIEN, STRAFE FÜR TRÄGHEIT. «

VEGETIUS, *ABRISS DES MILITÄRWESENS*, 4. JH. N. CHR.

A uf ihrem Höhepunkt war die römische Armee vielleicht die effektivste Streitmacht der Antike. Sie eroberte und hielt ein Reich, das sich im 1. Jh. n.Chr. von Britannien bis Nordafrika und von Spanien bis Ägypten erstreckte. Das Herz dieser mächtigen Organisation bildeten die Legionäre: professionelle, mit Schwert, Schild und Speer ausgerüstete Infanterie. In der offenen Feldschlacht genauso erfolgreich wie in der Belagerung, schüchterten sie die Feinde Roms ein oder vernichteten sie in erbarmungslosen Feldzügen.

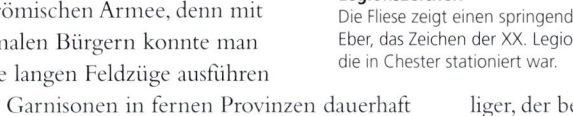

Die römische Armee war ursprünglich eine Miliz aus Teilzeitsoldaten, in der jeder begüterte Bürger eine Zeit lang Dienst zu leisten hatte. Um 300 v.Chr. nahmen die Legionen die Gestalt an, die sie so unbesiegbar machte. Die Soldaten – immer noch keine Berufssoldaten – waren vor allem im Kampf gegen die Karthager in den Punischen Kriegen außerordentlich erfolgreich. Im sich durch siegreiche Feldzüge ausweitenden Herrschaftsgebiet entsprach jedoch der Teilzeitdienst nicht mehr den Anforderungen der römischen Armee, denn mit normalen Bürgern konnte man keine langen Feldzüge ausführen oder Garnisonen in fernen Provinzen dauerhaft bemannen. Als Julius Cäsar 58–51 v.Chr. Gallien eroberte, war aus der römischen Armee ein stehendes Heer aus Berufssoldaten geworden.

LEGIONÄRE UND HILFSTRUPPEN
Die Professionalisierung der Armee verlief jedoch nicht ohne Probleme. Reguläre Soldaten tendierten zur Treue zu ihrem Befehlshaber statt zum Staat, und Rom war zeitweise vom Bürgerkrieg zwischen rivalisierenden Generälen zerrissen. Nachdem sich jedoch Augustus zum ersten römischen Kaiser (von 27 v.Chr. bis 14 n.Chr.) gemacht hatte, war die Armee der Grundstein für das Römische Reich. Sie umfasste auch zusätzliche Kohorten,

Legionszeichen
Die Fliese zeigt einen springenden Eber, das Zeichen der XX. Legion, die in Chester stationiert war.

die aus verschiedenen »Barbarenvölkern« rekrutiert waren, die nicht das Privileg römischen Bürgerrechts besaßen, dazu Kavallerie, in der Regel Hilfstruppen, die ein wichtiges Element auf dem Schlachtfeld darstellte. Zweifellos bildeten jedoch die Bürgersoldaten zu Fuß das Herz der Armee. Der Legionär, der das meiste zum Erhalt des Römischen Reiches beizutragen hatte, war als Infanterist dazu ausgebildet worden, in enger Formation mit Speer und kurzem Schwert zu kämpfen. Zwar war die Wehrpflicht in Krisenzeiten nicht unbekannt, doch war er in der Regel Freiwilliger, der bestimmten Kriterien zu genügen hatte. Zunächst hatte er Bürger zu sein, nicht unbedingt in der Stadt Rom geboren, doch in der Frühzeit des Imperiums musste er vermutlich wenigstens aus Italien stammen. 212 n.Chr. wurde das Bürgerrecht jedoch auf alle Freien im gesamten Reich ausgeweitet. Sklaven blieben aus den Reihen der Legion rigoros ausgeschlossen; wer bei der Meldung nur vorgegeben hatte, ein freier Mann zu sein, konnte nach der Entdeckung mit harten Strafen rechnen. Auch wegen schwerer Verbrechen Verurteilte oder Angeklagte blieben ausgeschlossen. Die potenziellen Rekruten wurden medizinisch untersucht, wer zu klein oder aus anderen Gründen untauglich war, wurde abgewiesen.

Herrschaft des Schwertes
Die Herrschaft Roms bot besiegten Völkern Frieden und Sicherheit, letzten Endes hielt jedoch die Macht der Legionen das Reich zusammen. Auf dem Fries *(oben)* aus dem 3. Jh. n.Chr. macht die römische Armee eine Gruppe Germanen nieder. Die Hauptwaffe des Legionärs war das kurze Schwert oder *Gladius*. Die bei Mainz im Rhein gefundene Klinge mit Scheide *(rechts)* stammt aus dem 1. Jh. n.Chr.

GLADIUS UND SCHEIDE

> » IHREN DRILL UNBLUTIGE SCHLACHT UND DIE SCHLACHT BLUTIGEN DRILL ZU NENNEN, WÄRE NICHT FALSCH. «

FLAVIUS JOSEPHUS, JÜDISCHER GESCHICHTSSCHREIBER, ÜBER DIE RÖMISCHEN AUSBILDUNGSMETHODEN

Jedoch waren die Legionäre keine handverlesene Elite. Die Freiwilligen der Berufsarmee kamen überwiegend aus den unteren Gesellschaftsschichten, von Handwerker- und Bauernsöhnen bis hinunter zu Landstreichern. Zwar haben die Anwerber sicher große, kräftige, an körperliche Anstrengungen gewohnte Bürger bevorzugt, doch mussten sie vermutlich oft mit gerade eben akzeptablen Kandidaten vorlieb nehmen.

LEBEN IN DEN LEGIONEN

Die Anziehungskraft des Lebens in der Legion wirkte auf Männer, die sich anderenfalls Unsicherheit und schlechten Aussichten gegenübersahen. Als Legionär erhielten sie nur einen bescheidenen Sold, dazu jedoch eine sichere Stellung, regelmäßige Mahlzeiten und eine Chance, im Leben voranzukommen. Der normalerweise mit Anfang 20 rekrutierte Legionär musste eine langfristige

Entscheidung treffen: Er meldete sich zu 20 Jahren aktivem Dienst sowie fünf weiteren Jahren als »Veteran« mit leichteren Aufgaben. Während dieses Vierteljahrhunderts war es wahrscheinlich, weit entfernt an den Grenzen des Imperiums stationiert zu werden, man war rigoroser Disziplin und drakonischen Strafen unterworfen – wer auf Wache schlafend angetroffen wurde, wurde von seinen Kameraden zu Tode geknüppelt. Im Prinzip war das Heiraten während der Armeezeit nicht erlaubt, allerdings zeigte sich die menschliche Natur stärker als

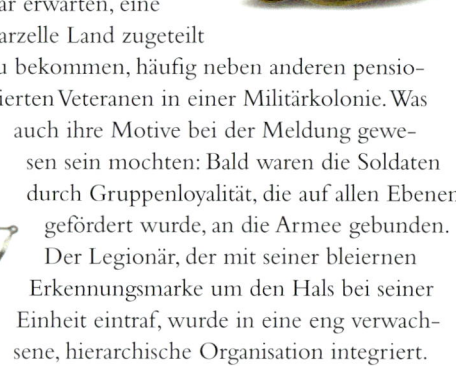

Zenturiohelm
In den ersten Jahrhunderten des Reiches hatte eine Legion normalerweise 59 Zenturionen. Den höchsten Rang nahm der Zenturio der ersten Zenturie der ersten Kohorte ein, der *Primus Pilus* genannt wurde.

die Vorschriften: Viele Männer ernährten mit ihrem Militärdienst auch Familien. Nach Ablauf der 25 Jahre konnte der Legionär erwarten, eine Parzelle Land zugeteilt zu bekommen, häufig neben anderen pensionierten Veteranen in einer Militärkolonie. Was auch ihre Motive bei der Meldung gewesen sein mochten: Bald waren die Soldaten durch Gruppenloyalität, die auf allen Ebenen gefördert wurde, an die Armee gebunden. Der Legionär, der mit seiner bleiernen Erkennungsmarke um den Hals bei seiner Einheit eintraf, wurde in eine eng verwachsene, hierarchische Organisation integriert.

Imago. Das Bildnis des Kaisers wurde auf einer Stange von einem Unteroffizier getragen, dem *Imaginifer.*

Signum. Das Feldzeichen der einzelnen Zenturien trug jeweils ein Unteroffizier, der *Signifer.*

Zum Übermitteln einfacher Befehle bliesen die *Cornicen* große gebogene Trompeten.

Auf der untersten Ebene gehörte er zu einem *Contubernium*, einer »Zeltgemeinschaft« von acht Männern, die in der Kaserne zusammen wohnten und aßen. Zehn dieser *Contubernia* bildeten eine Zenturie, die ein Zenturio führte; sechs Zenturien bildeten eine Kohorte, zehn Kohorten eine Legion. Jede Legion wahrte sorgfältig ihre Traditionen und Symbole und stiftete damit eine Identität für ihre Soldaten, die andere Legionen als Rivalen oder gar mit Verachtung betrachteten.

Die das tägliche Leben des Legionärs bestimmenden Offiziere waren der Zenturio und seine diversen Untergebenen, die *Principales*. Im römischen Militärsystem war der Zenturio eine Schlüsselfigur, eine Quelle der Erfahrung wie auch der entschlossenen Führung auf der Ebene, bei der es am meisten darauf ankam. Wenigstens einige, wahrscheinlich die meisten Zenturionen hatten sich nach oben gedient, obwohl ein Legionär mit diesem Ziel vor Augen zunächst mindestens 15 Jahre Dienst ertragen musste. Außerdem musste er lesen und schreiben können, da im laufenden Betrieb einer Einheit der römischen Armee eine Vielzahl von Dokumenten anfiel. Oberhalb der Zenturionsebene gehörten die Offiziere zu den herrschenden Klassen und wurden durch einflussreiche Förderer ernannt.

AUSBILDUNG UND ARBEIT

Die meisten Legionäre wurden in entfernten Gebieten an den Grenzen des Reiches stationiert oder aber in denjenigen Städten im östlichen Mittelmeerraum wie z.B. Jerusalem, die als unzuverlässig genug galten, um eine starke Militärpräsenz zu rechtfertigen. Da es nur sporadisch zu Gefechten kam, verbrachten sie einen Großteil der Zeit mit Aufgaben in den Kasernen. Unter diesen Voraussetzungen war es nicht einfach, militärisch fit zu bleiben. Die Legionärsausbildung, die während der gesamten Dienstzeit weiterging, hatte vor allem drei Ziele: körperliche Ertüchtigung und Ausdauer, geschickter Einsatz der Waffen sowie diszipliniertes Handeln als Teil der Einheit. Die Männer mussten Gewaltmärsche über 30–50 km mit schwerem Gepäck und voller Ausrüstung absolvieren. Sie simulierten den Kampf Mann gegen Mann ebenso wie ausgefeilte Manöver mit kompletten Einheiten. Natürlich lernten sie auch das Marschieren im Gleichschritt und übten Formationsdrills für den Nahkampf.

Neben der Routine aus Ausbildung, Drill, Wach- und Arbeitsdienst erfüllten die Legionäre auch eine wichtige Alltagsfunktion durch Patrouillen in Gebieten, die zu Gesetzlosigkeit oder Aufruhr neigten oder in die bewaffnete Gruppen über die Grenze einfielen. Außerdem wurden sie für große zivile und militärische Bauvorhaben wie den Bau von Straßen, Festungen und Aquädukten herangezogen. Der Hadrianswall in Nordengland ist ein bemerkenswertes Beispiel für solch einen Bau, dabei wurden die einzelnen Abschnitte von unterschiedlichen Zenturien errichtet. Eine wichtige Rolle spielten die Legionen mit ihren Werkstätten auch als Hersteller vieler in der Armee benötigter Gegenstände, darunter Töpferwaren ebenso wie Waffen.

DAS RÖMISCHE REICH

■ Römisches Reich um 120 n.Chr.
LYCIA Provinz zur Zeit Hadrians
■ Hauptquartier einer Legion
▰▰ Befestigte Grenze

Grenztruppen
Die Masse der römischen Armee war an den Grenzen des Imperiums stationiert, aber auch in den großen Städten des östlichen Mittelmeerraumes. Nur kurze Abschnitte der Grenze waren befestigt.

0 km   250   500

Vexillum. Die quadratische Fahne war das wichtigste Zeichen der Legion und markierte auf dem Schlachtfeld den Standort des Befehlshabers.

Römische Schlachtordnung
Die Legionäre Roms rückten mit gezogenen Schwertern und erhobenen Schilden gegen den Feind vor. Fahnen und andere Feldzeichen waren wichtige Symbole der römischen Macht und dienten den Kohorten und Zenturien innerhalb der Legion als Sammelplätze.

Obwohl die Legionäre nur einen Bruchteil ihrer Dienstzeit tatsächlich kämpften, war dies natürlich ihre eigentliche Aufgabe. Die meisten von ihnen begrüßten vermutlich Feldzüge als Abwechslung von der langweiligen Routine in der Kaserne und als Möglichkeit, die endlos geübten Fertigkeiten praktisch anzuwenden. Zu den Feldzügen gehörte in der Regel ein aggressiver Vormarsch auf das feindliche Territorium als Reaktion auf einen Aufstand im Reich oder einen Angriff von außen. Das Ziel war Vergeltung: den Verantwortlichen Leid und Zerstörung solchen

Hölzerne Befestigung
Die Rekonstruktion eines im 1. Jh. n. Chr. in Lunt bei Coventry, England, gebauten Lagers. Die Konstruktion des Torturmes basiert auf einem Beispiel auf der Trajanssäule.

Ausmaßes zuzufügen, dass sich die Vorfälle nicht wiederholen würden. Von den Legionären wurde erwartet, unter normalen Umständen mit 6 km/h zu marschieren, falls erforderlich auch schneller. Praktisch bestimmten die Geschwindigkeit des römischen Heeres jedoch die Nachschubwagen, Lasttiere und Belagerungsgeräte. Die römischen Legionen verfügten im Allgemeinen über eine exzellente Logistik; Soldaten und Tiere konnten eine angemessene Verpflegung erwarten, jedoch war eine gewisse Verpflegungssuche entlang der Marschroute immer noch die Regel. Auf Straf-

expeditionen war die Hauptaufgabe der Legionäre mitunter, durchquerte Landstriche zu verwüsten, Ernten und Tiere zu vernichten und Dörfer und Städte zu zerstören. Diese Aufgabe erledigten sie gründlich, brutal und ohne Gewissensbisse.

BAUAUFGABEN

Jeden Tag legten die Legionäre am Marschziel ein Lager an, eine von Wall und Graben umgebene temporäre Verteidigungsstellung. Die anstrengende Arbeit erledigten Kontingente von jeweils etwa zehn Mann aus allen am Feldzug teilnehmenden Zenturien. Sie marschierten an der Spitze, wählten das Gelände aus und hatten als Ziel, das Lager fertig zu haben, wenn das Ende der Kolonne ankam.

Trafen Legionen auf ihrem Marsch auf natürliche Hindernisse, demonstrierten sie häufig eindrucksvolle Ingenieurfertigkeiten. Während des ersten Feldzuges gegen die Daker 101 n. Chr. überquerte das Heer Kaiser Trajans die Donau auf einer rasch auf Booten aufgebauten Brücke.

Beim entscheidenden zweiten Feldzug fünf Jahre später errichteten sie aus Stein und Holz eine

Trajansbogen, Thamugadi, Algerien
Während Legionäre hervorragend gepflasterte Straßen durch das ganze Reich anlegten, ließen die Kaiser Denkmäler ihrer Triumphe errichten. Dieser Bogen in der einst blühenden nordafrikanischen Stadt erinnert an Trajans Siege über die Parther 114–117 n. Chr.

> » ICH DANKE DAFÜR ..., DASS, WÄHREND ALLE DEN GANZEN TAG HART ARBEITEN UND STEINE HAUEN, ICH ALS PRINCIPALIS NICHTS ZU TUN HABE. «

RÖMISCHER SOLDAT, IN ÄGYPTEN STATIONIERT, IN EINEM BRIEF AN SEINE FAMILIE, 109 N. CHR.

monumentale Bogenbrücke, deren Zufahrtsstraße in die Felsen entlang des Flusses gehauen wurde. Mitunter wird vorgeschlagen, die Legionäre eher als Pioniere denn als einfache Infanteristen anzusehen.

Werkzeuge genauso wie Waffen einsetzen zu können war auch im Hinblick auf Belagerungen nötig, die zu der Zeit einen wichtigen Bestandteil der Kriegführung ausmachten. Eine entschlossen verteidigte befestigte Stellung einzunehmen war für jeden Angreifer eine Herausforderung, den römischen Legionen gelang es jedoch immer wieder durch das Zusammenspiel von Ingenieurfertigkeiten und unerschütterlichem Kampfgeist.

BELAGERUNGSTAKTIK UND -WAFFEN

Normalerweise waren Belagerungen langwierige Angelegenheiten, denn der Sturm auf eine Festung oder eine befestigte Stadt war ein verzweifeltes Anrennen, selbst nachdem in die Mauern eine Bresche geschlagen worden war. Sich in eine Festung vorzukämpfen war immer das letzte Mittel, und die Verteidiger, die sich weigerten aufzugeben, konnten keine Gnade erwarten. Siegreiche Legionäre, die zuvor zusehen mussten, wie ihre Kameraden beim Vorrücken durch Geschosse verletzt oder getötet worden waren, hielten nach dem konfusen Nahkampf in der Festung wahre Orgien aus Gemetzel, Vergewaltigung und Plünderung ab. Dies war die Belohnung des Legionärs für die Entbehrungen und Gefahren der Belagerung, seine Rache an denen, die sie ihm bereitet hatten. Es war auch bewusste römische Politik, die andere abschre-

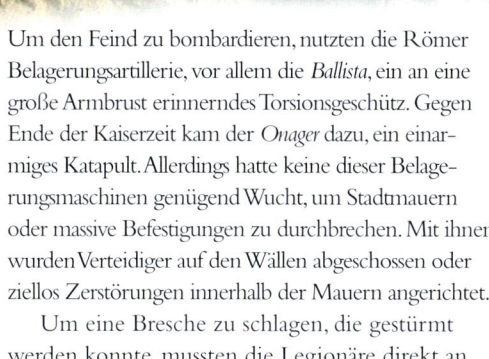

Die Festung Masada
Die Einnahme der Felsenfestung 73 n. Chr. zeugt von großem Ingenieurgeschick und unbarmherziger Entschlossenheit. Als die Römer schließlich nach zweijähriger Belagerung eindrangen, hatten die wenigen übrigen Verteidiger Selbstmord begangen.

cken sollte, der Macht Roms zu trotzen.

Die erforderlichen Belagerungsbauten hatten oft einen bemerkenswerten Umfang. Für die Belagerung der gallischen Armee des Vercingetorix bei Alesia in Zentralgallien 52 v. Chr. errichteten Cäsars Legionäre einen 18 km langen Ring aus Gräben und Wällen mit 23 Lagern und über 100 hölzernen Türmen. Danach bauten sie außen herum eine noch längere Schanze, um sich gegen eine gallische Entsatzarmee zu verteidigen.

Bei der Belagerung der Bergfestung Masada in Palästina 73 n. Chr. schüttete die X. Legion eine 600 m lange Rampe auf, die vom Fuß bis zum 200 m hohen Plateau des steilen Felsens reichte, auf dem die von jüdischen Rebellen standhaft verteidigte Festung lag. Über die unter ständigem Beschuss erbaute Rampe konnten die Römer einen riesigen Rammbock an die Festung transportieren und ihre Mauern durchbrechen.

Um den Feind zu bombardieren, nutzten die Römer Belagerungsartillerie, vor allem die *Ballista*, ein an eine große Armbrust erinnerndes Torsionsgeschütz. Gegen Ende der Kaiserzeit kam der *Onager* dazu, ein einarmiges Katapult. Allerdings hatte keine dieser Belagerungsmaschinen genügend Wucht, um Stadtmauern oder massive Befestigungen zu durchbrechen. Mit ihnen wurden Verteidiger auf den Wällen abgeschossen oder ziellos Zerstörungen innerhalb der Mauern angerichtet.

Um eine Bresche zu schlagen, die gestürmt werden konnte, mussten die Legionäre direkt an die Schanzen gelangen. Vor allem dabei kam der berühmte *Testudo* zum Einsatz.

RÖMISCHE HILFSTRUPPEN UND KAVALLERIE

Die Hilfstruppen wurden aus »Barbarenvölkern« rekrutiert, die in der Regel in den Grenzen des Römischen Reiches lebten, aber nicht das Bürgerrecht besaßen. Sie boten zusätzliche Stärke und spezielle Fertigkeiten, die die römische Armee dringend benötigte, und wurden vor allem in der leichten Infanterie als Plänkler und in der Kavallerie eingesetzt.

Wie von den Legionären wurde auch von den Hilfstruppen der 25-jährige Dienst erwartet. Als Belohnung erhielten sie und ihre Nachkommen danach das römische Bürgerrecht. Eine Kohorte der Hilfstruppen bestand aus Rekruten aus derselben Region oder Volksgruppe, wurde jedoch in der Regel weit von

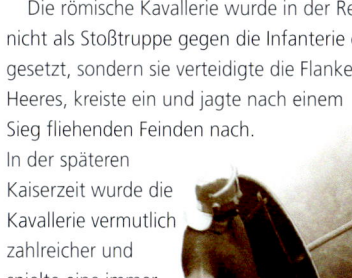

SCHILD DER HILFSTRUPPEN

zu Hause entfernt stationiert. Die Hilfstruppen erhielten einen geringeren Sold als die Legionäre und wurden als relativ leicht entbehrliche Kräfte offenbar häufig in die gefährlichsten Kämpfe geworfen. Andererseits waren sie einer weniger strengen Disziplin unterworfen, brauchten weniger zu arbeiten – sie wurden nicht für Bauaufgaben herangezogen – und hatten auf dem Marsch weniger Gewicht zu schleppen.

Viele Hilfstruppen wurden dazu ausgebildet, ähnlich wie die Römer zu kämpfen, aus manchen Regionen stammten jedoch auch Spezialtruppen, so die Steinschleuderer von den Balearen oder die Bogenschützen aus Syrien. Sehr wichtig waren kundige Reiter wie z. B. Batavier, Pan-

nonier und Thraker. Bewaffnet mit Lanzen, Speeren und der *Spatha*, einem längeren Schwert als dem *Gladius* der Infanterie, bildeten sie die Creme der römischen Kavallerie. Sie ritten ohne Steigbügel, doch hielten ihre mit Hörnern versehenen Sättel sie im Kampf fest auf dem Pferd.

Die römische Kavallerie wurde in der Regel nicht als Stoßtruppe gegen die Infanterie eingesetzt, sondern sie verteidigte die Flanken des Heeres, kreiste ein und jagte nach einem Sieg fliehenden Feinden nach. In der späteren Kaiserzeit wurde die Kavallerie vermutlich zahlreicher und spielte eine immer wichtigere Rolle auf dem Schlachtfeld.

KAVALLERIEHELM

Kavallerieübung
Nachgestellter Einsatz der Lanze bei der Kavallerie. Die Römer ritten ohne Steigbügel.

Die Schildkröte
Der Angriff in Schildkröten-
formation auf die Mauern
oder Tore einer Stadt
erforderte viel Übung,
um die Bewegung aller
beteiligten Soldaten zu
koordinieren *(rechts)*.
Führten sie das Manöver
erfolgreich aus, blieben
Pfeile und andere Geschosse
der Verteidiger wirkungslos
(ganz rechts).

>> FÜR DEN FALL, DASS DIE SOLDATEN ... VON IHREN KAMERADEN GETRENNT WURDEN, TRUGEN DIE SCHILDE JEDER KOHORTE EINE EIGENE BEMALUNG. DER NAME JEDES SOLDATEN WAR AUF SEINEN SCHILD GESCHRIEBEN, EBENSO DIE NUMMER SEINER KOHORTE UND ZENTURIE. <<

VEGETIUS, *ABRISS DES MILITÄRWESENS*, 4. JH. N. CHR.

In dieser passend benannten Formation – *Testudo* ist Lateinisch für Schildkröte – rückte eine Gruppe Soldaten von oben wie auch von allen Seiten durch Schilde geschützt vor. Nach Erreichen der Mauer griffen sie diese mit Metallwerkzeugen an oder versuchten, einen Tunnel zu graben.

IN DEN KAMPF
Richtige Feldschlachten waren eher selten, sie waren aber der endgültige Test für die Moral und das Kampfgeschick eines Legionärs. Einer »Barbarenarmee« gegenüber hatten die Römer keinen entscheidenden technischen Vorteil auf dem Feld. Sie setzten zwar kleine *Ballistae* ein, die sogenannten Skorpione, deren Geschosse auch präzise und effektiv, aber nicht entscheidend waren. Feldbefestigungen verwendeten die Römer selten und dann nur zur Verteidigung ihrer Flanken. Häufig brachten die Disziplin, das Durchhaltevermögen und die Stärke des Legionärs den Sieg. Er war zwar besser gepanzert als seine Gegner, aber Schwert, Spieß und Schild hatten beide Seiten. Die Brutalität des Nahkampfes erforderte eine emotionale Verpflichtung, um der unvermeidlichen Furcht zu begegnen. Hier haben die Bindungen zu seinen neben ihm kämpfenden Kameraden und die Identifizierung mit der Ehre von Kohorte und Legion sicher ihre Wirkung gezeigt.

Doch die römischen Legionäre waren nicht unbezwingbar. 53 v.Chr. wurden sie bei Carrhae von parthischen Bogenschützen besiegt, 9 n.Chr. umzingelten germanische Stämme unter Arminius drei Legionen unter Publius Quinctilius Varus und vernichteten sie. 60 n.Chr. wurde die IX. Legion durch die Icener unter Königin Boudicca teilweise aufgerieben, bevor die XIV. und XX. Legion sie besiegten und die römische Herrschaft in Britannien wieder behaupteten. Dennoch waren ihre Erfolge gegen Feinde von außen und innen in den ersten beiden Jahrhunderten nach Christus eindrucksvoll.

Vom 3. Jh. n.Chr. an wurden die Legionen häufig Werkzeuge in den Machtkämpfen ehrgeiziger Anführer. Wirtschaftliche Probleme erforderten die Einführung billigerer Panzerung, politische Umbrüche erschwerten den Unterhalt von Armeen. In der späten Kaiserzeit waren viele Soldaten Wehrpflichtige, die Unterscheidung zwischen den Bürgerlegionären und den »barbarischen« Hilfstruppen entfiel weitgehend. Dennoch war der Fall des Weströmischen Reiches im 5. Jh. n.Chr. nicht das Ergebnis militärischer Niederlagen; ein Großteil der Tradition der römischen Armee wurde in Ostrom weitergeführt.

Römische Artillerie
Legionäre an einer *Ballista*. Zwei von ihnen winden die Bogensehne in die Abschussposition. Dieser Ballista-Typ konnte Steinprojektile oder schwere Pfeile verschießen.

RÖMISCHE TAKTIK AUF DEM SCHLACHTFELD

Im Laufe der Zeit änderte sich die Taktik der Römer grundlegend, sie hing auch davon ab, ob man gegen andere Römer oder aber gegen »Barbaren« kämpfte. Ferner mussten die Römer ihre Formationen an das Gelände und ggf. an die große Zahl von Reitern oder Streitwagen des Gegners anpassen. Auf die unten gezeigte Weise wurde eine Legion – mit ihrer Kavallerie und bestimmten Hilfstruppen – vermutlich gegen einen vor allem zu Fuß kämpfenden »barba-

rischen« Feind eingesetzt, beispielsweise die Briten im 1. Jh. n.Chr. Die Infanterie stellte sich im Zentrum in enger Formation auf. Dabei stand die erste Zenturie jeder Kohorte, die mit den besten Männern, vor den anderen, die Veteranen standen hinten.

Kam der Moment zum Eingreifen in die Schlacht – in der Regel nach längerem gegenseitigem Beschuss mit Bogen, Schleudern und Artillerie –, rückten die Kohorten still mit langsamen, stetigen Schritten gegen

die anrennenden Krieger vor. An diesem Punkt unterlag die Disziplin des Legionärs der härtesten Prüfung, denn im Angesicht des Feindes durfte es kein Wanken geben. Dann kam der Befehl zum Angriff. Die zuvor stillen Legionäre ließen einen markerschütternden Schrei los und schleuderten ihre Speere in die Masse des Feindes, stürmten dann zum Zusammenstoß vor, schoben mit ihren Schilden und stachen mit ihren kurzen Schwertern.

Eine Legion in Schlachtordnung

Hier stehen die Kohorten einer Legion nebeneinander, sie konnten jedoch auch zu fünf Kohorten in vorderster Linie und fünf dahinter stehen. Lücken zwischen den Kohorten und einzelnen Zenturien waren entscheidend für das Manövrieren, konnten aber im Fall eines feindlichen Angriffes rasch geschlossen werden.

Zenturie in Marschordnung

Die Legionäre näherten sich dem Schlachtfeld diszipliniert in Reih und Glied, vermutlich angeführt von ihrem Zenturio und dem *Signifer*, dem Unteroffizier, der die Standarte der Zenturie trug.

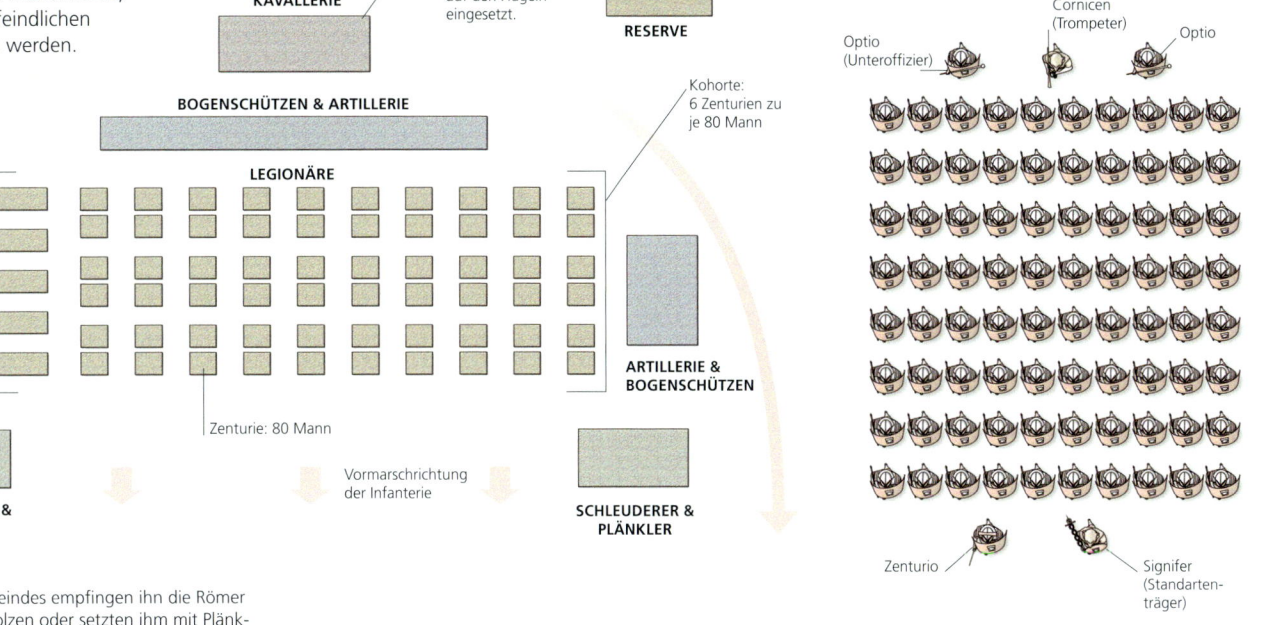

KAVALLERIE

Kavallerie bleibt in Reserve, bis sie benötigt wird, wird dann wahrscheinlich auf den Flügeln eingesetzt.

RESERVE

BOGENSCHÜTZEN & ARTILLERIE

Kohorte: 6 Zenturien zu je 80 Mann

Erste Kohorte: 5 Zenturien zu je 160 Mann

LEGIONÄRE

ARTILLERIE & BOGENSCHÜTZEN

ARTILLERIE & BOGENSCHÜTZEN

Zenturie: 80 Mann

Vormarschrichtung der Infanterie

SCHLEUDERER & PLÄNKLER

SCHLEUDERER & PLÄNKLER

Optio (Unteroffizier)

Cornicen (Trompeter)

Optio

Zenturio

Signifer (Standarten- träger)

Schlachtordnung

Je nach Aufstellung des Feindes empfingen ihn die Römer mit Pfeilen und Ballista-Bolzen oder setzten ihm mit Plänk- lern und Schleuderern zu. Die Letztgenannten zogen sich zurück, wenn die Hauptmacht der Legionäre vorrückte.

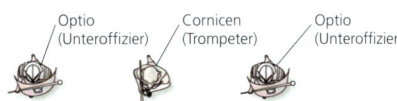

Optio (Unteroffizier)

Cornicen (Trompeter)

Optio (Unteroffizier)

Zenturie in Angriffsformation

Die Zenturie hat sich in vier Gliedern formiert. Zunächst gibt sie eine Salve Speere ab, formiert sich dann enger, um mit einer Mauer aus Schilden auf den Feind zu prallen.

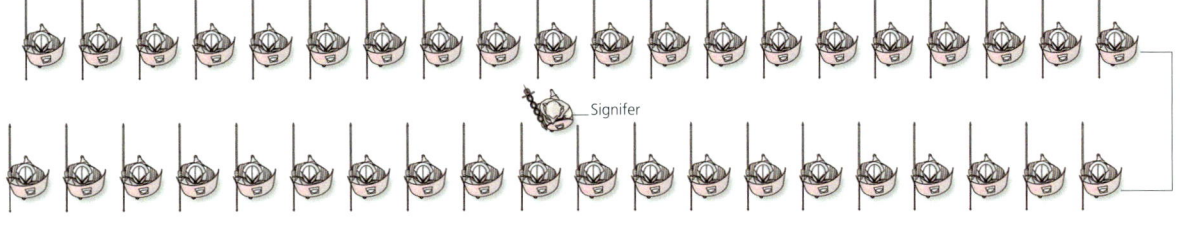

Signifer

Drittes und viertes Glied bereit zum Speerwurf, um danach den Feind anzugreifen.

Zenturio

Die ersten beiden Glieder rücken nach dem Speerwurf mit Schwert und Schild vor.

Festbinden der Wangenklappen

Glücksmedaillon, um den Hals getragen

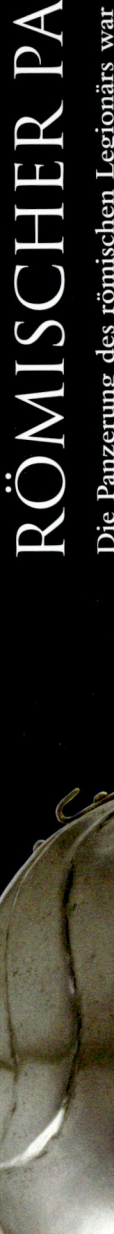

RÖMISCHER PANZER

Die Panzerung des römischen Legionärs war ein Kompromiss zwischen Schutz und Mobilität. Kopf, Schultern und Körper waren durch den eisernen Helm und Schienenpanzer gut geschützt, Arme und Beine blieben jedoch unbedeckt. Möglicherweise trugen die Soldaten aber mitunter Beinschienen und selbst einen flexiblen Armschutz aus überlappenden Platten.

Obwohl das Erscheinungsbild der Legionen im gesamten Kaiserreich, v.a. im 1. Jh. n.Chr., sehr ähnlich war, wurden sie doch häufig mit unterschiedlichen Panzern und Helmen ausgerüstet.

>> DER JUNGE SOLDAT MUSS HÄUFIGE ÜBUNG ERHALTEN, LASTEN BIS ZU 60 PFUND BEI NORMALEN MARSCH-GESCHWINDIGKEITEN ZU TRAGEN. <<

VEGETIUS, *ABRISS DES MILITÄRWESENS,* 4. JH. N. CHR.

Eisenbleche, innen durch Lederstreifen gelenkig verbunden

Messingösen mit Lederriemen

Befestigung für Helmbusch

Helm
Das im 1 Jh. n. Chr. weit verbreitete Modell beruhte ursprünglich auf keltischen Entwürfen. Es bot den Wangen und dem Nacken einen guten Schutz. Die Helme hatten Befestigungen für einen Helmbusch, den die einfachen Soldaten aber offenbar nicht im Kampf, sondern nur bei feierlichen Paraden trugen.

Schirm bietet zusätzlichen Schutz gegen Schwerthiebe von oben.

Wangenklappe

Großer, schräg abfallender Nackenschutz

Messingbeschläge

Schließen des Panzers

Am Gürtel getragene Lederbörse

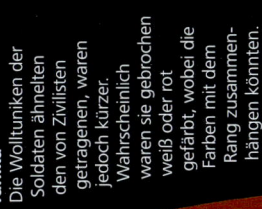

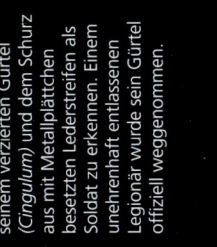

Durchbrochenes Obermaterial, aus einem einzigen Lederstück geschnitten

Schienenpanzer

Der Panzer aus überlappenden Eisenblechen war im 1. Jh. n. Chr. gebräuchlich, aber noch nicht überall eingeführt. Diesen vermutlich bis zu 9 kg wiegenden Typ trugen die auf der Trajanssäule in Rom dargestellten Legionäre. Damit er bequem saß, wurde darunter wohl ein gepolstertes Futter getragen.

Gürtel und Schurz

Trug ein Legionär seinen Panzer nicht, war er an seinem verzierten Gürtel (Cingulum) und dem Schurz aus mit Metallplättchen besetzten Lederstreifen als Soldat zu erkennen. Einem unehrenhaft entlassenen Legionär wurde sein Gürtel offiziell weggenommen.

Tunika

Die Wolltuniken der Soldaten ähnelten den von Zivilisten getragenen, waren jedoch kürzer. Wahrscheinlich waren sie gebrochen weiß oder rot gefärbt, wobei die Farben mit dem Rang zusammenhängen könnten.

Armeesandalen

Die strapazierfähigen Sandalen mit Eisennägeln wurden Caligae (Stiefel) genannt. Im 1. Jh. n. Chr. wurde mehr oder weniger derselbe Typ im ganzen Reich verwendet.

Muster der Nägel unterstützt Verse und Ballen

Panzer aus sieben oder acht überlappenden Blechen

Bleche mit komplizierten Mustern, eingelegt oder im Relief

RÖMISCHE WAFFEN UND AUSRÜSTUNG

Beim Marsch hatte der Legionär nicht nur das Gewicht seines Panzers, Schildes und seiner Waffen zu tragen, das bis zu 20 kg erreichen konnte, sondern auch eine umfangreiche Ausrüstung von Schanzwerkzeugen bis hin zu Kochtöpfen. Sie konnte noch einmal 15 kg oder mehr ausmachen. Schwerere Ausrüstungen, z.B. Mühlsteine, wurden auf Maultieren oder Ochsenkarren befördert. Idealerweise trug eine Anzahl Soldaten nur leichtes Gepäck, um bei einem Hinterhalt kampfbereit zu sein.
Die Standardbewaffnung eines Infanteristen bestand zur Kaiserzeit aus zwei *Pila* (Speeren), um einen Angriff zu stoppen oder den Feind vor dem eigenen Angriff zu schwächen, und einem kurzen Schwert für den Nahkampf. Viele Legionäre trugen zusätzlich kurze Dolche.

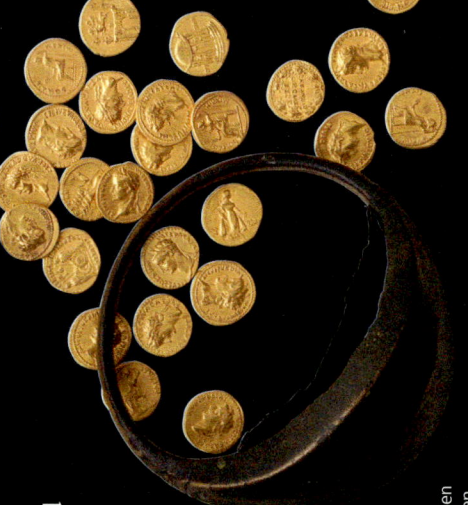

Der Lohn eines Soldaten
Dieser Schatz aus Goldmünzen aus der Zeit der römischen Invasion Britanniens 43 n. Chr. wurde im südostenglischen Kent gefunden. Es waren möglicherweise die Ersparnisse eines römischen Offiziers, da sie etwa dem vierfachen Jahressold eines einfachen Legionärs entsprachen. Soldaten trugen Armreifen ähnelnde Börsen, die sich nur öffnen ließen, wenn sie vom Handgelenk genommen wurden.

> » SIE TRAGEN … EINE SÄGE, EINEN KORB, EINEN PICKEL UND EINE AXT, DAZU EINEN LEDERRIEMEN, EINE SICHEL, EINE KETTE UND GENÜGEND VORRÄTE … FÜR DREI TAGE. DER INFANTERIST TRÄGT SO VIEL AUSRÜSTUNG, DASS ER SICH KAUM VON EINEM MAULTIER UNTERSCHEIDET. «
>
> FLAVIUS JOSEPHUS, *GESCHICHTE DES JÜDISCHEN KRIEGES*, 1. JH. N. CHR.

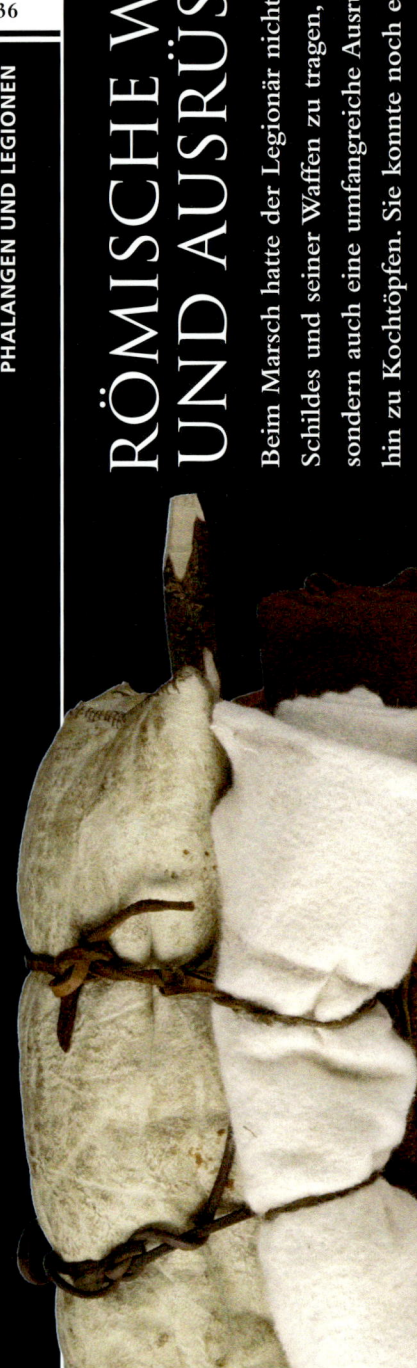

Ledersack

Decke

Wollumhang

Marschgepäck
Die Ausrüstung des Soldaten hing natürlich vom Klima und der Art des Feldzuges ab, doch gehörten immer Werkzeuge für Schanzarbeiten sowie Vorräte für drei Tage dazu, außerdem sein persönlicher Besitz. Weitere Gegenstände ließen sich leicht an der T-förmigen Tragestange festmachen.

Netz für Getreide oder andere Lebensmittel

Kochtopf

Ledertasche für persönlichen Besitz

Feldflasche für Wasser oder Wein

Kurzes Schwert
Das kurze, spitz zulaufende Schwert (*Gladius*) war eine wirksame Stichwaffe für den Nahkampf disziplinierter Glieder, die sich durch Schilde schützten. Dieses etwa 70 cm lange Exemplar stammt aus dem späten 1. Jh. n. Chr. und entspricht dem Typ, den die Legionäre auf der Trajanssäule tragen. Die Details von Griff, Knauf und Klinge basieren auf in Pompeji ausgegrabenen Exemplaren. Spätere römische Schwerter hatten beträchtlich längere Klingen.

Kugelknauf

Griff aus geschnitztem Elfenbein mit kleinem hölzernem Handschutz

Einfassung aus Bronze verstärkt den Rand und schützt ihn vor Beschädigung.

Schild
Der gebogene rechteckige Schild mit leicht gerundeten Ecken entwickelte sich im 1. Jh. n. Chr. Der eiserne Schildbuckel (*Umbo*) in der Mitte wurde offensiv eingesetzt: Die Legionäre konnten sich damit ihren Weg in die feindlichen Reihen bahnen.

Für pompejische Schwertscheiden typische durchbrochene Verzierung

SCHWERTSCHEIDE

Balteus (Schulterriemen)

Emblem gibt die Legion an.

Holzrahmen mit Lederbezug und Metallverzierung

Axt (Dolabra) für Bauarbeiten

Hölzerner Griff mit Belag aus dünnem Eisenblech

Eisenspitze, nimmt in der Regel etwa ein Drittel der gesamten Speerlänge ein.

Dolch
Zusätzlich zu ihrem Schwert trugen die Legionäre an der linken Hüfte einen Dolch (*Pugio*), manche mit Bronzegriff und reicher Verzierung. Die Rillen und Grate verstärkten die Klinge.

Vier Ringe für die Befestigung am Gürtel

Zweischneidige Klinge

Eisenrahmen mit gravierter Verzierung

DOLCH-SCHEIDE

Stahlklinge mit parallelen Schneiden

Kurze dreieckige Spitze, ideal für Stiche

Eiserne Spitze ist am Schaft mit einer Flachangel befestigt, einer Verlängerung der Spitze, die im hölzernen Schaft eingelassen ist.

Pilum
Als Vorbereitung für den Nahkampf warfen die Legionäre in der Regel eine furchterregende Salve *Pila* (Speere). Am oberen Ende des etwa 2 m langen Pilums saß eine schwere eiserne Spitze, die in der vierkantigen Speerspitze auslief. Auf kurze Entfernungen konnte sie Schilde und Panzer durchstoßen. Mit einem Dorn am unteren Ende konnten die Soldaten den Speer in den Boden rammen.

RÖMISCHES KASTELL

Die Römer waren Experten im Befestigungswesen. Auf Feldzügen errichteten Legionen bei jedem Halt ein von Graben und Wall umgebenes Marschlager. Überließ man den Kampf häufig den weniger gut ausgebildeten Hilfstruppen, so wurden Bauarbeiten immer von Legionären ausgeführt. Sie haben das gezeigte Kastell Arbeia in Nordengland errichtet, auch wenn es schließlich von Hilfstruppen belegt wurde.

Im Gegensatz zu den temporären Lagern wurden permanente Kastelle und Befestigungen wie das rekonstruierte Kastell Arbeia aus Stein gebaut. Als Kasernen, Vorratslager und Verwaltungssitze dienten sie dazu, die militärische Präsenz Roms in potenziell feindlichen Gebieten zu wahren. Ferner wurden gebildete Soldaten von der römischen Bürokratie wahrscheinlich auch

für Büroarbeiten eingesetzt. Die Außenposten römischer Zivilisation machten keine Zugeständnisse an das lokale Klima und ähnelten sich im gesamten Imperium. Die Verhältnisse waren beengt und einfach, aber mit ihren geheizten Bädern und den Latrinen mit Wasserspülung lagen die Hygienestandards in den Kastellen immer noch weitaus höher als die der Truppen, die fast 2000 Jahre später im Krimkrieg kämpften.

Um die Kastelle und Befestigungen entwickelten sich Siedlungen der lokalen Zivilbevölkerung, die den römischen Truppen diente – sie bildeten den Ursprung vieler heutiger Orte und Städte.

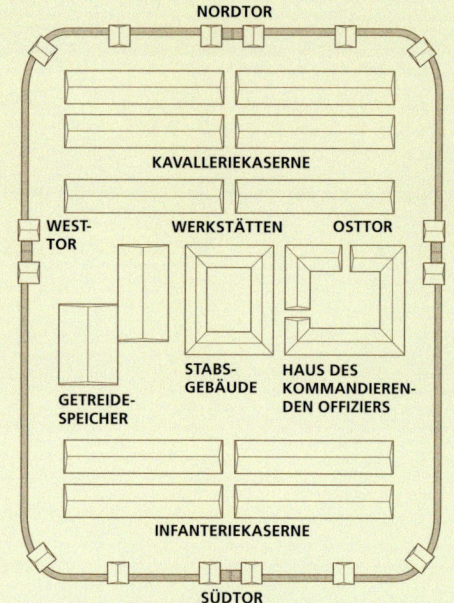

Grundriss eines römischen Kastells
Arbeia war ein kleines Kastell für etwa 600 Mann. Legionskastelle für 5000 Soldaten waren viel größer, jedoch mit Kavallerie- und Infanteriekasernen, Werkstätten, Getreidespeichern und einem Stabsgebäude ähnlich angelegt.

> » WOFÜR ANDERE MEHRERE TAGE GEBRAUCHT HÄTTEN, BRACHTET IHR IN EINEM ZU ENDE: IHR HABT EINE MAUER GEBAUT … IN NICHT MEHR ZEIT, ALS FÜR EINEN TORFWALL BENÖTIGT WIRD. «
>
> **KAISER HADRIAN** ZU SOLDATEN BEI LAMBAESIS IM HEUTIGEN ALGERIEN

Im Kastell in Garnison liegen
Das Kasernenleben käme sicher jedem heutigen Soldaten in einer regulären Armee bekannt vor: morgendliches Antreten, Drill, Wach- und Patrouillendienst, Übungen, Waffenpflege und Latrinensäuberung.

Bau eines Kastells
Auf dem Zug gegen die Daker (101–102 n. Chr.) bauen Legionäre ein Kastell. Für den Fall eines Angriffes arbeiten sie in voller Rüstung.

Torhauszinnen
Die Tafel gibt an, dass das Kastell unter Sextus Calpurnius Agricola, Statthalter in Britannien um 163–166 n. Chr., von der Legio VI Victrix errichtet wurde.

Toreinfahrt
Die massiven Mauern und Tore sollten die Stammeskrieger abhalten, die im römisch besetzten Britannien möglicherweise Überfälle ausführen könnten.

Torhaus
Das Torhaus des Kastells Arbeia an der Tyne-Mündung in Nordostengland wurde rekonstruiert, um einen Eindruck seines ursprünglichen Aussehens zu vermitteln. Das im 2. Jh. n. Chr. gebaute Kastell wurde ein wichtiges Vorratslager für die am Hadrianswall stationierten Truppen. Die Zwillingstürme sind zwar eindrucksvoll, aber immer noch kleiner als an manchen anderen Römerkastellen, deren Torhäuser bis zu vier Stockwerke hatten.

DIE KASERNEN

Die Außenwände der Kasernenblöcke in Arbeia bestanden aus verputztem Mauerwerk, die Innenwände aus beworfenem Flechtwerk. Die im Kastell stationierten Hilfstruppen wurden wie die Legionäre in *Contubernia* (»Zeltgemeinschaften«) zu acht Mann aufgeteilt. In jedem Infanterieblock wohnten fünf *Contubernia*, jedes *Contubernium* hatte zwei enge Räume zur Verfügung, in denen auch ein Großteil der Ausrüstung untergebracht werden musste. Der Zenturio und die Unteroffiziere bewohnten etwas größere Räume auf einer Seite der Kaserne. Die Kavalleriesoldaten waren ähnlich einquartiert, bei 30 Männern und ihren Pferden pro Block waren die Bedingungen allerdings noch weniger beneidenswert als bei den Infanteristen.

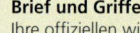

Brief und Griffel
Ihre offiziellen wie auch privaten Briefe schrieben die Soldaten entweder mit Tinte auf dünne Holztafeln oder mit dem Griffel auf Wachstafeln. Die Briefe hatten etwa das Format einer großen Postkarte.

Außen- und Innenansicht der Kasernen
Es gab wenige Fenster, um Licht und Luft hereinzulassen, dafür waren die Dachziegel teilweise mit Lüftungsöffnungen versehen. Die Innenwände bestanden in Arbeia aus beworfenem Flechtwerk, einem billigen Putz.

Schlafraum
Die einfachen Soldaten eines römischen *Contuberniums* haben vermutlich viel Zeit in dem größeren ihrer beiden Räume zugebracht. Dort schliefen sie auch, entweder wie hier gezeigt unter Wolldecken auf Betten oder einfach auf Matratzen auf dem Boden.

Sanitäranlagen
Viele Kastelle besaßen außerhalb ein Badehaus für die einfachen Soldaten, die Familie des Kommandanten hatte jedoch ihre eigenen Bäder im Haus. Bei dieser Gemeinschaftslatrine in der Nähe des Hadrianswalles wird die fehlende Privatsphäre durch hochwertige Rohrleitungen wettgemacht.

Innenhof des Hauses
Das Haus war um einen offenen Hof herum angelegt, in dem
Springbrunnen gestanden haben könnten. Die Wände zum
Hof hin waren vermutlich mit Gartenszenen verziert.
Die wichtigsten Räume gingen von einem Säulengang ab.

Lager- und Wohnraum
Der kleinere der beiden Räume eines
Contuberniums wurde entweder als
Wohnbereich oder als Lager für die
militärische Ausrüstung der Soldaten
genutzt.

Brettspiel
Ihre freie Zeit vertrieben sich
die Soldaten mit verschiedenen
Brettspielen mit Würfeln und
Spielmarken.

HAUS DES KOMMANDANTEN

In drastischem Gegensatz zu den Entbehrungen der
Kasernenräume war das Haus des Kommandanten
im Kastell sehr komfortabel. Da die Römer ihre hei-
mische Architektur überallhin mitnahmen, ähnelte es
einem typischen mediterranen Stadthaus, einschließlich
Speisezimmern, Schlafzimmern, Küche, Ställen und
einer eigenen Fußbodenheizung (Hypokaustum). Auch
hier wurden an das lokale Klima keine Zugeständnisse gemacht, sodass die luftigen, um einen offenen
Hof gebauten Häuser in den nördlichen Gefilden des
Reiches im Winter wohl weniger reizvoll waren.

Schlafzimmer des Kommandanten
Im Gegensatz zu den Schlafräumen in den Kasernen waren die
Schlafzimmer im Haus geräumig und wurden durch das Hypokaustum
geheizt. Die Möbel und Wanddekorationen waren im zeitgenössischen
Geschmack Roms gehalten, die Betten reich mit Schnitzereien verziert
und mitunter bemalt.

Essen und Trinken
Die Offiziere und Mannschaften
genossen offenbar eine recht
abwechslungsreiche Verpflegung
aus Brot, lokal produziertem
Fleisch, Obst und Gemüse. Zu den
in *Amphorae* aus Spanien und Italien
gelieferten Luxusgütern gehörten
Wein, Olivenöl und *Garum* (eine fer-
mentierte Fischsauce, die die Römer zum
Würzen verwendeten).

DIE FEINDE ROMS

Unter den Kräften, gegen die die Römer kämpften, waren die Armeen rivalisierender Reiche – darunter die Karthager im Westen und die Parther und sassanidischen Perser im Osten – ebenso wie Horden von Stammeskriegern und Reiternomaden. Technologisch waren die Unterschiede zwischen den einzelnen Gruppen und zu den Römern zwar gering, ihre

Taktiken, ihr Organisationsgrad, ihre Disziplin und ihre Sicht des Krieges unterschieden sich jedoch beträchtlich. Der Kontrast zwischen keltischen oder germanischen Stammeskriegern, die ihrem Häuptling folgten, und der komplexen, vielsprachigen Armee Karthagos zeigte sich in der Leistung auf dem Schlachtfeld: Die Karthager standen kurz vor der Eroberung Roms.

DIE KARTHAGER

Die Armee, mit der der geniale Feldherr Hannibal 218 v.Chr. in Italien einmarschierte, war ein multikulturelles Heer aus Söldnern, die v.a. von den nordafrikanischen Verbündeten oder Tributpflichtigen Karthagos und aus Spanien stammten. Man versuchte gar nicht erst, daraus eine einheitliche Truppe zu machen. Stattdessen kämpfte jede Volksgruppe auf ihre Weise. Die Libyer waren respekteinflößende Fußsoldaten, die halbnomadischen Numider hervorragende leichte Reiter, die keinen Sattel kannten und Speer und Lanze benutzten. Spanische Bergstämme kämpften zu Pferd oder zu Fuß, in der Regel mit kurzen Schwertern. Die Balearer waren auf das Schleudern von Steinen oder Bleikugeln spezialisiert. Hannibals

Kriegselefanten, eine kleine afrikanische Art, stellten v.a. die Numider; die Tiere dienten zum Stören der feindlichen Kavallerie und als Plattformen für Bogenschützen und Speerwerfer.

Zusammengehalten wurde diese bunte Truppe durch die gemeinsame Kampferfahrung und besonders durch die Treue zu ihrem Anführer. Die Söldner würden ewig kämpfen, solange es Sold oder Beute gab. 216 v.Chr. fügte Hannibals Armee bei Cannae den Römern eine völlige und blutige Niederlage zu, der Feldzug in Italien hielt noch weitere 15 Jahre an. Als sich der Krieg schließlich nach Nordafrika verlagerte, wurden die karthagischen Reihen mit lokalen Wehrpflichtigen gefüllt. Diese geschwächte Armee besiegten die Römer 202 v.Chr. bei Zama endgültig.

PRUNKVOLLER KARTHAGISCHER BRUSTPANZER

Exotische Armee
Die Vorstellung eines Künstlers aus dem 16. Jh. versucht, die bunte Vielfalt von Hannibals Heer wiederzugeben. Eine Einsatzmöglichkeit für Kriegselefanten war die als mobiler Befehlsstand.

DIE GERMANEN

Germanische Stämme und Bünde – Teutonen, Alemannen, Goten, Franken, Vandalen und viele andere – gehörten zwischen dem 2. Jh. v. Chr. und dem 5. Jh. n. Chr. zu den entschlossensten und hartnäckigsten Feinden des Römischen Reiches. Wie die Kelten betrieben die Germanen eine mehr oder weniger permanente Stammeskriegführung, häufig mit Kriegerhorden junger Männer, die von erfahrenen Kämpfern angeführt wurden. Im Unterschied zur keltischen Taktik formierten sie sich offenbar enger und

>> ALS FAUL UND FEIGE GILT ES … MIT SCHWEISS ZU ERWERBEN, WAS MAN MIT BLUT BESCHAFFEN KÖNNTE. << **TACITUS** ÜBER DEN CHARAKTER DER GERMANISCHEN VÖLKER, 1. JH. N. CHR.

koordinierten sich stärker. Julius Cäsar notierte im 1. Jh. v. Chr., dass sie in einer engen Infanteriephalanx Spieße mit Eisenspitzen einsetzten.

Die Germanen waren auch geschickt darin, offene Schlachten zu vermeiden und Hinterhalte und Blitzüberfälle anzuwenden. Auf diese Weise schwächten und besiegten sie schließlich 9 n. Chr. in

Besiegte Germanen
Dieses um 250 n. Chr. entstandene Relief auf dem Ludovisi-Sarkophag (Museo Nazionale, Rom) zeigt bartlose Römer, die über bärtige germanische Krieger triumphieren.

einem Sumpf- und Waldgebiet drei Legionen in der Varusschlacht. Im Laufe der Zeit wurde auch die germanische Kavallerie immer wichtiger: Auf kleinen robusten Pferden preschte sie mit Schild und Speer bewaffnet voran, begleitet von ähnlich bewaffneten flinken Fußsoldaten. Bei den Ostgoten und Vandalen entstand eine reitende Aristokratie, aus der sich die mittelalterlichen Ritter entwickelten.

Viele germanische Stämme verdingten sich als römische Hilfstruppen, im 4. Jh. n. Chr. dominierten sie die Truppen des späteren Weströmischen Reiches. Die Goten, die Rom 410 n. Chr. plünderten, hatten zur römischen Armee gehört; Goten und andere germanische Häuptlinge herrschten schließlich nach dem Zerfall Westroms über die Nachfolgestaaten.

DIE KELTEN

Die Kelten Westeuropas – Gallier, Iberer, Britannier – kämpften auf eine unverkennbare Weise, die sich stark von der römischen unterschied: Regelmäßig folgten Horden junger Männer einem anerkannten Anführer zu Überfällen auf Nachbarvölker. Stammeskämpfe waren wahrscheinlich stark formalisiert, die einzelnen Krieger traten zunächst vor, um ihre Tapferkeit zu verkünden, und forderten Gegner zu Einzelkämpfen auf. Zu einem Angriff gehörte ein wilder Ansturm unter lautem

KELTISCHER HELM MIT HÖRNERN

Gebrüll. Manche römischen Geschichtsschreiber berichten, die Kelten kämpften nackt, doch trugen sie meistens Tunika und Hose. Elitekrieger trugen Helme und sogar Kettenhemden oder lederne Panzer, v. a. dienten jedoch Schilde der Verteidigung. Die Kelten kämpften meistens zu Fuß mit langen Hiebschwertern und kurzen Spießen. Manche Keltenvölker störten mit Streitwagen die feindlichen Formationen.

Die Römer begegneten den Kelten erstmals, als diese im 4. Jh. v. Chr. in Italien einfielen, und danach noch bei vielen Gelegenheiten. Am bekanntesten ist der Zug gegen die Gallier unter Vercingetorix 52 v. Chr. und die Unterdrückung des von Königin Boudicca geführten Iceneraufstandes in Britannien 60–61 n. Chr. Die Römer waren von der Körperkraft der als groß und muskulös beschriebenen Kelten und von ihrem wilden Mut im Kampf beeindruckt.

>> UNHEIMLICHE, MISSTÖNENDE HÖRNER ERKLANGEN … SIE SCHLUGEN IHRE SCHWERTER RHYTHMISCH GEGEN IHRE SCHILDE. << **DIODORUS SICULUS** ÜBER KELTEN IN DER SCHLACHT, 1. JH. V. CHR.

Zeremonialschild
Dieser Schild aus Bronze mit Verzierungen aus farbigem Glas gehörte einem keltischen Elitekrieger in Britannien. Er stammt aus dem 2. Jh. v. Chr. und war vermutlich für Zeremonien und nicht für den Kampf gedacht.

EROBERUNG
und RITTERTUM

Die Kriegführung des Mittelalters war in einem Großteil Eurasiens von der Kavallerie bestimmt. Ein hoch angesehener Krieger war erklärtermaßen ein Reiter. Im Byzantinischen Reich bildeten im 6. Jh. die Kataphrakten, schwer gepanzerte Kavallerie, den Kern des Heeres. Die arabischen Armeen, die im 7. und 8. Jh. durch den neuen islamischen Glauben inspiriert im Osten bis Afghanistan und im Westen über Nordafrika bis nach Spanien vordrangen, waren Reiterheere. Und der gepanzerte Ritter des westeuropäischen Mittelalters ist in der Militärgeschichte eines der Sinnbilder für den Kämpfer schlechthin.

TÜRKEN UND MONGOLEN

Die berittenen Kämpfer mit dem beständigsten Erfolg entstammten im Mittelalter den rauen Nomadenvölkern Zentralasiens. Mit dem Kompositbogen als Hauptwaffe besiegten sie wiederholt die weniger beweglichen Armeen der sesshaften Zivilisationen. Sowohl die türkischen Seldschuken, die 1071 das byzantinische Heer bei Mantzikert vernichteten, wie auch die Jurchen, die im folgenden Jahrhundert den Nordteil des chinesischen Song-Reiches eroberten, waren asiatische Reiter. Die berühmtesten dieser Steppenkrieger waren freilich die Mongolen, die ihre erstaunlichen Eroberungen im frühen 13. Jh. unter Dschingis Khan begannen.

Schlacht bei Hastings
Das normannische Heer, das am 14. Oktober 1066 bei Hastings die Angelsachsen besiegte, setzte sich ausgewogen aus Kavallerie und Fußvolk zusammen. Die schwere Reiterei hatte noch nicht das Ansehen der mittelalterlichen Ritter: Sie bestand aus Berufssoldaten, die sich ein eigenes Schlachtross leisten konnten.

Als dessen Enkel Kubilai Khan 1294 starb, beherrschten die Mongolen ganz China und Zentralasien sowie Teile des Nahen Ostens und Osteuropas. Westeuropa entkam der Eroberung allein durch seine Entfernung, doch als die mongolischen Reiter 1241 vor Liegnitz gegen christliche Ritter kämpften, wurden die Ritter vernichtend geschlagen.

DAS CHRISTLICHE EUROPA

Im frühen Mittelalter war Westeuropa eine vergleichsweise rückständige Region und wurde von germanischen Völkern beherrscht, deren Militärsystem auf der Stammeshorde beruhte. Es wurde das Ziel aggressiver Überfälle und auch der Siedlung von Moslems, Madjaren und Wikingern. Die Franken, die sich im 9. Jh. als Nachfolger des Weströmischen Reiches sahen, hatten Mühe, ihre christliche Herrschaft zu verteidigen, und setzten mehr auf kulturelle Absorption als auf militärische Macht. Die gefürchteten Wikinger gingen Ehen ein und nahmen die französische Sprache an. Als Normannen, die sich nicht von anderen christlichen Kriegern unterschieden, eroberten sie im 11. Jh. das angelsächsische England sowie Sizilien und Süditalien.

EDLE RITTER

In diesem Jahrhundert entstand im mittelalterlichen Europa der gepanzerte Ritter als Elitekrieger. Der besondere Status des Ritterstandes wurde in einer öffentlichen Zeremonie verliehen und durch einen Kodex der Ritterlichkeit untermauert. Die Ritter sahen den Nahkampf mit Lanze und Schwert als einzige ehrbare Kampfform an, sie profitierten von Fortschritten in der Metallverarbeitung, die sehr wirksame Klingenwaffen und Plattenpanzer hervorbrachte. Auf dem ersten Kreuzzug (1096–1099), einem heftigen Angriff auf die muslimische Herrschaft im östlichen Mittelmeerraum, waren manche der europäischen Ritter in Ritterorden wie den Tempelrittern oder Hospitalitern organisiert, die Mönchsorden zum Vorbild hatten. Dass sie das Kreuz trugen, hinderte die Kreuzfahrer jedoch 1204 nicht, das christliche Konstantinopel zu plündern. Gegen Ende des 13. Jh. wurden die Kreuzfahrer aus Palästina vertrieben, an den Grenzen des christlichen Europas gab es jedoch weiterhin Kreuzzüge.

INFANTERIE UND FEUERWAFFEN

Da auch die christlichen Staaten innerhalb Europas fast ständig Kriege gegeneinander führten, wurde der Kontinent ein Versuchsgelände für Kampfweisen und Waffentechnik. Zwar wurde der Ritter als einzig wahrer Krieger angesehen, doch führte die Suche nach Erfolg auf dem Schlachtfeld zur Entwicklung effektiverer Einsatzmöglichkeiten für die Infanterie. Am wirksamsten zeigten sich mit Piken oder Hellebarden bewaffnete Fußsoldaten aus den niederen Schichten, dazu Schützen mit Armbrust oder Langbogen. Feuerwaffen

wurden auf einem europäischen Schlachtfeld wahrscheinlich erstmals 1346 bei Crécy eingesetzt; Weiterentwicklungen bei der Pulverherstellung und im Metallguss verbesserten die Kanonen. In der zweiten Hälfte des 15. Jh. beendete die Kombination aus Feuerwaffen und besserer Infanterie die Vorherrschaft der gepanzerten Kavallerie auf den europäischen Schlachtfeldern.

SEPARATE ENTWICKLUNGEN

In anderen Teilen der Welt nahmen militärische Entwicklungen eigene Wege. In Japan ähnelten die Samurai den mittelalterlichen Rittern, auch ihr Verhalten war theoretisch durch einen Kodex (Bushido) geregelt. Doch führten die Samurai keine berittenen Massenangriffe mit Lanzen durch, nutzten aber ursprünglich den Bogen als Hauptwaffe.

In Mittel- und Südamerika war eine andere Art der Kriegführung entstanden. Es gab keine Pferde, daher kämpfte man zu Fuß, fast ausschließlich mit Waffen aus Holz oder Stein. So hatten sich fortschrittliche Reiche entwickelt, die jedoch im 16. Jh. gegen die mit Pulver und Pferd einfallenden Europäer nicht bestehen konnten.

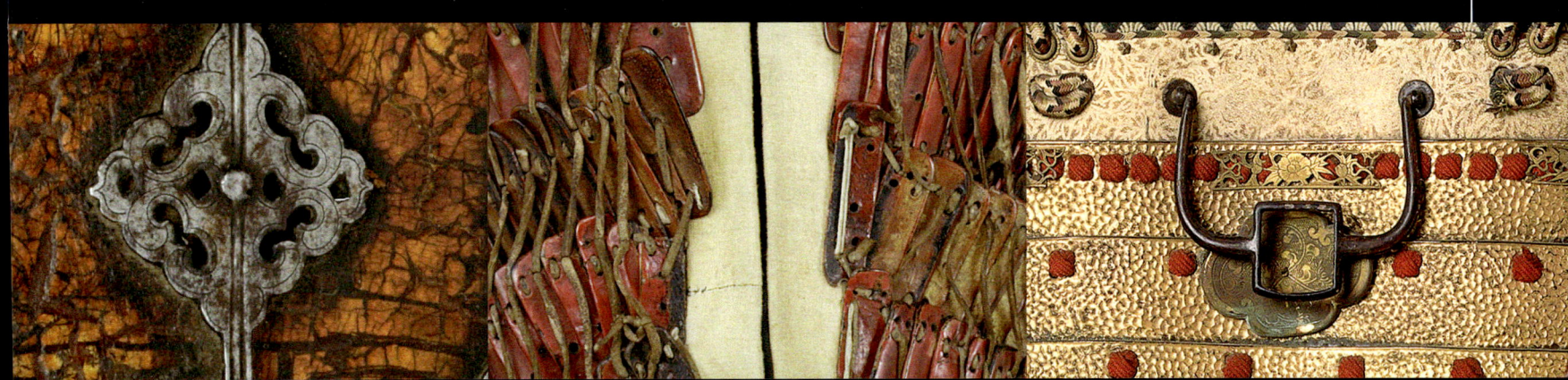

WIKINGER

» DIE HEIDEN AUS DEN NÖRDLICHEN GEBIETEN
KAMEN ÜBER DAS MEER NACH BRITANNIEN
WIE STECHENDE HORNISSEN UND BREITETEN
SICH AN ALLEN SEITEN WIE FURCHTBARE WÖLFE AUS,
RAUBTEN, RISSEN UND MORDETEN ... «

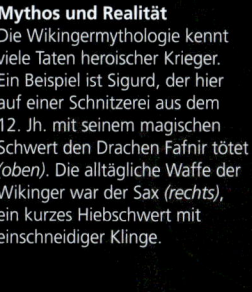
Mythos und Realität
Die Wikingermythologie kennt viele Taten heroischer Krieger. Ein Beispiel ist Sigurd, der hier auf einer Schnitzerei aus dem 12. Jh. mit seinem magischen Schwert den Drachen Fafnir tötet *(oben)*. Die alltägliche Waffe der Wikinger war der Sax *(rechts)*, ein kurzes Hiebschwert mit einschneidiger Klinge.

W ikingkrieger aus Skandinavien werden erstmals im späten 8. Jh. als seefahrende Räuber erwähnt, die die Bevölkerung der Küsten und Inseln Westeuropas in Angst und Schrecken versetzten. Im Laufe der Zeit weiteten sich die Überfälle zu Eroberungszügen und permanenten Siedlungen aus. Die Wikinger gelangten bis nach Nordamerika und über die russischen Flüsse ins Schwarze Meer. Entscheidend für den Erfolg waren die hervorragenden Langschiffe und die Kühnheit ihrer maritimen Unternehmungen, aber auch ihre Kampfstärke an Land.

———◆———

Warum aus den Bauern- und Fischergemeinschaften Skandinaviens plötzlich eine Plage für die angelsächsischen Königreiche Englands und für das Frankenreich wurde, ist nicht sicher. Als wahrscheinlichste Erklärung gilt, dass in den übervölkerten Küstengemeinschaften nur der älteste Sohn den Besitz des Vaters erbte, sodass jüngere Geschwister, die am Ort kein Auskommen hatten, ihr Glück jenseits des Meeres suchten. Die ersten Überfälle unternahmen vielleicht einige Gruppen aus benachbarten Dörfern, die nach Handelswaren suchten, vor allem nach Silber und Sklaven. 40 Bewaffnete reichten aus, um ein englisches Küstendorf oder ein einsam gelegenes Kloster zu überrennen. Im 5. Jh. n.Chr. hatte die angelsächsische Invasion Englands ganz ähnlich begonnen: Aus kleinen Gruppen wurden wesentlich größere Invasionsarmeen.

Die erste dokumentierte Landung der Wikinger in England fand vermutlich 787 statt, entwickelte sich jedoch – obwohl Blut vergossen wurde – nicht zu einem Überfall. Der Schrecken des ersten bekannten Überfalls wird in den Schriften der Mönche und Gelehrten lebhaft beschrieben. 793 überfielen und plünderten Wikinger das Kloster Lindisfarne, ein berühmtes Zentrum christlicher Lehre auf einer Insel vor der Küste Northumbrias, mit

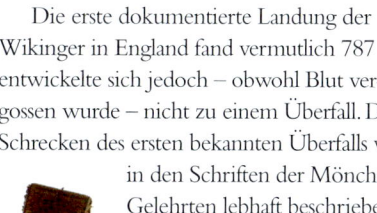
Schwedischer Wikingeranhänger
Bei den Überfällen erbeutetes Silber wurde häufig eingeschmolzen und zu persönlichem Schmuck verarbeitet.

sagenhafter Jähheit und Gewalt. Der Gelehrte Alkuin schrieb an Ethelred, den König Northumbrias: »Nie zuvor hat man solchen Schrecken gesehen, den wir jetzt von einer heidnischen Rasse erlitten haben.« Simeon von Durham, ein späterer Chronist, beschrieb, wie die Angreifer einige Mönche töteten, andere »in Fesseln« mitnahmen und das Kloster seiner beträchtlichen Schätze beraubten. Angesichts der Gold- und Silberbeute und der Gefangenen, die man als Sklaven verkaufen konnte, sahen die norwegischen Wikinger den Überfall sicher als großen Erfolg an.

ERWEITERTE HORIZONTE

Bis um 830 blieben die Überfälle sporadisch: kleine Blitzüberfälle, die mehr Piraterie ähnelten als Krieg. Dann jedoch unternahmen dänische Wikinger ausgedehntere Operationen gegen Südengland, die Niederlande und die französische Küste. So wurde Antwerpen 836 verwüstet, Nantes 843. 845 führte ein Krieger Ragnar eine Flotte die Seine aufwärts, vertrieb ein fränkisches Heer und plünderte Paris. Die Fahrten wurden immer ehrgeiziger: Mindestens eine Flotte umrundete Spanien und verwüstete den westlichen Mittelmeerraum, eine andere erreichte das Schwarze Meer über die russischen und ukrainischen Flüsse und tauchte vor den Mauern Konstantinopels auf.

SAX UND SCHEIDE

Entscheidend für den Erfolg der Wikinger war ihre Fähigkeit, an einem unerwarteten Punkt Kräfte viel schneller zu konzentrieren als die Verteidiger. Mit ihren Langschiffen konnten sie überall landen, indem sie die Schiffe einfach am Strand auflaufen ließen. Zwar errichteten Franken und Angelsachsen Wachtürme, um nach Wikingern Ausschau zu halten, doch reichte die Zeit kaum für einen nennenswerten bewaffneten Widerstand. Mussten sich die Wikinger eilig zurückziehen, halfen ihnen ihre symmetrischen Schiffe mit einem Bug an jedem Ende, die nicht erst gewendet werden mussten. Das Vordringen über Flüsse ins Landesinnere verlief mit Ruderkraft langsamer, vermutlich wurden die Schiffe auch kurze Strecken über Land befördert, um seichte Stellen und andere Hindernisse zu umgehen. Dadurch hatten die Verteidiger bessere Möglichkeiten, ein Heer aufzustellen. Mit etwa 50 Mann pro

Zeichen der Treue
Mitunter zeichneten die Anführer von Wikingerhorden besonders treue Gefolgsleute mit schweren silbernen Armreifen aus. Durchlebte der Krieger später harte Zeiten, konnte er Stücke davon abbrechen.

Dekorative Inschriften im Runenalphabet, das auch als »Futhark« bekannt ist

Schiff und vielleicht 100 bis 200 Schiffen bei einem größeren Angriff wie 845 auf Paris hatten die Wikinger jedoch gute Chancen, alle Kräfte zu besiegen, die sich ihnen entgegenstellten.

GEMEINSAMES VORGEHEN
Die grundlegende Kampfeinheit der Wikinger bei ihren Überfällen war die Kriegerhorde, eine Gruppe Abenteurer unter der Führung eines anerkannten Kriegers, der seinen Mut und seine Fähigkeiten bewiesen hatte. Junge Männer ohne eine aussichtsreiche Zukunft bewarben sich um die Aufnahme in eine erfolgreiche Horde. Indem man sich als wild, unbarmherzig und furchtlos

erwies, konnte man innerhalb der Gruppe Akzeptanz finden und schließlich sogar in den inneren Kreis des Anführers aufsteigen. Der Anführer wiederum hatte für Kampf und Beute zu sorgen, um sich der Loyalität seiner Gefolgsleute zu versichern und gegen konkurrierende Horden zu bestehen. Jährliche Raubzüge sicherten den Nachschub an Beute, von der die Männer lebten, und befriedigten ihren Drang nach Aufregung – denn zweifellos waren Kampf, Vergewaltigung und Massaker geradezu lebensnotwendig für die Wikinger. Gab es keine Außenstehenden anzugreifen, kämpften die Wikingkrieger gegeneinander. Herausforderungen zum Einzelkampf waren offenbar verbreitet, entweder um Statusstreitigkeiten zu regeln oder einfach, damit der Gewinner den Besitz des Verlierers beanspruchen konnte.

Aus dem Nichts
Der erste bekannte Wikingerüberfall in Britannien war die Plünderung des Klosters Lindisfarne 793. Der Angriff erfolgte ohne jegliche Vorwarnung.

DIE WELT DER WIKINGER

Von Wikingern bewohnt

Von Wikingern beeinflusst

Reise, Handelsweg oder Überfall der Wikinger

Wikingersiedlung

844   Jahr der Reise, des Überfalls oder der Siedlung

Grenzen um 1000

Fahrten der Wikinger
Norwegische Wikinger legten erstaunliche Entfernungen zurück und erreichten um 860 Island und um 1000 Nordamerika. Schwedische Wikinger folgten derweil den russischen Flüssen bis nach Konstantinopel und zum Kaspischen Meer.

Bildstein von Gotland
Der obere Teil dieses behauenen Steines aus dem 8. Jh. von der schwedischen Insel Gotland zeigt Krieger, die nach Walhalla gelangen. Das achtbeinige Pferd ist Odins Ross Sleipnir. Der untere Teil zeigt ein Langschiff der Wikinger.

Eine besondere militärische Ausbildung gab es bei den skandinavischen Völkern vermutlich nicht, grundlegende Fertigkeiten in Seefahrt und Kriegführung gehörten zum täglichen Leben. Durch Jagd, sportliche Betätigung und die Unsicherheiten des Wikingerlebens waren alle Männer in gewissem Maße mit der Handhabung von Waffen vertraut. So rät ein nordischer Text des 9. Jh.: »Trenne dich nie von deiner Waffe, wenn du aufs Feld gehst, denn du weißt nie, wann du deinen Spieß brauchen wirst.« Die geschickten skandinavischen Metallhandwerker fertigten hervorragende Hiebschwerter und Eisenäxte, sowohl langstielige, mit beiden Händen geführte als auch kürzere für eine Hand. Billiger und daher verbreiteter waren Spieße, Messer und Bogen. Zu seiner Verteidigung benötigte der Wikinger einen mit Metall beschlagenen runden Schild und – wenn er es sich leisten konnte – ein knielanges Kettenhemd und einen Metallhelm. Der durchschnittliche Wikinger musste sich wohl mit gepolsterter Leder- oder Fellbekleidung begnügen.

ÜBERFÄLLE WERDEN EROBERUNGEN

An Land versuchten die Wikinger, durch ihre Blitzüberfälle offene Schlachten zu vermeiden. Im Laufe der Zeit wurden aus einzelnen Überfällen jedoch verstärkt Siedlung und Eroberung, damit waren Kämpfe nicht mehr vermeidbar. Ab etwa 840 begannen die Kriegerhorden, in befestigten Lagern zu überwintern, so auf der Ile de Noirmoutier an der Westküste Frankreichs, im irischen Dublin und auf der Isle of Thanet an der Küste Südostenglands. Einige dieser Lager wurden dauerhafte Stützpunkte. 865 etablierte sich eine in der Angelsächsischen Chronik als »große Heidenschar« bezeichnete dänische Gruppe in East Anglia und begann mit einer Reihe von Feldzügen, bei denen die Dänen in den folgenden Jahrzehnten Siege über die Königreiche Northumbria, East Anglia und Mercia errangen. Das von den Invasoren hart bedrängte Königreich Wessex überlebte. 885 belagerte ein Wikingerheer Paris fast ein Jahr lang, bis Karl der Dicke, König der Franken und Kaiser des Heiligen Römischen Reiches, sich freikaufte. Die dauerhafte Präsenz der Nordmänner erkannten die Franken 911 an, als sie ihnen die spätere Normandie als Lehen überließen. Im Osten errichteten andere Wikingergruppen Reiche um Nowgorod und Kiew.

Die Kräfte der Wikinger hatten immer noch einen starken Kern aus Kriegerhorden, doch gab es bei größeren Einheiten nicht wenige einfache Bauern und Handwerker, die für eine Kampfsaison verpflichtet wurden. Pferde hatten die Wikinger immer besessen – und sie mitunter sogar auf den Schiffen der Stoßtruppen mitgeführt.

Schiffsbug
Die Langschiffe hatten hohe, geschwungene Vorder- und Achtersteven, die häufig mit geschnitzten Drachen verziert waren und die Überfallenen zusätzlich ängstigten.

» DIE ZAHL DER SCHIFFE NIMMT ZU, DIE ENDLOSE FLUT DER WIKINGER STEIGT … SIE ÜBERRENNEN ALLES VOR IHNEN, UND KEINER KANN GEGEN SIE BESTEHEN. «

ERMENTARIUS, FRÄNKISCHER MÖNCH

Kampfweisen und Bewaffnung
Die Hauptwaffen der Wikinger waren Spieße und mit großer Kraft geschwungene Äxte. Schwerter, in der Regel die Waffen der Anführer, wurden von geschickten Schmieden hergestellt, sie spielten eine wichtige Rolle in der nordischen Mythologie. Die Schnitzerei *(ganz rechts)* zeigt eine Episode aus der Sigurdsaga: Das Schwert Gram wird zur Probe gegen einen Amboss geschlagen.

Viel eher trieben sie jedoch in den angegriffenen Gebieten die vorhandenen Pferde zusammen und setzten sie für ihre eigenen Zwecke ein. Die Wikinger kämpften nicht vom Sattel aus, nutzten die Pferde aber, um beweglicher zu sein. Der Übergang vom Überfall zur Eroberung minderte nicht die Vorliebe der Wikinger für Mobilität und Überraschung. Auf ihren Feldzügen in England gegen König Alfred von Wessex 877–878 nutzten sie Schiffe und Pferde für die rasche Verlegung von Männern in besetzte angelsächsische Gebiete, sodass Alfred ohne eine Schlacht in undurchdringlichen Marschen Zuflucht suchen musste.

SCHLACHTFORMATION

Wurden die Wikinger zur offenen Schlacht gezwungen, formierten sie sich zu Fuß; wahrscheinlich bildete eine Reihe Männer Schulter an Schulter einen Schildwall, dabei ragten die Spieße aus den kleinen Lücken zwischen den Schilden. Die Elitekrieger mit ihrer Panzerung und den schwereren Waffen standen nahe bei ihrem Anführer, dessen Banner hinter der Front wehte. Die Schlacht begann immer mit einem Geschosshagel, die Bogenschützen bildeten einen wichtigen, aber selten erwähnten Teil der Wikingerheere. Plänkler schleuderten Speere oder kleine Äxte, vermutlich nutzten sie auch Schleudern. Irgendwann griff die eine oder andere Seite an.

In der Schlacht bei Edington 878 gelang es der dänischen Armee Guthrums offenbar nicht, den Schildwall der Angelsachsen zu durchbrechen, sie wurde aufgerieben und musste schließlich das Feld verlassen. Brachen die Angreifer jedoch durch, löste sich die Schlacht in eine Reihe erbitterter Kämpfe Einzelner oder kleiner Gruppen auf.

WIKINGERSIEDLUNGEN

Als die von den Wikingern beherrschten Gebiete in England, Irland und Nordfrankreich immer weiter wuchsen, wurden viele Krieger mit Landschenkungen belohnt, die Zahl der Überfälle und Eroberungszüge nahm ab. Die Wikinger heirateten Frauen aus der örtlichen Bevölkerung; in der Normandie, in Mittel- und Nordengland und im Gebiet um Dublin gab es lange Perioden friedlicher Koexistenz. Weit abgelegene Wikingerkolonien in Island hatten andere Probleme: Es gab keine eingeborene Bevölkerung und damit auch keine Frauen, diese mussten erst

Würfelbecher
Archäologische Funde zeigen, dass die Wikinger genau die Interessen hatten, die man von einer Kriegerrasse erwartet: Trinken und Spielen.

ins Land geholt werden. Neuere genetische Untersuchungen haben gezeigt, dass die Vorfahrinnen heutiger Isländer fast ausnahmslos Irinnen waren.

Trotz der Gründung von Kolonien und Städten gaben die Wikinger ihre kriegerische Kultur nicht auf. Ihre Heere versetzten die benachbarten Reiche der Angelsachsen und Franken immer noch in Angst und Schrecken. Im Nahkampf waren Wikinger mächtige Gegner. Ihre robuste Gesundheit und meist kräftige Statur war zum Teil der Ernährung in ihrer skandinavischen Heimat geschuldet. Im Kampf schwangen sie ihre großen Schwerter und Äxte mit einer Energie, die Körperstärke und Ausdauer voraussetzte.

DIE BERSERKER

Die Kultur der Wikinger stärkte auch mental die Verpflichtung des Kriegers zum Kampf. Der Odinkult um den einäugigen Gott des Krieges betonte, wie wichtig für den Krieger der Tod in der Schlacht gegenüber dem beschämenden Tod im Bett ist. Die eifrigsten Anhänger Odins waren die »Berserker«. Die Existenz dieser wilden Krieger wird zwar von einigen Historikern bestritten, ist aber in der nordischen Literatur gut belegt. Allerdings entstanden viele Beschreibungen erst 300 Jahre nach den Ereignissen. Offenbar kämpften die Berserker nur mit einem Bären- oder Wolfsfell bekleidet und steigerten sich vor dem Kampf in eine tranceartige Rage. In diesem Zustand waren sie angeblich gegen Schmerzen immun und unkontrollierbar aggressiv. Ein Text beschreibt sie als »wild wie Hunde oder Wölfe« und »stark wie Bären oder wilde Stiere«. Vor der Schlacht kauten sie an den Rändern ihrer Schilde und stießen Gebrüll und Knurren aus.

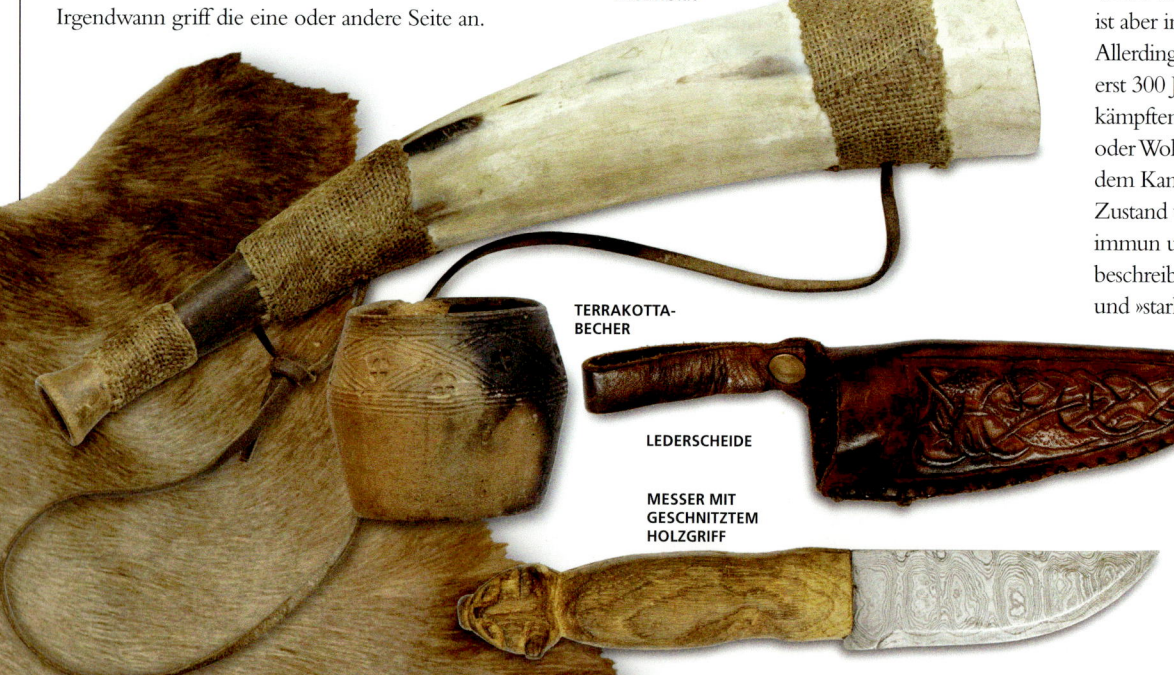

JAGDHORN

TERRAKOTTA-BECHER

LEDERSCHEIDE

MESSER MIT GESCHNITZTEM HOLZGRIFF

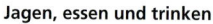

Jagen, essen und trinken
Diese Repliken archäologischer Funde zeigen, dass die Handwerker Alltagsgegenstände ebenso verzierten wie Waffen und Schmuck. Das Flechtmuster auf der ledernen Scheide ist ein verbreitetes Motiv.

Wir erfahren, dass sie »Menschen mit einem einzigen Schlag töteten« und »weder durch Feuer noch durch Eisen« verletzt wurden. Das Verhalten der Berserker wurde möglicherweise durch die Einnahme von Drogen oder großer Mengen Alkohols verursacht; sicher war es schwierig, sie auf dem Schlachtfeld effektiv einzusetzen. Und obwohl ihr Kult an manchen Orten verboten war, heißt es von einigen Anführern, dass sie Berserker als Leibwächter oder in der Schlacht als Stoßtruppen eingesetzt haben.

Das objektivste Zeugnis für die Qualität der »normalen« Wikingkrieger war vielleicht ihr Einsatz als Söldner im Byzantinischen Reich. Sie zeichneten sich in Kämpfen bis hin nach Syrien derart aus, dass vom späten 10. Jh. an aus ihnen die kaiserliche Eliteeinheit der Warägergarde gebildet wurde. Die Byzantiner verhielten sich den fremden Söldnern gegenüber herablassend und bezeichneten sie als »Axt tragende Barbaren«. Ihre Trunkenheit erstaunte ihre kultivierten Gastgeber ebenso wie ihre Wild-

Thors Hammer
Kleine Silberanhänger in der Form von Thors Hammer trugen viele Wikinger als religiöse Amulette. Thor, der nordische Gott des Donners, war der Sohn von Odin, dem Gott des Krieges.

heit im Kampf. Aber sie wurden gerade wegen ihrer Kraft und Treue gepriesen und oft großzügig belohnt.

SPÄTERE EROBERUNGEN DER WIKINGER

Nach relativer Ruhe während des 10. Jh. lebte die Macht der Wikinger ab etwa 980 wieder auf. Das angelsächsische Britannien litt unter den aggressiven Raubzügen des schrecklichen Olaf Trygvas-

son, denen Anfang des 11. Jh. die Eroberung folgte, mit der der norwegische König Knut Herrscher von England wurde. Zeitweise herrschte Knut dazu auch über Dänemark, doch war dies die letzte Blüte des wikingischen Einflusses. 1066 fiel der norwegische König Harald Hardrada, ein hervorragender Krieger, der auch in Konstantinopel in der Warägergarde gedient hatte, in Britannien ein, um seinen Thronanspruch zu bekräftigen, wurde jedoch bei Stamford Bridge vom angelsächsischen König Harold geschlagen. Ironie der Geschichte: Wenige Wochen später unterlag Harold in der Schlacht bei Hastings den Normannen, Nachkommen der Wikinger, die inzwischen die französische Sprache und Kultur angenommen hatten.

» DU WARST GUT IM SCHILDKRIEG, KRIEGERKÖNIG; BRAUN WAR DAS FLEISCH DER DEM BLUTVOGEL DARGEBRACHTEN: IM GEMETZEL SIEGTEST DU, HERR, MIT DEINEM WOHLBEKANNTEN SCHWERT ... «

KNYTLINGA-SAGA ÜBER DEN IN ENGLAND KÄMPFENDEN KÖNIG KNUT, WAHRSCHEINLICH UM 1250 NIEDERGESCHRIEBEN

Ruhestätte der Krieger
Die Begräbnisstätte bei Lindholm Høje in Norddänemark umfasst über 700 Gräber aus der Zeit von etwa 700 bis 1000. Die Leichen wurden eingeäschert, aber die Grabbeigaben zeigen, dass die schiffsförmigen Steinsetzungen die Gräber der Männer markierten.

Mit Kinnriemen gesicherter Helm

Vorn quer getragener Sax

Links getragenes Schwert

WIKINGERRÜSTUNG

Die Kleidung der Wikingerkrieger reichte von der sehr einfachen bis zur umfassenden Ausrüstung. Die Ärmeren mussten mit einer Schutzbekleidung aus gepolstertem Leder auskommen, obschon Rentierleder angeblich wirksamer war als Kettengeflecht. Letzteres ist in der Herstellung sehr aufwendig, vor allem bei einzeln vernieteten Ringen. Kettenhemden waren sehr schwer, aber auch schwer zu durchdringen. Helme erforderten immenses Geschick in der Herstellung und waren in verschiedenen Stilen verbreitet, darunter mit »Brillenvisier«. Die populäre Vorstellung vom Wikingerhelm mit Hörnern oder Flügeln ist jedoch Fiktion.

Untertunika und gepolstertes Oberteil
Ärmere Wikinger trugen zuweilen nur eine Untertunika. Das gepolsterte Oberteil bestand aus zwei mit Rosshaar ausgestopften Lederschichten. Es wurde auf dem Rücken geknöpft, damit zwischen den Befestigungen keine Pfeile eindringen konnten.

Steppnähte verhindern das Verrutschen der Polsterung.

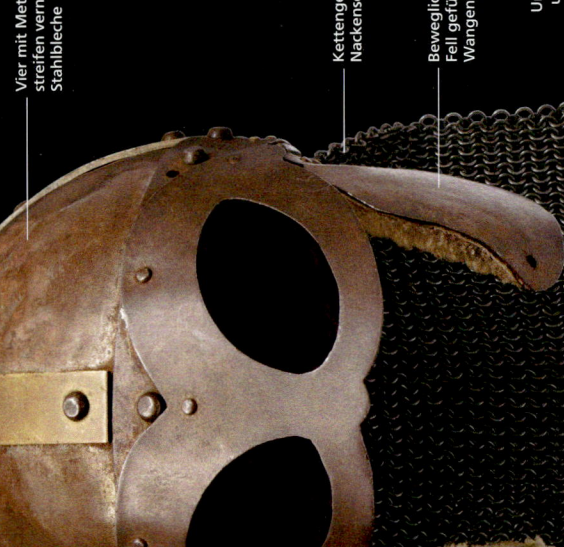

Vier mit Metallstreifen vernietete Stahlbleche

Kettengeflecht als Nackenschutz

Bewegliche, mit Fell gefütterte Wangenklappen

Untertunika aus ungebleichtem Leinen

Giermundbu-Helm
Die Wangenklappen dieses typischen Helms, auch Brillenhelm genannt, wurden mitunter nach oben gebunden, was vielleicht zur Vorstellung der gehörnten oder geflügelten Wikingerhelme führte.

Löcher für Lederbänder, um die Klappen unter dem Kinn oder am Helm zu befestigen

Kettenhemd mit Lederpolsterung

Kettenhemd

Aus langen Metallstreifen gezogener Draht wurde stramm um einen Metallstab gewickelt. Dann nahm man die Spirale ab und zerschnitt sie in einzelne Ringe. Ein Kettenhemd konnte etwa 14 kg wiegen.

Gürtel und Tasche

Replikat eines im norwegischen Gokstad gefundenen Gürtels. Die Taschen waren wahrscheinlich kleiner als dieses Exemplar. Man nimmt an, dass die Axt mit dem Stiel in den Halter gesteckt und mit einem Lederschutz am Verrutschen gehindert wurde.

Axthalter

Vorratstasche

Haithabu-Schuhe

Replikate von in Haithabu gefundenen halbhohen Stiefeln. Schuhe wurden vermutlich nach Maß gefertigt.

Schuhnägel bei diesem Replikat in Dreiergruppen

Einzeln vernietete Ringe

Hose

Diese Hose mit Kordeln zum Zuziehen wurde mit einer Übertunika getragen. Ärmere Männer trugen vielleicht nur eine lange Übertunika und umwickelten die Beine.

Ungebleichtes Leinen

WIKINGERWAFFEN

Je nach der Metallmenge, die sie sich leisten konnten, verwendeten die Wikinger eine ganze Reihe von Waffen. Am gebräuchlichsten waren Spieße, da ihre Spitzen nur wenig Metall erforderten und sich die Schäfte bei Bedarf einfach ersetzen ließen. Eine einfache Axt hatten auch ärmere Bauern im Haus. Schwerter dagegen waren von hohem Wert, nur die erfolgreichen Räuber besaßen sie und reichten sie von einer Generation zur nächsten weiter. Als Zeichen von Status und Reichtum wurden Waffen häufig verziert.

ZWEISCHNEIDIGES SCHWERT

Typischer dreieckiger Knauf

Geflochtener Ledergriff

Lederscheide mit Runen-verzierung

SCHEIDE UND SCHWERTGURT

Bronze-schnalle

Lederner Schwertgurt

ZWEISCHNEI-DIGES SCHWERT

Geteilter Knauf

Mit Leder umwickelter Griff

Silbernes Mundblech

Zwei-schneidige gehärtete Stahlklinge

Schwerter
Die Klingen waren geschmiedet aus ineinander gewundenen Metall-streifen, die mehrfach erhitzt und gehämmert wurden, um die Festigkeit zu erhöhen. Die Scheiden wurden links getragen, sodass der rechtshändige Krieger das Schwert leicht vor dem Körper ziehen konnte.

Äxte
Sie reichten von kleinen Streitäxten, die auch für den Haushalt geeignet waren, bis zur beidhändig geführten Breitaxt, die bei blitzartigen Überfällen zum Einsatz kam, da die Wikinger nicht gleichzeitig einen Schild halten konnten.

Klinge zeigt Muster der Feuerschweißung.

Gehärtete Stahlklinge

DÄNENAXT

Der Axtstiel entsprach der Körpergröße des Mannes, der sie mit beiden Händen schwang.

STREITAXT

Stiel aus Hartholz, z. B. Elbe oder Esche

KURZER BODKIN-PFEIL

KAVALLERIE-PFEIL

PFEIL MIT WIDERHAKEN

GEGABELTER PFEIL

BRAND-PFEIL

Kompakte Spitze, um Kettengeflecht zu durchdringen

Breitere Spitze zum Schießen auf Pferde

Spitze mit Wider-haken erschwerte das Herausziehen.

Vermutlich auf Segel oder Tauwerk abgeschossen

Teergetränktes Leinen wird entzün-det, um beim Auf-treffen brennenden Teer zu verspritzen.

Pfeile
Form und Größe der Pfeilspitzen variierten stark, die Schäfte waren etwa 70–80 cm lang. Verschossen wurden die Pfeile mit Bogen aus Esche, Ulme oder Eibe, sie hatten eine Reichweite von etwa 200 m.

Blattförmige Spitze aus gehärtetem Stahl

Spieße
Spieße wurden eher gestoßen als geschleudert. Die Wikinger setzten kleinere Wurfspeere ein, von denen sie drei mitführten, ebenso eine Axt zur Verteidigung nach den Speerwürfen.

Seehundfell

Runde Schilde
Sie bestanden aus Lindenholzbrettern, die miteinander verbunden, mit ungegerbtem Leder umfasst und schließlich bemalt wurden.

Zweischneidige Stahlklinge mit gerundeter Spitze, eher für Hiebe als Stöße geeignet

Axt wurde auf dem gegnerischen Schild eingehakt, um ihn wegzuziehen.

Bart der Klinge blieb stumpf, um im gegnerischen Schild nicht stecken zu bleiben.*

Sax
Vorrangig als Werkzeug, aber auch als Waffe eingesetzt, wurde der Sax vor der Taille getragen. Die größere Version wird Langsax genannt und schwertartig geführt.

Griff aus Geweih

Lederschlaufen, um den Sax an den Gürtel zu hängen

Lederscheide mit Bronzeeinfassung

Verzierung zeigt Ormagundr, den Großen Wurm, der häufig als Drache missdeutet wird.

HAKENAXT

Viele Wikinger gaben ihren Waffen Namen.

LANGSCHIFF DER WIKINGER

Das Langschiff war ein schnelles, robustes und vielseitiges militärisches Transportmittel. Gesegelt oder gerudert konnte es die offene See überqueren, wegen seines geringen Tiefganges aber genauso Flüssen landeinwärts folgen oder auf den Strand gezogen werden. Die hier gezeigte *Havhingsten fra Glendalough* (*Seehengst von Glendalough*) ist der Nachbau eines in den 60er-Jahren des 20. Jh. im dänischen Roskilde-Fjord ausgegrabenen Originals.

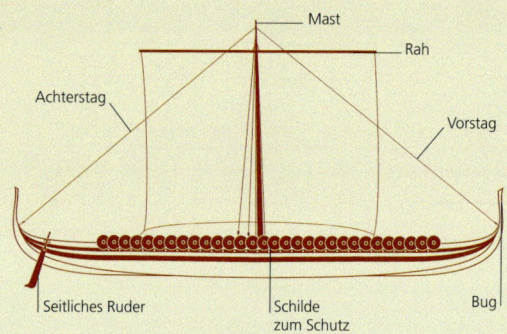

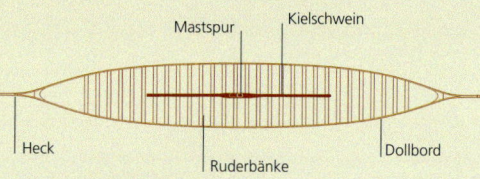

Langschiff-Profil
Die gestreckte, schlanke Form des Langschiffes war auf Geschwindigkeit ausgelegt. *Skuldelev 2* war etwa 30 m lang, aber nur 3,8 m breit. Der Tiefgang betrug weniger als 1 m.

Skuldelev 2, das Vorbild des *Seehengstes*, wurde mit vier weiteren Schiffen Ende des 11. Jh. absichtlich versenkt. Man wollte damit die Einfahrt in den Fjord blockieren und so die damalige dänische Hauptstadt Roskilde gegen Angriffe von See her schützen. Untersuchungen des Eichenholzes zeigten, dass das Schiff um 1042 in der Nähe von Dublin, einer großen Wikingersiedlung, gebaut worden war.

Das Langschiff hat an beiden Enden einen Bug und wird mit einem seitlichen Ruder gesteuert. Der Rumpf ist geklinkert, d.h., die Planken überlappen sich. Bei der Rekonstruktion wurden möglichst Werkzeuge, Verfahren und Material aus der Wikingerzeit verwendet; man benötigte das Holz von 300 Eichen. Nur ein reicher und mächtiger Mann konnte ein so großes Schiff ausrüsten, der Bau hätte einen ganzen Winter gedauert.

Zum Rudern des Langschiffes wären mindestens 60 Mann erforderlich gewesen. Ihre Muskelkraft hätte eine Dauergeschwindigkeit von 5–6 Knoten ermöglicht, bei gesetztem Segel und günstigem Wind hätte das Schiff sogar 15–20 Knoten erreichen können.

> »NIE ZUVOR HAT MAN SOLCHEN SCHRECKEN GESEHEN ... NOCH DACHTE MAN, DASS SO EIN EINFALL VON SEE HER MÖGLICH WÄRE.«
>
> **ALKUIN** ÜBER DIE PLÜNDERUNG VON LINDISFARNE 793

Land in Sicht
Vor dem Segelsetzen zu einem Raubzug warteten die Wikinger günstige Winde ab. Auf den strapaziösen Fahrten von Dänemark nach England bekamen sie kaum Schlaf, konnten die Strecke aber in etwa zwei Tagen zurücklegen.

Schild
Wenn sie auf eine feindliche Küste zu ruderten, nutzten die Wikinger ihre Schilde als Schutz. Man weiß aber nicht, wie die Schilde an der Schiffsseite befestigt wurden.

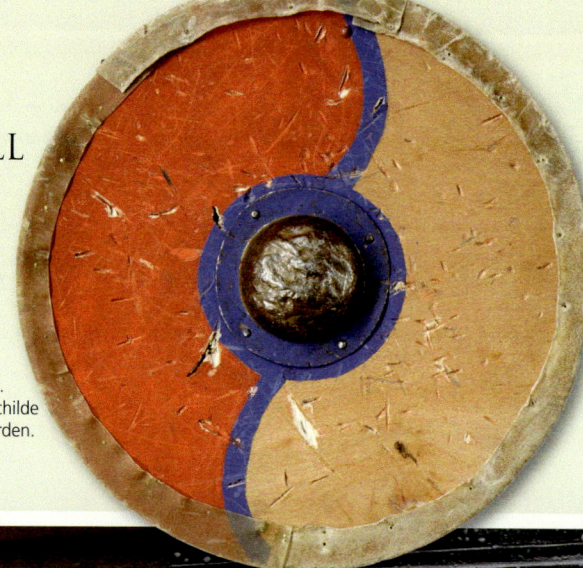

Klinkerkonstruktion
Die überlappenden Planken, auch Plankengänge genannt, sind mit Eisennägeln fixiert. Die weißen Deckel verschließen die Riemenöffnungen. Die Leinölfarbe enthält nur den Wikingern bekannte Bestandteile.

Unter Segel und mit Riemen
Das an der Klampe (*links*) festgemachte Tau ist eine der Schoten zum Bedienen der Rah (das Rundholz, an dem das Segel hängt). Wenn nur gesegelt und nicht gerudert wurde, verschloss man die Riemenöffnungen (*rechts*), damit kein Wasser eindrang.

Riemenöffnung und Spantholz
Die Riemenöffnungen waren so ausgebildet, dass sich de Riemen mitsamt Blatt hindurchschieben ließ. In Abstände an den oberen drei Planken befestigte hölzerne Spanten verstärkten den Rumpf.

Wetterfahne
Viele spätere Wikinger-schiffe trugen auf dem Vordersteven eine reich verzierte Wetterfahne aus vergoldeter Bronze.

Schnelles Schiff
Skuldelev 2 entstand auf dem Höhepunkt der wikingischen Schiffbautechnik. Die moderne Nachbildung *Havhingsten* ist mit einem 112 m² großen Segel ausgerüstet. Man nimmt an, dass sie damit und mit dem großartig stromlinienförmigen Rumpf eine Geschwindigkeit von 20 Knoten erreichen kann.

Horn
Die Wikinger verwendeten Signalhörner, um ihre Schiffe zusammenzurufen. Sie waren über große Entfernungen hörbar und bei Nacht und im Nebel besonders nützlich.

Riemen
Die Riemen aus Kiefernholz sind etwa 4,55 m lang, das Blatt ist nur 15 cm breit. Diese Breite erwies sich für das Rudern über große Entfernungen am effektivsten.

Mast und Mastfischung
Der Mast wurde in der Mitte des Schiffs in das Kielschwein eingesetzt, einen Balken auf dem Boden des Rumpfes, und auf Deckebene in der Mastfischung gehalten.

Sitzplätze
Die schmalen Bänke sehen zwar unbequem aus, ermöglichten es den Ruderern aber auf langen Fahrten, regelmäßig die Sitz-position zu verändern. Zwischen den Bänken war genug Platz für einen Mann, um sich hinzulegen und auszuruhen.

Vor der feindlichen Küste
Als Schutz gegen Speere und Pfeile befestigten die Wikinger ihre Schilde am Dollbord des Schiffes. Das kriegerische Aussehen der Schiffe muss jeden feindlichen Beobachter eingeschüchtert haben.

ANDERE KRIEGER DER WIKINGERZEIT

Die Überfälle und Siedlungen der Wikinger waren nur ein Aspekt einer Periode verbreiteter Unsicherheit in ganz Europa und im Mittelmeerraum nach dem Fall des Weströmischen Reiches. Im 7. Jh. konnten sich nicht einmal die byzantinischen Nachfolger Roms im Osten ein großes stehendes Heer leisten. Die Angelsachsen verließen sich nicht als Einzige auf eine kleine Gruppe

Vollzeitsoldaten, die von weitaus mehr zum Dienst Gezwungenen unterstützt wurde, die sich selbst ausrüsten mussten. Im 8. und 9. Jh. errichteten die Franken mithilfe ihrer schweren Kavallerie in Westeuropa ein beträchtliches, wenn auch brüchiges Reich. Als die herausragenden Kämpfer dieser Zeit erwiesen sich jedoch die Normannen, Französisch sprechende Nachkommen der Wikinger.

DIE ANGELSACHSEN

Nach der Übernahme der Macht in England im 5. Jh. n.Chr. führten die angelsächsischen Herrscher zunächst persönliche Kriegerhorden ganz nach germanischer Tradition. Beim Kampf gegen die Dänen (871–899) führte König Alfred die »Fyrd«, eine Armee regional Ausgehobener. Die örtlichen Edelleute waren als »Thegn« (Gefolgsmann) verpflichtet, sich auf Anforderung zum Dienst zu melden und eine angemessene Zahl freier Männer aus den niederen Schichten zu stellen, jeweils ausgerüstet mit einfacher Rüstung und einer Waffe. Die Fyrd stellte nicht nur Truppen für die Schlachten des Königs, sondern errichtete und bemannte auch befestigte »Burhs« für die lokale Verteidi-

gung. Im 11. Jh. verfügten die angelsächsischen Könige zudem über eine permanente Einheit aus Berufssoldaten, die »Huscarle«, die sie den Dänen abgeschaut hatten. Diese aus Steuern finanzierten Elitekämpfer bildeten als Eskorte und Gefährten des Königs auch den Kern seines Heeres.

Die meisten angelsächsischen Soldaten reisten zu Pferde, saßen zum Kampf jedoch ab. Die Huscarle waren mit Schwertern oder hervorragenden zweihändig geführten Äxten bewaffnet, ursprünglich eine Wikingerwaffe. Ein Großteil der Fyrd trug Spieße, die jeder Schmied einfach herstellen und ein ungeübter Mann leicht benutzen konnte. Auch Bogenschützen gehörten in der Regel zu den angelsächsischen Truppen, waren 1066 bei

Hastings aber nur spärlich vertreten. Auf dem Schlachtfeld bildeten die Angelsachsen in enger Formation einen Schildwall. Die Huscarle, die häufig von einem Schild- und einem Spießträger begleitet wurden, konnten mit einem Axthieb ein Pferd zu Fall bringen. Obschon vom langen Marsch aus Yorkshire, wo sie den Norwegerkönig Harald Hardrada besiegt hatten, erschöpft, waren die Angelsachsen bei Hastings gegen die normannischen Ritter noch sehr wirksam. Sie hätten die Schlacht vielleicht auch gewinnen können.

Letztes Gefecht
Eine Szene aus dem Teppich von Bayeux zeigt angelsächsische Huscarle in Ringelpanzern, die 1066 bei Hastings von normannischer Kavallerie angegriffen werden.

Rüstung, Waffen und Kleidung der Angelsachsen
Im 11. Jh. trugen Krieger in ganz Nordeuropa ähnliche Kettenhemden. Nur wohlhabende Angelsachsen hatten Schwerter.

ÜBERTUNIKA

KOPF-HAUBE

Sächsisches Kettengeflecht, dekorativer als das einfache der Wikinger

KETTENHEMD

Verzierter Bronzeknauf

Zweischneidige Klinge aus gehärtetem Stahl

SCHWERT UND SCHEIDE

Seitliche Einsätze, von den Wikingern übernommen

LEDER-GÜRTEL

Griff aus Geweih

Klinge diente als Werkzeug und Waffe.

Abgeflachte ovale Schnalle

Einfassung aus ungegerbtem Leder

Griff aus Knochen

PROVIANT-MESSER

SAX

Schild aus miteinander verbundenen Brettern

STIEFEL

SCHILD

DIE FRANKEN

Das germanische Volk der Franken errichtete nach dem Fall des Weströmischen Reiches in Gallien ein Königreich. Unter ihrem größten König, Karl dem Großen (herrschte 771–814), eroberten die Franken den größten Teil des christlichen Westeuropas und kämpften dabei in jährlichen Feldzügen an den Grenzen ihres Reiches gegen Sachsen, Dänen, Mauren und Awaren.

Die Masse der fränkischen Soldaten des 8. und 9. Jh. kam von Aushebungen. Alle freien Männer, die als wohlhabend genug angesehen wurden, um sich eine Rüstung und eine Waffe leisten zu können, hatten sich auf Anforderung des Königs unter ihrem lokalen Grafen zum Dienst zu melden. Wichtiger als diese Teilzeitsoldaten waren die ausgebildeten Krieger der schweren Reiterei. Sie bestand aus der persönlichen Garde des Königs und aus den Gefolgsleuten der Edelmänner, die ihre hohen Positionen im Reich als Ausgleich für den Militärdienst erhielten. Diese Adligen hatten zum Dienst nicht nur ein Gefolge voll ausgerüsteter Reiter mitzubringen, sondern auch einen entsprechenden Tross für die dreimonatigen Feldzüge.

Die fränkische Kavallerie trug Ringelpanzer sowie Schilde, ihre Hauptwaffen waren Lanze und Schwert. Den Erlassen Karls des Großen zufolge hatten die Reiter auch einen Bogen mitzuführen. In der berühmten Schlacht von Poitiers gegen die arabischen Invasoren im Jahr 732 kämpften die Franken zu Fuß, zur Zeit Karls des Großen jedoch zu Pferd. Sie verwendeten Steigbügel und einen hinten erhöhten Sattel, der ihnen genug Halt für den Einsatz der Waffen bot. Mit dieser Kampfweise nahmen sie den Ritter des hohen Mittelalters vorweg.

Fränkische Kavallerie
Der Angriff mit eingelegter Lanze (horizontal gehalten wie im Turnier) war eine Kampfweise des fränkischen Reiters; alternativ führte er die Waffe mit erhobenem Arm in einer Stichbewegung.

DIE BYZANTINER

Das Byzantinische Reich war die Fortführung des Römischen Reiches im Osten, seine Truppen folgten zunächst dem Modell des römischen Berufssoldaten. Im 7. Jh., als das Reich von muslimischen Arabern bedroht wurde, entwickelte sich eine neue militärische Organisation: Das Reich wurde in »Themen« genannte Militärbezirke aufgeteilt, denen jeweils ein General (»Strategos«) vorstand. Die Soldaten erhielten Land, um sich selbst zu versorgen, da das Reich sie nicht bezahlen konnte.

Ab dem 8. Jh. verließ sich Byzanz zunehmend auf die »Tagmata«, gemischte Infanterie- und Kavallerieregimenter, die direkt dem Kaiser unterstanden. Auch fremde Hilfstruppen und Söldner wurden verstärkt eingesetzt, darunter die berühmte Warägergarde. Die Elite bildeten die Kataphrakten, gepanzerte Reiter. Sie unterschieden sich von westeuropäischen Rittern, indem sie

Byzantinische Kataphrakten
Wie andere Panzerreiter des Mittelalters trugen die Kataphrakten den Schild außerhalb des Schlachtfeldes auf dem Rücken. Mitunter waren auch die Pferde gepanzert.

neben Schwertern und Lanzen auch Bogen führten; außerdem fehlte ihnen der besondere soziale Status des Ritterstandes. Typischerweise griffen die Kataphrakten mit ihren Lanzen in mehreren Wellen unterstützt von Pfeilhageln an mit dem Ziel, den Feind zu zermürben, statt in einem

einzelnen Massenangriff durchzubrechen. Anfang des 11. Jh. unter Basileos II., dem Bulgarentöter, war das byzantinische Heer eine der effektivsten Armeen der Welt. Allerdings erholte es sich nie mehr vollständig von der Niederlage gegen die seldschukischen Türken bei Mantzikert 1071.

DIE NORMANNEN

911 siedelte sich eine Wikingerhorde unter Rollo mit dem Einverständnis des fränkischen Königs Karl des Einfältigen in Nordfrankreich an, Rollos Nachkommen wurden Herzöge der Normandie. Mochten Mischehen mit anderen Bewohnern des Frankenreiches das skandinavische Blut der Normannen im 11. Jh. auch verdünnt haben, der Kriegergeist ihrer kühnen Vorfahren war noch wach. Die Normannen führten weite Eroberungszüge durch: Im Mittelmeer eroberten

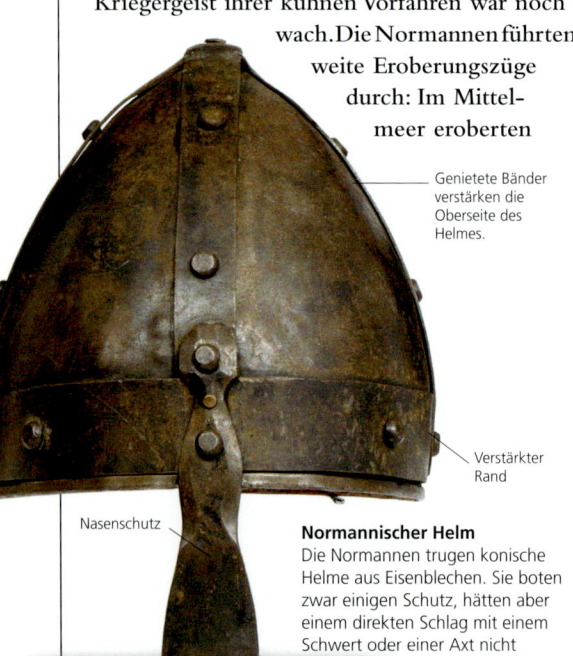

Genietete Bänder verstärken die Oberseite des Helmes.

Verstärkter Rand

Nasenschutz

Normannischer Helm
Die Normannen trugen konische Helme aus Eisenblechen. Sie boten zwar einigen Schutz, hätten aber einem direkten Schlag mit einem Schwert oder einer Axt nicht standhalten können.

der Abenteurer Robert Guiscard und seine Brüder Süditalien und Sizilien, nachdem sie 1053 bei Civitate die Armee von Heinrich III., Kaiser des Heiligen Römischen Reiches, besiegt hatten. Sie siegten wiederholt über die byzantinischen Griechen und drohten um 1080, Konstantinopel anzugreifen. Normannen waren auch beim ersten Kreuzzug führend, der 1099 den Muslimen Jerusalem entriss. Robert Guiscards Sohn Bohemund begründete und beherrschte das normannische Fürstentum Antiocheia in Nordwestsyrien. Doch die berühmteste Eroberung der Normannen war zweifellos die Englands, die Herzog Wilhelm dem Bastard und seinen Gefolgsleuten 1066 nach einer Invasion über den Ärmelkanal von der Normandie aus gelang.

KAMPFWEISEN

Zu einem normannischen Heer gehörten immer viele Fußsoldaten, darunter gepanzerte Infanterie mit Spießen, leichte Bogenschützen mit einfachen Bogen und eine kleinere Zahl Armbrustschützen. Doch die Creme der Normannen stellte die schwere Kavallerie dar. Diese Reiter hatten noch

Kreuzritter
Dieser mit einem Spieß bewaffnete Ritter trägt Helm und Schild eines Normannen. Der charakteristische lange wie ein Drachen geformte Schild ist mit einem Kreuz geschmückt, das den Ritter als Kreuzfahrer kennzeichnet.

nicht den sozialen Status des mittelalterlichen Ritters, sie waren einfach Berufssoldaten, die sich ein Schlachtross leisten konnten. Ein normannischer Ritter schloss sich einem Edelmann in der Hoffnung auf Belohnung durch den Sieg an. Erst nach der Eroberung Englands entwickelte sich ein umfassendes Feudalsystem, in dem Ritter ihrem Herrn – und damit dem König – für erhaltenes Land (»Fief«) Dienst schuldeten. Die Normannen waren geschickte Krieger, denn sie blieben in Übung. In der Normandie fanden ständig kleinere Auseinandersetzungen mit Überfällen und Belagerungen statt, die die Männer beschäftigten. Normannen waren ausgewiesene Burgenbauer, allerdings handelte es sich bis ins 12. Jh. vor allem um Befestigungen aus Holz und Erde, nicht um Steinbauten. Burgen waren für die Normannen Teil einer offensiven Strategie, sie sahen sie als Militärbasen an, von denen aus mobile Kräfte ein erobertes Gebiet kontrollieren konnten.

Die Invasion Englands ist ein Musterbeispiel für die normannische Kriegführung. 700 Schiffe für den Transport von rund 10 000 Mann, 3000 Pferden und der Ausrüstung über den Ärmelkanal bereitzustellen beweist hervorragendes Organisationstalent. Bei Hastings bestand die Taktik der Normannen zunächst darin, die Angelsachsen mit Pfeilhageln zu zermürben. Danach griffen die Reiter auf ihren kleinen, stämmigen Pferden mit Lanzen den Schildwall an. Später täuschten die Normannen den Rückzug vor, um die Angelsachsen aus ihrer Formation zu locken, worauf die Reiter sie mit Schwertern niedermachen konnten. Die normannische Unterwerfung Englands nach ihrem Sieg bei Hastings zeugte von einem rücksichtslosen Machtwillen.

Sizilianische Festung
Einige der dauerhaftesten Zeugnisse der militärischen Macht der Normannen finden sich in Sizilien, beispielsweise diese Burg hoch auf einem Felsen bei Erice im Westen der Insel.

» SCHILDE, HELME UND KETTENHEMDEN ZITTERTEN UNTER DEN WÜTENDEN UND UNDULDSAMEN STÖSSEN SEINES SCHWERTES; EINIGE SCHLEUDERTE ER MIT SEINEM SCHILD ZU BODEN ... «

ORDERIC VITALIS ÜBER WILHELM IN DER SCHLACHT BEI HASTINGS

Die Schlacht bei Hastings
Normannische Fußsoldaten in Kettenhemden rücken in einer spektakulären modernen Nachstellung der Schlacht auf die angelsächsische Linie vor.

Die Schlacht bei Hastings
In dieser dramatischen Nachstellung
der normannischen Invasion Britanniens
von 1066 prallen Normannen und Angelsachsen
aufeinander. Geführt von Wilhelm dem Eroberer, der die
Armeen von König Harold II. besiegte, war dies die letzte
erfolgreiche militärische Eroberung von England.

MITTELALTERLICHE RITTER

» WELCHE FUNKTION HABEN RITTER? DIE KIRCHE ZU SCHÜTZEN, DIE UNGLÄUBIGEN ZU BEKÄMPFEN, DIE PRIESTER ZU EHREN, DIE ARMEN VOR VERLETZUNGEN ZU SCHÜTZEN, IHR BLUT FÜR IHRE BRÜDER ZU VERGIESSEN … UND FALLS NÖTIG, IHR LEBEN ZU GEBEN … «

JOHN VON SALISBURY, *POLICRATICUS,* 1159

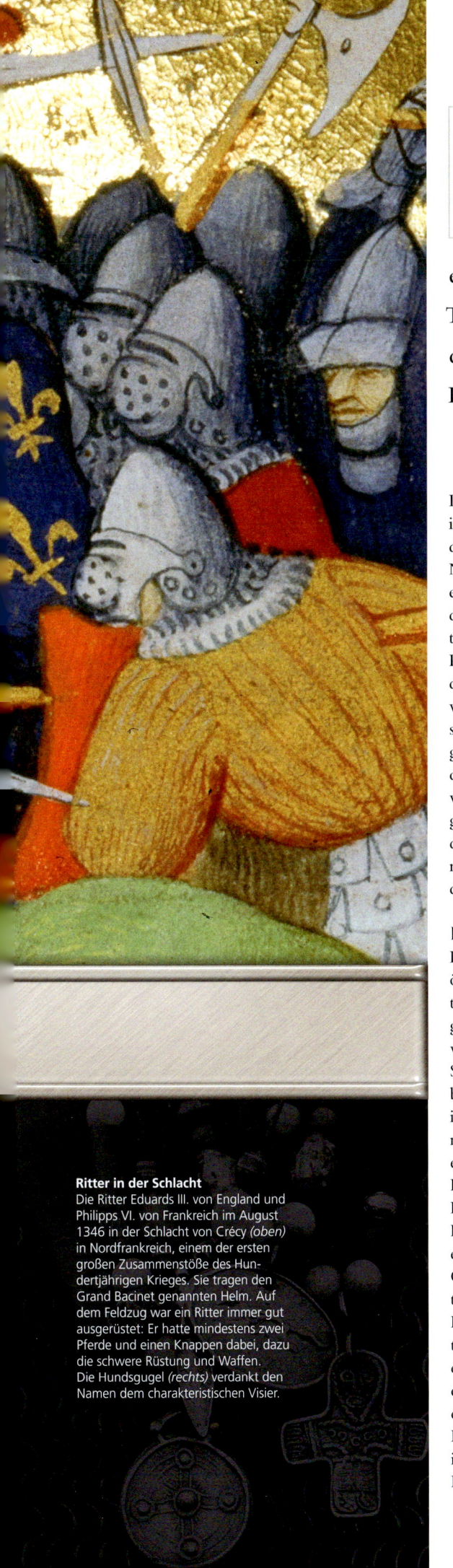

Der europäische Ritter war ein beeindruckender mit Lanze und Schwert bewaffneter Panzerreiter, der im Prinzip, wenn auch nicht immer in der Praxis durch sein überlegenes Kampfgeschick das Schlachtfeld dominierte. Daneben stellte er das Ideal christlicher Männlichkeit dar, dessen Ehre, Heldenmut und Tugend die epischen Gedichte dieser Zeit besangen. In Wirklichkeit waren die Ritter als Berufssoldaten Teil der unrühmlichen Realität mittelalterlicher Kriegführung, die besudelt war durch zahllose Plünderungen und Massaker.

Der mittelalterliche Ritter entwickelt sich eher im Verborgenen aus der schweren Reiterei, die der Frankenherrscher Karl der Große und seine Nachfolger im 9. und 10. Jh. in ihren Reichen einsetzten. Diese berittenen Kämpfer spielten in der Kriegführung eine Schlüsselrolle, sie hatten aber noch keinen besonderen Status oder Prestige und dienten einem lokalen Herrn oder dem König. Ab der Mitte des 11. Jh. jedoch wurden Ritter als Elitekrieger von besonderem sozialem Stand angesehen. Die Kreuzzugbewegung gegen die muslimische Herrschaft über das Heilige Land betonte das Bild der Ritter vor allem als christliche Krieger und Verteidiger der Kirche. Das Prestige der Ritter stieg derart schnell, dass sich im 12. Jh. jeder Edelmann gerne als Ritter bezeichnete, obwohl die meisten Ritter keine Edelleute waren.

RITTER WERDEN

Der besondere Status des Ritters wurde durch öffentliche Zeremonien und Symbole bestätigt, er wurde ferner durch Gesetze und Erlasse geschützt, die seine Exklusivität zu gewährleisten versuchten. Heraldische Embleme, die Banner, Schilde und Waffenröcke verzierten und an denen behelmte Ritter bei Turnieren oder in der Schlacht leicht zu erkennen waren, entwickelten sich zu einem Symbolsystem, das den Platz jedes Kriegers in der Ritterkaste kennzeichnete. Im Laufe der Zeit wurde es Männern von niederer Geburt ausdrücklich verboten, Ritter zu werden; der Ritterstand wurde größtenteils erblich. Knaben des entsprechenden Standes dienten zunächst als Pagen, dann als Knappen im Haus eines Ritters, der ihre Ausbildung in der Reitkunst und im Gebrauch von Lanze und Schwert sicherstellte. Waren sie alt genug und als geeignet angesehen, wurde ihnen die Ritterschaft zeremoniell verliehen: durch Anlegen des Schwertes oder durch Berühren mit Schwert oder Hand auf der Schulter, je nach Stand in aufwendigen Feiern.

KOSTSPIELIGE ROLLE

Könige behielten sich immer mehr das exklusive Recht zum Ritterschlag vor und füllten durch saftige Gebühren für das Privileg ihre Schatullen. Im 14. Jh. versuchten viele durch Geburt dazu Berechtigte, die Kosten und beschwerlichen Aufgaben zu vermeiden. Neben dem Ritterschlag verursachte die Ausrüstung beträchtliche Ausgaben. Im Feld benötigte ein Ritter mindestens zwei Pferde, ein leichtes für die Reise und ein prächtiges schweres Schlachtross. Eine vollständige Plattenrüstung, die den Panzer aus Kettenhemd und Platten allmählich verdrängte, war sehr teuer. Sie schützte gegen Geschosse und Schwerthiebe und war doch leicht und ausgewogen, um auch beim abgesessenen Kampf bequem zu sein. Außerdem benötigte der Ritter eine Lanze, ein Schwert, einen Schild und eventuell einen Streitkolben, Streithammer oder eine Streitaxt.

Viele junge Männer mit militärischen Ambitionen waren bereit, für Pferde und Ausrüstung zu zahlen, schreckten jedoch vor den Kosten der Ritterschaft zurück oder waren nicht von entsprechender Geburt. Sie blieben Knappen oder Edelknechte, kämpften neben den Rittern und waren von diesen kaum zu unterscheiden. Ein Knappe oder Edelknecht mochte darauf hoffen, auf dem Schlachtfeld den Ritterschlag für besondere Heldentaten zu erhalten, doch waren derartige Auszeichnungen selten.

ITALIENISCHE HUNDSGUGEL

Ritter in der Schlacht
Die Ritter Eduards III. von England und Philipps VI. von Frankreich im August 1346 in der Schlacht von Crécy *(oben)* in Nordfrankreich, einem der ersten großen Zusammenstöße des Hundertjährigen Krieges. Sie tragen den Grand Bacinet genannten Helm. Auf dem Feldzug war ein Ritter immer gut ausgerüstet: Er hatte mindestens zwei Pferde und einen Knappen dabei, dazu die schwere Rüstung und Waffen. Die Hundsgugel *(rechts)* verdankt den Namen dem charakteristischen Visier.

Wappen
Heraldische Embleme wie die im *Codex capodilista*
von diesem Ritter des 15. Jh. gezeigten Schilde waren
militärische Statussymbole ebenso wie ein Zeichen des
gesellschaftlichen Standes.

Ritter passten gut in das System persönlicher
Loyalität und gegenseitiger Verpflichtung, das die
Gesellschaft des Mittelalters prägte. Beispielsweise waren sie als Vasallen ihrem Lehnsherrn
oder König gegenüber zur Heerfolge verpflichtet
und erhielten dafür von ihm Land als Lehen: das
klassische Muster des Feudalsystems. Im späteren Mittelalter entwickelten sich zunehmend
geldliche Beziehungen. Unabhängig davon, ob
Ritter auf ihrem eigenen Land oder als Gefolgs-

mann im Haus eines Adligen lebten: Im 14. Jh.
erwarteten sie für ihre Dienste eine Bezahlung,
auch wenn die Dienste als feudale Pflicht angesehen wurden. Ebenso konnten sie sich selbst
durch eine Geldzahlung vom Dienst freikaufen.

RITTERLICHKEIT UND RUHM
Die mittelalterliche Gesellschaft ermutigte junge
Männer von gehobenem Stand, nach militä-
rischem Ruhm zu streben. Vorbilder boten sich
ihnen in fiktiven Gestalten – so in den Artusle-
genden oder den französischen »Chansons de
Geste« – und in den Berichten über die
realen Helden der Zeit wie den englischen Schwarzen Prinzen oder
Bertrand du Guesclin, den Con-
nétable von Frankreich. Die Kirche
sanktionierte den Krieg, zumindest
wenn er sich gegen »Ungläubige«
richtete oder einer anderen gerechten
Sache diente; der Kodex der Ritterlichkeit etablierte Verhaltensprinzipien,
denen ein Ritter folgen sollte.

Die Ritterlichkeit umfasste viele
der üblichen Prinzipien eines Kriegers-
ethos: Treue zum Anführer oder zu den
Waffenbrüdern sowie christlich inspirierte Werte wie Respekt für Arme und
Bedürftige. Doch der ritterliche Kodex
war auch eine praktische Vereinbarung
zwischen Rittern, um die Risiken des
Krieges zu mindern. Da sie vom selben
Stand und häufig durch Abstammung oder
Heirat verwandt waren, versuchten die
Ritter, einen Kampf auf Leben und Tod
zu vermeiden. Drohte ihnen die Nieder-

lage, konnten sie sich im Vertrauen darauf ergeben,
als Gefangene gut behandelt und gegen Lösegeld
freigelassen zu werden. Es gab jedoch Ausnahmen:
So befahl der englische König Heinrich V. 1415
bei Azincourt, die französischen Gefangenen zu
töten.

Wie sehr Ritter auch durch die Aussicht auf
Ehre und Ruhm inspiriert waren: In der Regel
hatten sie durchaus materielle Ziele. Viele Ritter
waren alles andere als reich, z. B., wenn ihre Lehen
sehr klein waren oder wenn sie als jüngere Söhne
keine Aussicht auf ein Erbe hatten. Durch
den geschickten Waffengebrauch konnte
ein Mann seine Stellung verbessern.
Er konnte eine glänzende militärische Karriere machen wie
Bertrand du Guesclin trotz
seiner provinziellen Abstammung oder bei Eroberungen Land
gewinnen wie auf den Kreuzzügen.

PRINZIPIEN UND PROFIT
Manche Ritter traten in Mili-
tärorden ein und schworen dem
Ordensvorsteher und ihren Gefährten Treue. Diese Orden stellten in
der Ritterschaft häufig eine Elite
dar und waren entweder religiös
geprägt und folgten einer Mönchsregel,
so die Tempelritter, die Hospitaliter
oder der Deutsche Orden, oder aber

Rossharnisch
Das Schlachtross war der teuerste und entscheidende Teil der Ausrüstung eines Ritters. Ein Panzer
wie diese deutsche Rossstirn aus dem 15. Jh.
schützte das Pferd in der Schlacht oder beim Turnier.

ENTWICKLUNG DES RITTERS

Die Entwicklung von Helm und Rüstung europäischer
Ritter vom 11. bis zum 16. Jh. spiegelt die technischen
Fortschritte der Metallverarbeitung, aber auch den sich
ändernden Status des Ritters wider. Anfangs war er
ein rauer Kämpfer im Dienst eines Hochadeligen oder
Herrschers, am Ende überstiegen sein Prestige und
seine Selbstherrlichkeit allgemein seinen praktischen
Nutzen auf dem Schlachtfeld. Die grundlegende
Rüstung eines Ritters bestand im 11. Jh. aus dem
knielangen, kurzärmligen Kettenhemd
mit Kapuze zum Schutz von Kopf
und Hals. Über der Kapuze
wurde der Helm getragen,

ein eiserner Kegel mit einem Nasenstück als einzigem
Gesichtsschutz. Die Beschränkungen des Kettenge-
flechts werden dadurch deutlich, dass die Ritter zur
Abwehr von Schlägen immer noch Schilde trugen.

In den folgenden Jahrhunderten wurde das Kettenhemd durch Platten ergänzt, die zunächst verletzliche
Punkte wie Unterschenkel, Arme und Schultern und
um 1400 dann den ganzen Körper und die Füße
abdeckten. Der Kopf wurde durch eine Stahlkappe
unter der Kapuze und einen über ihr getragenen Helm mit flachem oder rundem
Oberteil und einem Visier besonders
geschützt. Als Kennzeichen trug

der Ritter einen Federbusch auf dem Helm oder einen
Waffenrock, Letzterer milderte auch das Aufheizen
des Metalls in der Sonne. Ab dem 15. Jh. wurden die
Rüstungen reich verziert, Handwerker in Mailand und
Augsburg schufen prächtige Rüstungen, die als teure
Kunstwerke vor allem für Turniere gedacht waren. Auf
dem Schlachtfeld schwand derweil die Schutzfunktion
der Rüstung durch die aufkom-
menden Feuerwaffen und disziplinierte, mit Piken ausgestattete
Infanterie. Ritter und Rüstungen
wurden immer mehr zur Zierde und
immer weniger wirksam.

Helm aus dem 10. Jh.
Dieser Nasalhelm
wurde aus einem
einzigen Stück Eisen
geschmiedet, der
Nasenschutz ist separat
angesetzt. Die Rüstung
bestand zu der Zeit aus
Kettengeflecht.

**Hundsgugel aus
dem 14. Jh.**
Die Plattenrüstung
kam schrittweise
auf. Dieser itali-
enische Helm hat
eine Helmbrünne aus
Kettengeflecht.

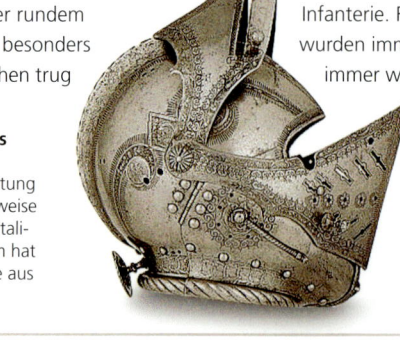

Armet aus dem 16. Jh.
Helme und Rüstungen
erreichten im 16. Jh. ihre
volle Pracht und wurden
immer aufwendiger,
während die Rolle der
Ritter auf dem Schlacht-
feld schwand.

> » ALS DAS TURNIER IM GANGE WAR, … FIELEN SO VIELE RITTER, MANCHE TOT, ANDERE AUF DAUER KAMPF-UNFÄHIG, DASS ES NICHT WIE EIN SPORT VON MÄNNERN, SONDERN VON DÄMONEN SCHIEN. «

THOMAS VON CANTIMPRÉ ÜBER EIN TURNIER BEI NEUSS 1241

weltlich wie der Orden vom Goldenen Vlies in Burgund, der Orden vom Stern in Frankreich oder der Orden vom Band in Kastilien. Doch die Ansprüche von Rittern waren nicht immer so erhaben. Andere wurden regelrechte Söldner und führten »freie Kompanien«, eigene Berufs-armeen, die ihre Dienste an Städte und Staaten verkauften, die sich kein stehendes Heer leisten konnten. Die Truppen, die ein mittelalterlicher König in die Schlacht führte, waren daher keineswegs homogen, sie konn-ten seine eigene Garde, seine Barone oder Fürsten mit ihren eigenen loy-alen Gefolgsleuten, Kontingente der Ritterorden sowie von ihren eigenen Herren geführte Söldner umfassen.

In unruhigen Zeiten konnten Ritter sogar zu Banditen entarten, die ihre Fertigkeiten unlauter nutzten, um ihren Lebensunterhalt durch Räuberei und Plünderung zu bestreiten.

TURNIERE

Nachdem die Kriegerkaste der Ritter geschaf-fen worden war, bedurfte es ständiger Vorwände für den Kampf, um ihr ehrgeiziges Streben nach Ruhm und Gewinn erfüllen zu können. Normalerweise gab es genügend Kriege, wenn nicht in der Heimat, dann an der Peripherie der christlichen Welt, wo gegen Muslime oder Heiden mehr oder weniger ständig Kreuzzüge im Gange waren. Ein anderes Ventil für die kämpferischen Energien und Ambitionen waren die Turniere, die in ganz Westeuropa ab dem 12. Jh. populär wurden. Sie dienten zwar als praktische Militärübungen, waren jedoch vor allem sportlicher Wett-kampf und auch öffentliche Arena, in der talentierte Kämpfer Ruhm und Reichtum finden konnten.

Lanzenstechen
Den Prunk und das Gepränge der Tur-niere im späten Mittelalter zeigt diese Szene aus Froissarts *Chroniken* aus dem 15. Jh.

Ursprünglich waren Turniere Schaukämpfe zweier Gruppen, die im offenen Gelände stattfan-den. Wie in richtigen Schlachten wurden Ritter gefangen genom-men und verloren ihr Pferd und ihre Ausrüstung an den Sieger – begehrte Preise. Häufig gab es Tote und Schwer-verletzte; von einem besonders blutigen Turnier bei Neuss 1241 werden über 60 getötete Ritter gemeldet. Auch das Land in der Kampfzone erlitt beträchtlichen Scha-

Stechhelm
Dieser deutsche Helm aus dem 15. Jh. hat schräge Seiten, um die Lanze des Gegners abgleiten zu lassen. Stählerne Befesti-gungen halten ihn auf der Rüstung.

den. Im 14. Jh. hatte man diese zerstörerischen allgemeinen Kämpfe größtenteils durch stark formalisierte Wettbewerbe ersetzt, bei denen nach strengen Regeln mit stumpfen Waffen gekämpft wurde. Ein zentrales Merkmal der Turniere war das Lanzenstechen (»Tjost«), bei dem zwei Ritter mit eingelegter Lanze gegeneinander anritten und das Duell schließlich mit Schwertern zu Fuß fort-setzten. Unter dem Einfluss ritterlicher Roman-tik kämpften die Ritter als Diener von Damen, deren Zeichen sie trugen. Die Teilnahme an der Tjost wurde von Herolden geprüft, die diejenigen Kandidaten abwiesen, die nicht als echte Ritter erachtet wurden. Besondere Turnierrüstungen, die dicker waren als die in der Schlacht getragenen, minderten das Risiko schwerer Verletzungen. Waren Turniere im 13. Jh. noch oft als sinnlose Verschwendung von Leben angeprangert worden, wurden sie im 15. Jh. als feige Schau der Eitel-keiten verhöhnt.

AUF DEM SCHLACHTFELD

Die Ritter des Mittelalters waren einem Ideal der Kriegführung verpflichtet, in dem berit-tene Krieger im Nahkampf in einem fairen Ringen von Mut, Stärke und Geschick-lichkeit gegeneinander kämpften. Die Wirklichkeit sah häufig anders aus.

Belagerung
Eine Illustration aus den *Chroniken Karls VII.* zeigt eine Gruppe Ritter und anderer Gewappneter unter dem Banner des Dauphins Ludwig 1443 bei einem Sturm auf die Bastille in Dieppe.

Als Berufssoldaten nahmen Ritter häufig an Feldzügen teil, bei denen noble Waffengänge rar waren. Die mittelalterliche Kriegführung kannte kaum offene Schlachten, viel häufiger kam es zu Belagerungen. Da sich der Bau von Burgen und befestigten Städten hoch entwickelt hatte, waren Belagerungen ebenso lang wie häufig. Bei Sturmangriffen auf die Burgmauern vollbrachten Ritter mitunter Heldentaten, oft war ihre Rolle jedoch eher marginal, da Spezialisten Belagerungsmaschinen bedienten oder Stollen unter die Verteidigungsanlagen gruben. Monate der Langeweile und Entbehrung herrschten in den ungesunden Bedingungen vor den belagerten Mauern genauso wie unter den Verteidigern. Es kam daher durchaus vor, dass die Ritter der beiden Seiten ein Turnier vereinbarten, um die Langeweile zu lindern. Hielt eine Stadt bis zur schließlichen Erstürmung stand, erlaubten die Kriegsregeln den Siegern, ihre Frustration durch Plündern und Niedermachen der Bevölkerung wiedergutzumachen. Dieses Recht nutzten die Kreuzfahrer bis zum Letzten aus, die 1099 die Bevölkerung Jerusalems massakrierten, ebenso der Schwarze Prinz, der 1370 das systematische Abschlachten der Bewohner von Limoges befahl.

NAHKAMPF

Neben Belagerungen kannte die Kriegführung vor allem den Überfall und die Verwüstung des feindlichen Territoriums, ein schmutziges Geschäft, das der örtlichen Bevöl-

Ritter Christi
Kreuzfahrer greifen 1099 bei Askalon, in der Nähe von Jerusalem, ihre Gegner an. Eine Gruppe gut formierter Ritter konnte bei hoher Geschwindigkeit eine enorme Wucht entwickeln, vor allem gegen einen weniger stark gepanzerten Gegner.

TAKTIK IN DER OFFENEN SCHLACHT

Die Reiterei eines mittelalterlichen Heeres bestand aus Gruppen von 30 bis 40 Gewappneten, die jeweils dem Banner ihres Anführers folgten. Eine Reihe solcher Gruppen ergab zusammen mit Fußsoldaten die grundlegende gemischte Einheit. Das Heer bestand im Feld in der Regel aus zwei oder drei solchen Einheiten. Bei der Aufstellung auf dem Schlachtfeld versuchten erfahrene Befehlshaber immer, die Sonne und den Wind im Rücken zu haben. Die zuversichtlichere Seite hoffte dann, durch den Schockeffekt der angreifenden Ritter und anderer Gewappneter die Schlacht zu gewinnen.

Angriff und Gegenangriff
Ein Befehlshaber, der sich für die Defensive entschied, suchte natürliche Hindernisse wie Hecken, Gräben oder Morast, um den feindlichen Angriff zu blockieren. Alternativ errichteten seine Soldaten künstliche Hindernisse, hoben Gräben aus oder bauten Palisaden. Nach anfänglichem Geplänkel, vor allem durch Bogenschützen, stürmten die Ritter der einen Seite auf- oder abgesessen vor und griffen ihre Gegner mit Lanze, Streitkolben, Axt und Schwert an. Wurde der erste Angriff zum Stehen gebracht, rückten die Gewappneten der verteidigenden Seite zu Fuß vor, um den Gegner in Handgemenge zu verwickeln, oder trugen aufgesessen einen Gegenangriff vor.

> # » BEIM AUFEINANDERTREFFEN DENKT KEIN EDLER RITTER AN ETWAS ANDERES, ALS KÖPFE UND ARME ZU BRECHEN. «

BERTRAN DE BORN, FRANZÖSISCHER BARON UND TROUBADOUR (UM 1140–1215)

kerung den maximalen Schaden zufügte, aber völlig ohne ritterlichen Kampf auskam. Dennoch waren schwer gepanzerte Ritter zu Pferd eine überragende Macht auf dem offenen Schlachtfeld. In Schlachten wie 1214 bei Bouvines und 1356 bei Poitiers trugen sie klassische Angriffe vor und bekämpften einander in brutalen Handgemengen.

Eine gut gearbeitete Rüstung bot ihrem Träger exzellenten Schutz, dennoch hatte er die volle Beweglichkeit, um Lanze, Schwert oder Axt zu gebrauchen. Die Wucht des Nahkampfes erforderte höchste körperliche Stärke und Ausdauer, besonders wenn Hitze die Rüstung kaum tragbar machte. Gestärkt durch ihren Kodex der persönlichen Ehre und Pflicht schreckten Ritter jedoch kaum jemals vor dem Kampf zurück. Ihre Schwäche lag vor allem in der unbeherrschten Aggression hitzköpfiger Individuen, die auf Ruhm aus waren. Die Kriegschroniken zeugen immer wieder von Rittern, die törichterweise aus der Formation ausbrechen und einen überlegenen Feind angreifen, um selbstbewusst ihren Mut zu beweisen, damit aber vom verabredeten Schlachtplan abwichen. Die Disziplin der Ritter konnte selten mit ihrem Heldenmut mithalten.

Europäische Schwerter
Frühmittelalterliche Schwerter waren breit und schwer, um das Kettengeflecht zu durchschlagen. Längere, spitzere Schwerter durchstießen später den Panzer.

Turnierrüstung
Im 16. Jh. waren besondere Rüstungen für das Turnier weit verbreitet. Bei dieser deutschen Rüstung sind der verwundbare linke Arm und die Schulter stärker gepanzert, während sich die Lüftungsöffnungen auf der rechten Seite des Visiers befinden.

NACHKLANG
Schon im 14. Jh. wurde die Überlegenheit der Ritter auf dem Schlachtfeld bei Courtrai und Bannockburn durch leicht bewaffnetes Fußvolk und bei Crécy durch Bogenschützen infrage gestellt. Ab der zweiten Hälfte des 15. Jh. wurden Feuerwaffen immer wirksamer, ebenso die mit Piken bewaffnete Infanterie. Doch die gepanzerte Kavallerie wurde durch Pfeile, Kanonen oder Arkebusen nicht vom Schlachtfeld vertrieben. Bis ins späte 16. Jh. blieb sie in Schlachten ein wichtiges Element. Inzwischen hatte jedoch die soziale und kulturelle Grundlage der Ritterschaft in dem Maß abgenommen, wie die zentrale Staatsgewalt wuchs und das Berufssoldatentum seinen unaufhaltsamen Aufstieg begann.

SCHWERT, FRÜHES 14. JH.

ENGLISCHES SCHWERT, 14. JH.

FRANZÖSISCHES SCHWERT, 14. JH.

ANDERTHALBHÄNDER, FRÜHES 15. JH.

WAFFEN DES RITTERS

Die ab dem 15. Jh. gebräuchliche vollständige Plattenrüstung war zwar schwer, doch eine gut gearbeitete verteilte das Gewicht gleichmäßig auf den ganzen Körper und bot eine angemessene Beweglichkeit. Waffenröcke wurden immer seltener getragen, sodass die teure Rüstung sichtbar war. Der gewölbte Helm wies Treffer ab und hatte ein bewegliches Visier für bessere Luftzirkulation. Der Schutz gegen Schwerthiebe war so gut, dass Schlagwaffen wie Hämmer und Streitkolben immer beliebter wurden.

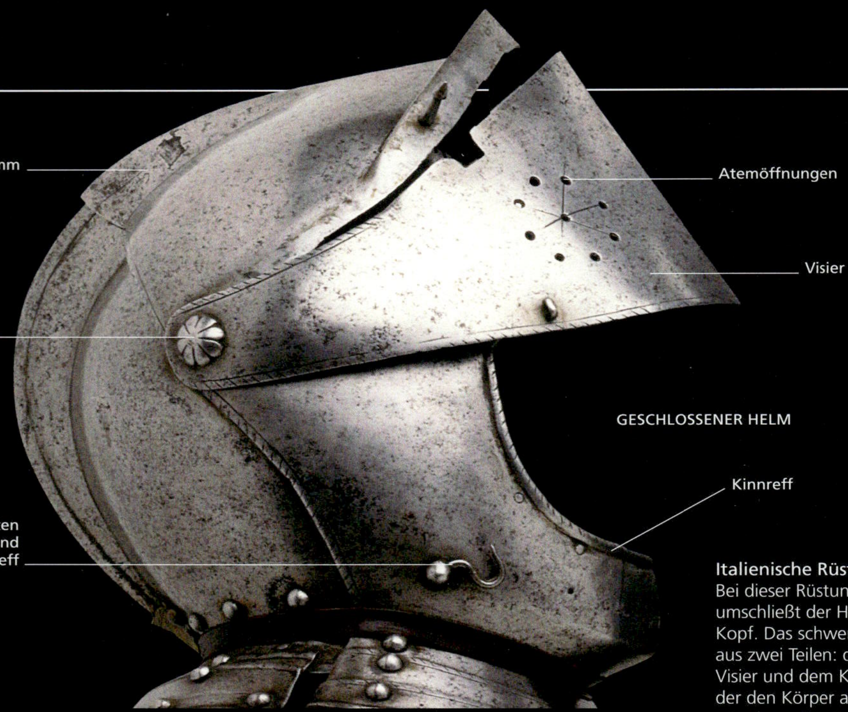

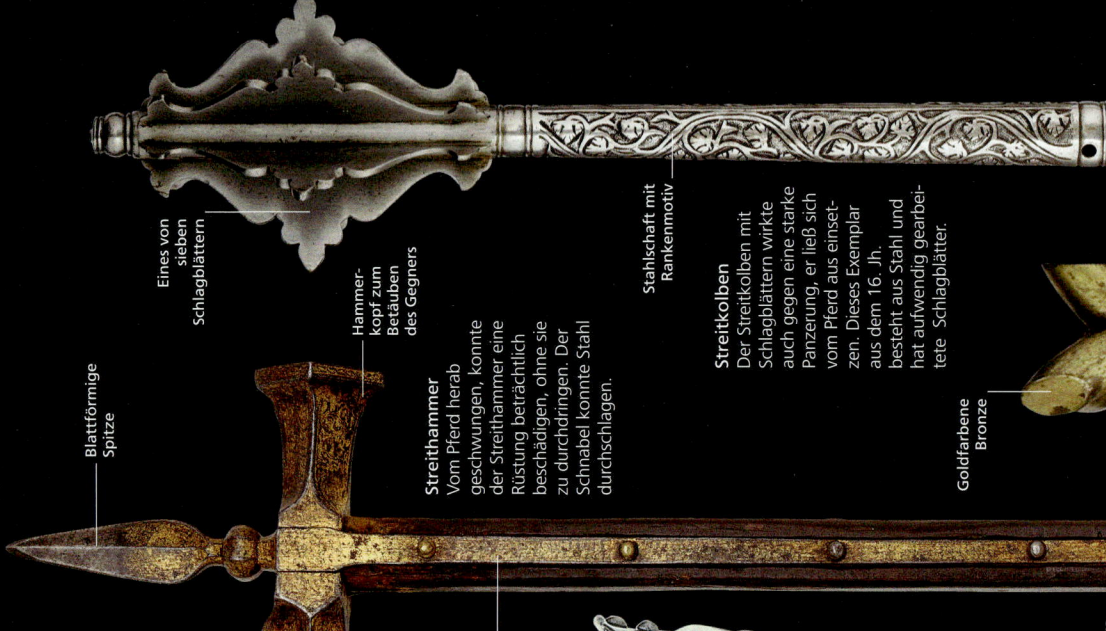

Eines von sieben Schlagblättern

Blattförmige Spitze

Hammerkopf zum Betäuben des Gegners

Streithammer
Vom Pferd herab geschwungen, konnte der Streithammer eine Rüstung beträchtlich beschädigen, ohne sie zu durchdringen. Der Schnabel konnte Stahl durchschlagen.

Schnabel

Holzschaft mit Schaftfeder (Metallstreifen zur Verstärkung)

Stahlschaft mit Rankenmotiv

Streitkolben
Der Streitkolben mit Schlagblättern wirkte auch gegen eine starke Panzerung, er ließ sich vom Pferd aus einsetzen. Dieses Exemplar aus dem 16. Jh. besteht aus Stahl und hat aufwendig gearbeitete Schlagblätter.

Goldfarbene Bronze

Italienische Rüstung
Bei dieser Rüstung aus dem 16. Jh. umschließt der Helm eng den ganzen Kopf. Das schwenkbare Visier besteht aus zwei Teilen: dem eigentlichen Visier und dem Kinnreff. Der Küriss, der den Körper abdeckt, besteht aus einem Brustpanzer, der mit Lederriemen mit dem Rücken (nicht abgebildet) verbunden wird. An den Brustpanzer schließen sich die Beintaschen und das Beinzeug an, die Bauch und Beine schützen. Das Armzeug vervollständigt den Schutz.

Atemöffnungen

Visier

GESCHLOSSENER HELM

Kinnreff

SCHULTER

Oberarmröhre

BRUSTPANZER

Kamm

Niete

Haken zum Halten von Visier und Kinnreff

KRAGEN

Lederriemen verbinden Brust- und Rückenteil (nicht gezeigt)

Hölzerner Griff

Griff

Goldring

Kronenförmiger Messingknauf

Messingstift

Parierstange aus Messing

Griff aus Knochen oder feinmaserigem Holz

Dolch
Dieser als Seitenwaffe getragene typische Dolch aus dem 16. Jh. wurde im Nahkampf eingesetzt.

Zweischneidige Klinge

Einschneidige dreikantige Klinge

Schuh aus überlappenden Blechen

Griff

Armkachel schützt den Ellenbogen.

Einteilige Manschette schützt das Handgelenk.

Gelenkig verbundene Stahlbleche

Haken zum Verschließen

FAUSTHANDSCHUH (HENTZE)

Schwert
Dieses europäische Schwert aus dem 15. Jh. war etwa 1,1 m lang und ließ sich ein- oder zweihändig führen.

BEINRÖHREN

Beinröhre schützt den Unterschenkel.

SCHUHE

Riemen zum Befestigen der Beintasche

BEINTASCHEN

Gelenkig verbundene Stahlbleche ermöglichen bewegliche Hüfte.

Diechling schützt den Oberschenkel.

Kniekachel schützt das Knie.

Nieten verbinden die Teile der Beintasche.

Lederriemen und Schnallen zum Festmachen am Bein

DIECHLINGE

450 – 1500

73

Rüstung im Wandel
Bei diesem blutigen Zusammenstoß
aus einer französischen Handschrift des
14. Jh. tragen die Ritter eine Kombination
aus Ketten- und Plattenrüstung. Jeder Ritter hat
eine Beckenhaube, dazu Kragen und Hemd aus
Kettengeflecht und darüber einen farbigen Waffenrock aus Stoff.

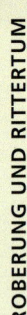

MITTELALTERLICHE BURG

Befestigungen waren im Mittelalter allgegenwärtig und reichten von den hohen Mauern und Zitadellen, die größere Städte schützten, bis zu Burgen, die als Militärstützpunkte und Verwaltungszentren dienten. Bodiam Castle in Südengland, im Hundertjährigen Krieg erbaut, ist ein Beispiel für den befestigten Wohnsitz eines wohlhabenden Ritters, Sir Edward Dallingridge, der sein Heim durch Angriffe der Franzosen gefährdet sah.

Die Konstruktion von Burgen entwickelte sich das Mittelalter hindurch ständig weiter. Ursprünglich bestanden europäische Burgen aus Holz und Erde. Stein als Baumaterial machte sie ab dem 11. Jh. teurer, aber auch wesentlich haltbarer und eindrucksvoller sowie unempfindlich gegen Feuer und Fäulnis. Die frühesten Steinburgen bestanden aus einem zentralen Turm, dem »Bergfried«, der von einer Verteidigungsmauer umgeben war. Als Bodiam 1385 errichtet wurde, hatte man die Türme jedoch bereits in die Mauern integriert, der Torbau war zur am besten verteidigten Position der ganzen Anlage geworden. Eine Burg war sichtbares Zeichen für Reichtum, Macht und Prestige ihres Eigentümers, daneben aber als praktischer Militärbau auch dafür ausgelegt, den Verteidigern alle Möglichkeiten für die Abwehr zu bieten. Ihre Mauern und Türme mussten dem Beschuss der Belagerungsmaschinen widerstehen und wühlenden Mineuren die Arbeit erschweren. Der im 15. Jh. zunehmende Einsatz der wirkungsvolleren Geschütze machte die hohen, dicken Mauern mittelalterlicher Burgen schließlich überflüssig.

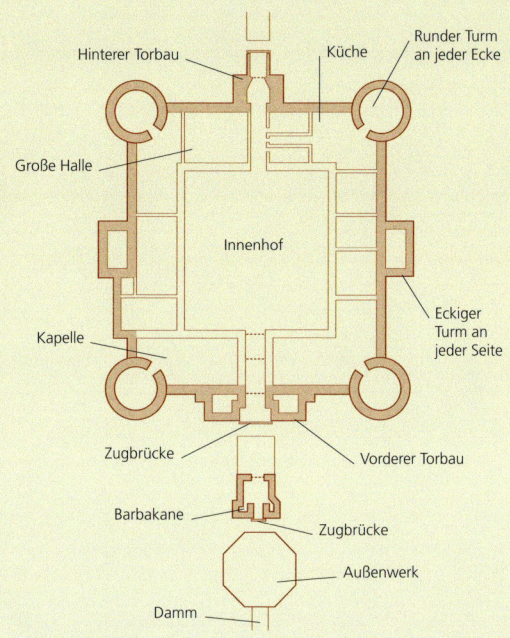

Bodiam Castle
Die um einen Hof gebaute Burg hatte an jeder Ecke einen runden sowie an jeder Seite einen eckigen Turm, dazu an der Vorder- und Rückseite jeweils einen befestigten Torbau.

Hinterer Torbau · Küche · Runder Turm an jeder Ecke · Große Halle · Innenhof · Eckiger Turm an jeder Seite · Kapelle · Zugbrücke · Vorderer Torbau · Barbakane · Zugbrücke · Außenwerk · Damm

> **» IN BODIAM SCHEINT KEINE SPUR DER MODERNEN WELT DIE ALTE UND EINSAME SCHÖNHEIT DES ANBLICKS ZU STÖREN. «**
> **LORD CURZON OF KEDLESTON**, 1859–1925

Ritter in Rüstung
In einer Burg wurden Rüstungen und Waffen gelagert. Plattenrüstungen und fortschrittliche Helme mit Visier kamen im 15. Jh. zum Einsatz.

Belagerungsmaschine
Das Torsionsgeschütz Balliste, im Prinzip eine leistungsfähige Armbrust, übernahm das mittelalterliche Europa vom Römischen Reich.

Nasses Hindernis
Die Vogelperspektive zeigt, dass der Burggraben jeden Angreifer zum Vorrücken über den schmalen Damm vor der Burg zwang.

Burgtor
Das Haupttor war ein potenzieller Schwachpunkt, da es einem Rammbock nachgeben könnte. Während einer Belagerung war das Tor durch das heruntergelassene eiserne Fallgatter geschützt.

Steinerne Schilde
Wappenschilde über den Toren sollten Besucher mit dem Status des Burgherrn beeindrucken. Viele Burgherren waren jedoch kleinere durch Plünderungen reich gewordene Adlige.

Zinnen
Kragsteine tragen die Zinnen; die Zinnenfenster nutzten die Bogenschützen als Schießscharten.

Große Halle
Die Burg war das befestigte Herrenhaus eines wohlhabenden Mannes, und so entsprach die Halle mit den gotischen Spitzbogenfenstern ganz dem zeitgenössischen Geschmack.

Stabile Mauern
Die Fensterlaibungen zeigen die beeindruckende Dicke der Außenmauern. Den Erfordernissen der Verteidigung gemäß mussten die äußeren Öffnungen klein bleiben, daher wirkt das Innere eher düster.

Großartige Decke
Die inneren Räume der Burg haben kunstvoll gewölbte Decken. Auch diese Verzierungen zeugen vom Reichtum und verfeinerten Geschmack des Burgherrn.

Steinerner Innenraum
Die Burggebäude waren schwer zu heizen. Auf die Steinfußböden wurden Binsen oder Stroh gestreut, an den Wänden hingen Bildteppiche.

Märchenschloss
Die Ästhetik spielte beim Bau von Bodiam eine ebenso wichtige Rolle wie militärische Erwägungen. Die Burg sollte bewusst das Ideal einer in mittelalterlichen Erzählungen beschriebenen schönen Burg erfüllen.

Maschikulis
Durch die Öffnungen zwischen den Kragsteinen der vorspringenden Zinnen konnten die Verteidiger Geschosse auf den Feind herabregnen lassen. Diese Maschikulis befinden sich im Torbau.

Schießscharten
Überall in den Mauern wie hier im Turmbau gab es Schießscharten, durch die die Verteidiger nach außen schießen konnten.

Rundturm
Die Ecktürme waren hervorragende Aussichtspunkte, von denen sich die Umgebung beobachten ließ. Ihre gewölbten Außenflächen lenkten die Geschosse der Belagerungsmaschinen ab.

Innere Kammern
Kleinere Räume innerhalb der Burgmauern boten den Bediensteten des Ritters Unterkunft und dienten als Lager für Waffen und Rüstungen.

BERITTENE KRIEGER DES MITTELALTERS

Der Stand der Militärtechnik im Mittelalter gewährleistete, dass unter den meisten Umständen der gepanzerte Kämpfer auf dem Pferd für die Kriegführung entscheidend war. Die militärische Organisation dieser mit Lanze und Schwert kämpfenden Männer variierte jedoch. Im Verlauf der Kreuzzüge, die zwischen 1098 und 1291 in der muslimisch beherrschten Levante christliche Königreiche etablierten, wurden Ritterorden für den Heiligen Krieg gegründet. Ihre muslimischen Gegner waren ebenso religiös inspiriert, hatten aber auch praktische Motive. Das andere Extrem bildeten von treulosen Rittern angeführte Söldnerbanden, die zynisch allein ihren Gewinn suchten und ganze Landstriche Europas verwüsteten.

TEMPLERORDEN

Der 1119 im salomonischen Tempel in Jerusalem von Kreuzrittern gegründete Templerorden war der erste mönchische Ritterorden. Wie Mönche lebten die Tempelritter nach den Prinzipien von Armut, Keuschheit und Gehorsam, entwickelten sich dazu aber zu einer militärischen Eliteeinheit: Die etwa 300 »Brüder« waren als diszipliniertestes Element der Kreuzzugheere anerkannt. Dank der frommen Spenden aus ganz Europa waren die Templer auch die Reichsten, sodass sie eindrucksvolle Burgen bauen und beträchtliche Mengen von Fußsoldaten unterhalten konnten. Die Templer verteidigten die Kreuzfahrerstaaten mutig bis zum Ende, ihr Großmeister Wilhelm von Beaujeu fiel, als der Hafen Akkon, die letzte Kreuzfahrerfeste im Heiligen Land, 1291 von den ägyptischen Mamelucken erobert wurde.

Der Reichtum der Templer führte zu ihrem Untergang. 1307 ließ der mittellose französische König Philipp IV. alle Templer in seinem Reich verhaften und wegen ketzerischer und obszöner Praktiken anklagen. Papst Klemens V. löste den Orden 1312 auf; der letzte Großmeister der Templer, Jacques de Molay, wurde 1314 auf dem Scheiterhaufen verbrannt.

> » ... SIE SCHEINEN SANFTER ALS LÄM-
> MER, DOCH WILDER ALS LÖWEN. «
>
> **BERNHARD VON CLAIRVAUX** ÜBER DIE TEMPLER IN DEN ANFANGSJAHREN DES ORDENS

DEUTSCHER ORDEN

Der Deutsche Ritterorden wurde 1198 in Akkon im Königreich Jerusalem von deutschen Kreuzfahrern gegründet. Berühmt wurde er durch seine Kreuzzüge in Europa. Ab 1226 führte er einen langen, brutalen Krieg gegen die heidnischen Pruzzen und gründete seinen eigenen Staat Preußen. Im 14. Jh. nahmen an den jährlichen Feldzügen gegen heidnische Litauer Ritter aus ganz Europa teil. Auch mit seinen katholischen Nachbarn in Polen lag der Orden im Streit. Als sich die inzwischen christianisierten Litauer mit den Polen gegen die Deutschritter verbündeten, wurden diese 1410 in der Schlacht bei Tannenberg besiegt. Von dieser Niederlage erholte sich der Orden nie mehr vollständig und verlor nach und nach alle Besitzungen im Ostseeraum.

Scheibendolch
Dieser Dolchtyp war bei Rittern in ganz Nordeuropa beliebt.

Kreuzfahrerhelm
Der Topfhelm mit flacher Scheitelplatte und klappbarem Visier vor dem Gesicht wurde der Standardhelm der christlichen Ritter auf den Kreuzzügen.

Templerburg
In Portugal übernahm der Christusorden das Hauptquartier der Templer in Tomar und führte dort die Tradition der Kriegermönche fort.

DIE CONDOTTIERI

Die im 14. und 15. Jh. in Norditalien geführten Kriege dominierten Söldnerkompanien unter dem Befehl eines Condottiere, benannt nach der »Condotta«, dem Soldvertrag, den sie mit ihren Auftraggebern aushandelten. Die Condottieri stellten Heere für Stadtstaaten wie Mailand, Florenz, Venedig und Genua, die durch Handel und Manufakturen reich geworden waren, aber keine nennenswerten eigenen Truppen hatten. Die ersten Condottieri waren entwurzelte Ritter aus Deutschland, Spanien, Ungarn und England. Später wurden sie von Italienern abgelöst, die ihr Glück ebenfalls im Kriegshandwerk suchten.

GESCHÄFT IST GESCHÄFT

Die Condottieri waren Unternehmer mit einer sehr zynischen Einstellung zu ihrem Beruf. Ihre Söldnerkompanien – typischerweise ein paar Tausend Fußsoldaten und Ritter – kämpften für jeden, der sie bezahlte, und waren dafür berüchtigt, kurzfristig die Seiten zu wechseln; irgendwann kämpften sie alle gegen ihre früheren Auftraggeber. Auf dem Schlachtfeld sorgten sie für eine große Schau und präsentierten großartige Rüstungen, waren jedoch nicht auf einen Kampf auf Leben und Tod aus. Brutal waren sie nur bei Massakern an Zivilisten, ernsthafte Zusammenstöße mit anderen Söldnergruppen vermieden sie. Statt Männer im Kampf zu verlieren, bestachen sie lieber den Gegner – oder ließen sich am liebsten selbst bestechen.

Einige Condottieri erarbeiteten sich jedoch ihr Ansehen. Der englische Ritter Sir John Hawkwood, Anführer der Weißen Kompanie, starb 1394 in Florenz als reicher Mann; die Stadt bezahlte ein Fresko für seine Grabstätte im Dom. Manche Condottieri entwickelten politische Ambitionen, die erfolgreichsten begründeten die herrschenden Dynastien. So kämpfte Francesco Sforza, selbst Sohn eines Söldnerhauptmannes, in einer Reihe von Kriegen für und gegen den Papst, Mailand, Florenz, Venedig und andere, bevor er sich 1450 als Herzog von Mailand etablierte.

Ab dem späten 15. Jh. war ein Großteil Italiens zwischen den Armeen Frankreichs und Spaniens, unterstützt von Schweizer und deutschen Söldnern, umkämpft. Diese Heere offenbarten die militärischen Schwächen der Condottieritruppen, sodass sie bis zur Mitte des 16. Jh. verschwunden waren.

Italienische Schaller
Ein schönes Exemplar dieses Helmtyps, der Mitte des 15. Jh. populär wurde; er wurde um 1480 in Mailand hergestellt.

Brigantine
Vor allem die Fußsoldaten der Condottieritruppen trugen diesen leichten, ärmellosen Brustpanzer aus Leinwand und innenseitigen Stahlplättchen, der kunstvoll verziert wurde, hier mit kaum noch sichtbarem purpurnem Samt.

MUSLIMISCHE KRIEGER

Die Invasion christlicher Heere in Palästina Ende des 11. Jh. war ein Schock für die Welt des Islam. Sie führte in den folgenden beiden Jahrhunderten zu einer Neubelebung des *Dschihad* (»Anstrengung, Kampf«) mit einer Reihe von Gegenoffensiven. Saladin, der Herrscher Ägyptens, eroberte Jerusalem 1187 zurück, nachdem er die christliche Armee bei Hattin geschlagen hatte. Nur durch neue Truppen aus Europa unter der Führung des englischen Königs Richard Löwenherz und des Franzosen Philipp II. August gelang es, die Präsenz der Kreuzfahrer im Heiligen Land aufrechtzuerhalten.

Durch Uneinigkeiten zwischen den Muslimreichen erhielten die Christen eine Gnadenfrist, bis die Mamelucken, Militärsklaven türkischen Ursprungs, 1250 ihre Herren stürzten und in Ägypten an die Macht gelangten. Unter ihrem General Baibars fügten sie den Christen eine Reihe schwerer Niederlagen zu und besiegten in der Schlacht von Ain Djalut auch die Mongolen. Die Kreuzfahrer waren bereits geschlagen, bevor sie 1291 der Fall von Akkon aus Palästina vertrieb.

Die Muslime nutzten im Wesentlichen dieselbe Militärtechnik wie ihre christlichen Gegner, wendeten jedoch eine ganz andere Taktik an. Im Gegensatz zu den europäischen Rittern vermieden sie Kavallerieangriffe und Nahkampf sowie die offene Schlacht, bis der Gegner entscheidend geschwächt oder eingekreist war. Berittene Bogenschützen wurden in großer Zahl als Plänkler eingesetzt, sie kämpften aus der Entfernung und wandten sich zur Flucht, wenn die christlichen Ritter einen Angriff versuchten. Die muslimischen Reiter trugen viel weniger Panze-rung als die Christen und waren daher besser an das warme Wetter angepasst. Allgemein konnten reiche Muslimstaaten wie Ägypten, die nahe der Heimat kämpften, viel größere Heere ins Feld führen als die Christen, sodass ihr Sieg nur eine Frage der Zeit war.

Saladins Heer
Trotz religiöser Feindschaft erkannten die Kreuzfahrer muslimische Krieger als würdige und ritterliche Gegner an. Viele europäische Künstler stellten sie als würdevoll und fromm dar.

ENGLISCHE LANGBOGENS[C]

» DANN TRATEN DIE ENGLISCHEN BOGENSCHÜTZEN EINEN SCHRITT VOR UND LIESSEN IHRE PFEILE SO GÄNZLICH UND DICHT FLIEGEN, DASS ES WIE SCHNEE SCHIEN – DIE SCHARFEN PFEILE TRAFEN DIE GEWAPPNETEN UND IHRE PFERDE, UND VIELE FIELEN. «

DER FRANZÖSISCHE CHRONIST **JEAN FROISSART** ÜBER DIE SCHLACHT VON CRÉCY 1346

HÜTZEN

Die Macht des Bogenschützen
Der Ruf des englischen Langbogenschützen wuchs während des Hundertjährigen Krieges beträchtlich. In der
Schlacht bei Najera im April 1367
(oben) erwies sich der Bogen erneut
als entscheidend: Die von Eduard,
dem Schwarzen Prinzen, geführten
Engländer schlugen die abgesessenen
französisch-spanischen Truppen in die
Flucht. Die eisernen Pfeilspitzen mit
breiten Widerhaken *(rechts)* waren
typisch für das 14. Jh. Sie konnten
tiefe, weite Wunden reißen und ließen
sich schwer herausziehen, waren
jedoch nicht ideal für das Durchschlagen von Rüstungen.

Mit »gewöhnlicher hölzerner Bogen« ist der Langbogen genau beschrieben worden. Doch das außergewöhnliche Geschick englischer und walisischer Bogenschützen machte aus dieser eher primitiven Waffe eine schlachtentscheidende Technik. Sie war Grundlage für die militärische Macht der englischen Könige im 14. und 15. Jh., mit der sie die »Blüte des französischen Rittertums« bei Crécy, Poitiers und Azincourt besiegen konnten. Als Elitetruppe anerkannt, hatten die Bogenschützen dennoch keinen entsprechenden sozialen Status.

Der wirksame Masseneinsatz von Bogenschützen mit Langbogen entwickelte sich in der britischen Kriegführung im späten 13. und frühen 14. Jh. Historiker haben behauptet, dass die Engländer die Macht des Langbogens bei den Walisern kennen lernten, die ihn angeblich mit tödlicher Wirkung gegen die Armeen Eduards I. (Regierungszeit 1272–1307) einsetzten. Zwar wird diese Theorie angefochten, doch gab es in Südwales tatsächlich viele Bogenschützen. Als Edward 1298 bei Falkirk die Schotten besiegte, hatte er walisische wie englische Langbogenschützen in seinem Heer. Den effektiven Einsatz der Bogenschützen als Quelle massiver Feuerkraft entwickelte jedoch erst Eduard III. (Regierungszeit 1327–1377) richtig. Gegen die Schotten ließ er 1333 bei Halidon Hill die englischen Ritter abgesessen mit Gruppen von Langbogenschützen an ihren Flanken kämpfen. Die Chronisten berichten uns, dass die Pfeile »so dicht wie Staubkörner in einem Sonnenstrahl« flogen. Die Schotten »konnten weder der Macht der Bogenschützen noch den Waffen der Ritter« standhalten, heißt es; eine andere Quelle berichtet einfach, dass »die Schotten von den englischen Bogenschützen geschlagen« wurden. Nach diesem Erfolg setzten Edward und seine Nachfolger Bogenschützen massiert im Hundertjährigen Krieg ein, einer ganzen Reihe von Kriegen gegen Frankreich zwischen 1337 und 1453.

MASSE UND GESCHICK

Im Vergleich zur Armbrust, einer wesentlich treffsichereren und komplexeren Waffe, war der große Vorteil des Langbogens seine rasche Schussfolge. Von einem erfahrenen Bogenschützen wurden etwa 12 Pfeile pro Minute in allgemei-ner Richtung auf das Ziel erwartet. Die Engländer bemühten sich, Tausende von Bogenschützen ins Feld zu führen; im 15. Jh. gab es für jeden Ritter in ihrem Heer mindestens drei Bogenschützen, zeitweise betrug das Verhältnis vermutlich sogar zehn zu eins. Diese Masse konnte einen dichten Hagel von Pfeilen auf den Feind prasseln lassen, fast vergleichbar mit heutigem MG-Feuer. Man nimmt an, dass die englischen Langbogenschützen 1415 in der Schlacht von Azincourt pro Minute 60 000 Pfeile verschossen.

Für einen mittelalterlichen Staat war es eine Herausforderung, eine derartige Menge von Waffen und Munition bereitzustellen. 1341 durchkämmte Eduard III. das ganze Königreich und sammelte 7700 Bogen und 130 000 Bündel Pfeile, die dann im Tower von London und in anderen Waffenkammern gelagert wurden. Es hieß, dass es um 1350 keinen einzigen Pfeil in England gab, da der König sie alle auf seinen Feldzug nach Frankreich mitgenommen hatte.

Bogen und Pfeile zu liefern war jedoch einfach verglichen mit der Schwierigkeit, genügend Bogenschützen aufzutreiben. Das Schießen mit einem Langbogen erforderte besonderes Geschick und lebenslange Übung; Knaben lernten den Gebrauch des Bogens in der Regel ab einem Alter von sieben Jahren. Der Bogenschütze benötigte beträchtliche Körperkraft. Die Skelette von Bogenschützen aus dieser Zeit zeigen als Folge des häufigen Spannens des 1,8 m langen Bogens deformierte linke Arme und Schulterknochen sowie stark verdrehte Rückenwirbel. Die englische Monarchie förderte das Bogenschießen aktiv, um immer über genügend geeignete Bogenschützen verfügen zu können.

PFEILSPITZEN MIT WIDERHAKEN

Langbogen in Aktion
In der Schlacht bei Aljubarotta *(rechts)* halfen englische Langbogenschützen 1385 den Portugiesen, die französischen und spanischen Truppen zu besiegen. Wie in vielen mittelalterlichen Darstellungen spannen die meisten Bogenschützen hier den Bogen mit dem falschen Arm. Ein moderner Nachspieler *(ganz rechts)* zeigt es richtig.

Bei Turnieren sollten die Bogenschützen ihre Fertigkeiten demonstrieren, per Gesetz wurden andere Sportarten und Beschäftigungen eingeschränkt. Um 1360 war nicht nur der Export von Bogen und Pfeilen verboten, auch Bogenschützen durften England nicht ohne ausdrückliche Erlaubnis verlassen, vermutlich weil man befürchtete, dass sie sich feindlichen Armeen anschließen würden.

ZU DEN WAFFEN

Fernwaffen, vor allem Pfeil und Bogen, waren in der mittelalterlichen europäischen Kriegführung nicht angesehen. Die Ritter gaben vor, eine Kampfweise zu verachten, die einen Mann aus der Entfernung töten konnte, und sahen sie als feige und niederträchtig an. Adlige kämpften daher nicht als Bogenschützen. Diese stammten typischerweise aus den mittleren Gesellschaftsschichten, waren Freibauern, wobei zweifellos die Glieder häufig auch mit noch Ärmeren aufgefüllt wurden. Neben Südwales waren die meisten bewaldeten Regionen Stammland der Bogenschützen, da der Bogen traditionell als Jagdwaffe eingesetzt wurde. Das mittelalterliche England verfügte über kein stehendes Heer, daher waren die Bogenschützen keine Berufssoldaten, sondern dienten für einen bestimmten Feldzug. Um ihre Qualität zu gewährleisten, wählte eine Kommission königlicher Beamter die besten Männer aus denen aus, die die örtlichen Sheriffs in ihren Gebieten (»Shires«) gemustert hatten. Später wurden Bogenschützen eher als Vertragskämpfer in die Truppen aufgenommen, die Edelleute als Kontingent für den König stellten. Im Felde unterstanden die Bogenschützen Zentenaren, die Kompanien von 100 Mann kommandierten, und Vintenaren, die 20 Mann führten. Die Bogenschützen erhielten den doppelten Sold des einfachen Fußvolkes. Wie alle mittelalterlichen Soldaten erwarteten sie außerdem, ihren Sold durch Plünderung oder Lösegeld für Gefangene zu erhöhen. Selbst konnten die Bogenschützen allerdings nicht hoffen, als Gefangene gegen Lösegeld freizukommen.

Die letzten Jahre des Hundertjährigen Krieges
Bei diesem Zusammentreffen der Franzosen *(links)* und Engländer 1450 bei Cherbourg setzen beide Seiten Bogenschützen ein, aber ihre Bedeutung ist bereits geschwunden.

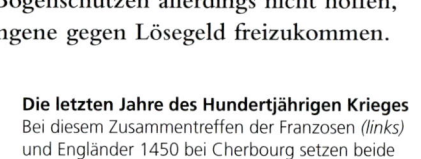

> DIE ENGLISCHEN BOGENSCHÜTZEN TRATEN ... HERVOR, WARFEN IHRE BOGEN WEG ... NAHMEN IHRE SCHWERTER ... UND ANDERE WAFFEN UND TÖTETEN DIESE FRANZOSEN OHNE GNADE. «

DER FRANZÖSISCHE CHRONIST **JEHAN DE WAVRIN** ÜBER DIE SCHLACHT BEI AZINCOURT

LANGBOGENSCHÜTZEN AUF DEM SCHLACHTFELD

Die Engländer setzten Bogenschützen defensiv ein und vertrauten darauf, dass ihre Gegner angriffen. Die genaue Aufstellung der Bogenschützen ist unter Historikern umstritten; vermutlich variierte sie je nach Gelände und den Truppen auf jeder Seite. Mitunter wurden die Bogenschützen an den Flanken des Heeres massiert oder an den Flanken der einzelnen Einheiten, in die das Heer unterteilt war. Bei Azincourt standen sie jedoch vermutlich vor oder zwischen den Gewappneten, vor den feindlichen französischen Kavallerieangriffen geschützt durch schachbrettartig angeordnete Pfähle, deren Spitzen gegen den Feind wiesen. Zahlenmäßig stellten die Bogenschützen die große Masse des englischen Heeres. Ihr Pfeilhagel sollte die vorrückenden Feinde zum Stehen bringen und verwirren. Gewappnete zu Fuß und die Bogenschützen selbst stürmten dann vor und machten sie nieder.

Für ihre unrühmliche Kampfweise und ihren niederen Status verachtet, wurden sie wahrscheinlich verstümmelt, gefoltert oder sofort getötet.

IN DER SCHLACHT

Zur Vorbereitung auf die Schlacht versorgte sich der Bogenschütze mit etwa 60 Pfeilen. Um sie so schnell wie möglich verschießen zu können, steckte er sie nicht in einen Köcher, sondern in den Gürtel oder in den Boden – mit letzterer Methode wurden auch gleich die Spitzen verschmutzt und infizierten damit die verursachten Wunden. Manche Bogenschützen trugen einen Helm und eine Art Kettenhemd, viele hatten jedoch keinerlei Schutz. Vielmehr waren sie zur Verteidigung auf die gepanzerten Gewappneten angewiesen sowie auf die natürlichen und künstlichen Hindernisse des Schlachtfeldes: Hecken, Gräben oder – wie bei Azincourt – angespitzte Pfähle, die sie mit der Spitze nach oben zwischen sich und den feindlichen Reitern in den Boden rammten. Die Bogenschützen kämpften auch als leichte Infanterie und waren dazu mit Dolchen, Äxten und bleiernen Hämmern oder Schlägeln ausgerüstet. Nachdem ihre Pfeile aus der angreifenden Kavallerie ein Chaos aus zappelnden Pferden und halb betäubten, heruntergefallenen Reitern gemacht hatten, stürmten die Bogenschützen vor, um den Feind mit ihren

Klingenwaffen niederzumachen – und auch, um die noch verwendbaren Pfeile einzusammeln, da die Munition sonst schnell verbraucht war.

Der historische Ruf der Langbogenschützen beruht vor allem auf drei denkwürdigen Siegen der Engländer über die Franzosen. Als die französischen Ritter 1346 bei Crécy auf die zahlenmäßig unterlegenen Engländer lospreschten, ließen deren Bogenschützen dem französischen Chronisten Jean Froissart zufolge »ihre Pfeile so gänzlich und dicht fliegen, dass es wie Schnee schien«.

Der französische Adel lernte nichts aus dem Debakel, und so wiederholte sich das Szenario 1356 bei Poitiers (Maupertuis). Froissart zufolge standen die englischen Gewappneten und Bogenschützen »am Ende einer Hecke zwischen Ranken und Dornbüschen, wo kein Mann gehen oder reiten kann«. Die Bogenschützen beschossen die französischen Ritter an einem engen Durchlass durch die Hecke und konzentrierten sich auf die Pferde statt auf die durch ihre Rüstung geschützten Reiter. Die gestürzten Pferde verursachten Chaos, ein englischer Gegenangriff mit folgendem Handgemenge, in dem die Bogenschützen ihre Äxte und Dolche gebrauchten,

brachte den Sieg. 1415 in der Schlacht von Azincourt schließlich besiegte ein englisches Heer von etwa 6000 Mann, darunter wahrscheinlich etwa 5000 Bogenschützen, die bis zu viermal so große französische Armee.

NIEDERGANG

Doch die englischen Langbogenschützen siegten nicht immer. Tatsächlich waren sie nach Azincourt meist auf der Verliererseite, vor allem, als die Franzosen später zunehmend Kanonen einsetzten. Ob Feuerwaffen den Langbogen überflüssig machten, ist unklar. Sein Verschwinden vom Schlachtfeld im 16. Jh. fällt zwar mit der Einführung von Arkebuse und Muskete zusammen, doch erst 300 Jahre später kam eine Feuerwaffe der Leistung des Langbogens gleich und konnte ein 200 m entferntes Ziel mit 12 Schuss pro Minute treffen.

Eine Erklärung für den Niedergang des Langbogens bietet vielleicht das Schwinden des benötigten riesigen Reservoirs geschickter Bogenschützen, selbst verursacht durch eine längere Periode relativen Friedens für England.

Gepanzerter Bogenschütze
Dieser englische Langbogenschütze trägt Ende des 15. Jh. einen leichten Panzer, Helm, Schwert und einen Faustschild. In ihrer großen Zeit bei Crécy und Azincourt waren die Bogenschützen nicht so gut bewaffnet.

Langbogen und Pfeile
Der größte archäologische Schatz englischer Langbogen und Pfeile wurde an Bord der *Mary Rose* gefunden, eines 1545 gesunkenen Kriegsschiffes aus der Tudorzeit, das 1982 gehoben wurde. Die Bogen waren 1,87 m bis 2,11 m lang.

Nocke

Befiederung, in der Regel aus Gänse- oder Schwanenfedern

NACHGEBILDETE PFEILE

LANGBOGEN VON DER MARY ROSE

Bogen aus einem Stück Eibenholz

Beim Bogenbau wurde die unterschiedliche Elastizität von Kern- und Splintholz ausgenützt.

LANGBOGENSCHÜTZE

Manche gut ausgerüsteten Bogenschützen, in der Regel im Dienste eines Edelmannes, trugen Kettenhemden und Helme. Andere trugen wattierte, gesteppte Oberteile, viele aber keinerlei Schutzkleidung. Aufgabe des Bogenschützen war es, den Tod aus der Entfernung herabregnen zu lassen; wurde das Gefecht für ihn brenzlig, brachte er sich in Sicherheit oder verließ sich auf den Schutz durch die Gewappneten. Für den Fall, dass sie kämpfen mussten, hatten die Bogenschützen oft ein kurzes Schwert wie das Falchion, eine Art schweres Haumesser, und einen kleinen runden Faustschild dabei, den Buckler.

Der Langbogen wird »bis zum Ohr« gespannt.

Vorbereitung zum Kampf mit Schwert und Buckler

Bodkin-Pfeilspitze mit vierkantiger Spitze zum Durchschlagen von Kettengeflecht

Pfeilspitze mit Widerhaken

Bogensehne, in der Regel aus Hanf

Hemd
Derartige Unterbekleidung aus einfachem weißem Leinen trugen im 14. und 15. Jh. alle Gesellschaftsschichten.

Kapuze aus hochwertiger Wolle

Lederner Verschluss, um die Kapuze am Hals zu knöpfen

Hornverstärkungen, um Bogenenden zu schützen und das Auflegen der Sehne zu vereinfachen

Kapuze mit Zipfel
Zur damaligen Zeit waren Kopfbedeckungen selbstverständlich, daher trug ein Bogenschütze ohne Helm zumindest einen Hut oder eine Kappe. Im 14. Jh. beliebt war die Gugel, eine Kapuze mit einem langen, röhrenförmigen Zipfel.

Der Zipfel konnte als Schal um den Hals gewickelt oder zum Verstauen von Wertsachen verwendet werden.

...efestigen des Armschutzes, um den
...rm vor der Bogensehne zu schützen

Langbogen und Pfeile

Der Bogen bestand aus einem einzelnen
Holzstück, in der Regel Eibe, das von
einem erfahrenen Bogner ausgewählt,
geformt und gelagert wurde. Idealerweise entsprach die Länge, zwischen
167 und 200 cm, dem Körpermaß
des jeweiligen Bogenschützen. Pfeile
wurden aus unterschiedlichen Hölzern
hergestellt: Esche, Eiche und Birke
waren weit verbreitet.

Befiederung
aus Gänse- oder
Schwanenfedern

Nocke für
sicheren Sitz auf
der Bogensehne

Stiefel

Manche Schuhe aus dem späten
Mittelalter sehen überraschend
modern aus. Diese Stiefel sind
Replikate englischer Muster von
etwa 1400. Wie heute bestanden
die Sohlen aus mehreren miteinander vernähten und verklebten
Lederschichten.

Lederne
Schnürsenkel

Wams

Das wollene Wams wurde eher
von Bauern als von Adligen
getragen. Dieses Exemplar
hat einfache Holzknöpfe.
Das Wams eines Bogenschützen hatte Ärmel, die zum
Handgelenk hin enger wurden,
damit sie beim Schießen nicht
im Weg waren.

Scheibendolch mit Scheide

Manche Bogenschützen
besaßen ein Schwert und
einen Faustschild; einen
Dolch hatten alle dabei. Ein
Scheibendolch wie dieser war
ideal, um vom Pferd gestürzte
Ritter zu töten: Mit einem
starken Schlag auf den Knauf
ließ sich die Klinge in die
Lücken und Schwachpunkte
in der Rüstung treiben.

Schwere, spitze Klinge
mit rautenförmigem
Querschnitt

Flache Rückseite des
Bogens, in der Regel
aus dem elastischeren
Splintholz

Beinkleid

Die zeitgenössischen Bein-
kleider waren recht kompli-
ziert, wie diese zweifarbige
Hose mit Latz zeigt. Mit
Kordeln wurde der Hosen-
latz geschlossen und auch
der Hosenbund am Hemd
festgemacht.

MITTELALTERLICHE FUSSSOLDATEN

Die Ritter betrachteten Fußsoldaten in der Regel als Pöbel, dessen Präsenz auf dem Schlachtfeld notwendig, aber bedauerlich war. Bei vielen Gelegenheiten bewies jedoch mit Piken, Keulen und anderen einfachen Waffen ausgerüstetes Fußvolk seine Wirksamkeit, wenn es nur entschlossen und gut organisiert war. Mit verschiedenen Fernwaffen wie Langbogen, Armbrust oder frühen Kanonen ausgerüstet, konnten die Fußsoldaten die gesellschaftliche Ordnung recht einfach untergraben. Vor allem Ritter nahmen es diesen Männern übel, dass sie scheinbar feige und unfair aus der Entfernung kämpften – zumindest, wenn es Gegner waren. Gerieten Fußsoldaten in Gefangenschaft, hatten sie kein Pardon zu erwarten, schließlich konnten sie kein Lösegeld aufbringen.

FLÄMISCHE FUSSSOLDATEN

1302 sandte Frankreich ein starkes Heer mit vielen Rittern, um einen Aufstand in Flandern niederzuschlagen. Die flämischen Truppen bestanden fast ganz aus Fußvolk: eine gut gedrillte städtische Miliz aus Handwerkern, die von wenigen Edelleuten angeführt wurde. Charakteristisch war der »Goedendag«, ihre Stangenwaffe mit starkem Holzschaft und einer Spitze am Ende. Am 11. Juli bezogen sie bei Courtrai Stellung in einem von Bächen durchzogenen Gelände und hoben zusätzliche Gräben aus. Dadurch hatten sie einigen Schutz vor französischen Kavallerieangriffen, die sie durch hartnäckiges Halten der eigenen Linien zum Stehen brachten. Die unbeweglichen Ritter wurden umzingelt und einzeln niedergemacht.

»Goldsporenschlacht« bei Courtrai
Obwohl dieses Gemälde Rüstung und Waffen der Flamen nicht genau wiedergibt, zeigt es, wie sie die zum Stehen gebrachten Ritter systematisch vom Pferd holen und töten.

SCHOTTISCHER SCHILTRON

Im Kampf gegen England im 13. und 14. Jh. bildete der Infanterieschiltron den Kern der schottischen Truppen. Der Schiltron war eine der Phalanx ähnliche Formation Schulter an Schulter stehender Spießträger, die oft einen Kreis bildeten. Zum großen Teil handelte es sich um Ausgehobene, die nach ihren Möglichkeiten einen Spieß oder zusätzlich Schwert, Helm, gesteppten Panzer und schützende Handschuhe zu stellen hatten. Die gepanzerten Männer standen im vordersten Glied. Der vor Spießen starrende Schiltron war eine äußerst wirksame Verteidigungsformation gegen Kavallerieangriffe, konnte jedoch auch offensiv eingesetzt werden wie 1314 bei Bannockburn. Allerdings war die dicht gedrängte schottische Infanterie durch die Pfeile der englischen Langbogenschützen verwundbar.

HUSSITENSOLDATEN

Kampfwagen der Hussiten
Zur Verteidigung ihrer Lager bildeten die Hussiten mit ihren Kampfwagen eine Wagenburg. Mit Kanonen, Arkebusen und Armbrüsten wehrten sie Angriffe ab.

Hussiten waren im 15. Jh. in Böhmen die radikalen Anhänger einer strengen Form des Christentums, die vom Papst zu Ketzern erklärt wurden und sich gegen mehrere Kreuzzüge verteidigen mussten. Unter dem tschechischen Junker Jan Žižka wurde aus einer Horde armer Bauern, Handwerker und Händler eine disziplinierte Truppe mit schriftlichen Regeln für Bestrafungen, Lagerleben und das Verteilen von Beute. Durch ihren Glauben vereint, marschierten die Hussiten mit Kirchenliedern auf den Lippen in die Schlacht. Sie entwickelten neue Taktiken und setzten neue und alte Waffen zusammen ein. Viele der Soldaten hatten einfache Flegel oder Stangenwaffen, dazu kamen berittene Armbrustschützen. Doch die Hussiten bauten auch mit Eisen verstärkte Kampfwagen für Kanonen und Schützen mit Feuerwaffen. Als mobile Feuerplattformen konnten sie in Kolonnen die feindlichen Linien durchbrechen.

>> IHR, DIE IHR KRIEGER GOTTES UND SEINES GESETZES SEID, BETET ZU GOTT UM HILFE ... «

KAMPFLIED DER HUSSITEN

GENUESISCHE ARMBRUSTSCHÜTZEN

Während des ersten Kreuzzuges landete ein Expeditionsheer aus der italienischen Stadt Genua 1099 in Jaffa und stieß später bei der Belagerung von Jerusalem zu den Kreuzfahrern. Wie die anderen Seerepubliken Venedig und Pisa hatte auch Genua ein Kontingent Armbrustschützen für den Seekrieg aufgestellt, die auf kurze Distanz von Galeere zu Galeere schossen. Die eindrucksvolle Leistung der genuesischen Armbrustschützen bei der Belagerung begründete einen dauerhaften Ruf.

EUROPAWEIT BERÜHMT

Man sagt, ein Vorteil der Armbrust gegenüber dem Langbogen sei, dass ihr Gebrauch wenig Übung oder Erfahrung erfordere. Dennoch zeigten europäische Heere einen gesunden Respekt für Berufssoldaten mit einer Armbrust. Der Ruf der Genueser verschaffte ihnen viele

Auftraggeber für ihre mehrere Tausend Mann starke Truppe, die von einer Gilde von Armbrustmachern ausgerüstet wurde. Tatsächlich rekrutierten sich die Schützen nicht primär aus der Stadt selbst, sondern aus der ganzen Region Ligurien. Sie übten vor den Stadtmauern, was Grundbesitzer zu Beschwerden veranlasste. Bei Bedarf kämpfte die Truppe bei der Verteidigung Genuas, ansonsten verkaufte sie ihre Dienste an den Meistbietenden.

Erfahrene Armbrustschützen waren treffsicher genug, um bei Belagerungen als Scharfschützen zu kämpfen. Auf dem Schlachtfeld setzte man sie in der Regel offensiv vor dem Heer ein, um den Gegner zu zermürben, bevor der Hauptangriff vorgetragen wurde. Zum Spannen der Armbrust verwendeten sie einen Haken, den sie am Gürtel trugen: Der Schütze beugte sich vor, hakte die Sehne ein, richtete sich auf und spannte dabei

Schlachtfeldern Europas. Ihr denkwürdigster Einsatz in der Schlacht bei Crécy 1346 wurde allerdings zum Fiasko. Im Dienste Frankreichs rückten sie auf die englischen Linien vor, blieben jedoch ineffektiv, weil wohl die Armbrustbogen durch die Feuchtigkeit an Spannkraft verloren hatten. Sich im Pfeilhagel der englischen Langbogenschützen zurückziehend, gerieten sie unter die Hufe der angreifenden französischen Ritter.

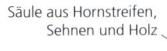

Säule aus Hornstreifen, Sehnen und Holz

Stahlstift, an dem die Spannwinde angesetzt wurde

Nut, in die der Bolzen eingelegt wurde

Drehbare Nuss mit Kerbe für die Bogensehne

Fußbügel, mit dem die Armbrust beim Spannen gehalten wird

den Bogen aus dem Rücken heraus. Neben der Armbrust bestand seine Ausrüstung aus Helm, etwas Körperpanzerung, Dolch und einem großen Schild, der Pavese. Mitunter kämpften sie in Teams: Ein Helfer deckte den Schützen mit der Pavese, eventuell spannte ein weiterer Helfer eine zweite Armbrust.

Selbst nach dem Auftauchen von Handfeuerwaffen im 15. Jh. spielten genuesische Armbrustschützen eine wichtige Rolle auf den

Armbrust und Bolzen
Bei dieser Armbrust aus dem späten 15. Jh. musste die Sehne mithilfe einer Spannwinde in die Kerbe der drehbar gelagerten Nuss eingehakt werden. Dann wurde der Bolzen in die Nut gelegt. Durch Betätigen des Abzugs auf der Unterseite drehte sich die Nuss und gab die Sehne frei.

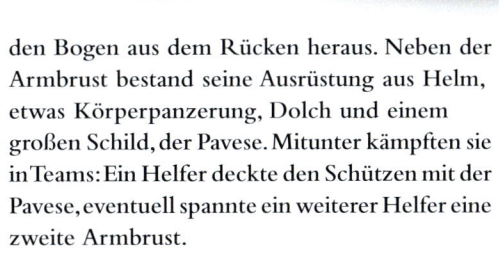

Pavese
Hinter diesem Setzschild konnten Armbrustschützen zum Spannen Deckung nehmen, wenn sie bei Belagerungen die Verteidiger auf den Wällen beschossen.

ARMBRUSTBOLZEN MIT BODKIN-SPITZE

BOLZEN MIT DREIKANTSPITZE

Befiederung aus Holz oder Papier

> » WAS DIESE PFEILE AUCH TREFFEN, SIE FALLEN NICHT ZURÜCK, SONDERN DURCHDRINGEN EINEN SCHILD UND EINEN SCHWEREN EISERNEN PANZER. «
>
> **ANNA COMNENA** IN DER *ALEXIADE*, NIEDERGESCHRIEBEN UM 1148, ÜBER DIE ERSTEN ERFAHRUNGEN DER BYZANTINER MIT ARMBRÜSTEN

MONGOLISCHE REITER

» SEINE KRIEGER SIND MUTIG WIE LÖWEN,
KEINE ERMÜDUNG UND ENTBEHRUNG DES KRIEGES
KANN SIE VERLETZEN. SIE KENNEN WEDER MUSSE NOCH
RUHE. WENN SIE EINE EROBERUNG AUSFÜHREN, LASSEN
SIE NICHTS AM LEBEN, WEDER GROSS NOCH KLEIN. «

BERICHT ÜBER DAS HEER VON **DSCHINGIS KHAN** AN DEN **SCHAH VON CHORESMIEN**, 1218

Furchterregende reitende Bogenschützen
Mongolische Reiter des 14. Jh. mit ihren Kompositbogen und zähen, kräftigen Pferden in der Schlacht (oben). Mongolische Helme hatten häufig eine Spitze und erinnerten damit an die spitze Fellmütze der Steppennomaden. Dieser spätmongolische Helm aus der Nogaier-Horde (rechts) stammt aus dem Kaukasusgebiet, einem Überbleibsel der mongolischen Invasion Eurasiens.

Eines der größten Landreiche aller Zeiten errichteten im 13. Jh. nomadische Reiter aus den Steppen Asiens: die Mongolen. Nach der Vereinigung der sich traditionell bekriegenden Stämme unter Dschingis Khan begannen sie Eroberungszüge, die sie im Westen bis in den Nahen Osten und nach Europa und im Osten bis an die chinesische Pazifikküste führten. Immer wieder scheiterten die Heere der Zivilisationen Eurasiens an der Geschwindigkeit, Aggression und dem Kampfgeschick der alles überrennenden Mongolen.

Vor dem Aufstieg des später als Dschingis Khan bekannt gewordenen Temüdschin waren die Mongolen nur einer von vielen Turkstämmen in der rauen Steppe nördlich der Wüste Gobi. Diese in Zelten lebenden Reiter waren bisher als Räuber und Invasoren aufgetreten, die die Städte Nordchinas bedrohten. Die Steppenstämme kämpften ständig gegeneinander, bis sie 1206 den Mongolenführer Temüdschin als ihren Khan anerkannten (Dschingis Khan bedeutet »Herr der Erde«). Ihm und seinen Nachfolgern gelang es, die Energie der Reiter nach außen zu lenken und aus Räubern Eroberer zu machen.

ZÄHE KÄMPFER

Ihr ganzes Leben verbrachten die Mongolen in enger Gemeinschaft mit ihren zähen Pferden. Es heißt, mongolische Jungen lernten reiten, bevor sie laufen lernten. Jeder Mongole war nicht nur Reiter, sondern auch Jäger und Krieger. Seit frühester Jugend erlernte er den Gebrauch des Kompositbogens, einer wirksamen Waffe aus Horn, Holz und Tiersehnen. Er nahm an den großen berittenen Jagdgruppen teil, mit denen die Steppenvölker Wild einkreisten und töteten, und übte dabei Koordination und Manöver, die ihm später im Kampf nutzen konnten. Der mongolische Krieger vervollkommnete sein Kampfgeschick in lokalen Kriegen und seine Überlebensfähigkeit im harten Dasein in der Steppe.

Mit solchen Männern waren Dschingis Khans Heere hochmobil, die Eroberungszüge konnten über Tausende von Kilometern gehen. Sie konnten für lange Zeit aus dem Land leben, auch wenn es noch so unwirtlich

war, und wurden durch keinen Tross gebremst. Die Reiter lebten von getrocknetem Fleisch und vergorener Stutenmilch, mitunter ergänzt durch frisches Pferdeblut. Da jeder Krieger über vier oder fünf Pferde verfügte, konnte er sie ständig wechseln und dadurch Tag um Tag lange Strecken zurücklegen. Flüsse waren dabei kein Hindernis: Die Männer entkleideten sich, verstauten ihre Kleidung in wasserdichten Taschen und schwammen mit ihren Pferden auf die andere Seite. Ihre Bewaffnung war leicht: Die meisten waren Bogenschützen, die auf dem Pferd zwei oder drei Bogen und mehrere Köcher mit Pfeilen mitführten. Jeder Krieger war völlig autark und hatte einen Schleifstein für seine Waffen sowie Nähzeug zum Ausbessern seiner Kleidung und Lederrüstung dabei.

RÜCKSICHTSLOSE SIEGER

Ihre Mobilität nutzten die Mongolen, um feindliche Truppen aufzuspüren, zu stellen und niederzumachen. Sie waren erbitterte Kämpfer, jedoch in keiner Weise unorganisiert. Jeder Krieger gehörte zu einer Zehnschaft (*Arban*), die wiederum Teil einer Gruppe von 100, 1000 und 10000 war. Das Heer umfasste viele Offiziere, von denen die höheren Ränge vom Khan eingesetzt und die niederen von ihren Männern gewählt wurden, praktisch eine Beförderung durch Verdienst. Kleine Einheiten konnten sehr unabhängig operieren, doch waren die mongolischen Befehlshaber auch in der Lage, große Heere mithilfe von Rauchsignalen, Trompeten und Bannern auf dem Schlachtfeld zu koordinieren.

HELM DER NOGAIER-HORDE

Waren die Mongolen siegreich, so zeigten sie bei der Behandlung der feindlichen Kombattanten und häufig auch ganzer Zivilbevölkerungen keinerlei Rücksicht; ihren Eroberungen eilte ein schrecklicher Ruf voran. Dschingis Khan drang 1211 in Nordchina ein und hatte 1215 das heutige Peking eingenommen, das ressourcen- und bevölkerungsreiche Südchina blieb allerdings noch einige Zeit unter der Herrschaft der Song-Dynastie. 1218 griffen die Mongolen das mächtige Reich Choresmien in Zentralasien an. Die darauf folgenden Eroberungszüge verwüsteten die berühmten Städte Samarkand und Buchara und viele andere historische Orte.

DSCHINGIS KAHNS ERBE

Dschingis Kahns Tod 1227 änderte nichts am Zug der Zerstörung und Expansion. Sein Sohn Ögädäi sandte seine Heere weiter gen Westen. Der Mongolengeneral Subotai überrannte

Verzierter Köcher
Schon von Jugend an lernten mongolische Krieger den Umgang mit dem Kompositbogen. Der Köcher war ein wichtiger Teil der Bewaffnung.

> » EIN GRAUSAMES VOLK, HÖLLISCH IN DER ERSCHEINUNG, GEFRÄSSIG WIE WÖLFE IM HUNGER NACH BEUTE … «
>
> **KÖNIGIN RUSUDAN VON GEORGIEN** ÜBER DIE MONGOLEN

Russland und plünderte 1238 Moskau. 1240 war die Ukraine an der Reihe, das ehrwürdige Kiew wurde zerstört. Ein europäischer Reisender, der fünf Jahre später in die Stadt kam, berichtete von »einer ungeheuren Anzahl Schädel und Knochen abgeschlachteter Menschen in der Ebene« und »kaum 200 stehenden Häusern«. 1241 führte Subotai seine Truppen nach Polen und Ungarn, wo er Heere europäischer Ritter in den Schlachten bei Liegnitz und Mohi vernichtend schlug. Da die schwer gepanzerte christliche Kavallerie in keiner Weise mit der Beweglichkeit der mongolischen Reiter mithalten konnte, stand der mongolischen Eroberung Westeuropas nichts mehr im Weg. Die Mongolen näherten sich Wien, als sie die Nachricht vom Tod Ögädäis erreichte – aus Sicht des christlichen Europas geradezu ein Wunder. Die asiatischen Reiter drehten um und kehrten nach Hause zurück, um an der Wahl eines neuen Anführers teilzunehmen. Nie wieder gelangten sie so weit nach Westen.

NEUE METHODEN

Die Mongolen hatten zu den unterworfenen Ländern jedoch keine nur destruktive Beziehung. Sie profitierten von den Fertigkeiten der Staaten mit fortschrittlicher technischer Entwicklung. Seit seinem ersten Feldzug nach China war sich Dschingis Khan der beschränkten Möglichkeiten seiner Stammeskrieger bewusst: Die Befestigungsanlagen der chinesischen Städte machten Techniken und Geräte für die Belagerung erforderlich. Höchstwahrscheinlich durch den Einsatz von kenntnisreichen Chinesen war das Mongolenheer in der Lage, 1214–1215 bei der erfolgreichen Belagerung von Peking Rammböcke und Katapulte einzusetzen. Seit dieser Zeit gehörte zu den mongolischen Truppen häufig ein Belagerungszug; chinesische und muslimische Fachleute stellten sich regelmäßig in den Dienst der Khane.

MASSAKER VON BAGDAD

Diese Beherrschung der Belagerungstechnik ermöglichte es 1258 einer Mongolenarmee unter Hülägü, Bagdad einzunehmen, den Sitz des Abbasiden-Kalifats. Fast die gesamte Bevölkerung der Stadt wurde umgebracht, darunter der Kalif selbst. Zur Freude der christlichen Kreuzfahrer, die sich zur selben Zeit mühten, ihre Präsenz in Palästina zu erhalten, schien damit der Weg frei für die Eroberung der arabischen Welt durch die Mongolen. Syrien fiel 1259 an Hülägü, nur die ägyptischen Mamelucken trotzten noch der Macht der Mongolen.

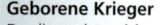

Geborene Krieger
Da die meisten Mongolen zu Pferd kämpften, trugen sie eine Lederrüstung, um beweglicher zu sein. Die Krieger hatten eine enge Beziehung zu ihren Pferden, die in der Hitze des Gefechts wichtig war.

Doch die Pläne der Mongolen wurden vereitelt: Im folgenden Jahr war auch Hülägü durch den Tod des Großkhans gezwungen, mit einem Großteil seines Heeres in die Mongolei zurückzukehren. Die Mamelucken unter Baibars besiegten die verbliebenen Truppen bei Ain Djalut – in der einzigen Schlacht, in der die Mongolen entscheidend geschlagen wurden.

MONGOLEN IN CHINA

In China erfuhr die mongolische Kampfweise eine nahezu vollständige Umgestaltung. Ab 1260 führte Dschingis Khans Enkel Kubilai Khan, der inzwischen in Peking herrschte, einen Eroberungskrieg gegen die immer noch in Südchina herrschende Song-Dynastie. Sein Heer setzte fortschrittliche chinesische Waffen ein, darunter von Katapulten verschossene Bomben, primitive Flammenwerfer und frühe Vorläufer der Handfeuerwaffen. Auch das Operieren auf Flüssen und zur See lernten die Mongolen von den Chinesen. Kubilais entscheidender Sieg über die Chinesen, mit dem er unumstrittener Herrscher über China wurde, war eine Seeschlacht im Südchinesischen Meer.

Zweifellos durch diesen Erfolg ermutigt, versuchte Kubilai eine von Korea ausgehende Invasion Japans von See her. Einer Aufklärungsflotte mit etwa 900 Schiffen 1274 folgte sieben Jahre später eine Flotte aus über 4000 Kriegsschiffen. Das Zusammentreffen mit den Mongolen stellte für die japanischen Samurai, denen massiert auftretende Bogenschützen oder Schwarzpulverbomben unbekannt waren, sicher einen Schock dar. Doch der entschiedene japanische Widerstand sowie ein vernichtender Taifun machten die Expeditionen der Mongolen zu kostspieligen Fehlschlägen.

ALTE GEWOHNHEITEN

Im Wesentlichen blieben die Mongolen ihren Wurzeln treu. Selbst als Beherrscher von China schätzten sie Jagen und Reiten über alles. Auch um die Nachfolge wurde weiterhin gekämpft. Ende des 13. Jh. erstreckte sich das Herrschaftsgebiet der Mongolen von Russland bis nach China und Korea, war aber in vier separate Khanate unterteilt. Da sie im Grunde ihres Herzens Steppenkrieger waren, konnten sie kein dauerhaftes Reich gründen. Nach dem Tod Kubilais 1294 schwand die Macht der Mongolen rasch.

Das Mongolenreich
Die Mongolen beherrschten ein Gebiet, das vom heutigen Korea bis an den Ostrand Europas reichte. Um 1300 war das Gebiet in vier Khanate unterteilt: das zentrale Großkhanat in China, das Tschagatai-Khanat in Zentralasien, das Reich der Ilkhane in Iran und Irak sowie das Khanat der Goldenen Horde in Russland.

MOBILITÄT UND FEUERKRAFT

Die Mongolen ritten in der Regel in loser Formation in die Schlacht. Der Großteil von ihnen war für Blitzüberfälle als Plänkler ausgebildet, ihre Waffe war der Kompositbogen, von dem es zwei Versionen gab: Der leichte Bogen wurde vom Pferd aus benutzt, der schwerere vom abgesessenen Reiter. Zu Beginn der Schlacht rückten die Bogenschützen so weit vor, dass der Feind in Reichweite kam, und brachten diesem durch ständigen Beschuss laufend Verluste bei. Gleichzeitig verhinderten sie feindliche Anstrengungen, die Schlacht aufzunehmen, indem sie sich bei drohenden Gegenangriffen sofort zurückzogen.

Gerissene Krieger

Auf dem Schlachtfeld wandten die Mongolen gerne Tricks an: Sie verleiteten unachtsame Gegner durch vorgetäuschte Flucht zur Verfolgung, um dann plötzlich zu wenden und desorganisierte Truppen in die Falle zu locken. War der Feind durch die Pfeile der Plänkler ermüdet und zermürbt, führten die Mongolen ihre gepanzerten Elitereiter in die Schlacht. Mit Lanze, Schwert und Streitkolben bewaffnet, machten sie ihre Gegner im Nahkampf nieder. Gleichzeitig preschten die Reiter an den Flanken der Mongolen vor, um den Feind einzukesseln, sodass ihm gegen den letzten Angriff keine Fluchtmöglichkeit mehr blieb.

Streitkolben, Lanze und Bogen
Diese Darstellung aus dem 14. Jh. zeigt von Dschingis Khan (mit Streitkolben) geführte Mongolenkrieger. Ihre Waffen sind genau wiedergegeben, ihre kleinen, kräftigen Pferde unterschieden sich jedoch von den gezeigten Rossen.

MONGOLISCHE WAFFEN

Die meisten berittenen Bogenschützen der Mongolen hatten eine einfache Ausrüstung, die Minderheit der Elitekrieger war dagegen mit Lanzen und anderen Nahkampfwaffen umfangreicher ausgestattet. Ein Gesandter des Papstes an den Großkhan berichtete 1246, die mongolischen Lanzenreiter trügen »Lederhelm und -kürass ... aus etwa eine Hand breiten Streifen, die überlappend vernäht wurden«. Die Sitte reich verzierter Waffen gelangte größtenteils über eroberte Zivilisationen zu den Mongolen, vor allem aus China.

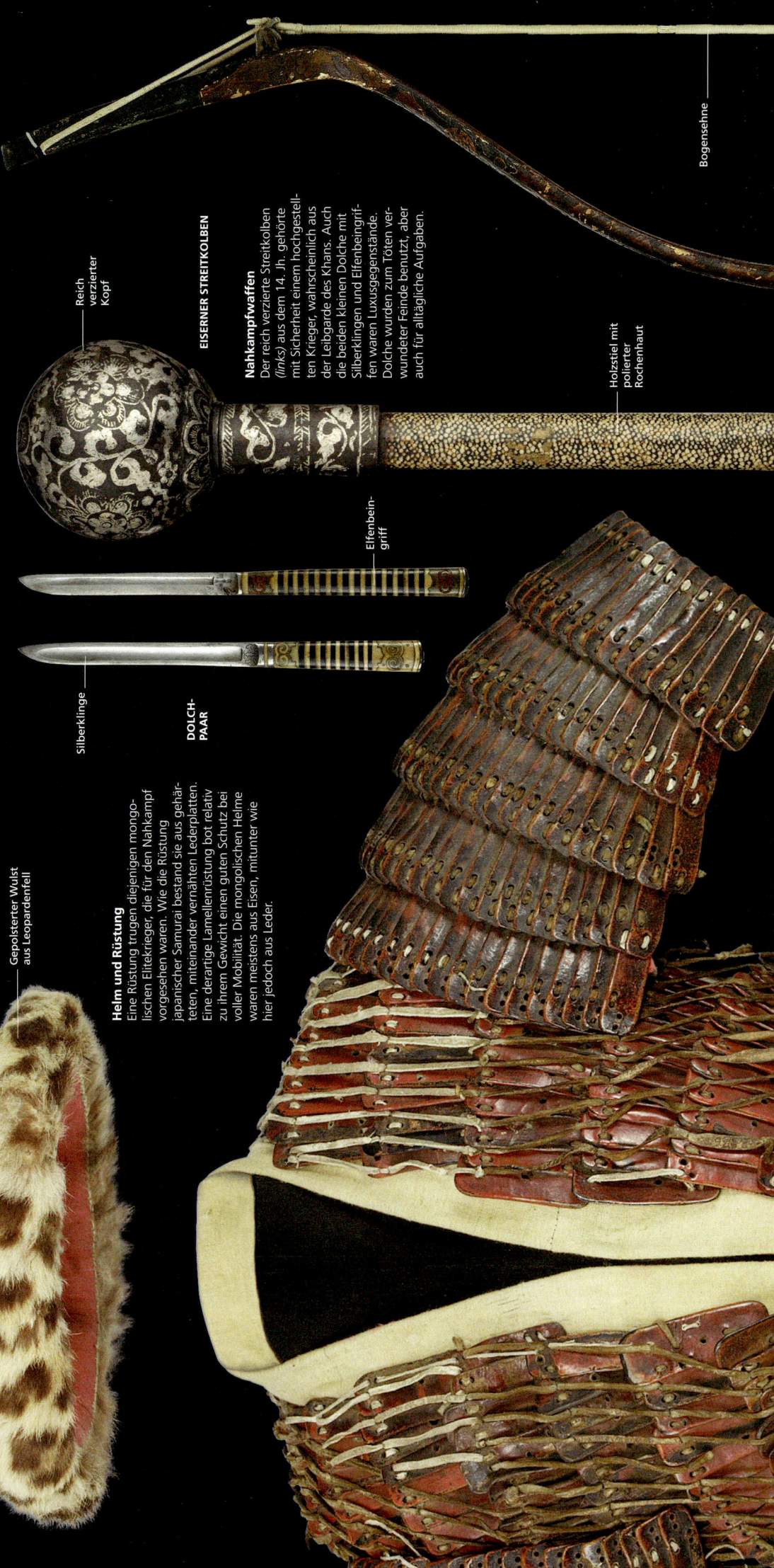

Bogensehne

Reich
verzierter
Kopf

EISERNER STREITKOLBEN

Nahkampfwaffen
Der reich verzierte Streitkolben (links) aus dem 14. Jh. gehörte mit Sicherheit einem hochgestellten Krieger, wahrscheinlich aus der Leibgarde des Khans. Auch die beiden kleinen Dolche mit Silberklingen und Elfenbeingriffen waren Luxusgegenstände. Dolche wurden zum Töten verwundeter Feinde benutzt, aber auch für alltägliche Aufgaben.

Holzstiel mit
polierter
Rochenhaut

Elfenbein-
griff

Silberklinge

DOLCH-
PAAR

Helm und Rüstung
Eine Rüstung trugen diejenigen mongolischen Elitekrieger, die für den Nahkampf vorgesehen waren. Wie die Rüstung japanischer Samurai bestand sie aus gehärteten, miteinander vernähten Lederplatten. Eine derartige Lamellenrüstung bot relativ zu ihrem Gewicht einen guten Schutz bei voller Mobilität. Die mongolischen Helme waren meistens aus Eisen, mitunter wie hier jedoch aus Leder.

Gepolsterter Wulst
aus Leopardenfell

Lederbesatz

Goldlackierter Griff

Lederne Hand-
schlaufe am Griff

Armschutz
Dieser Unterarmschutz aus dem
13. Jh. besteht aus Leder und ist
mit Goldlack verziert. Die Mitte
verstärken drei mit durchbro-
chenen Ornamenten verzierte
Eisenbänder, die Kanten sind
mit dünnen Eisenbändern mit
Bogenrändern verstärkt.

Eisenband zur
Verstärkung

Goldlackiertes
Leder

Rotes Ledergehäuse

Bogen und Köcher
Die meisten mongolischen Reiter
waren Bogenschützen, die ihren
Kompositbogen für Blitzüberfälle ein-
setzten: Sie näherten sich mit einem
Schwarm von Pfeilen und zogen sich
zurück, bevor der Feind den Kampf
aufnahm. Dieser Bogen hat lange
Wurfarmenden, Sehnenbrücken aus
Hirschgeweih und einen Griff aus
Kork. Den roten Lederköcher trug der
Krieger mit einem Schulterriemen auf
dem Rücken. Der Köcher konnte bis
zu 60 Pfeile aufnehmen.

Wurfarmende

Leder-
lamellen

»NICHT EINMAL EIN MÄCHTIGER
KRIEGER KANN EINEN SCHWACHEN
PFEIL BRECHEN, WENN DIESER VON
VIELEN WEITEREN UNTERSTÜTZT
WIRD.« DSCHINGIS KHAN AM VORABEND DER SCHLACHT ZU SEINEN KRIEGERN

1150–1650

SAMURAI

» SOLANGE ES MEINE PFLICHT GEGENÜBER MEINEM
HERRN IST, MÖCHTE ICH IN DER SCHLACHT VOR
SEINEN AUGEN STERBEN. WENN ICH IN MEINEM HAUS
STERBE, WIRD ES EIN TOD OHNE BEDEUTUNG SEIN. «

Die Samurai waren Panzerreiter, die in der mittelalterlichen japanischen Gesellschaft einen Elitestatus genossen: gewissermaßen das japanische Äquivalent des europäischen Ritters. Ihr Kodex, *Bushido* genannt, beruhte auf dem Prinzip absoluter Loyalität zu dem Herrn, dem man diente. Ab dem 12. Jh. waren die Samuraiclans die wirklichen Herrscher Japans, die Kaiser waren nur Strohmänner. Samuraiheere bekämpften sich in endlosen Bürgerkriegen, bis Japan im 17. Jh. unter dem Shogunat der Tokugawa befriedet wurde.

Ursprünglich, möglicherweise bereits ab dem 8. Jh., waren die Samurai Diener des Kaisers, sie wurden als Palastwache eingesetzt und wahrten die Autorität des Kaisers in den Provinzen. Im Laufe der Zeit wurden sie zu einer aristokratischen Elite, die sich auf ihre Geburt, weniger auf ihre Funktion berief. Die wirkliche Treue der Samuraikrieger bezog sich immer mehr statt auf den Kaiser, ihren nominellen Herrn, auf den eigenen Clan oder die Familie. Im Gempei-Krieg (1180–1185), einem Wendepunkt der japanischen Geschichte, kämpften zwei Clans um die Vorherrschaft. Die Familie der Minamoto errang den Sieg über die Taira, Minamoto no Yoritomo wurde zum Shogun ganz Japans, zum Kronfeldherrn, erklärt.

Zu Beginn des Shogunats war der Bogen die prestigeträchtigste Waffe des Samurai, nicht das Schwert. Offenbar sahen die Elitekrieger den Krieg zuallererst als Möglichkeit an, persönliches Kampfgeschick und Mut zu demonstrieren. Wenn sich die gegnerischen Heere auf dem Schlachtfeld aufstellten, stiegen die führenden Samurai vom Pferd, traten vor und zählten ihre Ahnenreihe und ihre bisherigen Taten auf. Die beiden Heere beschossen sich dann zunächst mit Pfeilen, danach wählten sich einzelne Samurai geeignete Gegner für den Nahkampf aus – gegen einen Mann geringeren Standes zu kämpfen wäre unehrenhaft gewesen. Das war zumindest das Ideal, das die Krieger anstrebten. Zuweilen verliefen die

Schlachten jedoch weitaus komplizierter, sodass auch mit Tricks und Überraschungen gearbeitet wurde. Es wird berichtet, dass die Minamoto die Taira 1183 bei Kurikara vernichtend schlugen, indem sie deren Defensivposition auf einem Bergpass umgingen, sie von hinten angriffen und gleichzeitig eine Herde Ochsen von vorn auf sie zu trieben.

BUSHIDO

Die Samurai des 12. und 13. Jh. waren sich ihres Elitestatus sehr genau bewusst. Neben militärischer Tugend wurde von einem Krieger auch literarische und künstlerische Feinheit erwartet. Zur Ausbildung wurde ein junger Krieger häufig in einer komplexen Beziehung, in der auch homosexuelle Liebe eine Rolle spielte, an einen altgedienten gebunden. Der Verhaltenskodex der Samurai, ursprünglich als *Kyuba no michi* (Weg von Pferd und Bogen), später als *Bushido* (Weg des Kriegers) formalisiert, betonte absolute Selbstbeherrschung, Zurückhaltung und das Vermeiden jeglicher Großtuerei. Einige in der Kriegführung der Samurai beobachtete Bräuche erscheinen als seltsame Mischung aus wild und zivilisiert. So wurde es als normal angesehen, als Beweis der Tapferkeit allen Gegnern, die man im Kampf getötet hatte, den Kopf abzuschneiden. Der Kopf wurde dann gewaschen, mit Kosmetik gepflegt – und schließlich aufgespießt. War der getötete Krieger von hohem Stand, war es ehrenhaft, den Kopf seiner Familie zurückzugeben.

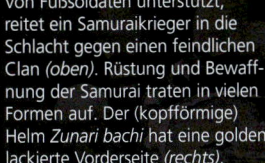

Angriff in der Schlacht
Von Fußsoldaten unterstützt, reitet ein Samuraikrieger in die Schlacht gegen einen feindlichen Clan *(oben)*. Rüstung und Bewaffnung der Samurai traten in vielen Formen auf. Der (kopfförmige) Helm *Zunari bachi* hat eine golden lackierte Vorderseite *(rechts)*. Das dazugehörige Schwert hatte eine Klinge von 60 cm Länge.

SAMURAIHELM UND SCHWERT IN DER SCHEIDE

Waffen und Rüstung der Samurai
Eine Gruppe Samuraikrieger beim Umzug während des Jidai Matsuri (Festival der Zeitalter) in Kyoto *(rechts)*. Ein *Katana* (Schwert), dessen *Tsuka* (Griff) deutlich sichtbar ist, zwischen Samuraikleidung *(ganz rechts)*.

EIN EHRENHAFTER TOD

Die charakteristische Einstellung der Samurai zum Tod war ein entscheidender Teil ihrer Suche nach einer heldenhaften, aber dennoch ästhetisch verfeinerten Art des Daseins. Den vorhandenen Berichten über den Gempei-Krieg zufolge, die zwischen Legende und Geschichte angesiedelt sind, erfand der erfahrene Krieger Minamoto Yorimasa 1180 die Tradition des *Seppuku* (rituelle Selbsttötung). Von den Taira in der Schlacht von Uji besiegt, suchte er in einem nahen Tempel Zuflucht.

Dort schrieb er auf der Rückseite eines Fächers ein elegantes Gedicht nieder, bevor er sich mit einem Dolch gefasst den Unterleib aufschlitzte. Dieses Bauchaufschlitzen, *Hara-kiri*, wurde zur anerkannten Form der Selbsttötung für jeden Krieger, dem Niederlage oder Schande drohten; es wird jedoch auch von anderen Todesarten berichtet. Am Ende des Gempei-Krieges ertränkten sich die Taira geschlossen. Der Samurai Miura Yoshimoto enthauptete sich später sogar selbst. Natürlich hatten die Japaner kein Monopol auf Selbsttötung als ehrenhaften Tod des Besiegten: Sich ins Schwert zu stürzen galt z.B. im alten Rom als edle Tat besiegter Generäle. Die Tradition der Japaner war jedoch bemerkenswert, da sie einen guten Tod stärker betont als den militärischen Erfolg.

Yoshitsune und Benkei
Auf diesem *Okimono* (große Schnitzerei) aus Elfenbein aus dem 12. Jh. kämpft der junge Minamoto no Yoshitsune gegen den Priester Benkei.

Der halb ritualisierte Charakter ihrer Kriegführung ließ sich nur bewahren, weil die Samurai fast ausschließlich gegeneinander kämpften. Als Kubilai Khan, der mongolische Kaiser von China, 1274 und 1281 versuchte, in Japan einzufallen, wurden die Samurai zunächst auf dem falschen Fuß erwischt: von Feinden, die die Aufforderung zum Einzelkampf ignorierten – weil es bei den Mongolen nicht Sitte war und sie die Sprache nicht verstanden. Dennoch widerstanden die Japaner den Mongolen erfolgreich, auch durch die große Hilfe eines Taifuns, des *Kamikaze* (göttlicher Wind). Erst bei der gescheiterten Invasion Koreas in den 90er-Jahren des 16. Jh. mussten japanische Truppen wieder gegen fremde Gegner kämpfen, doch inzwischen hatten soziale Veränderungen und importierte Technik die Kriegführung der Samurai radikal gewandelt.

Im 14. Jh. wurde das Schwert beträchtlich weiterentwickelt und avancierte bald zur Hauptwaffe der Samurai. Dem Schmied Masamune Okazaki wird die Verbindung weichen und harten Stahls zugeschrieben, die den Schwertträgern höhere Schnittkraft und Haltbarkeit in die Hand gab. Durch Masamunes Verfahren wurden japanische Schwerter (*Katana*) zu den mächtigsten Handwaffen des vorindustriellen Ostasiens gerechnet. Viele dieser Schwerter wurden über das Ostchinesische Meer exportiert, einige gelangten bis nach Indien. Bevor sie in den Besitz der Samurai kamen, wurden neue Klingen geprüft, indem man mit ihnen verurteilte Verbre-

cher aufschlitzte. Das Ergebnis wurde häufig auf der Schwertangel (*Nakago*) notiert, die Verlängerung der Klinge, die in den Griff hineinragt und zu dessen Befestigung dient.

Während der in der zweiten Hälfte des 15. Jh. beginnenden Sengoku-Zeit herrschten in Japan allgemeine Unruhen. Die alten adeligen Clans verfielen, aus den niederen Klassen stiegen viele Samurai auf und bauten auf ihrem Kampfesmut eine Karriere auf. Samurai ohne Herren, die sogenannten *Ronin*, durchstreiften das Land auf der Suche nach Auftraggebern.

DIE DAIMYO-KRIEGE

Selbst ernannte Samuraiführer, die *Daimyo*, zogen ein Gefolge von Kämpfern an und beherrschten schließlich ganze Landstriche. Die Kriege zwischen den *Daimyo* zerrissen Japan 150 Jahre lang. Die Samurai, die in diesen Konflikten kämpften, strebten kaum nach der Kultiviertheit ihrer Vorgänger; sie waren Berufssoldaten in bedeutenden Armeen. Statt des Bogens war jetzt das zweihändig geführte Schwert das Markenzeichen eines Kriegers. Die Schwertträger wurden von zahlreichen Bauern zu Fuß begleitet, den *Ashigaru*, die in der Schlacht eine gewisse disziplinierte Unterstützung boten.

In der zweiten Hälfte des 16. und im frühen 17. Jh. kämpften die *Daimyo* in einer Reihe großer Schlachten und Belagerungen um die Vorherrschaft in Japan. Die japanischen Chronisten konzentrieren sich zwar oft auf die Kämpfe einzelner bekannter Samurai, die bei diesen Zusammentreffen stattfanden, entschieden wurden die Schlachten jedoch durch kombinierte Truppen, die man taktisch fortschrittlich einsetzte. 1575 führte der große General Oda Nobunaga bei Nagashino 3000 mit Musketen bewaffnete *Ashigaru* ins Feld.

Wakizashi
Das hier mit seiner Scheide gezeigte *Wakizashi* war eine kürzere Waffe, die von den Samurai oft zum *Seppuku* (rituelle Selbsttötung) benutzt wurde.

Eisernes *Tsuba*
Dieses *Tsuba* (Stichblatt) für ein Schwert ist mit einer getriebenen und eingelegten Darstellung eines Samurai unter einem blühenden Kirschbaum verziert, es stammt aus der Edo-Zeit (1603–1867).

Vor den berittenen Samurai des Takeda Katsuyori wurden sie durch eine Palisade und durch weitere *Ashigaru* mit langen Spießen geschützt. Die in Salven abgefeuerten Musketen streckten Takedas Reiter nieder und setzten sein Heer einem tödlichen Gegenangriff aus.

VERSTEINERTE TRADITION

Statt im beginnenden Zeitalter der Feuerwaffen aus dem Rampenlicht zu schwinden, blieben die Samurai und wurden zum Mythos. Toyotomi Hideyoshi, der nach dem Tod Nobunagas 1582 der dominierende *Daimyo* wurde, erließ Gesetze, die den Samuraistatus wieder mit edler Geburt

verbanden. Er gab den Samurai auch das Monopol, Waffen zu tragen. Während des Tokugawa-Shogunats, das Japan im 17. Jh. befriedete, kamen Feuerwaffen weitgehend außer Gebrauch; dafür nahm der Kult des Samuraischwertes und der Fechtkunst zu. Die Tradition des *Bushido* wurde kodifiziert und verherrlicht,

während Japan einer Ära des Friedens entgegensah. Ohne Feinde wurden die Samurai zu einer Art nationalem Schatz erklärt, verloren jedoch jegliche praktische Funktion. Nach der Meiji-Restauration wurde ihre Klasse 1876 schließlich abgeschafft, der Kaiser hob ihr Recht, als Einzige Waffen zu tragen, zugunsten einer modernen Wehrpflichtarmee auf. Die den Samurai zugeordneten Werte leben jedoch als wichtige Elemente der modernen japanischen Kultur weiter.

>> AUCH EIN MANN OHNE NATÜRLICHE FÄHIGKEITEN KANN KRIEGER SEIN … DER WEG DES KRIEGERS IST DAS ENTSCHLOSSENE ANNEHMEN DES TODES. <<

MIYAMOTO MUSASHI, *GO RIN NO SHO (DAS BUCH DER FÜNF RINGE)*

Rituelle Enthauptung
Samurai enthaupten ein Mitglied eines feindlichen Clans. Detail aus dem Rollbild *Das Niederbrennen des Sanjo-Palastes*.

SAMURAIRÜSTUNG

Die Rüstung der japanischen Samurai hatte zwei Grundfunktionen zu erfüllen: Sie musste stabil genug sein, um genügend Schutz zu bieten, und leicht und flexibel genug, um dem Schwertkämpfer die erforderliche Bewegungsfreiheit zu lassen. Ihre Wurzeln hat die Art der Rüstung in asiatischen Schuppenpanzern, sie besteht aus lackierten Metall- oder Lederplatten, die durch seidene oder lederne Schnürung zusammengehalten werden. Ein Höhepunkt wurde ab dem 16. Jh. mit dem Stil *Tosei gusoku* (moderne Rüstung) erreicht, wobei die Verzierung immer mehr in den Blickpunkt rückte.

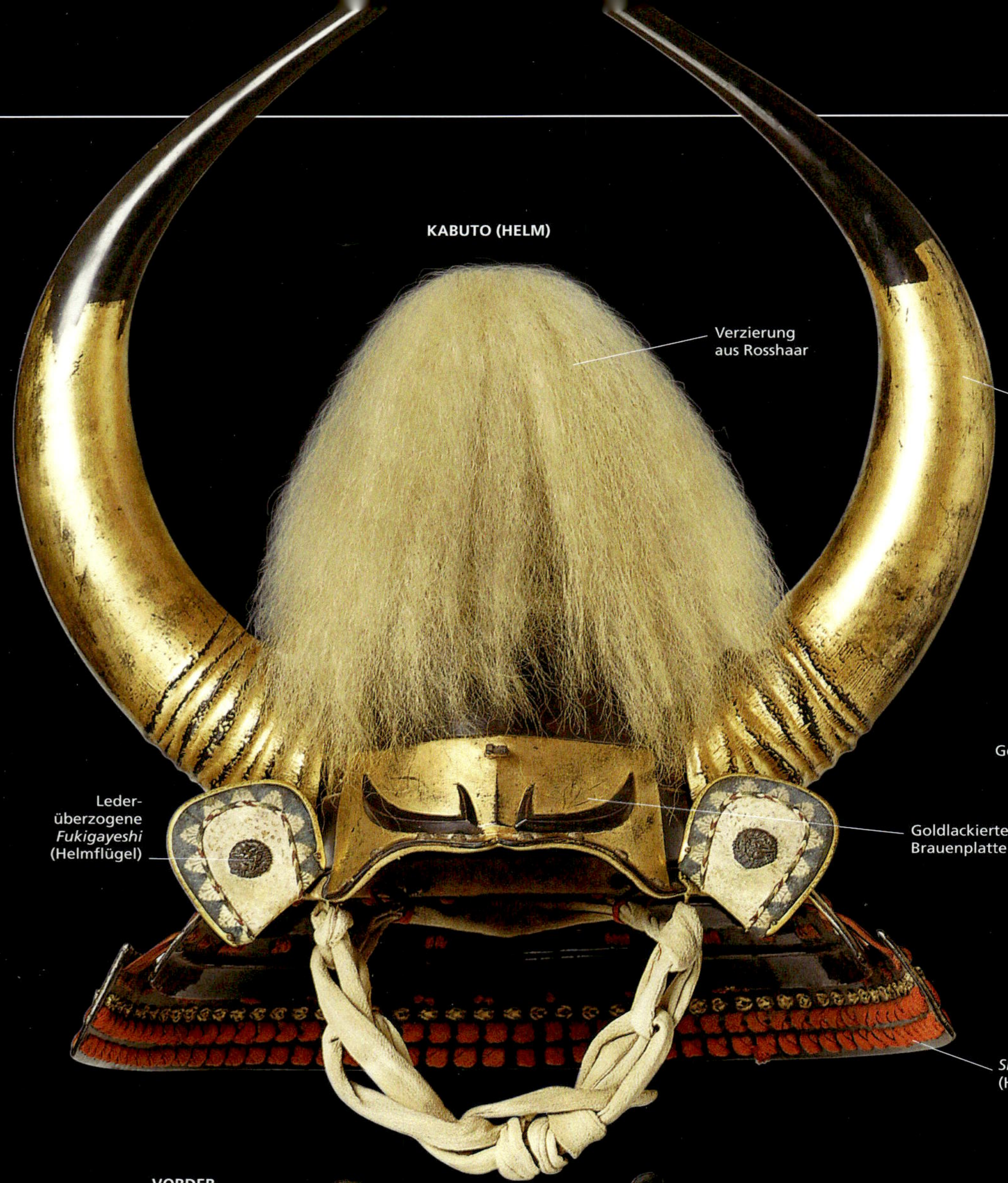

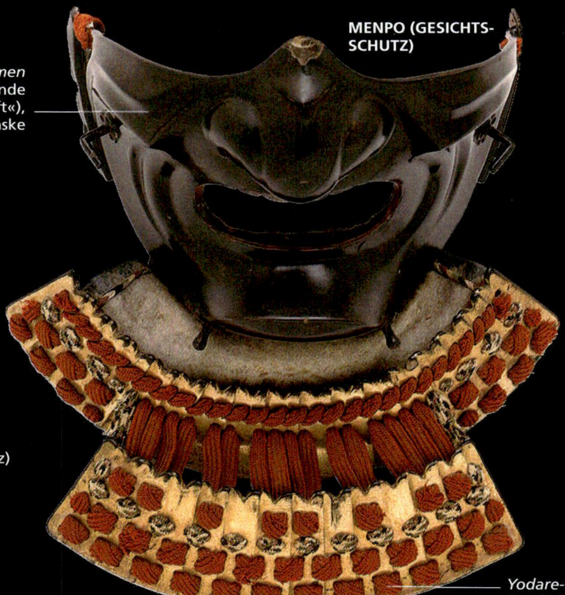

Helm und Gesichtsschutz
Der Samuraihelm (*ganz links*) hat *Wakidate*, seitlich angesetzte Verzierungen aus nachgebildeten Büffelhörnern (auch Geweihe waren als *Wakidate* beliebt). Die schwarz lackierte Halbmaske *Menpo* (*links*) diente drei Zwecken: Sie bot guten Schutz für das untere Gesicht, hielt den Helm auf dem Kopf des Kriegers und ließ ihren Träger einschüchternd wirken, vor allem, wenn auf die Brauenplatte des Helmes noch Augenbrauen geprägt waren. Dieser Maske fehlt ein Schnurrbart.

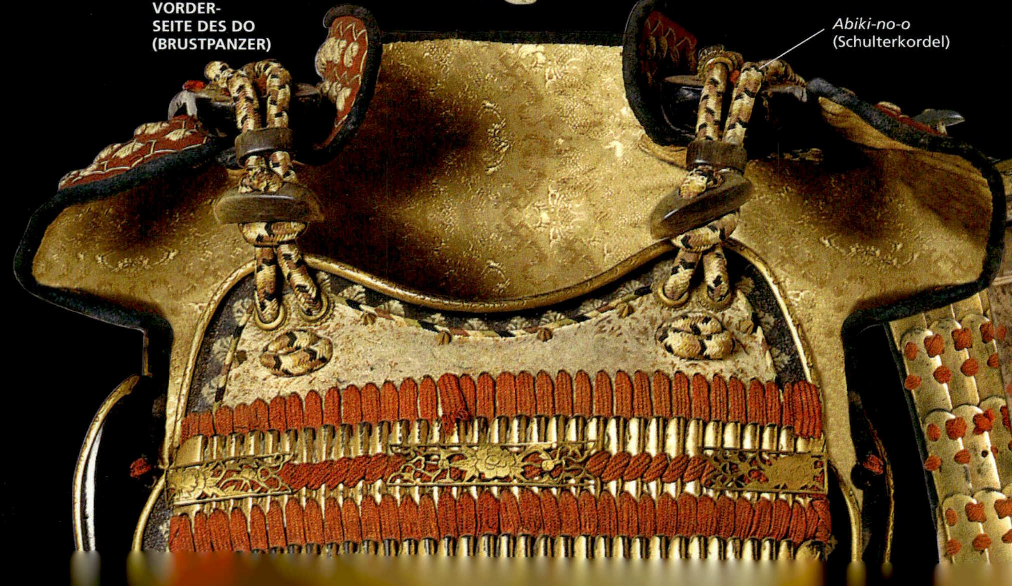

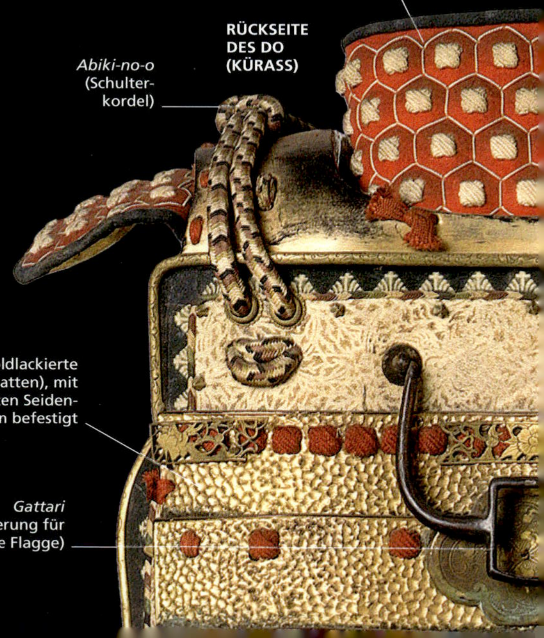

Nackenpolster

RÜCKSEITE
DES DO
(KÜRASS)

Abiki-no-o
(Schulterkordel)

Goldlackierte
Ito (Platten), mit
roten Seidenknoten befestigt

Gattari
(Halterung für
persönliche Flagge)

MENPO (GESICHTSSCHUTZ)

Yodare-kake
(Kehlschutz)

Ressei men
(»Wütende
Kraft«),
Gesichtsmaske

SODE
(OBERARMSCHUTZ)

Shikoro
(Halsschutz)

Goldlackierte
Brauenplatte

Suigyu-no-wakidate
(Büffelhornschmuck aus lackiertem
vergoldetem
Holz)

Verzierung
aus Rosshaar

KABUTO (HELM)

Lederüberzogene
Fukigayeshi
(Helmflügel)

Abiki-no-o
(Schulterkordel)

VORDERSEITE DES DO
(BRUSTPANZER)

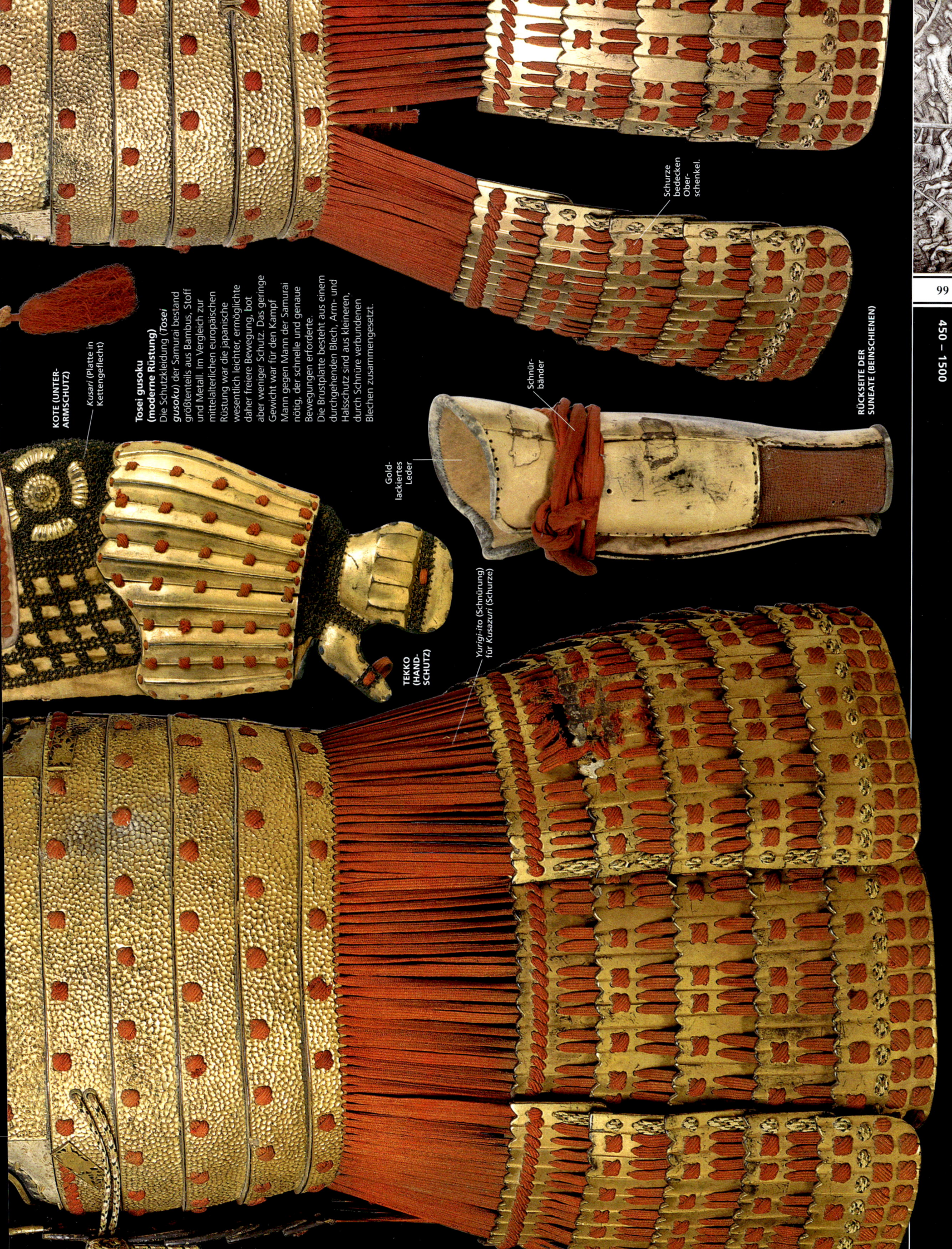

Schurze bedecken Oberschenkel.

RÜCKSEITE DER SUNEATE (BEINSCHIENEN)

KOTE (UNTER-ARMSCHUTZ)

Kusari (Platte in Kettengeflecht)

Tosei gusoku (moderne Rüstung)
Die Schutzkleidung (*Tosei gusoku*) der Samurai bestand größtenteils aus Bambus, Stoff und Metall. Im Vergleich zur mittelalterlichen europäischen Rüstung war die japanische wesentlich leichter, ermöglichte daher freiere Bewegung, bot aber weniger Schutz. Das geringe Gewicht war für den Kampf Mann gegen Mann der Samurai nötig, der schnelle und genaue Bewegungen erforderte. Die Brustplatte besteht aus einem durchgehenden Blech, Arm- und Halsschutz sind aus kleineren, durch Schnüre verbundenen Blechen zusammengesetzt.

Schnürbänder

Goldlackiertes Leder

Yurigi-ito (Schnürung) für Kusazuri (Schurze)

TEKKO (HAND-SCHUTZ)

SAMURAIWAFFEN

Die Schwerter wurden in einem komplizierten Verfahren hergestellt, um eine Klinge von außerordentlicher Festigkeit und Schnittkraft zu erhalten. Der Samurai kämpfte ohne Schild, führte das Schwert mit beiden Händen und nutzte es zu Angriff und Verteidigung. Gegnerische Hiebe parierte er mit dem weicheren Klingenrücken. Dem Gegner zugewandt, griff der Samurai mit einem nach unten geführten Hieb der gebogenen Schneide an, die besonders gehärtet und daher spröde war.

Tsuba und Seppa

Das metallene Stichblatt (Tsuba) hatte ein mittleres Loch für die Angel und daneben Löcher für Kogatana und Kogai. Auf jeder Seite des Stichblattes saß ein kupferner Abstandshalter (Seppa). Tsuba wurden mit Gold oder Silber eingelegt.

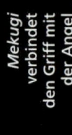

Seppa (Unterlegscheibe)

Öffnung für Kogai (Schwertnadel)

Öffnung für Angel (Teil der Klinge im Griff)

Tsuba (Stichblatt)

Öffnung für Kogatana (Beimesser)

Katana in der Scheide

Schwerthiebe parierten die Samurai mit dem nachgiebigeren Klingenrücken des Katana, da die rasiermesserscharfe Schneide so hart war, dass sie dabei ausgebrochen wäre.

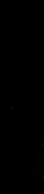

Mekugi verbindet den Griff mit der Angel

Saya (Scheide)

Hasaki (gehärtete Schneide)

Katana

In der Edo-Zeit wurde das längere Schwert (Katana) nur von Samurai getragen, das Wakizashi dagegen auch von Kaufleuten und Stadtbewohnern. Im Kampf führten die Samurai das Katana in der Regel mit beiden Händen, der Griff (Tsuka) ist entsprechend lang.

Yari

Die Yari war ein 1 bis 6 m langer Spieß mit gerader Spitze. Die längeren Versionen wurden Omi no yari genannt, die kürzeren Mochi oder Tae yari. Die längsten Versionen trug das Fußvolk, die Samurai führten in der Regel kürzere mit.

TANTO

Mosaikverzierung auf dem Griff

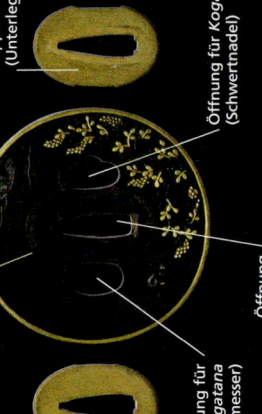

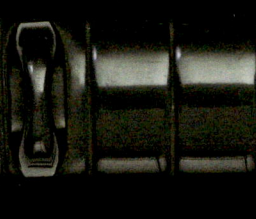
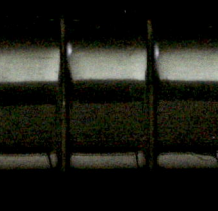

Kissaki (Klingenspitze)

Kogai (Schwert-nadel)

Wakizashi

Das *Wakizashi* war der ständige Begleiter des Samurai, er trug es den ganzen Tag über und hatte es selbst nachts griffbereit. Es wurde neben dem *Katana* als zusätzliches Kampf-schwert eingesetzt, diente als Seitenwaffe und wurde auch zur rituellen Selbsttötung (*Seppuku*) benutzt.

Wakizashi und Scheide

Das *Wakizashi* hat eine 30–60 cm lange Klinge. Japanische Klingen wer-den auch nach ihrer Form und ihrem *Hamon* unterschieden, der Härtelinie zwischen den bei der Herstellung verschieden den gehärteten Klingen-bereichen. Die *Hamon* haben unter-schiedliche Muster, die zum Teil von bestimmten Schmieden stammen.

Shinogi (Gratlinie)

Sageo (Band) zum Befestigen der Scheide am Gürtel

Tsuba (Stichblatt)

Tsuka (Griff)

Menuki (Griffverzierung)

Geflochtene Wicklung aus Seide

Kampfmesser

Der Samurai trug den *Tanto*, ein kleines Kampfmesser, in seiner Rüstung verborgen. Zum *Wakazashi* und manchmal zum *Tanto* gehören ein *Kozuga* (kleines Beimesser) und ein *Kogai* (Schwertna-del). Das *Kozuga* diente wohl als Allzweckmes-ser, das *Kogai* vielleicht zum Ordnen der Haare oder als Ahle.

Lackierte *Tanto*-Scheide

Dieses Exemplar eines *Kozuka* steckte neben der Scheide eines *Wakazashi*-Schwertes.

KOZUKA

Ohrreiniger am Griffende

KOGAI

Letzte Schlacht der Samurai
Tausende von Samurai kämpften 1615
bei der zweiten Belagerung der Burg Osaka.
Auf dieser Wandmalerei preschen die mit dem *Yumi*,
dem gefürchteten Langbogen, bewaffneten Samurai auf
den Feind zu.

PRÄKOLUMBISCHE KRIEGER

Vor der Ankunft der Europäer Ende des 15. Jh. hatten die Völker Amerikas über Jahrtausende hinweg eine eigene Kultur der Kriegführung entwickelt. Ohne Pferde und jegliche Artillerie bestanden die präkolumbischen Heere ausschließlich aus Infanterie, ihre Waffen waren vor allem aus Holz und Stein. In vielen Gesellschaften gab es einen Kriegeradel, der auf dem Schlachtfeld in aufwendig verzierten Kostümen kommandierte. Eines der Hauptziele von Kriegen war, Gefangene zu machen, um sie als Sklaven arbeiten zu lassen oder bei religiösen Zeremonien zu opfern. Vor allem Azteken und Inka stellten beträchtliche Heere auf, mit denen sie große Gebiete, die ehemals unabhängige Fürstentümer gewesen waren, politisch und militärisch kontrollieren konnten.

DIE INKA

In der zweiten Hälfte des 15. Jh. hatten die Inka im westlichen Südamerika ein riesiges Reich errichtet, das von Ecuador bis nach Zentralchile reichte. Die Eroberungen waren größtenteils auf das militärische Geschick des zehnten Inkaherrschers zurückzuführen, den 1471–1493 regierenden Túpac Inca Yupanqui, der vor und nach seiner Thronbesteigung Eroberungszüge anführte. Seine Operationen zeigten seltenes organisatorisches Geschick. Beispielsweise bedrohten die Calchaquí, die von Nordargentinien aus die Berge zur Pazifikküste überquert hatten, den Süden des Reiches. Túpac Inca Yupanqui ließ seine Truppen von seiner Hauptstadt Cuzco in Peru aus 1000 km durch die Anden marschieren. Pioniere eilten voraus und bauten Bergstraßen und Brücken; Waffen und Verpflegung wurden mit Balsaflößen über das Meer transportiert. Nachdem es sich an der Küste wieder versorgt hatte, stürzte sich das Inkaheer auf die gegnerischen Calchaquí und besiegte sie in der Schlacht.

Auf seinem Höhepunkt war das Inkareich ein durch und durch militaristischer Staat. Ab dem Alter von 12 Jahren wurden Jungen in ermüdenden Übungen abgehärtet, mit 15 bis 20 Jahren mussten sie ihren Militärdienst ableisten. Eine Minderheit blieb in der Armee und machte dort Karriere, einige wurden für besonderen Mut befördert. Die Inkabürokratie gewährleistete, dass die Armee gut versorgt wurde. Als Waffen kamen am häufigsten Schleudern sowie Spieße und Äxte mit Steinspitzen zum Einsatz. Die Angehörigen des Inkaclans, die den Adel des Reiches und das Oberkommando bildeten, waren zuweilen mit Äxten aus Bronze ausgerüstet. Auf Feldzügen marschierten sie neben ihrem Herrscher, der in einer Sänfte getragen wurde. Begleitet wurde das Heer von einem Tross mit Lamas und von Frauen, die enorme Lasten schleppten. Ein Großteil des Heeres bestand aus Kontingenten unterworfener Völker, deren Loyalität mitunter zweifelhaft war. Differenzen innerhalb des Reiches und ein Bürgerkrieg zwischen Mitgliedern des herrschenden Inkaclans gaben das Reich im 16. Jh. den europäischen Eroberern preis. Trotzdem brauchten die Spanier 50 Jahre, von den 20er- bis in die 70er-Jahre des 16. Jh., um das Inkavolk völlig zu unterwerfen.

Inkakrieger
Aufwendiger Kopfschmuck aus Federn gehörte zur Kriegskleidung vieler amerikanischer Völker, er kennzeichnete den Krieger.

> KOMM, LASS UNS ESSEN UND TRINKEN …
> LASS UNS ESSEN UND TRINKEN VOM BLUT UND
> DEN KNOCHEN UNSERES FEINDES. « KRIEGSGESANG DER INKA

DIE MAYA

Von der Mayazivilisation des östlichen Mittelamerikas, die ihre Hochzeit von etwa 250 bis 900 n. Chr. hatte, glaubte man früher, sie sei Kriegen abgeneigt gewesen. Inzwischen sind Historiker jedoch zu der Ansicht gelangt, dass die Maya Eroberungskriege führten und Gefangene als Sklaven und bei rituellen Opfern einsetzten.

Die Masse ihrer Truppen bestand vermutlich aus Bauernmilizen, die von Kriegern aus Adel und Königsfamilie angeführt wurden. Wandmalereien in Tempeln zeigen Heere in herrlicher Aufmachung: mit Masken und Federn geschmückte Krieger, die mit religiösen Zeichen verzierte Standarten und Schilde tragen. Nüchterner betrachtet trugen die Soldaten wattierte Jacken als Rüstung und waren mit Spießen, hölzernen Äxten mit Steinklingen, Wurfhölzern, Schleudern und Bogen ausgerüstet. Man nimmt an, dass Konflikte blutig, aber kurz waren, da sich die Bauern nach einem kurzen Feldzug wieder um ihre Ernte kümmern mussten. Als die Maya im 16. Jh. auf die spanischen Eroberer stießen, konnten sie viel länger bewaffneten Widerstand leisten als die Inka oder Azteken. Erst 1697 wurden sie vollständig unterworfen, Mayarebellen setzten den Kampf gegen den mexikanischen Staat von der Mitte des 19. Jh. bis ins 20. Jh. fort.

Grabeskrieger
Dieser Terrakottakrieger stammt aus einem Mayagrab von der Insel Jaina vor Yucatán.

DIE AZTEKEN

Im 15. Jh. waren die Azteken das mächtigste Volk Mesoamerikas und beherrschten die anderen Stadtstaaten im weiten Umkreis um ihre Hauptstadt Tenochtitlán. Ihr in Legionen von 8000 Mann untergliedertes Heer führte häufig Krieg zur Erweiterung des Reiches oder zur Unterdrückung von Aufständen Tributpflichtiger.

Gab es keinen Grund für einen richtigen Krieg, organisierten die Azteken »Blumenkriege«. Ein tributpflichtiger Staat hatte auf Anforderung Truppen zur Verfügung zu stellen, damit die Azteken üben und neue Gefangene machen konnten. Die Gefangennahme war für das Leben der Azteken wichtig, da sie neue Menschenopfer ermöglichte. Außerdem war sie für den Aztekenkrieger ein Mittel zur Beförderung, denn sein Status hing von der Anzahl der gefangenen Feinde ab. Daher zielten die Azteken auf die Beine der Feinde und versuchten, sie kampfunfähig zu machen, statt sie mit einem Schlag auf den Kopf zu töten. Die erfolgreichsten Kämpfer wurden in die Eliteorden des Jaguars oder des Adlers als »Ritter« aufgenommen. Nicht immer waren die Azteken in präkolumbischer Zeit siegreich: 1478 unterlagen sie in einer Schlacht den benachbarten Tarasken. Doch sie waren erbitterte, mutige Kämpfer.

» BEDENKT, ADLER- UND JAGUARRITTER, OBWOHL … IN JADE GESCHNITTEN, WERDET IHR BRECHEN. «

AUS EINEM GEDICHT DES **KÖNIGS NEZAHUALCÓYOTL** VON TEXCOCO, 15. JH.

Obsidiansplitter

Holz

Federschnüre

Federschild und Streitkeule
Aztekenkrieger trugen häufig runde, mit Jaguarfell und Federn verzierte Schilde. Ihre hölzernen Streitkeulen waren mit rasiermesserscharfen Stücken aus Obsidian gespickt.

Fall des Aztekenreiches
Cortés, der Anführer der spanischen Konquistadoren, kämpft sich 1521 gegen die Azteken auf den Damm zu ihrer Inselhauptstadt Tenochtitlán vor.

1500–1775

PIKENIERE
UND MUSKETIERE

M it der Einführung von Feuerwaffen änderte sich zwischen 1500 und 1775 die Art der Kriegführung in Europa radikal. Der langsamen und unzuverlässigen Arkebuse und der ebenso unhandlichen Luntenschlossmuskete folgte schließlich die weit überlegene Steinschlossmuskete. Vielfalt, Mobilität und Schussfolge der Artillerie nahmen zu. Die Pike wurde schließlich durch das Bajonett ersetzt. Einschneidender als diese technischen Entwicklungen waren jedoch die fundamentalen Änderungen bei Rekrutierung und Organisation der europäischen Armeen sowie ihre Taktik auf dem Schlachtfeld.

SÖLDNER ZU REGULÄREN

Im 16. Jh. machten stehende Heere nur einen kleinen Teil der europäischen Truppen aus. Der typische Kämpfer war der Söldner, Teil einer Kompanie, die ihre Dienste an Monarchen verkaufte. Söldnerhaufen Schweizer Pikeniere und deutscher Landsknechte kämpften auf denselben Schlachtfeldern und weitgehend mit derselben Taktik wie spanische *Tercios*, Formationen regulärer Soldaten einschließlich Pikenieren und Musketieren, die permanent im Dienste des spanischen Königs standen. Unterschiede zwischen Söldnern und Regulären ließen sich häufig gar nicht ausmachen. Beide Gruppen neigten zur Meuterei, wenn der Sold ausblieb – was häufig vorkam –, und plünderten und massakrierten dann die Zivilbevölkerung.

Pikeniere in der Defensive
Soldaten des englischen Bürgerkrieges bilden eine tödliche Hecke aus Piken. Eine Aufgabe der mit Brustharnisch und Helmen ausgerüsteten Pikeniere war der Schutz der ungepanzerten Musketiere bei einem Angriff.

Im 17. Jh. liefen Veränderungen zunächst nur langsam ab. Trotz der Ansätze des holländischen Prinzen Moritz von Oranien (1567–1625) und des Schwedenkönigs Gustav II. Adolf (1594–1632) zur besseren Heeresorganisation wurden reguläre Truppen, die permanent im Dienst eines Staates stehen und Standarduniformen tragen, erst in der zweiten Hälfte des Jahrhunderts nach und nach die Norm. Söldnerhauptleute und adlige Reiter wurden zu Offizieren im stehenden Heer und erhielten einen definierten Rang. Söldner gab es nur noch in Kompanien, die ein Herrscher von einem anderen leihen konnte, nicht mehr von Privatunternehmern. Drakonische Disziplin und rigoroser Drill, die Friedrich der Große (1713–1786) im preußischen Heer perfektionierte, sollten den Infanteristen, der aus den untersten Volksschichten stammte, zu einem Automaten machen, der auf dem Schlachtfeld unabhängig von seinen persönlichen Qualitäten die Stellung hielt. Regelmäßigere Bezahlung und Verpflegung ersetzten immer mehr die vorher mit Militäroperationen einhergehende Plünderei.

INFANTERIETAKTIK

Vom Beginn des 16. Jh. bis weit in die zweite Hälfte des 17. Jh. basierte die Infanterietaktik in Europa auf Vierecken dicht stehender Pikeniere, die von Soldaten mit Feuerwaffen flankiert wurden. Zunächst dienten die Feuerwaffen dabei nur als Ergänzung zu den Piken, im Laufe der Zeit wuchsen jedoch Anzahl und Wirksamkeit der Musketiere, und die Bedeutung der Pikeniere nahm ab. In den letzten Jahrzehnten des 17. Jh. sorgten die Einführung von Steinschlossmuskete und Tüllenbajonett dafür, dass die Pike von den Schlachtfeldern verschwand. Anfang des 18. Jh. bestanden europäische Infanterien aus überragenden, disziplinierten Truppen, die in Salven feuerten und ungepanzert in Kanonen- und Musketenfeuer marschierten.

VIELFÄLTIGE KAVALLERIE

Die als prestigeträchtiger angesehene Kavallerie war weitgehend dem Adel vorbehalten, allerdings mussten sich ihre unteren Ränge der wachsenden europäischen Armeen wegen auch Bürgerlichen öffnen. Angesichts der zunehmenden Feuerkraft suchte die Reiterei nach einer effektiven Taktik. Den Vollharnisch und die Lanze des mittelalterlichen Ritters hatte man Ende des 16. Jh. aufgegeben, dennoch blieb

schwere Kavallerie als Schockwaffe entscheidend. Neben einer Klingenwaffe führten Reiter jetzt auch Pistolen oder Karabiner mit – so auch die Elitetruppe der berühmten französischen Gardemusketiere.

Zu wichtigen Elementen europäischer Heere wurden Dragoner, die zu Pferde vorrückten, zum Kampf mit ihren Feuerwaffen jedoch absaßen; ebenso die leichte Kavallerie, die zur Aufklärung, für Geplänkel und Blitzüberfälle eingesetzt wurde. Musterbeispiele dieser schneidigen Reiter waren die eindrucksvollen polnischen Flügelhusaren und die russischen Kosaken.

AUSSERHALB EUROPAS

Die erstaunlich einfachen Siege der spanischen Konquistadoren über die großen Heere Mittelamerikas und Perus im 16. Jh. könnten ein falsches Bild militärischer Überlegenheit Europas vermitteln. Tatsächlich gab es zu dieser Zeit außerhalb Europas in Organisation, Technik und Taktik gleichwertige oder überlegene Armeen. Als Hernán Cortés und seine Gefolgsleute in den 20er-Jahren des 16. Jh. das Aztekenreich in Mexiko eroberten, zerschmetterten muslimische Truppen der Osmanen bei Mohács eine christlich-ungarische Armee und belagerten Wien, die Hauptstadt der Habsburger.

Feuerwaffen wurden in Afrika und Asien erfolgreich eingesetzt. Marokkaner benutzten um 1590 Musketen und Kanonen bei Militärexpeditionen südlich der Sahara. Die Mandschuheere, die China Mitte des 17. Jh. eroberten, setzten große Kanonen mit entscheidender Wirkung ein. In Japan brachten die Salven der Arkebusiere 1575 Oda Nobunaga den Sieg in der Schlacht von Nagashino. Die Errichtung des Mogulreiches in Indien ist zum Teil dem geschickten Einsatz von Kanonen durch den Reichsgründer Babur 1526 in der Schlacht bei Panipat zuzuschreiben.

Die großen islamischen Staaten der Moguln, der Osmanen und des safawidischen Persiens

Mogulschlacht
Die Soldaten des Moguls Akbar (Regierungszeit 1556–1605) kämpften mit gebogenen Hiebschwertern (*Tulwar*) im Kriegergeist des Islam, kombinierten diese traditionellen Waffen jedoch mit modernster Artillerie.

kombinierten effektiv die Tugenden des traditionellen Kriegerethos mit modernsten Waffen. So setzten die Osmanen leichte Kavallerie als Plänkler im alten zentralasiatischen Stil ein, dazu schwere Kavallerie, disziplinierte Infanterie von hoher Kampfkraft (die Sklavensoldaten der Janitscharen) und vielfältige Artillerie. Der Niedergang der einst hervorragenden osmanischen Truppen, der Mitte des 17. Jh. bereits begonnen hatte, wurde weniger durch militärisches Versagen als durch institutionellen Zerfall des Reiches verursacht.

Ende des 17. Jh. gab es bereits deutliche Anzeichen, dass europäische Armeen ihren außereuropäischen Rivalen überlegen waren. Muslimische Armeen ersetzten die Luntenschloss- nur zögernd durch die Steinschlossmuskete; die Chinesen, die das Schießpulver erfunden hatten, brauchten zum Erhalt ihrer Artillerie europäische Fachleute. Verglichen mit den stehenden Heeren Europas – diszipliniert, uniformiert, auf dem Schlachtfeld überragend –, begannen asiatische Armeen im 18. Jh. unbeholfen und desorganisiert auszusehen. Disziplin und Feuerkraft ebneten der europäischen Beherrschung der Welt den Weg.

1486–1550

LANDSKNECHTE

» WIR HABEN ROM MIT STURM GEWUNNEN, OB 6000 MANN DARIN ZU TODT GESCHLAGEN ... IN ALLEN KIRCHEN UND OB DER ERD GENOMMEN, WAS WIR GEFUNDEN, EIN GUTEN TEIL DER STADT ABGEBRANNT. «

SEBASTIAN SCHERTLIN VON BURTENBACH, SÖLDNERFÜHRER, ÜBER DIE PLÜNDERUNG ROMS (SACCO DI ROMA) 1527

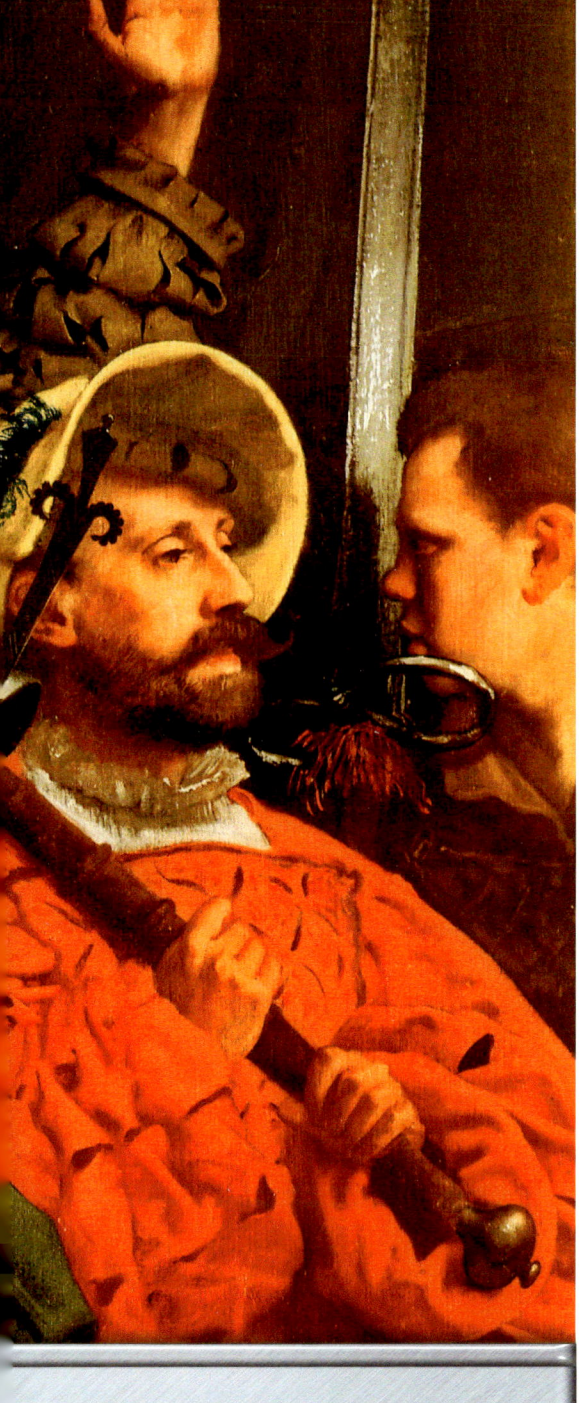

B unt gekleidete Landsknechte waren im späten 15. und im 16. Jh. auf allen europäischen Schlachtfeldern zu finden. Sie kämpften als dicht formierte Pikeniere, von Feuerwaffen unterstützt, und waren im günstigsten Fall zähe Fußsoldaten. Außerhalb des Schlachtfeldes konnten sie jedoch für jedermann zur Gefahr werden, vor allem, wenn sie nicht ausreichend besoldet und verpflegt wurden. Bekannt als streitsüchtig und sich der Obrigkeit widersetzend, hatten die Landsknechte einen furchterregenden Ruf für Plünderei und Massaker.

Die ersten Landsknechtshaufen wurden 1486 aufgestellt – zu einer Zeit, als sich die europäische Kriegführung entscheidend veränderte. Nach dem Zerfall der mittelalterlichen Gesellschaftsordnung verfügten Herrscher nicht mehr über Truppen, die nach dem feudalen System der Heerfolge aufgestellt wurden, sondern waren immer mehr auf Söldnertruppen angewiesen. Gleichzeitig stellten taktische Neuerungen die Rolle der schweren Kavallerie als offensive Schocktruppe infrage. In den Schlachten bei Murten und Nancy errang 1476 bzw. 1477 die mit langen Piken bewaffnete schweizerische Infanterie bemerkenswerte Erfolge, indem sie den Feind in dichten, massierten Phalangen angriff. Der deutsche Kaiser Maximilian I., dem eine reguläre Armee ebenso fehlte wie mit Piken ausgerüstete Infanterie, fühlte sich durch diese militärischen Entwicklungen bedroht. Daher finanzierte er die Anwerbung von Landsknechten, sie sollten als Infanterie wie Söldner bezahlt werden, dem Kaiser aber auf Anforderung zur Verfügung stehen.

AUFSTELLUNG

Die Soldaten, die Söldnerkompanien aufstellten und führten, mussten gleichzeitig auch ambitionierte Unternehmer sein. Ein Söldnerhauptmann machte mit dem Kaiser

es alle traditionellen Vorteile des zeitgenössischen Soldatenlebens: von der Teilnahme an Plünderungen bis zum abenteuerlichen Vagabundenleben und dem allgemeinen Krawallmachen.

Ein potenzieller Rekrut hatte sich mindestens mit einer 5–6 m langen Pike einzufinden. Da eine derartige Waffe für einen Gulden zu kaufen war – ein niedriger Preis, der sehr zur Beliebtheit der Pike als Infanteriewaffe beitrug –, konnten die meisten Männer diese Pflicht erfüllen. Die Bessergestellten führten eventuell Schwerter, einen Panzer oder sogar eine Arkebuse mit. Der Kandidat wurde in der Regel einem einfachen Eignungstest unterzogen: Er musste über ein Hindernis aus drei Piken oder Hellebarden springen. Hatte er bestanden, wurde er als geeignet angesehen, und man trug seinen Namen in die Rolle ein.

Angesichts dieser alles andere als strengen Kriterien muss die Qualität der Landsknechte stark variiert haben. Ein erfolgreicher Söldnerhauptmann brauchte ein gutes Auge für die individuellen Qualitäten seiner Männer. Der Einsatz der Pikeniere in dichten Massenformationen hatte den Vorteil, dass er unerfahrene Soldaten verbergen konnte. Solange die Männer der vordersten Glieder im Gefecht mutig vorrückten und die in den hintersten Reihen

ZEREMONIELLER BIDENHÄNDER

Söldner der Renaissance
Die im farbenprächtigen Stil der Renaissancezeit gekleideten Landsknechte waren die deutsche Antwort auf die zeitgenössischen Schweizer Soldaten. Die meisten waren Pikeniere, die Elite der Doppelsöldner *(oben)* setzte jedoch ihre Hellebarden und Zweihandschwerter *(rechts)* mit verheerender Wirkung ein.

einen Vertrag, nach dem er für die Aufstellung einer bestimmten Anzahl Soldaten bezahlt wurde. Die Landsknechte warb man vor allem im Rheinland, in Schwaben und im Elsass an, doch wurden auch Männer aus weit entfernten Gebieten angezogen, selbst Schottland stellte Freiwillige. Als unmittelbares Lockmittel diente ein Sold von vier Gulden pro Monat – zu der Zeit ein akzeptables Einkommen und unwiderstehlich für einen Mann, der nichts zu verlieren hatte. Daneben gab

unerschütterlich genug waren, um nicht wegzulaufen, hatten die in der Mitte keine andere Wahl, als ihre Position zu halten und mit der Masse mitzuziehen. Die mutigsten, erbittertsten Kämpfer wurden eigenständig eingesetzt und kämpften mit dem gewaltigen Zweihandschwert oder der etwa 2 m langen Hellebarde, dafür erhielten sie den doppelten Sold und wurden als *Doppelsöldner* bezeichnet.

Schlacht bei Marignano
Schweizer Söldner und Landsknechte treffen 1515
bei Marignano aufeinander. Der kurze Katzbalger
mit s-förmiger Parierstange (Vordergrund) erwies
sich im Handgemenge als sehr effektiv.

Ferner bildeten Landsknechte die so genannten
Verlorenen Haufen, eine Art Sturmtruppen, die
nahezu selbstmörderische Angriffe auf besonders
gut verteidigte feindliche Positionen vortrugen.
Die Arkebusiere, die den Landsknechten Feuerschutz boten, brauchten nicht besonders gut
ausgebildet zu sein. Tatsächlich hatten Feuerwaffen
den Vorteil, dass – unabhängig von seinen persönlichen Qualitäten – beinahe jeder ihren Gebrauch
erlernen konnte; das Führen einer Pike oder
Hellebarde erforderte dagegen beträchtliche Kräfte.

> » ES WAR SO HEISS, DASS DIE GEPANZERTEN FAST
> ERSTICKTEN … UND WENN EINER DEM ANDEREN
> BEIM LÖSEN DES HARNISCHES HELFEN WOLLTE,
> VERBRANNTE ER SICH DIE FINGER AM METALL. «
>
> **NIKLAUS GULDI**, LANDSKNECHT ÜBER DIE EXPEDITION NACH TUNIS 1535

STIL UND GEWALT

Genau weiß man nicht, wie die
Landsknechte ihren auffälligen Kleidungsstil entwickelten. Es scheint
jedoch, dass sie das Kostüm ihrer
größten Rivalen, der Schweizer
Eidgenossen, kopierten und
übertrieben. Neben breiten,
flachen Hüten mit großen
Federn und Jacken mit
Puffärmeln trugen Landsknechte gerne Hosen
mit verschiedenfarbigen
Beinen. Es wurde auch
Brauch, das Wams
aufzuschlitzen und
»Puffe« des Hemdenstoffes hindurchzuzie

Landsknechtshauptmann
Ein Hauptmann zu Pferd,
der mit einem kurzen Spieß
bewaffnet ist, mit seiner
Leibwache vor der Schlacht.

hen. Ihr arrogantes und unangepasstes Aussehen
hatte großen Einfluss auf die Mode der Renaissance. Ob Landsknechte wilder oder gottloser als
andere Kämpfer waren, ist schwer zu sagen.
Mit Sicherheit waren Trinken und
Glücksspiel ihre Hauptbeschäftigung zwischen den
Kämpfen. Das Glück
mit Würfeln und Karten
führte dabei oft zu Streit:
Viele kamen in Kämpfen
mit Kameraden um, nicht
auf dem Schlachtfeld.
Wie alle Söldnerbanden neigten sie dazu,
Ärger zu machen, wenn
es keinen Krieg zum
Abreagieren und als
legitime Quelle für
Beute gab. Ausbleibende
Soldzahlungen der
Auftraggeber führten
zu den schlimmsten
Landsknechtsunruhen.

Am berüchtigtsten ist die Plünderung Roms
1527: Nicht bezahlte Landsknechte des Kaisers
des Heiligen Römischen Reiches, Karls V.,
meuterten und gingen auf Raubzug, um sich das
ihnen Geschuldete durch Plünderung zu holen.
Gemeinsam mit anderen kaiserlichen Truppen
(insgesamt etwa 35 000 Soldaten) zerstörten sie
die Stadt während einer neunmonatigen Besatzung. Die Söldner weigerten sich abzuziehen,
bevor der ausstehende Sold gezahlt wurde.

KÄMPFENDE REGIMENTER

Als Kampftruppe erreichten die Landsknechte
im frühen 16. Jh. ihre Hochzeit. Ab 1508 wurden die Landsknechte von Kaiser Maximilian I.
unter der Führung des Ritters Georg von
Frundsberg in einem über 10 000 Mann starken
Regiment organisiert, das sich bei einer Reihe
von Feldzügen in Italien auszeichnete. Allerdings
kämpften in diesen italienischen Kriegen Landsknechte auch häufig auf der gegnerischen Seite.

Offiziell war es den Landsknechten verboten,
für des Kaisers Feinde zu kämpfen; war jedoch der
kaiserliche Sold zu niedrig oder blieb er ganz aus,

Stählerne Hirnhaube
Diese leichte, eng anliegende Hirnhaube trug ein Landsknecht um 1510. Mit einem Kinnriemen gesichert, bot sie Sicht nach allen Seiten und grundlegenden Schutz.

suchten sich die Kompanien andere Herren. Der französische König Franz I. konnte sich die Dienste der »Schwarzen Bande« abtrünniger Landsknechte erkaufen, die mindestens so groß war wie die kaiserliche Söldnertruppe.

1515 führte Franz I. ein Heer über die Alpen nach Italien, um gegen die Schweizer um den Besitz von Mailand zu kämpfen. Am 13./14. September griffen die zuversichtlichen schweizerischen Pikeniere, die als die überlegene Infanterie Europas angesehen wurden, bei Marignano mit voller Wucht an. Doch die Landsknechte hielten der Wucht der angreifenden Phalanx stand, das tödliche Schieben der beiden Pikeniertruppen wogte vor und zurück. Der Sieg der Franzosen nach 28 Stunden periodischen Gemetzels war ihrer Kavallerie und Artillerie genauso zuzuschreiben wie den Fußsoldaten. Die Niederlage der Schweizer ließ andererseits das Ansehen der Landsknechte steigen. Als 1525 das Heer des neuen Kaisers Karls V. bei Pavia gegen die Franzosen ins Feld zog, kämpften auf beiden Seiten Landsknechte. Die kaiserlichen Pikeniere trugen maßgeblich zum überwältigenden Sieg Karls bei, doch erzielte die »Schwarze Bande« den größeren Ruhm, da sie bis zum letzten Mann kämpfte, nachdem die Franzosen das Schlachtfeld bereits verlassen hatten.

SPÄTER NIEDERGANG

Eine derartige Leistung erzielten die Landsknechte danach nicht mehr. Als »Lansquenets« kämpfend, wurden sie in der zweiten Hälfte des 16. Jh. in den französischen Religionskriegen mitunter selbst von ihren Auftraggebern herabgesetzt. Der Herzog von Alba, der spanische General, den man mit der Unterdrückung des holländischen Aufstandes beauftragt hatte, behauptete, er hätte die Landsknechte nicht wegen ihres Wertes auf dem Schlachtfeld angeheuert, sondern damit sie nicht auf der anderen Seite kämpfen konnten. Trotz ihrer späteren Dekadenz hinterließen die Landsknechte jedoch eine bleibende Legende als Inbegriff des Söldners der Renaissancezeit.

TAKTISCHE FORMATIONEN DER LANDSKNECHTE

Die Taktik der Landsknechte war vor allem auf das symmetrische Gefecht gegen die Pikeniere der Gegenseite ausgerichtet. Im Gegensatz zu den Schweizern haben die Landsknechte ihre Pikenphalanx offenbar nicht für den Schockangriff auf den Feind eingesetzt, sondern standen typischerweise in der Defensive oder rückten langsam vor. Bei der Annäherung zweier pikenstarrender Phalangen feuerten die Arkebusiere oder Armbrustschützen an den Flanken in die feindlichen Reihen, um die Formation zu schwächen oder aufzulösen. Gleichzeitig rückten die furchterregenden Doppelsöldner vor der Masse der Piken vor und griffen den Feind mit Hieben ihrer Hellebarden und schweren Bidenhänder an. Wenn die Landsknechte ihre Formation hielten, waren sie nur durch Geschosse verwundbar, ihre Piken bildeten ein unüberwindliches Hindernis. Wurde die Formation jedoch aufgebrochen, war die Pike eine unhandliche Waffe. Daher trugen die meisten Landsknechte für das Handgemenge ein kurzes Schwert, den Katzbalger mit seiner typischen wie ein liegendes S geformten Parierstange.

Gevierthaufen

Der von den Schweizern übernommene Gevierthaufen bestand typischerweise aus einem »Fähnlein«, einer Kompanie von 400 Mann. Vor ihm rückte häufig der »Verlorene Haufen« vor, der mitunter aus Verbrechern, Gefangenen sowie Freiwilligen bestand, die auf Beförderung aus waren. Ein Regiment bestand aus zehn Fähnlein.

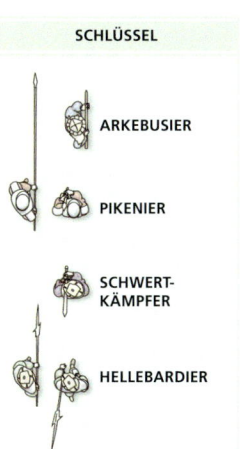

SCHLÜSSEL

ARKEBUSIER

PIKENIER

SCHWERT-KÄMPFER

HELLEBARDIER

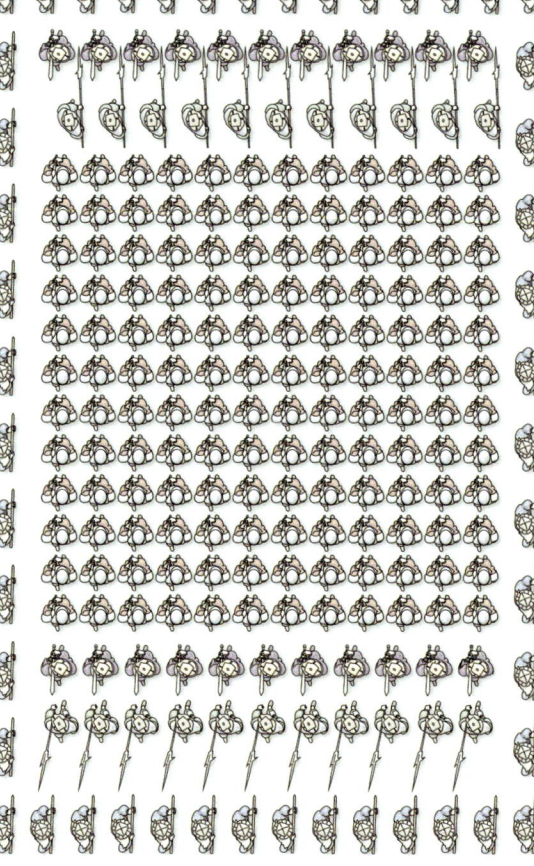

Defensiver Igel

Bei einem Kavallerieangriff bildete das Fähnlein die Verteidigungsformation »Igel«. Die Arkebusiere traten ins dritte Glied zurück, die Waffen der Pikeniere wiesen in alle Richtungen. (Die Anzahl ist hier jeweils stark reduziert.)

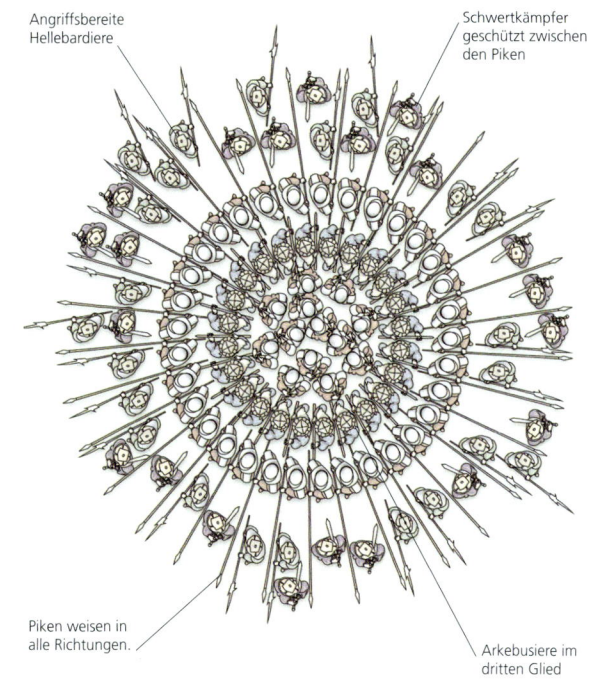

Angriffsbereite Hellebardiere

Schwertkämpfer geschützt zwischen den Piken

Piken weisen in alle Richtungen.

Arkebusiere im dritten Glied

LANDSKNECHTSWAFFEN

Wie immer in der Militärgeschichte spielte der Status bei Waffen und Rüstung der Landsknechte eine große Rolle. Der Besitz eines eigenen Harnischs oder eines Bidenhänders zeichnete einen Mann von beträchtlichem Ansehen aus. Die Hellebarde stand dagegen auf einer Zwischenstufe, sie wurde das Kennzeichen der Unteroffiziere. Die Pike war die wesentliche Waffe, ohne sie konnte kein Mann Landsknecht werden. Feuerwaffen hatten allgemein geringes Ansehen, da ihre Schützen nicht im Nahkampf kämpften.

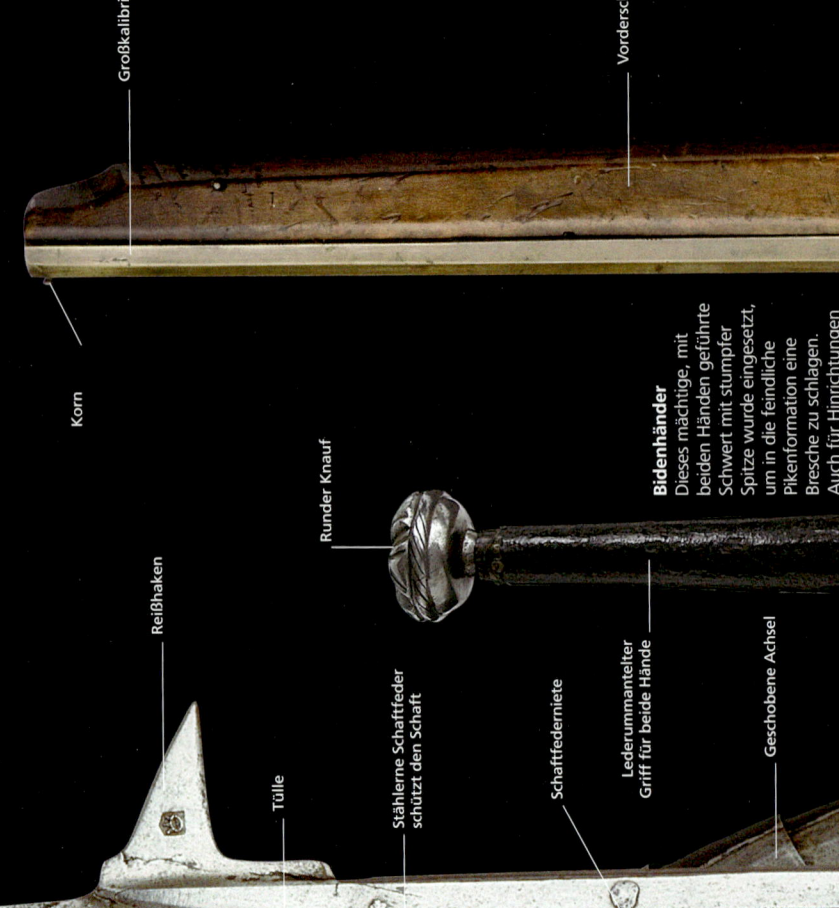

Großkalibriger Lauf

Vorderschaft

Korn

Bidenhänder
Dieses mächtige, mit beiden Händen geführte Schwert mit stumpfer Spitze wurde eingesetzt, um in die feindliche Pikenformation eine Bresche zu schlagen. Auch für Hinrichtungen diente es.

Runder Knauf

Geschobene Achsel

Lederummantelter Griff für beide Hände

Schaftfederniete

Stählerne Schaftfeder schützt den Schaft

Reißhaken

Tülle

Brustpanzer

Wangenschutz

Offene Vorderseite

Beilklinge

Augenschirm

Helmkamm

STURMHAUBE

Hellebarde
Die von den Schweizern im 13. Jh. entwickelte Hellebarde war vor allem eine Hiebwaffe, aber ihre Spitze konnte für Stiche benutzt werden. Diese Landsknechtsversion stammt aus der Zeit um 1500.

Stoßklinge

Pike
Die bis zu 6 m lange Pike war die Hauptwaffe der Landsknechte. Ihre stählerne Spitze saß auf einem Schaft aus Eschenholz.

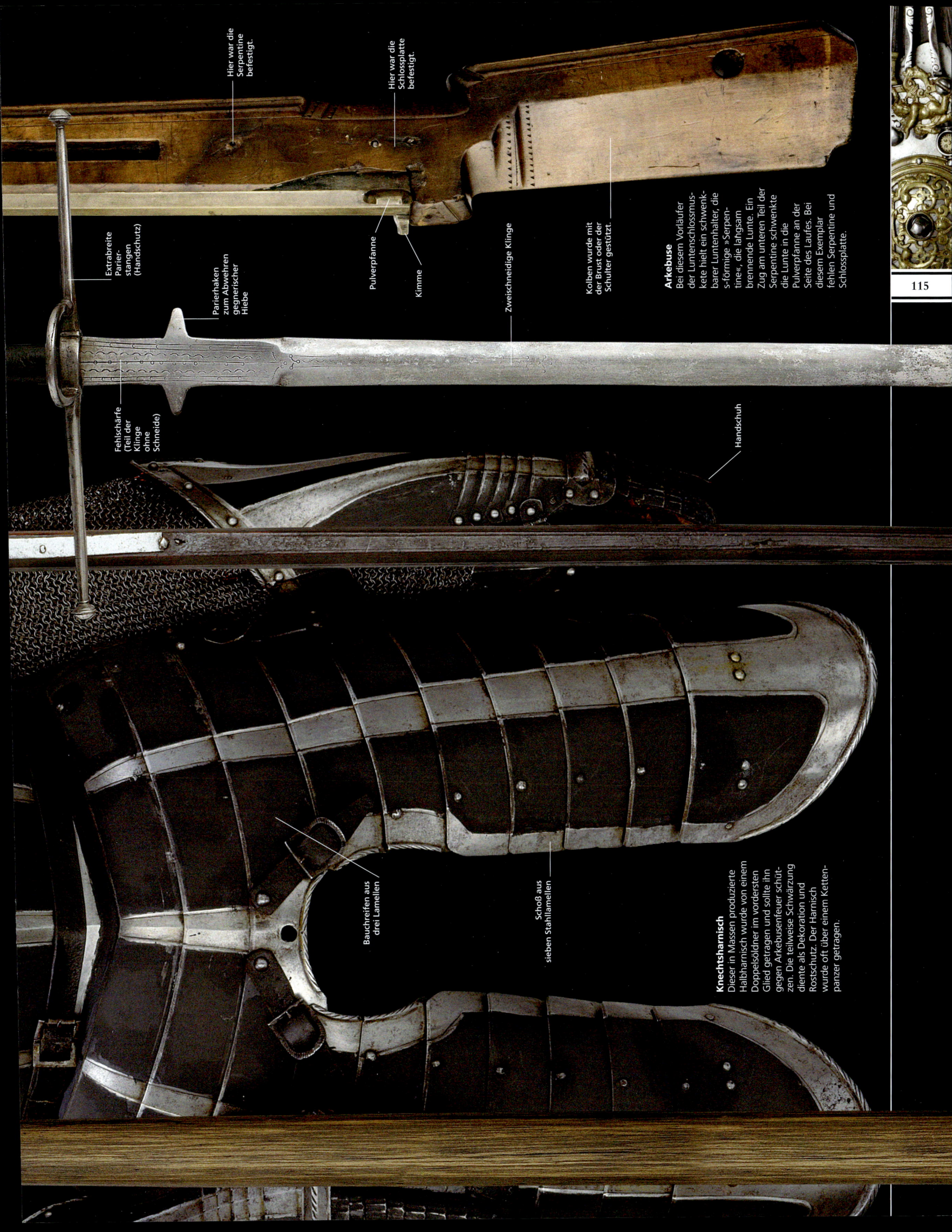

Hier war die Serpentine befestigt.

Hier war die Schlossplatte befestigt.

Extrabreite Parierstangen (Handschutz)

Parierhaken zum Abwehren gegnerischer Hiebe

Pulverpfanne

Kimme

Zweischneidige Klinge

Kolben wurde mit der Brust oder der Schulter gestützt.

Fehlschärfe (Teil der Klinge ohne Schneide)

Handschuh

Bauchreifen aus drei Lamellen

Schoß aus sieben Stahllamellen

Arkebuse

Bei diesem Vorläufer der Luntenschlossmuskete hielt ein schwenkbarer Luntenhalter, die s-förmige »Serpentine«, die langsam brennende Lunte. Ein Zug am unteren Teil der Serpentine schwenkte die Lunte in die Pulverpfanne an der Seite des Laufes. Bei diesem Exemplar fehlen Serpentine und Schlossplatte.

Knechtsharnisch

Dieser in Massen produzierte Halbharnisch wurde von einem Doppelsöldner im vordersten Glied getragen und sollte ihn gegen Arkebusenfeuer schützen. Die teilweise Schwärzung diente als Dekoration und Rostschutz. Der Harnisch wurde oft über einem Kettenpanzer getragen.

FUSSSOLDATEN DER RENAISSANCE

Während der Renaissance hatten neue Techniken in Gestalt von Feuerwaffen und Kanonen starken Einfluss auf den Krieg. Gleichzeitig besannen sich die Europäer in der Kriegskunst wie auch in Kunst und Architektur auf die Antike zurück. Das Studium des antiken Griechenlands und Roms überzeugte Militärtheoretiker, dass eine disziplinierte Infanterie der Schlüssel zum Erfolg in der Schlacht sei. Versuche zur Wiederherstellung der Ordnung und Disziplin der römischen Armee scheiterten jedoch an den finanziellen und organisatorischen Schwächen der europäischen Staaten, und Soldaten blieben zynische Söldner. Truppen, die Feuerwaffen gut mit Pikenformationen ähnlich der griechischen Phalanx kombinierten, erwiesen sich auf dem Schlachtfeld als erfolgreich.

SCHWEIZER PIKENIER

Die Pikeniere der Schweizer Eidgenossenschaft machten sich sofort einen Namen, als sie 1476 in den Schlachten von Grandson und Murten die mächtige Armee der Burgunder vernichtend schlugen. Das Fußvolk der Schweizer war eine Miliz, die von den Kantonen zum Dienst gerufen wurde; ihr Kampfstil drückte die Solidarität innerhalb ihrer egalitären Gesellschaft aus. Sie griffen mit Piken oder Hellebarden bewaffnet in dichten Kolonnen Schulter an Schulter im Laufschritt an und überrannten ihre Feinde, bevor diese einen erfolgreichen Gegenschlag ausführen konnten.

Nach ihren Siegen über die Burgunder waren die Schweizer gesuchte Söldner. Ab den 90er-Jahren des 15. Jh. wurden sie entweder massenweise von einem Kanton an einen ausländischen Auftraggeber verliehen oder dienten als unabhängige Söldnerhaufen. Bunt gekleidet, mit gestreiften Hosen und Puffärmeln, versuchten sie, immer die Offensive zu behalten. Dabei vertrauten sie auf die Wucht ihrer massierten Kolonnen. Mitunter begleiteten einige Armbrustschützen oder Arkebusiere die Piken und Hellebarden, blieben aber zweitrangig.

DEUTSCHE KONKURRENZ

Im Zuge der Italienkriege von 1494 bis 1525 errangen die Schweizer einige bemerkenswerte Siege, vor allem gegen die Franzosen bei Novara 1513. Andere Truppen kopierten jedoch ihre dichte Pikenformation, allen voran die Landsknechte, die zu den erbittertsten Feinden der Schweizer wurden. Die Grenzen der schweizerischen Taktik zeigten sich, als es Heeren gelang, Piken sinnvoll mit Feuerkraft zu kombinieren. In der Schlacht bei Bicocca 1521 dezimierte Arkebusen- und Kanonenfeuer die Reihen der Schweizer, nachdem Feldbefestigungen ihren anfänglichen Pikenangriff blockiert hatten.

Einen glanzlosen Auftritt auf der Verliererseite hatten die Schweizer 1525 in der Schlacht bei Pavia, die ihre Vormachtstellung in der europäischen Infanterie endgültig beendete. Allerdings kämpften sie noch weiter als Söldner in französischen Diensten während der Religionskriege in der zweiten Hälfte des 16. Jh.

SCHWEIZER HELLEBARDE, 16. JH.

Schweizer Triumph bei Grandson, 1476
Die Schlacht wendete sich, als die burgundischen Ritter vom rechtzeitigen Eintreffen einer zweiten Truppe disziplinierter Schweizer Pikeniere überrascht wurden und ungeordnet flohen.

SPANISCHE TERCIOS

Nach der Eroberung von Granada 1492 stellte die spanische Monarchie ein stehendes Heer auf, um ihre Interessen in anderen Ländern zu schützen. Die ersten Infanteriekompanien *(Capitanias)* wurden 1496 nach Italien geschickt; 1534 wurden sie in *Tercios* zu 12 Kompanien organisiert.

HARTE BERUFSSOLDATEN

Während ein Großteil der Soldaten in spanischen Diensten aus dem Ausland kam, bestanden die *Tercios* als Elitetruppe vollständig aus spanischen Freiwilligen. Man verpflichtete sich grundsätzlich ein Leben lang, so bildete sich ein Kern aus Altgedienten, die bereits in Italien, im muslimischen Nordafrika und in langen Kämpfen gegen die Holländer in Flandern Erfahrungen gesammelt hatten. Die schwer gepanzerten Pikeniere der *Tercios* kämpften in dichten Vierecken, flankiert von Soldaten mit Feuerwaffen. Sie konnten aber auch in kleineren Einheiten operieren, in denen kleine Gruppen plänkelnder Arkebusiere dem Feind zusetzten und von Hellebardenkämpfern unterstützt wurden.

Die *Tercios* litten unter den Beschränkungen ihrer Zeit. In der Praxis hatten die Pikeniere häufig keinen Panzer. Die Soldaten sollten zwar einen monatlichen Sold bekommen, erhielten ihn jedoch oft verspätet, sodass es zu Meutereien und Plünderungen kam. Etwa zehn Prozent der Soldaten desertierte jedes Jahr aus Unzufriedenheit. Dennoch blieben die *Tercios* die effektivste Infanterie in Europa, bis die Niederlage gegen die Franzosen bei Rocroi 1643 ihre Vorherrschaft beendete.

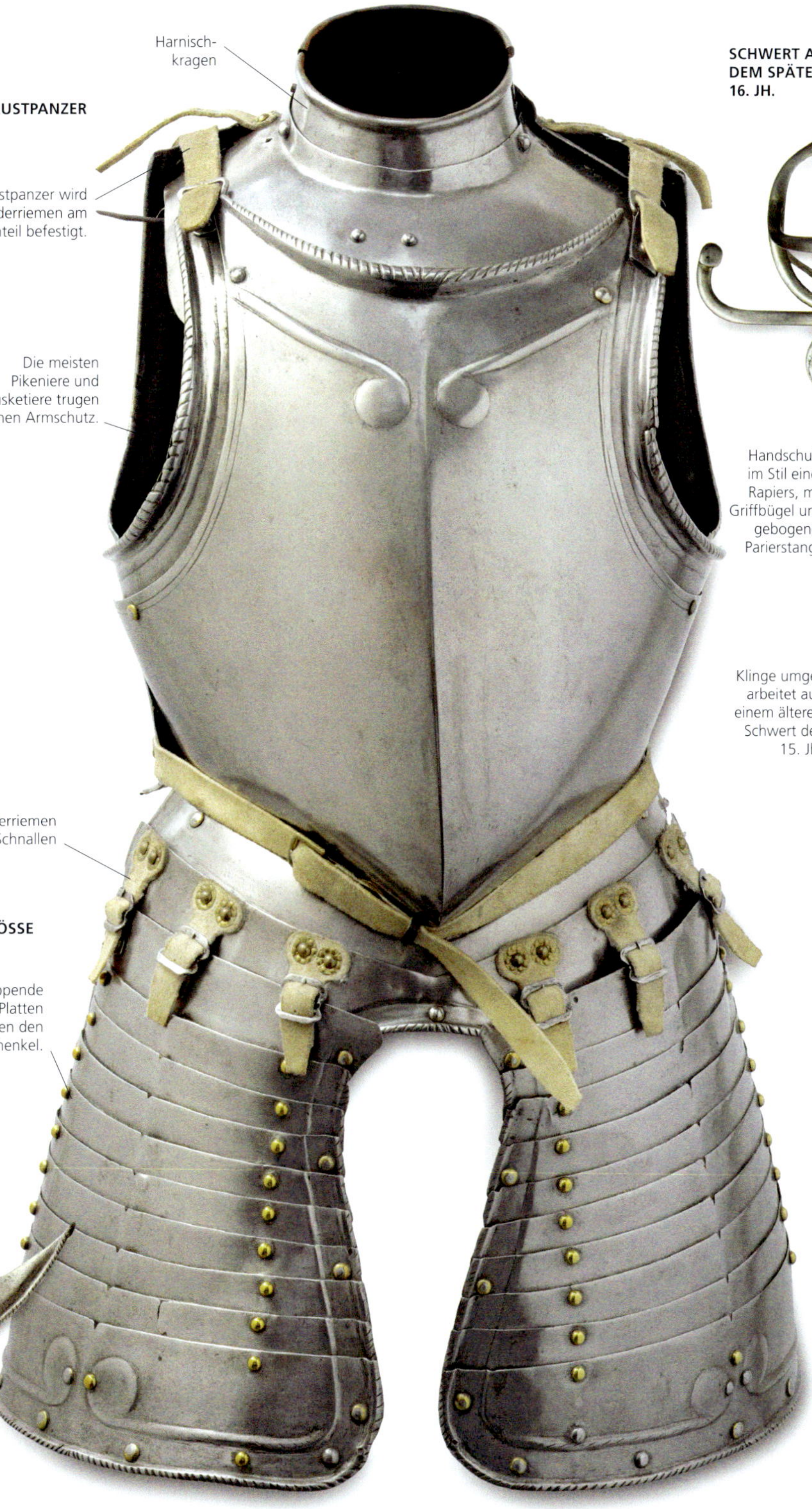

BRUSTPANZER

Harnisch-kragen

Brustpanzer wird mit Lederriemen am Rückenteil befestigt.

Die meisten Pikeniere und Musketiere trugen keinen Armschutz.

Lederriemen und Schnallen

SCHÖSSE

Überlappende Platten schützen den Oberschenkel.

MORION

Krempe typischerweise vorne und hinten nach oben gebogen

Wangenstück

SCHWERT AUS DEM SPÄTEN 16. JH.

117

Handschutz im Stil eines Rapiers, mit Griffbügel und gebogener Parierstange

Klinge umgearbeitet aus einem älteren Schwert des 15. Jh.

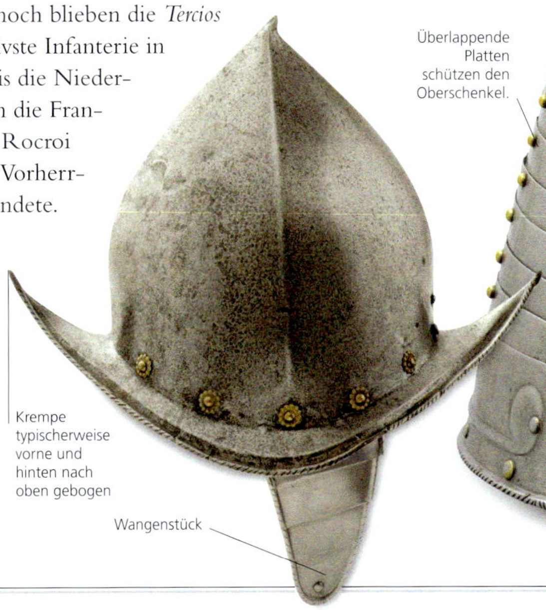

Spanische Rüstung
Nur in sehr gut ausgerüsteten *Tercios* trugen alle Männer einen Halbharnisch und einen »Morion«. Die Rüstung kam oft aus Italien, wo Spanien umfangreiche Besitzungen hatte. Einige Pikeniere trugen auch Schwerter.

» WAR IHRE TAPFERKEIT AUCH HOCH ZU PREISEN, SO KANN ICH IHRE BARBARISCHE GRAUSAMKEIT NUR MISSBILLIGEN. «

GEORGE GASCOIGNE, AUGENZEUGE DER PLÜNDERUNG VON ANTWERPEN DURCH SPANISCHE TRUPPEN 1576

OSMANISCHE SOLDATEN

» DEN GANZEN TAG ÜBER TÖTETEN DIE TÜRKEN CHRISTEN. BLUT FLOSS WIE REGENWASSER IN DER GOSSE NACH EINEM PLÖTZLICHEN STURM, UND LEICHEN SCHWAMMEN HINAUS AUF SEE

Z u Beginn des 16. Jh. war die Armee des Osmanischen Reiches vielleicht die schlagkräftigste Kampftruppe der Welt. Sie war eine einzigartige Mischung unterschiedlicher Kämpfer, gut besoldet und organisiert und durch eine Reihe ununterbrochener Siege hoch motiviert. Den berühmtesten Bestandteil dieser Armee bildeten die Janitscharen, eine Eliteinfanterie aus von Jugend an ausgebildeten Sklavensoldaten, doch spielten auch Kavallerie und Artillerie wichtige Rollen in den Kriegen der Sultane gegen Christen und Muslime.

Die Wurzeln der Osmanen liegen in einer Horde weniger Hundert türkischer *Ghasis*, muslimischer Stammeskrieger, die im 13. Jh. die Herrschaft über einen Teil Anatoliens errangen. Sie waren Nachbarn des Byzantinischen Reiches, das immer noch ein großer Staat war, aber damals zu zerfallen begann. Unter dem von 1281 bis 1326 regierenden Osman I. Ghasi und seinen Nachfolgern nutzten die Osmanen die byzantinische Schwäche, um nach Europa einzusickern; im Laufe des 14. Jh. besetzten sie den Balkan. Die byzantinische Hauptstadt Konstantinopel eroberten sie schließlich 1453 und machten sie zum Zentrum ihres Reiches. Im 16. Jh. drangen ihre Armeen in Europa bis Wien vor, sie kämpften gegen die persischen Safawiden und die ägyptischen Mamelucken und brachten Nordafrika und einen Großteil des Nahen Ostens unter ihre Kontrolle. Diese außergewöhnlich weitreichenden Eroberungen ermöglichte ein Militärsystem, das die besten Aspekte verschiedener Kampftraditionen und Techniken vereinte.

GUTE SCHÜLER
Ursprünglich kämpften die Osmanen nach Art der Steppenreiter. Sie waren berittene Bogenschützen, nutzten als Hauptwaffe den Kompositbogen und vermieden im Allgemeinen den Nahkampf. Bewegliche, mit Geschosswaffen ausgestattete Kavallerie sollte während der gesamten Hochzeit des Reiches ein wichtiges Element der osmanischen Truppen bleiben, doch hätten sie ihre Erfolge ohne eine sehr wirksame schwere Kavallerie, Infanterie, Artillerie sowie eine eigene Flotte nicht erzielen können. Einer der erstaunlichsten Aspekte der osmanischen Herrschaft im 15. und 16. Jh. ist die Dynamik, mit der man

neue Wege der Kriegführung aufgriff. Nach den Worten eines europäischen Beobachters zeigte »keine Nation weniger Zurückhaltung, die nützlichen Erfindungen anderer zu übernehmen«. Die Osmanen kopierten das christliche Europa bei der Einführung von Feuerwaffen von der Arkebuse über die Luntenschloss- zur Steinschlossmuskete. (Allerdings stellten sie nie Pikenformationen auf.) Ebenso rasch rüsteten sie ihre Armee mit Kanonen aus, wobei sie sich zunächst auf die Fertigkeiten europäischer Fachleute verließen. Mehmed II. (»der Eroberer«) beauftragte einen als Urban bekannten Ungarn, die großen Kanonen zu gießen, mit denen er 1453 die Mauern von Konstantinopel beschießen ließ. Die Osmanen wurden zwar für ihre überschweren Belagerungskanonen bekannt, sie vernachlässigten aber auch die leichte Feldartillerie nicht, die immer einen wichtigen Teil ihrer Heere ausmachte.

KOMPLEXE TRUPPEN
Kern der Truppen des gereiften Osmanischen Reiches war ein stehendes Heer aus Leibsoldaten, die im direkten Sold des Sultans standen. Dazu gehörte als Leibwache die Eliteinfanterie der Janitscharen, die wenigstens bis Ende des 17. Jh. aus Sklavensoldaten bestand, sowie Kavallerie aus Freien. Zog der Sultan ins Feld, wurde diese relativ kleine reguläre Armee durch Provinztruppen verstärkt, die unter dem *Timar*-System ausgehoben wurden: *Sipahis* genannte Reiter waren berechtigt, im Gegenzug für Militärdienste auf einem Landstrich Pacht zu erheben. Auf Befehl des Sultans mussten sie sich mit einer bestimmten Anzahl von Gefolgsleuten kriegsbereit ausgerüstet zum Dienst melden.

SCHISCHAK (HELM) AUS UNGEGERBTEM LEDER MIT VERGOLDETEM KUPFER

Osmanische Expansion
Süleyman der Prächtige (1494–1566) in der Schlacht von Mohács 1526 *(oben)*. Unter Süleymans Herrschaft erreichte das Osmanische Reich seine Blütezeit und wurde zur Weltmacht. Er führte osmanische Heere bei der Eroberung von Belgrad, Rhodos und weiten Teilen Ungarns, belagerte Wien und annektierte einen Großteil des Nahen Ostens. Ein osmanischer Helm aus dem 17. Jh. *(rechts)*.

Osmanische Feldzüge
Die Belagerung von Belgrad 1456 unter Sultan Mehmed II. »dem Eroberer« (rechts) eskalierte zu einer großen Schlacht, bei der János Hunyadi mit einem plötzlichen Gegenangriff das türkische Lager überrannte, so dass sich der verwundete Sultan schließlich zurückziehen musste. Die typische Ausrüstung eines osmanischen Soldaten (ganz rechts).

» ... DANN WURDE JEDEM [KRIEGER] BEFOHLEN, SEINE EIGENEN GEFANGENEN ZU TÖTEN, UND FÜR DIE, DIE DIES NICHT WOLLTEN, BENANNTE DER KÖNIG ANDERE AN IHRER STELLE. «

JOHANN SCHILTBERGER ÜBER DEN KREUZZUG VON NICOPOLIS 1396

Andere Kavalleristen wurden als *Akinci* rekrutiert: ehrgeizige, abenteuerlustige junge Männer mit einem Pferd, die den Krieg als eine Möglichkeit ansahen, voranzukommen. Sie wurden als leichte Kavallerie vor dem Hauptheer zur Aufklärung und für Überfälle eingesetzt. Die *Akinci* profitierten von Plünderungen und konnten hoffen, eines Tages ein *Timar* gewährt zu bekommen, wenn ihre Tapferkeit offiziell auffiel. Ganz unten in der Armeehierarchie standen die *Azeps*. Sie dienten als Arbeiter und Fußsoldaten und wurden als entbehrliches Kanonenfutter angesehen. Einen wichtigen Beitrag zu den osmanischen Truppen lieferten schließlich die Länder, die dem Sultan die Treue geschworen hatten, mit ihren Kontingenten unter eigenen Befehlshabern, z.B. ab dem späten 14. Jh. die Serben.

SKLAVENSOLDATEN
Wie die meisten muslimischen Staaten setzten die Osmanen Sklaven in der höheren Verwaltung

Osmanische Waffen
Ein Miquelet-Gewehr und ein *Gurz* (Streitkolben), beide aus dem 18. Jh. Osmanische Truppen setzten Feuerwaffen in der Schlacht bereitwillig ein, lehnten jedoch Bajonette als »Waffen der Ungläubigen« ab.

und in Elitetruppen ein, die Mamelucken in Ägypten sind ein gutes Beispiel. Das Janitscharenkorps wurde durch die *Devsirme* (»Knabenlese«) aufgebaut: die Zwangsrekrutierung christlicher Jungen vom Balkan, der im 14. Jh. unter osmanische Herrschaft geriet. Osmanische Werber bereisten den Balkan jährlich und nahmen die Kinder mit, die als Soldatenmaterial am besten geeignet schienen. Die Jungen wurden ihren Familien entrissen und in Konstantinopel muslimisch erzogen. Waren sie alt genug, gelangten sie als Janitscharen oder Beamte in den Dienst des Sultans. Da ihnen Heirat oder Besitz verboten waren und sie für immer von ihren Familien getrennt waren, wurden die Sklavensoldaten als ideale treue Diener des Sultans angesehen, hatten sie doch keine anderen Bindungen oder persönliche Ambitionen. Das System berücksichtigte jedoch nicht die im Laufe der

Kürass eines Kriegers
Dieser osmanische Brustpanzer aus mehreren großen Platten und Schulterschützern bot ausgezeichneten Schutz.

Zeit unvermeidlich entstehende Treue der Janitscharen zu ihrem eigenen Korps, sodass sie am Ende mehr ihre eigenen Interessen als Eliteeinheit im Sinn hatten als die des Sultans. Bis dahin waren sie in ihrer Blütezeit jedoch hervorragende Infanteristen, diszipliniert, asketisch, furchtlos und geschickt im Umgang mit Feuerwaffen. Man erwartete von ihnen, dass sie die Mauern belagerter Festungen stürmten oder angesichts angreifender feindlicher Kavallerie die Stellung hielten.

EFFEKTIVE KÄMPFER
Obschon groß und bunt gemischt, war die osmanische Armee dennoch für ihre wohlgeordneten Operationen bekannt: saubere, gut organisierte Lager und dienstfreie Soldaten, die sich weniger

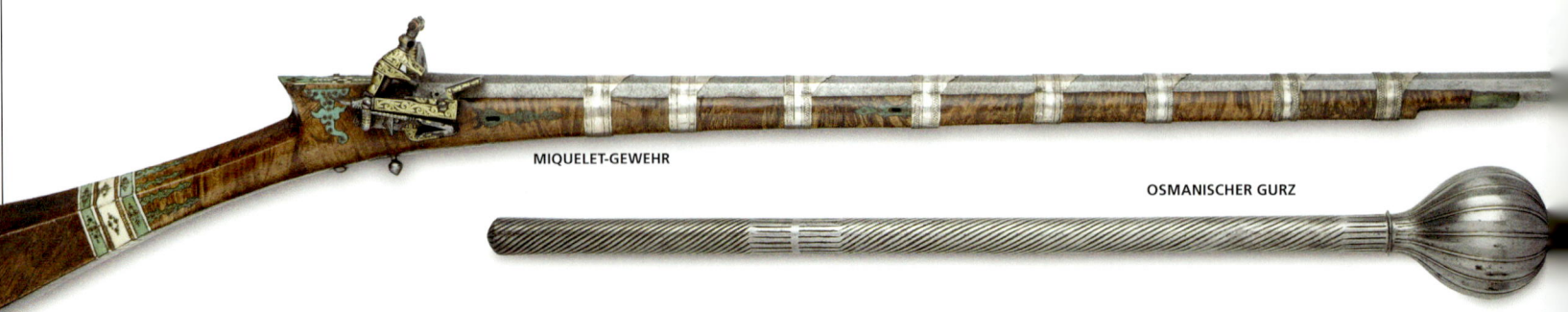

MIQUELET-GEWEHR

OSMANISCHER GURZ

Osmanische Expansion

Im Laufe von 150 Jahren wuchsen die osmanischen Türken aus einer kleinen Horde religiöser Krieger in Nordwest-Anatolien zu den Herrschern über ein Europa und Asien überspannendes Reich. Der außergewöhnliche Umfang ihrer Expansion wird hier deutlich. Allein im 16. Jh. siegten sie in fast 20 entscheidenden Schlachten, doch Ende des 17. Jh. war das Reich im Niedergang begriffen.

OSMANISCHES REICH UM 1650

- Osmanisches Reich und Vasallen 1512
- Osmanisches Reich und Vasallen 1639
- Osmanischer Sieg
- Osmanische Niederlage
- Belagerung
- **1526** Datum der Schlacht oder Belagerung
- Grenzen um 1600
- Grenzen der Vasallen
- Grenze des Hl. Römischen Reiches

0 km 250 500

betrunken und zerstörerisch verhielten als viele ihrer Zeitgenossen in der christlichen Welt. Ihre reich verzierten Waffen und ihre lauten Militärkapellen verliehen den osmanischen Truppen ein prachtvolles Auftreten, dennoch waren sie sehr erprobte Kämpfer, die ihre unterschiedlichen Waffen geschickt einsetzten und auf dem Schlachtfeld disziplinierte Manöver ausführen konnten. Verglichen mit dieser Effektivität, erschienen die Feinde auf dem Schlachtfeld oft verhängnisvoll naiv. So trug 1396 bei Nikopolis (heute Nikopol, Bulgarien) eine Gruppe christlicher Kreuzritter einen überhasteten Kavallerieangriff gegen das von Sultan Bajasid I. geführte Heer vor, ohne zuerst Stärke oder Aufstellung der Osmanen auszukundschaften. Nachdem sie die an vorderster Front als Bauernopfer eingesetzten *Azeps* zerstreut hatten, wurden die Ritter bei einem Gegenangriff der weitaus größeren osmanischen Kavallerie niedergemacht. 130 Jahre später bei Mohács erlitten christliche Ritter durch den gegnerischen Einsatz von Feuerwaffen ein ähnliches Schicksal. Bei dem üblichen begeisterten Angriff

der christlichen Ritter täuschten die osmanischen *Sipahis* ihre Flucht vor und führten die Ritter direkt in das Feuer der Arkebusen disziplinierter Janitscharen. Durch die flankierenden Angriffe der osmanischen leichten Kavallerie zusätzlich bedrängt, wurden die Ritter von einem Gegenangriff der schweren, mit Schwertern und Lanzen bewaffneten Reiter des Sultans hinweggefegt.

Gegen muslimische Gegner waren die Osmanen ebenso erfolgreich. Ihren Sieg über die ägyptischen Mamelucken 1516 bei Marj Dabik in Syrien verdankten sie vor allem ihren Feuerwaffen, die die Ägypter nicht hatten. Auch als die Mamelucken ein Jahr danach bei Raydaniya in Ägypten eilig ihre eigenen Kanonen zusammenzogen, wurden sie wieder geschlagen. Die osmanische Kavallerie führte geschickte Flankenangriffe durch, gegen die die Feuerkraft der Ägypter wirkungslos blieb.

SCHÖNWETTERKÄMPFER

Wenn die osmanische Armee eine große Schwäche hatte, war es die schiere Anzahl von Soldaten und Pferden. Bei nur begrenzter logistischer Unterstützung musste sich diese Masse vor allem aus dem Lande ernähren

Osmanische Trommeln

Mit Trommeln wie den hier gezeigten zogen die Janitscharen in die Schlacht. Janitscharen lebten in eigenen Kasernen und stellten im Frieden Polizei und Feuerwehr.

und konnte im Winter keinen Feldzug in Mitteleuropa durchstehen. Daher musste Süleyman I., der Prächtige (Regierungszeit 1520–1566), seine Belagerung von Wien, der Hauptstadt der Habsburger, 1529 nach nur einem Monat abbrechen, um noch vor Einbruch des schlechten Wetters den langen Rückmarsch nach Konstantinopel abschließen zu können. Auf dem europäischen Kriegsschauplatz waren die Osmanen nur eine Sommerarmee.

NIEDERGANG UND FALL

Im 17. und 18. Jh. verfiel die osmanische Armee nach und nach in eine Dekadenz, die die Probleme ihrer gesamten Gesellschaft widerspiegelte. Man hielt nicht mehr mit den technischen Fortschritten mit, die in Westeuropa weit verbreitet waren, eine schrumpfende Wirtschaft reduzierte die für Feldzüge verfügbaren Ressourcen. Das *Timar*-System verkümmerte und wurde schließlich aufgegeben.

Besonders schlimm war das Schicksal der Janitscharen. Im 17. Jh. waren sie keine durch die *Devsirme* rekrutierten Sklaven mehr, sondern frei geborene Muslime, die sich um die Aufnahme in eine Eliteeinheit bemühten. Das Janitscharenkorps hatte sich von etwa 20 000 zur Zeit Süleymans des Prächtigen auf über 100 000 Ende des 18. Jh. aufgebläht, hatte aber keine effektive militärische Funktion mehr, sondern verkam zu einer verwöhnten gesellschaftlichen Elite und blockierte Reformen zur Modernisierung der Armee. Als die Janitscharen 1826 gegen eine Umstrukturierung revoltierten, wurde der Aufstand blutig niedergeschlagen. Zu diesem Zeitpunkt war die osmanische Türkei nicht viel mehr als eine morsche Militärmacht, die sich unsicher an die Reste ihres Reiches klammerte.

OSMANISCHE WAFFEN

Die Truppen des Osmanischen Reiches waren im 15. und 16. Jh. sehr vielfältig. Ein wichtiges Element bildeten die mit Säbel und Schild bewaffneten Panzerreiter, daneben leichte Kavallerie, Infanterie mit Feuerwaffen sowie Artillerie. Die hier gezeigte Ausrüstung – Kettenhemd mit Plattenpanzerung, Krummsäbel und runde Schilde – ähnelt großenteils der in weiten Teilen der zeitgenössischen islamischen Welt üblichen, einschließlich der Safawiden in Persien und der Moguln in Indien.

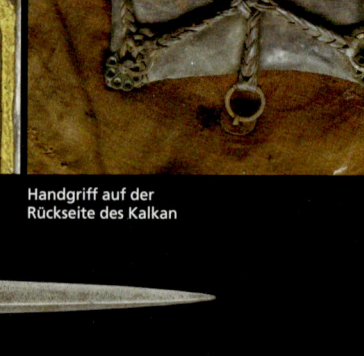

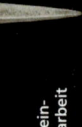

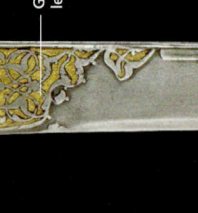
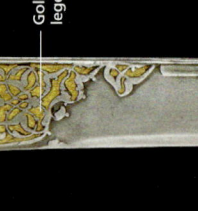

Kettenglieder des Panzers
mit Korantexten

Vergoldung auf der
Schwertklinge mit Inschrift

Handgriff auf der
Rückseite des Kalkan

Khanjar (Dolch)
Die Klinge dieses Dolches mit Elfenbeingriff hat an den Parierstangen eine Fehlschärfe, sodass der Soldat zur besseren Kontrolle tiefer anfassen konnte.

Elfenbeingriff

Fingerschutz

Goldene
Spange

Korantext

Goldein-
legearbeit

Griff aus Rhi-
nozeroshorn

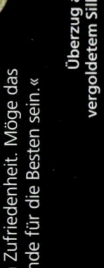

Überzug aus
vergoldetem Silber

Genieteter
Schirm

Nasenschutz

Zirh gomlek (Kettenhemd mit Plattenpanzerung)
Diese Schutzkleidung stammt aus dem späten 15. Jh. Das Hemd besteht aus genietetem und nahtlosem Kettengeflecht sowie aus Platten mit graviertem Blätterdekor. Die Inschrift lautet: »Macht liegt in Gehorsam. Reichtum liegt in Zufriedenheit. Möge das Ende für die Besten sein. «

Drachenförmiger
Ohrenschutz mit
Hörlöchern

Niete sichert
Schnalle.

Schnallen
und Riemen
schließen
Panzerung.

Schischak (Helm)
Dieser vollständig aus Blechen hergestellte Schischak mit zusätzlichem Gesichts-, Nacken- und Ohrenschutz bot dem osmanischen Reiter des 16. Jh. hervorragenden Schutz. Innen ist noch das ursprüngliche Futter aus wattiertem, gestepptem rotem Stoff erhalten. Auf dem mittleren Band und dem Nackenschutz sind Korantexte eingraviert.

Kettengeflecht

Konkaver
Nacken-
schutz

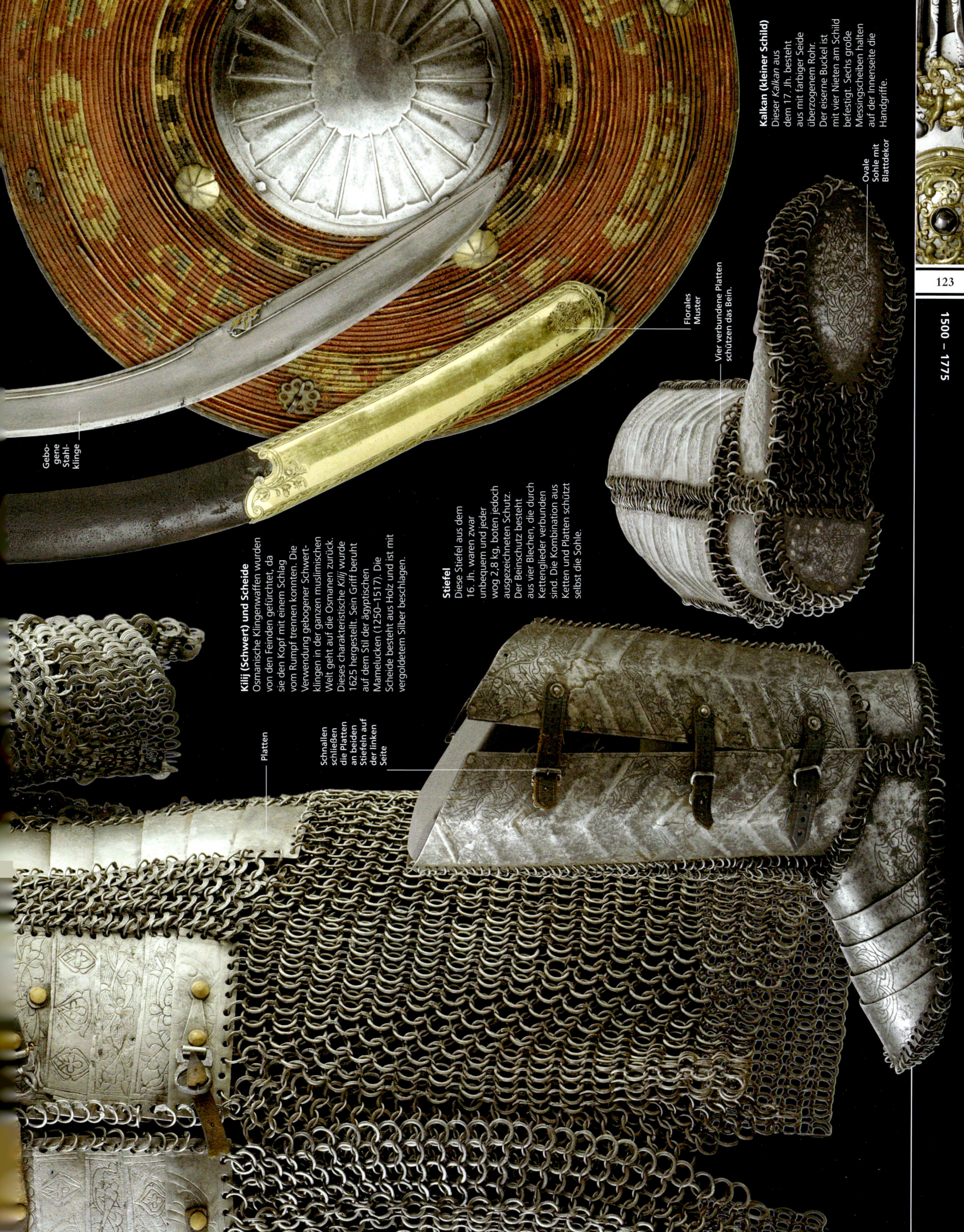

Kalkan (kleiner Schild)
Dieser *Kalkan* aus dem 17. Jh. besteht aus mit farbiger Seide überzogenem Rohr. Der eiserne Buckel ist mit vier Nieten am Schild befestigt. Sechs große Messingscheiben halten auf der Innenseite die Handgriffe.

Ovale Sohle mit Blattdekor

Florales Muster

Vier verbundene Platten schützen das Bein.

Gebogene Stahlklinge

Kilij (Schwert) und Scheide
Osmanische Klingenwaffen wurden von den Feinden gefürchtet, da sie den Kopf mit einem Schlag vom Rumpf trennen konnten. Die Verwendung gebogener Schwertklingen in der ganzen muslimischen Welt geht auf die Osmanen zurück. Dieses charakteristische *Kilij* wurde 1625 hergestellt. Sein Griff beruht auf dem Stil der ägyptischen Mamelucken (1250–1517). Die Scheide besteht aus Holz und ist mit vergoldetem Silber beschlagen.

Stiefel
Diese Stiefel aus dem 16. Jh. waren zwar unbequem und jeder wog 2,8 kg, boten jedoch ausgezeichneten Schutz. Der Beinschutz besteht aus vier Blechen, die durch Kettenglieder verbunden sind. Die Kombination aus Ketten und Platten schützt selbst die Sohle.

Platten

Schnallen schließen die Platten an beiden Stiefeln auf der linken Seite

1500–1750

MOGULKRIEGER

» WÄHREND DER SIEBEN ODER ACHT TAGE, DIE WIR
IN PANIPAT LAGEN, NÄHERTEN SICH IMMER WIEDER
EINIGE MÄNNER IBRAHIMS LAGER, LIESSEN PFEILE
AUF SEINE TRUPPEN REGNEN, SCHNITTEN IHRE
KÖPFE AB UND BRACHTEN SIE ZURÜCK. «

BABUR ÜBER DIE VORBEREITUNGEN ZUR ERSTEN SCHLACHT BEI PANIPAT 1526

Auf der Höhe ihrer Macht im 16. und 17. Jh. befehligten die indischen Großmoguln eine weitaus größere Armee, als eine zeitgenössische europäische Macht je hätte aufstellen können. Wie auch die Osmanen kombinierten sie die Kavallerietradition der Mongolen und Tataren mit dem Einsatz von Kanonen und Feuerwaffen. Ihre Schwächen lagen im Versäumnis, die Wirksamkeit einer disziplinierten Infanterie zu erkennen, sowie im Fehlen einer kohärenten Befehlsstruktur, um die große Vielvölkerarmee zu führen.

Babur, der Gründer des Mogulreiches, war ein turk-mongolischer Nachkomme des gefürchteten Eroberers Timur (»Tamerlan«). Als Führer einer Horde muslimischer Krieger (Ghasi) eroberte er 1505 Kabul in Afghanistan und stieß ab 1516 südlich nach Indien vor. Sein Sieg über Sultan Lodi von Delhi 1526 bei Panipat ermöglichte es ihm, sich in Nordindien zu etablieren. Das Reich erhielt jedoch erst mit der Herrschaft von Akbar (1556–1605) eine solide Basis. Akbar vergrößerte mit einer Reihe von Feldzügen den Herrschaftsbereich der Moguln in Indien und integrierte Krieger verschiedener Herkunft, Muslime wie Hindus, zu einer gewaltigen kaiserlichen Armee.

ARMEE DES GROSSMOGULS

Akbars Armee blieb den zentralasiatischen Wurzeln der Moguln treu. Er rekrutierte nomadische Kriegerhorden, indem er ihnen einen Anteil am Reichtum des Mogulreiches in Aussicht stellte. Sie umfassten ein großes Kontingent der Turani aus Zentralasien, Reiter, die besonders geschickt mit dem Kompositbogen umgingen und die ihrem Anführer nach dem einfachen Prinzip der Treue zu dem, dessen Brot sie aßen, verbunden waren. Auch Iraner und Afghanen zogen nach Süden, um dem Reich zu dienen – Letztere waren für ihr Aufbrausen genauso bekannt wie für ihre Unzuverlässigkeit. Doch Akbar und seine Nachfolger integrierten in ihr Heer auch die Krieger aller in Indien eroberten Gebiete. So stellten beispielsweise die Rajputen, eine angesehene hinduistische Kriegerkaste, ihre Gefolgsleute in den Dienst der Moguln. Die Rajputen folgten einem ritterlichen Ehrenkodex, der den Nahkampf Mann gegen Mann schätzte und Geschosswaffen verachtete. Ferner hoben sie das Selbstopfer hervor und gaben dem Tod den Vorzug vor der Schande. Von den pragmatischeren Moguln heißt es, sie hätten den Eindruck, die Rajputen »wüssten zu sterben, nicht aber zu kämpfen«. Dennoch nahmen sie die Hindukrieger als Reiter und bewaffnete Bauern in ihrer Armee auf.

EMIRE UND LEIBSOLDATEN

Die Kriegsherren und Adligen, die ihre Gefolgsleute in den Dienst des Großmoguls stellten, wurden als »Emire« bezeichnet. Neben einem Status in der Hierarchie am Hof erhielten sie Geld aus der Kasse der Moguln, um ihre Männer zu bezahlen, sowie das Recht, Einkommen aus den ihnen zugewiesenen Provinzen zu beziehen. Es gab immer mehrere Hundert Emire mit etwa 100 000 bis 200 000 Gefolgsleuten. Neben diesen Truppen hatte der Großmogul Leibsoldaten unter seinem direkten Befehl: mehrere Tausend Mann Kavallerie und Musketiere, dazu eine Menge Artillerie und eine beträchtliche Anzahl Kriegselefanten, überraschenderweise aber keine Sklavensoldaten wie andere muslimische Armeen der Zeit. Aufgabe der Mogularmee war, den Herrschaftsbereich auf dem indischen Subkontinent zu bewahren und zu erweitern. Es gelang dem Großmogul nie, in seinem eigenen Gebiet ein Monopol auf bewaffnete Kräfte zu etablieren. So bemerkte ein Beobachter im Hinblick auf die weit verbreiteten Luntenschlossmusketen: »Selbst der Bauer hat beim Pflügen das geladene Gewehr auf dem Pflug und die Lunte brennen.« Man hat errechnet, dass es Ende des 16. Jh. im Mogulreich über vier Millionen Bewaffnete gab.

Die Invasion in Indien
Mogulkavallerie reitet bei Akbars Invasion in Indien in den 60er-Jahren des 16. Jh. in die Schlacht. Die Moguln stammten aus dem heutigen Afghanistan, doch die Armee, die Akbar und seine Nachfolger aufstellten, umfasste Krieger aus ganz Zentralasien und vom indischen Subkontinent.

TURBANHELM MIT NASEN- UND NACKENSCHUTZ

Durch Unterhalten einer derart großen Armee reduzierte der Großmogul die Anzahl der möglichen Gegnern potenziell verfügbaren Soldaten, indem er sie selbst in Dienst nahm, und stützte gleichzeitig das Prestige des Reiches. Die Großmoguln verbrachten einen Großteil ihrer Zeit damit, mit einem riesigen Militärlager durchs Land zu ziehen, das mit Militärpersonal und Anhang etwa eine halbe Million Menschen umfasste. Es war der praktikabelste Weg, den Untertanen und Tributpflichtigen Reichtum und Prestige zu demonstrieren.

KAVALLERIE UND INFANTERIE

Als Kampftruppe konzentrierte sich die Mogularmee auf die Kavallerie. Die schiere Anzahl der Reiter war erstaunlich, zeitweise überstieg sie mit Sicherheit 100 000 Mann. Die enorme Nach-

Stahlwaffen

Viele der unten in der Schlacht abgebildeten Soldaten schwingen den charakteristisch gebogenen Säbel *Talwar* oder *Tulwar*, der im Indien der Mogulzeit verbreitet war.

> » WENN ER DURCH SEIN LAND REIST, NIMMT DER KAISER FÜNFZEHNHUNDERTTAUSEND MENSCHEN, REITER, SOLDATEN, OFFIZIERE, FRAUEN, KINDER, MIT ZEHNTAUSEND ELEFANTEN UND VIEL ARTILLERIE MIT. «
>
> DER FRANZÖSISCHE REISENDE **AUGUSTIN HIRIART** UM 1605

frage nach Pferden – strebte doch jeder Reiter an, mindestens zwei zu besitzen – ließ die Pferdezucht in einigen Teilen Indiens, vor allem im Punjab und Sind, zu einer Hauptbeschäftigung werden. Dennoch mussten Massen von Pferden über Kabul aus Zentralasien importiert werden. Einen Großteil der Kavallerie machten leicht bewaffnete Bogenschützen aus. Daneben gab es jedoch auch viele Panzer-

reiter mit umfangreicher Schutzkleidung, in der Regel Helm, Brustpanzerung und Kettenhemd, und dem Säbel als Hauptwaffe. Von den Reitern wurde erwartet, dass sie Schlachten gewannen; von den bewaffneten Bauern, die die Infanterie bildeten, erwartete man dagegen kaum etwas. Sie waren von niederem Stand und wurden auf Zeit zum Militärdienst verpflichtet. Sie füllten die Reihen und kosteten dabei kaum etwas, weil sie allein von Mehl, Reis, Butter und Salz lebten. Die Infanterie konnte verschiedene Klingenwaffen mitführen, ihre Hauptwaffe war jedoch die Luntenschlossmuskete.

FEUERWAFFEN

Zwar haben die Moguln den Gebrauch von Feuerwaffen auf dem indischen Subkontinent nicht eingeführt – der portugiesische Eroberer Francisco de Almeida siegte im Februar 1509 in der Schlacht von Diu mithilfe von Schiffsgeschützen über vereinte arabische und ägyptische Kräfte –, doch wurden Kanonen und Handfeuerwaffen mit Sicherheit zu Beginn der Mogulzeit erstmals eingesetzt. Artillerie und Arkebusen trugen 1526 entscheidend zu Barburs Sieg bei Panipat bei. In dieser frühen Phase waren die Moguln stark auf ausländisches Fachwissen angewiesen. Osmanische Türken und verschiedene Europäer, vor allem Portugiesen aus Goa, besorgten den Technologietransfer und zeigten den Kanonenguss und die Herstellung von Feuerwaffen und Pulver. Die indischen Handwerker lernten schnell: Ende des 16. Jh. waren ihre Luntenschlossmusketen besser als die meisten europäischen Feuerwaffen, und sie gossen leichte und schwere Kanonen aus Messing und Bronze. Die

Zeremonieller Dolch

Dieser besonders verzierte Dolch aus dem 17. Jh. mit Scheide ist typisch für die Mogulzeit. Sein widderförmiger Griff ist mit Halbedelsteinen besetzt. Der Dolch wurde für zeremonielle Zwecke verwendet.

Ausländer wurden noch zur Unterstützung beim Zielen und Abfeuern der Geschütze eingesetzt. Auf dem Feldzug wurde die schwere Artillerie der Moguln auf Ochsenkarren oder in Teilen auf dem Rücken von Kamelen transportiert, die leichte Artillerie zogen Pferde. Die größten, bei langwierigen Belagerungen eingesetzten Kanonen goss man an Ort und Stelle. Zwar war die Belagerung der Hauptzweck der Artillerie, doch blieb ihre Wirksamkeit begrenzt. Die Moguln setzten weiterhin herkömmliche Techniken ein, wie das Graben von Stollen unter Festungsmauern oder einfaches Aushungern. Die Kanonen wirkten offenbar vor allem psychologisch und erhöhten den Druck auf die Belagerten.

AUF DEM SCHLACHTFELD

Für die Schlacht formierten sich Mogultruppen typischerweise mit leichter Kavallerie an den Flanken und schwerer im Zentrum. Die Artillerie und mit Musketen bewaffnete Infanterie wurde als defensiver Block eingesetzt, dahinter eine Reihe Kriegselefanten. Wegen der Feuerwaffen waren die Elefanten in der Offensive nutzlos, da sie durch Lärm und Rauch unkontrollierbar in Panik gerieten. Sie dienten vielmehr als Befehls- und Beobachtungsposten und als letzte Verteidigungslinie. Ihre psychologische Wirkung war ebenfalls beträchtlich.

Für gewöhnlich begannen die Moguln eine Schlacht, indem ihre berittenen Bogenschützen an den Flanken Pfeile auf den Feind hageln ließen. Nach dieser sehr effektiven Zermürbungsphase griff die schwere Kavallerie an und verwickelte den Feind in allgemeines Handgemenge. Ein alternativer Schlachtplan, gegen zahlenmäßig überlegene Kräfte bei Panipat und anderswo erfolgreich umgesetzt, ließ die Mogulkavallerie einen Rückzug vortäuschen, um den Feind in das Feuer massierter Kanonen und Infanteriewaffen zu locken. Der Gegenangriff der Kavallerie war dann verheerend.

SCHWÄCHEN DER MOGULN

Obwohl das Mogulreich unter Aurangseb (Regierungszeit 1658–1707) seine größte territoriale

Moguln in Indien
Nach Baburs Sieg über Sultan Lodi von Delhi 1526 bei Panipat konnte er in Nordindien die Mogulherrschaft errichten. Unter seinen Nachfolgern, darunter Akbar und Aurangseb, festigten die Moguln ihr Territorium und erweiterten es über nahezu weitere 200 Jahre nach Süden.

Tierarmee
Schwer gepanzerte Elefanten waren auf dem Schlachtfeld ein furchterregender Anblick. Die berittenen Soldaten nutzten die Höhe der Tiere, um die Schlacht zu lenken.

Ausdehnung erreichte, war es militärisch bereits im Niedergang begriffen. Ab dem späten 17. Jh. erlitten Mogulheere in Südindien Niederlagen durch die Marathen und mussten mit diesen Frieden schließen. In den 30er-Jahren des 18. Jh. wurden sie außerdem von persischen und afghanischen Armeen unter dem Perser Nadir besiegt – lange bevor die Briten ihre Eroberung Indiens begannen. Nadir fiel 1739 in Delhi ein und eignete sich viele Schätze an, darunter den Pfauenthron.

In vieler Hinsicht waren die Mogultruppen sehr fortschrittlich. So waren ihre Ingenieure geschickte Straßenbauer, mit deren Hilfe das Heer ansonsten unpassierbares Terrain durchqueren konnte. Neue Militärtechniken übernahmen sie jedoch nur zögerlich. Ihre Kavallerie trug keine Pistolen, ihre Infanterie weder Piken noch Bajonette. Sie ersetzten die Luntenschloss- nicht durch die überlegene Steinschlossmuskete und benutzten die veraltete Waffe noch im 18. Jh. Da sie die Infanterie verachteten, wurde sie nicht gedrillt. So dauerte das Laden der Musketen lange, die Soldaten konnten nicht in Salven feuern.

Ursache für die Brüchigkeit der Mogulmacht war jedoch vor allem die grundlegende Struktur der Armee, die auf Kriegsherren mit ihren Gefolgsleuten beruhte. So ließ sich keine dauerhafte Befehlshierarchie aufbauen, da jeder Kriegsherr nur dem Herrscher selbst verpflichtet war und nur von ihm Befehle annahm. Die Emire waren versucht, in der Provinz eine unabhängige Machtbasis zu behaupten, statt sich dem Heer des Großmoguls anzuschließen. Berufssoldaten verkauften ihre Dienste anderweitig, als Reichtum und Macht des Reiches schwanden. Theoretisch bestand das Mogulreich bis 1857, war zu diesem Zeitpunkt aber nur noch ein Schatten seiner selbst. Sein Erbe war jedoch von Dauer: Viele seiner Bauwerke sind noch vorhanden, am berühmtesten ist das Taj Mahal.

INDIEN DER MOGULN 1525 – 1707

Gebiet Baburs 1525

Eroberungen Baburs 1526–1539 vor der Vertreibung der Moguln 1539

Mogulreich beim Tod von Aurangseb 1707

DELHI Von den Moguln angeeignet *1556* mit Jahr der Aneignung

Schlacht

USBEKEN

Hindukusch

'FAWIDEN'

Kabul

KABUL
Heimatbasis

KANDAHAR
1595

KASCHMIR
1586–88

PUNJAB
1556–80

Multan

Panipat
1526

DELHI
1556

Delhi 1556

Indus

Thar-Wüste

SIND
1574–81

Fatehpur Sikri

AGRA
1556

Agra

ALLAHABAD
1556–67

Allahabad
Ganges

BIHAR
1574–75

ASSAM
1612–63

Himalaya

GUJARAT
1572–75

GONDWANA
1583–84

JHARKHAND
1589

BENGALEN
1575–87

Calcutta

KATHIAWAR
1575–92

AHMADNAGAR
1596–1600

Bombay
an England

Arabisches Meer

Westghats

BIJAPUR
1657–88

Goa
an Portugal

GOLCONDA
1635–87

Hyderabad

ORISSA
1590–92

Golf von Bengalen

Madras
an England

Calicut
an Portugal

Cochin
an Portugal

TANJORE
1694

Tanjore

Jaffna
an die Niederlande

Ostghats

CEYLON

0 km 200 400

N

INDISCHER OZEAN

Indischer Kard (Dolch) und Scheide
Gelangte durch die Expansion der Moguln nach Indien. Der *Kard* mit gerader, einschneidiger Klinge war im 18. Jh. in weiten Teilen der islamischen Welt gebräuchlich.

MOGULWAFFEN

Da sich Herkunft und Kampftraditionen der Krieger unterschieden, waren Rüstung und Bewaffnung der Mogularmee nie einheitlich. Bei der zentralen Eliteeinheit der schweren Kavallerie kann man jedoch davon ausgehen, dass sie eine Ketten- und Plattenrüstung und einen Rundschild aus Leder oder Stahl trug. Die Rüstung war leichter, billiger und – was entscheidend war – kühler als ihr europäisches Äquivalent. Für den Nahkampf führte man normalerweise eine Klingenwaffe, in der Regel den gebogenen *Talwar*, sowie eine Schlagwaffe wie z.B. einen Streitkolben.

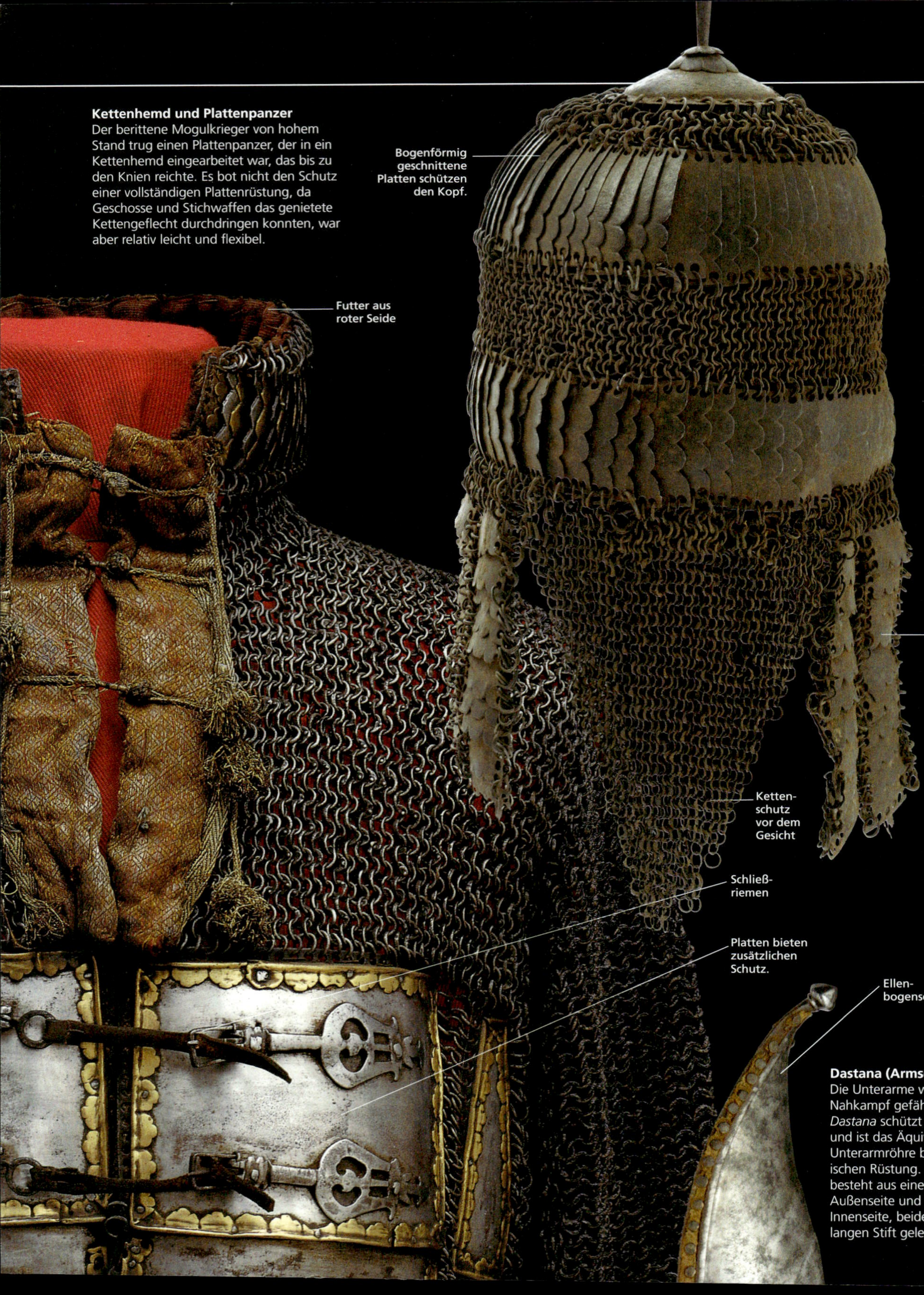

Aufwendige Vergoldung

Stark gebogene Klinge ist typisch für den indischen Stil des Mittelalters.

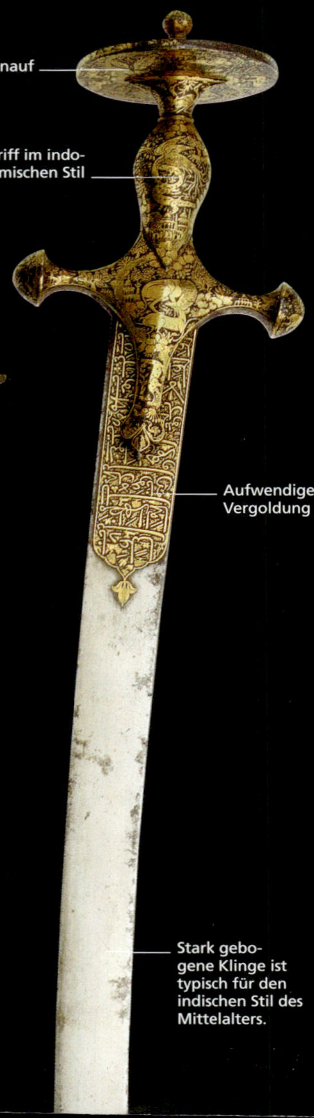

Scheibenknauf

Griff im indo-muslimischen Stil

TALWAR

SCHEIDE

Griff

Helm
Der vor allem aus Kettengeflecht bestehende Mogulhelm wog sehr erträgliche 0,8 kg. Die beiden horizontalen Ringe aus überlappenden Platten boten dem oberen Kopf zusätzlichen Schutz, der dreieckige Kettenschutz wurde vor dem Gesicht getragen.

Klappen schützen Ohren und Hals.

Streitkolben
Einfache Streitkolben aus massivem Eisen wie dieser aus dem 16. Jh. waren bei Kavallerie und Infanterie der Moguln weit verbreitet. Mit ihnen ließen sich mächtige Schläge ausführen.

Ellenbogenschutz

Dastana (Armschutz)
Die Unterarme waren bei jedem Nahkampf gefährdet. Die *Dastana* schützt den Unterarm und ist das Äquivalent der Unterarmröhre bei der europäischen Rüstung. Dieses Exemplar besteht aus einem Schutz für die Außenseite und einem für die Innenseite, beide sind mit einem langen Stift gelenkig verbunden.

Kettenschutz vor dem Gesicht

Schließriemen

Platten bieten zusätzlichen Schutz.

Kettenhemd und Plattenpanzer
Der berittene Mogulkrieger von hohem Stand trug einen Plattenpanzer, der in ein Kettenhemd eingearbeitet war, das bis zu den Knien reichte. Es bot nicht den Schutz einer vollständigen Plattenrüstung, da Geschosse und Stichwaffen das genietete Kettengeflecht durchdringen konnten, war aber relativ leicht und flexibel.

Bogenförmig geschnittene Platten schützten den Kopf.

Futter aus roter Seide

Talwar und Scheide
Das aus Persien stammende *Talwar* oder *Tulwar* war die wichtigste Waffe der indischen Moguln. Viele zeugen von außergewöhnlicher Handwerkskunst. Die Klingen wurden im Laufe der Zeit immer gebogener. Die Scheide ist mit grünem Samt überzogen.

Buckel deckt Befestigung für Griff ab.

Kettenhandschuh
Die Handschuhe der Moguln boten genügend Schutz vor Streifschlägen und waren dabei leicht genug (dieses Exemplar wiegt nur 435 g), um beim Kampf Bewegungsfreiheit zu bieten. Die Manschette besteht aus sieben durch genietete Kettenglieder verbundenen Platten. Das Kettengeflecht deckt Hände und Finger ab.

Scharnier auf der Innenseite

Platten schützen das Handgelenk vor Treffern.

Gebogener Kopf

Dhal (Schild)
Der stählerne Rundschild der Moguln wurde gehalten, indem man den Arm durch zwei Griffe auf der Rückseite steckte. Die Griffe werden von Ringbolzen gehalten, die mit den vier Buckeln auf der Vorderseite vernietet sind. Bei Schilden konnten indische Handwerker ihrer Leidenschaft für das Ziselieren und Vergolden nachgehen.

Parierstange (Handschutz)

Griffbügel

Breite, gerade Klinge

Khanda (Breitschwert)
Das *Khanda* ist die traditionelle Waffe der indischen Hindus. Dieses unter dem Einfluss des Mogulreiches hergestellte Exemplar hat einen Griff im indomuslimischen Stil. Zur Verzierung gehört das wiederholte Bild eines Adlers.

ENGLISCHE MUSKETIERE

>> WIR SIND KEINE BLOSSE SÖLDNERARMEE, ANGEHEUERT, UM IRGENDEINER DESPOTISCHEN MACHT IM STAAT ZU DIENEN; SONDERN BERUFEN, UNSERE EIGENEN UND DES VOLKES BILLIGEN RECHTE UND FREIHEITEN ZU VERTEIDIGEN. <<

FLUGSCHRIFT DER LEVELLERS (»GLEICHMACHER«), *THE HUNTING OF THE FOXES (»DIE JAGD AUF DIE FÜCHSE«)*, 1649

Die Befehlshaber der Heere, die zwischen 1642 und 1651 in den englischen Bürgerkriegen kämpften, hatten auf dem Kontinent Kriegserfahrung gesammelt. Taktik und Organisation orientierten sich daher an den europäischen Vorbildern, die eine gut gedrillte Infanterie mit Piken und Musketen als entscheidend für den Erfolg ansahen. Doch England hatte wenige an Waffen ausgebildete Männer. Es dauerte Jahre, bis Truppen einsatzbereit waren, aus denen dann die »New Model Army« wurde.

Den Kern der vielschichtigen Konflikte, die ab 1642 in England, Schottland und Irland wüteten, bildete eine politische und religiöse Konfrontation zwischen König Karl I. und dem englischen Parlament. Viele der Kämpfer in den Bürgerkriegen waren prinzipientreu und entweder der Sache der Royalisten oder der Parlamentarier verpflichtet. Von Anfang an gab es jedoch auch Soldaten, die einfach für die Seite kämpften, in deren Gebiet sie lebten; manche wechselten im Laufe der Zeit die Seite.

AUSHEBUNG

Die Masse der ursprünglichen Bürgerkriegskombattanten waren entweder Freiwillige oder Mitglieder lokaler Milizen, der »Trained Bands«. Als sich der Konflikt immer länger hinzog, mussten jedoch beide Seiten ihre Infanterie durch Aushebungen ergänzen, das chaotische Verfahren führte allerdings oft zu Truppen minderer Qualität aus den untersten Gesellschaftsschichten. Unter den Bedingungen der damaligen Zeit war das Ausrüsten und Besolden der Truppen nicht einfach. Mit Mühe wurden alle Soldaten der Bürgerkriege mit den wichtigsten Waffen, mit Schuhen und einer Art Uniform ausgestattet. Doch waren die Uniformen im Allgemeinen so unterschiedlich, dass die Soldaten am Tag der Schlacht ein besonderes Kennzeichen erhielten, z.B. eine Schärpe, an der sich Freund und Feind unterscheiden ließen. Der Sold traf normalerweise stark verspätet

ein – was häufig zu Meutereien führte. Um die Männer zum Kampf oder zu einer Belagerung zu bewegen, musste ihnen zuvor oft ein Teil des geschuldeten Soldes gezahlt werden. Unbezahlte Soldaten waren für ihren Unterhalt auf Beute und das Plündern von Städten angewiesen.

Bandelier
Englische Musketiere trugen abgemessene Pulverladungen in Holzfläschchen um den Hals.

EINE NEUE ARMEE

Um seine bis dahin lokal ausgehobenen und ausgebildeten Kräfte zentral zu organisieren, stellte das englische Parlament 1644/45 die New Model Army auf, die »Armee nach neuem Muster«. Ihren Kern bildeten ideologisch gefestigte Offiziere und Altgediente, die sich selbst als »Armee des lebendigen Gottes« sahen. Sie war einzigartig, da sie ihre gesamte Infanterie in identische Uniformen kleidete; sie war auch besser als andere Heere der Bürgerkriege, da sie den Sold regelmäßig zahlte. Dennoch unterlag auch sie den allgemeinen Bedingungen zeitgenössischer Armeen. Neben dem treuen Kern gab es viele Soldaten, die sich wegen des Geldes und aus Abenteuerlust angeschlossen hatten oder weil sie als Wehrpflichtige nicht anders konnten. Einer der Offiziere, Colonel John Venn, beschwerte sich, dass die Ausgehobenen »Männer aus dem Gefängnis, Zigeuner, Bettler und obdachlose Landstreicher« seien. Solche Männer mussten von bewaffneten Wachen zum Heer gebracht werden, viele desertierten bei der ersten Gelegenheit.

Langsames, stetiges Feuer
Ein royalistisches Regiment feuert eine Musketensalve ab (oben). Uniformen und Waffen der beiden Seiten ähnelten sich in den englischen Bürgerkriegen stark. Da die Luntenschlossmuskete (rechts) noch sehr ungenau schoss und das Laden lange dauerte, waren immer viele Pikeniere zum Schutz der Musketiere nötig.

LUNTENSCHLOSS-MUSKETE

Luntenschlossdrill
Diese Illustrationen aus einem holländischen Drillhandbuch zeigen von links nach rechts: die glimmende Lunte in der linken Hand des Musketiers; das Einfüllen von Pulver aus einem Fläschchen von seinem Gurt; das Stopfen der Kugel mit dem Ladestock; das Einfüllen von Pulver in die Zündpfanne, wobei die glimmende Lunte mit der linken Hand in sicherer Entfernung gehalten wird.

Auch der neuen Armee gelang es nicht immer, den Sold pünktlich zu zahlen, sodass sich ihre Soldaten auf die traditionelle Weise selbst bedienten. Nach ihrem ersten Sieg über die Armee der Royalisten 1645 in der Schlacht von Naseby plünderten die Fußsoldaten der New Model Army das Schlachtfeld und desertierten in großer Zahl mit ihrer Beute.

LEBEN IN DER ARMEE

Für die Zivilbevölkerung kam jede Bürgerkriegsarmee auf dem Marsch einem Schwarm Heuschrecken gleich. Die Soldaten hatten keine Zelte, daher schliefen sie unter freiem Himmel

KAVALLERIE-HELM

Kräftiges Leder bot gewissen Schutz gegen Schwerthiebe.

LEDER-MANTEL

Ausladender Nackenschutz

BRUSTPANZER

Bewegliches Visier

Panzer bot einigen Schutz gegen Musketen.

Kavallerierüstung
Musketiere kämpften in der Regel ungepanzert. Die Kavalleristen der New Model Army, bei denen Treffer durch Musketenkugeln am wahrscheinlichsten waren, trugen eiserne Brust- und Rückenpanzer.

oder requirierten Platz in Häusern oder Scheunen. Neben Unterkunft wurde von der örtlichen Bevölkerung oft auch Verpflegung erwartet. Da die Heere Mühe hatten, ihre Soldaten mit Grundnahrungsmitteln wie Zwieback, Käse, gekochtem Rindfleisch und Bier zu versorgen, verfielen sie auf »freies Quartier«: Man versprach den Zivilisten die spätere Bezahlung für Verpflegung und Unterbringung. Das Verfahren artete oft genug in bewaffneten Raub aus, da die Soldaten sich alles nahmen, was sie brauchten oder was ihnen gefiel. So wurden die benötigten Pferde häufig gestohlen. Als die New Model Army 1647 meuterte, war eine ihrer Hauptforderungen, für Pferdediebstähle in Uniform nicht angeklagt zu werden.

Die puritanischen Befehlshaber der New Model Army versuchten energisch, Verhalten und Einstellung ihrer Soldaten zu ändern. Sie bemühten sich, Verpflegung zu bezahlen und Plünderungen ein Ende zu setzen. Prediger, die als unerlässlich angesehen wurden, ließen die Soldaten nicht im Zweifel über den zu erwartenden Zorn Gottes. Sollte das als Abschreckung nicht ausreichen, gab es harte Strafen, um sie der Tugend näher zu bringen. Für Blasphemie konnte die Zunge mit einem rot glühenden Eisen durchbohrt werden, auf Desertieren stand der Galgen. Dennoch umfasste die New Model Army neben dem Kern gefestigter, gottesfürchtiger Männer weiterhin die Masse der nicht gebesserten Verdammten. Das Unterdrücken des üblichen Glücksspiels, der Sauferei und Hurerei war mühselig. Trotz Todesstrafe desertierten Tausende auf dem Marsch, dafür nahm die Armee bereitwillig Deserteure der anderen Seite auf.

INFANTERIEAUSBILDUNG

Dennoch gelang es den Bürgerkriegsarmeen, auch nicht so geeignete Männer zu Fußsoldaten auszubilden. Einer der bekannten Vorteile einer Muskete war, dass mit etwas Übung jeder Narr damit schießen konnte; noch einfacher war der Umgang mit der Pike. Der Infanterist gehörte zu einer Kompanie von etwa 120 Mann, wobei in der Regel zwei Pikeniere auf einen Musketier kamen. Wie zeitgenössischen Drillhandbüchern zu entnehmen ist, wurden die Soldaten systematisch ausgebildet, in der Handhabung der Waffe ebenso wie in Manövern in Kampfformation. Musketen und Piken waren kollektive Waffen, die Eigeninitiative sinnlos machten. Musketiere mussten diszipliniert als Masse auftreten und ihre Salven so schnell wie möglich in die allgemeine Richtung des Feindes feuern. Alle Fußsoldaten wurden darauf gedrillt, sich zusammen in Reih und Glied zu bewegen.

> »VOR ALLEM JUNGE MÄNNER UND JUNGEN … DIE IHRE ARBEIT FÜR DEN KRIEG VERLASSEN HATTEN UND SICH AN DAS LEBEN VOLLER AUSSCHWEIFUNG UND PLÜNDERUNG GEWÖHNT HABEN.«

ZEITGENÖSSISCHER AUGENZEUGE ÜBER WEHRPFLICHTIGE IN DER NEW MODEL ARMY

Auf dem Schlachtfeld formierte sich das Bataillon mit den Pikenieren in der Mitte und den Musketieren rechts und links von ihnen. An den Flanken stand die Kavallerie, hinter ihnen Reserven. Ein Teil der Musketiere bot mitunter auch in mobilen Formationen der vorrückenden Kavallerie Feuerunterstützung. Neben jeder Kompanie stand ein Sergeant mit Hellebarde und befahl ihre Bewegungen und Salvenschüsse: Ein Glied Musketiere musste jeweils »laden«, »anlegen« und »feuern« – was bei Luntenschlossmusketen etwa 30 Sekunden dauerte – und dann den Weg für das nächste Glied frei machen. Kam es zum Nahkampf, setzten die Musketiere die Kolben ihrer Waffen als Knüppel ein. Die Infanterie konnte offensiv operieren und den Feind im »Pikenstoß« angreifen oder aber in der Defensive stehen. Wurde sie von Kavallerie angegriffen – vielleicht die entmutigendste Erfahrung für Fußsoldaten –, bildeten die Pikeniere den vor Piken starrenden Gevierthaufen. Da die Kavallerie jedoch mit Feuerwaffen ausgerüstet war,

war die Reichweite der 5 m langen Pike nicht unbedingt entscheidend. Es brauchte kühle Köpfe und gute Disziplin, damit Infanterie mit Piken und Musketen auf dem Schlachtfeld effektiv war. Wurde ihre Formation aufgebrochen, blieb den Fußsoldaten nur ein verzweifeltes Handgemenge.

SIEGREICHE ARMEE

Mit der New Model Army hatte das Parlamentsheer gegenüber den Royalisten einen deutlichen Vorteil. Zwischen 1645 und 1652 war es wiederholt erfolgreich und unterwarf Royalisten, Schotten und Iren. Bei den Zivilbehörden war sie nie beliebt, da sie teuer im Unterhalt war und eine Brutstätte für politischen und religiösen Radikalismus wurde. Dennoch war sie für ihre Zeit eine hochprofessionelle Armee mit einem Kern aus Altgedienten, geführt von engagierten, erfahrenen Offizieren. Sie überlebte das Ende der Kriege, wurde jedoch von Karl II. nach der Restauration 1660 aufgelöst.

Verteidigung der Musketiere
Die Musketiere waren durch Kavallerie- oder Pikenierangriffe stark gefährdet, vor allem beim Nachladen. Sie wurden immer zusammen mit Pikenieren aufgestellt, die sie im Notfall verteidigen konnten.

TAKTIK DER MUSKETEN UND PIKEN

Im Europa des 17. Jh. waren sich Befehlshaber und Militärtheoretiker einig, Pikeniere in dicht gedrängten Phalangen aufzustellen und Luntenschlossmusketen in Salven abzufeuern. Nicht einig war man sich über das Zahlenverhältnis von Pikenieren und Musketieren, die Tiefe der Formation und das wirksamste Feuersystem. In der ersten Hälfte des Jahrhunderts stieg

der Anteil von Musketieren zu Pikenieren an. Waren sie ursprünglich von gleicher Anzahl, kam es später zu einem Verhältnis von zwei Musketieren auf einen Pikenier. Gleichzeitig nahm die Tiefe der Glieder von etwa zehn auf sechs ab. Für den Einsatz der Musketen waren zwei Verfahren bekannt. Der vom holländischen Prinzen Moritz von Oranien eingeführte Kontermarsch

ermöglichte stetiges, rollierendes Feuer. Im System des schwedischen Königs Gustav Adolf feuerten drei Musketierglieder gleichzeitig. Es bot maximalen Schockeffekt, allerdings waren die Musketiere beim Nachladen völlig auf den Schutz der Pikeniere angewiesen. In den englischen Bürgerkriegen kamen beide Verfahren zum Einsatz.

Holländischer Kontermarsch

Das vorderste Glied feuert und marschiert nach hinten, um nachzuladen. Gleichzeitig tritt das zweite Glied zum Feuern vor. Die im Zentrum aufgestellten Pikeniere werden bei Bedarf eingesetzt, um die Musketiere gegen Kavallerieangriffe zu schützen.

Erstes Glied marschiert zum Nachladen nach hinten.

MUSKETIERE

PIKENIERE

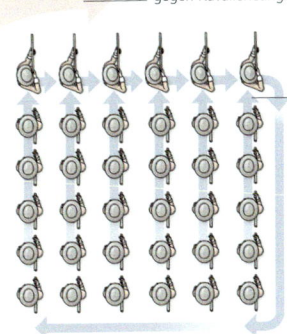
MUSKETIERE

Pikeniere schützen Musketiere gegen Kavallerieangriffe.

Zweites Glied nimmt Platz des ersten ein, nachdem dieses gefeuert hat.

DIE VORDERSTEN BEIDEN GLIEDER

Schwedische Salve

Drei Glieder Musketiere feuern stehend, vorgebeugt und kniend eine Salve. Die hinteren drei Glieder treten entweder vor, während sich die Kameraden zum Nachladen nach hinten zurückziehen, oder treten zwischen sie, sodass die gesamte Truppe eine Salve feuert.

Vordere drei Glieder marschieren zum Nachladen nach hinten.

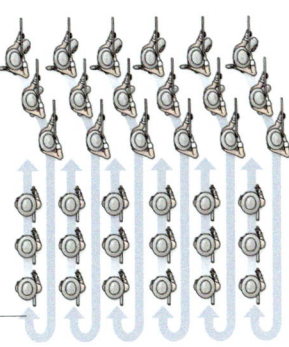
MUSKETIERE

PIKENIERE

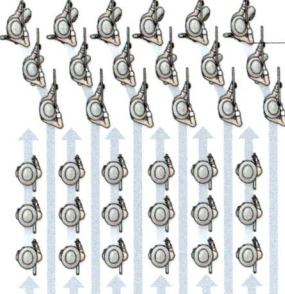
MUSKETIERE

Die vorderen drei Glieder – 18 Musketiere – feuern eine Salve.

DIE VORDEREN DREI GLIEDER

MUSKETIERUTENSILIEN

Aufgrund des weiter anhaltenden Vorurteils gegen Feuerwaffen wurden Musketiere in den englischen Bürgerkriegen unter den Pikenieren eingestuft. Selbst Helme erhielten sie nur selten, Pikeniere trugen dagegen häufig Leibharnische. Die eingesetzten Musketen hatten meistens das unhandliche Luntenschloss. Die moderneren Steinschlossmusketen erhielten nur wenige Spezialisten, z.B. die Wachen vor Pulverlagern, wo Funken von der Lunte eine Explosion verursachen konnten. Die Luntenschlossmusketen waren leichter als früher und brauchten nicht mehr aufgestützt zu werden.

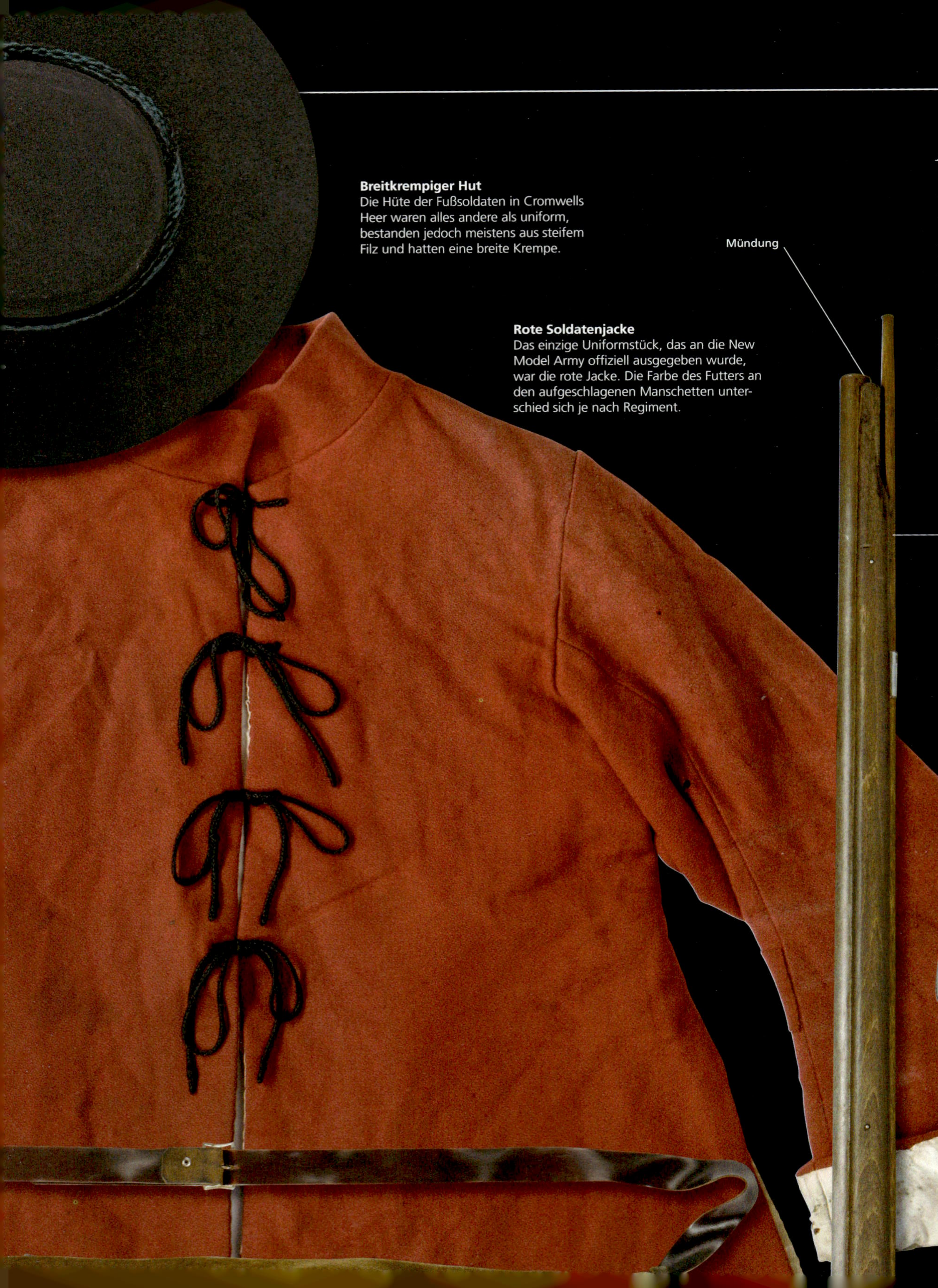

Beutel für Musketen-kugeln

Bandelier
Am über der Brust getragenen Bandelier hingen zwölf hölzerne Pulverfläschchen, jedes mit einer abgemessenen Treibladung, dazu ein Beutel mit Kugeln und ein Fläschchen mit dem feineren Zündpulver.

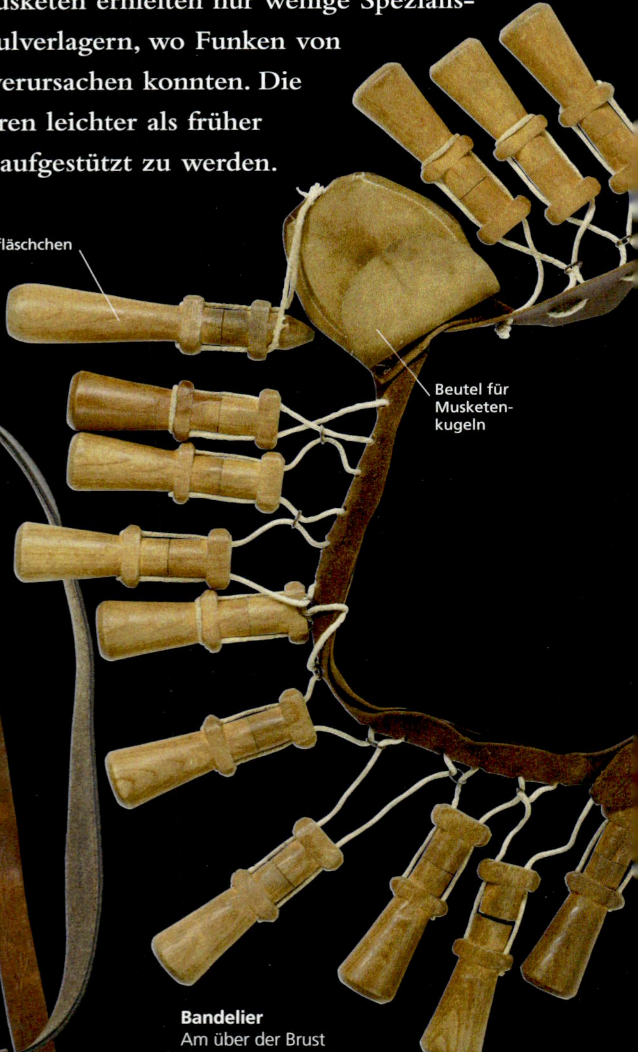

Zündpulverfläschchen

Lederbeutel
Jacken- oder Hosentaschen gab es nicht, daher führte der Soldat seinen persönlichen Besitz in Umhängetaschen und -beuteln mit.

Ladestock zum Laufreinigen und Feststopfen von Treibladung und Kugel

Mündung

Breitkrempiger Hut
Die Hüte der Fußsoldaten in Cromwells Heer waren alles andere als uniform, bestanden jedoch meistens aus steifem Filz und hatten eine breite Krempe.

Rote Soldatenjacke
Das einzige Uniformstück, das an die New Model Army offiziell ausgegeben wurde, war die rote Jacke. Die Farbe des Futters an den aufgeschlagenen Manschetten unterschied sich je nach Regiment.

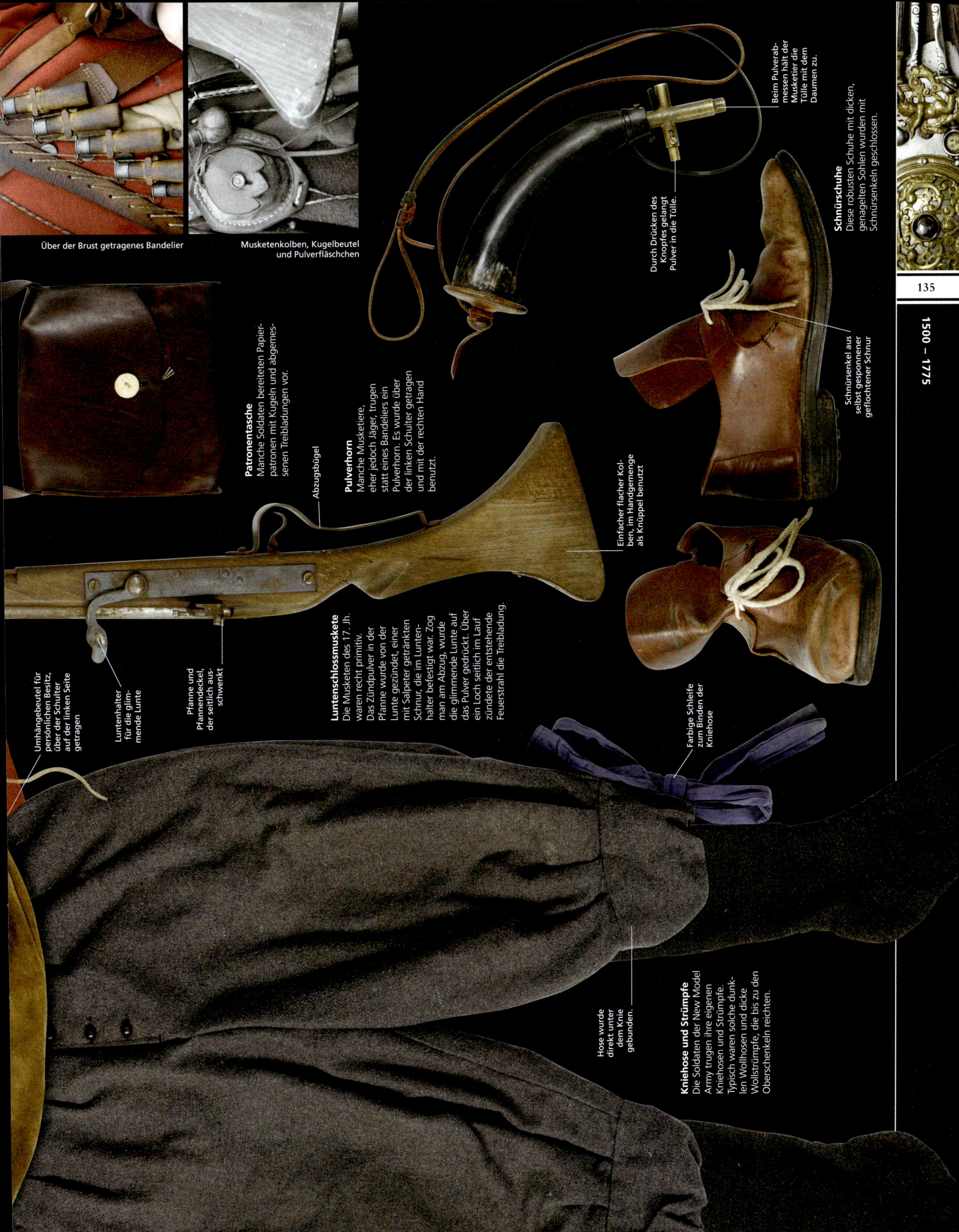

Über der Brust getragenes Bandelier

Musketenkolben, Kugelbeutel und Pulverfläschchen

Beim Pulverab-messen hält der Musketier die Tülle mit dem Daumen zu.

Schnürschuhe
Diese robusten Schuhe mit dicken, genagelten Sohlen wurden mit Schnürsenkeln geschlossen.

Durch Drücken des Knopfes gelangt Pulver in die Tülle.

Schnürsenkel aus selbst gesponnener geflochtener Schnur

Patronentasche
Manche Soldaten bereiteten Papier-patronen mit Kugeln und abgemes-senen Treibladungen vor.

Abzugsbügel

Pulverhorn
Manche Musketiere, eher jedoch Jäger, trugen statt eines Bandeliers ein Pulverhorn. Es wurde über der linken Schulter getragen und mit der rechten Hand benutzt.

Einfacher flacher Kol-ben, im Handgemenge als Knüppel benutzt

Umhängebeutel für persönlichen Besitz, über der Schulter auf der linken Seite getragen

Luntenhalter für die glim-mende Lunte

Pfanne und Pfannendeckel, der seitlich aus-schwenkt

Luntenschlossmuskete
Die Musketen des 17. Jh. waren recht primitiv. Das Zündpulver in der Pfanne wurde von der Lunte gezündet, einer mit Salpeter getränkten Schnur, die im Lunten-halter befestigt war. Zog man am Abzug, wurde die glimmende Lunte auf das Pulver gedrückt. Über ein Loch seitlich im Lauf zündete der entstehende Feuerstrahl die Treibladung.

Farbige Schleife zum Binden der Kniehose

Hose wurde direkt unter dem Knie gebunden.

Kniehose und Strümpfe
Die Soldaten der New Model Army trugen ihre eigenen Kniehosen und Strümpfe. Typisch waren solche dunk-len Wollhosen und dicke Wollstrümpfe, die bis zu den Oberschenkeln reichten.

Spanische Gevierthaufen
Die spanischen *Tercios* (etwa Regimentern
entsprechende große Einheiten) setzten in den
ersten Schlachten des Achtzigjährigen Krieges
(1568–1648) gegen die Holländer den Gevierthaufen
aus Pikenieren und Arkebusieren effektiv ein.

EUROPÄISCHE SOLDATEN DES 17. JH.

Das 17. Jh. war für die europäischen Armeen eine Übergangszeit. Die Infanterie war anfangs mit Piken und Arkebusen oder Luntenschlossmusketen bewaffnet, gegen Ende hin mit Steinschlossmusketen und Bajonetten. In den Kriegen der ersten Jahrhunderthälfte kämpften vor allem Söldnertruppen der Kriegsunternehmer; später herrschten stehende Heere vor, jedoch immer noch unterstützt durch große Fremdkontingente. Die Disziplin nahm langsam zu, die Qualität der Heeresverwaltung stieg. Regelmäßig bezahlte und verpflegte Soldaten neigten weniger zu Plünderei oder Übergriffen auf die Zivilbevölkerung. Nach ihrem Niedergang im 16. Jh. kam die Kavallerie in verschiedenen Spielarten wieder in Mode.

HOLLÄNDISCHE FUSSSOLDATEN

Ende des 16. Jh. kämpfte eine holländische Armee aus lokal Ausgehobenen und ausländischen Freiwilligen oder Söldnern um die Unabhängigkeit von den spanischen Habsburgern. Die Holländer hatten immer die schlimmsten Konfrontationen mit den spanischen *Tercios* erlebt, doch besserte sich ihre Leistung in den 90er-Jahren des 16. Jh. unter Moritz von Oranien (1567–1625). Verpflegung und Besoldung wurden nach damaligen Maßstäben außergewöhnlich zuverlässig, die Infanterie wurde systematisch gedrillt und diszipliniert.

Moritz und seine Berater entwickelten eine flexiblere Formation als die *Tercios*. Die Holländer zogen in Bataillonen zu etwa 500 Mann ins Feld, gleichmäßig aufgeteilt zwischen Pikenieren und Schützen (Arkebusieren und Musketieren). Die gepanzerten Pikeniere formierten sich deutlich breiter und mit zehn Gliedern weniger tief. Die Schützen, die die Pikeniere flankierten, wurden auf rollendes Feuer gedrillt: Jedes Glied feuerte und zog sich dann zum Nachladen zurück, während das nächste feuerte. Die Pikeniere wehrten Kavallerieangriffe ab und trugen im entscheidenden Moment den offensiven »Pikenstoß« vor, um den Feind aus dem Feld zu schlagen. Zwar gelang es den Holländern nie, die Spanier im Kampf ganz zu bezwingen, doch war die Habsburger Monarchie 1648 schließlich gezwungen, ihre Unabhängigkeit formell anzuerkennen. Die holländische Kampfweise hatte in ganz Europa großen Einfluss.

Einfacher Helm, durch Schutzkamm verstärkt

BIRNHELM

BRUSTPANZER UND BEINTASCHEN

Drehhaken zum Befestigen der Schulterriemen

HELLEBARDE

Haspen halten Beintaschen an Ösen des Brustharnisches.

DEGEN VON 1633

Durchbrochener Spangenkorb ist dekorativ und bietet Schutz.

Holländische Ausrüstung
Der Halbharnisch aus Brustpanzer, Rückenteil und Beintaschen ist typisch für Pikeniere des frühen 17. Jh., ebenso der Birnhelm. Der Degen und die Schmuckhellebarde gehörten einem Offizier.

SCHWEDEN

1620 führte Schweden eine Verordnung über das Militärpersonal ein: Alle Männer über 15 wurden für den Militärdienst registriert, etwa 10000 jährlich verpflichtet. Zusammen mit Söldnern aus dem protestantischen Deutschland erlaubten sie es König Gustav II. Adolf, ein ausgezeichnetes Heer ins Feld zu führen. Er baute auf dem holländischen Modell auf, dünnte die Pikeniere auf sechs Glieder aus und verdoppelte den Anteil der Musketiere, die für Massensalven aus drei Gliedern gedrillt wurden. Gustav setzte die Kavallerie aggressiv ein und ließ sie mit gezogenen Säbeln angreifen. Die schwedische Armee war entscheidend am Dreißigjährigen Krieg beteiligt, allerdings war der Preis hoch: Von 230 Wehrpflichtigen aus einem Dorf fielen 215 in der Fremde.

FRANZÖSISCHE MUSKETIERE

1622 rüstete König Ludwig XIII. eine leichte Kavalleriekompanie seiner Leibgarde mit Luntenschlossmusketen aus. Mit dieser modernen Technik erhielt die Musketierkompanie den Status einer Elite. Ihre Nähe zum König stellte sicher, dass sich Männer von Stand um den Dienst bewarben. In den 60er-Jahren des 17. Jh. wurden zwei Kompanien aufgestellt, nach der Farbe ihrer ärmellosen Überwürfe und ihrer Pferde Graue bzw. Schwarze Musketiere genannt. Trotz ihres Namens kämpften die Einheiten in der Regel mit dem Degen, da die Muskete, nachdem sie die Aura des Neuen verloren hatte, vom Adel als nur für niedere Fußsoldaten geeignet verachtet wurde. Die beiden Kompanien bestanden bis 1776. Ihren Ruf für Elan und Extravaganz machte später Alexandre Dumas in seinen Romanen unsterblich.

RAPIER, 17. JH.

POLNISCHE FLÜGELHUSAREN

Im 17. Jh. war die polnische Armee vor allem eine Kavallerietruppe: Mit drei- oder viermal so vielen Reitern wie Fußsoldaten war das Verhältnis umgekehrt wie in anderen europäischen Heeren. Die Eliteeinheit waren die Flügelhusaren, polnisch *Husaria*. Anfangs wie die ungarischen Husaren als leichte Reiterei für Geplänkel eingesetzt, hatte sie sich im 17. Jh. als schwere Kavallerie zu einer Schocktruppe entwickelt.

Der prestigeträchtige Dienst in der *Husaria* zog Freiwillige aus der Creme des polnischen Adels an. Der Reiter hatte nicht nur seine eigenen leistungsfähigen Pferde zu stellen, sondern sich auch komplett selbst auszurüsten, einschließlich Brustpanzer und *Zischägge* (Helm), *Estoc* (Panzerstecher), einem Paar Pistolen und eventuell einem *Czekan* (Streithammer). Vom Staat wurde allein die wichtigste Waffe der *Husaria* gestellt, die *Kopia*, eine lange Lanze mit hohlem Holzschaft und Stahlspitze.

Schwadron der Husaria
Die heutige polnische Armee stellt das erstaunliche Spektakel der *Husaria* aus dem 17. Jh. mit ihren ausgezeichneten Lanzen und den seltsamen »Flügeln« auf dem Rücken nach. Sie war der Stolz der polnischen Armee und verteidigte das Land gegen Angriffe der Russen, Schweden, Osmanen sowie marodierender Kosakenhorden.

Ein *Husaria*-Regiment war ein seltsamer und beeindruckender Anblick. Viele Reiter trugen auf ihrem Rücken vergoldete hölzerne »Flügel«, die mit Adlerfedern gespickt waren. Sie schmückten sich mit Leoparden- oder Tigerfellen und hefteten lange Seidenbanner an ihre Lanzen. Beim Angriff erzeugten die Federn und Banner ein unheimliches zischendes Geräusch, das seine Wirkung auf die Feinde nicht verfehlte.

Ihre Wirksamkeit auf dem Schlachtfeld demonstrierte die *Husaria* bei vielen Gelegenheiten. Regimenter zu etwa 300 Mann griffen mit wachsender Geschwindigkeit an, öffneten und schlossen dabei die Glieder, um Musketenfeuer auszuweichen. Bei einem Treffer brachen die Lanzen, die länger waren als Infanteriepiken,

bestimmungsgemäß ab, ermöglichten aber dennoch das Aufbrechen der feindlichen Pikenformation. War der Feind exponiert, wurden die Panzerstecher und Streithämmer eingesetzt, gegen die keine Rüstung bestehen konnte. Trotz Rüstung und großer Pferde behielt die *Husaria* die Beweglichkeit ihrer Husarenursprünge: Sie griff häufig mehrfach an und konnte in der Masse manövrieren und sich neu gruppieren wie keine andere zeitgenössische Kavallerie.

Zu den Siegen, die der polnischen geflügelten Kavallerie zuzuschreiben sind, gehören die Vernichtung der Schweden und Russen 1610 in der Schlacht bei Kluschino sowie der historische Sieg über die osmanischen Türken 1683 vor Wien unter Jan Sobieski.

> ## KAUM HATTE EIN HUSAR SEINE LANZE GESENKT, WAR EIN TÜRKE DARAN AUFGESPIESST. «

WESPAZJAN KOCHOWSKI ÜBER EINEN ANGRIFF DER POLNISCHEN KAVALLERIE IM *LIED ÜBER DAS BEFREITE WIEN*, 1684

EUROPÄISCHE ARMEEN DES 18. JH.

Zwischen 1700 und der Französischen Revolution 1789 strebten die Militärs der europäischen Großmächte – Frankreich, Großbritannien, Österreich, Preußen und Russland – das Ideal rationaler Ordnung an. Reguläre Armeen wurden vom Staat unterhalten und standardisiert ausgerüstet. Aus den niederen Klassen rekrutierte Infanteristen wurden durch Disziplin und Drill entpersönlicht, sodass sie in der Schlacht Befehle wie Automaten ausführten. Auf dem Feldzug versorgte man die Heere aus Magazinen durch einen umfangreichen Tross, was die zerstörerischen Überfälle reduzierte. Schlachten wurden in offenem Gelände geschlagen; Artillerie, Kavallerie und Infanterie wirkten im Angriff zusammen, was häufig zu hohen Verlusten führte.

PREUSSISCHER INFANTERIST

Die preußische Armee war in den Kriegen des 18. Jh. das am meisten bewunderte Heer und bekannt für Disziplin und Drill. Die Männer, meistens wehrpflichtige Bauern, waren nicht durch Ergebenheit gegenüber einem Staat oder einer Nation inspiriert, sondern ähnlich wie Tiere durch wiederholte Bestrafung auf bestimmte Reflexe konditioniert. Ungeschicklichkeit auf dem Exerzierplatz, auf dem sie täglich viele Stunden verbrachten, wurde sofort durch einen Schlag mit dem Stock oder der flachen Klinge bestraft. Auf schwerwiegendere Vergehen stand die Prügelstrafe oder sogar der Tod.

Das Ergebnis war ein Mann, der die 22 Schritte zum Abfeuern einer Steinschlossmuskete in etwa 30 Sekunden ausführte. Er konnte aus der Marschkolonne rasch in die Linienformation wechseln und auf Befehl im offenen Gelände ungepanzert in dichter Formation in Musketen- und Kanonenfeuer vorrücken. Man erwartete, dass er keinerlei eigenen Willen hatte, sondern jeden Befehl eines Offiziers oder Unteroffiziers ausführte. Natürlich wurde dieses Ideal nie erreicht. Fahnenflucht war auf Feldzügen ein ständiges Problem. In der Schlacht luden verängstigte Soldaten ihre Musketen nicht mehr richtig und feuerten nur Zündpulver, um nicht aus dem Takt der Salven zu kommen. Dennoch manövrierte die preußische Infanterie in der Schlacht üblicherweise rasch und feuerte effektiv.

Schlacht bei Hohenfriedberg 1745
Die Grenadiergarde Friedrichs II. rückt über das Schlachtfeld direkt in das Feuer der Österreicher vor. Diese aggressive Taktik trug zu einem bedeutenden Sieg bei.

> **» WENN MEINE SOLDATEN DAS DENKEN ANFINGEN, SO WÜRDE MIR NICHT EINER VERBLEIBEN. «**
>
> **FRIEDRICH II., DER GROSSE**, DEN ANDERE EUROPÄISCHE HERRSCHER UM SEINE SIEGE BENEIDETEN

Preußische Uniform
Das von Friedrich Wilhelm I. aufgestellte und von seinem Sohn Friedrich II. so effektiv eingesetzte Heer war immer gut gekleidet. Die meisten Infanterieregimenter trugen lange dunkelblaue Röcke mit rotem Besatz und Futter.

Steinschlosskarabiner
Die Hauptwaffe war die Steinschlossmuskete. Die preußischen Musketen waren sorgfältig gefertigt und meist zuverlässig. Hier ein gezogener Karabiner von 1722 der Kürassiere und Dragoner.

Kürzerer Lauf als bei der Infanteriemuskete

Dreispitz der Linieninfanterie, im Gegensatz zu den hohen Mützen der Grenadiere

Batterie (Metallklappe) am Pfannendeckel befestigt

Hahnlippe (Flintklemme)

Schlossplatte mit eingestempeltem Namen des Zeughauses

KOSAKEN

Nachdem die europäischen Großmächte im 18. Jh. ihre strikt reglementierten Armeen aufgestellt hatten, fanden sie erst an den äußeren Rändern ihrer Reiche unter den ungebändigten Völkern die Männer mit Eigeninitiative, die sich als Späher und Plänkler einsetzen ließen. Ein Beispiel waren die Grenzer, österreichische Scharfschützen aus Kroatien und Slowenien; ein weiteres die russischen Kosaken.

Die Kosakengemeinschaften der südlichen Steppe wurden offenbar vor allem von freiheitsliebenden Slawen gegründet, die im 15. und 16. Jh. aus den rasch expandierenden russischen und polnisch-litauischen Königreichen flohen und ein hartes, aber freies Leben der Knechtschaft vorzogen. Um ihre Existenz zu sichern, waren sie gezwungen, Kriegerhorden zu bilden, die als leichte Reiterei in der traditionellen Art der Steppe kämpften. Häufig kämpften sie gegen Russland und Polen um ihre Unabhängigkeit. Mitunter dienten sie als halb unabhängige Grenztruppen, die osmanisches Gebiet auf der Suche nach Beute überfielen oder im Dienste der Zaren Russland gegen Angriffe der Tataren schützten und dazu beitrugen, das russische Reich nach Osten auszuweiten.

IM STAATSDIENST

Im Laufe des 18. Jh. wurden Zehntausende von Kosaken als leichte Kavallerieregimenter in das russische Heer eingegliedert. Neben den traditionellen Säbeln und Messern war ihre Hauptwaffe die Muskete oder Büchse, die vor allem zur Verteidigung eingesetzt wurde, sowie eine lange Lanze für den Angriff in losen, schnell beweglichen Linien. Ihre brutalen Angriffe auf feindliche Marschkolonnen oder das Niedermachen fliehender Infanteristen machten sie ebenso gefürchtet wie respektiert. 1775 bewunderte der russische Marschall Rumjanzew den Mut der Kosaken im Kampf mit den osmanischen Türken: Sie seien als »Erste im Feuer, sich durch herausragenden Mut auszeichnend«.

Schaschka
Diesen leicht gebogenen, einschneidigen Säbel übernahmen die Kosaken aus dem Kaukasus. Er weist keinen Handschutz auf und wird mit der Schneide nach oben in der Scheide getragen.

1775–1914

REICHE
UND GRENZEN

Im Verlauf des 18. Jh. änderten sich Technik, Organisation und Taktik der europäischen Kriegführung kaum. Die britischen »Rotröcke«, die 1775 in den nordamerikanischen Kolonien in den Krieg zogen, waren gut gedrillte, disziplinierte Berufssoldaten, ausgebildet für den Kampf mit Muskete und Bajonett im offenen Gelände. Die amerikanische Kontinentalarmee kämpfte ähnlich wie die Europäer. Zwar zeigte die Guerillataktik der amerikanischen Jäger zuweilen die Grenzen der formalen europäischen Kampfweise, doch blieben die Grundlagen der Kriegführung gleich.

MASSENARMEEN

Radikale Änderungen des Kriegswesens brachten erst die Französischen Revolutionskriege und die Napoleonischen Kriege zwischen 1792 und 1815. 1793 ordnete die französische Republik, die sich nach dem Sturz König Ludwigs XVI. etabliert hatte, die *Levée en masse* an, die allgemeine Wehrpflicht. Der Erlass der Nationalversammlung legte fest: »Die jungen Männer sollen kämpfen, die verheirateten sollen Waffen schmieden und Vorräte transportieren … die alten Männer sollen sich zu den öffentlichen Plätzen begeben und den Mut der Krieger erwecken …«

Obwohl die französische Revolutionsarmee diese idealisierte Vision nicht annähernd erreichte, setzte sie doch das Konzept des Bürgers um, der als Teil einer »Nation in Waffen« seiner Dienstpflicht nachkommt. Mit der einsetzenden industriellen Fertigung von militärischer Ausrüstung wuchsen die europäischen Armeen stark an: Über eine halbe Million Soldaten war 1813 an der Völkerschlacht bei Leipzig beteiligt. Als Folge der Napoleonischen Kriege führte zunächst Preußen eine allgemeine Wehrpflicht in Friedenszeiten ohne Ansehen der Person ein, sodass ein Großteil der männlichen Bevölkerung im Falle eines Krieges ausgebildet und bereit war. Durch verbreitete Übernahme dieses Modells waren zu Beginn des 20. Jh. die europäischen Großmächte Deutschland, Österreich-Ungarn, Russland, Frankreich und Italien in der Lage, in kürzester Zeit Heere in Millionenstärke ins Feld zu führen.

STRATEGIE UND TAKTIK

Mehr als jeder andere Befehlshaber etablierte Napoleon eine dem neuen Zeitalter entsprechende neue Art der Kriegführung. Er strebte danach, dem Gegner durch die raschen Manöver seiner Massenarmeen den Kampf aufzuzwingen und ihn dann durch die Anwendung maximaler Schlagkraft zu zerschmettern. Auf dem Schlachtfeld zermürbten Plänkler den Feind, bevor massierte Artillerie, schwere Kavallerie und Infanterie ihn zerschlugen.

Britische Rotröcke
In ihren Feldzügen gegen Napoleon kämpfte die britische Infanterie unter Wellington in der Regel in einer defensiven Linie und wehrte den Feind durch Musketensalven ab. Im spanischen Unabhängigkeitskrieg (1808–1814) und 1815 bei Waterloo siegte ihre Disziplin über die aggressivere Taktik der Franzosen.

68

Spiegelbildlich zu Napoleons Vorgehen zu Lande verhielt sich die britische Marine auf See: Sie suchte das rasche und entscheidende Gefecht mit dem Gegner, wo immer dies möglich war. Dass Napoleon schließlich besiegt wurde, schmälerte nicht das Ansehen der Methoden, mit denen er so viele herausragende Siege errungen hatte. Europäische Armeen pflegten große Schlachten bis zum bitteren Ende auszufechten – was zu immensen Opferzahlen führte: Bei Borodino wurden 1812 an einem Tag über 70 000 Mann getötet oder verwundet.

TECHNISCHE ENTWICKLUNGEN

Durch die raschen Fortschritte auf vielen technischen Gebieten wuchs im 19. Jh. die potenzielle Zerstörungskraft des Krieges. Genauigkeit, Reichweite und Schussfolge der Infanteriewaffen veränderten sich mit dem Ersatz der Vorderladermusketen durch Hinterlader-Repetierwaffen und ab den 80er-Jahren des 19. Jh. durch vollautomatische Maschinengewehre. Artillerie mit gezogenen Rohren verdrängte die Geschütze mit glattem Rohr, sie konnte hochexplosive Geschosse auf große Entfernungen verschießen. Industriestaaten waren in der Lage, diese neuen Waffen und Munition in nie gekannten Stückzahlen herzustellen. Eisenbahnen ermöglichten nun den schnellen Transport großer Armeen – abseits der Gleise bestimmten allerdings immer noch Mensch und Pferd die Marschgeschwindigkeit. Die Erfindung des elektrischen Telegrafen half dabei, große Heere in weiträumigen Operationen zu führen.

Zum amerikanischen Sezessionskrieg (1861–1865) kam es, noch bevor der Fortschritt in der Waffentechnik weit gediehen war. Doch selbst mit Vorderladern und Glattrohrgeschützen demonstrierten die Armeen der Nord- und Südstaaten das Potenzial für Massaker auf dem Schlachtfeld. Im Gegensatz zur napoleonischen Kriegführung zeigte sich, dass von massierter Feuerkraft eher die verteidigende Seite profitierte. Besonders der Kavallerieangriff war inzwischen überholt, da er im konzentrierten Feuer von Infanterie und Artillerie ganz einfach nicht durchzuhalten war.

Erhöhte die moderne Waffentechnik die Gefahr für den Soldaten, in der Schlacht zu sterben, vereinfachten andere Fortschritte sein Leben in vielerlei Hinsicht. Konserven, die erstmals während der Napoleonischen Kriege

ausgeteilt wurden, waren für die Männer auf dem Feldzug ein Segen. Das Öffnen von Dosen war zeitweise das Haupteinsatzgebiet von Bajonetten. Allgemein sorgte die Massenproduktion dafür, dass Soldaten aus Industriestaaten besser gekleidet und beschuht waren als ihre bäuerlichen Vorfahren.

Im Einklang mit den sozialen Reformen in der industrialisierten Welt wurden die Strafen im Militär weniger hart; so wurde die Prügelstrafe in den 60er-Jahren des 19. Jh. in der britischen und der US-Armee abgeschafft. Die Pionierleistung der britischen Krankenschwester Florence Nightingale während des Krimkrieges (1854–1856) und die Gründung des Internationalen Roten Kreuzes 1863 veranschaulichten die neue Anteilnahme an den Verletzten. Durch Fortschritte in Hygiene und Medizin war es im 20. Jh. möglich, dass Armeen im Krieg erstmals mehr Tote durch die eigentlichen Kämpfe zu verzeichnen hatten als durch die Entbehrungen und Krankheiten eines langen Feldzuges.

IMPERIALE MACHT

Mit ihrer Industriemacht, der wachsenden Bevölkerung und ihrer militärisch-aggressiven Haltung waren die Europäer und ihre überseeischen Ableger im 19. Jh. den außereuropäischen Staaten militärisch weit überlegen. Die chinesische Regierung war nach einer Reihe von Niederlagen an demütigende Verträge gebunden, die Briten gewannen Indien durch stückweise Siege über lokale Heere. Allerdings verlief die militärische Expansion der Europäer nicht völlig unwidersprochen, Kämpfe mit Völkern mit eigener Kriegertradition fanden zuweilen durchaus auf Augenhöhe statt. Nachdem die neuseeländischen Maori ihre traditionelle Kampfweise an Feuerwaffen angepasst hatten, bezwangen sie mitunter weiße Siedler sowie eine Kolonialarmee. Die Zulu, die sich als eines von vielen afrikanischen Völkern dem europäischen Imperialismus des späten 19. Jh. widersetzten, konnten bei mehreren Gelegenheiten die britische Armee in Nahkämpfe verwickeln, in denen sich ihre Speerträ-

Amerikanischer Bürgerkrieg
Ein junger Trommler der Unionsarmee vor einer Kanone. Manche Trommler waren erst sieben oder acht Jahre alt. Im Bürgerkrieg am häufigsten eingesetzt wurde die 12-Pfünder-Feldkanone, die auch als »Napoleon-Kanone« bekannt war. Die meisten Kanonen im Bürgerkrieg hatten ein glattes Rohr und eine Reichweite von nur etwa 1,6 km.

ger auszeichneten. In Nordamerika ließ sich der Guerillakrieg der Prärieindianer gegen die US-Kavallerie nur mit Mühe unterdrücken. Zeigte jedoch ein Industriestaat den Willen, in einem Konflikt alle nötigen Ressourcen einzusetzen, konnte über den Ausgang kein Zweifel herrschen.

Ende des 19. Jh. hatte sich zwischen den führenden Mächten und dem Rest ein breiter technischer Graben aufgetan. Gegen Maschinengewehre waren traditionelle Kriegertugenden wie Mut und Aggressivität wertlos. In der Schlacht bei Omdurman verlor die britische Armee 1898 nur 48 Mann, massakrierte aber etwa 16 000 Anhänger der sudanesischen Mahdi. Der englische Dichter Hilaire Belloc kommentierte dies mit den Worten: »Was auch passiert, wir haben das Maxim-MG, sie nicht.« 1914–1918 jedoch richteten die Industriemächte ihre zerstörerische Feuerkraft aufeinander und brachten das Gemetzel zurück nach Europa.

1775–1783

AMERIKANISCHE JÄGER

» DIESE MÄNNER KENNEN DIE ENTBEHRUNGEN
UND GEFAHREN DER WÄLDER SEIT IHRER KINDHEIT.
MIT IHREN BÜCHSEN IN DER HAND ERREICHEN SIE
GEGENÜBER IHREN FEINDEN EINE ART ALLMACHT. «

THE VIRGINIA GAZETTE (ZEITUNG) 1775

G ute Schützen bildeten die ersten Kompanien, die die aufständischen nordamerikanischen Kolonien zu Beginn des Unabhängigkeitskrieges gegen die britische Armee und ihre loyalistischen Unterstützer aufstellten. Als ungenaue Musketen die Standardwaffe des Militärs waren, erzeugte die Treffsicherheit dieser Männer aus den Grenzgebieten Furcht ebenso wie Ehrfurcht. Die zähen und unabhängigen Kämpfer widersetzten sich zwar formaler Disziplin, erzielten jedoch als Scharfschützen und Plänkler beeindruckende Wirkung.

Die Jäger stammten aus dem amerikanischen Grenzland der Farmer und Fallensteller: Siedler, die sich mit der Waffe in der Hand in der Wildnis das zum Leben notwendige beschafften. Gezogene Gewehre, die mit Deutschen und Schweizern nach Nordamerika gelangten, wurden vor allem als Jagdwaffen angesehen. Die Amerikaner erhöhten Genauigkeit und Reichweite der europäischen Büchsen und entwickelten daraus die »Long Rifle«, auch »Pennsylvania Rifle« oder »Kentucky Rifle« genannt. Mit diesen langläufigen, kleinkalibrigen Waffen lernten die Landarbeiter und Waldläufer erstaunlich genau zu zielen. Sie verfeinerten ihre Fertigkeiten bei der Jagd, bei Geplänkel mit Indianern und bei Schießwettbewerben, die sehr populär wurden. Man versuchte z.B., den Kopf eines lebenden und sich bewegenden Truthahnes auf etwa 100 m zu treffen. Die Grenzbewohner waren auch für ihren Mut und ihren freien Geist bekannt und wussten, wie man in der Wildnis überlebte. Auf Märschen erwiesen sie sich als ausdauernd, sie hatten kaum Gepäck und ernährten sich aus der Natur.

Infanterie« darstellen würden, da sie »die besten Schützen der Welt« seien. Daher beschloss der zweite Kontinentalkongress im Juni 1775, dass »sofort sechs Kompanien guter Schützen in Pennsylvania, zwei in Maryland und zwei in Virginia« auszuheben seien. In Pennsylvania war die Antwort derart enthusiastisch, dass der Staat schließlich neun Kompanien aufstellte. Die Freiwilligen meldeten sich zunächst für ein Jahr; für ihren Dienst wurde ihnen nach dem Sieg ein Stück Land versprochen. Jede Kompanie bestand in der Regel aus vier Offizieren, acht Unteroffizieren und 68 Mann. Als Erstes sollten sie zu den amerikanischen Truppen stoßen, die die Briten und Loyalisten in Boston belagerten. Der Marsch aus den Grenzgebieten an die Küste Neuenglands war strapaziös. Die Schützen aus dem westlichen Maryland legten unter Michael Cresap 990 km in drei Wochen zurück – und fanden unterwegs noch die Gelegenheit, ihre Treffsicherheit

Schlacht am King's Mountain
Einen ihrer größten Triumphe erzielten die irregulären Jäger im amerikanischen Unabhängigkeitskrieg 1780 über eine Abteilung gut ausgebildeter loyalistischer Miliz am King's Mountain (oben). Die Waffe, die sie so erfolgreich als Heckenschützen und Plänkler kämpfen ließ, war die langläufige Büchse (rechts), die ursprünglich für die Jagd vorgesehen war.

LONG RIFLE, UM 1750 IN PENNSYLVANIA HERGESTELLT

JÄGER FÜR DIE REVOLUTION
Die Grenzbewohner waren nicht das Material, aus dem man so einfach reguläre Soldaten macht, aber die Führer des amerikanischen Kontinentalkongresses erkannten rasch ihr militärisches Potenzial. Der spätere US-Präsident John Adams meinte, dass sie eine »ausgezeichnete leichte

zu demonstrieren: So traf ein Schütze ein Ziel, das sein Bruder zwischen den Knien hielt.

Bei ihrem Eintreffen vor Boston erregten die Grenzbewohner beträchtliches Aufsehen. Ihre Ausrüstung kennzeichnete sie sofort als wilde Männer: Jagdhemden mit Fransen, Mokassins, mit Federn oder Tierschwänzen verzierte Kopfbedeckungen, dazu neben den Büchsen vielfach Skalpiermesser und Tomahawks. Ihr präzises Scharfschützenfeuer forderte bald seinen Tribut unter den britischen Wachposten um Boston und auch den Offizieren, die die Kühnheit besaßen, sich draußen zu zeigen.

Scharfschützen im Wald
Der Vorfall in der Schlacht bei Saratoga, bei dem Tim Murphy 1777 General Fraser erschoss, wurde bald zum Stoff von Legenden. Hier legt er rechts hoch in einer Kiefer auf sein fernes Ziel an *(rechts)*. Das Aussehen der Jägerkompanien mit Fransenhemden und Äxten im Gürtel *(ganz rechts)* stand im starken Kontrast zu den Regulären der britischen Armee.

Gleichzeitig erwiesen sich die Grenzbewohner als durch und durch undisziplinierter Haufen, sie stahlen von normalen Soldaten und missachteten jegliche konventionelle Obrigkeit. Auf der anderen Seite waren sie ihren eigenen Offizieren treu ergeben, wie dem überragenden Daniel Morgan aus Virginia, der bereits im »French and Indian War« eine Kugel überlebt hatte, die ihn im Nacken traf, durch seine Wange wieder austrat und ihn viele Zähne kostete.

General George Washington, der amerikanische Oberbefehlshaber, war überzeugt, dass nur eine disziplinierte, nach europäischen Maßstäben gedrillte Armee die Briten schlagen konnte. Er erkannte jedoch die Kampfqualitäten der Grenz-

»VIELE VON IHNEN TREFFEN AUF 150 YARDS EINE SPIELKARTE MIT NEUN VON ZEHN SCHUSS. «

BRITISCHER OFFIZIER BEI DER BELAGERUNG VON BOSTON 1775

bewohner an und ermutigte besonders Morgan, Jägertruppen aufzustellen und als Scharfschützen und leichte Infanterie einzusetzen. Morgan erwies sich des in ihn gesetzten Vertrauens würdig und trug 1777 erheblich zur Niederlage der Briten bei Saratoga bei. Als General John Burgoyne am 19. September sein Heer durch das Hudsontal nach Süden führte, traf seine rechte Flanke bei Freeman's Farm auf Morgans Jäger. Gezieltes Feuer aus einer Waldung heraus dezimierte die britische Vorhut,

fast alle ihrer Offiziere wurden getötet. Bei dem Versuch, den erzielten Vorteil auszubauen, waren die Jäger weniger erfolgreich, ihre schlecht organisierten Vorstöße wurden von den disziplinierten britischen Bajonetten abgewehrt. Nach einer Pause wurde der Kampf am 7. Oktober mit einem britischen Angriff auf Bemis Heights wieder aufgenommen. Zu einem berühmten Vorfall kam es, als Morgan vom amerikanischen General Benedict Arnold gebeten wurde, einen der fähigsten britischen Offiziere zu beseitigen, General Simon Fraser. Einer von Morgans Leuten, Tim Murphy, ein legendärer Indianerkämpfer, tat ihm den Gefallen und traf Fraser aus etwa 275 m Entfernung. Sein Tod wirkte sich niederschmetternd auf die Moral der Briten aus und trug zum Fehlschlagen ihres Angriffes und zu ihrer späteren Niederlage bei.

UNSPORTLICHE TAKTIK

Aus dem Hinterhalt auf einzelne Offiziere zu schießen war so umstritten wie effektiv. Morgan, von dem es heißt, dass er neue Rekruten prüfte, indem er sie auf eine Zielscheibe schießen ließ, die die Form eines britischen Offizierskopfes hatte, sahen manche seiner Gegner als Kriegsverbrecher an. Der britische Lieutenant William Digby klagte über diese »feige und grausame Art, den Krieg fortzuführen«, und forderte, Scharfschützen »in die Hand des Henkers« zu geben. Die Briten missbilligten auch die Plänkelei der Jäger, waren doch die Grenzbewohner Experten darin, Deckung zu suchen und hinter Bäumen, Felsen oder Mauern hervor zu feuern. Bei einem Gegenangriff scheuten sie sich auch nicht, sich zu verstecken oder zu fliehen. Die britischen Soldaten, dafür ausgebildet, ihre Musketen in Salven abzufeuern und ihrem Feind offen gegenüberzutreten, verachteten diese Taktik.

LEINEN-
TASCHE

ZINNBECHER

SALZ-
HORN

Salz zum Konservieren
von Fleisch

HOLZ-
LÖFFEL

HÖLZERNE
SCHÜSSEL

Provianttasche eines Jägers
Daran gewöhnt, in den Wäldern der Grenzkolonien zu jagen und sich durchzuschlagen, waren die Jäger für die meisten Eventualitäten viel besser gerüstet als die regulären Soldaten.

FÄSSCHEN

Miniaturfass für Branntwein, aus einem einzigen Holzstück geschnitzt

Durch das hitzebeständige Blech ließ sich die Tasse zum Kochen wie auch zum Trinken verwenden

BLECH-
TASSE

GABEL MIT
BEINGRIFF

King's Mountain 1780
Die in Wildleder gekleideten Irregulären, denen das Gelände viel mehr lag als ihren loyalistischen Gegnern, nutzten jede Deckung der bewaldeten Abhänge.

Natürlich gefielen den Kämpfern aus dem Grenzland die Irritationen, die sie bei den Briten auslösten; sie nutzten das Bild des »wilden Mannes« für psychologische Zwecke. Morgan ließ ein unheimliches Truthahnkollern als Signal an seine Männer erklingen, diese wiederum stürzten sich oft mit indianischem Kriegsgeschrei in den Kampf.

IRREGULÄRE VON DER GRENZE
Morgans Jäger gehörten als Plänkler der leichten Infanterie zu Washingtons Kontinentalarmee. Als sich der Unabhängigkeitskrieg jedoch weiter ins südliche Hinterland verschob, gerieten weitere Grenzbewohner als irreguläre Banden unter selbst gewählten Anführern in den Konflikt. Sie bedrängten Briten und Loyalisten nach klassischer Guerillataktik mit Blitzüberfällen und Hinterhalten. Die Überfälle von Männern wie Francis Marion aus South Carolina, »Sumpffuchs« genannt, fügten den Briten teilweise hohe Verluste zu.

Ihren berühmtesten Sieg errangen diese Irregulären im Oktober 1780 am King's Mountain in South Carolina. Eine loyalistische Miliz von etwa 1000 Mann unter dem britischen Colonel Patrick Ferguson – selbst ein Befürworter des Einsatzes von Büchsen – wurde von einer etwas kleineren Truppe mit Büchsen bewaffneter Waldläufer umzingelt, die »ein unregelmäßiges, aber zerstörerisches Feuer« eröffneten. Ferguson ließ mit dem Bajonett angreifen, um die Jäger zu vertreiben, diese zogen sich jedoch einfach zurück, vermieden den Kontakt und gingen wieder in Stellung, sobald der Angriff vorbei war. Nachdem sie über 300 Mann verloren hatten, darunter 156 Tote einschließlich Ferguson, gab die ganze Loyalistentruppe auf.

WELTWEITER EINFLUSS
Ihre vielleicht größte Stunde erlebten die amerikanischen Jäger im Januar 1781 bei Cowpens, als eine gemischte Truppe aus Miliz und Kontinentalarmee unter Morgan den Briten unter Sir Banastre Tarleton eine schwere Niederlage beibrachte. Die endgültige Kapitulation der Briten bei Yorktown im Oktober 1781 brachte das Zusammenwirken der amerikanischen und französischen Armeen sowie der französischen Marine – ein Hinweis darauf, dass die Jäger trotz ihrer Leistungen einen Krieg nicht alleine gewinnen konnten. Doch ihre Erfolge veranlassten europäische Armeen, mehr mit Büchsen bewaffnete leichte Infanterie einzusetzen und sich weniger auf gedrillte Formationen mit Musketen und Bajonetten zu verlassen.

BEUTEL FÜR TROCKENEN ZUNDER

FEUERSTEIN UND STAHL

FEUERSTEIN UND WERG

Schlachtfeld von Cowpens
Der Ort des größten Triumphes von Daniel Morgan. Der geschickte Einsatz der Scharfschützen wirkte unter den angreifenden britischen Dragonern vernichtend. Morgan befahl dann einen überraschenden Gegenangriff, der zur Aufgabe der Briten führte.

Anzünder
Ein Jäger konnte jederzeit Feuer machen: Mit Werg (Hanf- oder Flachsfasern) fing er Funken, die er mit Feuerstein und Stahl schlug. Häufig hatte er auch einen Beutel mit trockenem Anmachholz dabei.

JÄGERAUSRÜSTUNG

Viele Jäger aus Virginia und anderen Grenzkolonien, die im amerikanischen Unabhängigkeitskrieg kämpften, wurden in Einheiten von Washingtons Armee integriert und trugen ab da konventionellere Uniformen. Andere, wie Daniel Morgans Regiment, das 1777 bei Saratoga kämpfte, behielten neben ihrem freien Geist auch ihre eigene Kleidung und Ausrüstung. Sie kämpften mit ihren präzisen langläufigen Büchsen als Scharfschützen und Plänkler.

Beil
Als Waldläufer hatte der Jäger in der Regel ein Beil in seinem Gürtel stecken, um sich einen Unterstand zu bauen oder Feuerholz zu schlagen.

Beilklinge in britischem Militärmuster

Pulverhorn
Jäger verwendeten keine Papierpatronen und mussten daher die Treibladung, die in die Mündung gefüllt wurde, und die kleine Zündladung für die Pulverpfanne abmessen. Neben einem Pulverhorn führten viele ein kleines Maß für die richtige Pulvermenge der Treibladung mit.

Hölzerner Verschluss

Jagdhemd
Jäger aus den Grenzgebieten hatten keine eigentliche Uniform, viele bevorzugten jedoch diesen Typ Leinenhemd mit Fransen, das mit einem Gürtel getragen wurde. Die Hemden wurden häufig in braunen oder grünen Naturtönen gefärbt, die als Tarnung wirkten.

Ladestock

Hochgebogene Krempe, um die Büchse über der Schulter tragen zu können

Gefärbte Feder

Filzhut
Die extravagante Kopfbedeckung spiegelte den jagdlichen Lebensstil wider. Statt mit Federn verzierten viele Jäger ihre Hüte mit Tierschwänzen.

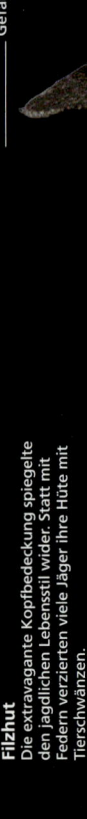

MESSINGDOSE
MIT BIENENWACHS

KUGELBEUTEL

Feuerstein

BEUTEL FÜR ERSATZFEUERSTEINE

MEHRFACH-
WERKZEUG

Schlachter-
messer

Inhalt des Waffenbeutels
Enthielt Kugeln, Feuersteine, Bienenwachs zum Schmieren, Öllappen zum Reinigen und kleine Stofffetzen als Schusspflaster. Das Mehrfachwerkzeug hatte den benötigten Dorn und Schraubendreher zum Reparieren der Büchse.

Waffenbeutel und Feldflasche
Wurden über der Schulter getragen. Der Lederbeutel enthält nur das wichtigste Zubehör für die Büchse, der persönliche Besitz wurde in einem Leinenbeutel mitgeführt. Die hölzerne Feldflasche bestand wie ein Fass aus Dauben.

Batterie

Pfannendeckel

Feuerstein, mit
Lederstück geklemmt

Büchse
Die Long Rifle des Unabhängigkeitskrieges blieb bis ins späte 19. Jh. die Waffe der Grenzbewohner. Mit ihrem langen, gezogenen Lauf war diese Büchse wesentlich genauer als die Musketen der europäischen Armeen. Wie bei diesem Exemplar, das um 1750 in Pennsylvania möglicherweise von einem deutschen Büchsenmacher hergestellt wurde, war der Kolben häufig mit schönen Schnitzereien geschmückt und der Abzugsbügel gefällig geformt.

Mokassins
Wie die Eingeborenen stellten die Grenzbewohner leichte Mokassins aus Hirschleder her, bevorzugten jedoch europäische Stilelemente.

Kniehose
Wollene Kniehosen dieses Typs wurden von allen Kombattanten des amerikanischen Unabhängigkeitskrieges getragen. Die Jäger trugen dazu Gamaschen aus Leder oder einfachem Deckenstoff.

Zinnknopf

TRUPPEN DES UNABHÄNGIGKEITSKRIEGES

Der Krieg, aus dem die Vereinigten Staaten von Amerika hervorgingen, entwickelte sich von einem kleinen Zusammenstoß britischer Truppen und kolonialer Miliz zu einem umfassenden internationalen Konflikt. Die britische Hoffnung, die amerikanischen Loyalisten könnten die Hauptlast tragen, wurde enttäuscht. Auch eine starke britische Armee mit deutschen Söldnern konnte keinen entscheidenden Sieg gegen die amerikanische Kontinentalarmee erzielen, die 1777 bei Saratoga selbst einen bemerkenswerten Sieg errang. In den Weiten Nordamerikas konnten die Briten ihre überlegene formale Kampfweise nicht zum Tragen bringen. Das Eingreifen der französischen Armee und Marine brachte die endgültige Wende zuungunsten der Briten.

DIE KONTINENTALARMEE

Die Entscheidung des Kontinentalkongresses, der Regierung der 13 abtrünnigen Kolonien, vom 14. Juni 1775 zur Aufstellung einer Armee beruhte auf der Annahme, nur ein reguläres Heer könne die britischen Rotröcke schlagen. George Washington, der Befehlshaber, hatte nur eine geringe Meinung von Milizen und strebte eine disziplinierte Armee nach europäischem Muster an, die Musketensalven feuerte und mit aufgepflanzten Bajonetten vorrückte.

Schon die Anfänge erwiesen sich als schwierig. Zunächst waren nur die Männer der neuenglischen Miliz verfügbar, die sich für kurze Zeit verpflichteten, sowie die undisziplinierten Jäger aus den Wäldern. Anfang 1776 begann selbst diese zusammengewürfelte Truppe auseinanderzubrechen, da die meisten Milizionäre nach Ablauf ihrer Dienstzeit zu ihren Farmen und Geschäften zurückkehrten. Erst 1777 unternahm man ernsthafte Anstrengungen zur Aufstellung eines permanenten Heeres; es wurde auf der Basis von Quoten aus allen 13 Kolonien rekrutiert, die Männer verpflichteten sich für mindestens drei Jahre oder bis Ende des Krieges. Um Freiwillige anzuziehen, wurden Kopfgelder gezahlt, anfänglich 20 Dollar, später, als die Rekruten immer mehr zögerten, wesentlich mehr. Zwangsläufig füllten sich die Quoten aus den untersten Gesellschaftsschichten. Landstreicher und Kriminelle wurden zum Dienst gezwungen, ebenso britische und hessische Deserteure und Kriegsgefangene. Trotz des anfänglichen Widerstandes von Washington wurden Sklaven und freie Afrikaner zugelassen. Die Staaten konnten ihre Quoten nie erfüllen, teilweise glich man das Defizit durch die Einberufung der jeweiligen Milizionäre zu einjährigem Dienst in der Kontinentalarmee aus.

Es war wohl gut, dass die Zahl der Rekruten unter der geplanten lag, denn es erwies sich für die junge Republik als unmöglich, sie angemessen zu besolden, zu verpflegen und einzukleiden. Zwar wurden manche Männer von ihren Heimatstaaten mit Uniformen ausgestattet, doch fehlten vielen Soldaten nach einiger Zeit Jacken, Decken oder selbst Schuhe.

Hut ähnelt dem der britischen Regulären.

DREISPITZ

Uniform der 4th Maryland Independent Company
Dies war eine der sieben Kompanien zu 100 Mann, die Maryland im Januar 1776 bewilligte. Später im selben Jahr stießen die mit Musketen und Bajonetten bewaffneten Männer bei der Verteidigung von New York zur Kontinentalarmee.

Bemalte Leinwand, »Liberty« (»Freiheit«) in der Kartusche gestickt

PROVIANTTASCHE

LIBERTY

M 4th IND C

Abzeichen der Kompanie

JAGDHEMD UND WESTE

Leinen, purpurn gefärbt, Kragen und Manschetten rot

Tülle

BAJONETT AM GÜRTEL

»HÄTTEN WIR EINE GUTE REGULÄRE ARMEE, SOLLTEN WIR DIESE VERDAMM-TEN INVASOREN BALD AUS DEM LAND VERTREIBEN.«

THOMAS NELSON 1777 IN EINEM BRIEF AN GEORGE WASHINGTON

MINUTEMEN

Valley Forge
Im harten Winter 1777/78 glaubte Washington, dass seine Kontinentalarmee »verhungern, sich auflösen oder zerstreuen« müsse, um sich zu ernähren. Am Ende machte sie die gemeinsam erlebten Entbehrungen umso stärker.

Wurden die Nachschubprobleme sehr schlimm, mussten die Männer von Zwieback aus Mehl und Wasser leben. 1777/78 im Winterlager in Valley Forge, Pennsylvania, litt die Armee unter extremen Entbehrungen. Doch genau hier fand sie schließlich unter der Führung des preußischen Söldneroffiziers Friedrich Wilhelm von Steuben als disziplinierte Truppe zueinander. Er drillte die Männer jeden Tag, stärkte ihre Moral, griff gegen Aufmüpfigkeit durch und dämmte Krankheiten durch erhöhte Reinlichkeit und Hygiene ein.

Die Versorgungs- und Besoldungsprobleme wurden nie gelöst. Zu einer weiteren schweren Krise kam es 1780/81, als diejenigen, die sich 1777 für drei Jahre verpflichtet hatten, die Armee verlassen wollten. Im Januar 1781 mussten in den Regimentern von Pennsylvania und Virginia Meutereien unterdrückt werden. Doch Washington gelang es, seine Armee zusammenzuhalten. Ein Maß für den Erfolg der Kontinentalarmee ist bei allen Schwierigkeiten die Bewunderung der ausländischen Beobachter. Baron von Closen,

Eine disziplinierte Salve
Washingtons Ideal einer disziplinierten, gut gekleideten Truppe nach europäischem Muster wurde nie von der ganzen Armee erreicht, doch machten einige Einheiten ihren Anführer stolz.

Mitglied der zu Hilfe geschickten französischen Expeditionstruppen, schrieb: »Es ist unglaub-lich, dass Soldaten jeden Alters, selbst 15-jährige Kinder, Weiße, Schwarze, fast nackt, unbezahlt und nur notdürftig verpflegt, so gut marschieren und im Feuer bestehen können.« Die britische Kapitulation bei Yorktown im Oktober 1781 war der Triumph einer vom britischen General John Burgoyne einmal als »bewaffneter Pöbel« bezeich-neten Armee.

Das Gefecht von Lexington
Die ersten Schüsse des Krieges wurden über den Dorf-anger von Lexington, Massachusetts, abgefeuert. Bei dem konfusen Zusammenstoß mit Zuschauern am Straßenrand kamen acht Minutemen ums Leben.

Zu Beginn ihres Aufstandes verfügten die amerikanischen Kolonien nur über ihre Milizen. Bereits seit langem waren alle männlichen Bürger traditionell dazu verpflichtet, im Notfall ihre Kolonie oder lokale Gemeinschaft mit der Waffe zu verteidigen. 1774 wurde in Massachusetts, dem ursprünglichen Brennpunkt der Rebellion, ein Teil dieser Miliz als »Minutemen« (Minuten-männer) bezeichnet. Die im Allgemeinen jungen, unverheirateten Bürger wählten ihre Offiziere und verpflichteten sich, auf Abruf sofort einsatz-bereit zu sein, sozusagen innerhalb von Minuten. Der erste Schusswechsel des Krieges erfolgte im April 1775 bei Lexington und Concord zwischen Minutemen und britischen Solda-ten. In Concord behielten die Minutemen die Oberhand über eine kleinere Gruppe Briten und verfolgte sie bis zurück nach Boston.

DIE ROLLE DER MILIZEN
In allen aufständischen Kolonien wurden die von Rebellen geführten Milizen dem Staat unterstellt, Loyalisten schloss man aus. Teilweise konkurrierten die Milizen mit der Kontinental-armee, doch stellten sie dieser auch kurzzeitig Wehrpflichtige sowie Hilfstruppen zur Verfügung.

Zwar verbesserte sich die Ausbildung der Miliz im Laufe des Krieges, doch konnten diese Teilzeitsoldaten in der offenen Feldschlacht kaum gegen die britischen Truppen standhalten. Trotz ihres Rufes, dem Gefecht zu entfliehen, leisteten sie als Sicherungstruppen unbezahlbare Dienste und stellten durch Bemannen von Garnisonen und Unterdrücken loyalistischer Umtriebe den Erfolg der Rebellion auf lokaler Ebene sicher.

BRITISCHE ROTRÖCKE

In ihren roten Röcken war die britische Armee typisch für ihre Zeit: prächtig uniformiert, streng diszipliniert und im Gebrauch von Muskete und Bajonett gedrillt. Sie bestand aus Regulären, die sich auf Lebenszeit verpflichtet hatten. Um zusätzliche Truppen für den Krieg in Amerika auszuheben, wurde auch die kurzzeitige Verpflichtung eingeführt, ergänzt durch aggressive Anwerbung. Die Soldaten stammten aus den untersten Gesellschaftsschichten, viele auch aus den potenziell entfremdeten Gebieten Schottlands und Irlands, sie kämpften jedoch mit derselben Entschlossenheit wie die amerikanischen Patrioten.

Jenseits des Atlantiks betraten die britischen Soldaten eine fremde und feindselige Umgebung. Die Scharfschützen und Hinterhalte der Rebellen erschienen den Briten unerhört; ein Fähnrich nannte es »ihr Herumdrücken hinter Hecken und Mauern«. Die Amerikaner verspotteten die

Briten für ihre bunten Uniformen, hätten ihnen doch List und Tarnung besser gestanden. Doch die Briten waren in ihrer Taktik nicht unflexibel, sie passten sich so gut wie möglich an die örtlichen Bedingungen an, setzten leichte Truppen als Plänkler ein und kürzten ihre Uniformen, um mit den Rockschößen nicht hängen zu bleiben.

LOGISTIK UND NACHSCHUB

Die Bedingungen in Amerika waren hart. Feldzüge zu Fuß durch ausgedehnte Wildnis setzten den Briten mit Erschöpfung und Krankheit zu. Ein Großteil des Nachschubes wurde über den Atlantik importiert, es fehlte an allem, von Verpflegung bis zu Pferden. Die Amerikaner erwiesen sich nicht nur als Experten für Hinterhalte in hügeligem, bewaldetem Gelände, sondern auch für Feldbefestigungen. In Schlachten wie Bunker Hill 1775 und Saratoga 1777 erlitten die Briten bei Frontalangriffen demoralisierende Verluste gegen entschlossene Amerikaner, die die natürlichen Defensivpositionen mit Schanzen und Palisaden geschickt verstärkt hatten.

Salvenfeuer
Die für Salvenfeuer und formale Linien- und Geviertformationen ausgebildeten Briten wurden von den Scharfschützen und der Taktik der Amerikaner häufig irritiert.

Angesichts der Rebellenaktivitäten von Georgia im Süden bis hinauf nach Kanada hatten die Briten immer zu wenig Männer, um gleichzeitig Garnisonen zu besetzen und Feldzüge zu führen. Die britische Armee, die 1781 bei Yorktown kapitulierte, sah sich einer amerikanisch-französischen Übermacht von 2:1 gegenüber.

Brown Bess
Die Long-Land-Pattern-Steinschlossmuskete, besser bekannt als »Brown Bess«, war 1722–1838 Standardwaffe der britischen Infanterie. Dieses Exemplar wurde 1742 ausgegeben.

Schlacht bei Bunker Hill
Rotröcke stürmen 1775 die amerikanische Palisade bei Bunker Hill. Die Briten überrannten die Schanzen im dritten Anlauf, erlitten jedoch verheerende Verluste.

LOYALISTEN

> ›› GRÜN IST ... DIE BESTE FARBE FÜR LEICHTE TRUPPEN ... UND ANGEZOGEN IM FRÜHJAHR VERBLASST ES IM HERBST FAST MIT DEN BLÄTTERN. ‹‹ **JOHN GRAVES SIMCOE**, BEFEHLSHABER DER QUEEN'S RANGERS 1777–1783

Amerikaner kämpften in beträchtlicher Zahl auf der Seite der Briten. Einige traten in Provinzregimenter der britischen Armee ein, z.B. in das 1776 von Loyalisten in Kanada aufgestellte King's Royal Regiment und die Caledonian Volunteers loyalistisch-schottischer Siedler. Einige dieser Einheiten, darunter die in New York stationierten Queen's Rangers, verbanden als zähe Kämpfer die Treffsicherheit und die flexible Taktik der Amerikaner mit der Disziplin der Briten. Andere führten als Miliz oder Irreguläre, oft unter britischen Offizieren, einen Partisanenkrieg gegen die Rebellen. Butler's Rangers, aus Loyalisten und Indianern bestehend, waren für das berüchtigte Massaker im Cherry Valley 1778 verantwortlich. Tarleton's Raiders verbreiteten in den Carolinas Furcht. Schwarze Sklaven kämpften für die Briten, die ihnen Freiheit versprachen, als Reguläre im 1775 aufgestell-

ten Lord Dunmore's Ethiopian Regiment sowie als Guerillas. Nach Kriegsende verließen die meisten Loyalisten, weiße wie schwarze, die USA.

Ledermütze mit Halbmondabzeichen

Grüne und weiße Federn der leichten Kompanie der Queen's Rangers

Hannoversche schwarze Kokarde

Rüschenhemd aus Leinen mit schwarzer Halsbinde

Kurze grüne Jacke, auf den Knöpfen das Emblem QR

Proviantttasche aus Leinen mit gemaltem Regimentszeichen

Uniform der Queen's Rangers
Die 1776 in New York gebildeten Queen's Rangers trugen als erstes britisches Regiment zur Tarnung grüne Uniformen.

Patronentasche mit Messinginitialen GR (Georgius Rex)

Weiße Kniehose aus Leinwand, mit Gamaschen getragen

HESSEN

Etwa ein Drittel der britischen Truppen bestand aus deutschen Söldnern, die für die Dauer des Konfliktes angeheuert waren. Diese »Hessen« stammten nicht nur aus Hessen-Kassel und Hessen-Hanau, sondern auch aus anderen der kleinen Fürstentümer, die Truppenkontingente gegen Geld zur Verfügung stellten. Derartige durch Staatsverträge geregelte Söldnerdienste waren in Europas Heeren des 18. Jh. gang und gäbe.

Die Hessen standen den Briten auf dem Schlachtfeld oder im Verhalten gegenüber Zivilisten kaum nach. Die meisten waren im üblichen Kampf mit Muskete und Bajonett ausgebildet, Jägerkompanien – leichte Truppen mit Büchsen – bildeten daneben exzellente Plänkler. Zur

Tarnung grün gekleidet, stellten sie als Scharfschützen zuweilen ihre amerikanischen Widerparts in den Schatten.

Der amerikanische Kongress und die Staaten versuchten, die Hessen mit Land und Vieh zu bestechen. Viele desertierten, aber nicht mehr als bei einer europäischen Armee im Feld. Etwa 60 Prozent der 30000 Hessen kehrten nach Hause zurück. Die Verluste waren recht gering, viele starben aber an Krankheiten. Der Rest ließ sich vermutlich in Amerika nieder.

1799 – 1815

FRANKREICHS REITER

» DIE FRANZÖSISCHE KAVALLERIE DEKLASSIERTE IHRE GEGNER EINFACH, WEIL SIE BEIM KLANG DER HÖRNER UND DEM BEFEHL ›ANGRIFF!‹ IHRE SPOREN GAB UND MIT ALLER KRAFT ANGRIFF, BIS ZUM SCHLUSS ANGRIFF! «

ERZHERZOG KARL, GENERALISSIMUS DER ÖSTERREICHISCHEN ARMEE VON 1806 BIS 1809

Als General der Republik wie auch später als Kaiser von Frankreich gründete Napoleon Bonaparte seine Kriegführung auf schnelle Bewegung seiner Kräfte, um dem Feind das Gefecht aufzuzwingen, und auf aggressives Vorgehen, um ihn zu zerschlagen. In seinen immer größeren Armeen hatten Infanterie, Artillerie und Kavallerie jeweils ihren Part zu spielen. Bei der Kavallerie gehörten dazu entscheidende Angriffe an kritischen Punkten der Schlacht und die Verfolgung des Feindes, um den überwältigenden Sieg zu vervollständigen.

Die Französische Revolution von 1789 hatte tief gehende Auswirkungen auf die Armee und auf andere Bereiche der französischen Gesellschaft. Die Kavallerie war immer das aristokratischste Element der französischen Armee gewesen. Viele ihrer Offiziere standen der Revolution ablehnend gegenüber und emigrierten; andere, die ihrem Land gerne weiterhin gedient hätten, wurden vom radikalen Nationalkonvent wegen ihrer sozialen Herkunft entlassen. So auch der Marquis Emmanuel de Grouchy, dem 1793 sein Rang aberkannt wurde, der aber später einer von Napoleons angesehensten Kavalleriekommandeuren wurde. Für Männer niederer Herkunft dagegen bot die Revolution ungeahnte Möglichkeiten: Joachim Murat, der Sohn eines Dorfposthalters, meldete sich 1787 als Kavallerist und war 1795 Oberst; Michel Ney, Sohn eines Böttchers, ging ebenfalls 1787 zu den Husaren und führte 1796 als General eine Brigade.

REITER UND ROSSE

Trotz der Beförderung einiger Talente fügte die Revolution der französischen Kavallerie insgesamt großen Schaden zu, sodass sie in den Revolutionskriegen (1792–1801) nur schwache Leistungen zeigte. Napoleon erbte eine Truppe, der es an Pferden, Ausbildung und Vertrauen fehlte. Als Konsul und später als Kaiser packte er Reform und Ausbau der Kavallerie als wichtiges Element beim Umbau der gesamten Armee an.

Von den beiden Komponenten einer effektiven Kavallerie, den Reitern und den Pferden, waren Menschen für Napoleon ein-

facher herbeizuschaffen. Ab 1799, als er als Erster Konsul die Regierung übernahm, brachte die jährliche Wehrpflicht einen konstanten Strom neuer Rekruten, die neben die Altgedienten aus der Zeit der Monarchie und der revolutionären *Levée en masse* von 1793 traten. Die Kavallerieregimenter erhielten neue, farbenprächtige Uniformen, die erfolgreich dazu beitrugen, die Moral zu heben. Napoleons Regime rief patriotischen Eifer, revolutionäre Begeisterung und die Zuneigung von Männern hervor, die ihm ihr persönliches Vorankommen verdankten.

Schwieriger zu beheben war der Mangel an Pferden, da es Jahre brauchte, ausreichende Mengen zu züchten. Als sich Napoleons Grande Armée 1805 erstmals versammelte, mussten die Dragoner zu Fuß kämpfen, da sie keine Pferde hatten. Die Siege bei Austerlitz 1805 und bei Jena und Auerstedt 1806 lösten schließlich das Problem, da die Franzosen den geschlagenen Österreichern und Preußen Pferde in großer Zahl abnehmen konnten.

GLANZ UND ELEND

Der Dienst in der Kavallerie mit ihren schneidigen Uniformen und der Kampftradition »Tod oder Ruhm« zog natürlich abenteuerlustige junge Männer mit einer Ader für Glanz und Stil an. Napoleonische Kavalleristen waren für ihre Trunksucht, ihren Jähzorn, der schnell in Schlägereien ausartete, und ihre endlosen Frauengeschichten berühmt. Doch selbst in Friedenszeiten war das Leben in der Kavallerie alles andere als luxuriös.

PARADETSCHAKO DES
1. CHASSEURREGIMENTS

Vive l'empéreur
Dieses Gemälde *(oben)* aus dem späten 19. Jh., das den Angriff der 4. Husaren in der Schlacht bei Friedland 1807 zeigt, idealisiert den Mut und Patriotismus der Truppen Napoleons leicht. In ihren Galauniformen sahen Husaren und andere Kavalleristen sogar noch schneidiger aus. Bei Paraden trug der Chasseur (Jäger zu Pferd) einen Federbusch auf seinem Tschako *(rechts)*, auf dem Schlachtfeld stattdessen einen Pompon.

Nachtlager
Eine Gruppe Husaren versammelt sich am Vorabend der Schlacht bei Austerlitz im Dezember 1805 um ein Lagerfeuer. Die Feuer auf dem Hügel im Hintergrund vermitteln einen Eindruck von der Größe der Armee Napoleons.

> » WENN ICH VON EXZELLENTER FRANZÖSISCHER KAVALLERIE SPRECHE, MEINE ICH IHREN UNGESTÜMEN MUT, NICHT IHRE PERFEKTION. «

ANTOINE-HENRI JOMINI, STABSOFFIZIER IN NAPOLEONS ARMEE UND MILITÄRTHEORETIKER

In der Kaserne schliefen die einfachen Kavalleristen zu zweit in einem Bett – und wurden schon allein dadurch enge Kampfgefährten. Die Ausbildung war hart. Zunächst lernte man die Reitkunst durch Reiten ohne Sattel, Zaum und Steigbügel, danach die schwierige Kunst, Degen oder Säbel und Karabiner aufgesessen zu gebrauchen. Es heißt, wegen der harten körperlichen Anforderungen hätten neue Rekruten bei der Grundausbildung oft viel Gewicht verloren. Die Pferdepflege war harte, wenig glanzvolle Arbeit – tatsächlich wurde der französischen Kavallerie häufig vorgeworfen, sich nicht angemessen um die Pferde zu kümmern.

Wie alle Soldaten in Napoleons Armee waren auch Kavalleristen als Bürgersoldaten zu behandeln, die den Respekt ihrer Offiziere verdienten. Statt der harten, willkürlichen Disziplin des Ancien Régime wurde eine durch und durch professionelle Einstellung zum Leben im Militär gefördert. Allerdings behaupteten Kavalleristen ihre Individualität auf die eine oder andere Weise, z.B. indem

sie lange, dünne Zöpfe trugen. Feurige junge Franzosen – auf Ruhm aus – hatten Mühe, ihr Temperament an das langweilige Kasernenleben mit seinen endlosen Routinen des Ausmistens und Drills anzupassen. Feldzüge wurden als Erleichterung angesehen. Unter Napoleon gab es keinen Mangel an militärischer Aktivität.

SCHWER UND LEICHT

Das auffälligste Merkmal der napoleonischen Kavallerie war die wichtige Rolle der gepanzerten Reiter, der Kürassiere. Neben zwei Carabiniersregimentern – ab 1809 ebenfalls gepanzert – bildeten die Kürassiere die schwere Kavallerie. Panzerreiter waren als veraltetes Konzept angesehen worden, als Rückbezug auf die mittelalterlichen Ritter, doch setzte Napoleon sie gerne als

Schocktruppe ein. Die Kürassiere waren große Männer auf großen Pferden, sie trugen Metallhelme und Brust- und Rückenpanzer. Bewaffnet waren sie mit einem schweren, geraden Säbel und einer Pistole. Wie gepanzerte Soldaten aller Zeiten fanden die Kürassiere ihre Metallhülle im Sommer warm und unbequem; außerdem war sie teuer. Die Kürassiere waren eine selbstbewusste Elite; zusammen mit einer Reihe Dragoner bildeten sie den Kern der Kavalleriereserve, die nur nach reiflicher Überlegung in einem entscheidenden Moment in die Schlacht geworfen wurde.

Schwerer Kavalleriesäbel (Pallasch) mit Scheide
Der Pallasch für Kürassiere mit gerader, einschneidiger Klinge war als Hiebwaffe einsetzbar, wurde im disziplinierten Angriff jedoch eher als Stichwaffe benutzt. Das gezeigte Modell An XIII ist von 1805.

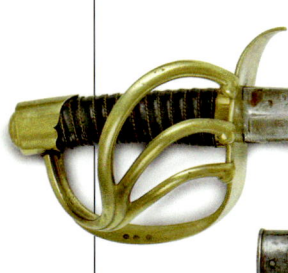

Schneidiger Husar
Die Husaren pflegten ein Bild risikofreudigen Mutes und todes-verachtender Kühnheit und versuchten ständig, den Rest der französischen Kavallerie in der Reitkunst zu übertrumpfen.

Das geschah in Massenattacken, die eher Disziplin und Reitkunst erforderten als Schneid und Initiative.

Die leichte Kavallerie war dagegen über Napoleons Armeekorps verteilt – große Formationen, in denen sie gemeinsam mit Infanterie und Artillerie operierte. Sie bestand vor allem aus Husaren und Chasseuren, später kamen verstärkt Ulanen hinzu. Husaren sahen sich als schneidigste Kavallerie überhaupt an. Ihre Anziehungskraft auf Frauen war legendär – es heißt, sie wurden »von Ehemännern gehasst und von Ehefrauen geliebt«. Die Husaren fühlten sich den Chasseuren, deren Uniformen billiger und weniger prächtig waren, weit überlegen,

die Rivalität war enorm. Chasseure (Jäger zu Pferde) waren mit Karabinern bewaffnet und kämpften mitunter zu Fuß. Abgesehen davon waren die Funktionen von Husaren und Chasseuren weitgehend identisch: Sie dienten als Aufklärer und Plänkler und schirmten die Bewegungen des Heeres gegen den Feind ab. Derartige Operationen erforderten kleine, unabhängige Gruppen und boten reichlich Gelegenheit, Initiative zu zeigen. In der Schlacht griff die leichte Kavallerie mit tief gehaltenem Säbel an, um Infanteristen zu durchbohren. Bekannt war sie für ihre Angriffslust und die Geschwindigkeit beim Verfolgen geschlagener Feinde.

ULANEN UND DRAGONER

Eine der bemerkenswerten Veränderungen in der Militärtechnik während der napoleonischen Kriege war der weit verbreitete Einsatz von Lanzen als Waffe der leichten Kavallerie. Im 18. Jh. waren Lanzenreiter in Europa allgemein als exotisches Randelement angesehen worden. Die berühmtesten Lanzenreiter in Europa waren die polnischen Ulanen, die für ihr wildes Gebaren und ihren unabhängigen Kampfgeist bekannt waren.

Kürassieruniform
Der Uniformrock der Kürassiere war weniger spektakulär als der der leichten Kavallerie, wurde jedoch in der Regel von Brust- und Rückenpanzer, dem Kürass, verdeckt. Dafür war der Helm prächtig geschmückt.

Federbusch, eher bei Paraden als auf dem Schlachtfeld getragen

HELM

»Schweif« aus Rosshaar

Kinnriemen mit Messinglamellen

PATRONEN-TASCHE

PALLASCH

TAKTIK DER SCHWEREN KAVALLERIE

Napoleon sah die Kürassiere als Truppe, die zu einem entscheidenden Zeitpunkt eine massierte Attacke mit überwältigender Wucht vortragen konnte und möglichst den allgemeinen Zusammenbruch des Feindes beschleunigen sollte. In der Theorie sollte Artilleriebeschuss den Feind schwächen, bevor der Angriff begann, der vom Beginn bis zum schließlichen Zusammenstoß mit wachsender Geschwindigkeit vorgetragen wurde.

THEORIE UND PRAXIS

Aus dem anfänglichen Trab sollten die Kürassiere in den Kanter übergehen, dann etwa 150 m vor dem Feind in den Galopp, der auf den letzten 50 m die höchste Geschwindigkeit erreichen sollte. In der Praxis setzten die französischen Befehlshaber die Kürassiere jedoch lieber in einer engen Formation ein, die dieser

Theorie widersprach. Sie befahlen der schweren Kavallerie, in einer massiven, dichten Kolonne Stiefel an Stiefel vorzurücken. Die Schwierigkeit, dabei die Formation zu halten, machte hohe Geschwindigkeit nahezu unmöglich und bot keinerlei Möglichkeit für Einzelinitiative. Andererseits ergab sich so eine Masse, deren Schwung kaum aufzuhalten war, die feindliche Kavallerieformationen aufbrechen und locker aufgestellte Infanterie mit Huf und Säbel niederreiten konnte. Die Kürassiere hatten jedoch keine Taktik, um dichte, mit aufgepflanzten Bajonetten stehende Infanteriegevierte zu durchdringen, wie sich bei Waterloo zeigte. Beim Angriff in dichter Formation waren sie außerdem durch gut gezieltes Artilleriefeuer besonders verwundbar.

Daher verwundert es nicht, dass die ersten Lanzenreiter in der napoleonischen Kavallerie Polen waren. 1811 wurden aus einer Reihe von Dragonerregimentern Ulanen, da sich die Nützlichkeit einer etwa 3 m langen Waffe immer deutlicher zeigte. Vor allem gegen Infanteriegevierte – die sich anderen Kavallerieangriffen gegenüber als immun erwiesen – waren die Lanzen nützlich, reichten sie doch weiter als eine Muskete mit aufgepflanztem Bajonett. Auch als Plänkler bewährten sich die Ulanen, die ihre Ziele nach Belieben auswählten. Im Handgemenge war ihre lange Waffe dagegen unhandlich und dem Säbel nicht gewachsen. Daher wurden nicht alle Männer eines Regimentes mit Lanzen ausgerüstet, sondern jede Gruppe Lanzenreiter wurde von Kameraden mit gezogenem Säbel unterstützt.

Zahlenmäßig bildeten die Dragoner das größte Element der französischen Kavallerie. Da sie mit Musketen bewaffnet waren und ursprünglich in die Schlacht ritten, aber abgesessen kämpften, war Napoleon versucht, sie als Infanterie einzusetzen. In dieser Rolle überzeugten sie jedoch nicht, da sie nicht die disziplinierte Standfestigkeit richtiger Fußsoldaten hatten. Gleichzeitig minderte die zusätzliche Infanterieausbildung ihre Wirksamkeit im Sattel. Trotzdem zeichneten sich die Dragoner in den frühen Schlachten der napoleonischen Kriege neben den Kürassieren oft als eine Art

halb schwere Hilfskavallerie aus. Ab 1807 wurden sie vor allem in Spanien eingesetzt. Neben vielen Gefechten mit Wellingtons Armee waren sie in den brutalen, schmutzigen Krieg gegen die spanischen Guerillakämpfer verwickelt.

KAVALLERIE IM EINSATZ

Ihren Ruf als schlachtentscheidende Kraft erwarb sich die französische Kavallerie in den frühen Kämpfen der Napoleonischen Kriege. Bei Marengo führte 1800 General François-Etienne Kellermann eine Attacke von 400 Mann tief in die Flanke einer Marschkolonne von 6000 Mann österreichischer Infanterie und Kavallerie und schlug sie in Panik und Konfusion aus dem Feld, als die französische Niederlage fast schon unausweichlich war. Ihre höchste Wirksamkeit erreichte Napoleons Kavallerie jedoch zwischen 1805 und 1812. Gut ausgebildet, mit guten Pferden, prächtigen Uniformen und voller Selbstvertrauen stellte sie eine Elite dar, die ihren Wert in jeder Schlacht bewies. Sie trug 1805 beträcht-

Säbeltasche der 8. Husaren
Eine auffällige Ledertasche, die Kavalleristen auf der linken Seite am Säbelgurt trugen. Ursprünglich enthielt sie Schreibmaterial, war zu Napoleons Zeit aber vor allem dekorativ.

lich zu den Siegen bei Elchingen und Austerlitz bei, noch spektakulärer war aber wohl ihre Leistung gegen die Russen im Februar 1807 bei Preußisch Eylau. In einem verzweifelten Moment der Schlacht durchbrach die 10 000 Mann starke Kavalleriereserve unter Murat in einer Attacke die russische Infanterie, formierte sich neu und durchbrach die Linie ein zweites Mal, um zurück auf die eigene Seite zu gelangen.

Napoleons Einmarsch in Russland 1812 führte jedoch in die Katastrophe. Bereits zu Beginn des Feldzuges verhungerten wegen der ungenügenden Versorgung der 40 000 Mann starken Kavalleriereserve die ersten Pferde. »Man sah, wie sich ihre großen abgemagerten Körper voranschleppten«, so ein Augenzeuge. »Jede Minute zitterte eines und fiel auf seinen Reiter, der es zurückließ.« Den französischen Husaren und Kürassieren im mörderischen Spiel des Plänkelns und Zusetzens überlegen zeigten sich die russischen Kosaken.

>> MAN NAHM IN DER FERNE EINE ÜBERWÄLTIGENDE, LANGE, SICH BEWEGENDE LINIE WAHR ... HERAN STÜRMTE DIE BERITTENE MASSE ... WÄHREND DIE ERDE UNTER IHREM DONNERNDEN GETRAMPEL ZU BEBEN SCHIEN. <<

BRITISCHER INFANTERIST ÜBER DIE ATTACKE FRANZÖSISCHER KAVALLERIE BEI WATERLOO

Die Kürassiere bei Austerlitz
Napoleon sah Austerlitz als seinen herrlichsten Sieg an. Geschickt lenkte er seine Truppen auf dem Schlachtfeld, um lokal zahlenmäßige Überlegenheit zu erzielen und zu den entscheidenden Zeitpunkten anzugreifen. Hier warten die Kürassiere auf den Befehl zur Attacke.

In der Schlacht bei Borodino im September gelang den Kürassieren mit der Eroberung der gut verteidigten Großen Schanze eine ihrer berühmtesten Aktionen, doch auch sie forderte schwere Verluste. Der Rückzug aus Moskau im strengen Winter vollendete die Vernichtung der französischen Kavallerie. Um den Hunger zu bekämpfen, wurden die meisten Pferde geschlachtet. Die kläglichen Überreste der Armee, die diesen Feldzug überlebten, hatten zusammen weniger als 2000 Pferde.

Mit verzweifelter Energie baute man die Kavallerie 1813 wieder auf, doch waren die meisten Reiter jetzt schlecht ausgebildete Neulinge, und Pferde waren knapp. Dennoch belebte sich der Kampfgeist genug für ein heldenhaftes Finale bei Waterloo 1815. Als sich das Glück gegen die Franzosen wendete, warf Ney spät in der Schlacht massierte Kavallerie gegen die britischen Infanteriegevierte in den Kampf. Bergauf in morastigem Gelände gegen Bajonette angreifend, wurden die französischen Reiter jedoch von kombiniertem Kanonen- und Musketenfeuer niedergemäht.

LEKTIONEN DES KRIEGES

Letztlich lässt sich Napoleons Vertrauen auf die Kavallerie als übertrieben ansehen. Die ständig wachsenden Armeen seiner Kriege bedeuteten, dass eine Kavallerietruppe angemessener Größe mehr geeignete Pferde brauchte, als sich ohne weiteres finden ließen, und diese Pferde benötigten riesige Mengen Futter. Auf dem Schlachtfeld wurden Kavallerieangriffe wegen der steigenden Feuerkraft der Artillerie und der Standhaftigkeit gut ausgebildeter Infanterie zunehmend wirkungslos. 1815 war der kühne, todesverachtende Reiter mit seinem Schneid und Heldenmut nahezu überholt.

Triumphe und Niederlagen
Von seinen ersten Siegen in Italien 1796 über die glorreichen Feldzüge 1805–1807 und sogar während der verzweifelten Verteidigung Frankreichs 1814 errangen Napoleons Armeen mehr Siege, als sie Niederlagen einzustecken hatten. Schlussendlich allerdings beendeten die andauernde britische Blockade und die schiere Übermacht der Gegner – vor allem England, Österreich, Preußen und Russland – Napoleons Traum bei Waterloo.

Kartenbeschriftungen

NORWEGEN

KAISERREICH RUSSLAND

SCHWEDEN

Nordsee

Edinburgh

Stockholm

GROSS-BRITANNIEN

Dublin

ATLANTIK

Riga

Borodino 7. Sep. 1812 — Moskau 14. Sep. 1812

Kopenhagen 2. Apr. 1801

Krasnoje 16.–17. Nov.

Malojaroslawets 24. Okt. 1812

DÄNEMARK

Königsberg

Kaunas — Wilna

Bristol

London

Hamburg

Lübeck

Tilsit — Friedland 1807

Smolensk 12. Nov. 1812

Smarhon 8. Dez. 1812: Napoleon verlässt das Heer, um in Paris neue Truppen aufzustellen.

Brest

Bremen

Danzig

Don

Waterloo 18. Juni 1815

Berlin GROSSHERZOGTUM Okt. 1806 WARSCHAU

Lützen 16.–19. Okt. 1813

PREUSSEN

Château-Thierry 12. Feb. 1814

Ligny/Quatre-Bras 16. Juni 1815

Jena-Auerstedt 14. Okt. 1806

Leipzig 16.–19. Okt. 1813

Dresden 26.–27. Aug. 1813

Krakau

Kiew

Paris 30. März 1814

Reims 13. März 1814

Dnjepr

Montmirail 11. Feb. 1814

Regensburg 23. Apr. 1809

Dez. 1805: Alliierte besiegt, verlieren 27 000 Mann, Franzosen 9000

Ulm Okt. 1805: eingekesselte Österreicher kapitulieren

Wagram 5.–6. Juli 1809

Austerlitz 2. Dez. 1805

FRANZ. KAISERREICH

HELVETISCHE REPUBLIK

RHEINBUND

Zürich

Lodi 1796

Leoben

Aspern-Essling 21.–22. Mai 1809

Vimeiro 21. Aug. 1808: Wellington besiegt Junot.

Coruña 16. Jan. 1809

Wien 1809: von Franzosen besetzt

KAISERTUM ÖSTERREICH

Santander

Vitoria Juni 1813

Arcole 1796

Iaşi

Oporto Mai 1809

Burgos

Marengo 14. Juni 1800

Genua

Mantua

Belgrad

PORTUGAL

Salamanca Juli 1812

Toulouse Apr. 1814

Odessa

Sewastopol

Lissabon

Talavera Juli 1809

Saragossa 1809

Marseille

Florenz

Mostar

Sofia

Schwarzes Meer

OSMANISCHES REICH

Badajoz Apr. 1812

Madrid 1808, 1812

Barcelona

Korsika Elba

Adria

Bukarest

Varna

Cádiz

Trafalgar 21. Okt 1805: Briten zerstören franz.-span. Flotte.

Gibraltar an Großbritannien

Mai 1798: Napoleon mit 40000 Mann nach Ägypten

Rom

Konstantinopel

Ankara

Sevilla

SPANIEN

Valencia

KÖNIGREICH SARDINIEN

Neapel

KÖNIGREICH NEAPEL

Saloniki

Smyrna (Izmir)

Aleppo

MAROKKO

ALGIER

Algier

Tunis

Palermo

KÖNIGREICH SIZILIEN

Ionische Inseln

Athen

März 1799: Türken halten franz. Belagerung stand, im Mai beginnt Napoleon Rückzug nach Ägypten.

Zypern

Beirut

Malta 12. Juni 1798: von Franzosen besetzt

Kreta

Juni 1798

17. Apr. 1799: Franzosen besiegen Türken

Damaskus

Akkon

Jaffa

Tripolis

1. Aug. 1798: Seeschlacht bei Abukir: Nelson zerstört mit 13 Schiffen die franz. Flotte.

Gaza

Jerusalem

Alexandria

21. Juli 1798: Kairo Napoleon schlägt Mamelucken, erobert Kairo.

DIE NAPOLEONISCHEN KRIEGE 1796–1815

- Direkt von Paris beherrschtes franz. Gebiet 1812
- Abhängige Staaten 1812
- Französischer Sieg
- Französische Niederlage
- Feldzug in Ägypten 1798–1801
- Krieg mit Russland 1812

0 km 200

N

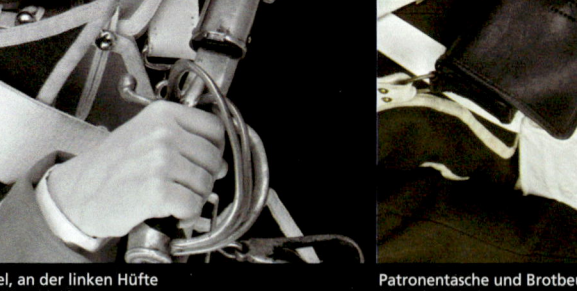

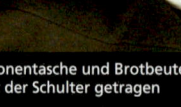

Bolzen hält Schultergurte auf der Brust zusammen

Säbel, an der linken Hüfte am Gürtel befestigt

Patronentasche und Brotbeutel über der Schulter getragen

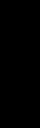

CHASSEURUNIFORM

Das Aussehen der Kavallerieregimenter Napoleons änderte sich zwischen 1799 und 1815 häufig, ferner hatten die einzelnen Regimenter und selbst die Kompanien eigene Erkennungszeichen. Hier gezeigt ist die Uniform der 1er Chasseurs à Cheval de la Ligne, 2e Compagnie von etwa 1806. Der rote Besatz an Kragen und Manschetten zeigt das Regiment an, der blassblaue Pompon auf dem Tschako die Kompanie. Neben seiner Uniform führte der Chasseur ein dunkelgrünes Cape (*Capote*) mit, das er zusammenge-rollt an der Schabracke verstaute, wenn es nicht benötigt wurde.

Kokarde in den Farben der französischen Trikolore

Pompon, im Feld statt des Federbusches getragen

Kinnriemen, bei Nichtgebrauch oben am Tschako zusammenge-bunden

Hemd und Halsbinde
Das lange weiße Baumwoll-hemd wurde in die Kniehose gezogen und zwischen den Beinen zusammengebunden. Der Kragen wurde mit einer unauffälligen schwarzen Binde geschlossen, damit es ordent-lich aussah.

Schnüre und Quasten, rein dekorativ

Tschako
Der Tschako wurde Ende des 18. Jh. in Europa bei vielen Kavallerie- und Infanterieregimen-tern eingeführt. Dieses Modell der Chasseure von 1806 bestand hauptsächlich aus Filz und Leder, die Oberseite war wasserdicht. Der Kinnriemen ist mit Messinglamellen verziert.

Zinnknopf

Dolman und Weste
Die eng sitzende, betresste Jacke der Chasseure und Husaren wurde Dolman genannt (ursprünglich nach dem tür-kischen Namen für ein viel weiteres Gewand). Dunkelgrün war die tra-ditionelle Farbe der Chasseure, die gerne nur die vier oberen Knöpfe schlossen, damit die prächtige rote Weste sicht-bar war.

...el am Karabiner, um ihn abgesessen am Schultergurt einzuhängen

V-förmige Vorderseite mit Zierband und Quaste

Reitstiefel
Kavalleriestiefel wurden im traditionellen Stil der ungarischen Husaren sorgfältig aus weichem Leder hergestellt.

Spornrädchen aus Eisen oder Messing

Brotbeutel
Der leichte Stoffbeutel enthielt Proviant. Kavalleristen erhielten keine Wasserflaschen und mussten selbst für ein Behältnis sorgen – in der Regel einen ledernen Weinschlauch.

Roter Besatz an Kragen und Ärmelaufschlägen kennzeichnen 1. Chasseurregiment

Kniehose
Die grüne Kniehose aus Wolle wurde von Hosenträgern gehalten. Den Hosenschlitz verschloss eine breite Klappe.

Bolzen zum Befestigen am anderen Schultergurt mit Haken für Karabiner

Patronentasche
Die Tasche mit den vorbereiteten Karabiner- und Pistolenladungen hing an einem Gurt, der über die linke Schulter getragen wurde.

Lagermütze (Bonnet de Police) zusammengerollt und an Patronentasche festgeschnallt

CHASSEURWAFFEN UND -AUSRÜSTUNG

Auf Patrouille führte der Chasseur eine Reihe von Waffen mit, darunter Kavalleriesäbel, Karabiner und zuweilen ein Paar Pistolen. Seine Hauptwaffe war der Säbel. Schusswaffen waren nur im Notfall sinnvoll, da für ein längeres Gefecht das Nachladen zu lange dauerte. Ebenso wichtig wie seine Waffen waren für den Chasseur natürlich sein Pferd und das Sattel- und Zaumzeug.

Zügel

Geflochtene Peitsche, an den Zügeln befestigt

Kinnkette

Kandarengebiss

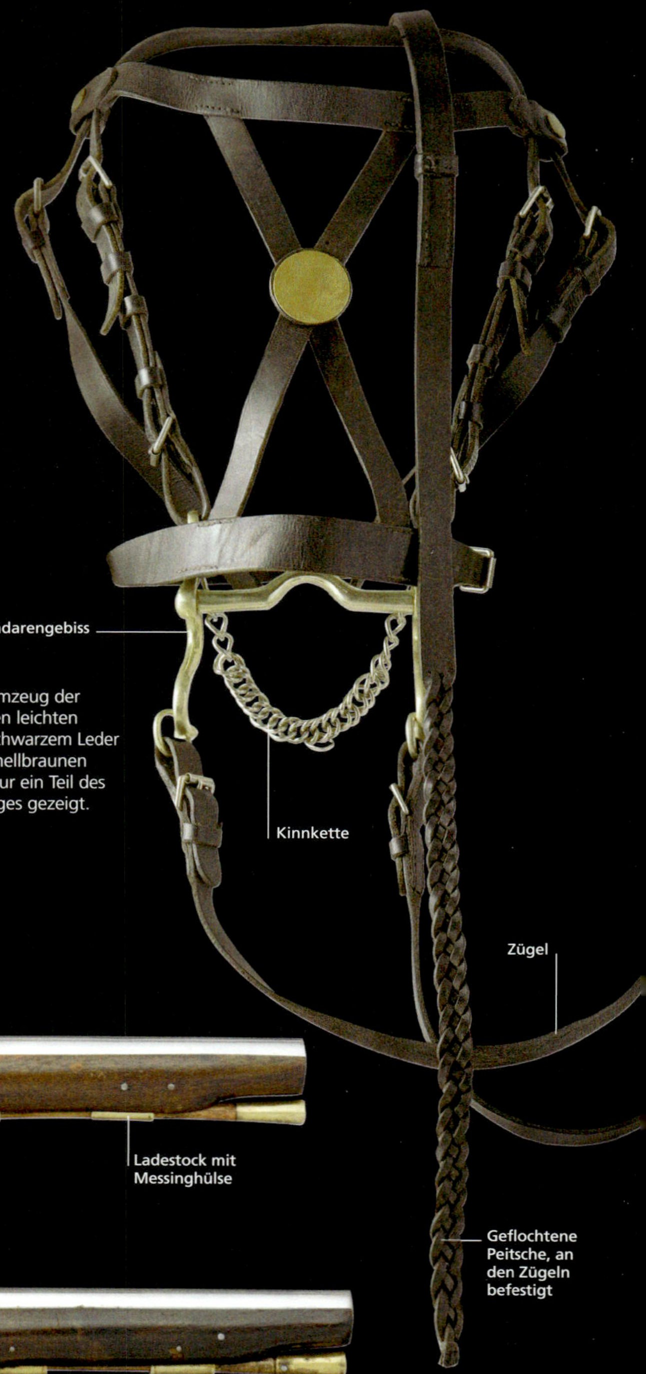

Zaumzeug
Das Sattel- und Zaumzeug der ganzen französischen leichten Kavallerie war aus schwarzem Leder im Gegensatz zum hellbraunen der Briten. Hier ist nur ein Teil des gesamten Zaumzeuges gezeigt.

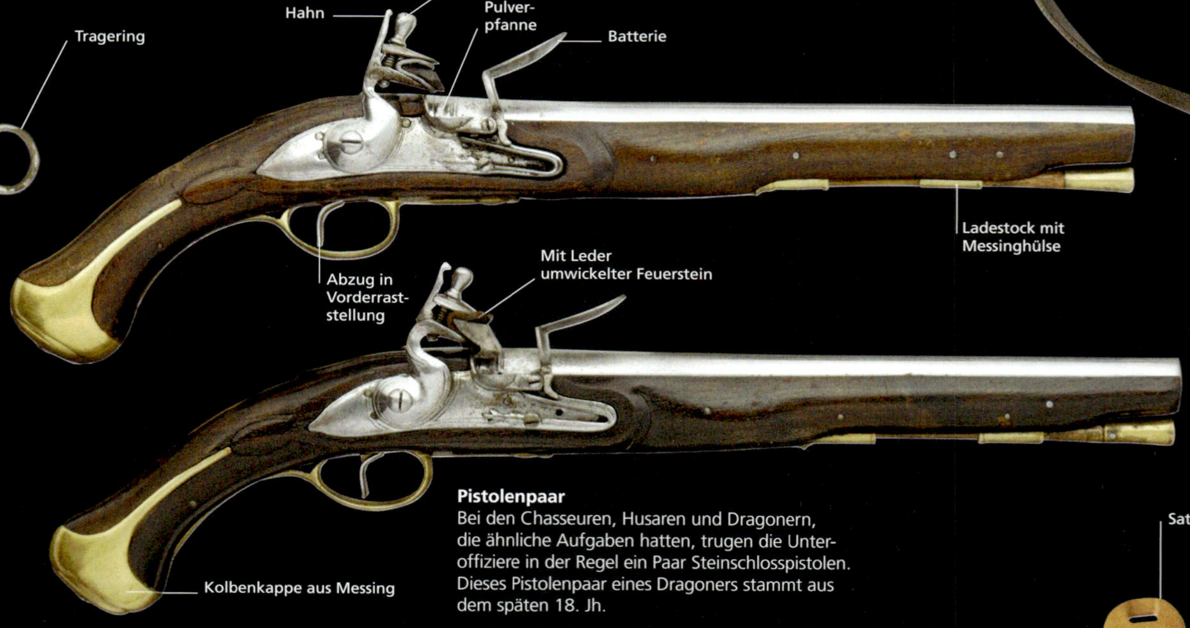

Sattelknauf

Ladestock mit Messinghülse

Hahnlippenschraube

Batterie

Pulver-pfanne

Mit Leder umwickelter Feuerstein

Hahn

Abzug in Vorderrast-stellung

Pistolenpaar
Bei den Chasseuren, Husaren und Dragonern, die ähnliche Aufgaben hatten, trugen die Unteroffiziere in der Regel ein Paar Steinschlosspistolen. Dieses Pistolenpaar eines Dragoners stammt aus dem späten 18. Jh.

Kolbenkappe aus Messing

Säbel und Scheide
Die französische leichte Kavallerie nutzte die Säbelspitze für Stiche ebenso wie die Schneide für Hiebe. Daher hatten ihre Säbel schmalere Klingen als die ihrer englischen Gegner. Dieses Modell An XI wurde 1802/03 eingeführt. Die eiserne Scheide ist widerstandsfähiger als die früheren aus Messing und Leder.

Tragering

Griffbügel mit drei Spangen

Karabiner
Der Kavalleriekarabiner war eine glattrohrige Steinschlossmuskete. Hier gezeigt ist das Modell An IX (aus dem Jahr 9 des Revolutionskalenders, d. h. 1801), hergestellt in Charleville, der staatlichen Waffenfabrik an der Meuse in Nordostfrankreich.

Ladestock

Öse für den Tragriemen

Batterie und geöffneter Pfannendeckel

Pulverpfanne

Hahn

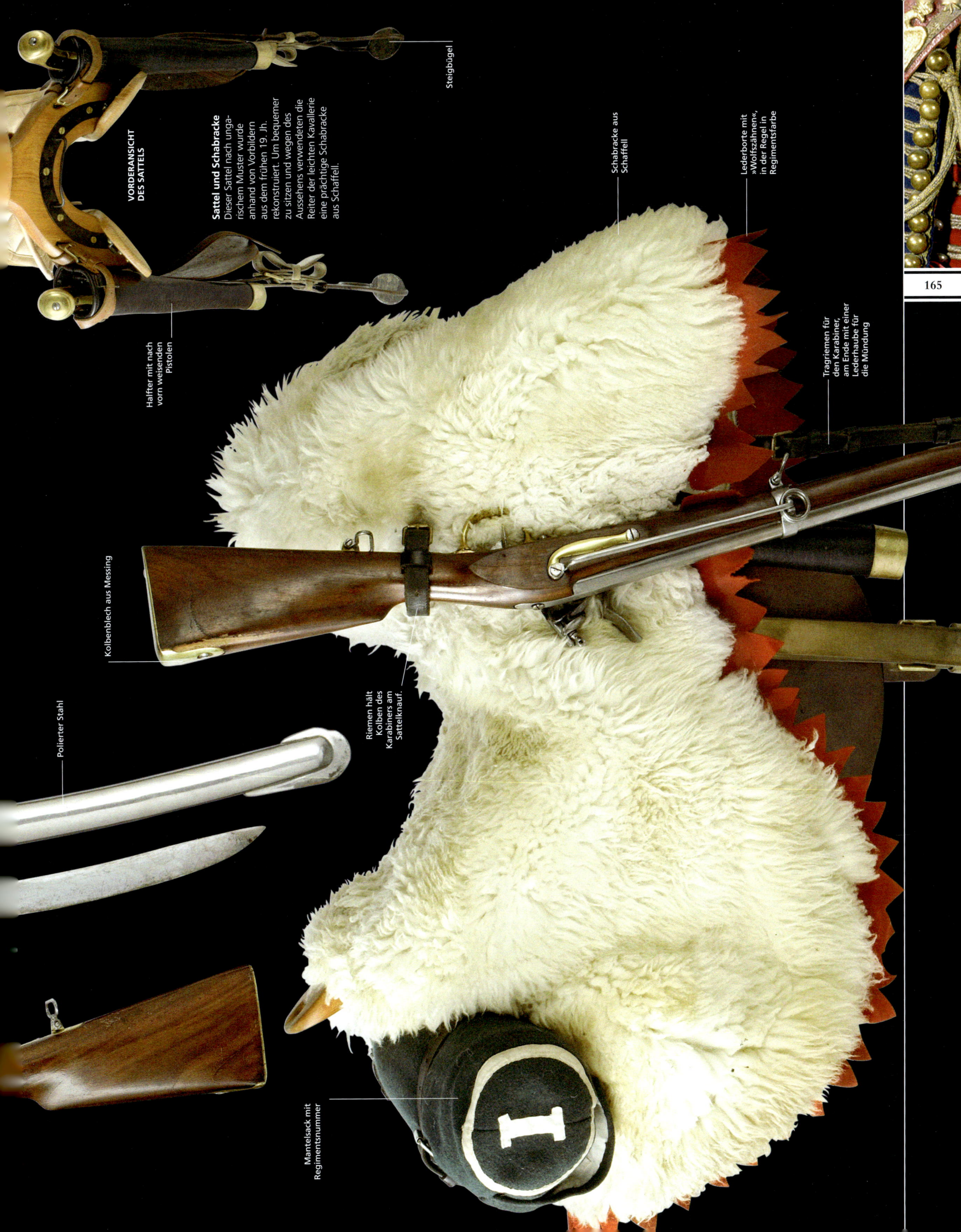

VORDERANSICHT DES SATTELS

Sattel und Schabracke
Dieser Sattel nach ungarischem Muster wurde anhand von Vorbildern aus dem frühen 19. Jh. rekonstruiert. Um bequemer zu sitzen und wegen des Aussehens verwendeten die Reiter der leichten Kavallerie eine prächtige Schabracke aus Schaffell.

Halfter mit nach vorn weisenden Pistolen

Steigbügel

Schabracke aus Schaffell

Lederborte mit »Wolfszähnen«, in der Regel in Regimentsfarbe

Tragriemen für den Karabiner, am Ende mit einer Lederhaube für die Mündung

Kolbenblech aus Messing

Polierter Stahl

Riemen hält Kolben des Karabiners am Sattelknauf.

Mantelsack mit Regimentsnummer

ANDERE SOLDATEN IN NAPOLEONS ARMEE

Bei der Aufstellung seiner Grande Armée baute Napoleon auf dem Erbe der Französischen Revolution auf, dem Bürgersoldaten. Sein Heer wurde jedoch durch Pflicht, Ehre und der Gier nach Ruhm motiviert, weniger durch revolutionäre Begeisterung. Etwa 1,6 Millionen Franzosen und über 700 000 Italiener, Polen und andere Europäer dienten schließlich in seiner Armee. Wohl über eine Million kam um, viele im Kampf, mehr aber durch Entbehrungen und Krankheit in Militärhospitalen, Gefangenschaft oder einfach neben der Straße. Inspiriert durch die Ergebenheit gegenüber ihrem großen Feldherrn, zeigten Napoleons Soldaten dennoch beständig Mut, Disziplin und Ausdauer, auch trotz der sich nach dem Russlandfeldzug von 1812 stetig verschlechternden Situation.

DIE INFANTERIE

1804 bestand die Infanterie in Napoleons Grande Armée aus etwa 350 000 Mann, aufgeteilt in Linieninfanterie und leichte Infanterieregimenter. In dieser frühen Phase waren die Fußsoldaten hervorragend ausgebildet und in der Lage, rasche, präzise Manöver auf dem Schlachtfeld auszuführen. Der ständige Kriegsdruck und die Verluste bei den Altgedienten führten dazu, dass die Truppen des Kaisers diese Qualität nie wieder erreichen sollten. Ab 1805 erhielten neue Rekruten nur die allernötigste Ausbildung, alles Weitere sollten sie von ihren erfahrenen Kameraden lernen.

Der durchschnittliche Infanterist war Wehrpflichtiger und in der Regel eher unwillig. Bei der jährlichen Einberufung drückten sich viele; die Bessergestellten bezahlten Vertreter, andere versteckten sich oder desertierten nach der Meldung. Dennoch war die Moral in den Infanterieregimentern im Allgemeinen hoch. Die Armee wurde sehr rasch die Heimat der Wehrpflichtigen, die Solidarität in der Gruppe hielt die Zahl der Fahnenflüchtigen niedrig.

Napoleons Art der Kriegführung mit von offenen Feldschlachten unterbrochenen Gewaltmärschen stellte enorme Anforderungen an die Infanterie. Die Männer mussten wochenlang täglich 25 km marschieren. Außerhalb Frankreichs versorgten sie sich durch Plünderung des durchquerten Landes. War die Bevölkerung offen feindselig und das Land arm, wie in Russland oder Spanien, war dieses Vorgehen gefährlich. Verschleiß ließ die Fußsoldaten auf langen Feldzügen immer zerlumpter aussehen.

Auf dem Schlachtfeld übernahm die Infanterie in der Regel die Offensive. Auf einen Schwarm Plänkler folgend, marschierten dichte Kolonnen mit aufgepflanzten Bajonetten in die feindlichen

Musketensalven und versuchten, den Gegner im Nahkampf zu überwältigen oder zur Flucht zu veranlassen. Hohe Verluste waren einkalkuliert; die Soldaten durften nicht anhalten, um Verwundeten zu helfen. Selbst nach der Vernichtung einer ganzen Soldatengeneration 1812 in Russland verlor die immer unerfahrenere Infanterie nicht ihren Kampfgeist.

Kokarde in den Farben der Trikolore

Pompon in Regimentsfarbe

Schild mit kaiserlichem Adler und Regimentsnummer

INFANTERIE-TSCHAKO

Belagerung von Regensburg
Im Verlauf von Napoleons Feldzug gegen Österreich stürmen 1809 französische Truppen Regensburg mithilfe von Sturmleitern.

Der Waffenrock der napoleonischen Infanterie hatte eine blaue Grundfarbe mit weißem Besatz.

Corporalsstreifen

INFANTERIE-SÄBEL

In der Schlacht wurden über den Kniehosen weite lange Hosen getragen.

Uniform und Waffen der Infanterie
Wie die Rotröcke kämpfte die französische Infanterie vor allem mit Muskete und Bajonett. Im Gegensatz zu den Briten hatten die Franzosen zusätzlich einen kurzen Säbel.

Die polnische Weichsellegion
Die Polen unterstützten Napoleon besonders willig, da er viele von ihnen aus russischer und österreichischer Herrschaft befreit hatte. Die Weichsellegion kämpfte im spanischen Unabhängigkeitskrieg und marschierte mit nach Moskau.

DIE ARTILLERIE

Schon in der vorrevolutionären Armee war die Artillerie eine Technokratie gewesen, in der fähige Männer allein durch ihre Leistung aufsteigen konnten. Napoleons Neuerungen waren vor allem taktischer Art: Er konzentrierte Kanonen in großen Batterien an entscheidenden Punkten des Schlachtfeldes und setzte berittene Artillerie aggressiv in vorgeschobenen Positionen ein.

Seine Artillerie war sehr professionell: Die Kanoniere konnten mit einem 12-Pfünder drei Schuss pro Minute abgeben. Das Schießen war harte Arbeit. Nach jedem Schuss war die Kanone wieder nach vorn zu rollen, zu laden und neu auszurichten. Arme und Gesichter wurden rasch schwarz, dicker Rauch hüllte oft die Ziele ein. In der Schlacht bei Wagram feuerte die französische Artillerie 1809 in zwei Tagen 96 000 Kanonenkugeln ab. Die berittene Artillerie war nicht weniger eindrucksvoll: Sie galoppierte bis auf Reichweite an den Feind heran und konnte innerhalb einer Minute die Kanone abprotzen, zielen und feuern.

Die Qualität der Artilleristen blieb auch dann hoch, als ab 1807 die Ausbildungszeit für Offiziere drastisch verkürzt wurde. 1814 herrschte jedoch chronischer Mangel an Pulver und Munition. Napoleon erreichte nie das von ihm als optimal angesehene Verhältnis von fünf Kanonen auf tausend Soldaten.

DIE KAISERLICHE GARDE

1799 ursprünglich als Konsulargarde gegründet und 1804 umbenannt, war die Kaiserliche Garde zunächst eine recht kleine Truppe, die Napoleon als Leibwache diente. 1804 bestand sie aus etwa 5000 Infanteristen, 2000 Kavalleristen und einem Artilleriekontingent. 1812 war daraus ein großes Armeekorps mit 100 000 Mann geworden.

Den Kern bildeten die handverlesenen Altgedienten der Alten Garde. Um in diese Elite aufgenommen zu werden, musste ein Soldat mindestens zwei Feldzüge mitgemacht und vier Jahre gedient haben sowie 1,65 m groß sein. Das dienstälteste Infanterieregiment in der Alten Garde, die Grenadiere, wurden auch *Grognards* (»Groller«) genannt, da sie es als Einzige wagten, sich im Angesicht des Kaisers zu beschweren. Im Hinblick auf Sold, Verpflegung, Ausrüstung und medizinische Versorgung genoss die Kaiserliche Garde gegenüber der Linieninfanterie viele Privilegien. Ihre Dienstgrade standen eine Stufe höher – ein Corporal der Garde war einem normalen Sergeant gleichgestellt. Die zwischen 1806 und 1809 aufgestellte Mittlere Garde bestand zu einem Großteil aus nicht französischen Truppen und erreichte nie den Status der Alten Garde. Die Junge Garde, ab

Kaiserlicher Adler
Adler und Kaiserkrone Napoleons zierten Uniformen und Ausrüstung aller Männer in der Kaiserlichen Garde.

1809 aus den Besten eines Jahrganges Wehrpflichtiger rekrutiert, stellte kaum eine Elitetruppe dar.

Die Garde trug selbst auf Feldzügen ihre Galauniform, vor allem die Grenadiere mit ihren hohen Bärenfellmützen waren ein eindrucksvoller Anblick. Napoleon behielt seine Alte Garde jedoch als letzte Reserve und warf sie nur zögernd in die Schlacht. Vor allem im Gemetzel von Borodino 1812 erhielt sie damit die ironische Bezeichnung »die Unsterblichen«. Als die Alte Garde 1815 bei Waterloo unter den britischen und niederländischen Salven zerbrach, war Napoleon am Ende.

Die Garde bei Waterloo
Die sich verbreitende Nachricht, die Kaiserliche Garde wäre zum Rückzug gezwungen, wirkte verheerend auf die Moral der französischen Armee.

Rotröcke im Karree
Bei Quatre-Bras wehrte am 16. Juni 1815
das 28th Regiment of Foot wiederholt französische
Kavallerieangriffe im Karree ab. Diese vier Glieder tiefe
Hecke aus Bajonetten war wie die Pikenformation der
Renaissance sehr effektiv.

1808 – 1815

BRITISCHE ROTRÖCKE

>> WIR GABEN IHNEN EINE SALVE UND DREI HURRAS – DREI DEUTLICHE HURRAS. DANN WAR ALLES TOTENSTILL. SIE KAMEN SCHREIEND UND RUFEND AUF UNS ZU, BIS AN UNSERE BAJONETTE HERAN. <<

Rotröcke in Linie
Während der Napoleonischen Kriege kämpfte die britische Armee häufig defensiv in zwei Glieder tiefer Infanterieformation gegen die vorrückenden französischen Kolonnen. Eine Kompanie leichter Infanterie *(oben)* bildete jeweils ein Ende der Linie eines Bataillons (Grenadiere bildeten das andere) und wurde oft zur Plänkelei abkommandiert. Um sie von den Kompanien im Zentrum zu unterscheiden, trugen sie Tschakos mit grünem Federbusch *(rechts)*.

D ie britischen Truppen, die 1808–1814 auf der Iberischen Halbinsel und 1815 bei Waterloo gegen Napoleon kämpften, rekrutierten sich größtenteils aus den untersten Gesellschaftsschichten. Von ihrem Befehlshaber, dem Herzog von Wellington, stammt der Ausspruch: »Wir haben den Abschaum der Menschheit als einfache Soldaten im Dienst.« Die britischen Infanteristen in ihren roten Röcken erwiesen sich jedoch als zähe, entschlossene Kämpfer, beim Erstürmen von Festungen wie in der Feldschlacht.

Die große Mehrheit der Männer, die während der Napoleonischen Kriege in der britischen Armee Dienst taten, waren entweder Freiwillige, die sich lebenslang (in der Praxis 25 Jahre) oder für kürzere Zeiträume verpflichtet hatten. Wellington beschrieb ihre Motive abschätzig: »Einige melden sich, weil sie uneheliche Kinder haben, einige wegen kleiner Vergehen, viele mehr aber wegen des Alkohols.« Zweifellos gingen viele Männer zur Armee, um dem Gefängnis oder persönlichen Problemen zu entkommen. Wilderer entgingen so der Verfolgung, Schuldner ihren Gläubigern. Viele trieb pure Armut zur Meldung, vor allem die fast verhungernden Iren, für die die Aussicht auf regelmäßige Verpflegung ein zwingendes Motiv war.

DES KÖNIGS SHILLING
Doch das Militär zog durchaus auch eifrige und ehrgeizige junge Männer an und ließ sie »des Königs Shilling nehmen«. Wenn sie aktiv rekrutierten, hängten lokale Regimenter Plakate auf, die die Vorzüge des Soldatenlebens priesen und mit ihrem Appell an die Männer, »deren Herz dafür schlägt, den Pfaden des Ruhmes zu folgen«, kein Klischee ausließen. Eine Rekrutierungsgruppe – wahrscheinlich ein Offizier, mehrere Unteroffiziere und ein Trommler – postierte sich dann auf einem öffentlichen Platz, um die Freiwilligen zu empfangen. John Sipp, der sich 1797 meldete, erinnerte sich später an die Vision von »lustigem Leben, knatternden Musketen, donnernden Kanonen, fliegenden Fahnen, Angriffen und Siegesrufen«. Gleichzeitig wurde den potenziellen Rekruten reichlich Alkohol aus-

geschenkt, sodass mancher mit einem Kater und der Verpflichtung zum lebenslangen Dienst für König und Vaterland aufwachte.

PFADE DES RUHMES
Während der Napoleonischen Kriege expandierte die Armee so rasch, dass Rekruten Mangelware waren. Daher wurden als Anreiz für die Verpflichtung Kopfgelder gezahlt, 1805 enorme 12 Guineas. Als sich die Reihen dennoch nicht füllen ließen, wurden viele Soldaten aus der Miliz rekrutiert, was der Wehrpflicht sehr nahe kam, aber die Freiwilligkeit wahrte. Die Miliz war eine Heimatschutztruppe, für die Bürger durch Abstimmung ausgewählt wurden; die Übernahme in die Armee war wünschenswert, bot doch die Miliz alle Entbehrungen des Soldatenlebens ohne das Abenteuer in der richtigen Armee.

So konnte Großbritannien auf unterschiedliche Weise bis 1813 eine Armee von etwa 300 000 Mann aufstellen; die Stärke in Friedenszeiten hatte etwa 50 000 betragen. Die lange Kriegsdauer erhöhte auch stark den Bedarf an Offizieren. Diese stammten hauptsächlich aus dem niederen Adel, etwa ein Zehntel der Offiziere waren Söhne von Priestern. Obwohl sie eine gewisse gesellschaftliche Position innehatten, mussten Offiziere nicht unbedingt wohlhabend sein; ohne Geld und Beziehungen war eine glänzende Karriere jedoch unwahrscheinlich. Für Beförderungen brauchte es meistens eine Mischung aus Geld, Patronage und Dienstalter. Eine typische Karriere begann z. B. damit, dass die Eltern ihrem Sohn einen Posten als Fähnrich, dem untersten Offiziersrang, für etwa 500 Pfund kauften.

TSCHAKO DER LEICHTEN INFANTERIE MIT GRÜNEM FEDERBUSCH

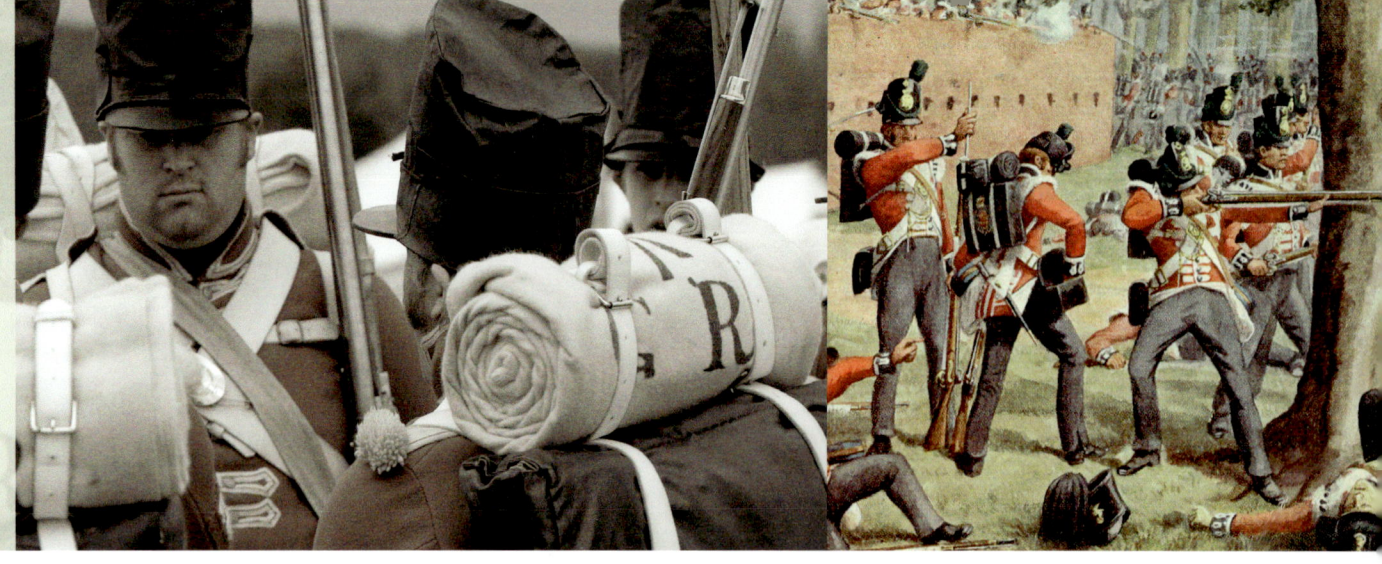

Trotter Pack
Den »Trotter pack« genannten Infanterietornister *(rechts)* schulterten die Soldaten ungern. Einer klagte: »Ich bin überzeugt, dass viele von uns unter dem Gewicht ihrer Tornister zu Boden sanken und starben.« Selbst im Gefecht wurde er getragen *(ganz rechts)*, wie hier von den leichten Kompanien der First Guards, die 1815 bei Hougoumont einen erbitterten Angriff der Franzosen abwehren.

> » DIE MÄNNER SIND SEHR STOLZ AUF [OFFIZIERE], DIE IM FELD MUT ZEIGEN UND IHREN SOLDATEN GEGENÜBER GÜTIG UND RÜCKSICHTSVOLL SIND … AUS ERFAHRUNG WEISS ICH, DASS DIE MÄNNER IN UNSERER ARMEE GERNE VON GENTLEMEN KOMMANDIERT WERDEN. « SCHARFSCHÜTZE HARRIS, *RECOLLECTIONS (»ERINNERUNGEN«)*, 1808

Wurden in seinem Regiment höhere Stellen frei, konnte er sich eine Beförderung erkaufen. Von Zeit zu Zeit boten freie Posten, die nur nach dem Dienstalter vergeben wurden, auch mittellosen Offizieren Aufstiegsmöglichkeiten. Außergewöhnliche Heldentaten oder einflussreiche Freunde an der richtigen Stelle ermöglichten mitunter rascheres Vorankommen ohne Zahlung. Der Aufstieg aus den unteren Rängen war nicht verbreitet, kam jedoch vor. Etwa jeder zwanzigste Offizier kam aus dem Stand der Unteroffiziere.

In der Regel bewiesen die Offiziere in der Schlacht Mut; im langen Kampf gegen die Franzosen lernten sie auch zunehmend, ihre Männer kompetent zu führen. Wie in den meisten Armeen wurden manche Offiziere von den ihnen unterstellten Männern respektiert und bewundert, andere als ignorant und nutzlos verachtet. In jedem Fall hingen Offiziere von der Leistung ihrer Unteroffiziere und Feldwebel ab, die oft die erfahrensten und professionellsten Soldaten der Kompanie waren. Der Sergeant-Major (hoher Feldwebeldienstgrad) hatte in der Regel als einfacher Soldat angefangen und war aufgrund seiner Verdienste befördert worden. Er musste außerdem lesen und schreiben können, da er eine Unmenge Verwaltungsarbeiten zu erledigen hatte.

DRILL UND DISZIPLIN
Wie im 18. Jh. wurden auch in den Napoleonischen Kriegen strenger Drill und drakonische Strafen immer noch als entscheidend für die Leistung der Infanterie angesehen. Der Einsatz der ungenauen Steinschlossmuskete Brown Bess erforderte diszipliniertes Salvenfeuer – für die Einzelinitiative einfacher Soldaten war kein Platz. Doch auch die Annahme einer ungleichen Gesellschaft bestimmte die Behandlung der Männer.

Als sicher galt, dass Soldaten aus dem einfachen Volk ohne Prügelstrafe rasch zu unorganisiertem, feigem Pöbel würden; daher war sie die verbreitete Antwort auf jegliches Widersetzen und auf allgemeine Probleme wie Trunksucht. Ziel des Systems waren Infanteristen, die Befehlen blind gehorchten, die sich im Kampf zusammenhängend bewegten und mit ihren Steinschlossmusketen minimalen Schaden in den eigenen, aber maximalen in den feindlichen Reihen verursachten.

Zu Beginn des 19. Jh. war jedoch die Zeit für Reformen reif. In den leichten Infanterie- und Scharfschützenregimentern – die sich im spanischen Unabhängigkeitskrieg als Stütze der Linieninfanterie bewährt hatten – wurde Eigeninitiative nicht völlig unterdrückt; man versuchte, mehr mit gegenseitigem Respekt als mit Angst vor Strafe zu führen.

Für die meisten Soldaten gab es ohnehin vielschichtigere Gründe, eine anerkennenswerte Leistung zu zeigen, darunter der übliche Druck in der Gruppe und die Treue zu den Kameraden, die sich in allen Kampfeinheiten ergaben. Die Soldaten identifizierten sich stark mit ihrem Regiment und seinen Traditionen; so wurde die Regimentsfahne häufig bis zum Letzten verteidigt. Auch die Treue zu König und Vaterland war eine motivierende Kraft. Selbst die Iren, die in eigenen Regimentern oder als Einzelne in englischen Einheiten kämpften, zeigten sich insgesamt außerordentlich loyal und zuverlässig, obwohl sie meistens als Katholiken einem protestantischen König dienten und ihr Land immer wieder gegen die britische Herrschaft rebellierte.

Hahn mit Feuerstein

Kolbenkappe aus schwerem Messing

Batterie

Hölzerner Ladestock

Feder öffnet Pfanne, wenn der Hahn nach vorn schlägt.

Steinschlosspistole, um 1810
Waren Steinschlossmusketen die vorherrschenden Infanteriewaffen dieser Zeit, so verwendeten Offiziere als Statussymbole gerne Pistolen.

Musketendrill
Die britischen Rotröcke waren für ihre Standfestigkeit im feindlichen Feuer bekannt – ein
Ergebnis des Drills, der Disziplin und des
langen Übens der Manöver für die Schlacht.

UNTERWEGS

Die Armee, die Wellington im spanischen Unabhängigkeitskrieg führte, war komplex und in
vieler Hinsicht schwerfällig. Sie umfasste nicht nur
Schotten und Iren, sondern auch viele Einheiten
aus weiteren Ländern, darunter die King's German
Legion. Infanterieregimenter kämpften neben
Kavallerie- und Artillerieregimentern, waren
mit diesen aber nicht integriert. Die Infanterie
bestand selbst aus verschiedenen Truppen: den
Kompanien der Linieninfanterie im Zentrum

Die Erstürmung von Badajoz
Eine Sturmtruppe bereitet sich im April 1812 auf die Erstürmung
der Garnison Badajoz vor. Etwa 3000 englische und portugiesische Soldaten wurden bei dem erfolgreichen Angriff getötet.

und denen der leichten Infanterie,
Scharfschützen und Grenadiere
an den Flanken, die alle eigene
Uniformen und Kampfweisen
hatten. Dazu kamen Ärzte von oft
dubioser Qualifikation, Kapläne,
Tierärzte, Musiker und Trommler,
Pioniere und Beamte, die für den
Nachschub sorgten. Mit der Armee
marschierte ein umfangreicher Tross
aus Wagen, Tieren und Gefolgs-
leuten mit; darunter z.B. große Rinderherden,
von denen auf den Feldzügen von 1813 etwa
300 pro Tag geschlachtet wurden. Zum Gefolge
gehörten Prostituierte, aber auch Ehefrauen und
selbst ganze Familien. So ist von einem Regiment
erfasst, dass bei der Einschiffung nach Spanien
48 Ehefrauen und 20 Kinder dabei waren.

Die Märsche der komplexen Feldzüge, Jahr
um Jahr kreuz und quer durch Spanien und
Portugal, erforderten vor allem in der Sommer-
hitze Durchhaltevermögen. Ein einfacher Soldat
schleppte etwa 25 kg und musste rund 25 km
pro Tag marschieren. Zuweilen marschierten die
Männer an 30 aufeinanderfolgenden Tagen von
Sonnenaufgang bis in die Nacht. Der Bericht von
Schütze Harris über den britischen Rückzug nach

La Coruña und Vigo 1809 beschreibt die Entbehrungen anschaulich: »Auch unsere Tornister waren
auf diesem langen Marsch erbitterte Feinde. Viele
Männer starben, davon bin ich überzeugt, die ohne
die höllische Last auf unseren Rücken bis zum
Ende des Rückzuges durchgehalten hätten.« Bis
1813 wurden keine Zelte ausgegeben, sodass die
Soldaten entweder mit vorgefundenem Material
grobe Hütten zimmern oder im Freien übernach-
ten mussten. Im gesamten spanischen Unabhängigkeitskrieg erlitten die Briten hohe Verluste durch
Fieber und Erschöpfung.

IN DIE BRESCHE

Die Moral der Rotröcke – wie auch ihre Schwächen – zeigte sich besonders bei den Belagerungen, die einen wichtigen Teil des Spanienkrieges ausmachten. Die Festungen von Ciudad
Rodrigo, Badajoz und San Sebastián wurden
alle nach langen Vorbereitungen gestürmt.
Wie ein Leutnant beobachtete, war keine der
anderen Aufgaben der Soldaten »so unange-
nehm oder unsympathisch wie eine Belagerung«. Wochenlang mussten die Männer unter
Beschuss durch Scharfschützen oder Mörser
Gräben unter den feindlichen Mauern halten.
Derweil versuchten Kanoniere und Pioniere,
eine Bresche in die Befestigungen zu schlagen.

War die Bresche geschlagen, musste der Weg
durch die heftig verteidigte Öffnung erkämpft
werden. Den Angriff führte ein rangniedriger
Offizier mit einer Gruppe Freiwilliger, die

> » DIE ENGLÄNDER BLIEBEN MIT GESCHULTERTER WAFFE GANZ RUHIG UND ERSCHIENEN DADURCH WIE EINE LANGE, ROTE MAUER ... SIE BEGANNEN ZU FEUERN. DIE STETIGEN, KONZENTRIERTEN SALVEN FEGTEN UNSERE GLIEDER WEG. «

THOMAS BOUGEAUD, FRANZÖSISCHER INFANTERIEOFFIZIER IM SPANISCHEN UNABHÄNGIGKEITSKRIEG

nach einer langen Tradition »Verlorener Haufen« genannt wurde. Dabei war es nicht schwer, Freiwillige für den gefährlichen Auftrag zu finden; vor allem unter den Offizieren herrschte harter Wettbewerb, da die Beförderung winkte, falls man überlebte.

Der Angriff erfolgte im Schutze der Dunkelheit, dennoch kam der Verlorene Haufen beim Eindringen in die Bresche, die die französischen Pioniere häufig mit Sprengfallen versahen, unausweichlich unter schweren Beschuss. Bei der Belagerung von Badajoz büßte ein Verlorener Haufen von 200 Männern etwa 180 ein. Auch bei den nachfolgenden, teilweise mit Leitern ausgerüsteten Sturmtruppen, die über die Gefallenen vorrücken mussten, waren hohe Verluste zu erwarten. Unter den Regeln der damaligen Kriegführung konnten die Angreifer eine Festung, die nach

Öffnung der Bresche nicht kapitulierte, nach der Eroberung plündern. Ein Recht, das Wellingtons Soldaten in Ciudad Rodrigo, Badajoz und San Sebastián voll ausnutzten, als sie sich an den Zivilisten mit Mord, Vergewaltigung und Raub für die Risiken und Entbehrungen des Feldzuges rächten.

AUF DEM SCHLACHTFELD
Den Franzosen auf dem Schlachtfeld gegenüber waren die Briten ganz andere Geschöpfe als der betrunkene Pöbel, der Badajoz plünderte. Das auffallendste Merkmal war ihre »Standfestigkeit«, die besonders all jene bewunderten, die den puren Schrecken des napoleonischen Schlachtfeldes kennengelernt hatten: Die Männer waren den Kanonen, Musketen, Bajonetten, Lanzen und Säbeln ungeschützt ausgesetzt. Die Verluste waren zwangsläufig hoch. Bei einem französischen Angriff wurden 1811 bei Albuera zwei Drittel der britischen Infanteristen getötet oder

verwundet, dennoch behaupteten sie sich. Ein Soldat schrieb stolz: »Die Männer fielen wie Kegel, doch wurde nicht ein Schritt zurückgemacht.«

Bei den Feldzügen in Spanien begann Wellington, diese Fähigkeit zum Stellunghalten auszunutzen, besonders beim Verteidigen der Wälle bei Torres Vedras vor Lissabon 1810/11. Später hatte sein Heer mit den spanischen und portugiesischen Verbündeten noch Gelegenheit, offensiven Geist zu zeigen, vor allem 1812 in der Schlacht bei Salamanca. Dort rückten die Briten kühn vor und schwenkten aus den Marschkolonnen lehrbuchmäßig in die Linie ein, um die Franzosen anzugreifen, die ihre Kräfte überdehnt hatten.

Waterloo-Medaille
Diese Medaille, die alle Teilnehmer an den Schlachten bei Ligny, Quatre-Bras und Waterloo erhielten, war die erste an alle Dienstgrade verliehene. Altgedienten wurde außerdem zwei Jahre Extradienst gutgeschrieben.

Infanteriekarrees
Französische Kürassiere greifen 1815 bei Waterloo die 42nd Highlanders an. Im Karree aufgestellte Infanteriebataillone waren nahezu unangreifbar für Kavallerie, die die massierten Glieder aus Männern und Bajonetten nicht durchdringen konnte.

Die britische Kavallerie, die Wellington als undisziplinierte Angeber verachtete, die »auf alles zu galoppieren«, konnte sich durch Mut und Aggressivität auszeichnen. Die französische Armee verlor etwa 7000 Mann und noch einmal so viele Gefangene und wurde nahezu vernichtet.

WATERLOO
Obwohl sie an den Kräften zehrten, waren die Feldzüge in Spanien immer nur ein Nebenschauplatz. 1815 bei Waterloo erlebten die Rotröcke ihre größte Stunde und konnten gegen Napoleon ihr Stehvermögen beweisen. Dessen

berühmte Artillerie konnte ihre volle Wirkung nicht entfalten, da die Briten einen abgewandten Hügelabhang als Deckung nutzten. Einen Angriff massierter französischer Infanteriekolonnen schlugen die Briten und ihre niederländischen Verbündeten mit den Kartätschen ihrer Feldartillerie und den Musketenkugeln der in Linien formierten Infanterie zurück. Wie Wellington es einmal ausdrückte: »Für mich gibt es keinen besseren Sport, als einer ihrer Kolonnen massiert mit unserer Linie zu begegnen.« Als die französische Kavallerie angriff, bildete die britische Infanterie Karrees und hielt stand, während

die Reiter um sie herumwogten wie »schwere Brecher an der Küste«. Nach dem Eintreffen der preußischen Armee zur Unterstützung für die Briten stand der Ausgang der Schlacht fest, bei der Wellingtons Heer 15 000 Mann verlor.

Zu Beginn der Napoleonischen Kriege waren die britischen Infanteristen der französischen mindestens ebenbürtig, gegen Ende des Konfliktes 1815 waren sie zu zähen, im Gefecht abgehärteten Kämpfern geworden, die gegen jede Art von Gegner bestehen konnten. Wellingtons »Abschaum der Menschheit« konnte mit Recht behaupten, den Krieg gewonnen zu haben.

KAMPFTAKTIK DER ROTRÖCKE

Zur Zeit Napoleons wurden alle Infanteristen für Manöver auf dem Schlachtfeld gedrillt, darunter das Schwenken aus der Kolonne (der besten Formation für koordinierte Bewegungen) in die Linie (ideal für das Abfeuern von Musketensalven). Die Macht der französischen Artillerie, die massive Kugeln, Granaten und Kartätschen verschoss, zwang die Infanterie, nach

Möglichkeit Deckung aufzusuchen. Wellington hielt sein Heer gerne außer Sicht der Kanonen hinter einem Hügel in Bereitschaft. War keine Deckung verfügbar, mussten sich die Soldaten hinlegen; allerdings mussten sie zum Schießen ihrer Salven aufstehen.

Die Linie der britischen Infanterie war zwei Glieder tief. Die als Plänkler agierenden Scharfschützen operierten in loser Formation zwischen den eigenen und den feindlichen Linien. Unter der Anleitung von Offizieren und Unteroffizieren feuerte ein Glied, während das andere nachlud. So konnten etwa sechs Salven pro Minute verschossen werden – in dieses Feuer musste der Feind marschieren. Bei Kavallerieattacken wurden vor Bajonetten starrende Karrees gebildet.

Bataillon in der Kolonne
Ein Bataillon bestand aus zehn Kompanien zu je etwa 50 Soldaten. Es rückte auf dem Schlachtfeld als Kolonne vor und schwenkte dann vor dem Feind zur Linie ein. Die beiden flankierenden Kompanien (leichte Infanterie und Grenadiere) wurden oft als Plänkler abkommandiert.

Kompanien schwenken vor dem Feind zur Linie ein.

LEICHTE INFANTERIE

ACHT MITTLERE KOMPANIEN

GRENADIERE

Kompanien in der Linie
Die in der Linie zwei Glieder tief stehenden Soldaten feuerten Salven, jeder lud bis zu dreimal pro Minute. Damit verschoss jedes Bataillon pro Minute etwa 1500 Kugeln, ein Sperrfeuer, das die französischen Kolonnen niedermähte. Den Salven folgte der Bajonettangriff.

SEITENANSICHT

KOMPANIE IN LINIENFORMATION

Kompanien im Karree
Aus den Pikenformationen entwickelt, die im späten Mittelalter die Vorherrschaft der Reiter auf dem Schlachtfeld brachen, bildete das Infanteriekarree eine vier Glieder tiefe Mauer, aus der in alle Richtungen Bajonette ragten. Die vorderen Glieder hielten die Stellung, die hinteren feuerten in Salven.

SEITENANSICHT

KOMPANIE IM KARREE

Bajonette bieten Schutz gegen Kavallerie.

Feuernde Musketen

Die Verletzten wurden in die Mitte des Karrees gezogen, wo Offiziere stehend oder zu Pferd ihre Befehle erteilten. Auch die Regimentsfahne hatte hier ihren Platz.

ROTROCKUNIFORM

Diese Uniform trug die britische leichte Infanterie zur Zeit der Napoleonischen Kriege. Wie bei der Linieninfanterie war die Jacke leuchtend rot, was auf Schlachtfeldern sinnvoll war, auf denen dichter Pulverrauch das Erkennen von Freund und Feind erschwerte. Eine Tarnung sah man selbst bei leichten Truppen, die als Plänkler eingesetzt wurden, nicht als erforderlich an. Der »Ofenrohr«-Tschako wurde in der britischen Infanterie 1801/02 eingeführt.

> » ICH WEISS NICHT, WELCHE WIRKUNG SIE AUF DEN FEIND HABEN WERDEN, ABER BEI GOTT, SIE MACHEN MIR ANGST. «
>
> **HERZOG VON WELLINGTON**, SPANIENKRIEG 1809

Grüner Federbusch der leichten Infanterie

Tschako
Der zylindrische »Ofenrohr«-Tschako bestand aus Filz, der Schirm aus Leder. Das Hornabzeichen und der grüne Federbusch kennzeichnen die leichte Infanterie.

Knopfloser Kragen

Rechte Schulterklappe über Gurt der Provianttasche geknöpft

Linke Schulterklappe über Gurt der Patronentasche geknöpft

Hornabzeichen der leichten Infanterie

Lederschirm

Rot wurde während der englischen Bürgerkriege die Standardfarbe der Infanterie.

Litzenfarbe der 68th Light Infantry

Rechteckige Litzen nach dem Vorbild der Husarenjacke

Uniformrock
Einfache Soldaten trugen eine einreihig geknöpfte ziegelrote Jacke. Der grüne Besatz (Kragen, Aufschläge, Schulterklappen) sowie Form, Farbe und Abstände der Litzen sind Merkmale der leichten Infanterie. Die Jacken der Offiziere waren zweireihig geknöpft und von hellerem Rot.

Innenfutter aus weißer Wolle

Regimentsnummer auf den Zinnknöpfen

Auf der Brust gekreuzte Schultergurte

Achselwülste der leichten Infanterie

nett und Feldflasche trug man links.

Knöpfen der Wollgamaschen

Schuhe wurden wechselseitig getragen, damit sie gerade blieben

Gamaschen
Die Gamaschen sorgten dafür, dass keine Steine in die Halbschuhe gelangen konnten. Sie wurden unter der Hose getragen und vom Knie bis zum Knöchel geknöpft.

Ledersteg ging unter dem Schuh durch

Schuhe
Die Schuhe wurden nicht nach rechts und links unterschieden und waren häufig von sehr schlechter Qualität. Jeder Soldat erhielt pro Jahr nur zwei Paar.

Sohlen waren oft nur angeklebt

Glatte Zinnknöpfe

Hose
Während des Spanienkrieges wurden die weißen Kniehosen und schwarzen Gamaschen der Infanteristen durch die hier gezeigten grauen ersetzt. Die dicke Wolle machte sie im Sommer warm und unbequem.

Knöpfe wurden mit Ziegelstaub und Ammoniak gesäubert.

ROTROCKAUSRÜSTUNG

Das wichtigste Ausrüstungsstück war die persönliche Waffe, die als »Brown Bess« bekannte Steinschlossmuskete. Daneben hatte der Soldat jedoch Mantel, Decke, Proviantbeutel, Kessel, Feldflasche und Munition zu schleppen, die bei Tagesmärschen von etwa 25 km eine schwere Last darstellten. Der Infanterist Benjamin Harris schrieb im Spanienkrieg: »Ich bin überzeugt, dass viele von uns allein unter dem Gewicht ihrer Tornister zu Boden sanken und starben.«

Riemen über rechter Schulter getragen

Feldflasche
Diese hölzerne Feldflasche trägt die Regiments- (68) und Bataillonsnummer (2) sowie die Abkürzung für »leichte Infanterie«. Die Flasche enthielt etwa 2,3 Liter Wasser.

Regiments-nummer

Hölzerner Verschluss

LI für »leichte Infanterie«

Bataillonsnummer

Regiments-nummer

Munition
Zum Schießen mit der Muskete wurde das Pulverende der Patrone mit den Zähnen geöffnet, etwas Pulver in die Zündpfanne gestreut, diese geschlossen und das restliche Pulver in den Lauf geschüttet, gefolgt von der Kugel und dem Patronenpapier. Mit dem Ladestock wurde alles bis zum Boden in den Lauf gestoßen. Dort stellte das Zündloch die Verbindung zum Zündpulver her.

Kugel in der Patrone

Pulverladung

Musketen-kugeln aus Blei

Weißer Lederriemen

Munitionstasche
Diese Tasche konnte bis zu 60 Patronen enthalten, die jeweils aus Pulver und Kugel bestanden. Das Pulver wurde als Zünd- und Treibladung verwendet, das Papier hielt die Kugel im Lauf.

Weiße Gurte wurden mit Pfeifenton gepflegt.

Korn

Ladestock

Vorderschaft zur Bajonettaufnahme verkürzt

Lauf wurde brüniert, um nicht zu reflektieren

Vorderer Riemenbügel

Klinge mit dreieckigem Querschnitt

Schlitz für Korn auf Lauf

Bajonett
Der Vorderschaft der Muskete ist verkürzt, um ein 43 cm langes Tüllen-bajonett aufzunehmen, sodass aus der Muskete eine kurze Pike wurde. Das Korn auf dem Lauf greift in einen Schlitz an der Bajonetthülse.

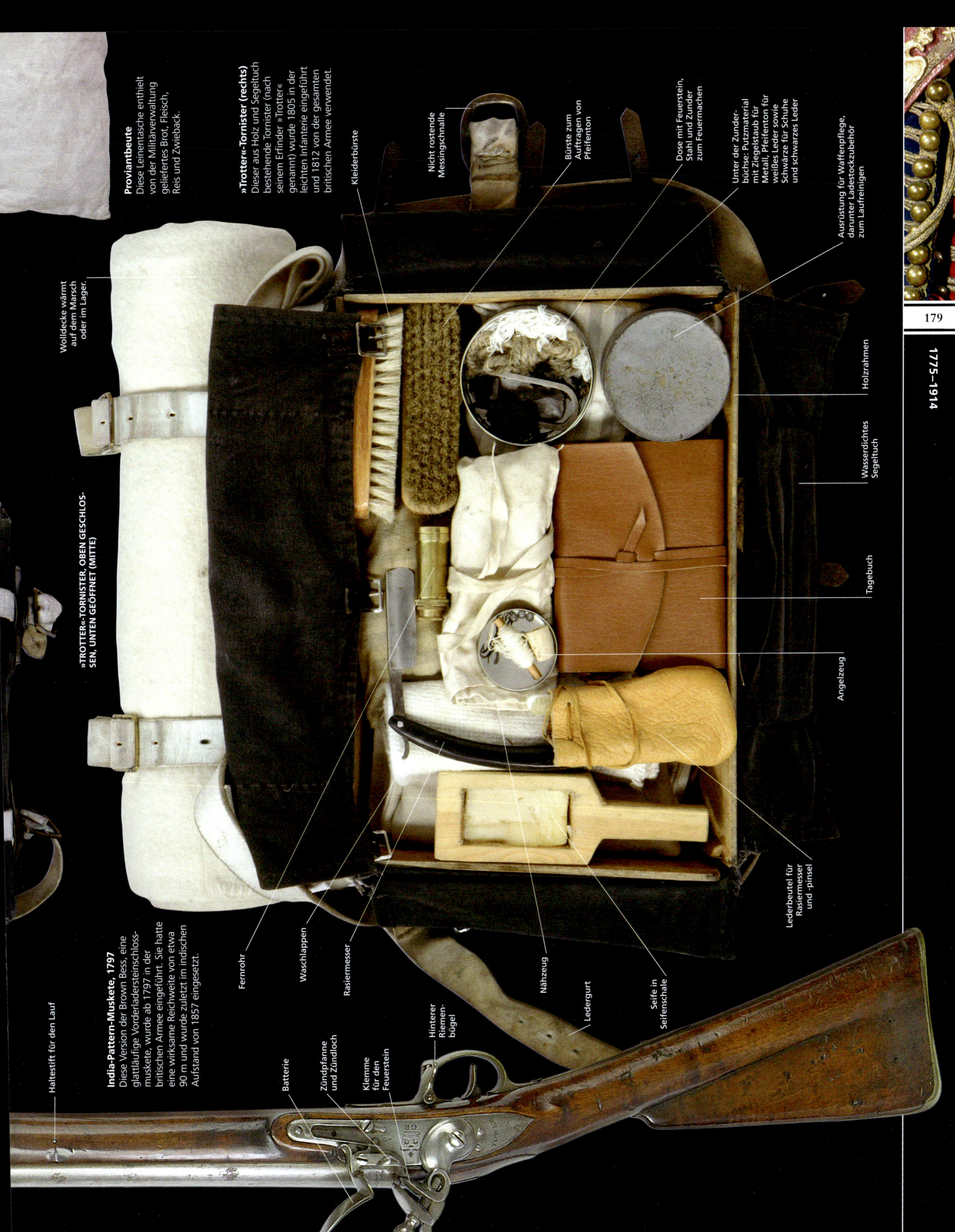

Provilantbeute
Diese Leinentasche enthielt von der Militärverwaltung geliefertes Brot, Fleisch, Reis und Zwieback.

»Trotter«-Tornister (rechts)
Dieser aus Holz und Segeltuch bestehende Tornister (nach seinem Erfinder »Trotter« genannt) wurde 1805 in der leichten Infanterie eingeführt und 1812 von der gesamten britischen Armee verwendet.

Wolldecke wärmt auf dem Marsch oder im Lager.

»TROTTER«-TORNISTER, OBEN GESCHLOS-SEN, UNTEN GEÖFFNET (MITTE)

Kleiderbürste

Nicht rostende Messingschnalle

Bürste zum Auftragen von Pfeifenton

Dose mit Feuerstein, Stahl und Zunder, zum Feuermachen

Unter der Zunder-büchse: Putzmaterial mit Ziegelstaub für Metall, Pfeifenton für weißes Leder sowie Schwärze für Schuhe und schwarzes Leder

Ausrüstung für Waffenpflege, darunter Ladestockzubehör zum Laufreinigen

Holzrahmen

Wasserdichtes Segeltuch

Tagebuch

Angelzeug

Lederbeutel für Rasiermesser und -pinsel

India-Pattern-Muskete, 1797
Diese Version der Brown Bess, eine glattläufige Vorderladersteinschloss-muskete, wurde ab 1797 in der britischen Armee eingeführt. Sie hatte eine wirksame Reichweite von etwa 90 m und wurde zuletzt im indischen Aufstand von 1857 eingesetzt.

Fernrohr

Waschlappen

Rasiermesser

Nähzeug

Ledergurt

Seife in Seifenschale

Hinterer Riemen-bügel

Haltestift für den Lauf

Batterie

Zündpfanne und Zündloch

Klemme für den Feuerstein

BRITISCHE MATROSEN

» IM GEFECHT KONNTEN WIR DURCH DEN RAUCH OFT NICHT SEHEN, OB WIR AUF FEIND ODER FREUND FEUERTEN; DAZU MACHTE UNS DER LÄRM DER KANONEN TAUB, DASS WIR GEZWUNGEN WAREN, ALLES VÖLLIG MECHANISCH ZU TUN. «

WILLIAM ROBINSON, BEI DER SCHLACHT VON TRAFALGAR AN BORD HMS *REVENGE*, 21. OKTOBER 1805

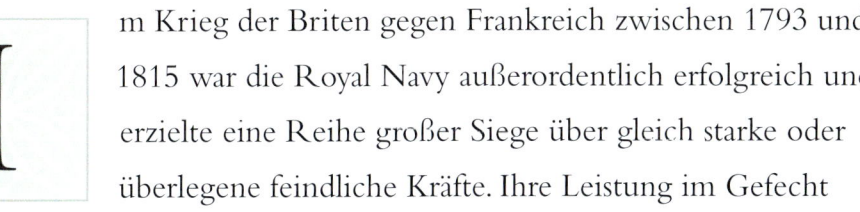

I m Krieg der Briten gegen Frankreich zwischen 1793 und 1815 war die Royal Navy außerordentlich erfolgreich und erzielte eine Reihe großer Siege über gleich starke oder überlegene feindliche Kräfte. Ihre Leistung im Gefecht beruhte auf dem bewährten System, in allen Rangstufen Seemannschaft und Kampfgeschick zu entwickeln. Dabei darf nicht vergessen werden, dass die Matrosen, von denen viele gegen ihren Willen zum Dienst »gepresst« wurden, ein hartes Leben führten und drakonischen Strafen unterworfen waren.

Horatio Nelson, der berühmteste britische Admiral, begann seine Marinekarriere 1771, als er mit 12 Jahren an Bord eines Schiffes unter Befehl seines Onkels ging. Das war nicht ungewöhnlich. Die Offiziere der Royal Navy stammten größtenteils aus ehrbaren Familien – Nelsons Vater war Vikar – und waren spätestens mit 14 zur Marine gegangen, ihren Platz hatten sie in der Regel durch Beziehungen erhalten. Zwar war das Leben auf See gefährlich, doch bot die Navy eine verlockende Karriere. Als Midshipman (Seekadett) erlernte man den komplexen Betrieb eines Kriegsschiffes einschließlich der Feinheiten der Navigation und wurde nach sechs Jahren auf See und bestandener Prüfung zum Leutnant befördert. Hatte man die richtige Patronage oder waren die Vorgesetzten ausreichend beeindruckt, konnte man mit 21 als Captain ein eigenes Schiff führen. Blieb man am Leben, wurde man durch das Prinzip des Dienstalters eines Tages Admiral. Neben der Beförderung gab es in Kriegszeiten noch die Möglichkeit, reich zu werden, da die Admiralität den Offizieren und Mannschaften,

ten sie die Muskeln und Fertigkeiten, die sie als Matrosen brauchten. Geschickt bewegten sie sich barfüßig auf dem schwankenden Deck oder in der Takelage, jahrelanges Heben schwerer Lasten und Ziehen an Tauen gab ihnen den breitschultrigen, vierschrötigen Körperbau von Matrosen. Derartige lang dienende Freiwillige machten den Kern der Marine aus.

DIE NAVY IM KRIEG
In Kriegszeiten wuchs die Marine rasch: von 45 000 Mann zu Beginn der Französischen Revolutionskriege 1793 bis auf 120 000 Mann 1799. Solche Zahlen ließen sich nur durch die berüchtigten »Pressgangs« erreichen, die die Häfen nach erfahrenen Matrosen – z.B. von Handels- oder Binnenschiffen – durchkämmten und sie zwangsweise in den Dienst des Königs »pressten«. Auf See stoppten Kriegsschiffe mitunter Handelsschiffe und übernahmen die besten Männer. Pressgangs waren äußerst unbeliebt, ihre Methoden ähnelten Entführungen, ermöglichten aber die rasche selektive Zwangsrekrutierung. Noch schlimmer

SALVENGEWEHR

Die Schlacht von Trafalgar
Obwohl Nelson verwundet auf dem Deck der *Victory* liegt, tut die gut gedrillte Mannschaft weiter ihre Pflicht *(oben)*. Die Matrosen feuern Kanonen ab, unterstützt von Seesoldaten in roten Jacken. Für seine Zeit ungewöhnlich war das mehrläufige Salvengewehr *(rechts)*, das auf feindliche Enterkommandos abgefeuert wurde.

die feindliche Schiffe kaperten, Prisengelder zahlte. Hatte ein Kapitän das Glück, eine Reihe schwer beladener feindlicher Handelsschiffe aufzubringen, konnte er ein Vermögen machen.

In Friedenszeiten traten auch die meisten unteren Ränge bereits jung in die Marine ein. Knaben aus den ärmsten Schichten wurden mit 10 oder 11 Jahren Schiffsjungen. Sie hatten die niedrigsten Arbeiten zu erledigen und dienten Offizieren oder kümmerten sich um das mitgeführte Schlachtvieh. Nach und nach entwickel-

war das 1805 eingeführte Quotensystem: Jede Grafschaft musste der Marine eine bestimmte Anzahl Männer liefern. Häufig wurden die Quoten mit Gefangenen erfüllt, sodass Schiffe mit Kleinkriminellen bemannt wurden, die als Landratten auch oft Überträger von Typhus waren.

TEAM AUF SEE
Einmal an Bord, freiwillig oder nicht, wurde ein Mann Teil einer komplexen, geschlossenen Gesellschaft, über die der Kapitän mit nahezu

Enterkommando
Mit Entersäbeln bewaffnete britische Matrosen und Seesoldaten mit Musketen versuchen, ein französisches Kriegsschiff zu entern.

absoluter Macht herrschte. Sein Charakter war der Schlüssel zu einem glücklichen oder unglücklichen Schiff; er konnte das Leben für alle an Bord unerträglich machen. Doch ein Kapitän, der sich um seine Offiziere und Männer kümmerte und dabei für gute Disziplin und Ordnung sorgte, konnte aus einer Besatzung ein hochmotiviertes Team machen, in dem jeder bereitwillig seine Rolle spielte. Die Matrosen waren in zwei Wachen unterteilt, die abwechselnd alle Stationen des Schiffes rund um die Uhr bemannten. Außerdem gehörte jeder zu einer »Messe« von acht bis zehn Mann, die zusammen aß und in der Regel innerhalb der Mannschaft eine enge Gruppe bildete. Je nach ihren Fertigkeiten erhielten die Matrosen besondere Aufgaben; Toppsgasten wurden z.B. diejenigen, die für die Arbeit hoch in den Masten sicher und geschickt genug waren.

LEBENSBEDINGUNGEN

Das Leben und Arbeiten an Bord war hart. Ein Segelschiff bei jedem Wetter zu betreiben war gefährlich und kostete viele Menschenleben. Die beengte Umgebung begünstigte die Verbreitung von Krankheiten, selbst wenn das Schiff makellos sauber gehalten wurde. Es kamen immer mehr Männer durch Krankheiten als durch Kampfhandlungen um, vor allem in ungesunden Regionen wie den Westindischen Inseln. Nach den Maßstäben ihrer Zeit gemessen, wurden Matrosen jedoch nicht schlecht verpflegt: Zu den Grundrationen aus gepökeltem Fleisch, Erbsen und Zwieback kam reichlich Bier und Grog. Allerdings neigte der Zwieback zum Befall durch Maden. Auf einem gut geführten Schiff erhielten die Matrosen auch frisches Obst und Gemüse sowie Zitronensaft, um Skorbut vorzubeugen. Die Verpflegung der Offiziere war besser, da diese ihre zusätzlichen Vorräte selbst bezahlten.

Auf See wie an Land war die Prügelstrafe das Mittel zum Aufrechterhalten der Ordnung. In der Marine reichte sie von einem gelegentlichen Streich mit dem Tauende für Männer, die nicht hart genug arbeiteten, bis zum Auspeitschen mit

der neunschwänzigen Katze und selbst zum Hängen. Auspeitschen war die Strafe für eine Reihe von Vergehen, von Trunkenheit bis zum Schlafen auf Wache; es war eine ritualisierte Strafe, die von den Bootsmannsmaaten vor der versammelten Mannschaft verabreicht wurde und weitgehend, aber nicht allgemein als notwendig angesehen wurde. Sadistische Offiziere konnten sie missbrauchen, doch blieb das die Ausnahme. Das Hängen kam selten vor und diente als Strafe für Meuterei, Verrat und gleichgeschlechtlicher Unzucht – die auf Schiffen ohne jeglichen Privatbereich selten war. Die Klagen der Männer, die zu Meutereien wie der von Spithead und Nore 1797 führten, drehten sich eher um rückständige Bezahlung, die ungleiche Verteilung von Prisengeldern, schlechte Verpflegung oder zu wenig Landurlaub. Vor allem führte aber irrationales und ungerechtes Verhalten einzelner Kapitäne zu Meutereien.

GEFECHTSSTATION

Zu Nelsons Zeit bewiesen die Matrosen in der Royal Navy immer wieder ihre Qualität. Viele Operationen, wie die Blockade der französischen Häfen, beruhten allein auf Seemannschaft, da die Schiffe lange Zeit bei jedem Wetter auf See bleiben mussten. Wirkliche Gefechte waren rar, aber alle Besatzungen waren gut darauf vorbereitet. Während zwei Schiffe um die Position zueinander und zum Wind wetteiferten, wurden die Geschütze bemannt. Andere Matrosen

Der Schrecken des Seekrieges
1798 fliegt bei der Seeschlacht von Abukir das französische Flaggschiff *L'Orient (links)* in die Luft, fast die gesamte Besatzung wird getötet. Beide Seiten waren derart entsetzt, dass sie das Geschützfeuer für einige Minuten einstellten.

erhielten Waffen, um Enterkommandos zu bilden oder abzuwehren. Die Seesoldaten sammelten sich mit ihren Musketen, einige kletterten als Scharfschützen in die Takelage. War eine geeignete Position erreicht, konnten die Geschützmannschaften auf eine Abfolge von Befehlen hin – Mündungspfropfen entfernen; laden und festrammen; feuern; Geschütze wieder ausrennen – etwa eine Breitseite pro Minute abfeuern. Das Gefecht wurde auch weitergeführt, wenn die Breitseiten aus kurzer Entfernung tödliche Holzsplitter wie Schrapnell durch das Schiff wirbelten und der Schiffsarzt unter Deck unter fürchterlichen Bedingungen Gliedmaßen im Akkord amputierte.

Die Schiffe der Royal Navy suchten, getrieben vom Durst nach Ruhm und Prisengeld, aktiv den Kontakt mit dem Feind. Unter nahezu absurden Risiken wurden feindliche Schiffe aus verteidigten Häfen geholt oder schwer bewaffnete Gegner einzeln angegriffen. Von den Jungen, die die abgemessenen Pulverladungen zu den Geschützen trugen – unter ihren Jacken, damit kein Funke das Pulver entzünden konnte –, bis zum Kapitän, der trotz Geschossen und herabstürzenden Spieren an Deck stand, ließ der Pulverdampf den Puls dieser Kämpfer steigen. Gegen Ende der napoleonischen Ära hatten sie die Royal Navy in die Lage versetzt, wie nie zuvor über die Ozeane der Welt zu herrschen.

SEEKRIEGSTAKTIK ZUR ZEIT NELSONS

Die Schiffe der Royal Navy wichen häufig von der formalen Linienformation ab, bei der zwei feindliche Flotten parallel zueinander Bug an Bug segelten und sich gegenseitig mit Breitseiten beschossen (Salven aller Geschütze einer Schiffsseite). Nelson und andere Kapitäne, die seinen Methoden folgten, durchbrachen lieber die feindliche Linie. Dieses Manöver ermöglichte ihnen der hohe Stand der britischen Seemannschaft. Die Geschütze ließen sich mit unterschiedlicher Munition laden: mit großen runden Kanonenkugeln aus massivem Eisen, um den gegnerischen Rumpf zu beschädigen; Kettenkugeln (zwei kleinere, durch eine Kette verbundene Kugeln), um die Takelage zu beschädigen; oder Kartätschen (Behälter mit dicht gepackten kleinen Bleikugeln gegen die Besatzung).

Breitseiten

Die klassische Form des Seegefechtes beruhte im gesamten 18. Jh. auf der Linienformation. Die angreifende Flotte hielt auf den Gegner zu, um Breitseiten abzufeuern. Gut ausgebildete Geschützmannschaften konnten die Rollbewegung des Schiffes für den Moment des Feuerns nutzen, um ihr Feuer auf Rumpf oder Takelage des Gegners zu richten.

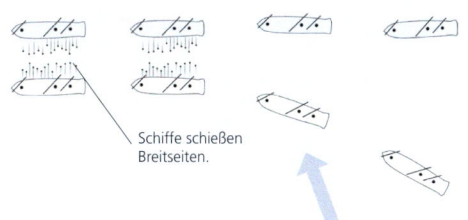

Schiffe schießen Breitseiten.

Schlachtlinie
Die angreifende Flotte segelt aus Luv auf den Feind zu. Jedes Schiff sucht sich einen Gegner zum Gefecht.

Wind-richtung

Feuern beim Abwärtsrollen
Diese Taktik wendeten Kapitäne an, um das Gefecht zu gewinnen. Mit Kugeln wurde auf den gegnerischen Rumpf gezielt, auf den Geschützdecks herrschten Zerstörung und Tod.

Feuern beim Aufwärtsrollen
Um das andere Schiff so zu beschädigen, dass es ihn nicht verfolgen konnte, ließ der Kapitän Kettenkugeln und Kartätschen in die Höhe schießen, um die Takelage zu zerstören.

Durchbrechen der Linie

Mit dieser Taktik erzielte Nelson bei Trafalgar einen spektakulären Erfolg. Die britischen Schiffe hielten in zwei Angriffslinien auf die französisch-spanische Linie zu und durchbrachen unter der Führung der *Victory* nacheinander die Linie.

Französische Flotte segelt in Schlachtlinie.

Erstes Schiff durchbricht feindliche Linie, feuert dabei Breitseiten.

Auch die folgenden Schiffe durchbrechen die Linie, statt das Gefecht in der Linie aufzunehmen.

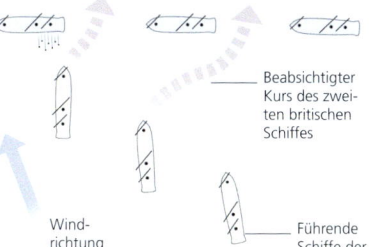

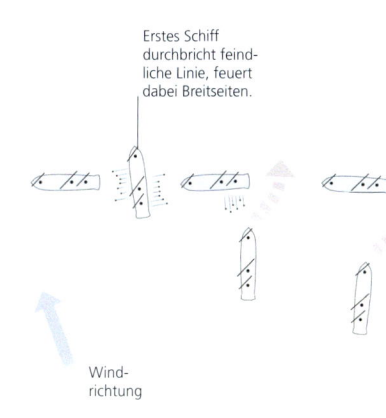

Beabsichtigter Kurs des zweiten britischen Schiffes

Erreichen der feindlichen Linie
Bei der Annäherung an die feindliche Linie ist die angreifende Flotte stark gefährdet, da sie das Feuer nicht erwidern kann.

Wind-richtung

Führende Schiffe der britischen Linie

Wind-richtung

Durchbrechen der Linie
Je mehr Schiffe die Linie durchbrechen, desto mehr wird das Gefecht zu einem Nahkampf, einem Durcheinander, in dem geschicktes Manövrieren entscheidend ist.

Längsbeschuss

Beim Durchbrechen der feindlichen Linie kann ein Schiff in beide Richtungen Breitseiten schießen, der Gegner kann das Feuer nicht erwidern.

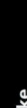

MATROSENAUSRÜSTUNG

Der britische Seemann zur Zeit Nelsons erhielt keine Uniform im eigentlichen Sinne. Durch die Kleidungstraditionen war er jedoch an seiner üblichen Kluft aus kariertem Hemd, Weste und kurzer Jacke sofort erkennbar. Die meisten Aufgaben der Matrosen drehten sich um das Segeln und Instandhalten des Schiffes oder um das Bedienen der Geschütze. Daher erhielten sie Entermesser, Pistolen und andere Waffen nur, wenn ein feindliches Schiff geentert werden sollte oder das eigene Schiff verteidigt werden musste.

Runder Hut
Die Hutformen der Matrosen waren sehr unterschiedlich. In sonnigen Breiten beliebte Strohhüte wurden oft geteert, um sie wasserdicht zu machen. Mit seinem hohen Stumpen ähnelte der »runde Hut« einem Zylinder.

Krempe, in der Regel schmal

Jacke
Die Jacken waren kurz, hatten keine Schöße und waren meistens, aber nicht immer blau. Die Matrosen kauften den Stoff oder die Kleidung oft bei demselben Ausrüster oder dem Schiffszahlmeister, daher war ihr Aussehen weitgehend uniform.

Hemd und Halstuch
Karierte Hemden waren sehr beliebt und das Markenzeichen der Matrosen in der Royal Navy wie auch der Handelsmarine. Ebenso das Halstuch, das auch als Kopftuch verwendet wurde, um zu verhindern, dass in der Hitze der Unterdecks der Schweiß in die Augen rann.

Weste
Auch die farbenfrohe Weste war mehr oder weniger Standard unter den britischen Matrosen. Geschickt im Reparieren von Segeln, nähten und flickten viele ihre Kleidung oft selbst.

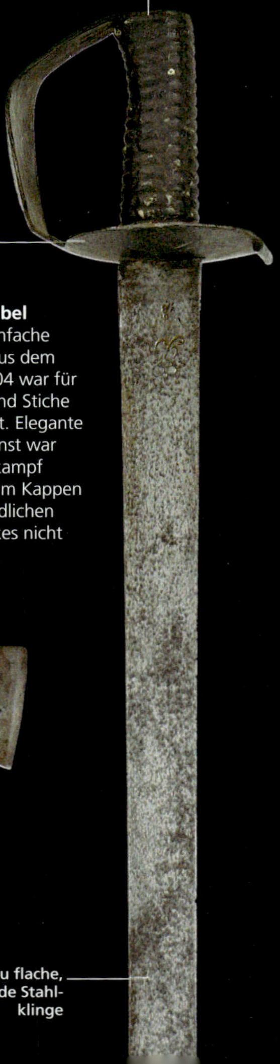

Entersäbel
Diese einfache Waffe aus dem Jahr 1804 war für Hiebe und Stiche geeignet. Elegante Fechtkunst war im Nahkampf oder beim Kappen des feindlichen Tauwerkes nicht gefragt.

Einfacher Eisengriff, zum Schutz vor Korrosion schwarz gestrichen

Handschutz aus zwei dünnen Eisenblechen

Nahezu flache, gerade Stahlklinge

Beilkopf mit Griff vernietet

Schnabel ließ sich in den Rumpf des feindlichen Schiffes schlagen, um Halt zu gewinnen.

Enterbeil
Mit dem Beil wurden beim Entern eines feindlichen Schiffes Stage, Trossen und Takelage gekappt. Außerdem wurde es im Kampf Mann gegen Mann als Offensivwaffe eingesetzt.

Einschneidige Klinge verjüngt sich zur Stoßspitze.

Griff aus Hartholz

Roter Wollstoff, ein beliebtes Material für Westen

Knöpfe aus Messing oder anderem gelbem Metall

Hosenklappe

» MANCHE HATTEN EINEN NACKTEN OBERKÖRPER, MANCHE HATTEN HALS UND ARME ENTBLÖSST, ANDERE EIN TASCHENTUCH UM DEN KOPF GEBUNDEN, ALLE SCHIENEN BEGIERIG AUF DEN BEFEHL ZUM ANGRIFF. «

PAUL HARRIS NICHOLAS, 16 JAHRE, SEESOLDAT, ÜBER DIE MATROSEN AN BORD VON HMS *BELLEISLE* BEI TRAFALGAR

30 cm langer, glatter Lauf

Ladestock mit Messingende

Batterie

Zündpfanne

Steinschlossmechanismus

Feder

Hahnlippe

Marinepistolen-Paar
Pistolen wurden zum Entern ausgegeben und in der Regel nur einmal abgefeuert, zu Beginn oder als letzter Ausweg.

Kolbenkappe aus Messing, wurde nach dem Abfeuern als »Schädelknacker« wie eine Keule eingesetzt

Enterpike
Die Piken standen in einem Gestell auf dem Hauptdeck. Im konfusen Handgemenge, das beim Entern entstand, waren sie nützlich, um den Feind auf Distanz zu halten.

Gürtel
Matrosen trugen gewöhnlich einen einfachen breiten, schwarzen Ledergürtel mit Messingschnalle.

Hose
Hosen waren in der Regel weit, um genügend Bewegungsfreiheit zu bieten. Beliebt war weißer Drillich, ein widerstandsfähiges Baumwollgewebe, viele Hosen waren jedoch auch gemustert, vor allem gestreift.

Verschluss mit Schnalle und Riemen

Schnallenschuhe
An Bord liefen die Matrosen meistens barfuß, doch zur Inspektion durch den Kapitän oder zum sonntäglichen Gottesdienst zogen sie ihre besten Schuhe an.

LINIENSCHIFF

HMS *Victory* war als Linienschiff ersten Ranges mit 104 Geschützen ausgerüstet und hatte etwa 850 Mann Besatzung. Mit Baukosten von 63175 Pfund – heute gut 70 Millionen Euro – war sie eine sehr kostspielige Investition. Für ihren Bau wurden mindestens 6000 Bäume benötigt, vor allem Eichen. Als Nelsons Flaggschiff in der Seeschlacht von Trafalgar, in der die Royal Navy 1805 die Spanier und Franzosen besiegte, ging sie in die Geschichte ein.

HMS *Victory* wurde am 7. Mai 1765 in der Marinewerft Chatham vom Stapel gelassen, jedoch erst 1778 aus dem Reservedienst in den aktiven Dienst übernommen, als Großbritannien gegen Frankreich in den Krieg zog. Bei den Französischen Revolutionskriegen (ab 1792) wurde sie das Flaggschiff der Royal Navy im Mittelmeer und war 1797 maßgeblich an der Zerstörung der Flotte des spanischen Verbündeten der Franzosen bei Kap St. Vincent beteiligt. Nach ihrem Triumph wurde die alternde *Victory* als »schadhaft« zum Dienst als Lazarettschiff herabgestuft.

Ab 1800 wurde sie jedoch umfassend überholt und 1803 als Nelsons Flaggschiff wieder in Dienst gestellt. Zwei Jahre später spielte sie am 21. Oktober 1805 eine wichtige Rolle bei Trafalgar; dabei wurden 57 Mann getötet, darunter der Admiral.

Die *Victory* hatte drei Geschützdecks. Die schwersten Geschütze, die 32-Pfünder, standen auf dem untersten Geschützdeck, die 24-Pfünder auf dem mittleren und die 12-Pfünder auf dem oberen. Außerdem gab es die Back, das Quarterdeck und das Poopdeck sowie unterhalb der Wasserlinie das Orlopdeck und den Laderaum.

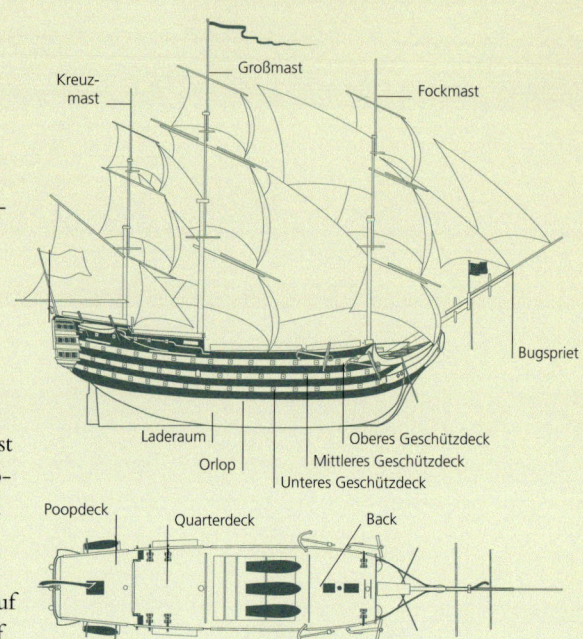

HMS Victory in Seitenansicht und Draufsicht
Die Geschützdecks waren 57 m lang, an seiner breitesten Stelle war das Schiff 16 m breit.
Die Masten und Spieren trugen insgesamt 37 Segel.

> » JEDES GESCHÜTZ SCHOSS ... FEUER VON OBEN, FEUER VON UNTEN ... DER RÜCKSTOSS DER GESCHÜTZE WAR ENORM ... DIE DECKS HOBEN UND SENKTEN, DIE SEITEN VERRENKTEN SICH. «

LEWIS ROTELY, MARINE 2ND LIEUTENANT, AN BORD VON HMS *VICTORY*, 21. OKTOBER 1805

Auf der Poop
Darsteller in den Rollen von Admiral Nelson, dem Kapitän und einigen Offizieren beobachten vom Poopdeck aus das Geschehen auf dem darunter liegenden Achterdeck.

Pulverhorn
Jeder Geschützführer trug ein Kuhhorn mit Zündpulver für das Geschütz.

Heckfenster
Hinter diesen drei Fensterreihen am Heck befanden sich die Unterkünfte des Admirals, des Kapitäns und der Offiziere.

Hecklaternen
Die mit Tran befeuerten Laternen hoch auf dem Heck halfen den Schiffen der Flotte, bei Nacht die Formation zu halten.

Stückpforte
Das Geschütz wurde durch die Stückpforte »ausgerannt«, doch müsste vor dem Feuern noch der Pfropfen von der Mündung entfernt werden.

Takelage
Ein Gewirr von Tauen bewegte die riesige Segelfläche – insgesamt etwa 16 000 m².

Stehendes Gut
Als stehendes Gut wird das stützende Tauwerk bezeichnet, das die Masten hält.

Hoch hinaus
Die Spitze des Großmastes lag 62,5 m über der Wasseroberfläche. Ein Sturz von der Rah beim Setzen oder Bergen der Segel war oft tödlich.

Rack und Talje
Unter der Saling (Plattform) jedes Mastes wird die darunter liegende Rah von vier großen hölzernen Blöcken am Rack gehalten.

Restaurierte Victory
Zurückversetzt in den Zustand vor der Schlacht von Trafalgar liegt HMS *Victory* jetzt in Portsmouth an der englischen Südküste im Trockendock. Sie ist das älteste Schiff der Welt, das noch offiziell bei einer Marine im Dienst steht.

Schwere Anker
144 Mann wurden an zwei verbundenen Ankerspills benötigt, um die größten Anker zu heben, die über 4,5 Tonnen wogen.

Galionsfigur
Links und rechts hält ein Cupido das königliche Wappen. Diese Galionsfigur von 1803 ist schlichter als die originale von 1765.

Backdeck
Fock- und Großmast wurden vom Backdeck aus bedient. Die Schiffsglocke in der Mitte des Decks wurde jede halbe Stunde geläutet. Links zwei Kanonen auf hölzernen Lafetten. Das starke Tau fängt den Rückstoß auf.

DIE UNTEREN DECKS

Der größte Teil der Mannschaft schlief in Hängematten, die auf den Geschützdecks aufgehängt waren. Jedem Mann standen 53 cm Schlafraum zu. Im selben Bereich wurde auch gegessen, die Tische hingen ebenfalls an den Deckbalken. Nur die Stückpforten ließen Licht und frische Luft herein, waren aber wegen des Seegangs oft geschlossen. Die Bereiche unterhalb der Wasserlinie waren noch düsterer und feuchter, im Gefecht jedoch am sichersten und daher zum Lagern von Schießpulver geeignet. Der Schiffsarzt hatte seine Apotheke auf dem Orlopdeck unter dem unteren Geschützdeck, hier wurden auch Verwundete operiert.

Unteres Geschützdeck
Den Rückstoß jedes Geschützes fing ein dickes Tau um das hintere Ende ab. Das Geschütz konnte so weit zurückrollen, dass es zum Laden nicht mehr aus der Stückpforte ragte.

Mittleres Geschützdeck
Auf den weiten, niedrigen Geschützdecks *(unten)* aß und schlief auch ein Großteil der Mannschaft.

Essen an Bord
Die Kombüse mit dem gusseisernen Brodie-Herd befand sich auf dem mittleren Geschützdeck. Die Matrosen aßen ihre Rationen, darunter Zwieback, aus Holzschüsseln oder von ihren eigenen Tellern.

Back
Diese Art Eimer wurde vom Schiffsböttcher hergestellt. Ein Mitglied der Messe holte damit das Essen für seine Kameraden aus der Kombüse.

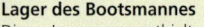

Lager des Bootsmannes
Dieser Lagerraum enthielt Material zum Reparieren der Takelage. Der Bootsmann führte die Decksmannschaft und war für Tauwerk und Anker verantwortlich.

Lager des Zimmermannes
Das Instandhalten und Reparieren der hölzernen Schiffsstruktur war eine tägliche Aufgabe. Das Zimmermannslager befand sich weit vorne im Laderaum.

Krankenrevier
Kranke wurden in diesen hellen, luftigen Bereich vor dem oberen Geschützdeck gebracht.

Kanonenkugel
Die gusseisernen Kanonenkugeln konnten bis zu 14,5 kg (32 Pfund) wiegen.

Apotheke
Unter dem unteren Geschützdeck hatte der Schiffsarzt im Orlopdeck vorn eine kleine Apotheke sowie eine eigene Kabine. Ein offener Raum nahebei auf demselben Deck diente ihm als Operationssaal.

Laderaum
Er ist hier fast leer und enthält nur Kies als Ballast sowie einige Wasserfässer. Beladen konnte er die Vorräte für eine sechsmonatige Reise aufnehmen.

Steuerrad und Kompasse
Das Doppelrad achtern auf dem Quarterdeck bedienten bei ruhiger See vier Mann, bei Sturm konnte die Kraft von acht erforderlich sein. Davor steht das Kompasshaus mit zwei Kompassen.

DIE KOMMANDOZEN-TRALE DES SCHIFFES

Auf dem Quarterdeck hinter dem Großmast befanden sich die Kabinen der Offiziere, die sie auch als Büros nutzten, und das Steuerrad. Zusammen mit dem Poopdeck, das als Dach für die Kabinen und als Navigations- und Beobachtungs-plattform fungierte, bildete das Quarterdeck die Kommando-zentrale, wo sich die höheren Offiziere aufhielten. Die Freiwachen waren auf die Back am anderen Ende des Schiffes beschränkt. Auf dem Quarterdeck wurde Nelson bei Trafalgar von einem französischen Scharfschützen getroffen.

Tagesraum des Kapitäns
Im Heck des Schiffes auf dem Quarterdeck hatten Admiral und Kapitän jeweils helle, geräumige Kabinen mit separaten Schlaf-, Ess- und Arbeitsbereichen.

1861 – 1865

UNIONSINFANTERISTEN

» WIR WAREN … ALLE FROH UND ERWARTETEN,
NACH DEM KRIEG NACH HAUSE ZU KOMMEN … WENIG
KÜMMERTE UNS, WAS VOR UNS LAG. WIR WAREN JETZT
UNTERWEGS NACH SÜDEN, UM UNSER MÖGLICHSTES
ZU TUN ODER ZU STERBEN. «

Die rote Tapferkeitsmedaille
In einer Szene aus dem Film *Die rote Tapferkeitsmedaille* nach dem Kriegsroman von Stephen Crane aus dem Jahr 1895 legen Unionssoldaten an. Musketen mit gezogenem Lauf und wirksamere Kanonen gaben den Armeen im Sezessionskrieg größere Feuerkraft und Reichweite als früher. Außerdem lernten die Soldaten, Verteidigungspositionen hinter Feldbefestigungen und Schanzen einzunehmen.

D er amerikanische Sezessionskrieg, in dem sich von 1861 bis 1865 die Armeen der abtrünnigen Konföderation und der nördlichen Union bekämpften, war vor allem ein Krieg der Infanterie: 80 Prozent der Kämpfenden waren Fußsoldaten. Unterhalb der höchsten Führungsebene gab es in der Unionsarmee nur wenige Berufssoldaten. Die Neulinge erlernten das Kämpfen auf die harte Weise – auf Feldzügen. Unter den harten Bedingungen eines Bürgerkrieges, in dem jeder Vierte fiel, entwickelten die Unionssoldaten Zähigkeit und Ausdauer.

Nach dem Angriff der Konföderierten auf Fort Sumter im April 1861 rief Präsident Abraham Lincoln erstmals Freiwillige zur Verteidigung der Union auf. Aus den ursprünglichen 90 Tagen – von denen man optimistisch annahm, dass sie zum Unterdrücken der Rebellion reichen würden – wurden bald jedoch realistischere drei Jahre. Die Flut der Begeisterung in den Nordstaaten sorgte dafür, dass die Zahl der Freiwilligen die der tatsächlich Angenommenen weit überstieg. Etwa 300 000 waren bis zum ersten Kriegswinter rekrutiert worden, viele mehr hatte man abweisen müssen. Junge Männer wollten in ihrer naiven Begeisterung Kriegserfahrungen sammeln, bevor der erwartete kurze Konflikt vorbei war. Viele spürten eine vage, aber starke patriotische Hingabe an die Einheit der Vereinigten Staaten, nur wenige inspirierte der Kampf gegen die Sklaverei.

EINE ARMEE ENTSTEHT
Amerikas kleine reguläre Armee war an der Aufstellung der Unionstruppen nur am Rande beteiligt. Die meisten Regimenter entstanden von Grund auf neu unter prominenten Bürgern, die später als Colonel des Regimentes bestätigt wurden. Waren genügend Freiwillige versam-

Feldmütze
Das Abzeichen gehört zur 124th New York Infantry, einem Freiwilligenregiment der Union.

melt, errichteten sie ein Lager und wählten ihre Offiziere und Unteroffiziere. Die höheren Ränge wurden vom Colonel eingesetzt, die rangniederen Offiziere mussten jedoch um die Stimmen der Männer werben, die sie kommandieren sollten. Ernannt oder gewählt – die Offiziere hatten ebenso wie ihre Männer kaum militärische Erfahrung. Einige der ersten Rekruten gehörten zu lokalen Milizen, aber auch sie waren Zivilisten, die nur gerne in Uniform paradiert hatten. Die Versorgung mit Uniformen und Ausrüstung war chaotisch und von örtlicher Initiative abhängig, die Bundesverwaltung versagte. Die Regimenter wählten ihre eigene Ausstattung, sodass die Unionsarmee zunächst mit den verschiedensten Uniformen ins Feld zog, darunter Zuaven in prächtigen Imitationen französisch-afrikanischer Truppen. Nach dürftiger Ausbildung gelangten diese bunt gekleideten Soldaten mit der Eisenbahn zu den Lagern in Frontnähe. Ihre anfängliche Leistung war durchwachsen, Mut ersetzte fehlende Fertigkeiten, Erfahrung und Führung nur zum Teil. Die Niederlage von Bull Run (Manassas) im Juli 1861 veranlasste den Norden, eine professionellere Armee für einen längeren Krieg aufzustellen.

SPRINGFIELD MODELL 1861

1862 steigerten die Fabriken des Nordens ihre Produktion, um die expandierende Armee einheitlich einzukleiden und auszurüsten, die daher bald viel besser versorgt war als die Armee der Südstaaten. Bessere Ausbildung und täglicher Drill ließen die Truppen soldatischer aussehen. Die Wahl der Offiziere wurde nach und nach aufgegeben, viele inkompetente Kommandeure entlassen. Dennoch konnte die Disziplin mit der vieler zeitgenössischer europäischer Armeen oft nicht mithalten, den meisten Amerikanern ging ein natürliches Gefühl für Gehorsam ab. Die Soldaten waren sich bewusst, Bürger mit Rechten zu sein – oder einfach stur. Einer beklagte sich bitter über Offiziere, die sich offenbar als »aus anderem Material gemacht ansehen als die niedrigen Burschen im Glied«.

SOZIALE HERKUNFT

Unionssoldaten, die meisten in ihren Zwanzigern, kamen oft von Farmen oder waren städtische Handwerker und spiegelten damit die Vielfalt der Gesellschaft des Nordens wider. Jeder fünfte hatte deutsche Wurzeln, die nächstgrößere Gruppe bildeten die Iren. Etwa zehn Prozent waren erst kürzlich aus Europa eingewandert.

Schwarze Amerikaner waren ursprünglich vom Dienst ausgeschlossen, zunehmender Personalmangel führte jedoch 1862 zu einer Änderung der Vorschriften; den gleichen Sold erhielten sie allerdings erst ab Juni 1864. Zunächst wurden sie in Arbeitsbataillonen eingesetzt, später aber in »farbigen« Regimentern unter weißen Offizieren aufgestellt.

Schwarze Soldaten
Die Kapelle der 107th US Colored Infantry 1865 in Fort Corcoran, Virginia. Afroamerikanische Soldaten erlitten unverhältnismäßig hohe Verluste: Etwa ein Drittel der schwarzen Unionssoldaten wurde im Sezessionskrieg getötet.

Die schwarzen Soldaten, meistens als »Konterbande« bezeichnete geflohene Sklaven, litten unter den bösartigen Vorurteilen vieler Unionssoldaten sowie unter der harten Behandlung durch die Konföderierten. Durch ihre Leistung erwarben sie sich jedoch schließlich den widerwilligen Respekt des Nordens und beeinflussten die Meinung der Weißen zugunsten der Freilassung. Gegen Ende des Krieges machten die afroamerikanischen Soldaten etwa zehn Prozent der Unionsarmee aus.

ERFAHRUNG DES KRIEGES

In den ersten beiden Kriegsjahren erlitten die Uniontruppen viele Niederlagen und Rückschläge, doch im Juli 1863 verschoben die Siege bei Gettysburg im östlichen Kriegsschauplatz und Vicksburg im Westen das Gleichgewicht entscheidend zuungunsten der Konföderier-

ten. Ab da konnte der Süden den Krieg nur noch verlängern, nicht mehr gewinnen.

Der Sezessionskrieg ist zuweilen als der erste »moderne Krieg« bezeichnet worden, da er Neuerungen wie Eisenbahn und Telegrafie nutzte. Für den einfachen Soldaten stellte sich das tägliche Leben dagegen anders dar. Vom Bahnhof aus musste er marschieren, häufig über beträchtliche Entfernungen. Zwangsläufig hatte er schweres Gepäck und seine Waffe zu schleppen, was er zu reduzieren suchte – die Marschwege waren in der Regel mit Decken und anderen Ausrüstungsstücken übersät. Wurde keine strenge Disziplin durchgesetzt, fielen Nachzügler scharenweise zurück.

Lagerleben
Ein Unionslager bei Cumberland Landing am Pamunkey River 1862. Die Soldaten schliefen in den konischen Sibley-Zelten aus Segeltuch, später mit sich hinziehendem Krieg auch in kleineren Firstzelten.

RASIERMESSER

ZAHNBÜRSTE

SEIFE

Persönlicher Besitz
Infanteristen mussten alles, was sie im Feld zum Leben brauchten, auf dem Rücken tragen. Das Waschzeug war leicht, schwerere Stücke wurden oft zurückgelassen.

Obwohl die Verpflegung der Unionsarmee im Allgemeinen angemessen war, verfielen die Soldaten oft auf das Plündern. Da der Krieg größtenteils auf dem Territorium des Südens stattfand, wurde das von den Kommandeuren toleriert oder sogar gefördert, besonders auf dem berüchtigten Marsch ans Meer durch Georgia 1864.

Das Leben im Armeelager hatte sich gegenüber früher kaum verändert. Die Routine aus Drill und Arbeitsdienst wurde durch Horn- oder Trommelsignale geregelt. Disziplinlosigkeit konnte hart bestraft werden. Krankheiten waren allgegenwärtig, Durchfall und Ruhr kosteten mehr Leben als die Kampfhandlungen. Die Sterberate sank im sich hinziehenden Krieg durch bessere medizinische Versorgung, strengere Disziplin und damit bessere Hygiene. Kam die Kriegführung jedoch zum Stillstand wie bei den Belagerungen von Vicksburg oder Richmond, brachen die Epidemien wieder aus. Das schlimmste Los war die Gefangennahme: Tausende starben in den schrecklichen Lagern der Konföderierten bei Andersonville, Georgia, und anderswo.

DIE ARMEE VERÄNDERT SICH
Zwar kosteten die Kämpfe weniger Leben als die Krankheiten, doch stieg mit zunehmender Intensität des Krieges auch die Zahl der Opfer in der offenen Feldschlacht. Bei Antietam verlor die Union im September 1862 an einem einzigen Tag 12 000 Mann. In der entscheidenden Schlacht von Gettysburg im Folgejahr lagen die Verluste des Nordens bei etwa 23 000 Mann, die des Südens sogar noch höher. Die steigenden Verluste und die Verlängerung des Krieges erhöhten den Personalbedarf der Unionsarmee und minderten gleichzeitig die Begeiste-

rung, sich freiwillig zu melden. Nachdem auch Kopfgeld nicht genügend Rekruten gebracht hatte, führte die Bundesregierung 1863 die Wehrpflicht ein, was zu Unruhen in New York und vielfacher Umgehung des Militärdienstes führte: Wohlhabende leisteten eine Abfindungszahlung oder bezahlten einen Stellvertreter, Ärmere meldeten sich rasch freiwillig und kassierten das Kopfgeld. Nur eine kleine Minderheit der Unionssoldaten waren tatsächlich Wehrpflichtige.

DER AMERIKANISCHE SEZESSIONSKRIEG 1861–1865

Unionsstaaten 1861		Fort der Konföderierten	
Konföderierte Staaten 1861		Sieg der Union	
Frontlinie der Union Dez. 1861		Sieg der Konföderierten	
Frontlinie der Union Dez. 1863		Unentschiedene Schlacht	
Bewegungen der Union		12. Apr. 1865 Datum Schlacht/Angriff	
Fort der Union		Von Unionstruppen zerstörte Stadt	

Kriegsverlauf
Der Krieg entwickelte sich an zwei Fronten. Auf dem östlichen Schauplatz kämpfte die Potomac-Armee der Union in einem relativ begrenzten Gebiet in Virginia, Maryland und Pennsylvania. Im Westen reichten die Kämpfe schließlich von Kentucky und Mississippi bis zur Küste von Georgia und den Carolinas.

Gettysburg
Getötete Unionssoldaten auf dem Schlachtfeld bei Gettysburg, Pennsylvania. Mit insgesamt etwa 50 000 Toten, Verwundeten und Vermissten war die Schlacht bei Gettysburg eine der größten und blutigsten des Krieges.

Infanterie und Spezialisten
Wegen der wachsenden Bedeutung von Schützengräben und anderen Feldbefestigungen spielten Spezialisten wie diese Pioniere der 8th New York State Militia *(rechts)* in den Armeen der Nord- und Südstaaten eine wichtige Rolle. Bei einer Nachstellung trinkt ein regulärer Unionsinfanterist aus seiner Feldflasche *(ganz rechts)*.

» ICH HABE EINE TODESANGST VOR DEM SCHLACHTFELD … ICH FÜRCHTE, DASS DAS STÖHNEN DER VERWUNDETEN UND STERBENDEN MICH ZITTERN LÄSST, DENNOCH HOFFE UND VERTRAUE ICH, DASS ICH DIE KRAFT ERHALTEN WERDE, MEINE PFLICHT ZU TUN. «

SOLDAT EDWARD EDES IN EINEM BRIEF AN SEINEN VATER VOR DEM ERSTEN KAMPF, APRIL 1863

Parallel zur Einführung der Wehrpflicht versuchte die Regierung, die Freiwilligen von 1861 nach Ablauf ihrer drei Jahre zum weiteren Verbleib in der Armee zu bewegen. Die Männer waren kriegsmüde – viele hatten keinerlei Heimaturlaub gehabt –, doch mit dem Versprechen einer 30-tägigen Beurlaubung verlängerten 200 000 ihren Dienst bis Kriegsende.

Ein tiefer Graben trennte diese stolzen »altgedienten Freiwilligen« von den späteren Rekruten, die im Allgemeinen aus den ärmeren Schichten dem Ruf des Geldes gefolgt waren. Soldat Wilkeson beschrieb sie als »gewissenlose und feige Schurken«, mit denen »ehrbare amerikanische, irische und deutsche Freiwillige nicht verkehr-

Tabak
Lizenzierte Händler begleiteten das Heer im Feld und verkauften alles von Schreibpapier bis zu Tabak. Der gezeigte Pfeifenkopf ist handgeschnitzt, ein beliebter Zeitvertreib der gelangweilten Soldaten.

ren«. Die Fahnenflucht war in der Unionsarmee immer verbreitet gewesen; die Männer versuchten, Probleme zu Hause zu lösen, oder waren vom Soldatenleben entmutigt worden. Die durch Kopfgeld oder als Stellvertreter Rekrutierten waren jedoch dafür berüchtigt, nach dem Erhalt des Gesamtbetrages zu verschwinden. General Ulysses Grant klagte 1864: »Fast alle Männer, die wir auf diese Weise erhalten haben, desertieren.«

SICH DURCHSCHLAGEN
Trotz ihrer sich verändernden Zusammensetzung – von den naiven Freiwilligen von 1861 bis zur Mischung aus abgehärteten Kämpfern und schlechten Rekruten der späteren Phasen – gewann die Unionsinfanterie schließlich den Krieg. Die Kavallerie war zur Aufklärung und bei Blitzüberfällen nützlich, die Artillerie hatte einen Großteil der Opfer verursacht. Entschieden wurden die Schlachten jedoch durch Erfolg oder Fehlschlag der Infanteriewellen, die im schwindenden feindlichen Feuer vorrückten.

Auf beiden Seiten benutzten die Soldaten Springfield- oder Enfield-Gewehre, gezogene Vorderlader mit Perkussionsschloss, deren Schussfolge, Reichweite und Genauigkeit den glatten Steinschlossmusketen aus der

napoleonischen Zeit überlegen war. Da auch die Kanonen wesentlich wirksamer geworden waren, erlitt die Infanterie auf offenem Feld schwere Verluste. Im Laufe des Krieges lernten die Soldaten, für defensive Positionen natürliche Deckung zu nutzen oder Feldbefestigungen zu errichten.

GRABENKÄMPFE

Die immer stärkere Feuerkraft von Infanterie und Artillerie veranlasste die Armeen zum Bau von Feldbefestigungen. In den statischen Kämpfen bei Vicksburg 1863 und bei Petersburg 1864/65 wurden daraus umfassende Systeme von Schützengräben, die bei Petersburg etwa 50 km Länge erreichten. Im Rückblick nehmen die Gräben des Sezessionskrieges die Pattsituation an der Westfront im Ersten Weltkrieg vorweg.

PIONIERE UND MINEURE
Schanzen hatte man bereits bei Belagerungen im 17. Jh. und früher angelegt. Im Sezessionskrieg wurden die traditionellen Belagerungswaffen eingesetzt, darunter Mörser und Granaten, ebenso Tunnel. Die Pioniere der Union brachten bei Petersburg unter den Linien der Konföderierten vier Tonnen Schießpulver zur Explosion. Allerdings konnte der Norden die Situation nicht ausnutzen. Der Stellungskrieg war für beide Seiten demoralisierend, die Soldaten litten unter Langeweile, Krankheiten sowie dem zermürbenden Scharfschützen- und Mörserfeuer.

KAUTABAK

PFEIFENKOPF

WASSERDICHTE STREICHHOLZBÜCHSE

STREICHHÖLZER

FRICTION MATCHES
Manufactured by
LEWE & CO.
For sale by
L. OLDMAN & CO.
No. 123 East Street
RICHMOND, VA.

Stellungskrieg
Nachbau eines Schützengrabensystems einschließlich hölzerner Stützwände des 1864 bei Spotsylvania verwendeten Typs. In den Gräben des »blutigen Winkels von Spotsylvania« kam es zu brutalen Nahkämpfen mit dem Bajonett.

Trankerzen
Kerzen waren im Lager ein wichtiges Ausrüstungsstück. Um die Beleuchtung zu verbessern und unter Segeltuch Feuer zu verhüten, benutzte man Blechgehäuse mit polierten Oberflächen.

steckten sich. Massenpaniken traten aufseiten der Union bei den Schlachten von Shiloh und Fredericksburg ebenso auf wie Mut und Heldentaten Einzelner. Im Eifer des Gefechtes brachten selbst entschlossene Soldaten die Lade- und Feuerprozedur ihrer Waffen durcheinander: Papierpatrone mit den Zähnen aufreißen, Pulver und Kugel in den Lauf stoßen, Zündhütchen aufstecken. Die Gewehre wurden mit dem Ladestock im Lauf abgefeuert oder feuerten ohne Zündhütchen gar nicht. Manche Schlachten wurden in Wäldern ausgefochten, wo sie rasch in brutale Handgemenge zerfielen.

SIEG DURCH ABNUTZUNG
Infanteriegefechte auf kurze Entfernung waren eine fürchterliche, aber aufregende Erfahrung. Vom Stellungskrieg in der Endphase des Krieges konnte man das nicht sagen. Die Unionsinfanterie entdeckte Schützengräben bei der Belagerung von Vicksburg 1863 für sich, ihren Höhepunkt erreichte diese Art der Kriegführung jedoch vor Petersburg 1864/65. Die tägliche Abnutzung durch explodierende Mörsergranaten und durch feindliche Scharfschützen ersetzte das wilde Gemetzel der offenen Schlacht, die Soldaten konnten mit Pickel und Spaten so gut umgehen wie mit ihrer Waffe. Wenig war von dem

Doch hatte die Schlacht einmal begonnen, gab es kein richtiges Versteck mehr. In der Defensive mussten die Männer die Stellung halten, im scheinbar nicht aufzuhaltenden Vormarsch des Feindes stetig feuern und sich auf Befehl geordnet zurückziehen. In der Offensive mussten sie oft trotz der unerbittlichen Einschläge von Granaten und Kugeln in Linien über offenes Gelände vorrücken. Dann kam der Befehl zum Sturm mit aufgepflanztem Bajonett durch einen Hagel von Kugeln und Granaten.
Nicht immer hielten die Nerven dem stand. Einige flüchteten kriechend aus dem Chaos und ver-

Glanz übrig geblieben, der die Freiwilligen 1861 begeistert hatte. Für die meisten war der Krieg eine grauenhafte, mühsame Aufgabe geworden, die bis zum Ende ausgeführt werden musste.
Den Sieg errang die Union im April 1865, allerdings zu einem hohen Preis. Etwa 360 000 Soldaten der Nordstaaten waren getötet worden, etwa jeder Achte, der diente. Die Überlebenden konnten im besten Fall mit der Befriedigung einer eindrucksvollen Kampfleistung nach Hause zurückkehren. Im Kampf gestählt und gut diszipliniert, konnte »Billy Yank« in den Worten eines Offiziers »absoluten Gehorsam, unerschütterlichen Mut und große Ausdauer« zeigen. Auch wenn die Konföderierten oft mit mehr feuriger Leidenschaft fochten, erwies sich der Infanterist der Union letztlich als hartnäckiger, kühler Kämpfer.

Artillerie der Union
Material in einem Depot des Nordens, bereit zum Einsatz bei der Belagerung von Petersburg 1864/65. Artillerie spielte im Stellungskrieg rund um die Stadt eine wichtige Rolle.

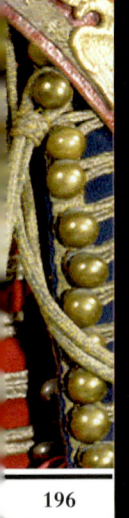

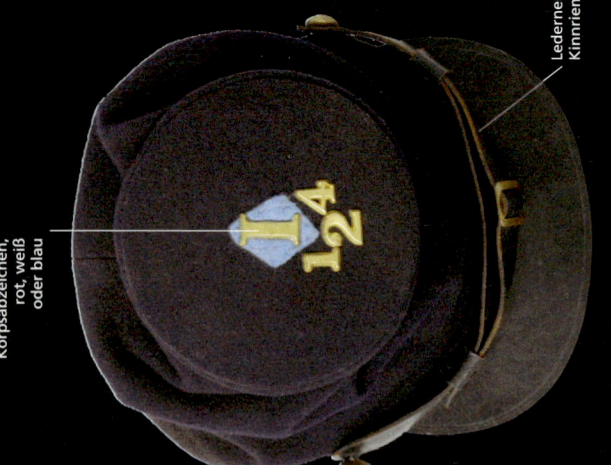

Korpsabzeichen, rot, weiß oder blau

Lederner Kinnriemen

Aufpflanzen des Bajonetts auf die Muskete

UNIONSUNIFORM

Nach der ersten Schlacht am Bull Run standardisierte das Kriegsministerium 1861 die Uniformen. Die Unionsregierung nahm den einzelnen Staaten die Verantwortung für die Einkleidung und Ausrüstung ab und nutzte das Potenzial der Fabriken für die Massenproduktion. Daher waren die Soldaten der Union wesentlich besser ausgerüstet als die der Konföderierten.

Feldmütze
Sie bestand aus merzerisierter Wolle und hatte eine runde, flache Oberseite, Baumwollfutter und einen Schirm. Auf die Oberseite nähten die Männer ihr Korpsabzeichen (hier »I«) sowie Messingziffern auf, die ihr Regiment angaben (New York 124th).

Vier Knöpfe mit US-Adler

> BILLY YANK HATTE WENIG GRUND, ÜBER DIE KLEIDUNG, DIE ER VOM QUARTIERMEISTER ERHIELT, ZU KLAGEN. «

J. G. RANDALL, *THE CIVIL WAR AND RECONSTRUCTION (SEZESSIONSKRIEG UND WIEDERAUFBAU)*

Flanell aus Baumwoll- und Wollgewebe wärmte besser.

Feldbluse
Die dunkelblaue Bluse des Unionssoldaten bestand aus leichter Wolle, sie hatte auf der Innenseite eine Tasche und an der Vorderseite vier Messingknöpfe. Wie alle Unionsuniformen wurde sie in mehreren Standardgrößen hergestellt, um die Massenproduktion zu vereinfachen.

Kurzer Kragen

Rückseite mit Bajonettschuh und Feldflasche

Ledertasche mit 40 Patronen (Papierröllchen mit Minié-Geschoss und Schießpulver)

Die Schuhe hielten so lange, wie der Soldat sie pflegte.

Hufeisen unter dem Absatz machten die Schuhe haltbarer.

Schwere Ledersohlen

Tülle passt auf Musketenlauf.

Gürtel und Bajonett

Jeder Infanterist der Union trug ein Koppelzeug mit einer Patronentasche am Tragriemen, einer Tasche für Zündhütchen sowie der Bajonettscheide. Der Gürtel aus dickem, schwarzem Leder wurde mit einer großen Messingschnalle, geprägt mit »US«, geschlossen.

Hose

Die von der Union ausgegebenen Hosen aus hellblauer Wolle waren sehr strapazierfähig. Im Feld rollten die Soldaten die Beine nach oben oder steckten sie in die Socken, um die Aufschläge zu schützen.

Scheide

Halbstiefel

Das Schuhwerk der Unionssoldaten bestand aus dickem, geschwärztem Leder; die dicken Ledersohlen und Absätze wurden mit hölzernen Stiften genagelt oder mit dickem Faden genäht. Die Schuhe gehörten zu den ersten in Massen produzierten, die nach rechts und links unterschieden wurden.

Gürtelschnalle aus Messing

Tasche für Zündhütchen

Strapazierfähiger Wollstoff

UNIONSAUSRÜSTUNG

Die Ausrüstung des Infanteristen konnte mit bis zu 80 Schuss Munition, Vorräten für drei Tage, Gewehr, Kleidung, Wetterschutz und persönlichem Besitz bis zu 23 kg ausmachen. Neulinge lernten rasch, was für sie nötig war und was weniger wichtig. Im Frühjahr begannen Feldzüge immer voll ausgerüstet, aber die Straßen waren bald mit zurückgelassenen Mänteln, Decken, Zelten etc. übersät.

Riemen aus ungegerbtem Leder

Decke

Schlafmütze
Persönlicher Besitz wie diese Mütze boten dem neuen Rekruten ein wenig Komfort – in diesem Fall Wärme – in der ansonsten bedrückenden Umgebung.

MESSER UND GABEL MIT HOLZGRIFF

BLECHTASSE

KOCHGEFÄSS FÜR WASSER

Gummiertes Segeltuch

TEEBLOCK

Drahtschlinge zum Aufhängen über dem Feuer

KAFFEEEXTRAKT-PULVER

IMPROVISIERTE BRATPFANNE

Kochgeschirr
Das Kochgeschirr der Unionssoldaten war sehr einfach, immerhin fügten Kaffeeextrakt und Tee dem heißen Wasser etwas Geschmack bei. Typischerweise führte der Infanterist Verpflegung für drei Tage mit (meistens gepökeltes Schweinefleisch), aß jedoch alles an ersten und musste danach von Beeren leben.

Seil
Das Seil hatte der Unionsinfanterist vor allem für den Wetterschutz im Lager dabei. Er spannte es zwischen zwei Bäumen auf und legte eine Plane darüber.

Muskete Springfield 1861 mit gezogenem Lauf und Bajonett
Diese im Sezessionskrieg am meisten eingesetzte Waffe der US-Armee war wegen ihrer Reichweite (etwa 600 m), Genauigkeit und Zuverlässigkeit beliebt. Sie zündete mit Zündhütchen, die das Steinschloss seit etwa 1840 verdrängten. Zur Muskete gehörte ein Bajonett mit Dreikantklinge.

Ladestock

Schulterriemen

Dreikantklinge

Tornister
Alle gezeigten Artikel und viele andere hatte der Unionssoldat zu schleppen, wenigstens zu Beginn des Krieges. Kleidung zum Wechseln, Wetterschutz, Munition und Verpflegung waren entscheidend, viele hatten jedoch auch persönliche Gegenstände wie Fotos, eine Bibel und Tabak dabei.

Gelenkstift für die Klinge

Klappmesser
Die Taschenmesser waren Mehrzweckwerkzeuge zum Abschneiden von Seilen und für andere Arbeiten im Lager.

Adlerabzeichen aus Messing

Schulterriemen

Feldflasche
Die Feldflasche bestand aus zwei Blechstücken mit Zinntülle und Korken. Die Außenseite war mit einem Baumwolle-Wolle-Gewebe überzogen, das – wenn es nass war – den Inhalt kühlen half.

Zinntülle mit Korken

Seiten verbeulten leicht.

Ketchum-Handgranate
Mitte des 19. Jh. waren Handgranaten nicht sehr zuverlässig. Um zu explodieren, mussten sie mit der Spitze aufschlagen. Bei Vicksburg fingen Konföderierte 1863 die Granaten mit Decken und warfen sie auf die Unionsseite zurück.

Platte am Aufschlagzünder

Stabilisierungsflächen aus steifem Papier

Zündhütchen, in einer Dose am Gürtel getragen

Papier mit Schießpulver und Geschoss

Ersatzpatronen
In der Regel erhielten Unionssoldaten auf einem Feldzug zwischen 60 und 80 Schuss Munition. Was nicht in die Patronentasche passte, wurde häufig in die Hosentaschen oder den Tornister gesteckt.

Patronentasche
In die Ledertasche passten 40 Patronen, Papierröllchen mit Minié-Geschoss und Schießpulver. Ferner enthielt die Patronentasche einen kleinen Beutel mit Musketenwerkzeugen und Reinigungsläppchen.

Verschlussriemen

Schultergurt

Hülse passt auf Lauf.

Hahn

Abzug

Patronen werden sicher gehalten.

Kolben aus Walnussholz

U.S. SPRINGFIELD 1861

INFANTERISTEN DER KONFÖDERATION

Der Sezessionskrieg war kein Kampf unter Gleichen, da die Konföderation hinsichtlich Stärke und Ressourcen weit unterlegen war. Trotz aller Entbehrungen gelang es dem Süden jedoch in den ersten beiden Kriegsjahren öfter, den Norden durch Aggression, Engagement und bessere Führung zu bezwingen. Als der Krieg zu Ende war, hatten über eine Million Mann in der Südstaatenarmee gekämpft. Rund 260 000 von ihnen starben im Kampf oder durch Krankheiten – fast einer von vier Kriegsteilnehmern. Der hervorragendste General der Südstaaten, Robert E. Lee, lobte den Kampfgeist seiner Männer uneingeschränkt: »Durch ihren Mut im Kampf stehen sie gleichberechtigt neben den Soldaten aller Armeen aller Zeiten.«

Ähnlich wie die Unionsarmee wurde die der Südstaaten fast aus dem Nichts geschaffen. Vom Ruhm träumend und von der Richtigkeit ihrer Sache überzeugt, strömten die Freiwilligen herbei; etwa 200 000 meldeten sich in den ersten vier Kriegsmonaten. Wie im Norden wurden die Regimenter vor allem auf lokaler Ebene unter der Führung einflussreicher Persönlichkeiten aufgestellt, die rangniederen Offiziere und Unteroffiziere wurden ursprünglich von den Männern gewählt. Die Konföderation profitierte jedoch von einer großen Zahl regulärer Armeeoffiziere, die den Dienst in der US-Armee quittierten und für die Sezession fochten.

ENGAGIERTE REBELLEN

Der Personalmangel zwang den Süden 1862 zur Einführung der Wehrpflicht, doch funktionierte die Einberufung dort besser, als es in der Union je der Fall war. Alle männlichen

» KONFÖDERIERTE WAREN GEFALLEN, WIE DAS GRAS UNTER DER SENSE FÄLLT. «

DER JOURNALIST **CHARLES COFFIN** ÜBER DIE FOLGEN DER SCHLACHT AM ANTIETAM, 17. SEPTEMBER 1862

Weißen zwischen 18 und 35 Jahren waren zum Dienst verpflichtet, einen Stellvertreter zu bezahlen war nicht möglich. Die Soldaten der Konföderation waren vor allem Farmer oder Landarbeiter, und im Gegensatz zum Norden waren sehr wenige im Ausland geboren.

Man war sich weitgehend einig, dass die Südstaatler mit mehr Schneid und Begeisterung kämpften als die hartnäckigen, pragmatischen Unionssoldaten. Ihr »Rebellenschrei« ließ das Blut ihrer Feinde beim Angriff gefrieren.

Im Allgemeinen sahen die Südstaatler den Krieg eher als ihre Pflicht an als der durchschnittliche Unionssoldat, sie glaubten daran, ihre Heimat, ihre Familien und ihre Lebensweise zu verteidigen. General Lee drückte 1864 die Gefühle der meisten seiner Männer aus: »Siegreich können wir auf alles hoffen, geschlagen bleibt uns nichts mehr, für das sich zu leben lohnt.« Angesichts der drohenden Niederlage wurde die Südstaatenarmee in den letzten beiden Kriegsjahren von einer religiösen Erweckungsbewegung erfasst, viele Soldaten

Unter allen Umständen halten!
Obwohl oft in der Minderzahl, hielten die Konföderierten ihre Stellungen heldenhaft.

versammelten sich zum Beten und zum Singen von Kirchenliedern.

Viele beeindruckte der Gegensatz zwischen dem zerlumpten Aussehen der Rebellen und ihrem Mut. Eine Frau berichtete im Spätsommer 1862 über die »Abgezehrtheit in den tief liegenden Augen« der Nord-Virginia-Armee: »Dass sie überhaupt marschieren oder kämpfen können, scheint unglaublich.« Und doch waren sie es, die die Unionsarmee am Antietam prüften.

EINE HOFFNUNGSLOSE SACHE
Den konföderierten Soldaten mangelte es im Krieg an allem: Stiefel, Kleidung, Decken, Zelte, Essen, Patronen, Sold. Viele marschierten barfuß, bis sie Schuhwerk der Union organisieren konnten. Angesichts der überwältigenden Überlegenheit des Nordens konnte sich der Süden nur auf den Kampfgeist seiner Soldaten verlassen. Sie bezahlten ihn teuer: Außer der Ehre blieb dem konföderierten Soldaten nicht viel.

Messingknopf mit Adler

Runder Schlapphut aus Filz

Standardjacke aus dem Richmond Depot II

Tasche für Zündhütchen

Gürtel mit Georgia-Rahmenschnalle

Bajonett-scheide

Patrone

RUCKSACK AUS SEGELTUCH

FELDFLASCHE AUS KIRSCH-BAUMHOLZ

PATRONENTASCHE

Piston für Zündhütchen

BRITISCHE ENFIELD-MUSKETE, 1853

Waffen der Konföderierten
Standardwaffe der Infanterie war die Muskete mit gezogenem Lauf. Enfields wurden in großer Zahl aus Großbritannien importiert.

Genagelte Stiefel, »Brogans«

Dreikantklinge

TÜLLENBAJONETT

Baumwollhose

»EINE KUNTERBUNTE TRUPPE, ABER SIE KÄMPFTEN WIE TEUFEL.«
UNIONSSOLDAT ÜBER SEINE KONFÖDERIERTEN GEGNER

Uniform der Konföderierten
Die Infanteristen kämpften in vielen verschiedenen Farben, darunter Grau, Blau oder »Butternuss« wie bei dieser Nachbildung einer Uniform von 1862.

Stellungskrieg
Je mehr sich der Sezessionskrieg hinzog,
desto mehr nutzten beide Seiten Erdwälle und
Gräben, um ihre Truppen zu schützen. Hier warten
bei der zweiten Schlacht von Fredericksburg im Mai 1863
Unionssoldaten der Potomac-Armee auf den Befehl zum Angriff.

1800–1870

MAORIKRIEGER

» DANN, OH MEINE KINDER, SEID MUTIG! DANN, OH MEINE FREUNDE, SEID STARK! SEID MUTIG, DAMIT IHR NICHT VERSKLAVT WERDET UND EUER LAND NICHT IN DIE HAND VON FREMDEN FÄLLT. «

MAORIHÄUPTLING HONGI HIKA AUF DEM STERBEBETT, 1828

Der Haka
Den *Haka* (wörtlich: »Tanz«) führten die Krieger ursprünglich vor einem Kampf auf, dabei verkündeten sie ihre Stärke und ihr Können, um den Gegner einzuschüchtern. Heute ist der *Haka* Bestandteil formaler Begrüßungszeremonien für besondere Besucher oder Staatsgäste *(oben)*. Mit den Gesichtstätowierungen, einem polynesischen Brauch, zeigte der Krieger seine Abstammung, seinen Status und sein kriegerisches Können an. Den aus Jade geschnittenen Anhänger *Hei-tiki (rechts)* tragen Maori um den Hals. Jade wird wegen ihrer Schönheit und Widerstandsfähigkeit hoch geschätzt.

D ie Maori, polynesische Bauern und Seefahrer, besiedelten Neuseeland zwischen 800 und 1300. Das Kriegshandwerk war ein zentraler Teil ihrer traditionellen Kultur. Sie bauten befestigte Dörfer und organisierten jährliche Kriegsfeste, um gegen Nachbarn zu kämpfen. Im 19. Jh. gelangten durch den Kontakt zu Europäern Musketen in das Arsenal der Holz- und Steinwaffen. Mit den Feuerwaffen führten die Maori eine Reihe blutiger Kriege – die Musketenkriege – gegeneinander und gegen die britische Armee.

Ein Großteil der vorkolonialen Geschichte der Maori ist umstritten, darunter Ursachen und Methoden ihrer Kriegführung. Es scheint, dass der Krieg – wie es in vielen vormodernen Gesellschaften der Fall war – als eine normale Tätigkeit angesehen wurde, die man zur geeigneten Zeit des Jahres ausübte. Männliche Maori wurden von Kindesbeinen an als Krieger (*Toa*) ausgebildet. Da auf dem eng bevölkerten Ackerland an der Küste verschiedene Stämme in enger Nachbarschaft lebten, gab es immer einen Grund zum Kampf. Manche Anthropologen meinen, dass die Maori vor allem um das knappe Land kämpften, doch überwogen offenbar andere, weniger rationale Motive. Die Maori waren sehr empfindlich gegenüber Beleidigungen und Kränkungen und gaben die Erinnerung daran durch die Generationen weiter. Militärisches Vorgehen war als Rache (*Utu*) für jede Kränkung gerechtfertigt, die der Häuptling seiner Meinung nach erlitten hatte. Der Kampf hatte auch einen Selbstzweck, bot er doch dem *Toa* die Möglichkeit, seinen Mut zu beweisen, und dem Häuptling eine Gelegenheit, um seinen Status zu steigern.

RITUAL UND MASSAKER
Auf Befehl des Häuptlings bildeten die Maorikrieger eine Gruppe von typischerweise 70 bis 140 Mann – 70 Mann passten in ein Kriegskanu, das übliche Transportmittel. Vor dem Aufbruch waren verschiedene Rituale durchzuführen, darunter das Üben der Klagen gegen den Feind und das Vermeiden bestimmter Speisen. Hinterhalt und Überraschung spielten eine wichtige Rolle bei der Kriegführung der Maori, doch zwangsweise standen

sich die Truppen irgendwann in offener Schlacht gegenüber. Zur Vorbereitung tanzten die Krieger den *Haka*, eine Mischung aus Kriegsgesängen, aggressiven Gesten und grotesken Grimassen, die alle einschüchternd auf den Feind wirken sollten.

Die Krieger waren vermutlich unbekleidet bis auf einen Schurz um die Hüften. Sie kämpften mit hölzernen Spießen und Keulen, die durch eingesetzte Stein-, Korallen-, Knochen- oder Muschelsplitter eine scharfe Kante erhielten. Trotz ritualisierter Elemente, die mitunter die Verluste begrenzten, konnten die Kämpfe brutal und ausgesprochen tödlich sein. Wenn z.B. eine Gruppe von Feinden zu fliehen versuchte, verfolgten sie die schnellsten Krieger und streckten im Lauf so viele wie möglich mit dem Spieß nieder. Die verwundeten Männer wurden dann von den nachfolgenden langsameren Kriegern übernommen, die sie mit Keulen und Äxten erbarmungslos abschlachteten. Geriet eine Kriegergruppe in einen Hinterhalt, konnte sie oft damit rechnen, bis auf den letzten Mann niedergemacht zu werden. Nach dem Sieg wurden einige der toten Feinde aus religiösen Gründen verspeist, ihre einbalsamierten Köpfe wurden als Trophäen ausgestellt.

Das Racheprinzip hätte zu Ausrottungskriegen führen können, denn wenn nicht alle Feinde getötet wurden, kehrten die Überlebenden zurück, um Vergeltung zu üben. Starke Befestigungen verhinderten jedoch in der Regel die Auslöschung oder Versklavung ganzer Stämme. Ihre von Palisaden, Gräben und Böschungen umgebenen *Pa* (Befestigungen) errichteten die Maori auf Hügeln, durch die Vorratslager ließen sich auch längere Belagerungen überstehen. Selbst stärkere Feinde konnten diese Positionen kaum einnehmen.

HEI-TIKI (ANHÄNGER) AUS JADE

EINSATZ VON MUSKETEN

Ab Ende des 18. Jh. hatten die Maori Kontakt mit Europäern, die als Walfänger, Robbenjäger und Händler an den Küsten Neuseelands Station machten. Ihre Steinschlossmusketen erregten das Interesse der Maorikrieger. Zunächst beeinflussten diese unhandlichen und unpräzisen Waffen die lokale Kriegführung kaum. Als 1807 der Stamm der Nga Puhi erstmals Musketen im Kampf einsetzte, wurde er von den traditionell bewaffneten Ngati Whatua vernichtend geschlagen. Rasch gewannen jedoch die mit Musketen bewaffneten Stämme die Oberhand. Es entwickelte sich ein beträchtlicher Handel, für Feuerwaffen und Munition tauschten die Maori Kartoffeln, Schweine oder Flachs ein. Bald entdeckten sie, dass sich auch Produkte des Krieges als Tauschware eigneten, da die Europäer Kriegsgefangene als Sklaven und einbalsamierte Köpfe als Kuriositäten akzeptierten. Einige Maorihäuptlinge reisten in die australischen Kolonien, mindestens einer, Hongi Hika, besuchte 1820 England, wo er eine Audienz bei König George IV. erhielt. Die Kontakte mit der Welt brachten neue

Kriegskanu
Waka taua waren das übliche Transportmittel der Krieger. Sie waren bis zu 40 m lang und boten bis zu 70 Mann Platz, zwei Kanus reichten für eine ganze Kampfgruppe. Falls das Kanu Wasser aufnahm, war ein Schöpfgefäß *(unten)* wichtig.

Militärtechnik ins Land und ermutigten einige Häuptlinge zu territorialen Ambitionen.

Beginnend um 1810 führten die Maoristämme eine Reihe vernichtender Kriege, die sogenannten Musketenkriege. Sie wurden auf ähnliche Weise ausgefochten wie bisher: Kriegergruppen griffen Stämme an, gegen die sie einen Groll hegten, feindliche Tote wurden gegessen, schwächere Gruppen flüchteten sich hinter Befestigungen. Der Umfang der Kämpfe wuchs jedoch. Unter der Führung

SCHÖPFGEFÄSS

von Hongi Hika schickten die Nga Puhi 800 bis 900 Mann mit Musketen auf weite Strafexpeditionen. Andere Stämme folgten, so die Ngati Toa unter Te Rauparaha. Schwächere Stämme wurden massakriert, versklavt oder von ihrem Land vertrieben. Nachdem alle Maori über Musketen verfügten und keine leichten Siege mehr möglich waren, kamen die Konflikte in den 30er-Jahren des 19. Jh. zu einem allmählichen Ende. Geschätzte

> » NICHT EINER ENTKAM. MANCHE RANNTEN VOR UNS DAVON, DIESE UND ANDERE TÖTETEN WIR – NA UND? ES GESCHAH GEMÄSS UNSEREN BRÄUCHEN. «

MAORIKRIEGER ÜBER DAS MASSAKER AN DER BEVÖLKERUNG VON CHATHAM ISLAND, 1835

Stammesversammlung
Die Kriegerkultur überlebte die Befriedung Neuseelands Mitte des 19. Jh. Diese Versammlung von Maorikriegern wurde um 1920 aufgenommen.

20 000 Maori kamen bei den Musketenkriegen ums Leben, vermutlich ein Fünftel der Gesamtbevölkerung.

NEUSEELANDKRIEGE

Nach Abschluss des Vertrages von Waitangi mit den Maori wurde Neuseeland 1840 britische Kolonie. Innerhalb von fünf Jahren brach der erste einer Reihe von Konflikten aus, in denen die Maoristämme die britische Herrschaft infrage stellten und sich gegen die Landbesetzung durch europäische Siedler wehrten. Obwohl die Bewegung der Maorikönige versuchte, den Widerstand ab 1858 zu einen, kämpften Maori immer auch auf britischer Seite (sogenannte *Kupapa*), vor allem aus Gründen der Stammesrivalität. Trotz dieser Uneinigkeit erwiesen sich die Maori als einer der effektivsten Gegner, denen sich die Briten im 19. Jh. in den Kolonien gegenübersahen – und das ungeachtet der zahlenmäßigen Unterlegenheit, denn die Briten konnten zusammen mit Siedlermilizen und *Kupapa* in der Regel stärkere Kräfte ins Feld führen. Auch die Waffen der Maori waren weniger gut; für ihre Musketen fehlte ihnen häufig passende Munition, sodass sie Ersatz selbst herstellen mussten.

Die Maorikrieger zeigten sich als Experten im Guerillakrieg, konnten jedoch ebenso erfolgreich ihre Befestigungen an die neuen Anforderungen anpassen. Sie umgaben *Pa* mit komplexen Systemen aus Erdwällen und Palisaden, von denen aus die Verteidiger wirksam auf angreifende feindliche Infanterie feuern konnten. In den Forts gruben die Maori tiefe Bunker, um darin den Artilleriebeschuss zu überleben. Sie verleiteten die Briten, diese Befestigungen anzugreifen, und verließen sie dann, nachdem sie dem Feind maximale Verluste beigebracht hatten. Die Stärke dieses Systems zeigte sich am 29. April 1864 bei Gate Pa, Tauranga, wo 250 Maori den 1700 mit Mörsern, Haubitzen und Armstrong-Kanonen ausgerüsteten Soldaten unter General Duncan

Kampfbereit
Ein Maori unserer Tage im traditionellen Kostüm tanzt den *Haka*. Bewaffnet ist er mit einem *Taiaha* (Langstock) für Stich und Hieb sowie einer *Wahaika* (Keule kurzer Reichweite) in seinem Kriegsgürtel.

Cameron gegenüberstanden. Die Artillerie zerstörte zwar die Palisade des Forts, doch forderte der fehlgeschlagene Sturm der Grabenlinie hohe Verluste unter den Soldaten. Die Maori führten einen geordneten strategischen Rückzug durch und erlitten nur geringe Verluste.

In den 60er-Jahren des 19. Jh. entstanden christlich inspirierte, prophetisch geführte Maoribewegungen, deren Anhänger mit ihrer Guerillataktik den Halt der Kolonisten auf der Nordinsel ernsthaft gefährdeten. 1868 verteidigten Titokowarus Leute zwei Forts erfolgreich gegen Kolonialmiliz und *Kupapa*, eine Kriegerhorde unter Ti Kooti massakrierte Siedler in Matawhero. Allerdings brach Titokowarus Aufstand im folgenden Jahr zusammen, Ti Kootis Gruppe konnte sich als isolierte Plünderer noch bis 1872 halten.

BESTÄNDIGE TRADITION

Die Maori hatten bewiesen, dass sie den Europäern als Kämpfer gleichwertig waren. Wirtschaftlich und organisatorisch konnten sie jedoch keine längeren Feldzüge durchhalten. Insgesamt kosteten die kolonialen Konflikte mit rund 2000 Maori und etwa 750 britischen Soldaten, Siedlern und *Kupapa* weit weniger Leben als die Musketenkriege.

Nach der Befriedung Neuseelands ging das Kriegerethos der Maori jedoch nicht gänzlich verloren. Im Ersten Weltkrieg diente ein aus Maori aufgestelltes Pionierbataillon, im Zweiten Weltkrieg kämpfte ein Freiwilligenbataillon innerhalb der New Zealand Expeditionary Force. Die Maori zeichneten sich im gesamten Mittelmeerraum aus. Die Männer, die bei El Alamein und Monte Cassino kämpften, waren sich deutlich bewusst, dass sie die Traditionen ihrer Vorfahren fortführten.

Komplizierte Schnitzerei ist ein wichtiges Element der Maorikultur

Heiliger Trichter
Aus diesem zeremoniellen Gefäß, dem *Kumete*, aß ein Krieger, nachdem sein Gesicht tätowiert worden war. Die Narben waren so schlimm, dass er mehrere Tage lang nicht kauen konnte. Daher nahm er seine zu Paste verarbeitete Nahrung über den Trichter zu sich. Der Inhalt des *Kumete* durfte von anderen nicht berührt werden.

MAORIWAFFEN

Bevor die Maori Mitte des 19. Jh. mit Feuerwaffen in Berührung kamen, bestand ihre Hauptbewaffnung aus kurzen Keulen, langen Stöcken und Spießen mit Steinspitzen, die sie in einer Reihe langer Stammeskonflikte wirksam einsetzten. Ihre Tüchtigkeit im Kampf Mann gegen Mann lässt sich auf die alte Kampfkunst *Mau Rakau* (»eine Waffe greifen«) zurückverfolgen, in der alle jungen *Toa* (Krieger) unterwiesen wurden. Die Kampfweise der Maori war in religiösem Symbolismus und in Zeremonien wie dem *Haka* (Kriegstanz) verwurzelt, der oft mit erhobenen Waffen getanzt wurde.

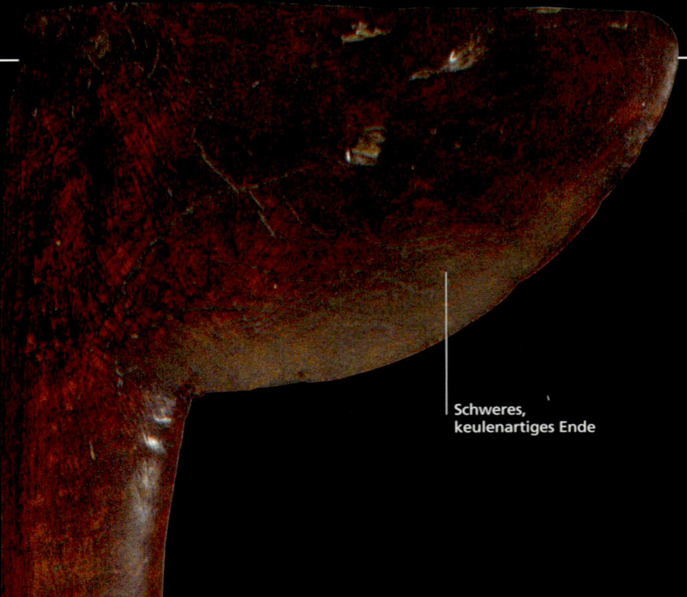

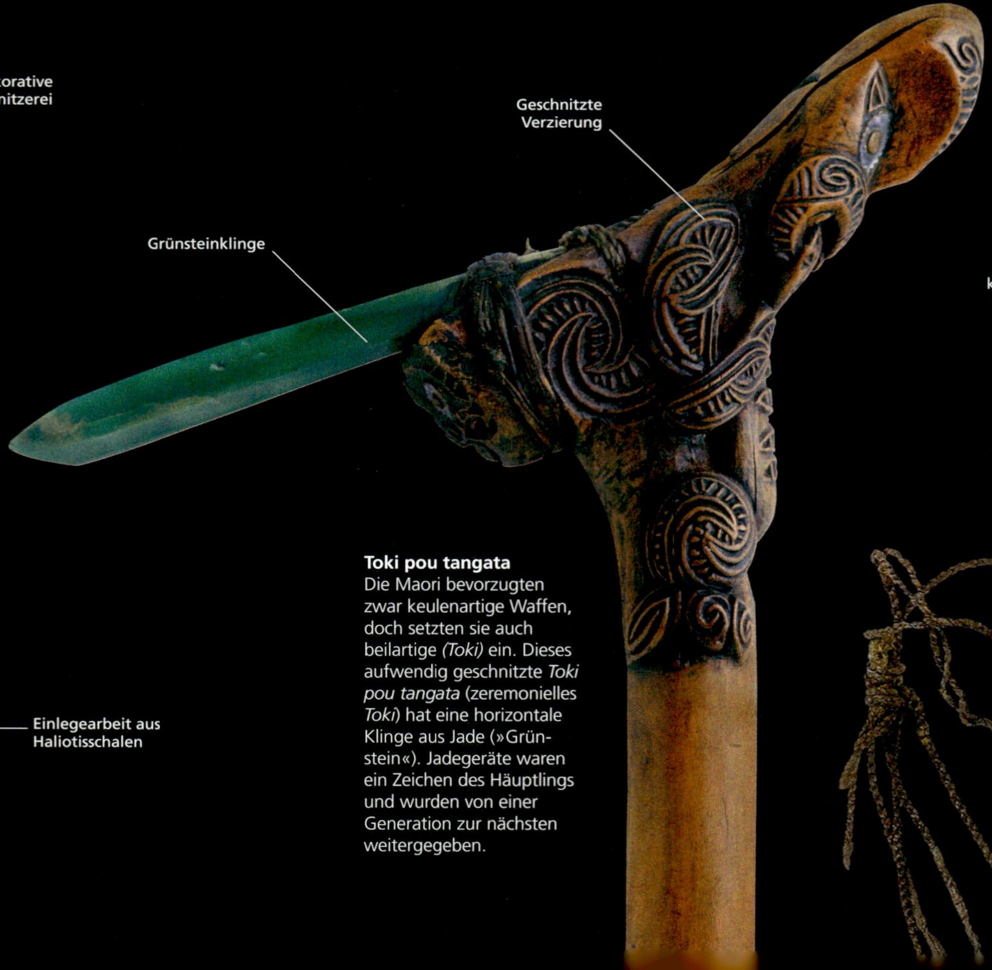

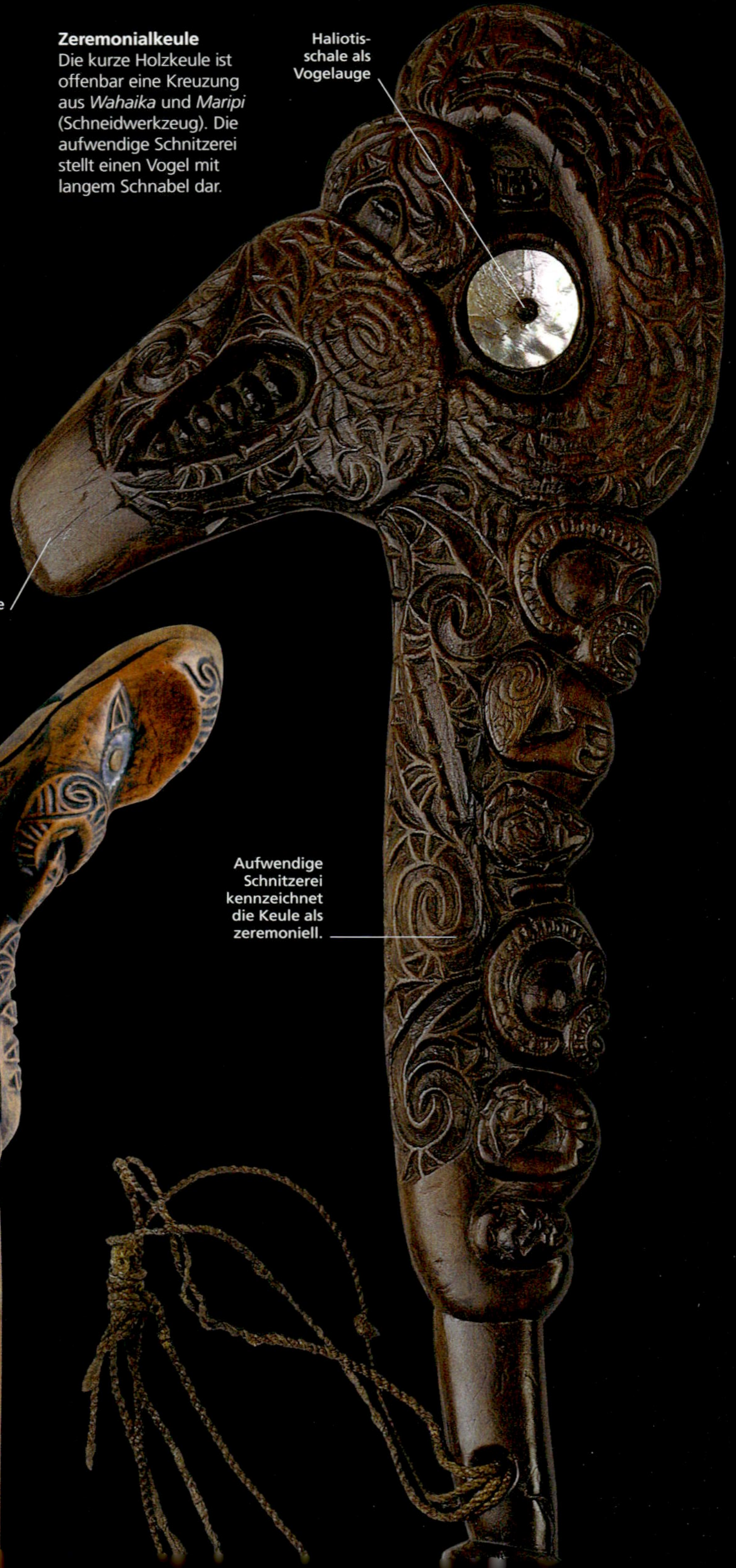

Zeremonialkeule
Die kurze Holzkeule ist offenbar eine Kreuzung aus *Wahaika* und *Maripi* (Schneidwerkzeug). Die aufwendige Schnitzerei stellt einen Vogel mit langem Schnabel dar.

Haliotis- schale als Vogelauge

Aufwendige Schnitzerei kennzeichnet die Keule als zeremoniell.

Schneidkante

Geschnitzte Verzierung

Toki pou tangata
Die Maori bevorzugten zwar keulenartige Waffen, doch setzten sie auch beilartige (*Toki*) ein. Dieses aufwendig geschnitzte *Toki pou tangata* (zeremonielles *Toki*) hat eine horizontale Klinge aus Jade (»Grünstein«). Jadegeräte waren ein Zeichen des Häuptlings und wurden von einer Generation zur nächsten weitergegeben.

Grünsteinklinge

Einlegearbeit aus Haliotisschalen

Dekorative Schnitzerei

Schweres, keulenartiges Ende

Charakteristische
Einbuchtung der
Wahaika

Jade

Wahaika
Mit der Einbuchtung auf
der einen Seite parierte
man die Waffen des
Gegners und machte sie
unschädlich. Die meisten
Wahaika waren aus Holz
oder Fischbein, dieses
Exemplar besteht jedoch
aus Jade, dem wertvollsten
Stein Neuseelands.

Band zum Aufhän-
gen der Waffe

Stammesmotiv

Geschärfte
Vorderseite
für Stöße

Flache, abgerundete
Seiten wurden als
Keule eingesetzt.

Mere
Die *Mere* (ausgesprochen »merri«)
ist eine kurze, etwa 30 cm
lange Keule. Die abgerundete,
geschärfte Vorderseite wurde
für Stöße an die Schläfe, den
Hals oder in die Rippen benutzt,
die flachen Seiten für Hiebe auf
fallende Feinde. Einzelne *Mere*
erhielten traditionell Namen. Sie
wurden aus schwerem Hartholz
oder Stein, z. B. Jade, hergestellt.

Loch für Hunde-
leder, um Keule
am Gürtel zu
befestigen

Patu
Der Nahkampf Mann gegen
Mann war ein Hauptelement der
Maorikampfweise, jeder Krieger
besaß dafür mehrere Keulen. Die
hölzerne *Patu* ähnelte in Form
und Einsatz der *Mere*. Der Maori-
mythologie zufolge stammen
Patu von Tanemahuta, dem Gott
des Waldes, und Tumatauenga,
dem Gott des Krieges.

Keule ver-
breitert sich zu
Spachtelform.

Knauf mit
geschnitzten
Gesichtern

Tewhatewha
Diese 1,75 m oder mehr mes-
sende Stockwaffe war für Stiche
und Hiebe einsetzbar. Sie ist eine
der bekanntesten Maoriwaffen,
ihr Gebrauch wurde überall
gelehrt. Die alten Elitekrieger
gingen gewandt mit *Tewhatewha* und *Taiaha* (einem ähnlich
langen Stock) um, da es Haltung
und Geschick brauchte, um
Auge um Auge mit dem Gegner
zu kämpfen, der bevorzugten
Kampfweise der *Toa* (Krieger)
alter Schule. Traditionell gab der
Häuptling mit der *Tewhatewha*
das Signal zum Angriff oder zum
Haka (Kriegstanz).

Spitze wurde zum
Stoß genutzt.

1800–1880

ZULUKRIEGER

>> DER HÄUPTLING WURDE AN DER STIRN GETROFFEN UND FIEL TOT ZU BODEN, DOCH DIE UMCIJO STÜRMTEN ÜBER SEINEN KÖRPER AUF DIE SOLDATEN LOS, STIESSEN MIT IHREN ASSEGAIS AUF SIE EIN UND TRIEBEN SIE MITTEN ZWISCHEN DIE ZELTE. <<

KRIEGER AUS DEM UMBONAMBI-REGIMENT ÜBER DEN MUT DES UMCIJO-REGIMENTES BEI ISANDHLWANA

Mobile Krieger
Junge Zulukrieger waren außerordentlich abgehärtet. Im Krieg konnten sie über 30 km pro Tag zurücklegen, was der doppelten Geschwindigkeit der zeitgenössischen britischen Armee entsprach. Obwohl die Zulu Wurfspeere, Keulen und später auch Feuerwaffen in der Schlacht mitführten, verließen sie sich vor allem auf den Schild aus Rindshaut und ihren Spieß *(oben und rechts)*.

I m frühen 19. Jh. entwickelten die Zulu einen aggressiven Kampfgeist und diszipliniertes Kampfgeschick, das sie im südlichen Afrika zu einer beherrschenden Militärmacht werden ließ. Trotz ihrer wenig entwickelten Technik erwiesen sie sich im Zulukrieg von 1879 als schwierige Gegner für die britische Armee und errangen bei Isandhlwana einen bemerkenswerten Sieg. Letztlich konnte ihre Kampfweise mit Spieß und Schild gegen die überwältigende Feuerkraft jedoch nicht bestehen.

Vor der Regierungszeit des überragenden Häuptlings Shaka (ab 1816) waren die Zulu ein unbedeutendes Hirtenvolk ohne Anspruch auf militärische Exzellenz. Sie kämpften in der traditionellen, ritualisierten Weise der Rinder züchtenden Stämme des südlichen Afrikas, die die Verluste so gering wie möglich hielt. Trafen die feindlichen Seiten zum Kampf aufeinander, typischerweise um einen Konflikt um Weideland zu entscheiden, zeigten einzelne Krieger ihr Können, indem sie einen Gegner zum Einzelkampf herausforderten. Ansonsten beschränkte man sich auf den wechselseitigen Austausch von Beleidigungen, dem aus der Ferne geworfene Wurfgeschosse folgten. Falls die dünnen Speere tatsächlich jemanden töteten, mussten die Krieger den Kampf einstellen und Reinigungsriten ausführen, um die Geister der Toten zu besänftigen. Die schwächere Seite akzeptierte die Niederlage, ohne auf einen Kampf bis zum Ende zu bestehen.

Die Entwicklung der Zulu zu einer militaristischen Gesellschaft begann im frühen 19. Jh. unter Häuptling Dingiswayo, doch erst nachdem Häuptling Shaka 1816 die Macht ergriffen hatte, änderte sich ihre Kampfweise. Er gab das traditionelle Vertrauen auf die *Assegais* (Wurfspeere) als Hauptwaffe auf, führte stattdessen Spieße ein und ermunterte seine Krieger, sie im Nahkampf mit tödlicher Wirkung einzusetzen. Statt ritualisierter Kämpfe strebte Shaka das Festnageln und die Auslöschung der feindlichen Kräfte an. In einer Reihe von Vernichtungsfeldzügen, den *Mfecane*, massakrierte er Nachbarvölker oder zwang sie zur Unterwerfung. Bis zu der Zeit von Shakas Tod 1828 hatten sich die Zulu nach Norden fast bis Swasiland ausgebreitet. Die Militärorganisation und die Kampfweise, die Shaka eingeführt hatte, blieben bis zum verheerenden Zusammentreffen der Zulu mit den Kräften des britischen Empire 1879 im Wesentlichen unverändert.

KRIEGER WERDEN GEFORMT
Als junge Knaben erlernten die späteren Zulukrieger untereinander in Stockkämpfen ganz nebenbei Fertigkeiten für den Kampf. Auf langen Überlandmärschen als Träger im Tross der älteren Krieger wurden sie abgehärtet, und bei der Jagd auf Kleinwild lernten sie, in der rauen natürlichen Umgebung selbstständig zu leben. Im Alter zwischen 18 und 20 Jahren wurden sie in die Kriegerklasse eingeführt, Männer desselben Alters bildeten eine Art Regiment und lebten in Kriegerkrals. Diesem Regiment, das an der Schildfarbe und anderen Details der Kleidung erkennbar war, gehörten die Krieger die nächsten zwei Jahrzehnte an, was naturgemäß eine Bindung und Gruppenidentität förderte.

Obwohl Berichten zufolge die Krieger zur Zeit Shakas Gewaltmärsche und militärische Manöver übten, gibt es aus späterer Zeit wenig Beweise für eine harte Ausbildung nach dem Vorbild westlicher Armeen. Tatsächlich bestand das Äquivalent zu Drill und Waffenausbildung offenbar vor allem in der Ausübung komplexer rhythmischer Tänze mit Schilden, Stöcken oder Spießen.

SCHILD AUS RINDS-HAUT UND SPIESS

Kriegstanz der Zulu
Zulukrieger in voller Kampf-
ausstattung mit Schilden
aus Rindshaut, Spießen und
Knobkerries (Kampfstöcken)
führen einen Kriegstanz
(Umghubha) auf. Zeremo-
nielle Tänze und Gesänge,
veranstaltet vor und nach
dem Kampf, waren für die
Zulu von großer religiöser
Bedeutung.

Das Leben des Zulukriegers war jedoch keineswegs idyllisch. Ständig kam es zwischen einzelnen Kriegern oder rivalisierenden Regimentern
zu Kämpfen, die mit Knobkerries (schweren
Kampfstöcken) ausgetragen wurden. Die Offiziere *(Isinduna)* leisteten dem Vorschub, da sie die
Duelle als Abhärtung für die Krieger ansahen; der
Kampf mit Spießen war dabei allerdings streng

**Schild aus
Rindshaut**
Schilde mussten
leicht und stabil sein.
Die charakteristische
Farbgebung zeigte
das Regiment des
Kriegers und seine
Stellung darin an.

**SCHILD
EINES ZULU-
KRIEGERS**

verboten. Die Verpflegung, mit der der Häuptling
die Regimenter versorgte, war oft recht mager,
was zeitweise zu ernsthafter Unzufriedenheit
führte. Krieger durften im Allgemeinen nicht
heiraten, eine Vorschrift, die mit zunehmendem
Alter der Männer immer lästiger wurde. In der
Praxis wurde die Heirat nach etwa 15 Dienstjahren erlaubt. Mit etwa 40 Jahren wurden die
Krieger aus ihren militärischen Pflichten entlassen.

KAMPFWEISE

Ein Zulukrieger agierte als Teil einer mobilen,
aggressiven Armee, deren Aufgabe es war, den
Feind aufzuspüren und ihn im Nahkampf zu
vernichten. Eine von Shakas Reformen bestand
darin, das Tragen von Sandalen abzuschaffen,
da er meinte, seine Soldaten seien unbeschuht
schneller beweglich. Also gingen die Zulu barfuß – ein europäischer Beobachter beschrieb
ihre Fußsohlen als hart »wie der Huf einer Kuh«.
In Kolonnen legten die Krieger etwa 30 km
pro Tag zurück, oft begleitet von Jungen unter
12 Jahren, die ihre Kochtöpfe, Schlafmatten und
weitere Waffen trugen. Zuweilen wurden Rinder als mobile Verpflegungsquelle mitgeführt,
doch wenn Schnelligkeit gefragt war, hatten die
Krieger nur das Nötigste dabei und lebten aus
dem Land. Späher erkundeten die Position und
Stärke des Feindes und fungierten als Plänkler,
um die Bewegung der Armee abzuschirmen.

Obwohl die Zulu immer Geschwindigkeit
und Ortskenntnis zu ihrem Vorteil nutzten, waren
sie keineswegs Guerillakämpfer. Ihr Ziel war, dem
Feind in offener Schlacht mit Tausenden von
Männern zum entscheidenden Angriff gegenüberzutreten. Vor der Schlacht führte der Krieger
verschiedene Rituale aus, so sollte ihn die Salbung

mit einem magischen Trank schützen. Mit seinem
Regiment nahm er dann die zugewiesene Position
in der traditionellen »Büffelhorn«-Formation ein.
Die jüngeren Regimenter bildeten die »Hörner«
an den Flanken, um den Feind einzukreisen. Das
Zentrum, die »Brust«, bestand aus den erfahrenen
Kämpfern, da sie im Frontalangriff die Hauptlast der Schlacht zu tragen hatten. Die »Lenden«,
eine Gruppe älterer Veteranen, wurde in Reserve
gehalten.

Die Bewegungen auf dem Schlachtfeld führte
der *Isinduna* mit Handzeichen oder durch Boten,
allerdings wichen die Zuluarmeen kaum je von
der allen vertrauten Standardtaktik ab. Die Krieger
rückten in einem steten Laufschritt vor, mitunter
schlugen sie mit den Spießen rhythmisch auf ihre
Schilde. Ab einer bestimmten Entfernung stürmten
sie auf den Feind los und schleuderten aus etwa
30 m ihre Wurfspeere; im Nahkampf wirkten Spieß
und Schild tödlich. Die Zulu machten nie Gefangene, sie massakrierten alle Feinde und schlitzten
ihre Körper auf, um die Geister herauszulassen.

WIRKUNG DER FEUERWAFFEN

Die Macht der europäischen Feuerwaffen erfuhren
die Zulu erstmals im Kampf gegen die Buren,
niederländisch sprechende Siedler. 1838 brachte
die Feuerkraft weniger Hundert Buren einer
Armee von etwa 10 000 Zulu am Blood River
eine vernichtende Niederlage bei. Zwar beschafften die Zuluführer in der Folge Feuerwaffen
für ihre Krieger, griffen jedoch wie bisher mit
massierter Infanterie an – und erlitten gegen mit
Gewehren bewaffnete Gegner in vorbereiteten
Stellungen hohe Verluste. Die Zulu lernten, bei
der Annäherung Deckungen auszunutzen, und
griffen in loserer Formation an als zu Shakas Zeit.

>> WIR WERDEN DEN WEISSEN MANN AUFESSEN
UND IHN ERLEDIGEN. SIE WERDEN DICH NICHT
NEHMEN, SOLANGE WIR HIER SIND. ERST MÜSSEN
SIE UNS NEHMEN. << ZULUARMEE ZU KÖNIG CETSHWAYO VOR DER SCHLACHT BEI ULUNDI, 1879

Doch setzten sie ihre Gewehre nur als Ergänzung zu den traditionellen Wurfspeeren ein: Eine dünne Salve von Kugeln in die grobe Richtung des Feindes abgefeuert war nur das Vorspiel für den eigentlichen Angriff.

Das Zulureich war möglicherweise bereits im Niedergang begriffen, bevor der Konflikt mit den Briten sein Ende beschleunigte. Dennoch konnte Häuptling Cetshwayo im Januar 1879 etwa 40 000 Krieger ins Feld führen, um eine Invasion der Briten in seine Gebiete zurückzuschlagen. Der Feind war zwar zahlenmäßig unterlegen, jedoch mit Hinterladergewehren, Feldartillerie und Gatling-Kanonen ausgerüstet.

Kühn die Initiative ergreifend, überfiel am 22. Januar eine Streitmacht aus etwa der Hälfte der Zuluarmee rund 800 Briten und ihre afrikanischen Hilfstruppen, die in einem für die Verteidigung schlecht vorbereiteten Lager bei Isandhlwana kampierten. Obwohl sie schwere Verluste erlitten, hielten die Zulu, getrieben von den *Isinduna*, ihren Angriff durch. Sie drangen sogar bis zur britischen Linie vor und fanden dort heraus, dass ihre rot berockten Feinde hervorragende Kämpfer mit

Ruhm bei Isandhlwana
Die Zulu konnten 1879 gegen die britische Artillerie nicht bestehen, bei Isandhlwana triumphierten sie jedoch am 22. Januar trotz hoher Verluste.

Militaristischer Anspruch
Utimuni, der Neffe von Shaka Zulu, in zeremonieller Kleidung. Shaka machte zwischen 1816 und 1828 aus den Zulu eine aggressive Kampftruppe.

dem Bajonett waren. Ein Zulu erinnerte sich später, wie Krieger ihre Spieße warfen oder Büchsen abfeuerten, sich aber nicht zum Stoß heranwagten: »Sie mieden das Bajonett, denn jeder, der auf einen Soldaten einstechen wollte, bekam das Bajonett in die Kehle oder den Bauch.« Durch die schiere zahlenmäßige Übermacht wurden die Briten schließlich überrannt und niedergemacht. Ein fast gleichzeitiger Angriff auf einen britischen Außenposten bei Rorke's Drift wurde trotz Nahkampfes mit Bajonetten und Spießen zurückgeschlagen.

VERFALL DER MACHT

Die hohen Verluste in diesen und weiteren Schlachten konnten die Zulu auf Dauer nicht verkraften. Gingen allerdings verstreute Zulukrieger bei der Verteidigung ihrer Dörfer im Kleinkrieg gegen britische Truppen vor, war dieser Guerillakampf oft erfolgreich. Cetshwayo hielt jedoch weiterhin am offenen Kampf seiner magisch gesalbten Krieger gegen britische Kugeln fest, auch wenn er wusste, dass der Sieg unmöglich

war. Die letzte blutige Niederlage bei Ulundi im Juli bedeutete das Ende der kurzlebigen Militärmacht der Zulu. Die Briten annektierten Zululand, Cetshwayo wurde nach England gebracht, wo ihn die gönnerhaften Sieger als Berühmtheit feierten.

ZULUAUSRÜSTUNG

Wichtige Ausrüstungsstücke des Zulukriegers waren ein schwerer Spieß und ein großer Schild aus Kuhhaut, dazu kamen noch Wurfspeere, Knobkerries (Kampfstöcke) sowie in der zweiten Hälfte des 19. Jh. Musketen oder Büchsen. Details der Kleidung und der Verzierungen gaben den Status und die Gefolgschaft an. Vor allem der Schild symbolisierte die Verpflichtung des Kriegers für seinen König: Einer der Anführer bezeichnete den Schild als »Liebestalisman der Nation«.

Schild
Schilde wurden aus den Häuten der Rinder aus der Herde des Königs hergestellt. Die Haut wurde abgeschabt, gereinigt, mehrere Tage in der Erde vergraben und dann in Form geschnitten. Beim Vormarsch zum Angriff schlugen die Krieger mitunter rhythmisch mit den Spießen auf die Schilde, um die Feinde einzuschüchtern.

Stock ist auf der Rückseite des Schildes mit zwei Reihen Rindshautstreifen befestigt.

Iklwa (Spieß)
Die verheerendste Waffe der Zulu war der *Iklwa* (Spieß), von dem es heißt, er sei nach dem Geräusch benannt, das er beim Herausziehen aus dem Körper mache. Weiter sagt man, der *Iklwa* sei von Häuptling Shaka entwickelt worden, der seine Krieger im Nahkampf einsetzte. Das Werfen langer Speere aus der Distanz sah er als »feiges Verhalten« an. Die breite, flache, etwa 35–45 cm lange Klinge des *Iklwa* saß auf einem Schaft. Der gesamte Spieß war etwa 1,2 m lang und wurde von unten gestoßen, um maximale Wirkung zu erzielen.

Kopfschmuck
Das Kopfstück des Kriegers bestand im Allgemeinen aus einem Band aus Leoparden- oder Otterhaut über einer Kappe aus Affenhaut mit Nacken- und Ohrenklappen und wurde aufwendig mit Federn geschmückt. Dieses Exemplar aus dem 19. Jh. diente zeremoniellen Zwecken.

Federschmuck

Breite, flache Klinge

Knauf aus Hartholz ermöglichte tödliche Schläge.

Farbe und Muster auf dem Schild gaben das Regiment des Trägers und seinen Status darin an.

Eingeschnittene Schlitze mit durchgezogenen Hautstreifen

Abgeschabte und gereinigte Rindshaut

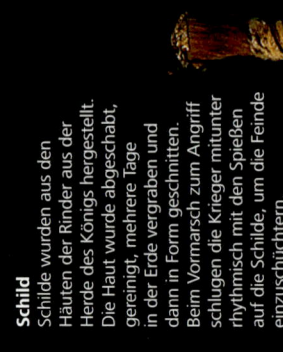

»WIR TÖTETEN ALLE WEISSEN MÄNNER IM LAGER UND AUCH DIE PFERDE UND RINDER.«

GUMPEGA KWABE, ZULUKRIEGER, ÜBER DAS MASSAKER AN DEN BRITEN AM NTOMBE RIVER, MÄRZ 1879

GÜRTEL

Als Verzierung hingen Fellstreifen und Federn am Gürtel.

Perlschnur aus Straußeneischale

Dekorative Schnitzerei machte die Knobkerries jedes Stammes einzigartig.

Penisschutz
Der Schutz wurde zu zeremoniellen Zwecken wie auch zum Kampf getragen. Alle jungen Krieger erhielten ihn nach der Beschneidung.

Schurz
Der *Umutsha* (Lendenschurz) bestand aus Rindshaut und bedeckte Vorder- und Rückseite. Dieses Exemplar ist mit einem großen Ziegenfell dekoriert.

Knobkerrie
Dieser Kampfstock bestand aus einem Schaft mit einem Knauf von etwa 10 cm Durchmesser an einem Ende, als Ganzes aus einem Stück geschnitzt und reich verziert. Die Zuluhandwerker verwendeten möglichst hartes Holz. Am besten war das dunkle, schwere Eisenholz geeignet, aus dem elegante, bösartige Waffen entstanden, mit denen auf Angehörige feindlicher Stämme eingeschlagen wurde.

Gereinigte Rindshaut

Eisenholz wurde wegen seiner Härte gewählt, um maximalen Schaden zuzufügen.

Dekoration aus Ziegenfell auf der Vorderseite

Knobkerrie war etwa 1 m lang.

1860–1890

SIOUXKRIEGER

>> ICH STAND DEM WEISSEN MANN FEINDSELIG GEGENÜBER … WIR ZOGEN DIE JAGD EINEM LEBEN DER UNTÄTIGKEIT IN DEN RESERVATEN VOR. ZUWEILEN BEKAMEN WIR NICHT GENUG ZU ESSEN, UND WIR DURFTEN NICHT JAGEN. WIR WOLLTEN NUR FRIEDEN. <<

Von den 60er- bis in die 80er-Jahre des 19.Jh. führten die Siouxstämme zusammen mit anderen nomadischen, den Bison jagenden Prärieindianern wie den Cheyenne und den Arapaho einen Guerillakrieg gegen die US Army, um das Eindringen von Siedlern in ihre Jagdgründe zu verhindern. Ihre Kriegführung beruhte auf dem Geschick ihrer Reiter, Jäger und Kämpfer. Zwar konnten sie gegen die Willenskraft und Ressourcen ihrer Gegner letztlich nicht bestehen, doch waren sie in Kämpfen zu ihren Bedingungen durchaus erfolgreich.

Für die Männer der Siouxnationen gehörte der Kampf zum Lebensstil dazu, er war ein zentraler Teil des sozialen und wirtschaftlichen Daseins des Stammes. Er war jedoch auch für die persönlichen Ambitionen entscheidend, denn im Kampf konnte jeder Krieger seinen Mut und sein Geschick beweisen und damit auf einen Aufstieg innerhalb der Kriegerhierarchie hoffen. Praktische Ziele für den Kampf gab es viele und unterschiedliche. Bei Überfällen auf Nachbarstämme wurden Pferde gestohlen oder Frauen und Kinder gefangen genommen – und so die eigene Bevölkerung vergrößert. Man kämpfte um Jagdgründe oder um die Kontrolle des Handels. Aber auch eine Beleidigung oder Missetat konnte einen Krieg provozieren, wenn es galt, dadurch die Ehre des Stammes wiederherzustellen.

Die traditionelle Kampfweise der Prärieindianer war das, was die Europäer den »schleichenden Krieg« nannten: Überfälle und Hinterhalte. Stoßtrupps von nicht mehr als 30 oder 40 Mann kehrten in der Regel nach nur einem Kampf mit dem ausgewählten Gegner zurück. Allgemein waren die Kämpfe nicht sehr zerstörerisch. Geringe eigene Verluste waren wichtig, da die Prärieindianer niedrige Geburtenraten hatten und die Leben der Krieger kostbar waren. Auch dem feindlichen Stamm brachte man meistens keine schweren Verluste bei. Der Kampf hatte ritualisierte Elemente und erinnerte an Sport. Die Männer erhielten »Punkte« für bestimmte Leistungen, die zu ihrem Status beitrugen, z.B. die Anzahl der gestohlenen Pferde. Ein Siouxkrieger bekam mehr Punkte für das mutige Berühren eines Feindes mit dem »Coup-Stab« (ein Weidenstab für diesen rituellen Streich) als für das Töten mit einem Pfeil aus der Entfernung. Dennoch waren die Kämpfe der Sioux keineswegs unblutig. Das Skalpieren toter Feinde war eine übliche Praxis und hatte wohl den Zweck, dem gefallenen Krieger den Eingang in das Leben nach dem Tode zu verwehren, wo er auf Rache hätte sinnen können. Dass weiße Händler gutes Geld für Skalps als Kuriositäten zahlten, förderte diesen Brauch nur.

TRADITION UND INNOVATION

Die von den Spaniern in Amerika eingeführten und schon im 17. Jh. von den Sioux angenommenen Pferde waren ihr größter Besitz und wichtig für Jagd und Krieg. Erfolgreiche Stämme besaßen große Herden der meistens kleinen, drahtigen, robusten und schnellen Tiere. Für längere Reisen benötigte jeder Krieger mehrere Ponys, dazu ein besonderes Kriegspferd. Die Sioux waren hervorragende Reiter und beherrschten viele Tricks wie das Hängen auf einer Seite des galoppierenden Pferdes, das ihm dann als Schutz diente. Sie kämpften jedoch nicht immer vom Pferd aus, sondern häufig auch abgesessen.

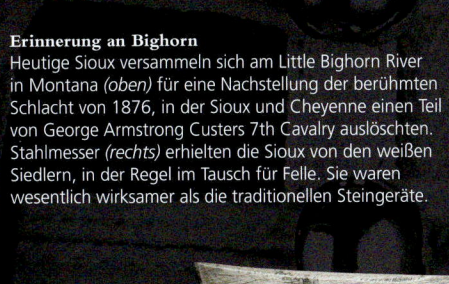

Erinnerung an Bighorn
Heutige Sioux versammeln sich am Little Bighorn River in Montana *(oben)* für eine Nachstellung der berühmten Schlacht von 1876, in der Sioux und Cheyenne einen Teil von George Armstrong Custers 7th Cavalry auslöschten. Stahlmesser *(rechts)* erhielten die Sioux von den weißen Siedlern, in der Regel im Tausch für Felle. Sie waren wesentlich wirksamer als die traditionellen Steingeräte.

HANDELSMESSER
UND SCHEIDE

> »WIR MÜSSEN MIT UNVERSÖHNLICHER STRENGE GEGEN DIE SIOUX VORGEHEN, SOGAR BIS ZUR AUSROTTUNG, MÄNNER, FRAUEN UND KINDER.«

GENERAL SHERMAN, 1866

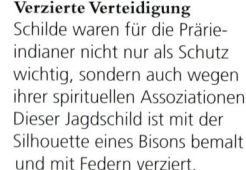

Verzierte Verteidigung
Schilde waren für die Prärie-indianer nicht nur als Schutz wichtig, sondern auch wegen ihrer spirituellen Assoziationen. Dieser Jagdschild ist mit der Silhouette eines Bisons bemalt und mit Federn verziert.

Die traditionelle Waffe der Indianer war der Kompositbogen aus mit Sehnen verstärktem Holz. Von Kindesbeinen an lernte ein Sioux-krieger den Umgang damit und konnte seine Pfeile rasch und präzise ins Ziel schießen. Weitere traditionelle Waffen waren eine lange Lanze und ein Messer, mit dem Verwundete getötet und skalpiert wurden. Tomahawks wurden eher zeremoniell verwendet als im Krieg. Die Ausrüstung der Sioux entwickelte sich ständig weiter, vor allem nach dem Kontakt mit weißen Siedlern und Händlern. In der zweiten Hälfte des 19. Jh. ritten Sioux genauso mit Sattel und Steigbügel wie ohne, ihre Pfeile hatten dagegen statt der früheren Spitzen aus Feuerstein jetzt solche aus Metall. Dazu kamen Feuerwaffen in großer Zahl, darunter gezogene Gewehre und Colt-Revolver, entweder erbeutet oder durch Handel erworben.

Obwohl Prärieindianer den Kampf als Gelegenheit ansahen, individuelles Können zu beweisen, kämpften sie als Teil einer disziplinierten Gruppe. Die Disziplin wurde von Kriegergesellschaften innerhalb des Stammes durchgesetzt.

KRIEGERGESELLSCHAFTEN

Diese Gesellschaften aus Männern, die ihren Mut und ihre Fähigkeiten bewiesen hatten, setzten als eine Art Polizei die kollektiven Regeln gegen die Impulsivität Einzelner durch. Besonders wichtig waren die Kriegergesellschaften in der Jagdsaison, wenn vom Erfolg beim Töten von Bisons das Überleben des Stammes abhing. Wer den Erfolg des Ganzen gefährdete, wurde hart bestraft, das galt ebenso für Kriege. Als sich die Sioux in Kämpfen auf Leben und Tod mit der US Army oder mit weißen Siedlern wiederfanden, waren die Organisation und Führung durch die Kriegergesellschaften entscheidend für den Umgang mit dieser unbekannten Herausforderung.

Der Krieg mit den USA war für die verschiedenen Siouxnationen nahezu unvermeidlich, da ihre Gebiete der Eroberung des Westens den Weg versperrten. Ab den frühen 60er-Jahren des 19. Jh.

reagierten die Indianervölker auf das aggressive Eindringen von Siedlern und US Army mit Überfällen auf isolierte Außenposten und Siedlungen. Dabei wendeten sie dieselbe Blitzüberfalltaktik an wie bei den Kämpfen zwischen Stämmen. Transport- und Nachrichtenverbindungen wurden unterbrochen, Postkutschen und Züge überfallen, Telegrafendrähte durchtrennt. Die Sioux bewegten sich schneller und leichter als die US-Truppen und konnten der Armee leicht entkommen.

DER BOZEMAN TRAIL

Das erfolgreichste Beispiel für die Guerillataktik der Indianer führte von 1866 bis 1868 Häuptling Red Cloud der Oglala-Sioux vor. Die USA waren entschlossen, den Bozeman Trail zu öffnen, eine Route aus dem Osten zu den Goldfeldern Montanas, die durch Jagdgründe der Sioux führte. Im Sommer 1866 errichtete die US Army drei Forts entlang des Trails. Die Angriffe der Sioux auf Wagentrecks nahmen jedoch zu, während Kriegergruppen die Forts belagerten und die Soldaten dort festhielten. Im Dezember 1866 verleitete eine kleine Gruppe von Sioux Colonel William Fetterman und 80 Kavalleristen von Fort Kearney zur Verfolgung; sie gerieten in einen Hinterhalt, wo sie von einer überlegenen Gruppe Krieger massakriert wurden. Da sie die Reisenden nicht beschützen konnte, gab die US-Regierung 1868 den Bozeman Trail und die Forts auf. Red Cloud war der einzige Häuptling, der als Sieger einen Friedensvertrag mit den USA unterzeichnete.

Den tragischen Höhepunkt der Indianerkriege beschleunigte ab 1874 das Eindringen von US-Truppen und Goldsuchern in die Black Hills von South Dakota, die das spirituelle Zentrum der Sioux bildeten.

Die größte Stunde der Sioux
Soldaten von George Armstrong Custers 7th Cavalry verteidigen sich im Juni 1876 erfolglos gegen die angreifenden Prärie-indianer. Tatsächlich griffen die Sioux wohl zu Fuß an, nicht zu Pferd.

Von Anführern wie Crazy Horse und Sitting Bull inspiriert, gelang es den Kriegergesellschaften, die Sioux und ihre Verbündeten, die Comanchen und Arapaho, für größere Operationen gegen die US Cavalry zu organisieren.

LITTLE BIGHORN

An dem berühmten Sieg über die von George Armstrong Custer geführten Soldaten am Little Bighorn River im Juni 1876 waren vermutlich über 1000 Krieger beteiligt. Zwar gibt es keinen wirklich zuverlässigen Bericht über die Schlacht, doch schossen die Indianer offenbar rasch eine große Zahl ungezielter Pfeile in hohem Bogen auf die US-Truppen. Sie griffen vermutlich zu Fuß an, krochen heran und nutzten dabei jede Deckung von Gelände und Vegetation.

Doch selbst am Little Bighorn konnten die Indianer das Feld nicht behaupten. Am nächsten Tag mussten sie sich hinter dem Rauchvorhang eines Grasfeuers vor weiteren US-Soldaten zurückziehen. Nachdem die USA mit dem rücksichtslosen Truppeneinsatz begonnen hatten, konnten die Indianer der Zerstörung ihrer Lebensgrundlagen und den Angriffen auf ihre Lager nichts mehr entgegensetzen. Crazy Horse und seine Verbündeten zwangen Hunger und Erschöp-

Schlachtfelder und Territorien
Das Vordringen weißer Siedler nach Westen führte zwangsläufig zu Konflikten mit den Prärieindianern. An vielen der großen Kämpfe und Zwischenfälle zwischen 1850 und 1880 waren Sioux beteiligt.

fung im folgenden Jahr zur Aufgabe, Sitting Bull flüchtete zunächst nach Kanada, stellte sich jedoch 1881 den US-Behörden.

Als Ironie der Geschichte fanden die besiegten Siouxkrieger als edle Wilde sofort Eingang in die populäre Kultur der USA. Sitting Bull wurde durch seine Auftritte in Buffalo Bills Wildwest-Show eine Berühmtheit und erzielte durch Autogrammbilder ein beträchtliches Einkommen. Das reale Schicksal der Sioux war allerdings bitter. Die Geistertanzbewegung von 1890, ein letztes Aufbäumen in dem Ringen, dessen Ausgang den Indianern wohl bewusst war, endete im berüchtigten Massaker am Wounded Knee.

DER AMERIKANISCHE WESTEN

UTE — Heimatgebiete großer Indianerstämme

— Schlacht mit den Sioux

— Schlacht zwischen US-Truppen und anderen Stämmen

Kampfbereiter Stoßtrupp
Für Überfälle und Hinterhalte schlichen sich in der Regel Gruppen von 30–40 Siouxkriegern an.

Besser mit als ohne
Die Sioux ritten traditionell ohne Sattel, verwendeten aber ab etwa 1850 von weißen Händlern gekaufte Sättel und Steigbügel.

SIOUXAUSRÜSTUNG

Ein Stoßtrupp Sioux oder anderer Prärieindianer war traditionell mit Pfeil und Bogen, Schilden, Lanzen, Keulen und Skalpiermessern ausgerüstet. Im 19. Jh. entwickelte sich die Bewaffnung der Sioux durch den Kontakt mit weißen Siedlern und Händlern weiter. Metallklingen und -spitzen ersetzten die bisherigen aus Stein oder Knochen, industriell produzierte, den Händlern abgekaufte Gegenstände wurden individuell verziert. Die Sioux verfügten auch über Feuerwaffen, waren aber mit Pfeil und Bogen effektiver. Wegen der überlegenen Bewaffnung der Weißen konnten die Ureinwohner in der offenen Schlacht nicht bestehen, erzielten jedoch Erfolge bei Guerillakämpfen.

>> WESSEN STIMME ERKLANG ZUERST IN DIESEM LAND? DIE DES ROTEN VOLKES, DAS NUR BOGEN UND PFEILE HATTE. <<

RED CLOUD, OGLALA-SIOUX (1822–1909), ÜBER DAS VORDRINGEN DER WEISSEN

Kopfschmuck
Der gefiederte Kopfschmuck wird oft als wichtiges Merkmal der Kleidung von Indianern des 19. Jh. angesehen und ist sicherlich das charakteristischste. Tatsächlich trugen den Kopfschmuck (außerhalb von Stammesritualen) nur die Siouxstämme in den Ebenen des Mittleren Westens. Eine Kriegshaube mit Adlerfedern wie diese war das Zeichen eines erfahrenen und respektierten Kriegers.

Stirnband

Fellanhänger

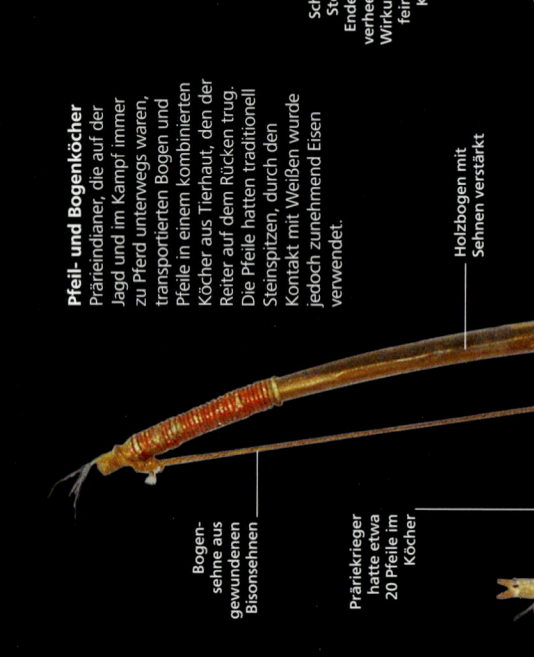

Pfeil- und Bogenköcher
Prärieindianer, die auf der Jagd und im Kampf immer zu Pferd unterwegs waren, transportierten Bogen und Pfeile in einem kombinierten Köcher aus Tierhaut, den der Reiter auf dem Rücken trug. Die Pfeile hatten traditionell Steinspitzen, durch den Kontakt mit Weißen wurde jedoch zunehmend Eisen verwendet.

Schwerer Stein am Ende hatte verheerende Wirkung auf feindliche Krieger

Holzbogen mit Sehnen verstärkt

Bogensehne aus gewundenen Bisonsehnen

Präriekrieger hatte etwa 20 Pfeile im Köcher

Feine Perlen-stickerei

Messer mit Rohhautscheide
Diese Eisenklinge war wesentlich wirksamer als die traditionellen Steinwerkzeuge. Die Scheide aus ungegerbtem Leder ist mit feinen Perlen bestickt.

Holzgriff mit rotem Stoff überzogen

Griff aus Tierhorn

Schneid-kante der Klinge

Geschnitzter Holzschaft

Tomahawk
Das Kriegsbeil mit dem Kopf aus Eisen wurde nicht nur als Waffe, sondern auch als Mehrzweckwerkzeug verwendet.

Messer mit Hirschlederscheide
Dieses Messer entstand durch Anfügen eines Holzgriffes an eine Speer- oder Lanzenspitze. Die Scheide wurde mit aufgeweichten und gefärbten Stachelschwein-borsten bestickt.

Eiserner Pfeifenkopf

Pfeifen-tomahawk
Die Kombination aus Friedenspfeife und Kriegsbeil war bei den Indianern beliebt. Diese Toma-hawks trugen Häuptlinge als Prestigesymbole und tauschten sie als diplomatische Geschenke aus.

Hirschlederscheide

Steinkeule
Die Keule bzw. der Streithammer war die wichtigste Nahkampfwaffe des Siouxkriegers. Ein direkter Treffer tötete den Gegner in der Regel oder warf ihn zumindest vom Pferd und machte ihn kampfunfähig.

Langer Griff erhöht die Reich-weite im Kampf.

Trag-riemen

Verzierung aus Glasperlen

Bogenköcher

221

1775 – 1914

KÄMPFER DER INDIANERKRIEGE

Durch die westliche Expansion der Vereinigten Staaten in der zweiten Hälfte des 19. Jh. kamen weiße Siedler in Konflikt mit Indianervölkern, die zur Verteidigung ihrer Territorien Blitzüberfälle durchführten und Hinterhalte legten. Die US-Armee versuchte, die Indianer von ihrem Land zu vertreiben, und jagte Gruppen, die sich nicht beugten. Dabei kam es selten zur offenen Schlacht. Eher verfolgten die Soldaten einen schwer fassbaren Gegner über Tausende Kilometer Wildnis. Fußsoldaten waren dabei nutzlos, daher umfasste die US Army 1877 fast 11 000 Kavalleristen, aber nur 10 000 Infanteristen. Die Indianer kämpften mit wenig Hoffnung auf den Sieg, doch mit viel Geschick und Mut. 1890 war ihr Widerstand dann erbarmungslos unterdrückt.

US CAVALRY

Die Kavallerietruppe, mit der die USA gegen die Sioux, Apachen, Nez Percé und andere berittene Indianerkrieger kämpfte, war größtenteils gegen Ende des Sezessionskrieges aufgestellt worden. Ihre höheren Ränge besetzte man mit Offizieren der Union aus den aufgelösten Bürgerkriegsarmeen. Unter den einfachen Soldaten fanden sich viele ungebundene Abenteurer, solche, die Ärger mit dem Gesetz hatten, neue Einwanderer, die kaum Englisch sprachen, sowie eine ganze Reihe früherer Offiziere der Konföderierten. Zwei Regimenter mit Schwarzen, von den Kiowa »Bisonsoldaten« genannt, zeichneten sich unter der Führung weißer Offiziere aus.

Das Leben der Kavalleriesoldaten war hart: abgelegene Forts bemannen, Reisende durch umstrittenes Gebiet eskortieren, Feldzüge gegen Indianerhorden führen. Allgemein bewegte sich die US Cavalry langsamer als ihre hochmobilen Gegner. In den Anfangsjahren führte ein Soldat etwa 22 kg Ausrüstung mit, darunter einen 2 kg schweren Säbel und 7 kg Getreide für das Pferd.

Nach und nach imitierte man die Taktik der Indianer. 1876 hatten die Soldaten, die Crazy Horse verfolgten, nur eine Blechtasse, einen Karabiner mit Munition sowie Vorräte für vier Tage dabei, die Pferde grasten. Man setzte indianische Späher ein, deren Geschick im Fährtenlesen unschätzbar war. Im brutalen Kampf gegen Aufständische kam es auch zu Massakern an Frauen und Kindern, doch als Kämpfer erwiesen sich die Soldaten gegenüber einem gerissenen Feind in schwierigem Gelände als geschickt und hartnäckig.

Henry Modell 1860
Das Henry-Gewehr war eines der ersten praktisch einsetzbaren Repetiergewehre, das in einer Armee verwendet wurde. Daneben benutzte die Kavallerie Colt-Revolver und Spencer-Gewehre und -Karabiner.

Little Bighorn
Ein Kontingent der US 7th Cavalry wurde 1876 am Little Bighorn von Sioux und Cheyenne umzingelt und massakriert: Es war die schlimmste Niederlage der Kavallerie in den Indianerkriegen.

APACHEN

Im 19. Jh. lebten die sechs Stämme der Apachen in den Bergen und Wüsten im heutigen westlichen Texas, in New Mexico und Arizona. Bis in die 40er-Jahre waren die Mexikaner ihre großen Feinde gewesen, daher befürworteten sie die Übernahme des Südwestens durch die USA 1848. Bis in die 50er-Jahre lebten die Apachen in einem unsicheren Frieden mit den Weißen, doch das häufig gewaltsame Eindringen von Siedlern und US Army in ihr Gebiet verschlechterte die Beziehungen bald.

Die zähen, mutigen und unbarmherzigen, in Blitzüberfällen und Hinterhalten geübten Kämpfer begannen mit Angriffen auf Siedler und Postkutschen, um die Weißen von ihrem Land zu vertreiben. Ab 1862, als im Osten der Sezessionskrieg tobte, starteten Bundestruppen und Siedler eine Offensive gegen die Apachen. Colonel James Carleton der Union befahl, Indianer »zu töten, wo und wann immer man sie fand«. 1863 traf sich Mangas Coloradas, der Anführer der Bedonkohe-Apachen, mit US-Befehlshabern zu Friedensverhandlungen, wurde jedoch festgenommen, gefoltert und erschossen, angeblich bei einem Fluchtversuch.

Die Apachen antworteten mit Guerillakrieg. Ihren Widerstand führte zunächst Cochise an, ein Häuptling der Chiricahua-Apachen; nach dessen Tod 1874 dann Goyathley, Weißen besser bekannt als Geronimo. Nach vielen Heldentaten, bei denen sie oft nur knapp entkamen, umfasste Geronimos Rebellentruppe um 1885 nur noch 17 Krieger mit ihren Familien. Die kleine Gruppe wurde von 5000 US-Soldaten sowie Tausenden Milizionären und mexikanischen Freiwilligen verfolgt. Im September 1886 ergab sich Geronimo, er wurde bis zu seinem Tod 1909 als Kriegsgefangener behandelt.

Verzierte Haube
Apachenkrieger trugen Wildlederhauben, die individuell mit Federn und bunten Perlen aufwendig verziert waren.

KEULE DER APACHEN

WILDLEDERHAUBE DER APACHEN

NEZ PERCÉ

Die Nee Me Poo, von frankokanadischen Trappern Nez Percé genannt, lebten auf dem Columbia Plateau im Nordwesten der USA von Fischfang und Jagd. Zu den Weißen hatten sie allgemein gute Beziehungen, bis ab 1860 Goldsucher in ihr Gebiet eindrangen. 1863 nahm die US-Regierung den Nez Percé einen Großteil ihres Reservates, um es für den Bergbau zu nutzen. Der Anführer der Wallowa-Gruppe, den Weißen als Chief Joseph bekannt, organisierte den friedlichen Widerstand. Im Juni 1877 kam es jedoch zu Zusammenstößen mit der US Army. Mit weniger als 1000 Stammesangehörigen, einschließlich Frauen und Kindern, konnten die Nez Percé im Kampf nicht bestehen. So zogen sie sich über 2000 km Berge und Hochebenen kämpfend in Richtung kanadische Grenze zurück, verfolgt von mehreren Tausend US-Soldaten und deren indianischen Hilfstruppen.

Wiederholt konnten die Nez Percé ihre Feinde bezwingen und ausmanövrieren, sodass selbst General William Sherman ihr »fast wissenschaftliches Geschick« in der Kriegführung lobte. Im Oktober 1877 wurden sie jedoch am Bear Paw Mountain 65 km vor der Grenze eingekreist. Nach fünftägiger Belagerung, bei der viele getötet wurden, ergab sich Chief Joseph mit den Worten: »Mein Herz ist krank und traurig. Wo die Sonne jetzt steht, von dort werde ich nie mehr kämpfen.« Wenige Krieger schlüpften durch die Linien der Armee und flohen nach Kanada. Der Rest wurde in von Krankheit befallene Reservate fern von den Gebieten der Vorfahren gesteckt.

Ein Krieger hatte etwa 20 Pfeile in seinem Köcher.

Tragriemen

Köcher aus Tierhaut

Bogen und Köcher
Der Bogen war die Hauptwaffe aller Indianerkrieger. Er bestand aus Holz, das auf der dem Schützen abgewandten Seite mit Tiersehnen verstärkt war.

Dekorative Quasten

Krieger der Nez Percé
Ein Krieger mit zeremoniellem Kopfschmuck und Lanze. Die Nez Percé waren für ihre Pferdezucht bekannt, die besten behielten sie für den Krieg.

1914 – 1945

GRÄBEN
UND LUFTKÄMPFE

Mit wohl über 80 Millionen Toten dürften die Weltkriege von 1914–18 und 1939–45 die verlustreichsten Konflikte sein, die je ausgefochten wurden. Die enorme Zahl der Opfer war das Ergebnis des »totalen Krieges«, des Einspannens aller Ressourcen moderner Industriestaaten und der Nutzung aller Mittel, um den Feind ohne Skrupel anzugreifen, darunter systematische Massaker an Zivilisten und das Zerstören von Städten. Der typische Kämpfer dieser Massenvernichtungskriege war ein durch Wehrpflicht oder umfangreiche Rekrutierung von Freiwilligen hastig in eine Uniform gelangter Zivilist.

Unter welchem politischen System er auch diente: Der Zivilist war im Grunde ein Bürgersoldat, der für seine Gesellschaft kämpfte und dies vor allem aus patriotischen Gefühlen heraus tat. Ein Staat, der im Krieg nicht länger auf die aktive Unterstützung der Masse seines Volkes bauen konnte, war verloren, wie das zaristische Russland 1917 zeigte.

ÜBERWÄLTIGENDE FEUERKRAFT

Hinsichtlich der Aufstellung der Mächte waren sich die beiden Weltkriege bemerkenswert ähnlich. Beide Male kämpfte Deutschland gegen Großbritannien, Frankreich, Russland und die USA, wobei das Ringen in Asien und im Pazifik zwischen Japan und den USA, Großbritannien und China den 2. Weltkrieg um eine Dimension erweiterte. Dafür unterschied sich die Kampfweise in den beiden Kriegen beträchtlich.

Menschen und Maschinen
Sowjetische Soldaten rücken neben einem T-34-Panzer vor. Die – menschlichen und industriellen – Ressourcen, die die Sowjetunion im 2. Weltkrieg aktivieren konnte, brachten zwar den Sieg, aber zu entsetzlichen Kosten.

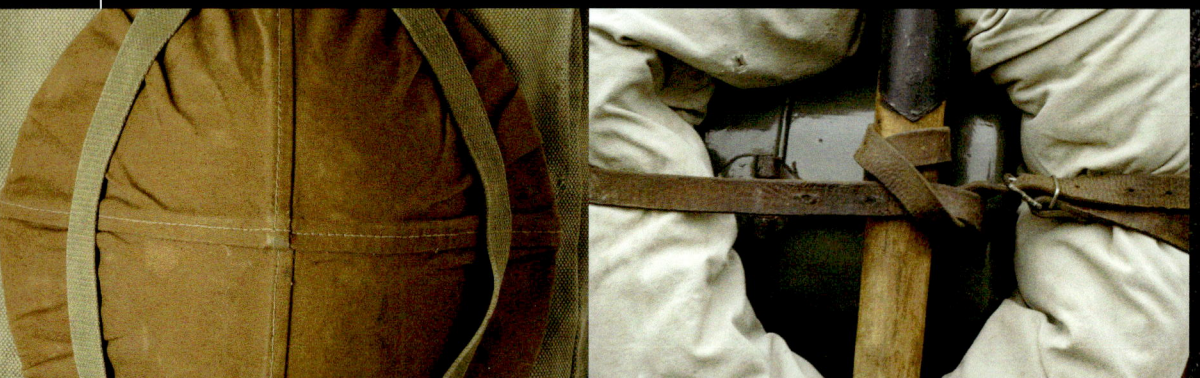

Tod aus der Höhe
Deutsche Stukas (Ju 87) kehren nach Angriffen auf einen britischen Konvoi im Ärmelkanal zu ihren nordfranzösischen Stützpunkten zurück. Die Sturzkampfbomber trugen 1940 zusammen mit Panzern und schnell beweglichen motorisierten Divisionen zur erfolgreichen Blitzkrieg-Invasion Frankreichs bei.

Von Anfang an gewährleistete die im 1. Weltkrieg mit Schnellfeuergewehren, Maschinengewehren und schwerer Artillerie verfügbare Feuerkraft massive Verluste beim Zusammentreffen von Armeen, die den Sieg um jeden Preis suchten. Zumindest an der Westfront dominierte Feuerkraft bald über Beweglichkeit. Die weitgehend statischen Grabensysteme wurden über drei Jahre genutzt, da – bei unwirksamer Kavallerie und wenigen verfügbaren Motorfahrzeugen – keine Offensive rasch genug vordringen konnte, um nicht durch eine Gegenoffensive aufgehalten zu werden. Infanterieangriffe durch das Niemandsland zwischen den Gräben waren oft geradezu selbstmörderisch. Der Grad der Mobilität erhöhte sich zwar im letzten Kriegsjahr leicht, doch blieben Offensiven erdrückend verlustreich.

MECHANISIERTER KRIEG

Der 2. Weltkrieg war ein beweglicherer und vielfältigerer Konflikt. Panzer und Flugzeuge, die im 1. Weltkrieg noch geringen Einfluss hatten, entschieden die meisten Feldzüge. Die Deutschen setzten sie anfänglich sehr erfolgreich ein, nachdem sie bei ihrem Eingreifen in den Spanischen Bürgerkrieg (1936–1939) neue Kampftaktiken erprobt hatten. Zwischen 1939 und 1941 eroberten sie einen Großteil Europas in einer Reihe von »Blitzkriegen«, in denen mechanisierte Divisionen zusammen mit Flugzeugen mit entscheidendem Schockeffekt eingesetzt wurden. Die Japaner erzielten 1941/42 im asiatisch-pazifischen Raum ähnliche Erfolge, wobei seegestützte Luftmacht eine entscheidende Rolle spielte. Im langen, langsamen und mörderischen Ringen der Alliierten, den Krieg wieder an seinen Ursprungsort zurückzudrängen, wurden immer mehr Waffen eingesetzt. Die Panzerschlachten zwischen Deutschen und Sowjets waren Zermürbungskriege großen Stils, ähnlich wie es die Stellungskriege des 1. Weltkrieges gewesen waren. Tausende alliierte Bomber zerstörten deutsche und japanische Städte. Und doch konnte – wie schon bisher – nichts den Mut und das Geschick einzelner Kämpfer ersetzen, weder beim Häuserkampf in Stalingrad noch beim Fallschirmsprung über Arnheim, einer Landung unter Beschuss im Pazifik oder einem Bombereinsatz am Tag mitten durch die deutsche Luftverteidigung.

LUFTMACHT

Flugzeuge waren die größte einzelne Neuerung in diesem Zeitraum. Bereits sehr früh wurde klar, dass sich Piloten ganz andere Gelegenheiten für individuelle Heldentaten boten als auf dem Schlachtfeld. Hoch über dem Gemetzel in den Gräben entschieden die Jagdflieger des 1. Weltkrieges ihre Duelle durch Wagemut und Geschick in der Handhabung ihrer Flugzeuge. Die erfolgreichsten wurden als »Ritter der Lüfte« gepriesen, von der Presse zu Helden gemacht und erhielten in manchen Fällen Staatsbegräbnisse, wenn sie fielen – und das waren viele.

Auch die Spitfire- und Hurricane-Piloten, die 1940 in der Luftschlacht um England ihr Land verteidigten, wurden als die »wenigen« gefeiert, denen man so viel zu verdanken hatte. Doch selbst wenn sich die Fertigkeiten Einzelner im Luftkampf eher zeigten, waren die Verluste der Flieger in ihrem speziellen Zermürbungskrieg proportional so hoch wie in den schlimmsten Schlachten auf der Erde. Alliierte Bomberbesatzungen hatten 1943 über Deutschland eine ähnliche Lebenserwartung wie Infanteristen in der Schlacht an der Somme 1916.

ELITEINFANTERIEN

Die aus der Wehrpflicht entstandenen Massenarmeen der beiden Weltkriege stellten zwangsläufig Quantität über Qualität. Im Gegenzug entstand das Prinzip der Elitekräfte, die dem normalen Wehrpflichtigen an Leistung überlegen waren. Im deutschen Heer wurden im 1. Weltkrieg »Sturmtruppen« gebildet, die Offensiven durch »Infiltration« anführen sollten. Im 2. Weltkrieg förderten die USA ihre Luftlandetruppen und Marineinfanterie durch besonders harte Ausbildung und eine aggressive Einstellung.

DEM TOD GEWEIHTE KRIEGER

Im Zeitalter von mechanisierter Kriegsführung und Millionen von Zivilisten in Uniform war es schwer, traditionelle Kriegertugenden zu bewahren. Die meisten Nationen zogen 1914 voller Ideen von patriotischer Selbstopferung und ruhmreichem Tod auf dem Schlachtfeld in den Krieg. Doch das Gemetzel in den Gräben diskreditierte bei vielen jeglichen Gedanken an heroischen Kampf.

In den 20er- und 30er-Jahren des 20. Jh. versuchten die japanischen Militaristen, italienischen Faschisten und deutschen Nationalsozialisten, ein Kriegerethos wiederzubeleben. Die Nazis konnten zwar glanzvolle Paraden in Szene setzen, doch wurde der Kriegsbeginn 1939 auf den Straßen Berlins nicht im selben Maße begeistert begrüßt wie 1914. »Der Krieg, der alle Kriege beendet« wurde der 1. Weltkrieg genannt, doch das war Illusion. Der Abwurf der Atombomben auf Hiroshima und Nagasaki, der im August 1945 den 2. Weltkrieg beendete, deutete jedoch eine Zukunft an, in der Kriege einfach zu kostspielig sein würden.

1914–1918

BRITISCHE INFANTERISTEN

»WIR WURDEN NIE GETROFFEN, GOTT SEI DANK, DENN DER TIEFE SCHLAMM WAR UNSERE RETTUNG, DER SCHLAMM DEN WIR VERFLUCHTEN UND IN DEM WIR STECKTEN UND TAUMELTEN, RUTSCHTEN UND GLITTEN, AUS DEM WIR BEI JEDEM NEUEN SCHRITT UNSERE STIEFEL HERAUSZOGEN.«

ARTILLERIELEUTNANT R. G. DIXON ÜBER DIE 3. FLANDERNSCHLACHT BEI PASSCHENDAELE

E twa vier Millionen britische Soldaten dienten im 1. Weltkrieg an der Westfront in einem Sektor vom Ärmelkanal bis zur Somme. Die meisten waren Freiwillige oder Wehrpflichtige, die ihre Fabriken, Büros oder Felder verlassen hatten, um für ihr Land zu kämpfen. Über 1,7 Millionen wurden getötet oder verwundet, doch dank ihrer zähen Hartnäckigkeit hielten sie trotz Artilleriebeschuss, Giftgas und MG-Feuer an ihrer Aufgabe fest und konnten schließlich ihren Feind bezwingen.

Unter den Großmächten, die im August 1914 in den Krieg zogen, hatte allein Großbritannien kein großes Wehrpflichtigenheer. Die British Expeditionary Force, die bei Kriegsbeginn an die Westfront geschickt wurde, bestand aus Berufssoldaten der kleinen regulären Armee; die meisten fielen in den verzweifelten Kämpfen der ersten fünf Monate. Als einer der wenigen ging Lord Kitchener, der Kriegsminister, von Anfang an von einem längeren Konflikt aus. Da er wenig Vertrauen in die Teilzeitsoldaten der Heimatschutztruppe hatte, begann er, eine komplett neue Armee aufzustellen. Der Aufruf führte zu langen Schlangen patriotischer Freiwilliger vor den Rekrutierungsstellen, bis Ende September 1914 hatten sich etwa 750 000 Mann gemeldet. Trotz abnehmender Begeisterung im Folgejahr hatten sich 2,6 Millionen freiwillig gemeldet, als 1916 endlich die Wehrpflicht eingeführt wurde.

Um die Meldung zu fördern, wurde den Freiwilligen zugestanden, dass sie mit anderen aus demselben Ort oder derselben Berufsgruppe dienen würden. So entstanden die »Pals' Battalions« (»Kumpelbataillone«). Es gab dabei Einheiten aus Börsenmaklern, Künstlern oder Fußballern – darunter zuweilen Fans ebenso wie Spieler. Es gab auch Bataillone nach Schulzugehörigkeit

Katholiken meldeten sich in großer Zahl, darunter etwa 350 Rugbyspieler sowie eine Kompanie Dubliner Hafenarbeiter. Der nicht vorhergesehene Nebeneffekt dieser Einheiten waren mögliche lokale Tragödien, wenn sie später schwere Verluste erlitten: So wurden von den 720 Mann der »Accrington Pals« in der Schlacht an der Somme innerhalb einer halben Stunde 584 getötet oder verwundet.

AN DIE FRONT

Obwohl viele Freiwillige aus medizinischen Gründen für ungeeignet befunden wurden, war die Zahl der angenommenen anfangs so hoch, dass sie die Ausbildungs- und Ausrüstungskapazitäten überstieg. Sie wurden in behelfsmäßigen Zeltlagern untergebracht, erhielten statt der fehlenden Khakiuniformen provisorische blaue und exerzierten unter der Führung sturer regulärer Unteroffiziere, die für die Front zu alt waren, mit Besenstielen, weil es keinerlei Waffen für sie gab. Erst im Laufe des Jahres 1915 erhielten die Männer ihre richtige Ausrüstung, wurden Bürger zu Soldaten, nahm die neue Armee Gestalt an. Durch Geländemärsche abgehärtet und ihren Kameraden verbunden, war die Moral beim Einschiffen nach Frankreich allge-

LEWIS-MG

Grabenkrieg
Die Plackerei des Lebens in den Schützengräben unterbrachen Momente des Terrors, aber auch solche der Erleichterung. Hier liest ein Offizier seinen Männern aus der Zeitung vor *(oben)*. Neben Gewehren und Handgranaten setzte die britische Infanterie das leichte Lewis-MG ein *(rechts)*. Mitte 1918 war jedes Infanteriebataillon mit 36 Lewis-MGs ausgerüstet.

wie die »Grimsby Chums«; die meisten stammten jedoch aus bestimmten Städten oder Dörfern, wobei Großstädte mehrere Bataillone stellten. In Irland durften sich Mitglieder der Ulster Volunteer Force, die von Protestanten gegen die irische Selbstverwaltung gebildet wurde, gemeinsam zur 36th (Ulster) Division melden. Auch irische

Alte und neue
In einer nordfranzösischen Stadt warten Soldaten im August 1914 auf den Transport zur Front (rechts). Bis Ende des Jahres waren viele von ihnen gefallen und wurden 1915/16 durch Kitcheners Freiwillige ersetzt. Inzwischen hatte sich die Art der Kriegführung entscheidend verändert, was die um den Hals getragene Gasmaskentasche verdeutlicht (ganz rechts).

mein hoch. Doch abgesehen von der Ausbildung im Gebrauch von Gewehr und Bajonett waren sie zwangsläufig für die Erfahrungen des Stellungskrieges schlecht vorbereitet.

Nach der Überfahrt über den Ärmelkanal und dem Bahntransport zu ihrem Frontsektor hatte eine frische Division in der Regel noch einen langen Marsch bis zu den Schützengräben vor sich. Bei einigen Gelegenheiten wurden die Neulinge direkt in die Schlacht geworfen, so z.B. die beiden neuen Divisionen, die am 26. September 1915 bei Loos die Front erreichten: Nachdem sie zwei Tage lang auf gepflasterten Straßen durch heftigen Regen marschiert waren, erhielten die völlig erschöpften und im Kampf unerfahrenen Männer den Befehl, in deutsches MG-Feuer hinein vorzurücken. Als Ergebnis wurden 8000 der 10 000 Soldaten bereits an ihrem ersten Tag an der Front getötet oder verwundet. Wenn sie Glück hatten, erreichten die neuen Soldaten die Front in einem ruhigen Sektor und konnten von den erfahrenen Kameraden die Geheimnisse des Überlebens in den Gräben lernen.

LEBEN IM GRABEN
Die Neulinge waren von dem unvorstellbaren Anblick, den die Schützengräben boten, zwangsläufig entsetzt. Winston Churchill, der im November 1915 seinen Dienst an der Front antrat, beschrieb die Szene in einem Brief an seine Frau: »Überall Schmutz und Abfälle, Gräber, die in die Befestigungen eingebaut sind … Füße und Kleidung, die aus der Erde hervorschauen, auf allen Seiten Wasser und Dreck; und durch diese Szene im blendenden Mondlicht huschen und kriechen Scharen riesiger Ratten.« Dennoch richteten sich die Männer in dieser fremden Welt häuslich ein.

Feindbeobachtung
Periskope waren wichtig, um die Aktivität in den deutschen Gräben oder im Niemandsland zu beobachten. Einfache Modelle bestanden aus Metallrohren mit zwei Spiegeln.

> » MANCHE ZÜGE ODER KOMPANIEN KÄMPFTEN SCHULTER AN SCHULTER BIS ZUM LETZTEN MANN. «

SOLDAT STEPHEN GRAHAM ÜBER DIE OPFER DER BRITISCHEN INFANTERIE

Das Leben der Soldaten an der Westfront wurde von der täglichen Routine und dem längerfristigen Rotationsrhythmus zwischen Frontdienst und Erholung in der Etappe bestimmt. An der Front bildeten Dienstbeginn – in der Regel mit einem Schluck Rum – und Dienstende die Fixpunkte des Tages. Die Zeit wurde mit einer Reihe von geschäftigen Routineaufgaben ausgefüllt, darunter Instandhaltung und Ausbau des Grabennetzes sowie die Reinigung und Pflege der Gewehre. Dazu kamen spezielle Tätigkeiten wie die ständige Beobachtung, denn der Feind war nur wenige hundert Meter entfernt. Die Verpflegung war angemessen, aber eintönig. Fast jeder rauchte Zigaretten. Man führte einen ständigen Kampf gegen Läuse sowie gegen die Ratten, die zwischen nicht begrabenen Leichen und Essensresten prächtig gediehen. Die Moral der Soldaten hing zum großen Teil von der Qualität ihrer Schützengräben ab, die stark variierte. Ein guter, trockener Unterstand war das Paradies. Wo sich der Boden voll Wasser sog wie in Flandern, machten durchnässte Gräben, die von einem durch Granaten aufgewühlten See aus Schlamm umgeben waren, das tägliche Leben nahezu unerträglich.

Wie gefährdet ein Soldat war, hing von der Aktivität in seinem Sektor ab. An manchen Stellen der Front herrschte ein unausgesprochener Waffenstillstand, an anderen zermürbten ständiges Mörser-, Granat- und Scharfschützenfeuer die Männer. Tägliche Routine wie die Versorgung aus den rückwärtigen Stellungen litt unter dem Artilleriefeuer auf den Bereich hinter der eigentlichen Frontlinie. Die Soldaten wurden vom plötzlichen Tod ihrer Kameraden erschüttert, dennoch zogen viele den aktiven Kampf der monotonen Routine vor, in der der Tod ständig lauerte. Selten meldeten sich zu wenige Freiwillige für nächtliche Überfälle auf feindliche Schützengräben oder Patrouillen im Niemandsland, auch wenn solche kleinen Operationen relativ verlustreich waren.

OFFIZIERE UND MANNSCHAFTEN
Die Offiziere teilten diese Entbehrungen und Gefahren und erlitten hohe Verluste – 58 britische Generäle fielen im 1. Weltkrieg an der Front, viel mehr als im 2. Weltkrieg. Rangniedere Offiziere, die an der Front führten, hatten eine höhere Todesrate als alle anderen Gruppen.

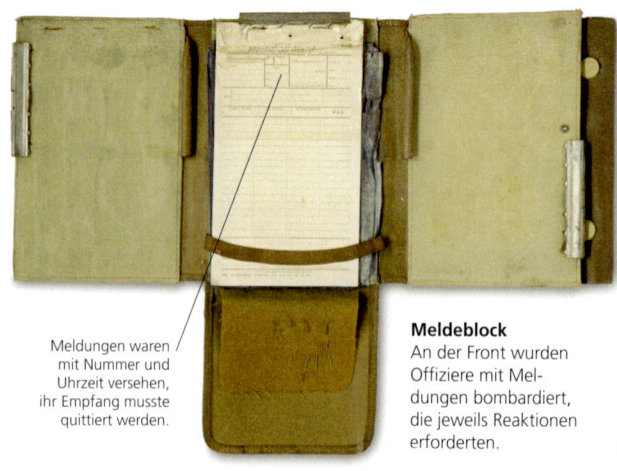

Meldungen waren mit Nummer und Uhrzeit versehen, ihr Empfang musste quittiert werden.

Meldeblock
An der Front wurden Offiziere mit Meldungen bombardiert, die jeweils Reaktionen erforderten.

Die Haltung der Mannschaften zu ihren Offizieren war im Allgemeinen eher von Respekt als von Feindseligkeit geprägt, trotz des unvermeidlichen Klassenunterschiedes. In den Mannschaften gaben Arbeiter den Ton an, obwohl viele gesellschaftlich höher Stehende als Gemeine ihre Pflicht erfüllten. Offiziere stammten in der Regel aus der Mittel- bis Oberschicht. Bei Kriegsbeginn konnten Männer, die auf Privatschulen gewesen waren, den Dienst sofort als Offiziere antreten, da sie im Kadettenkorps ihrer Schule gedient hatten. Deswegen waren sie nicht zwangsläufig schlechte Offiziere oder ohne Kenntnis der Welt ihrer Männer, auf manche traf aber beides zu. Doch auch die Beförderung aus dem Mannschaftsstand war bereits in der britischen Vorkriegsarmee möglich; so hatte Feldmarschall Sir William Robertson seine Laufbahn als Gemeiner begonnen. Ab 1916 hatten die meisten neu beförderten Offiziere als Mannschaftsdienstgrade gedient.

DISZIPLIN UND STRAFE

Die Belastungen in den Gräben führten zwangsläufig zu Disziplinarproblemen. Gelegentliche Ausflüge britischer Soldaten in französische Dörfer zogen oft Trunkenheit und Unordnung nach sich; obwohl die Männer nur wenig Geld für Vergnügungen hatten, steckten sich viele mit

Zermürbungskrieg

Von Ende 1914 bis Sommer 1916 bewegte sich die Front kaum. Selbst als danach die Alliierten den deutschen Widerstand nach und nach aufweichten, geschah dies nur qualvoll langsam. Beim Waffenstillstand am 11. November 1918 hielten die Deutschen immer noch einen Großteil Belgiens und weite Teile Frankreichs besetzt.

WESTFRONT 1914–1918

- Alliierte Mächte
- Deutschland
- Neutrale Staaten
- Frontlinie Dez. 1914–Juli 1916
- Frontlinie bei Waffenstillstand 1918
- Große Schlacht 1914–1916
- Große Schlacht 1917–1918

Geschlechtskrankheiten an. Bei anderen Fällen von Disziplinlosigkeit, die bestraft wurden, ging es um Widerstand gegen Vorgesetzte oder Nachlässigkeit in der Bekleidung oder im Verhalten. In eher traditionsgebundenen Regimentern pochten Offiziere und Unteroffiziere auf jede noch so kleine Vorschrift. Allerdings konnte die exzessive Erzwingung auch zu negativer Presse führen; so brauchte nach einem öffentlichen Aufschrei ein junger Offizier nicht vor das Kriegsgericht, weil er sich den Schnurrbart abrasiert hatte. Zwar war die Prügelstrafe lange abgeschafft, doch

kam es immer noch zu harten Bestrafungen wie das Fesseln an das Rad eines schweren Geschützes als Pranger. Viele Soldaten sahen derartige Methoden als für eine Bürgerarmee unpassend an. Auf die schlimmsten Vergehen wie Fahnenflucht oder den Angriff auf einen Offizier konnte die Todes-

Besetzen eines eroberten Grabens

Momente der Erholung wie dieser nach einem erfolgreichen Vorstoß waren selten. Der Graben musste jetzt für den unvermeidbaren deutschen Gegenangriff rasch wieder befestigt werden.

> » LUSTLOS SCHLEPPTE ICH MICH AUS DEM SCHLAMM UND GAB DAS SIGNAL ZUM ANGRIFF, WORAUF JEDER MANN AUFSTAND UND OHNE ZU ZÖGERN IN DAS SPERRFEUER SCHRITT. «
>
> **LEUTNANT EDWIN CAMPION VAUGHAN** IN DER DRITTEN FLANDERNSCHLACHT BEI YPERN 1917

strafe stehen. Sie kam allerdings selten zur Anwendung, im Laufe des Krieges wurden etwa 260 Männer wegen verschiedener Vergehen exekutiert. Bei 5,7 Millionen britischen Soldaten, die in dem Krieg kämpften, war es also nicht das Erschießungskommando, das die Männer auf ihren Posten hielt oder ihren Offizieren folgen ließ, wenn der Befehl zum Angriff kam.

RAUS AUS DEM GRABEN

Manche Infanteristen nahmen an gar keiner großen Offensive teil, die meisten nur an ein oder zwei großen Operationen. Man konnte Jahre im Graben verbringen, ohne je »hinaus« gegangen zu sein. Kam es jedoch zu einer Offensive, war es eine Erfahrung, die kein Überlebender je vergaß. Zu Beginn der Schlacht an der Somme am 1. Juli 1916 marschierten unerfahrene Soldaten voll ausgerüstet direkt in MG-Feuer und Stacheldraht der Deutschen, an einem Tag wurden 58 000 Mann getötet oder verwundet. Derart sinnloses Gemet-

In die Offensive
Britische Infanteristen drängen sich in einem Laufgraben, der vor die eigene Frontlinie führt, um den Stacheldraht zu durchqueren und durch das Niemandsland vorzustoßen.

zel war allerdings die Ausnahme. Die Soldaten nahmen sich in der Regel als Teilnehmer an einem Kampf wahr, nicht als Vieh auf der Schlachtbank. Mit Gewehr, Spaten und eiserner Ration ausgerüstet, gingen sie vor Tagesanbruch in Position. Die erste Welle rückte so dicht wie möglich hinter der Feuerwalze der Artillerie durch das Niemandsland vor und hoffte, dass Granatfeuer oder ein Stoßtrupp den feindlichen Stacheldraht zerstört hatte. Mit Beton befestigte MG-Stände mussten ausgeschaltet, deutsche Gräben der ersten Linie mit Handgranaten und Bajonetten im Nahkampf »gesäubert« werden. Unterstützungstruppen durchquerten in der Regel einen eroberten Graben und rückten auf die nächste feindliche Verteidigungslinie vor.

Feldtelefon
Die Verbindung zwischen Artillerie und Infanterie war für den Erfolg einer Offensive entscheidend. Vor der Einführung von Funkgeräten setzte man tragbare Feldtelefone ein.

Je weiter sie sich vom Ausgangspunkt entfernten, desto schwieriger waren Vorstöße durchzuhalten. Feindliches Artilleriefeuer und Gegenangriffe deutscher Infanterie konnten die Soldaten, die sich in exponierte Stellungen vorgekämpft hatten, aufhalten oder sogar zurückdrängen.

Die furchtbaren Verluste waren das Resultat der enormen Zerstörungskraft der in Massen produzierten Granaten und MGs, aber auch der schieren Dauer der von beiden Seiten hartnäckig geführten Schlachten. Die im Juli 1916 begonnene Offensive an der Somme zog sich bis Mitte November hin;

Taste zum Senden von Morsenachrichten

Hinter dem vorrückenden Telefonisten musste da Kabel mitgeführt werden.

die wegen ihres Schlamms berüchtigte Ypern-Offensive 1917 war nur einen Monat kürzer. Da nach verlustreichen Kämpfen oft nur wenige Kilometer Boden gewonnen waren, ist der Ruf des Krieges als »sinnlos« verständlich.

ERFAHRUNG DES KRIEGES
In den späteren Phasen des Krieges hielt sich die Begeisterung oft in Grenzen, der Idealismus und Patriotismus der ersten Tage war dahin. Die Soldaten verfluchten die Stäbe für ihre Fehler und waren über die Verluste entsetzt. Das passive Ausharren unter dauerndem Artilleriebeschuss zehrte an den Nerven; Gasangriffe waren traumatisch und wirkten psychisch häufig mehr als militärisch. Manche Männer litten unter Kriegsneurosen, viele mehr an fürchterlichen Verwundungen. Vor der Erfindung von Antibiotika blieb bei verletzten Gliedmaßen oft nur die Amputation. Doch selbst eine schwere Verwundung konnte erstrebenswert sein, verschaffte sie dem Mann doch Heimaturlaub und konnte dadurch sein Leben retten.

Trotz allem kämpften die britischen Bürgersoldaten, 1918 fast alle junge Wehrpflichtige, weiter und zögerten selten. Die meisten waren stolz auf die Fertigkeiten, die sie sich langsam aneigneten, und glaubten, dass der Krieg gewonnen werden müsse. Das Gefühl der Kameradschaft sahen viele später als die engste Bindung ihres Lebens an. Mut und Ausdauer der Männer, die aus ihrem Zivilistendasein gerissen und in die bis dahin zerstörerischsten Schlachten der Welt geworfen wurden, brachten im November 1918 schließlich den Sieg. Viele Soldaten, die durch den folgenden Frieden desillusioniert wurden, sahen den Krieg später als Verschwendung von Menschenleben an. Die meisten waren jedoch auf die erfolgreiche Erfüllung einer schweren Aufgabe im Stillen zunächst einmal stolz.

DURCHBRUCHSTAKTIK

Durch den statischen Stellungskrieg frustriert, versuchten die Briten immer wieder, für einen entscheidenden Durchbruch eine Bresche in die deutschen Linien zu schlagen, um den eigenen Truppen das Eindringen zu ermöglichen. 1917 hatte man die entsprechende Taktik entwickelt. Auf kurzes Trommelfeuer folgte das Vorrücken der Infanterie hinter der Feuerwalze. Dieser Geschossvorhang bewegte sich mit der erwarteten Geschwindigkeit der Infanterie voran, die – mit höchstens 50 m Abstand – dahinter häufig den vordersten deutschen Graben erreichen konnte, der nur leicht verteidigt wurde. Weiter in die Gräben vorzudringen war schwieriger. Vorgeschobene Beobachter versuchten, die Artillerie mit dem Vorrücken der Infanterie zu koordinieren, die Verbindung brach jedoch in der Regel zusammen. Die deutsche Artillerie, die die angreifenden Truppen beschoss, war durch Sperrfeuer selten auszuschalten. Selbst wenn in die tief gestaffelte deutsche Verteidigung eine Bresche geschlagen war, ließ sich der ursprüngliche Erfolg kaum ausnutzen, weil die Bewegung zu langsam erfolgte.

Ablauf eines Angriffs
Ein britischer Angriff auf deutsche Gräben erforderte 1917 das präzise Zusammenspiel von Infanteriewellen und Artilleriebeschuss mit Spreng-, Schrapnell-, Rauch- und Gasgranaten, der feindliche Aktivitäten unterdrückte, während die Infanterie das Niemandsland durchquerte.

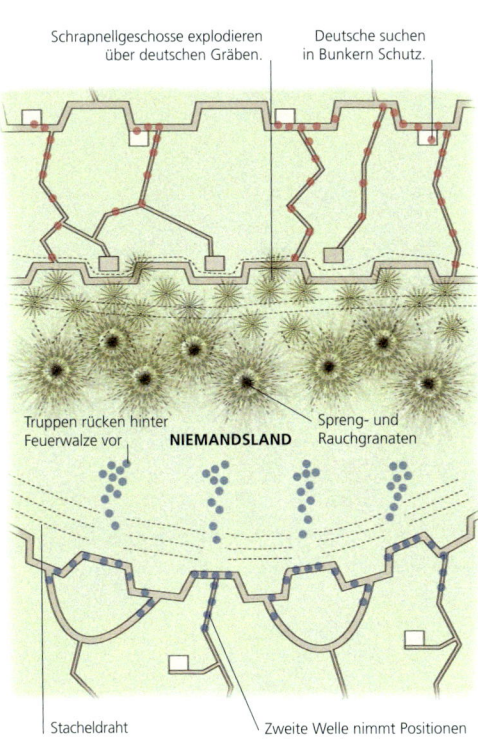

Schrapnellgeschosse explodieren über deutschen Gräben.

Deutsche suchen in Bunkern Schutz.

Truppen rücken hinter Feuerwalze vor

NIEMANDSLAND

Spreng- und Rauchgranaten

Stacheldraht

Zweite Welle nimmt Positionen im Frontgraben ein.

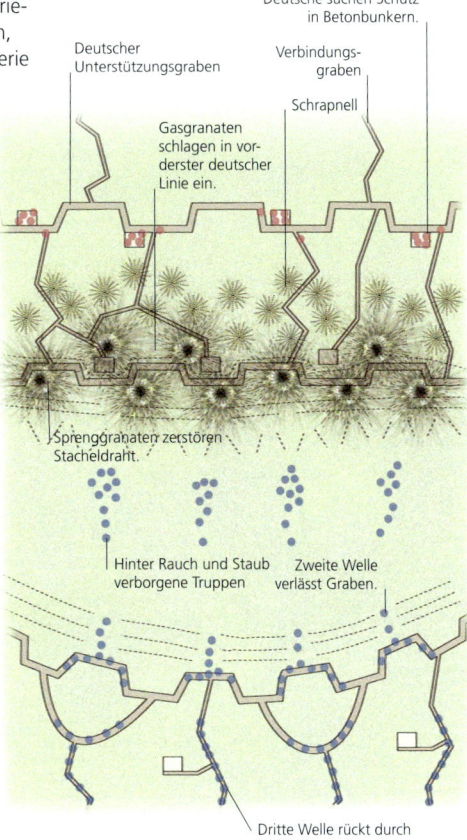

Deutsche suchen Schutz in Betonbunkern.

Deutscher Unterstützungsgraben

Verbindungsgraben

Schrapnell

Gasgranaten schlagen in vorderster deutscher Linie ein.

Sprenggranaten zerstören Stacheldraht.

Hinter Rauch und Staub verborgene Truppen

Zweite Welle verlässt Graben.

Dritte Welle rückt durch Verbindungsgraben vor.

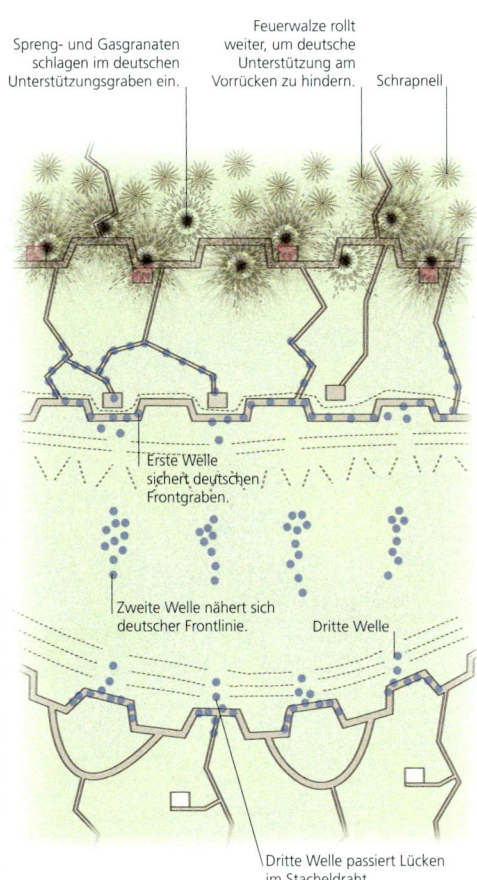

Spreng- und Gasgranaten schlagen im deutschen Unterstützungsgraben ein.

Feuerwalze rollt weiter, um deutsche Unterstützung am Vorrücken zu hindern.

Schrapnell

Erste Welle sichert deutschen Frontgraben.

Zweite Welle nähert sich deutscher Frontlinie.

Dritte Welle

Dritte Welle passiert Lücken im Stacheldraht.

Angriff im Morgengrauen
Die erste Infanteriewelle klettert in der Dunkelheit aus den Schützengräben und wartet liegend auf den Angriff bei Tagesanbruch. Zur vereinbarten Zeit rückt die Infanterie durch das Niemandsland vor, während die Artillerie vor sie eine Feuerwalze legt.

Feuerwalze
Die Feuerwalze zwingt die Deutschen, in Bunkern Schutz zu suchen, sodass die Briten ihren Graben weitgehend unversehrt einnehmen können. Kehren die Deutschen nach dem Passieren der Feuerwalze in ihre Stellungen zurück, greift die erste britische Welle sie im Nahkampf an.

Vorstoß in die Tiefe
Im Nahkampf sichert die erste Welle den vordersten deutschen Graben. Der Artilleriebeschuss wandert zur zweiten Grabenlinie weiter, um den Weg für die zweite Infanteriewelle zu ebnen, die die erste Welle passiert und den Angriff weiterführt.

INFANTERIEUNIFORM

Ihre Kakifarbe verdankt die Uniform der britischen Infanteristen des 1. Weltkrieges den Erfahrungen, die man im 19. Jh. in Indien sowie 1899–1902 im Burenkrieg gemacht hatte. Die in den heißen, trockenen Ebenen des südlichen Afrikas wirksame Tarnung wurde in den schlammigen Gräben Flanderns beibehalten, wobei die Farbe für den Schutz des Soldaten weniger wichtig war. Entscheidender war, seine Silhouette nicht zu zeigen. Die einzige wichtige Änderung an der Uniform war die Einführung des Stahlhelmes 1916.

Mützen und Helme
Die Männer, die im August 1914 in den Krieg zogen, trugen je nach Regiment unterschiedliche Kopfbedeckungen. Am weitesten verbreitet war die Standarddienstmütze (unten). Als die Verluste stiegen, wurden auf allen Seiten Stahlhelme eingeführt. Ab 1916 gehörte der Brodie-Helm zur Standardausrüstung.

BRODIE-HELM

Tornister und Helm
Der Tornister, der Mantel, Reservekleidung und persönlichen Besitz des Soldaten enthielt, gehörte zum Standardgurtzeug von 1908; bei einer Schicht im Frontgraben wurde er oft in rückwärtigen Stellungen zurückgelassen. In der Reichweite feindlicher Artillerie bewegte sich der Soldat nie ohne Stahlhelm.

Regimentsabzeichen an der Schulter

Ladestreifen in Patronentasche

Stahlhelm mit Tarn-überzug aus Leinwand

Uniform und Gurtzeug
Hier gezeigt sind Uniformrock, Hose und Gurtzeug eines regulären Infanteristen von 1914. Im Winter trug er außerdem einen schweren Mantel und eine Weste aus Schaffell.

Koppel und Patronen-taschen aus Leinwand

Wickeln der Puttees

Essen und Trinken
Jeder Mann in den Gräben war mit Feldflasche, Tasse und Kochgeschirr ausgestattet. Verpflegung und andere Vorräte wurden in der Regel im Schutze der Dunkelheit zur Frontlinie gebracht.

KOCHGESCHIRR

BLECHTASSE

» EINIGE DER JUNGS TRUGEN STATT STIEFEL UM DIE FÜSSE GEWICKELTE PUTTEES; ANDERE TRUGEN WEICHE SCHUHE, DIE SIE IRGENDWO GEFUNDEN HATTEN; ANDERE LIEFEN AUF SOCKEN UND HATTEN BLUTIGE FÜSSE. «

CORPORAL BERNARD JOHN DENORE ÜBER DEN BRITISCHEN RÜCKZUG AUS MONS IM AUGUST 1914

Stiefel und Wickelgamaschen
1914 entsprachen die Stiefel dem braunen Vorkriegsmodell, später wurden dann schwarze ausgegeben. Puttees (nach einem Hindi-Wort) waren lange Stoffstreifen, die als Stütze und Schutz um die Wade gewickelt wurden.

Schnalle zum Befestigen am Gurtzeug

FELDFLASCHE

STIEFEL

PUTTEE

Bajonett, in der Scheide an einer Gürtelschlaufe getragen

GRIFF DES SCHANZ-WERKZEUGES

TASCHENMESSER

DRAHTSCHERE

Werkzeuge
Nur wenig Zeit verbrachte der Infanterist tatsächlich mit dem Kämpfen. Tägliche Aufgaben waren vielmehr das Graben und Reparieren von Gräben, Füllen von Sandsäcken und Kontrollieren des Stacheldrahtes im Frontabschnitt seiner Einheit.

SCHANZWERKZEUG

INFANTERIEWAFFEN

Zu Beginn des 1. Weltkrieges kämpften die britischen Infanteristen nur mit Gewehr und Bajonett, unterstützt von einigen schweren MGs. Nach und nach entwickelten sich vielfältige Waffen für den Grabenkrieg. Die von den Deutschen von Anfang an eingesetzten Handgranaten übernahmen auch die Briten. Mit dem Minenwerfer erhielt die Infanterie ihre eigene Artilleriewaffe. Für Überfälle auf Gräben entstand spezielle Ausrüstung vom Drahtschneider bis hin zu primitiven Waffen für den Kampf Mann gegen Mann.

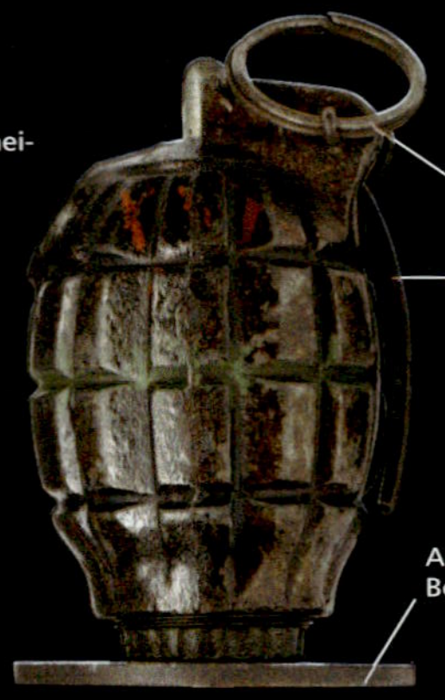

Sicherungsring – wird vor dem Einführen in das Rohr gezogen.

Zünder detonierte lageunabhängig beim Aufschlag.

Aufschlag-zünder

GRANATE NO. 1

Sicherungsbügel – nach dem Loslassen lief der Zünder 5 Sekunden lang.

Ring musste zum Scharfmachen gezogen werden.

MILLS-GRANATE

Handgranaten
Die britische Armee experimentierte mit vielen Entwürfen, mit Aufschlagzündern wie auch mit Zeitzündern. Die Stoffstreifen hinten am frühen Modell No. 1 sollten sicherstellen, dass die Granate richtig aufschlägt. Handgranaten mit Zeitzündern erwiesen sich schließlich als erfolgreicher. Ab 1916 war die Mills-Granate in der klassischen Ananasform weit verbreitet, die noch im 2. Weltkrieg eingesetzt wurde.

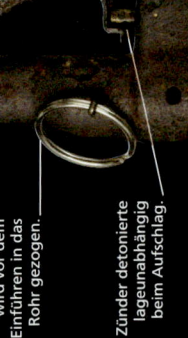

Aufschlag-zünder

Splitter-mantel

Klemme zum Aufsetzen auf die Gewehrmündung.

Stiel wird in Gewehrlauf eingeführt.

Sicherungsstift

Sicherungs-bügel wird freigegeben, wenn die Granate den Becher verlässt.

Abnehmbare Bodenplatte

GRANATE NO. 36

Mechanismus zum Scharfmachen

Klemmen halten Wurfbecher auf Gewehrmündung.

WURFBECHER

Gewehrgranaten
Man entwickelte verschiedene Möglichkeiten, um Handgranaten in die feindlichen Gräben zu befördern. Diese Version der Mills-Granate passte in einen auf das Gewehr aufgesetzten Wurfbecher. Der Gasdruck einer speziellen Platzpatrone traf auf die Bodenplatte der Granate und trieb sie aus dem Becher. Der Zünder lief länger als bei normalen Handgranaten. Mit einer besonderen Platzpatrone wurde auch die »Stielgranate« Hales No. 3 abgeschossen. Sie hatte eine größere Reichweite, aber auch einen komplizierteren und weniger zuverlässigeren Mechanismus zum Scharfmachen der Granate im Flug.

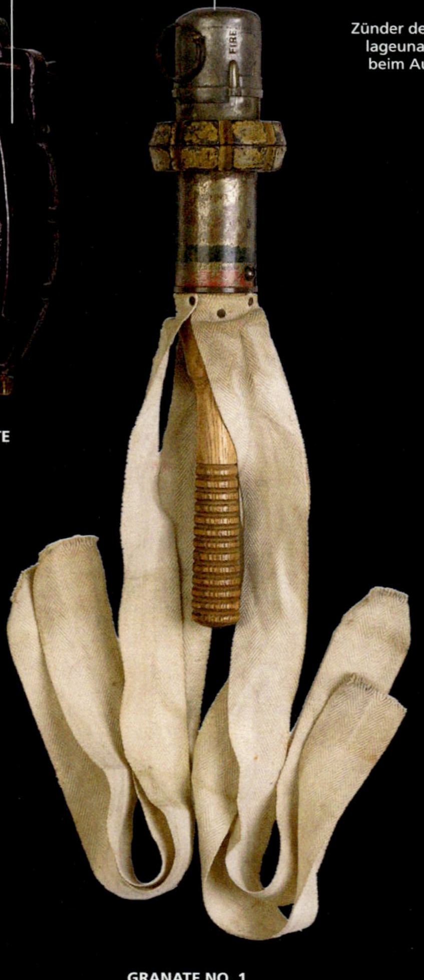

Einschnei-dige Klinge

Geschütztes Korn

Bajonett-halter

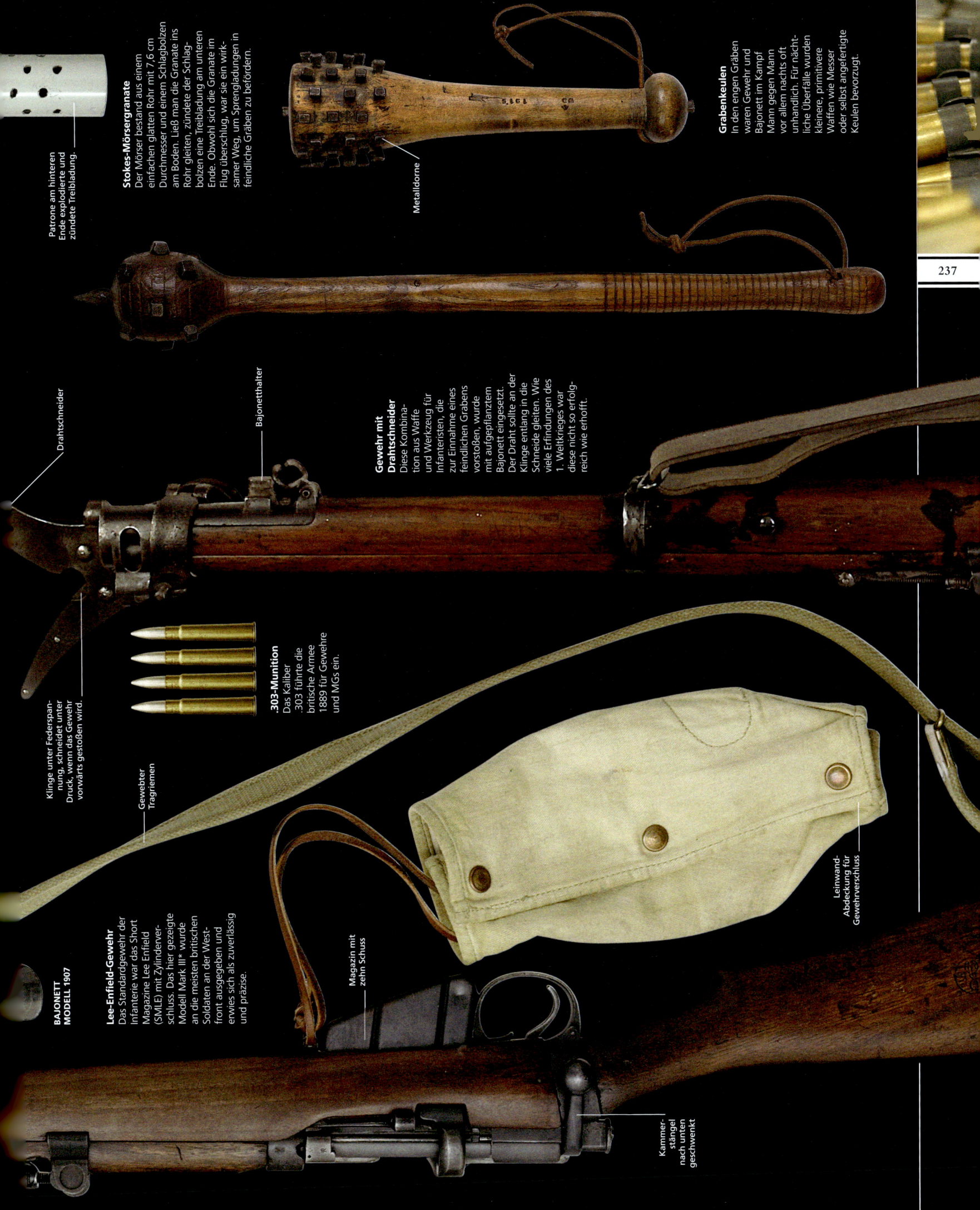

Patrone am hinteren Ende explodierte und zündete Treibladung.

Stokes-Mörsergranate

Der Mörser bestand aus einem einfachen glatten Rohr mit 7,6 cm Durchmesser und einem Schlagbolzen am Boden. Ließ man die Granate ins Rohr gleiten, zündete der Schlagbolzen eine Treibladung am unteren Ende. Obwohl sich die Granate im Flug überschlug, war sie ein wirksamer Weg, um Sprengladungen in feindliche Gräben zu befördern.

Metalldorne

Grabenkeulen

In den engen Gräben waren Gewehr und Bajonett im Kampf Mann gegen Mann vor allem nachts oft unhandlich. Für nächtliche Überfälle wurden kleinere, primitivere Waffen wie Messer oder selbst angefertigte Keulen bevorzugt.

Drahtschneider

Bajonetthalter

Gewehr mit Drahtschneider

Diese Kombination aus Waffe und Werkzeug für Infanteristen, die zur Einnahme eines feindlichen Grabens vorstoßen, wurde mit aufgepflanztem Bajonett eingesetzt. Der Draht sollte an der Klinge entlang in die Schneide gleiten. Wie viele Erfindungen des 1. Weltkrieges war diese nicht so erfolgreich wie erhofft.

Klinge unter Federspannung, schneidet unter Druck, wenn das Gewehr vorwärts gestoßen wird.

Gewebter Tragriemen

.303-Munition

Das Kaliber .303 führte die britische Armee 1889 für Gewehre und MGs ein.

BAJONETT MODELL 1907

Lee-Enfield-Gewehr

Das Standardgewehr der Infanterie war das Short Magazine Lee Enfield (SMLE) mit Zylinderverschluss. Das hier gezeigte Modell Mark III* wurde an die meisten britischen Soldaten an der Westfront ausgegeben und erwies sich als zuverlässig und präzise.

Magazin mit zehn Schuss

Leinwand-Abdeckung für Gewehrverschluss

Kammer-stängel nach unten geschwenkt

DEUTSCHE STURMTRUPPS

» WIR STÜRMEN WIE DIE HÖLLE, IMMER WEITER … WIR SIND
FROH, WENN VERPFLEGUNGSWAGEN UND FELDKÜCHEN
IN DER NACHT BIS ZU UNS GELANGEN. JETZT GEHEN WIR
VOR, VORBEI AN KRATERN, GRÄBEN, EROBERTEN GESCHÜTZ-
STELLUNGEN, VERPFLEGUNGS- UND KLEIDUNGSDEPOTS. «

RUDOLF BINDING, HAUPTMANN IN DER DEUTSCHEN ARMEE, IN SEINEM TAGEBUCH ÜBER DIE KAISERSCHLACHT IM MÄRZ 1918

O bwohl Deutschland den 1. Weltkrieg verlor, zeigte die deutsche Infanterie allgemein exzellente Leistungen, zumindest bevor die Kampfmoral in den letzten Monaten zu sinken begann. Bei allen Schrecken und Entbehrungen des Stellungskrieges an der Westfront bewiesen die deutschen Soldaten nicht nur Mut und Entschlossenheit, sondern auch Geschick bei der Einführung flexibler Taktiken. Das galt vor allem für die Elite der Sturmtruppen, die im März 1918 die mächtige deutsche Offensive der »Kaiserschlacht« anführten.

Die große Mehrheit der deutschen Soldaten machten im 1. Weltkrieg Wehrpflichtige und Reservisten aus. Im Rahmen der allgemeinen Wehrpflicht war selbst in Friedenszeiten jeder Mann zwischen 17 und 45 zu einer bestimmten Art von Militärdienst verpflichtet. Die Stärke dieses Systems lag in seiner Gerechtigkeit – Männer jeglichen Standes kamen in den Einheiten zusammen – und der schieren Anzahl ausgebildeter Männer, die es produzierte. Aller-dings waren die Reservisten oft etwas »eingerostet«, die Qualität der Bürgersoldaten hing stark von den hochprofessionellen Unteroffizieren ab. Sie waren in der Regel gebildeter als ihre alliier-ten Gegner, flößten ihren Männern Disziplin ein und sicherten einen hohen Ausbildungsstand. Ferner führ-ten sie auf dem Schlachtfeld, waren für Züge und sogar Kompanien verantwortlich und zeigten einen Grad von Initiative, der in die-sen Rängen bei den Alliierten so nicht üblich war.

EIN DEFENSIVER KRIEG
Anfänglich waren die deutschen Soldaten hoch motiviert und von dem Glauben beseelt, ihr Vaterland zu verteidigen. Obwohl im Blutbad der Westfront eine gewisse Demoralisierung nicht ausblieb, war ihr Engagement, unterstützt von

Diskushandgranate
Sie war in den ersten
Kriegsjahren in der deutschen
Armee weit verbreitet.

der unter Kameraden üblichen Gruppenbindung, bis zuletzt stärker als das der Heimatfront.

Die Deutschen waren die Ersten, die an der Westfront Schützengräben bauten, und passten sich leichter an die Grabensysteme an als ihre Gegner. Das resultierte zum Teil aus ihrer Strategie, die von Mitte 1915 bis Frühjahr 1918 eine defensive Haltung an der Westfront diktierte. Deutsche Soldaten profitierten von trockenen, mit Eisen und Holz ausgebauten Gräben, teilweise mit tiefen Betonbunkern zum Schutz gegen schwere Artillerie. An manchen Stellen gab es elektrisches Licht, fließendes Wasser und Belüftungs-systeme für unterirdische Bunker. An anderen Stellen wiederum waren viele deutsche Soldaten bei ihren Aufenthalten an der vordersten Linie durch kaum mehr als Aushöhlungen in den Grabenwänden geschützt. Die Vorgabe, verlorenen Boden unter allen Umständen durch Gegenangriffe zurückzugewinnen, sorgte selbst in defensiven Gefechten für hohe Verluste. Nicht nur Alliierte rückten über freies Feld in schweres MG-Feuer vor. Angesichts von langem Artillerie-beschuss, Giftgasangriffen und massiven Infante-rieoffensiven schien es den deutschen Soldaten oft, dass sie einem materiell überlegenen Feind vergeblich standhielten.

BERGMANN-MASCHINENPISTOLE MP 18
MIT MAGAZIN FÜR 32 SCHUSS

IM STURM VORAN

Hunderttausende Deutsche fielen 1916 in den großen Aderlassen vor Verdun und an der Somme sowie in den alliierten Offensiven von 1917. Im Laufe des Krieges entstand in den deutschen Reihen eine Kluft zwischen den kampferfahrenen Truppen, die dieses Blutbad überlebt hatten, und den alternden Reservisten und jungen Wehrpflichtigen, die neu an die Front gelangten. Aus den besten Soldaten wurden die Sturmbataillone als Eliteeinheiten aufgestellt, die Gegenangriffe und Offensiven anführen sollten. Das Konzept geht auf die Sturmabteilung zurück, die Hauptmann Willy Rohr von den Preußischen Gardeschützen im März 1915 bildete. 1916 und 1917 wurden Sturmbataillone sowie kleinere Sturmeinheiten in normalen Infanterieregimentern üblich, entweder aus Jägereinheiten gebildet oder aus handverlesenen Soldaten der konventionellen Infanterie. Diese Stoßtrupps wurden intensiv ausgebildet und sollten sich als »Herren der Gräben« betrachten.

Ein Sturmbataillon konnte aus drei

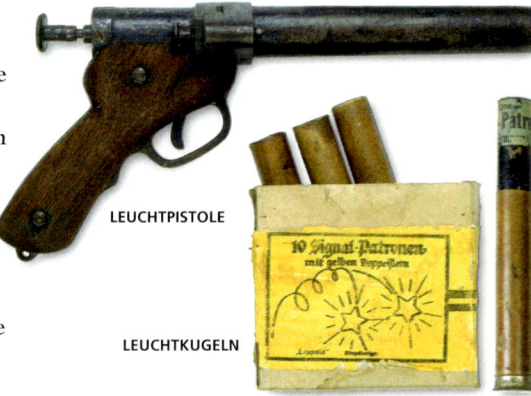

LEUCHTPISTOLE

LEUCHTKUGELN

Beleuchteter Krieg
Mit besonderen Pistolen wurden Magnesiumleuchtkugeln in die Luft geschossen, um vereinbarte Signale zu geben. Manche Geschosse sanken an Fallschirmen langsam zu Boden, um das Niemandsland zu beleuchten; so ließen sich Feindaktivitäten entdecken.

oder vier Infanteriekompanien mit Gewehren und Handgranaten bestehen, einer MG-Kompanie, einer Minenwerferkompanie, einer Batterie leichter Infanteriegeschütze sowie einer Abteilung mit Flammenwerfern. Es wurde erwartet, dass die Einheiten auf eigene Initiative handelten und Breschen in feindliche Grabensysteme schlugen, ohne

sich aufzuhalten. Das Konzept war ein gewagter Versuch, in einem durch die rohe Zermürbungswirkung massierter Feuerkraft gelähmten Krieg das Kampfgeschick vorzüglich ausgebildeter Infanterie auszunutzen. Nachteilig war, dass normale Infanterieeinheiten ihre besten Männer verloren. Durch ihren Einsatz vor Gegenangriffen oder Offensiven erlitten die Stoßtrupps hohe Verluste, was bedeutete, dass sich die deutschen Verluste auf die besten, erfahrensten Soldaten konzentrierten.

KAISERSCHLACHT

Der Lackmustest der Sturmtruppen kam mit der Kaiserschlacht im März 1918. Nach dem Sieg über Russland an der Ostfront verlegte die deutsche Oberste Heeresleitung die frei gewordenen Truppen an die Westfront, um mit verzweifelten Massenoffensiven den Krieg zu gewinnen, bevor die Amerikaner einsatzbereit waren. Am 21. März brach die volle Wucht des deutschen Angriffs über die 3. und 5. britische Armee herein. Nach vierstündigem Trommelfeuer wurden die Briten in der vordersten Linie von deutschen Stoßtrupps überrannt, die plötzlich aus dem dichten Morgennebel auftauchten. Im Nahkampf

Grabenbeil
Dieses Beil war vor allem ein Mehrzweckwerkzeug, wurde bei Überfällen auf Gräben aber auch im Nahkampf eingesetzt.

» ICH VERSUCHTE MICH ZU ÜBERZEUGEN, WAS MIR PASSIERT WÄRE, WENN ICH NICHT ... MEIN BAJONETT ZUERST IN SEINEN BAUCH GESTOSSEN HÄTTE. «

STEFAN WESTMANN, 29. DIVISION DER DEUTSCHEN ARMEE

Sprung auf, marsch, marsch!
Während der deutschen Frühjahrsoffensive 1918 rückt ein mit Ausrüstung beladener Stoßtrupp über offenes, mit Kratern übersätes Gelände vor. Durch die vorausgegangene Feuerwalze weiß der Feind von dem Angriff.

Deutsches Soldbuch
Jeder deutsche Soldat besaß ein Soldbuch, in dem Sold, Heimaturlaub, Daten zur Einheit, zu ausgegebener Ausrüstung sowie medizinische Daten festgehalten wurden.

konnte den deutschen Flammenwerfern, Handgranaten und Maschinenpistolen nichts widerstehen. An manchen Stellen kämpften sich die Sturmtruppen an einem Tag 16 km voran, 65 km innerhalb einer Woche – eine seit Verfestigung der Grabenlinien Ende 1914 unerreichte Leistung. An anderen Frontabschnitten schlug die Offensive dagegen fehl oder machte nur geringe Fortschritte. In der Kaiserschlacht erzielten die Deutschen zwar Geländegewinne, nicht jedoch den Sieg; ihre Armee war jetzt endgültig erschöpft.

BITTERE NIEDERLAGE

Weil Landarbeiter und Ackerpferde zum Militärdienst eingezogen worden waren, herrschte 1918 in Deutschland Nahrungsmangel, von dem auch die Frontsoldaten nicht verschont blieben. So beschwerte sich Ostern ein Soldat, dass seine Tagesration aus einem halben Laib Brot und einem Brocken gebratenen Pferdefleisches bestanden hatte. Die Märzoffensive kam ins Stocken, als die Deutschen alliierte Lager voller Lebensmittel fanden und diese plün-

INFILTRATIONSTAKTIK

Die Deutschen versuchten, die Dominanz der Defensive auf dem Schlachtfeld des 1. Weltkrieges durch Taktiken zu überwinden, die rasches und tiefes Eindringen in die feindlichen Linien ermöglichen sollten. Diese von General Oskar von Hutier entwickelte und erstmals 1917 vor Riga angewendete Infiltrationstaktik verzichtete auf den langen vorbereitenden und daher verräterischen Artilleriebeschuss. Nach einem kurzen, heftigen Trommelfeuer rückten die schwer bewaffneten Stoßtrupps vor. Diese Eliteeinheiten umgingen Befestigungen und überrannten schwächere Punkte in den Frontgräben mit der Kraft ihres Schockangriffs. Sie kämpften sich dann rasch durch die Gräben der zweiten und dritten Linie vor, um feindliche Artilleriestellungen auszuheben und

Verbindungen zu bedrohen. Direkt hinter ihnen folgende Infanterie »säuberte« Widerstandsnester, wie z.B. MG-Stellungen. Zwar erreichte die Infiltrationstaktik oft ihr Ziel und öffnete Breschen in den feindlichen Linien, doch konnten die sich dadurch bietenden Möglichkeiten nicht ausgenutzt werden. Ohne Motorfahrzeuge kam jeder Vorstoß wegen Logistik- und Transportproblemen ins Stocken.

Stielhandgranate
Dieser Handgranatentyp mit dem hölzernen Stiel, der einen weiten Wurf erlaubte, gehörte zur Bewaffnung der Sturmtruppen.

derten. Durch ihre schlechte Verpflegung waren sie für die tödliche Grippeepidemie anfällig, die im zweiten Halbjahr 1918 ausbrach.

Schlimmer als Hunger und Krankheit war für die deutschen Soldaten jedoch die Gewissheit, dass sie mit dem Eintreffen starker amerikanischer Truppen den Krieg nicht mehr gewinnen konnten. Als die Alliierten sie im Spätsommer mit einer Reihe gut geplanter Offensiven zurückdrängten, begannen sich deutsche Soldaten zu ergeben. Die meisten gaben jedoch nie auf und blieben bis zum Waffenstillstand auf fremdem Boden. Viele Deutsche konnten nach einem derartigen

titanischen Ringen, bei dem etwa zwei Millionen Soldaten gefallen waren, eine Niederlage nicht akzeptieren. Nach ihren Erlebnissen wurden viele ehemalige Soldaten Pazifisten, eine beträchtliche Minderheit führte jedoch ihre Kameradschaft in nationalistischen paramilitärischen Organisationen fort. Auf ihrer Suche nach einem Kriegermythos zur Rechtfertigung ihres aggressiven Militarismus pervertierte die NSDAP später die Erinnerung an die Sturmtruppen.

Letzte Verteidigungslinie
Dieser deutsche Soldat, fast alleine in seinem Graben, ist bereit, dem vorrückenden Feind einen letzten Schlag zu versetzen.

Gasmaske
Die deutschen Soldaten waren besser gegen Gasangriffe geschützt als die alliierten mit ihren imprägnierten Baumwollmasken. Diese Maske hat einen zylindrischen Filter zum Einschrauben.

Gläser aus Kunststoff

Blechbehälter zur Aufbewahrung

242

STURMAUSRÜSTUNG

Als Stoßtrupps, die im Frühjahr 1918 fortwährend alliierte Schützengräben angriffen, waren die Sturmtruppen ständig in Bewegung.
Ihre gesamte Ausrüstung und Bewaffnung war auf Beweglichkeit,
einfache Benutzung und schnellen Zugriff im Gefecht ausgelegt – vom reichlich bestückten Koppel über das Sturmgepäck
(einschließlich Verpflegung, Munition und Wetterschutz) bis zur
Handgranatentasche und dem kurzen Mauser-Karabiner 98AZ.

Das bequem auf dem Rücken
getragene Sturmgepäck

Der Mauser-Karabiner 98AZ,
die Hauptwaffe der Sturmtruppen

Patronentaschen und Leinenbeutel
Handgranaten

Sturmgepäck
Wurde auf dem Rücken getragen und bestand
aus einer Pionierschaufel, einer Zeltbahn
(die sich auch als Regenponcho verwenden
ließ) und einem Kochgeschirr, dessen Bestandteile vielseitig zu verwenden waren. Das Paket
war mit Lederriemen fest verzurrt.

Schaufelblatt
zum Aus-
heben von
Gräben

Uniformrock
Diese Standardjacke der Sturmtruppen
wärmte gut, war aber – vor allem nass –
auch sehr schwer. Viele Soldaten der
Sturmtruppen deckten die Regimentsabzeichen auf ihren Schulterklappen
mit einem Stück Stoff ab.

Verwundeten-
abzeichen

Eisernes Kreuz
1. Klasse

Zeltbahn (auch
Regenponcho)

Soldaten im 1. Weltkrieg
gehörten zu den ersten,
bei denen Tarnung weit
verbreitet war.

Helm
Im Laufe des 1. Weltkrieges
mussten alle Armeen ihre Infanterie
mit Stahlhelmen ausstatten. Das
deutsche Modell mit der charakteristischen Form, die auch den Nacken
schützte, wurde 1916 eingeführt.

Band des Eisernen
Kreuzes 2. Klasse

Koppel
Am Koppel trugen die Soldaten der Sturmtruppen einen Großteil ihrer Ausrüstung, darunter Brotbeutel, Feldflasche, sechs Patronentaschen, Bajonett und Beil. Das Lederzeug wurde später im Krieg geschwärzt.

Koppel aus dickem Rindleder

Metallkopf enthält Sprengstoff.

Stielhandgranate
Dies war der primäre Handgranatentyp der deutschen Armee gegen Ende des 1. Weltkrieges, er wurde ähnlich auch im gesamten 2. Weltkrieg eingesetzt.

Holzstiel zum Werfen

ANSTECKMAGAZIN MIT 25 SCHUSS

LADESTREIFEN MIT FÜNF SCHUSS

Holzstiel

Patronentaschen

Mauser-Karabiner
Die Stoßtrupps zogen den Mauser-Karabiner 98AZ dem normalen Mauser-Infanteriegewehr vor, da er kürzer und damit bei Grabenkämpfen handlicher war. Das größere Ansteckmagazin wurde wie das normale fünfschüssige Magazin von oben durch den Verschluss mit 25 Patronen geladen.

Brotbeutel

Mündungsschoner mit Klappe

Herstellerkennzeichen

Vorderer Laufhaltering

Freigabeknopf für Sperre

Dolch
Dieser Dolch mit gekröpftem Griff wurde von Demag in Duisburg produziert. Der Griff hat die originale feldgraue Farbe, die (nicht gezeigte) Scheide war schwarz. Auf den Karabiner aufgepflanzt, diente der Dolch als Alternative zum Bajonett.

Feldflasche

Schlaufen ermöglichen das Verschieben am Gürtel.

Hose
Das hervorstechendste Merkmal der Hosen waren die ledernen Knieschützer. Sie waren vor allem bei MG-Schützen verbreitet und wurden 1918 auch von den deutschen Sturmtruppen bevorzugt.

Kurvenvisier

Knieschützer

Beil in der Lederhülle

Seitengewehr 98/05

Wickelgamaschen
Spiralförmig um die Wade gewickelte lange Stoffstreifen dienten als Stütze und Schutz.

DEUTSCHER GRABEN

Fast den gesamten 1. Weltkrieg über spannte sich entlang der Westfront eine 700 km lange Befestigungslinie von Nieuport in Belgien bis zur Schweizer Grenze. Die ersten, im Herbst 1914 improvisierten Gräben sollten temporäre Bauten sein. Daraus entwickelte sich jedoch nach und nach ein permanentes, tief gestaffeltes Verteidigungssystem mit Beton-bunkern und Befestigungen, das von dichten Stacheldrahtverhauen geschützt wurde.

Die feindlichen Grabenlinien lagen in der Regel hinter etwa 200 bis 300 m »Niemandsland«, näherten sich aber zuweilen auch bis auf 25 m an. Die Art der Schützengräben hing vom Gelände ab. Im trockenen, festen Kalkstein im Artois und an der Somme konnten die Soldaten tief graben und sichere, bequeme Unterstände errichten. Im nassen, weichen flandrischen Boden dagegen, wo der hier vorgestellte Bayernwald-Graben entstand, wurden tiefe Löcher überflutet, die bröckeln-den Erdwände mussten mit Holz oder Flecht-werk verstärkt werden. Das Leben in derartigen flachen Gräben war oft ein elender Kampf gegen Schlamm und Feuchtigkeit. Die Deutschen konn-ten sich ihre Positionen wenigstens von Anbeginn aussuchen, sodass ihre Gräben höher und trocke-ner lagen und Beschuss weniger ausgesetzt waren.

Ein Schützengraben brauchte wenigstens eine dem Feind zugewandte Wand, die höher als mannshoch war, da Scharfschützen auf jeden schossen, der über diese Brustwehr ragte. Aus-gehoben und repariert wurden die Gräben im Schutze der Dunkelheit; die Instandhaltung ver-brauchte einen Großteil der Energie der Soldaten.

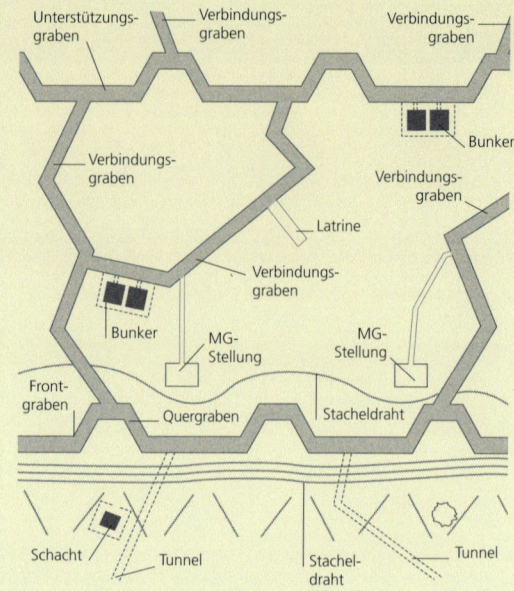

Vereinfachtes deutsches Grabensystem
Nach 1916 waren die deutschen Frontgräben nicht ständig bemannt. Ein Netz von Verbindungsgräben verband sie mit den rückwärtigen Unterstützungs- und Reservegräben.

Stolz auf das Werk
Deutsche Offiziere und Mannschaften in einem neuen Graben von ungewöhnlich hoher Qualität. Für einen Frontgraben ist er viel zu breit.

» DIE ANGRIFFE WECHSELN MIT GEGENANGRIFFEN, UND LANGSAM HÄUFEN SICH AUF DEM TRICHTER-FELD ZWISCHEN DEN GRÄBEN DIE TOTEN. «

ERICH MARIA REMARQUE IN SEINEM ROMAN *IM WESTEN NICHTS NEUES*

Minenwerfer
Die Deutschen verfügten früher als die Alliierten über spezielle Waffen für den Grabenkrieg wie z. B. solche Minenwerfer.

Gewundene Linie
Schützengräben wurden nie in einer geraden Linie ausgehoben. Die Windungen verhinderten, dass sich Druckwellen und Schrapnelle im Graben weit ausbreiteten, ferner versperrten sie in den Graben eingedrungenen Feinden die Sicht.

Trittstufe
Ein A-förmiger Holzrahmen dient als Trittstufe, auf der ein Soldat über die Brustwehr feuern konnte. In trockenerem Gelände wurden die Stufen aus der Grabenwand ausgehoben.

Schachteingang
Von Schächten aus versuchte man, Tunnel unter feindliche Linien zu graben und dort Sprengstoff zu zünden.

Blick in einen Schacht
Zwei 17 m tiefe Schächte gibt es an der Stelle noch. Sie auszuschachten muss an den Nerven gezehrt haben, da sie häufig unter Wasser standen.

Versorgung des Grabens
An dem Balken wurden Leitungen über den Graben geführt, z.B. Telefondrähte oder ein Schlauch zum Auspumpen von Wasser.

Flechtwerk und Sandsäcke
Wegen des nassen Bodens in diesem Sektor mussten die Gräben flach sein, die Brustwehr wurde daher mit Sandsäcken aufgebaut.

Betonfertigteile
Am Bayernwald gab es zehn Bunker, von denen zwei noch existieren. Die meisten bestanden aus vorgefertigten Betonblöcken, die 1916 beim Bau mit einer Feldbahn zur Front befördert wurden.

Zweiraumbunker
In jedem Bunker gab es zwei Räume mit nur 1,2 m Deckenhöhe. Ein Rohr in der Decke ließ sich als Rauchabzug für einen Ofen oder aber für ein Periskop verwenden.

Wenig einladender Schutz
Die Bunker durften die Soldaten nur bei heftigem Artilleriebeschuss benutzen. Sie waren absichtlich eng und unbequem gehalten, da man befürchtete, die Männer würden sonst ihren Kampfeswillen verlieren.

ANDERE INFANTERISTEN DES 1. WELTKRIEGES

Die Kriegserfahrungen von 1914–1918 waren in vieler Hinsicht bei den Infanterien aller Nationen ähnlich. Unabhängig von Herkunftsland und Einsatzfront mussten sie Artilleriebeschuss, Gasangriffe, Vorstöße in MG-Feuer hinein ertragen und täglich gegen Ratten, Läuse und Schlamm ankämpfen. Die Verluste in Offensiven waren immer hoch, die Gewinne im Vergleich dazu frustrierend gering. Dass Zivilisten, die hastig in Uniformen gesteckt worden waren, die Anforderungen der modernen Kriegführung in ihrer schlimmsten Form so gut verkrafteten, bewies ihren Mut und ihr Engagement. Viele hielten nicht nur durch, sondern entwickelten sich von schlecht ausgebildeten Amateuren zu geschickten, abgebrühten Kämpfern.

FRANZÖSISCHE POILUS

Als Wehrpflichtiger der Infanterie war der »Poilu« das Produkt eines Systems, das aus jedem Franzosen einen ausgebildeten Soldaten machen sollte. In Friedenszeiten absolvierten alle männlichen Franzosen einen zweijährigen (ab 1913 dreijährigen) Wehrdienst und wurden danach in die Reserve übernommen. Ihr Dienst wurde ihnen als eine Quelle patriotischen Stolzes vermittelt. Bei Kriegsbeginn brachte die Mobilisierung in wenigen Wochen über drei Millionen dieser Bürgersoldaten ins Feld. Ungenügend bewaffnet und in bunten Uniformen, die sie zu leichten Zielen machten, konnten sie gegen die überwältigende deutsche Feuerkraft nicht standhalten. Die französische Armee sammelte sich, um die Deutschen in der ersten Schlacht an der Marne zu schlagen, hatte nach drei Monaten aber eine Million Tote und Verwundete zu beklagen. Nach diesen Verlusten richteten sich die Franzosen in der demora-

lisierenden Zermürbung des Stellungskrieges ein, unter Bedingungen, die insgesamt schlechter als die der Briten und Deutschen waren: Gräben von schlechter Qualität, eintönige Verpflegung, ungenügende Erholungsmöglichkeiten in der Etappe. Ihre Kampfmoral überlebte 1916 Verdun, nach vergeblichen Offensiven kam es jedoch Anfang 1917 zu Meutereien, die der Regierung bessere Verpflegung und Erholung und weniger Verschwendung von Menschenleben abtrotzten. Die Moral hob sich genug für einen großen Anteil am Sieg 1918. Von etwa 8,3 Millionen französischen Soldaten waren fast 1,4 Millionen gefallen.

KÄPPI MIT ÜBERZUG

Regimentsnummer am Kragen

Patronentasche

Proviantbeutel

LEBEL-GEWEHR (MODELL 1893)

EHREN-LEGION

Verzweifelte Maßnahmen
Soldaten versuchen mit Steinen und Gewehren, Deutsche in Ostfrankreich aus Gräben an einem Hügel zu vertreiben.

Genagelte Stiefel

Lebel-Bajonett

Rot, die Farbe französischer Infanteriehosen seit 1829

Uniform und Waffen
Die auffällige Uniform von 1914 wurde 1915 durch blassblaue Mäntel und Hosen und den Adrian-Stahlhelm ersetzt.

US-INFANTERIE

Als die USA im April 1917 in den 1. Weltkrieg eintraten, waren sie dabei, ihre reguläre Armee auf 140 000 Mann zu erweitern und eine freiwillige Reserve von 400 000 einschließlich Nationalgarde aufzustellen. Da die Zahlen weit unter dem für den Krieg in Europa benötigten Massenheer lagen, entschied die Regierung, eine neue »National Army« allein aus Wehrpflichtigen aufzustellen. Auch wenn die Einberufung traditionell unbeliebt war, verlief sie reibungslos, allerdings brauchten Aufstellung und Transport der Truppen nach Europa Zeit. Als die American Expeditionary Force im Juni 1918 an der Westfront in die Kämpfe eingriff, zählte sie 500 000 Mann. Die »Doughboys« genannten jungen Wehrpflichtigen beeindruckten die verbrauchten Europäer als körperlich fit und geistig frisch; ihr Optimismus stand im scharfen Kontrast zum Zynismus der kriegsmüden Briten und Franzosen.

Wegen der Unerfahrenheit der Offiziere und Mannschaften waren die ersten Kämpfe verlustreich. Das Versorgungssystem war oft schlecht organisiert, sodass die Männer in den Gräben hungerten. Abgesehen von den Gewehren stellten Briten und Franzosen die meiste Ausrüstung. Doch die Amerikaner zeigten ihren Wert, besonders in der Offensive von St. Mihiel im September 1918.

Die US-Truppen waren strikt nach Rassen getrennt. Etwa 200 000 farbige Wehrpflichtige wurden nach Europa geschickt, von denen jedoch nur ein Fünftel – in separaten schwarzen Divisionen – kämpfen durfte. Gegen Kriegsende waren zwei Millionen Amerikaner in Europa, rund 50 000 fielen. Etwa genauso viele wurden 1918/19 Opfer der Spanischen Grippe, einer weltweiten Pandemie.

US-Ausrüstung
Die Amerikaner führten einige neue Waffen ein, z.B. Schrotflinten zum »Säubern« feindlicher Schützengräben.

GETARNTER HELM

DRAHTSCHERE

MIT SCHLAGRING KOMBINIERTER DOLCH

Amerikaner an der Westfront
Im September 1918 greifen bei der St.-Mihiel-Offensive im Nordosten Frankreichs, der ersten großen US-Operation des Krieges, Männer des 23rd Infantry Regiment eine deutsche Stellung an.

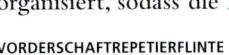

VORDERSCHAFTREPETIERFLINTE

KANADISCHE INFANTERIE

Bei Kriegsbeginn bestand die reguläre kanadische Armee nur aus wenigen Tausend Mann. Zur Unterstützung des britischen Mutterlandes rief das Dominion Freiwillige auf, sich für die Canadian Expeditionary Force zu melden. Etwa 600 000 folgten dem Aufruf, 418 000 dienten schließlich in Übersee. Eine Armee fast aus dem Nichts aufzubauen war eine beachtliche Leistung. Bereits im April 1915 gelangten die ersten hastig ausgebildeten Zivilisten in Uniform bei Ypern an die Westfront – und erlebten dort die ersten Chlorgasangriffe. Je stärker die kanadischen Truppen wurden, desto mehr wurden sie in die schlimmsten Kämpfe hineingezogen, sie erlitten im Sommer 1916 hohe Verluste an der Somme, ebenso im Schlamm von Passchendaele im Jahr darauf. Ihre außergewöhnlichen Kampfqualitäten wurden allgemein anerkannt, z.B. das Erstürmen der verbissen verteidigten Höhe von Vimy am 9. April 1917 über einen steilen Hang bei Schnee und Graupel. Über 56 000 kanadische Soldaten fielen im Kampf.

> » ... DER ANGRIFF SCHLUG NUR FEHL, ... WEIL TOTE NICHT WEITER VORSTOSSEN KÖNNEN. «
>
> **GENERAL BEAUVOIR DE LYLE** ÜBER DAS NEWFOUNDLAND REGIMENT AN DER SOMME

Kanadische Ausrüstung
Die Kakiuniform der Kanadier beruhte auf der britischen. Das in Kanada hergestellte Ross-Gewehr hatte ein ungewöhnlich kurzes Bajonett.

INFANTERIEMÜTZE

ROSS-BAJONETT

TASCHENMESSER

SCHARFSCHÜTZENGEWEHR ROSS .303 MK III

DIE ANZACS

Viele junge Australier und Neuseeländer folgten bei Kriegsbeginn der Aufforderung ihrer Regierungen, als Freiwillige Großbritannien zu unterstützen; so meldete sich etwa jeder fünfte Neuseeländer. Als Australian and New Zealand Army Corps (abgekürzt ANZAC) wurden die Truppen zunächst zur Ausbildung in Ägypten stationiert. Vor allem die Australier hatten rasch einen Ruf als harte Burschen; ihre Gleichgültigkeit gegenüber militärischer Etikette empörte britische Offiziere, ihr Verhalten außerhalb des Dienstes entsetzte die Ägypter. Im Einsatz jedoch erwiesen sich die ANZAC-Truppen als furchterregendste und effektivste Kämpfer der Alliierten. Ihre Feuertaufe in der berüchtigten Schlacht auf der türkischen Halbinsel Gallipoli 1915/16 hätte weniger entschlossene Soldaten demoralisiert, die Überlebenden kämpften jedoch auch an der Somme und bei Passchendaele. Im Sommer 1918 führten die Australier in einem eigenen Korps die Offensive gegen die Deutschen an. Im Verhältnis erlitten die Australier die höchsten Verluste aller nationalen Armeen: Von 320 000 Mann fielen 60 000, 220 000 wurden verwundet; die Neuseeländer verloren 58 000 Mann, davon fielen 17 000.

RUSSISCHE TRUPPEN

Wehrpflichtige Bauern machten einen Großteil der russischen Armee aus, dazu kamen Arbeiter aus den großen Städten. Die Mobilisierung verlief reibungslos, doch erlitten die schlecht geführten russischen Kräfte Ende August 1914 bei Tannenberg eine katastrophale Niederlage. Von da an wurden die Russen immer von den Deutschen geschlagen, konnten jedoch mitunter gegen Österreicher und Türken siegen. Mit der Verschwendung von Leben in sinnlosen Offensiven und den sich verschlechternden Bedingungen an der Front wuchs die Unzufriedenheit. Die Soldaten ärgerten sich über die von der Wehrpflicht Ausgenommenen, die mit der boomenden

Kriegswirtschaft Gewinne erzielten, und hassten ihre arroganten und inkompetenten Offiziere. Im März 1917 trugen Reserveeinheiten zum Sturz des Zaren bei; Soldatenräte (»Sowjets«) wurden eingerichtet, unbeliebte Offiziere entlassen. Die neue Provisorische Regierung rief die Soldaten auf, den »Bajonetten der Eroberer« zu widerstehen, doch lief sich die Offensive vom Juni 1917 tot, es kam zur massenweisen Fahnenflucht. Die Bauernsoldaten kehrten nach Hause zurück, um an der Landverteilung teilzuhaben, die Auflösung der Armee war nicht mehr aufzuhalten. Etwa 1,8 Millionen russische Soldaten fielen im Krieg.

SCHAFFELL-MÜTZE PAPACHA

Abzeichen in den Farben der Romanow

MOSIN-NAGANT-GEWEHR

Russische Uniform
Die 1907 eingeführte Kakiuniform wurde mit traditionelleren Elementen ergänzt, darunter die Papacha der Kosaken.

>> WELCHEN SINN HAT ES FÜR UNS BAUERN, LAND ZU ERHALTEN, WENN ICH GETÖTET WERDE UND KEIN LAND ERHALTE? << **RUSSISCHER BAUERNSOLDAT** IM MAI 1917

ITALIENISCHE TRUPPEN

Bersaglierihut
Bei Paraden tragen die Bersaglieri (leichte Infanterie) noch heute den Hut mit den charakteristischen Hahnenfedern.

Die durch territoriale Ambitionen motivierte verspätete Kriegserklärung Italiens an Österreich-Ungarn im Mai 1915 fand bei den wenigsten Italienern Beifall. Da das Land erst vor einem halben Jahrhundert geeint worden war, hielten sich patriotische Gefühle in Grenzen; Wehrpflichtige aus Sizilien und dem Süden betrachteten Norditalien als Ausland. Die Alpenfront, an die die Italiener kämpften, war raues und unwirtliches Gelände. Das Wetter war oft schlecht, selbst erfolgreiche Vorstöße auf Alpenkämme enthüllten nur einen weiteren zu erobernden Kamm. Nur die Elite der Alpini war besonders auf

den Krieg im Gebirge ausgerichtet. Truppen an der Front mangelte es häufig an Verpflegung, Kleidung und medizinischer Versorgung; Offiziere misshandelten regelmäßig Soldaten.

Der einzige Segen für die Italiener war, dass es den Österreichern im Allgemeinen nicht viel besser erging. Die Verlegung deutscher Truppen an die italienische Front beschleunigte das Desaster der Italiener bei Caporetto (Karfreit) im Oktober 1917. Demoralisiert, von pazifistischen, defätistischen und linksrevolutionären Ideen angesteckt und durch zu viele verlustreiche Offensiven ermüdet, flohen italienische Soldaten kurz nach Beginn der Kämpfe vom Schlachtfeld. Im Winter 1917 wurde eine Verteidigungslinie am Piave stabilisiert. Nach vorsichtiger Wiederherstellung der Kampfmoral beendeten die Italiener den Krieg in der Offensive, angeführt von den neuen Sturmtruppen der Arditi. Insgesamt waren die italienischen Kriegserfahrungen jedoch äußerst desillusionierend; fast eine halbe Million Italiener fiel im Krieg.

ERKENNUNGSMARKEN

Gebirgsstellungen
Wiederholte Versuche der Italiener, die österreichischen Linien zu durchbrechen, scheiterten trotz heftigen Artilleriebeschusses und brutaler Nahkämpfe.

KLAPPSPATEN

DIE ÖSTERREICHISCH-UNGARISCHE ARMEE

Die Armee der Doppelmonarchie spiegelte die Komplexität eines Vielvölkerreiches wider, in dem Österreicher und Ungarn eine Reihe anderer Völker dominierten, vor allem Tschechen, Slowaken, Kroaten, Slowenen, Bosnier, Ruthenen und Polen. Die meisten Offiziere waren deutschsprachig, fast die Hälfte der Wehrpflichtigen dagegen Slawen, viele des Deutschen nicht mächtig. Anfangs kämpfte die Armee gut, die Infanterie war mit hochwertigen Waffen für den Grabenkrieg ausgerüstet, wenn auch nicht in genügender

Anzahl. Bald zeigten sich jedoch Risse in der Treue zum Reich. Der Schock der russischen Brussilow-Offensive im Sommer 1916 veranlasste viele Tschechen und Ruthenen zur Fahnenflucht. Die erschöpfte Armee kam unter immer stärkere

Kontrolle der deutschen Verbündeten, was vielen Soldaten missfiel. Als die Niederlage im September 1918 unausweichlich wurde, zerfiel die Armee in ihre nationalen Komponenten. Etwa eine Million österreichisch-ungarischer Soldaten fiel im Krieg.

Gebirgstruppen
Österreich-Ungarn verfügte über spezielle Gebirgstruppen, die in Nordostitalien wie auch in den Karpaten gegen die Russen eingesetzt wurden.

Feuerdämpfer

Kühl-mantel

Höhenricht-mechanismus

Munitionskasten

Klappbares Dreibein

Schwarzlose-MG
Dieses wassergekühlte Maschinengewehr erwies sich selbst in der kalten Umgebung der Alpen und Karpaten als zuverlässige Waffe.

TÜRKISCHE TRUPPEN

Hut

INFANTERIE-ROCK

Als es im November 1914 als Verbündeter Deutschlands in den 1. Weltkrieg eintrat, befand sich das osmanische Vielvölkerreich mitten in einem politischen Umbruch, aus dem die heutige Türkei hervorgehen sollte. Seine Wehrpflichtarmee rekrutierte sich größtenteils aus anatolischen Bauern, daneben gab es unzuverlässige kurdische und arabische Einheiten sowie Juden und Christen, die aber nur kampfunterstützend eingesetzt wurden. In den letzten Kriegen auf dem Balkan und gegen Italien hatte sich die türkische Armee nicht durchsetzen können. Die im April 1915 bei Gallipoli landenden Alliierten staunten über die Standhaftigkeit und Motivation der türkischen Soldaten. Ein deutscher Beobachter schrieb die Leistung der »sturen Ergebenheit und unerschütterlichen Treue zu ihrem Sultan und Kalifen« zu. Sie waren auf alle Fälle bereit, in den verzweifelten Gegen-

angriffen zum Zurückwerfen der Gelandeten zu sterben. Allerdings war Mut kein Ausgleich für wirtschaftliches und administratives Versagen. Im sich hinziehenden Krieg litten sowohl die türkischen Soldaten wie auch die Bevölkerung unter Lebensmittelmangel. Die medizinische Versorgung war minimal, Krankheiten breiteten sich aus. Die bessere Verpflegung und Ausrüstung der deutschen Truppen, die die Türken unterstützten, gab Anlass zu Ressentiments. Im Irak und in Palästina besiegt, war die türkische Armee im Sommer 1918 im Zerfall begriffen. Viele Soldaten desertierten und kehrten auf ihre Felder zurück oder wurden zu Banditen. Über eine halbe Million türkischer Soldaten fiel im Kampf, noch einmal etwa die Hälfte starb an Krankheiten.

SPLITTERHAND-GRANATE

Türkische Waffen und Uniform
Die Türken erhielten Mauser-Gewehre, neue und auch ältere Modelle, die die Deutschen nicht mehr einsetzten. Auch die Form der Kakiuniformen zeigt den Einfluss der deutschen Berater.

MAUSER-KARABINER, KALIBER 9,5 MM (1887)

BAJONETT

Vor dem Angriff
Deutsche Infanterie bereitet sich
im 2. Weltkrieg auf den Vorstoß auf
Leningrad vor. »Operation Barbarossa«,
der Angriff auf die Sowjetunion 1942, schlug
fehl und trug mit zum Sturz der NS-Herrschaft bei.

KÄMPFER IM SPANISCHEN BÜRGERKRIEG

Das anfängliche Misslingen eines Militärputsches im Juli 1936 führte in Spanien zu einem dreijährigen Bürgerkrieg, in dem rechtsgerichtete Nationalisten unter General Francisco Franco gegen die Kräfte der republikanischen Regierung kämpften. NS-Deutschland und das faschistische Italien intervenierten auf nationalistischer Seite, die Republikaner wurden in geringe- rem Umfang von der Sowjetunion und von den Freiwilligen der Internationalen Brigaden unterstützt. Ausrüstung und Taktik stammten größtenteils aus dem 1. Weltkrieg, allerdings führte die deutsche Legion Condor neuartige Versuche mit der Luft- waffe durch, die schließlich zum Sieg der Nationalisten beitrugen. Über 500 000 Menschen kamen um, darunter viele Zivilisten.

NATIONALISTEN

Den Kern der nationalistischen Kräfte bildete die »Armee von Afrika«, die Spaniens nordafri- kanische Kolonie Marokko besetzt hielt. Ihre Elite, die spanische Fremdenlegion, war 1920 nach französischem Vorbild aufgestellt wor- den, rekrutierte sich jedoch zunächst fast aus- schließlich aus spanischen Freiwilligen. Zur Armee von Afrika gehörten auch viele zähe Marokkaner des Riff-Stammes unter der Füh- rung spanischer Offiziere. Im Gegensatz zu den größtenteils schlecht ausgebildeten Wehr- pflichtigen im Mutterland waren die Legionäre und Marokkaner abgehärtete Berufssoldaten.

Eine weitere effektive Truppe war die katho- lische royalistische Miliz, die »Requetés«. Sie bestand vor allem aus Bergbauern aus Navarra, die im Stil der Kreuzfahrer »mit der Handgranate in der einen und dem Rosenkranz in der anderen

> **SPANIER! DIE NATION RUFT ALLE ZU IHRER VERTEIDIGUNG, DIE DEN HEILIGEN NAMEN SPANIENS HÖREN.** **FRANCISCO FRANCO**, MANIFEST VOM 19. JULI 1936

Hand« kämpften. Unterstützt wurden die Natio- nalisten außerdem von der Miliz der faschistischen Falange sowie einem Großteil der Guardia Civil, der paramilitärischen Polizei, die wesentlich besser ausgerüstet war als die Wehrpflichtigenarmee.

Die raschen Fortschritte der Armee von Afrika versprachen einen leichten Sieg der Nationalis- ten. Mit deutschen und italienischen Flugzeugen nach Südspanien transportiert, rückten sie auf Madrid vor und töteten unterwegs Tausende. Der wachsende Widerstand brachte die Nationalisten jedoch in den Außenbezirken der Hauptstadt zum Stehen und zwang sie zu einem Zermürbungs- krieg. Die starke Unterstützung aus dem Ausland und die Zerstrittenheit ihrer Gegner ermöglich- ten Francos Truppen schließlich den Sieg.

Die Belagerung Madrids
Nationalistische Soldaten greifen vor Madrid feindliche Stellungen an. Nach drei Jahren fiel die Stadt im März 1939 Francos Truppen in die Hände.

SPANISCHES MAUSER-MODELL 1893

LEGION CONDOR

»Freiwillige« aus den Armeen Deutschlands und Italiens unterstützten die Nationalisten während des gesamten Bürgerkrieges, wobei die Italiener zwar zahlreicher, die Deutschen jedoch effektiver waren. Ihr Expeditionskorps bestand vor allem aus den Piloten und Maschinen der Luftwaffe, die ab November 1936 in der Legion Condor organisiert wurden. Daneben gab es ein Kontingent leichter Panzer und 88-mm-Geschütze, die gegen Panzer und Flugzeuge eingesetzt wurden.

Die deutsche Führung sah den Krieg als Testmöglichkeit für neue Waffen und Taktiken an. So wurden der Sturzkampfbomber Junkers Ju 87 und das Jagdflugzeug Messerschmitt Bf 109, die später in der Anfangsphase des 2. Weltkrieges entscheidend waren, in Spanien erprobt. Die Luftwaffe sammelte Erfahrungen im Luftkampf und beim Unterstützen von Bodentruppen.

Berüchtigt wurde die Luftwaffe für die Bombardierung der baskischen Stadt Guernica im April 1937. Soldaten, die in der Legion dienten, wurden gut besoldet und kehrten als kampferfahrene Elite nach Deutschland zurück.

Messerschmitt Bf 109
Viele Piloten und Flugzeugtypen wie diese Bf 109 wurden in Spanien bei der Legion Condor erstmals im Kampf eingesetzt.

INTERNATIONALE BRIGADEN

Ab Ende 1936 organisierte die Sowjetunion Internationale Brigaden für den Kampf gegen den Faschismus in Spanien. Begeisterte Freiwillige aus vielen Ländern, darunter Frankreich, Italien, Deutschland, Polen, Großbritannien und den USA, wurden von Paris aus heimlich nach Spanien gebracht. Die ersten Brigaden konnten im November 1936 noch einen wichtigen Beitrag zur Verteidigung Madrids leisten. 1937/38 verloren Tausende ihr Leben in sinnlosen Frontalangriffen; andere wurden von Kommunisten für das Abweichen von der Parteilinie oder für Fahnenflucht erschossen. Die Brigaden wurden im September 1938 aufgelöst und teilweise in die republikanische Volksarmee integriert. Von den 60 000 Freiwilligen kamen 10 000 in Spanien um.

REGIERUNGSTREUE TRUPPEN

Zu Beginn des Bürgerkrieges genoss die Regierung die Unterstützung loyaler Einheiten der regulären Armee sowie der Mehrheit der paramilitärischen Guardia de Asalto (»Angriffsgarde«). Das Überleben der Republik hing jedoch von Volksmilizen verschiedener linker Gruppierungen ab, vor allem der Anarchisten und der sozialistischen Gewerkschaften. Mit Waffen aus Armeedepots sicherten sie wichtige Städte, bauten die Verteidigung gegen die Nationalisten auf und versuchten,

eine soziale Revolution zu Ende zu führen. Die Milizen waren streng demokratisch organisiert, Offiziere wurden gewählt, formale Disziplin gab es nicht. Sie kämpften zuweilen mit außergewöhnlichem Mut, waren aber wohl für einen langen Zermürbungskrieg gegen Francos Reguläre zu unzuverlässig.

Überraschenderweise zog man gegen die Nationalisten keine Guerillataktik in Betracht. Vielmehr bestand die republikanische Regierung auf einer konventionellen Armee und einem konventionellen Krieg. Die Volksarmee integrierte

Milizen, loyale Truppen aus der Zeit vor dem Krieg und neue Wehrpflichtige aus republikanisch kontrollierten Gebieten. Überwacht wurde sie von politischen Kommissaren, fast ausschließlich Kommunisten. Diese stellten anfangs nur eine Minderheit, ihr Einfluss wuchs aber durch die Waffen und Spezialisten, die die Sowjetunion lieferte.

Interne Machtkämpfe behinderten die Effektivität der Armee. und die schlecht geführten Kräfte wurden oft in zu ehrgeizigen Offensiven geopfert. Im März 1939 ergab sich eine erschöpfte und demoralisierte Armee.

Propagandaplakat
»Erst den Krieg gewinnen – weniger verschwendete Worte!«, fordert ein Plakat von 1937; ein Hinweis auf die Machtkämpfe der linken Gruppen, die der Sache der Regierung schadeten.

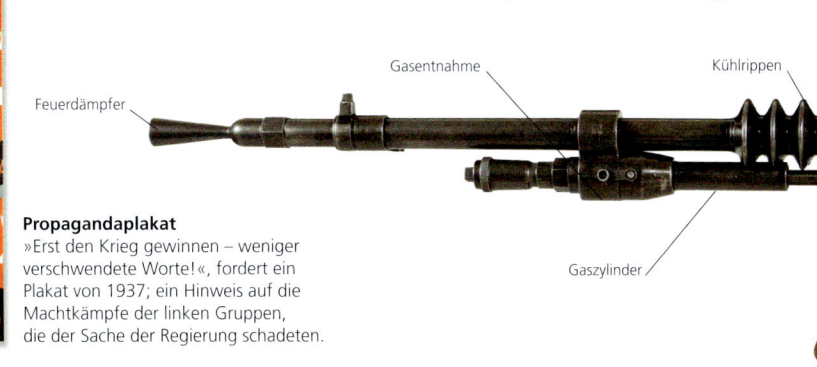

Feuerdämpfer · Gasentnahme · Kühlrippen · Zuführung für Munitionsstreifen · Optisches Visier

Gaszylinder

Pistolengriff

Höhenrichtrad

Hotchkiss Modell 1914
Das französische Hotchkiss-MG wurde im Spanischen Bürgerkrieg auf beiden Seiten eingesetzt.

> » EIN KAMPF NICHT NUR, UM EIN VOLK GEGEN EINEN GRAUSAMEN ANGREIFER ZU VERTEIDIGEN, SONDERN UM ETWAS ZU ZERSTÖREN, DAS ... DIE MENSCHEN ALLER DEMOKRATISCHEN LÄNDER ERDRÜCKEN WIRD. «

BILL PAYNTER, BRITISCHES MITGLIED DER INTERNATIONALEN BRIGADEN, MAI 1937

1940 – 1945

RAF-JAGDFLIEGER

》WIR WERDEN DIESEN KRIEG GEWINNEN, SELBST WENN WIR NUR NOCH EINE MASCHINE UND EINEN PILOTEN HABEN ... MAN MUSS DEN KAMPFGEIST DES DURCHSCHNITTLICHEN PILOTEN ERLEBEN, UM IHN ZU GLAUBEN. 《

Luftschlacht um England
Ein RAF-Jagdflieger im Cockpit seiner Supermarine Spitfire nach der Rückkehr vom Feindflug im Juli 1940 *(oben)*. Für den Fall, dass er über Feindgebiet abgeschossen wurde, hatte jeder Pilot einen Revolver Enfield No. 2 Mk 1 des Kalibers .38 dabei *(rechts)*.

I m Sommer 1940 sah sich das RAF Fighter Command einer anhaltenden Luftoffensive der deutschen Luftwaffe mit Bombern und Jagdflugzeugen ausgesetzt. Die »Luftschlacht um England« war die erste Schlacht, die ausschließlich in der Luft ausgefochten wurde. Die RAF hatte einige Vorkehrungen getroffen, vor allem mit dem Bau von Radarmasten an der Küste, dennoch stand die Sache auf Messers Schneide. Der Schutz Großbritanniens hing von nur rund 1500 Piloten ab, die bis zur Erschöpfung kämpften.

Vor dem Krieg zog die RAF (Royal Air Force) viele Freiwillige an, von denen ein Teil dem Fighter Command (Jägerkommando) zugewiesen wurde. Die jungen Männer brannten darauf, die neuen Eindecker-Jagdflugzeuge Supermarine Spitfire und Hawker Hurricane zu fliegen. Sie waren sich auch bewusst, dass sie als Jagdflieger von anderen Männern beneidet und von Frauen begehrt würden. Ein Pilot beschrieb den Dienst bei den Jagdfliegern der RAF einfach als »Bier, Frauen und Spitfires«. In der klassenbewussten britischen Gesellschaft der 30er-Jahre des 20. Jh. sahen einige Offiziere das Fighter Command als einen elitären Fliegerklub an. Manche wurden über gesellschaftlich exklusive Organisationen wie die Auxiliary Air Force oder die Oxford University Air Squadron rekrutiert und brachten den Geist ihrer Privatschulen inklusive eiserner Selbstkontrolle und flachsigem Umgangston mit. Doch auch aufstrebende Flieger aus weniger privilegierten Schichten gelangten in das Fighter Command, z.B. über die freiwillige Reserve. Die meisten dieser Freiwilligen flogen als Sergeants, nicht als Offiziere.

PILOTEN AUS ANDEREN LÄNDERN
Etwa 20 Prozent der Piloten des Fighter Command in der Luftschlacht um England waren keine Briten. Ein Zehntel kam aus Commonwealth-Staaten, darunter die Neuseeländer als zahlenmäßig stärkste Gruppe. Die Commonwealth-Piloten waren häufig bessere Schützen als die Briten, deren Ausbildung weniger auf Treffsicherheit ausgerichtet war. Andere Piloten waren aus dem besetzten Europa geflohen, darunter Polen, Tschechen, Franzosen und Belgier. Die Polen stellten das größte und das am meisten motivierte kontinentale Kontingent; sie waren im September 1939 von der Luftwaffe bei der Invasion Polens besiegt worden und brannten auf Rache. Woher sie auch stammten, allen Jagdfliegern gemein war ihre Jugend: Grundsätzlich durfte niemand über 26 eine Squadron (Staffel) führen. Zwei der größten Führungsgestalten in der Luftschlacht waren dabei Ausnahmen: »Sailor« Malan und der doppelt beinamputierte Douglas Bader waren beide bereits 30.

DIE SCHLACHT BEGINNT
Im Frühjahr 1940 traf das Fighter Command bei der Schlacht um Frankreich und der Evakuierung der Briten aus Dünkirchen auf die Luftwaffe. Dabei zeigte sich, dass die deutschen Piloten erfahrener und ihre Taktik der der RAF überlegen war. Nach Kämpfen über dem Ärmelkanal im Juli begann in der zweiten Augustwoche der deutsche Luftangriff auf Südengland: Von Messerschmitt-Jägern eskortierte Bomberflotten griffen bei Tag an, wann immer es das Wetter erlaubte. Das Ziel der Luftwaffe war die Luftüberlegenheit als Basis für eine Invasion Großbritanniens von See her. Hugh Dowding, der Chef des Fighter Command, setzte seine Ressourcen sparsam ein, um seine Männer und Maschinen als Verteidigungskräfte zu erhalten. Die RAF-Staffeln auf den südenglischen Flugplätzen fanden sich in der vordersten Linie wieder, da die meisten Angriffe der Luftwaffe über den Ärmelkanal erfolgten.

.38-REVOLVER ENFIELD NO. 2
MK 1 MIT MUNITION

Hurricane und Spitfire
Eine Hurricane (vorn) und eine
Spitfire während des 2. Weltkrieges.
Die Spitfire war zwar bekannter,
die Hurricane jedoch zahlreicher,
sodass sie mehr Abschüsse von
Luftwaffen-Maschinen erzielte.

Anstatt Patrouille zu fliegen, warteten die RAF-Piloten am Boden bei ihren Maschinen, um bei Bedarf in kürzester Zeit einen Alarmstart durchzuführen. Radarstationen an der Küste alarmierten die Leitstellen über anfliegende Feindflugzeuge; Fliegerleitoffiziere schickten die Staffeln los. In der Luft erhielten die Piloten dann Anweisungen über Funk, um sie in Richtung des Feindes zu führen.

START FREI!
Der Alarmstart musste so schnell wie möglich erfolgen, da jede verlorene Sekunde weniger Höhe vor dem Zusammentreffen mit den

Pilot einer Eagle Squadron
Um den Mangel an Piloten nach der Luftschlacht um England auszugleichen, rekrutierte die RAF Freiwillige aus anderen Ländern. Die Eagle Squadrons bestanden aus US-Piloten.

Feindflugzeugen bedeutete. Im schlimmsten Fall riskierten nahe an der Südküste stationierte Staffeln, noch am Boden überrascht zu werden. Die Piloten rannten zu ihren Maschinen, sodass eine Staffel in der Regel in fünf Minuten in der Luft war. Waren die Männer unvorbereitet, konnte es passieren, dass sie mit der Fliegermontur über ihrem Pyjama starteten.

Der Pilot zwängte sich in das enge Cockpit unter der Plexiglashaube, Füße auf den Seitenruderpedalen, die rechte Hand am Steuerknüppel, die linke am Gashebel. Körperbewegungen waren kaum möglich; um sich umzuschauen, konnte man nur den Hals drehen – oder das Flugzeug. In der Luft nahmen die zwölf Flugzeuge einer Staffel enge, keilförmige Formationen (»Vs«) aus je drei Maschinen ein. Für weniger erfahrene Piloten war schon das Halten der Formation anstrengend, für die Ausschau nach dem Feind blieb keine Gelegenheit. Zwar bestand das Oberkommando auf der Formation, doch ergriffen erfahrene Piloten oft die Initiative und gaben die »Vs« auf. Die besseren Staffeln flogen in loser Formation und gingen den Feind aggressiv an, wann und wie immer dies möglich war.

Die angreifende Luftwaffeneinheit bestand typischerweise aus einem Bomberverband, den Messerschmitt-Jäger in nächster Nähe oder großer Höhe eskortierten. Im Spanischen Bürgerkrieg hatten sich die Jäger eine paarweise Formation angeeignet: Rottenführer und Rottenflieger. Der Führer war der dienstältere Pilot und der bessere Schütze, der »Flügelmann« sollte ihm den Rücken freihalten. Zwei derartige Rotten bildeten einen Schwarm. Die vier Maschinen flogen vertikal und horizontal auseinandergezogen, sodass keine Kollisionsgefahr bestand. Außerdem waren sie in der losen Formation schwerer zu entdecken.

Der schlimmste Fall für die Briten war, von den Messerschmitts »angesprungen« zu werden. Wenn es ihnen nicht gelang, die hoch über ihnen befindlichen Deutschen auszumachen, griffen diese im Sturzflug mit hoher Geschwindigkeit die Flugzeuge am Ende der britischen Formation an. Man nimmt an, dass vier von fünf abgeschossenen RAF-Piloten den Angreifer nie sahen. Mit dem Schwung aus dem Sturzflug entkamen die Messerschmitts, bevor die Briten reagieren konnten. Entdeckten die RAF-Piloten die Deutschen rechtzeitig, konnten sie wenden und den Luftkampf aufnehmen. In diesen Nahkämpfen jagten sich die Flugzeuge durch enge Kurven und gaben auf jeden ins Visier geratenen Feind kurze Feuerstöße ab. Kurvenkämpfe waren meistens kurz, aber sehr intensiv und chaotisch.

Unerfahrene Piloten neigten dazu, auf jedes Flugzeug zu schießen, ob Freund oder Feind. Den Gegner auszukurven und sich hinter ihn zu setzen war die erfolgreichste Taktik, bei zu engen Kurven konnte der Pilot allerdings wegen der übermäßigen Beschleunigungskräfte ohnmächtig werden.

Die Masse der langsameren Dornier-, Junkers- und Heinkel-Bomber anzugreifen bereitete andere Probleme. Die effektivste Taktik bestand darin, frontal auf sie zuzufliegen, was die Formation aufbrechen konnte. Gleichzeitig war es sehr riskant und verlangte gute Nerven. Die meisten Piloten griffen Bomber von der Seite oder von hinten an. Bomber waren recht leicht zu treffen, aber schwierig abzuschießen, da sie heftigen Beschuss vertragen konnten. Um den gewünschten Effekt zu erzielen, musste sich der Jäger nahe heranwagen – und riskierte, von den gut ausgebildeten Bordschützen selbst abgeschossen zu werden.

DIE BESTEN UND DER REST

Bei Flugzeugen, die fast 500 km/h fliegen, benötigen die Piloten im Luftkampf besondere Fähig-

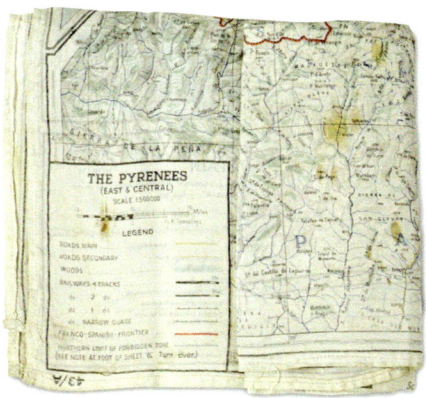

Seidenkarte
Diese leichte Seidenkarte wurde in die Pilotenjacken eingenäht. Ein Pilot benötigte sie, wenn er abspringen musste, in diesem Fall über den Pyrenäen.

keiten, um dem sich rasch entwickelnden Geschehen zu folgen. Bevor es Computer gab, verlangte alleine das Steuern des Flugzeuges Geschick, erst recht Manöver im beengten Luftraum und das Ausmachen und Beschießen eines Zieles. Man hat geschätzt, dass nur einer von 20 Piloten der Luftschlacht von England die Kombination aus fliegerischem Können, Sehvermögen, Reaktionsschnelligkeit und Killerinstinkt hatte, die einen wirklich effektiven Jagdflieger ausmacht. Ein großer Teil der abgeschossenen feindlichen Maschinen geht auf das Konto einer kleinen Anzahl Asse, darunter der Südafrikaner

Adolph »Sailor« Malan, der Tscheche Josef Frantisek und der britische Sergeant »Ginger« Lacey. Neue Piloten dagegen, die nach nur 12 Flugstunden auf Jagdflugzeugen in die Schlacht geworfen wurden, fanden oft bei ihrem ersten oder zweiten Einsatz den Tod, vor allem da Staffelführer, um ihre erfahrenen Piloten zu schützen, die Neulinge oft in den verwundbaren Positionen hinten in der Formation fliegen

ließen. Der Pilot Hugh Dundas berichtet, wie er in seinem ersten Luftkampf »angesichts der Verwirrung fast panisch« wurde. Immerhin feuerte er seine Kanonen ab, als »die Silhouette einer Messerschmitt vorbeihuschte«. Viele Piloten erlebten ihren ersten Luftkampf, ohne je den Feind gesehen zu haben – alles geschah einfach viel zu schnell.

Je mehr Erfahrungen die Piloten in den täglichen Kämpfen sammelten, desto leistungsfähiger wurde das Fighter Command. Viele zweitklassige Staffelführer wurden ersetzt, überragende Persönlichkeiten kamen zum Vorschein, z. B. Peter Townsend als Führer der 85. Squadron oder Malan als Kommandant der 74. Squadron. Im Laufe der Zeit verbreiteten sich Informationen über erfolgreiche Kampfmethoden. So lernten Piloten, nur zu feuern, wenn sie möglichst dicht am Feind

>> DIE BESTE VERTEIDIGUNG IST DIE ANGST VOR DEM JAGDFLUGZEUG ... WENN WIR NICHT GENÜGEND JÄGER HABEN, WIRD DIE PRODUKTIONSKAPAZITÄT DES LANDES SO GUT WIE ZERSTÖRT. «

SIR HUGH DOWDING, AIR CHIEF MARSHAL

Hurricane-Staffel
Bei einer Übung in Friedenszeiten rennen 1939 zwölf Piloten zu ihren Hurricanes. Jeder ist mit einem Sitzfallschirm ausgerüstet.

>> DIE DANKBARKEIT JEDES HEIMES AUF UNSERER INSEL ... GEHT AN DIE BRITISCHEN FLIEGER, DIE DAS GLÜCK DES WELTKRIEGES WENDEN ... NIE ZUVOR IN DER GESCHICHTE MENSCHLICHER KONFLIKTE HATTEN SO VIELE SO WENIGEN SO VIEL ZU VERDANKEN. «

WINSTON CHURCHILL, BRITISCHER PREMIERMINISTER

waren, und stellten ihre Kanonen so ein, dass die Geschossbahnen in 230 m zusammentrafen und nicht in 370 m wie zu Beginn des Konfliktes.

Es gab jedoch auch immer Staffeln, die nach Lehrbuch vorgingen und in den starren Formationen der Vorkriegsjahre in den Kampf flogen, häufig mit katastrophalen Folgen.

ZERMÜRBUNGSKRIEG
Der RAF half, dass der Luftwaffe bei ihren Operationen offenbar eine klare Linie fehlte.

Siegesfeier
Piloten einer Spitfire-Staffel feiern nach Kämpfen über Frankreich 1944 mit Weinflaschen. Manche Piloten der Luftschlacht um England blieben bis Kriegsende im Einsatz.

Radarstationen und Flugzeugfabriken wären primäre Ziele gewesen, wurden aber bald zugunsten von Angriffen auf Flugplätze aufgegeben.

Körperliche Erschöpfung wurde ein ernstes Problem, da wochenlang fast täglich Kampfeinsätze geflogen wurden. Manche Piloten schliefen beim Rückflug von Einsätzen im Cockpit ein. Am Boden gab es teilweise kaum Ruhe, da die Luftwaffe die Flugplätze mit Bomben und Bordwaffen angriff. Die ständige Belastung durch die Kämpfe setzte allen zu; Ginger Lacey war zwar ein Fliegerass, übergab sich aber vor jedem Start zu einem Feindflug. Mitte September waren fast alle Piloten in Frontstaffeln mindestens einmal abgeschossen worden.

Notizbuch zum Protokollieren von Flugdaten

Oberseite des Rechners mit geschlossenem Deckel

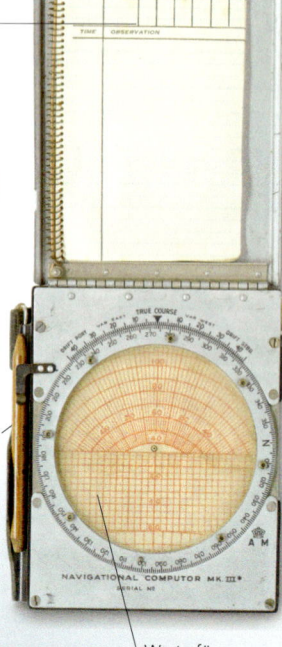

Navigationsrechner
Als Navigationshilfe hatte ein Pilot eine Karte und einen Rechner auf das linke bzw. rechte Bein geschnallt.

Werte für Geschwindigkeit, Höhe und Richtung

JÄGERTAKTIK DER RAF

Der »Blitz«
Dornier Do 17 Z der Luftwaffe bombardieren während der Luftschlacht um England 1940 London. Die deutsche Entscheidung
zum Angriff auf zivile Ziele entlastete die Flugplätze, die den
Großteil der Offensive abbekommen hatten. Die RAF konnte
wieder Kräfte sammeln.

Vor dem Krieg wurden die Jagdstaffeln der RAF für
das Fliegen und Kämpfen in engen Formationen
ausgebildet. Das disziplinierte Ausführen lange
geübter Manöver wurde als entscheidend für den
Erfolg gegen feindliche Bomber angesehen. Die
Grundformation war der Keil: drei Maschinen, die
dicht nebeneinander in einem stumpfen »V« flogen.
Eine Staffel flog in vier »Vs« und wechselte von dort
in eine Reihe hintereinander, nebeneinander oder in
eine andere Angriffsformation. Kam es zum Kampf,
erwies sich derartiger Formationsflug als völlig unrea-
listisch und geradezu gefährlich. Das Positionshalten
erforderte Aufmerksamkeit, die eigentlich für die
Feindbeobachtung nötig gewesen wäre. Die V-Form
war durch Angriffe von hinten stark gefährdet. Um
das Problem zu lindern, flog ein Pilot als Nachhut
hinter den »Vs«, doch wurden so viele abgeschossen,
dass man die Taktik aufgeben musste.

Da die Luftschlacht über England ausgefochten
wurde, standen die Chancen gut, nach einem
Absprung unversehrt zur Einheit zurückzukehren. Viele andere hatten jedoch weniger
Glück. Hinter dem Pilotensitz befand sich eine
Panzerplatte, davor eine verstärkte Windschutz-
scheibe, beide boten aber nicht genügend Schutz
gegen aus der Nähe abgefeuerte Kanonen einer
Messerschmitt. Am meisten fürchtete fast jeder
Flieger, dass sein Flugzeug brannte. Er konnte
nur hoffen, dass ihn Fliegermontur und Schutzbrille vor Verbrennungen bewahrten, falls der
Treibstofftank Feuer fing. Mit einigen unglücklichen Überlebenden mit Gesichtsverbrennungen
sammelte die plastische Chirurgie Erfahrungen.

MORALISCHER SIEG
Weitermachen ließ die Piloten zum Teil die
Freude am Fliegen und Kämpfen, die aufregendste
Erfahrung, die sie je machen sollten. Bei vielen
zeigte sich auch ein motivierender Patriotismus,
die Entschlossenheit, ihr Land gegen Angreifer zu
verteidigen. Douglas Bader drückte die Entrüs-
tung vieler seiner Kameraden aus: »Was glauben
diese Hunnen eigentlich, wer sie sind, in ihren
verdammten Bombern mit Eisernen Kreuzen
und Hakenkreuzen über unser Land zu fliegen?«
Besonders die Polen empfanden einen noch viel
tieferen Hass für den deutschen Feind. Wovon
sie auch angetrieben wurden, die RAF-Staffeln
zögerten nie. Das Fighter Command erreichte
sein Ziel, der Luftwaffe die Luftüberlegenheit zu
verwehren. Die Luftwaffe wurde nicht besiegt,
verlegte sich aber ab Oktober auf Bombenangriffe
bei Nacht, da sie bei Tage keine Lufthoheit erzielen konnte. Sie verlor während der Luftschlacht
um England etwa 1900 Flugzeuge, die RAF rund
1000. Es war kein klarer Sieg, aber er reichte aus.

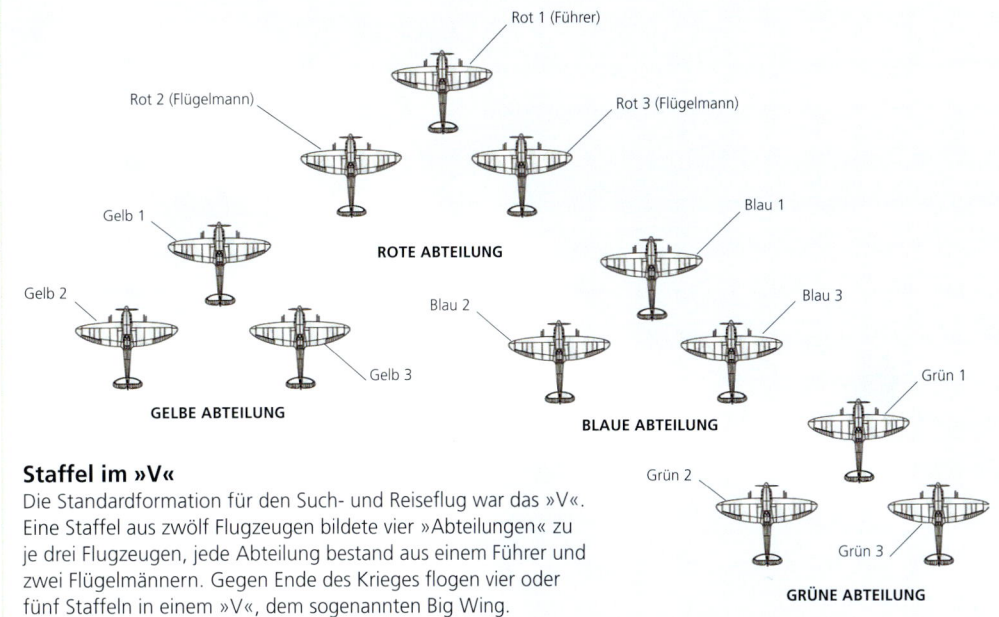

Rot 1 (Führer)

Rot 2 (Flügelmann)

Rot 3 (Flügelmann)

ROTE ABTEILUNG

Gelb 1

Blau 1

Gelb 2

Blau 2

Blau 3

Gelb 3

Grün 1

GELBE ABTEILUNG

BLAUE ABTEILUNG

Grün 2

Grün 3

GRÜNE ABTEILUNG

Staffel im »V«
Die Standardformation für den Such- und Reiseflug war das »V«.
Eine Staffel aus zwölf Flugzeugen bildete vier »Abteilungen« zu
je drei Flugzeugen, jede Abteilung bestand aus einem Führer und
zwei Flügelmännern. Gegen Ende des Krieges flogen vier oder
fünf Staffeln in einem »V«, dem sogenannten Big Wing.

Abteilungsformationen
Neben dem »V« lernten die Jagdpiloten auch,
nebeneinander (offensiv), hintereinander (defensiv)
oder gestaffelt zu fliegen. Aus der gestaffelten
Formation heraus konnte eine offensive oder
defensive eingenommen werden.

Weniger Flugzeuge
sind dem feindlichen
Feuer ausgesetzt.

Die Abteilung kann
ihre maximale Feuer-
kraft einsetzen.

NEBENEINANDER

GESTAFFELT

HINTEREINANDER

Luftschlacht um England
Mit der Luftschlacht um England
wurden die Vorkriegstaktiken
der RAF abgeschafft. Wenn
deutsche Bomber von Messer-
schmitt-Jagdflugzeugen eskor-
tiert wurden, waren die Spitfires
und Hurricanes gezwungen, die
Formation zu verlassen und die
Gegner einzeln anzugreifen.
Dabei kam es oft zu engen
Kurvenkämpfen, bei denen die
gegnerischen Jäger versuchten,
sich gegenseitig auszukurven.

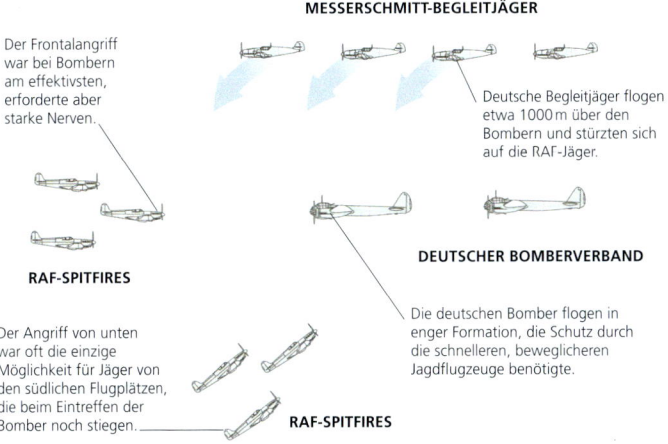

Der Frontalangriff
war bei Bombern
am effektivsten,
erforderte aber
starke Nerven.

RAF-SPITFIRES

Der Angriff von unten
war oft die einzige
Möglichkeit für Jäger von
den südlichen Flugplätzen,
die beim Eintreffen der
Bomber noch stiegen.

RAF-SPITFIRES

MESSERSCHMITT-BEGLEITJÄGER

Deutsche Begleitjäger flogen
etwa 1000 m über den
Bombern und stürzten sich
auf die RAF-Jäger.

DEUTSCHER BOMBERVERBAND

Die deutschen Bomber flogen in
enger Formation, die Schutz durch
die schnelleren, beweglicheren
Jagdflugzeuge benötigte.

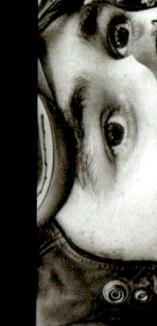

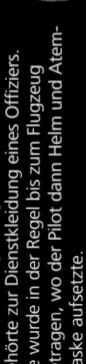

RAF-PILOTENUNIFORM

Aus Angst vor Feuer trugen die Jagdflieger der RAF im Flug so viel wie möglich. Falls der Treibstofftank vor dem Cockpit getroffen wurde und in Flammen aufging, genügten die wenigen Sekunden für das Aufschieben der Cockpithaube und den Absprung, um den Piloten für den Rest seines Lebens zu entstellen. Daher bedeckten sie jeden Zentimeter Haut, möglichst mit mehreren Schichten. Andererseits flogen die Piloten bei Alarmstarts auch in ungewöhnlicher Kluft, z.B. mit der Jacke über dem Pyjama.

Kampfanzugjacke und -hose
Dieser 1940 eingeführte Kampfanzug bestand aus Wollserge und war teilweise mit Baumwolldrell gefüttert. Laut Vorschrift trug der Pilot ihn nie außerhalb des Dienstes.

Pilotenabzeichen
(»Flügel«)

Band des
Distinguished
Flying Cross
(Orden)

Stulpenhandschuh Typ D
Dieser 1942 eingeführte Handschuh ließ sich über innere Seidenhandschuhe und/oder elektrisch beheizte Handschuhe ziehen. Die langen Stulpen schützten bei einem Brand Hände und Handgelenke.

Überlange Handschuhe
schützen Handgelenke.

Sauerstoffmaske und Mikrofon
werden am Helm befestigt.

Schwimmweste mit drei Knöpfen wir
über dem Kampfanzug getragen.

Offiziers-
abzeichen

Schirmmütze
Diese auf Maß gefertigte Schirmmütze gehörte zur Dienstkleidung eines Offiziers. Sie wurde in der Regel bis zum Flugzeug getragen, wo der Pilot dann Helm und Atemmaske aufsetzte.

Tresse als Rang-
abzeichen auf den
Schulterklappen

Signalpfeife,
benötigt bei
Notwasserung

Fluchtstiefel werden über die Hose des Kampfanzuges geschnallt.

Irvin-Fliegerjacke

Diese über dem Kampfanzug getragene Fliegerjacke aus Schaffell wärmte ihren Träger in großer Höhe. Die großen Lederteile sind charakteristisch für Vorkriegsmodelle. Spätere Modelle aus kleineren Stücken waren nicht ganz so hochwertig, nutzten aber das knappe Material besser aus.

Schaft aus Wildleder

Reißverschluss

Lederschuh

Manschette aus Schaffell

Geheimfach für das Messer

»Fluchtstiefel« von 1943

Die Beinstücke dieser 1943 eingeführten Stiefel konnte der Pilot abtrennen, wenn er in feindlichem Gebiet notlanden musste. Der Schuh entsprach zivilen Modellen und half, unentdeckt zu entkommen. Im Schaft war ein Messer verborgen.

Zum Anziehen des Schuhs war der Reißverschluss geöffnet.

Seiten und Rückseite am Schuh befestigt

Reißverschluss am Unterarm

Hosentasche für Verbandmaterial

Vorkriegsmodell aus großen Lederteilen

RAF-AUSRÜSTUNG

UKW-Funk spielte bei der RAF in der Luftschlacht um England eine wichtige Rolle für die Führung der Piloten vom Boden
aus und für ihre Verständigung untereinander. Die früher in den
offenen Flugzeugen gegen den Wind getragenen Schutzbrillen
dienten jetzt vor allem als Feuerschutz. Über die Hälfte der
abgeschossenen RAF-Piloten verdankte ihr Leben ihren
Fallschirmen. Notwasserungen endeten oft tödlich, da
ein Pilot dort nur wenige Stunden überleben konnte.

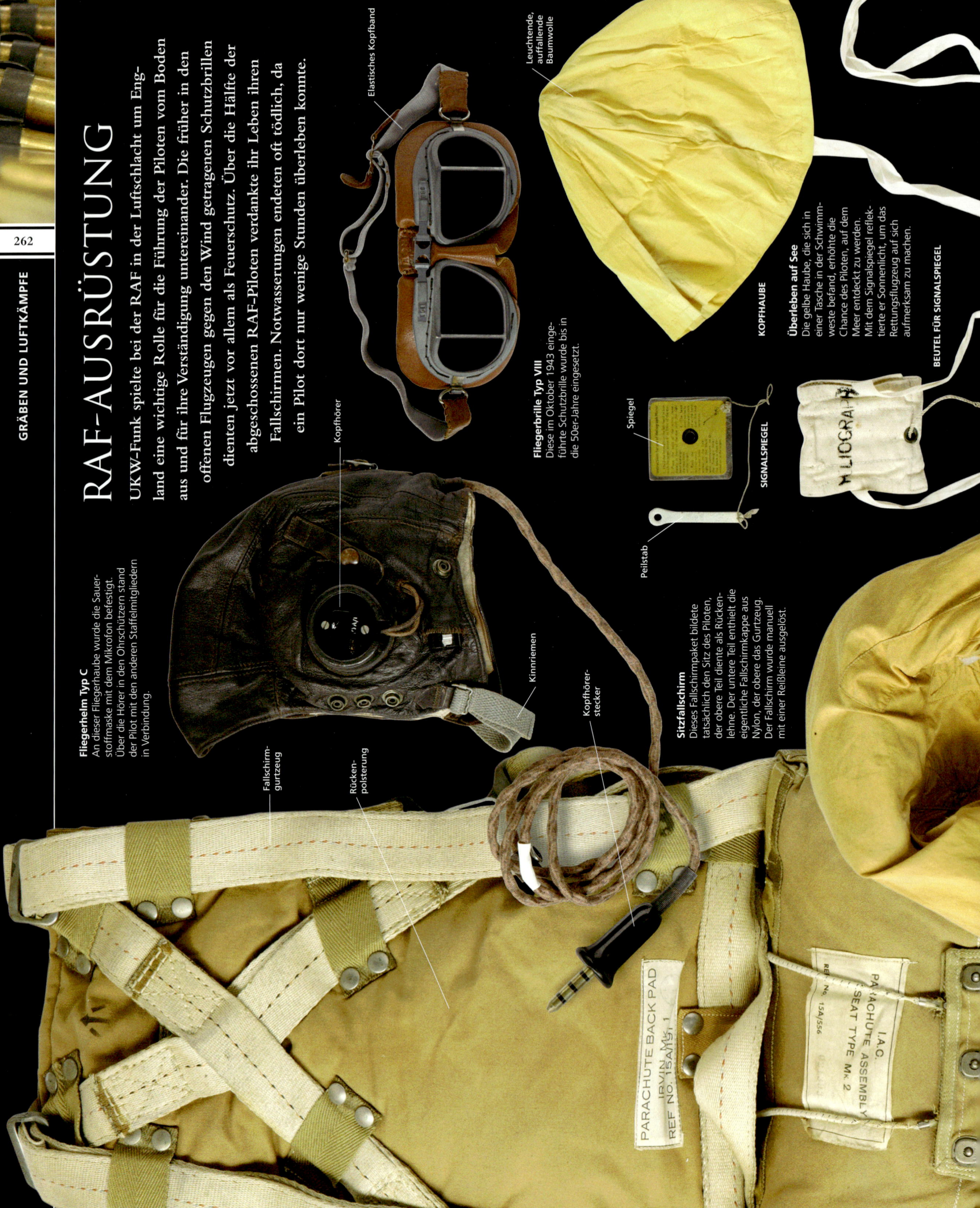

Elastisches Kopfband

Leuchtende, auffallende Baumwolle

Kopfhörer

Fliegerbrille Typ VIII
Diese im Oktober 1943 eingeführte Schutzbrille wurde bis in
die 50er-Jahre eingesetzt.

KOPFHAUBE

Überleben auf See
Die gelbe Haube, die sich in
einer Tasche in der Schwimm-
weste befand, erhöhte die
Chance des Piloten, auf dem
Meer entdeckt zu werden.
Mit dem Signalspiegel reflek-
tierte er Sonnenlicht, um das
Rettungsflugzeug auf sich
aufmerksam zu machen.

Spiegel

Peilstab

SIGNALSPIEGEL

BEUTEL FÜR SIGNALSPIEGEL

Fliegerhelm Typ C
An dieser Fliegerhaube wurde die Sauerstoffmaske mit dem Mikrofon befestigt.
Über die Hörer in den Ohrschützern stand
der Pilot mit den anderen Staffelmitgliedern
in Verbindung.

Kinnriemen

**Kopfhörer-
stecker**

**Fallschirm-
gurtzeug**

**Rücken-
polsterung**

Sitzfallschirm
Dieses Fallschirmpaket bildete
tatsächlich den Sitz des Piloten,
der obere Teil diente als Rücken-
lehne. Der untere Teil enthielt die
eigentliche Fallschirmkappe aus
Nylon, der obere das Gurtzeug.
Der Fallschirm wurde manuell
mit einer Reißleine ausgelöst.

PARACHUTE BACK PAD
IRVIN
REF. NO. 15A/15.1

REF. NO. 15A/556

I.A.C.
PARACHUTE ASSEMBLY
SEAT TYPE Mk. 2

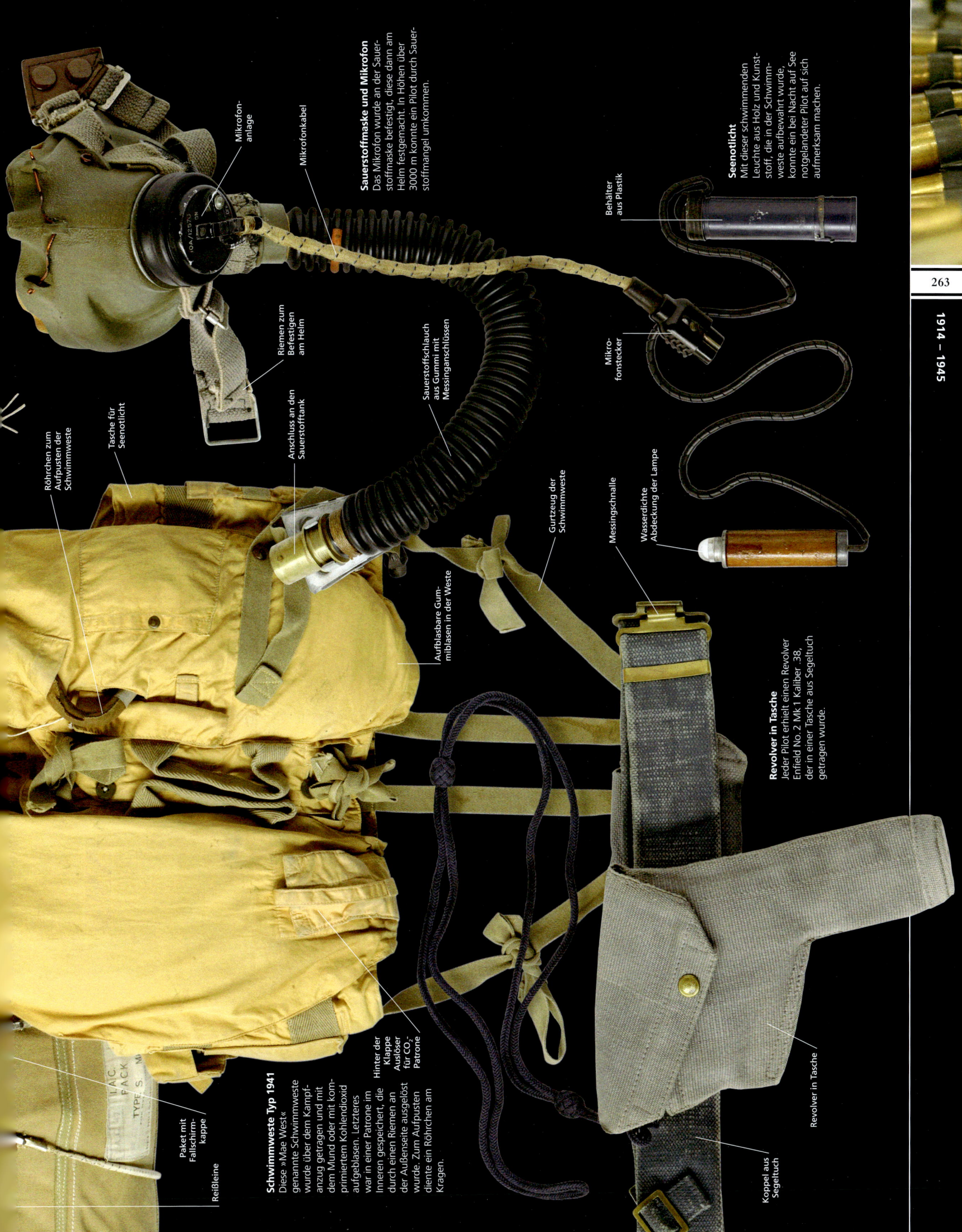

Mikrofon-anlage

Mikrofonkabel

Sauerstoffmaske und Mikrofon
Das Mikrofon wurde an der Sauerstoffmaske befestigt, diese dann am
Helm festgemacht. In Höhen über
3000 m konnte ein Pilot durch Sauer-
stoffmangel umkommen.

Riemen zum
Befestigen
am Helm

Anschluss an den
Sauerstofftank

Sauerstoffschlauch
aus Gummi mit
Messinganschlüssen

Seenotlicht
Mit dieser schwimmenden
Leuchte aus Holz und Kunststoff, die in der Schwimmweste aufbewahrt wurde,
konnte ein bei Nacht auf See
notgelandeter Pilot auf sich
aufmerksam machen.

Behälter
aus Plastik

Mikro-
fonstecker

Röhrchen zum
Aufpusten der
Schwimmweste

Tasche für
Seenotlicht

Gurtzeug der
Schwimmweste

Messingschnalle

Wasserdichte
Abdeckung der Lampe

Paket mit
Fallschirm-
kappe

Schwimmweste Typ 1941
Diese »Mae West«
genannte Schwimmweste
wurde über dem Kampf-
anzug getragen und mit
dem Mund oder mit kom-
primiertem Kohlendioxid
aufgeblasen. Letzteres
war in einer Patrone im
Inneren gespeichert, die
durch einen Riemen an
der Außenseite ausgelöst
wurde. Zum Aufpusten
diente ein Röhrchen am
Kragen.

Reißleine

Hinter der
Klappe
Auslöser
für CO₂-
Patrone

Aufblasbare Gum-
miblasen in der Weste

Revolver in Tasche
Jeder Pilot erhielt einen Revolver
Enfield No. 2 Mk 1 Kaliber .38,
der in einer Tasche aus Segeltuch
getragen wurde.

Koppel aus
Segeltuch

Revolver in Tasche

DEUTSCHE U-BOOT-BESATZUNGEN

Auf dem Gipfel ihrer Wirksamkeit, zwischen 1941 und 1943, gelang es den deutschen U-Booten fast, Großbritanniens atlantische Versorgungswege zu blockieren. Unter Kapitänen mit einem unabhängigen, seeräuberischen Geist jagten sie in der Weite des Ozeans und fielen als »Wolfsrudel« Handelskonvois an. Im Verlauf des Krieges versenkten U-Boote insgesamt etwa 14 Millionen Tonnen alliierten Schiffsraumes. Doch auch die U-Boote wurden zur Beute alliierter Jäger in Gestalt von Geleitschiffen und Seeaufklärungsflugzeugen. U-Boot-Besatzungen erlitten prozentual vielleicht die höchsten Verluste aller Kämpfer im 2. Weltkrieg. Etwa 1000 U-Boote wurden versenkt, etwa zwei von drei U-Boot-Fahrern kamen im Krieg ums Leben.

Zu Kriegsbeginn waren U-Boot-Fahrer eine hervorragend ausgebildete Elite. Admiral Karl Dönitz, der führende Kopf des U-Boot-Programmes, bestand auf einer fünfjährigen Ausbildung vor dem Einsatz und flößte den Männern damit Professionalität und Gruppengefühl ein. Der am weitesten verbreitete U-Boot-Typ VII hatte eine Besatzung von vier Offizieren und 40 Mannschaftsdienstgraden. Manche Besatzungsmitglieder hatten besondere Aufgaben, z.B. Wartung und Abschuss der Torpedos oder Funkverkehr mit der Chiffriermaschine Enigma; andere erledigten allgemeine Arbeiten wie Wache oder Geschützbedienung.

AUF FEINDFAHRT

Eine Feindfahrt im Atlantik war kein Zuckerschlecken. Die U-Boote patrouillierten an der Wasseroberfläche, getaucht wurde nur im Notfall. Ständige Wachsamkeit war erforderlich, um nicht von feindlichen Flugzeugen oder Schiffen überrascht zu werden. Rund um die Uhr hatten auf dem Turm ein Offizier und vier Mann Wache, von denen jeder 90 Grad des Horizontes beobachtete. Vier Stunden Wache kamen bei schlechtem Wetter, wenn kalte Brecher das schwankende Deck überspülten, einer Ewigkeit gleich. Im Inneren war alles beengt, viele Männer teilten sich Kojen in einem Schichtsystem. Nur dem Kapitän gewährte ein Vorhang vor seinem Quartier einen minimalen Privatbereich. Auf den wochen- oder sogar monatelangen Feindfahrten konnte die Besatzung weder baden noch sich rasieren oder Kleidung waschen. Gegen die Auswirkungen der erzwungenen Unsauberkeit wurde Deodorant ausgegeben.

> » EINE RIESENFAUST SCHÜTTELT DAS BOOT. DIE WELT SCHEINT IM GRAUENVOLLEN DONNER DER DETONATIONEN UNTERZUGEHEN. «
>
> **WOLFGANG HIRSCHFELD** ÜBER EINEN WASSERBOMBENANGRIFF AUF U 109 DURCH EINEN AMERIKANISCHEN ZERSTÖRER, 25. APRIL 1942

Heimkehr
Das deutsche U-Boot U 47 trifft im November 1939 in seinem Stützpunkt Kiel ein. Die meisten Männer sind an Deck und tragen ihre wetterfeste Lederkleidung.

ANGRIFF UND VERTEIDIGUNG

In den ersten Kriegsjahren griffen aufgetauchte U-Boote nachts Handelskonvois an, sie nutzten dabei ihre hohe Überwassergeschwindigkeit und ihr niedriges Profil, um durch den Schirm der begleitenden Kriegsschiffe zu schlüpfen und mitten im Konvoi zuzuschlagen. Der Wachoffizier auf dem Turm gab seine Zielanweisungen über ein Sprachrohr an die Torpedobedienung durch. Als sich später die feindlichen Radarsysteme weiterentwickelt hatten, mussten die U-Boote häufiger getaucht angreifen. Selbst angegriffen zu werden zehrte natürlich am meisten an den Nerven der U-Boot-Fahrer. Den besten Ausweg nach einer Entdeckung bot das Alarmtauchen, das etwa 30 Sekunden dauerte. Die Besatzung hoffte dann, nicht durch Sonar oder Horchgeräte aufgespürt zu werden, und wahrte strengste Stille, während die eigenen Horchgeräte die Geräusche sich nähernder Geleitschiffe erfassten. Mit Wasserbomben angegriffen zu werden war eine schwere Prüfung für die Nerven. Selbst Beinahetreffer konnten Lecks und andere Schäden verursachen, deren Behebung alle Hände erforderte. Sich unter der See zu ducken war derart demoralisierend, dass sich viele U-Boot-Kapitäne gegen angreifende Flugzeuge lieber wehrten, als zu tauchen.

Bis 1943 waren die U-Boot-Verluste gering, als sich die Abwehrmethoden der Alliierten jedoch radikal verbesserten, wurde das Leben für die U-Boot-Fahrer zur Hölle. Bald war die erfahrene Elite getötet und neue, hastig ausgebildete Besatzungen kamen zum Einsatz. Noch später erhielten die Deutschen mit dem Typ XXI endlich ein wirkliches U-Boot, das lange Zeit mit hoher Geschwindigkeit unter Wasser fahren konnte, aber es kam zu spät.

Hoheitsabzeichen des Dritten Reiches

Seidenes Halstuch

Aufschrift »Kriegsmarine«

Matrosen-Dienstanzug
Der gewöhnliche Matrose erhielt den blauen Dienstanzug. Auf See trugen U-Boot-Fahrer oft Arbeitsanzüge oder sogar informelle karierte Hemden.

Üblicher dreistreifiger Kragen der Mannschaftsdienstgrade

Abzeichen der Kriegsmarine

Während des ganzen Krieges wurden blaue Hemden getragen, im Sommer traditionell weiße.

Wollhose

Maschinenraum
Der Maschinenraum war ein schmaler Durchgang zwischen zwei Dieselmotoren, die das Boot bei Überwasserfahrt antrieben. Getaucht wurde es von relativ schwachen Elektromotoren angetrieben.

1941 – 1945

UDSSR-PANZERSOLDATEN

» ERHIELTEN PANZER BEI HOHER GESCHWINDIGKEIT DIREKTE TREFFER, FLOGEN SIE IN DIE LUFT ... DIE PANZERSOLDATEN SPRANGEN VOM BRENNENDEN PANZER UND WÄLZTEN SICH AUF DEM BODEN, UM DIE FLAMMEN ZU LÖSCHEN. «

JEWGENIJ SCHKURDALOW, SOWJETISCHER SOLDAT IN DER SCHLACHT BEI KURSK, JULI 1943

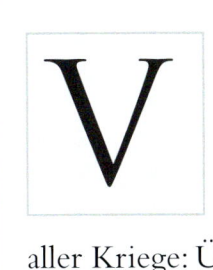

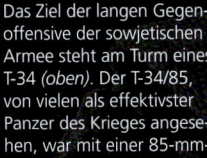

»Nach Berlin!«
Das Ziel der langen Gegen-offensive der sowjetischen Armee steht am Turm eines T-34 (oben). Der T-34/85, von vielen als effektivster Panzer des Krieges angesehen, war mit einer 85-mm-Kanone im Turm (rechts die Granaten) sowie zwei MGs 7,62 mm DT bewaffnet.

V on Hitlers Überfall auf die Sowjetunion im Juni 1941 bis zur Eroberung Berlins im Mai 1945 kämpfte die Rote Armee in einem titanischen Ringen mit NS-Deutschland und erlitt dabei die schwersten Verluste aller Kriege: Über acht Millionen sowjetische Soldaten fielen. Ihren Sieg verdankt die Sowjetunion zu einem großen Teil den Leistungen ihrer Panzerbesatzungen, die mit ihren T-34 gegen die hervorragenden deutschen Panzer antraten und sie schließlich schlugen.

Adolf Hitler beabsichtigte, seinen Überfall auf die Sowjetunion in einem »Blitzkrieg« zu einem raschen und spektakulären Sieg über Gegner zu führen, die er aus rassischen und politischen Gründen als Slawen und Kommunisten verachtete. Zunächst verliefen die Kämpfe auch erwartungsgemäß. In einer Reihe militärischer Desaster verlor die Rote Armee Millionen Soldaten als Gefallene oder Gefangene. Doch selbst bei den Niederlagen, die sie dem Feind beibrachten, fiel den Deutschen der außergewöhnliche Kampfgeist und die nahezu fatalistische Bereitschaft der Sowjets zum Selbstopfer auf, nicht nur bei der Infanterie, sondern auch bei den gepanzerten Truppen, die von ihren erfahrenen deutschen Gegnern dezimiert wurden. »Besatzungen in brennenden Panzern feuerten, solange noch ein Hauch Atem in ihnen war«, notierte ein deutscher Offizier.

AUFTRITT DES T-34
Mitten in der militärischen Katastrophe erschien im Herbst 1941 erstmals der Panzer T-34 auf dem Schlachtfeld: eine roh gearbeitete, laute Maschine, die ihrer vierköpfigen Besatzung keinerlei Komfort bot. Der Fahrer, der vorn neben dem MG-Schützen saß, konnte nur direkt nach vorn sehen

Hervorragender Tankist
Dieses Abzeichen erhielten Besatzungsmitglieder, die sich im Kampf ausgezeichnet hatten. Dargestellt ist ein sowjetischer Panzer (»Tank«).

und steuerte meistens nach den Anweisungen, die ihm der Panzerkommandant über eine Sprechanlage gab. Auch dem Kommandanten, der mit dem Ladeschützen den Turm bemannte, fehlte die Rundumsicht. Im Gefecht blickte er durch das mit Gummi gepolsterte Visier, um die Kanone zu richten. Der Ladeschütze neben ihm lud auf Befehl die entsprechende Munition; keine einfache Aufgabe, da die meisten Granaten in Kisten unter den Gummimatten des Kampfraumes lagerten. Im Turm spielten sich oft chaotische Szenen ab: Kommandant und Ladeschütze mussten dem Rückstoß der Kanone ausweichen, während heiße Kartuschen im Gewirr aus Munitionskisten und Matten herumflogen. Zwangsläufig neigten unerfahrene Kommandanten dazu, jegliches Gefühl für die Gefechtssituation zu verlieren, vor allem, da nur die Führungspanzer mit Funk ausgerüstet waren.

Dennoch fanden die Besatzungen bald viel Lob für den T-34. Er war robust und zuverlässig und konnte Eis und Sumpfboden überqueren, was anderen Panzern nicht möglich war. Er war auch schnell und wendig; ein deutscher Panzerfeldwebel bemerkte, dass »die russischen Panzer … schneller einen Hang erklimmen oder einen Sumpf queren, als man den Turm drehen kann«.

GRANATEN DER 85-MM-PANZERKANONE

Vorrücken ins Gefecht
Der von einem 12-Zylinder-Dieselmotor mit 500 PS (370 kW) angetriebene T-34/85 erreichte eine Höchstgeschwindigkeit von 55 km/h. Auf der hinteren Plattform und an den Seiten der Wanne konnten Infanteristen mitfahren und bei Bedarf sofort Unterstützung leisten. Die Sicht des Kommandanten wurde teilweise durch die nach vorn öffnende Turmluke behindert.

LERNKURVE

Die sowjetische Armee brauchte lange, um den effektivsten Einsatz ihrer Panzer gegen die deutschen Invasoren zu finden. Ihrem Drill entsprechend rückten sie typischerweise in einer starren Formation vor, ertasteten sich kurzsichtig ihren Weg auf dem Schlachtfeld, stießen auf deutsche Panzerabwehrkanonen und wurden Beute der flexibleren deutschen Panzer, die in den Worten eines deutschen Panzersoldaten »um sie strichen wie Leoparden um eine Büffelherde«.

Anfang 1943 hatte die Rote Armee jedoch ihre organisatorischen und tak-tischen Probleme gelöst und kompetente Anführer wie z.B. General Rotmistrow, den Befehlshaber der 5. Garde-Panzerarmee, gefunden. Dazu produzierten die sowjetischen Fabriken Panzer in immer höheren Stückzahlen. Zwar hatte sich aus den Überlebenden der ersten beiden Kriegsjahre ein harter Kern kampferfahrener Panzersoldaten entwickelt, doch bestand die expandierende Panzerwaffe zu einem großen Teil aus hastig ausgebildeten Wehrpflichtigen, die Erfahrung durch Mut ersetzen mussten. Der Panzerkrieg, den sie von 1943 bis 1945 führen sollten, hatte kaum noch etwas mit der schneidigen Beweglichkeit der früheren »Blitzkriege« zu tun, als deutsche Panzer mühelos Infanterielinien durchbrachen und in weiten Zangenbewegungen querfeldein brausten. Jetzt mussten Panzer erdrückende Zermürbungsschlachten führen, in denen massierte Panzerformationen nicht nur gegeneinander, sondern auch gegen Panzerabwehrkanonen (Pak), Artillerie, Panzerabwehrwaffen der Infanterie, fliegende »Panzerknacker« sowie Minen zu kämpfen hatten. Ohne Unterstützung durch Infanterie und Artillerie waren Panzer jetzt machtlos, hartnäckiges Durchhaltevermögen und schiere Menge waren eher gefragt als Talent und Initiative.

ENTSCHEIDUNG BEI KURSK

Die größte Panzerschlacht des 2. Weltkrieges fand im Juli 1943 bei Kursk statt. Die Wehrmacht zog etwa zwei Drittel ihrer an der gesamten Ostfront eingesetzten Panzerkräfte nördlich und südlich eines Frontbogens zusammen, um die Basis dieser Ausbuchtung zu durchtrennen und die Truppen der Roten Armee darin einzukesseln. Die Sowjets, die den deutschen Plan erkannt hatten, befestigten die Ausbuchtung mit Minenfeldern, Artillerie und massierten Panzerformationen. Am 5. Juli begann der deutsche Angriff. Im Norden kam er vor Panzerabwehrkanonen und befestigten Panzerstellungen der Sowjets zum Stehen, im Süden jedoch konnte ein von SS-Panzerdivisionen angeführter Keil bis zum Dorf Prochorowka 30 km hinter der sowjetischen Verteidigungslinie vordringen.

Am 7. Juli erhielt Rotmistrows 5. Garde-Panzerarmee, die über 350 km entfernt stationiert war, den Befehl zum Marsch auf Prochorowka und zum Gegenangriff. Nach dreitägiger Fahrt bei Tag und Nacht durch Staub und drückende Hitze erreichten die Männer mit ihren Fahrzeugen das Schlachtfeld erschöpft, aber in gutem Zustand.

Sowjetischer Sieg
Nach dem Abzug der Deutschen begrüßen Einwohner von Lodz in Polen 1944 ein sowjetisches Panzerbataillon. Im Hintergrund ein T-34.

Notizbuch des Kommandanten
In derartigen Notizbüchern hielten Panzerkommandanten die Ereignisse des Tages fest, unter anderem auch die verbrauchten Mengen von Kraftstoff und Munition.

Schulterpolster

Schulterstütze

Pistolengriff

Trommelmagazin
mit 60 Schuss in
zwei Schichten

Lauflänge
60,5 cm

Befestigung für
Zweibein

Gasrohr

Maschinengewehr 7,62 DT
Die T-34 waren mit zwei MGs
7,62 DT bewaffnet. Eines war im
Turm starr gelagert und verschoss
Leuchtspurmunition als Zielhilfe
für die Kanone.

Segeltuchbeutel
für ausgeworfene
Patronenhülsen

**7,62-mm-
Patronen**

Am Morgen des 11. Juli
rückten rund 850 sowje-
tische und 600 deutsche
Panzer zum Gefecht vor
und trafen in einem etwa
7,5 km² großen Gebiet
aufeinander. Ein deutscher Offizier beschrieb die
T-34 als »über das Schlachtfeld strömend wie
Ratten«. Da sie der Feuerkraft der deutschen
Tiger und Panther unterlegen waren, versuchten
die Sowjets, ihre leichteren Kanonen aus nächster
Nähe mit maximaler Wirkung einzusetzen. Bald
waren die Truppen derart durchmischt, dass keine
der beiden Seiten ihre Artillerie oder Schlacht-
flugzeuge einsetzen konnte. Das Gefecht dauerte
acht Stunden, ein gewaltiges Handgemenge, das
teilweise von Gewittern begleitet wurde. An ihr
Überleben verschwendeten die T-34-Besatzungen
keinen Gedanken. Panzer, die ihre Ketten oder
Laufrollen verloren hatten, feuerten weiter, bis sie
von feindlichen Granaten zerstört wurden, sie in
Flammen aufgingen und ihre Türme durch die
Luft geschleudert wurden. Ging die Munition aus,
rammten sie absichtlich einen feindlichen Panzer,

um »einen mitnehmen« zu können. An
die 700 Panzer waren gegen Abend zerstört, mehr sowjetische als deutsche. Die
Sowjets konnten die erlittenen Verluste
jedoch ausgleichen, die Deutschen nicht.

TEURER SIEG

Der lange Vormarsch der Roten Armee von Kursk
im Juli 1943 bis in die Straßen Berlins im April
1945 war nie leicht und forderte viele Opfer,
allerdings weniger als in den Schlachten 1941/42.
Die Bereitschaft aller Soldaten der Roten Armee,
nahezu unvorstellbare Verluste und Entbehrungen

in Kauf zu nehmen, war am Ende der Schlüssel
zu ihrem Sieg. Sie hatten auch keine Wahl: In der
Roten Armee herrschte strenge Disziplin, durchgesetzt von den Politkommissaren des stalinisti-
schen NKWD. Wurde ein Soldat oder Offizier
verdächtigt, Feigheit gezeigt oder Befehle nicht
buchstabengetreu ausgeführt zu haben, wurde
er sofort erschossen oder in ein Strafbataillon
versetzt – was einer Todesstrafe fast gleichkam, da
man diesen Bataillonen z.B. den Marsch durch
Minenfelder befahl, um den Weg für die anderen Soldaten frei zu machen. Dennoch waren
die meisten Rotarmisten zweifellos zum Kampf
motiviert: durch Patriotismus, den Hass auf die
Invasoren und ihre Gräueltaten und mitunter auch
durch Begeisterung für die Sowjetrevolution.

>> MAN MEINTE, WIR SEIEN AUF EINER
INSEL IN EINEM MEER AUS FEUER. ES
WAR SINNLOS, LÄNGER AUSZUHARREN. «

GENERALLEUTNANT DRAGUNSKI ÜBER DIE PANZERSCHLACHT BEI KURSK, 8. JULI 1943

Panzerkolonne
Eine Kolonne T-34 auf dem Weg nach Westen
während der langen Offensive, die von Stalingrad am Kaukasus bis nach Berlin führte.

T-34-BESATZUNG

Die Ausrüstung der Panzersoldaten, die im »Großen Vaterländischen Krieg« gegen die NS-Invasoren kämpften, war durch und durch auf Zweckmäßigkeit ausgerichtet. Sie waren vor allem weitaus besser mit geeigneter Winterkleidung ausgerüstet als die Deutschen. Ab 1943 wurden Rangabzeichen, die im egalitären Geist der russischen Revolution von 1917 abgeschafft worden waren, in der traditionellen Form der russischen *Pogoni* (Schulterklappen) wieder eingeführt.

> NIEMALS HABE ICH SO EINEN ÜBERWÄLTIGENDEN EINDRUCK RUSSISCHER STÄRKE UND ZAHL ERHALTEN WIE AN DIESEM TAG. «

DEUTSCHER SOLDAT ÜBER DAS SCHLACHTFELD BEI PROCHOROWKA AM 12. JULI 1943

Über dem Helm getragene Schutzbrille

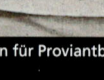

Riemen für Proviantbeutel

Schutzbrille
Die Schutzbrillen der Roten Armee waren aus nicht bruchfestem Glas und wurden von Panzersoldaten, Flugzeugbesatzungen und Kradfahrern getragen.

Ledernes
Stirnband

Pogon
(Schulterklappe)

Sergeantenstreifen

Rote Paspel der
Panzertruppen

Messing-
knopf

Panzerhelm
Aus wirtschaftlichen Gründen wurde das Modell 1941 aus Segeltuch hergestellt, nicht wie das Vorgängermodell von 1939 aus Leder.

Kinnriemen

Schuba
Dieser Wintermantel aus Schaffell wurde an sowjetische Panzerbesatzungen ausgegeben. Schulterklappen konnten aufgesetzt werden. Er wurde und wird noch heute von den Besatzungen statt der *Telogreika* getragen.

Alle Besatzungsmitglieder trugen eine Tokarew-Pistole.

Tokarew TT Modell 1933

Die Tokarew TT war die erste Selbstladepistole, die in der Roten Armee allgemein verbreitet war. Sie hatte keine Sicherung, aber eine Ruhrast für den Hahn.

Sapogi

Die Stiefel der Panzersoldaten hatten Gummisohlen ohne Nägel, sodass keine Kälte an die Füße geleitet wurde. Der Fußteil bestand aus Leder, der obere Teil aus synthetischem Gummi (hier gezeigt) oder geteertem Segeltuch. Die Stiefel saßen lose und wurden mit Fußwickeln statt mit Socken getragen, auch Stroh und Zeitung wurden zum Ausstopfen benutzt.

Ledernes Fußteil

Schienbeinschutz aus synthetischem Gummi

Gummisohle

Korn

PISTOLENTASCHE

Schlitten

Magazin mit acht Schuss

Wechselmagazin im Griff

TELOGREIKA

Putzstock für Pistole

Halb verdeckter Hahn

Reservemagazin

Integrierter Gürtel

Telogreika und Overalls

Bei starker Kälte wurde die schwere wattierte Baumwolljacke (*Telogreika*) statt des Schaffellmantels getragen. Unteroffiziere oberhalb des *Jefreitor* (Korporal) durften *Pogoni* (Schulter-klappen) tragen, hier gezeigt sind die eines Sergeanten. Den Baumwoll-overall gab es in mehreren Farben, darunter kaki, er ließ sich auf der Rückseite öffnen. Am Kragen die Abzeichen der Panzertruppen: ein Panzer aus Messing und rote Paspeln.

PANZER T-34

Für viele Fachleute ist der sowjetische T-34 der beste Panzerentwurf des 2. Weltkrieges. Obwohl ihn gegen Ende des Krieges deutsche Panzer hinsichtlich Feuerkraft und Panzerung übertrafen, waren das schwere, komplexe Fahrzeuge, die nicht in solchen Stückzahlen produziert werden konnten wie der relativ einfache T-34 und nie so einfach zu bedienen waren. Fast 40 000 T-34 wurden während des Krieges gebaut.

Entworfen wurde der T-34 von dem sowjetischen Ingenieur Michail Koschkin unter Verwendung der Federung, die der Amerikaner J. Walter Christie entwickelt hatte. Als der T-34 im Sommer 1940 in Produktion ging, war er ursprünglich mit einer 76-mm-Kanone bewaffnet, daher die Bezeichnung T-34/76. Er hatte vier Mann Besatzung, der Kommandant war gleichzeitig Richtschütze. Die Höchstgeschwindigkeit von 51 km/h war für ein Panzerfahrzeug eindrucksvoll, das relativ geringe Gewicht und die breiten Ketten erleichterten die Fahrt durch Schlamm und Schnee. Die Kanone war wirkungsvoll gegen feindliche Panzerung; die eigene bis zu 100 mm starke schräge Panzerung bot dem T-34 guten Schutz.

Ein glamouröses Fahrzeug war der T-34 sicher nicht, dafür aber robust, leicht zu reparieren und ideal an die Massenproduktion angepasst. 1944 kam die verbesserte Ausführung T-34/85 an die Front, die im geänderten Turm neben einer 85-mm-Kanone jetzt auch Platz für drei Mann bot, womit der Kommandant nicht mehr als Richtschütze fungieren musste.

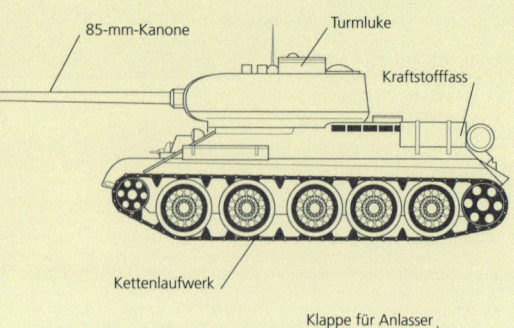

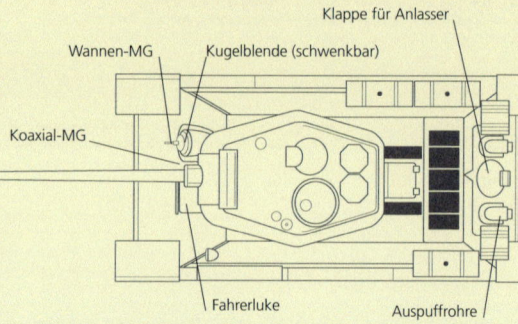

Sowjetischer T-34/85
Der T-34/85 hatte ein anderes Profil als sein Vorgänger T-34/76: Sein Turm war flacher und damit schlechter zu treffen, die Kanone war länger.

>> DER T-34 WAR DAS BESTE BEISPIEL EINER OFFENSIVEN WAFFE IM 2. WELTKRIEG … WIR HATTEN NICHTS VERGLEICHBARES. <<

FRIEDRICH WILHELM VON MELLENTHIN, DEUTSCHER GENERAL

Richtschütze bei der Arbeit
Der Richtschütze bedient hier die Höhenrichtmaschine der Kanone, das Seitenrichtrad ist links neben ihm. Außerdem bediente er das koaxiale MG neben der Kanone.

Bordmittel
Im Inneren des Panzers wurde ein sehr einfacher Werkzeugsatz für leichte Reparaturarbeiten unterwegs mitgeführt.

Wannen-MG
Das MG in der Wanne war in einer Kugelblende gelagert, in der es im Gegensatz zum starren Koaxial-MG im Turm seitwärts schwenkbar war.

Fahrerluke
Der Fahrer gelangte durch eine enge Luke an der Vorderseite der Wanne auf seinen Sitz. In der Regel fuhr er mit geöffneter Luke, um besser sehen zu können.

Abschlepptrosse
Die Metallöse am Ende einer Drahttrosse, die an der Seite des Panzers entlangläuft. Sie wurde für das Abschleppen defekter Fahrzeuge vom Schlachtfeld verwendet.

Stahlrad
Die Ganzstahlräder und -ketten machten den T-34 zu einem lauten Fahrzeug, aber er war schnell.

Fahrersitz
Rechts neben dem Fahrer saß in der engen Wanne der MG-Schütze. Das beengte Innere des Panzers machte keinerlei Zugeständnisse an den Komfort der Besatzung.

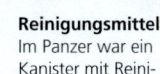

Visier der Kanone
Zum Richten der Kanone presste der Richtschütze seine Stirn auf den Gummischutz über dem optischen Visier (links). Zum Feuern zog er den roten Griff auf der rechten Seite.

Trommelmagazine
Munition für das koaxiale Turm-MG lag griffbereit (oben). Mit diesem Maschinengewehr wurde in der Regel Leuchtspurmunition verschossen, oft als Zielhilfe für die Kanone.

Sitz des Ladeschützen
Der Ladeschütze saß auf einem abnehmbaren Sitz, der an der Turminnenseite und der Kanone befestigt war; eine wackelige Angelegenheit, da der Sitz beim Richten der Kanone schwankte.

Truppentransporter
Sowjetische Infanteristen rollen mit einem T-34/85 in die Schlacht. Auf der rechten Seite der Kanone ist die Öffnung für das Koaxial-MG sichtbar .

Reinigungsmittel
Im Panzer war ein Kanister mit Reinigungsflüssigkeit für die Kanone verstaut.

Rückansicht
Auf der Rückseite des Panzers ermöglichte eine Klappe den Zugang zum Anlasser. Die Auspuffrohre stießen besonders beim Starten eindrucksvolle Rauchwolken aus.

Mehr Kraftstoff
Drei bis vier Fässer mit Kraftstoff waren an der Außenseite befestigt. Sie stellten zwar eine Feuergefahr dar, waren in der Regel aber vor Gefechtsbeginn bereits geleert.

Ersatzkettenglieder
Für eventuell erforderliche Reparaturen an der Kette wurden Ersatzkettenglieder mitgeführt. Am Turm eingehängt, boten sie auch zusätzlichen Schutz gegen Beschuss.

WEITERE PANZERCREWS IM 2. WELTKRIEG

1940 schienen Panzer die glorreichsten Militärfahrzeuge zu sein. Die Propaganda der Nationalsozialisten stellte Panzersoldaten als moderne Ritter dar, die neueste Technik mit einem aggressiven Kampfgeist verbinden. Der Wirklichkeit näher kam oft die ironische britische Sicht, dass Panzerbesatzungen »fröhlich in Blechbüchsen in den Krieg ziehen, dicht umgeben von einer tödlichen Mischung aus Benzin und Munition«. Zu Beginn des Krieges versprachen Panzer eine Revolution des Landkrieges, ermöglichten sie durch Schockwirkung und rasche Manöver doch entscheidende Siege. Ab Ende 1942 kam es jedoch erneut zur Zermürbung. Die Infanterie lernte, gegen Panzer zu bestehen, massierte Panzerkräfte droschen in ausufernden Gefechten aufeinander ein.

US-PANZERBESATZUNGEN

Zwischen den Kriegen sahen die US-Oberbefehlshaber Panzer vor allem als Unterstützungswaffen für die Infanterie an. Glücklicherweise konnten sie 1940 die Erfolge der deutschen »Blitzkriege« beobachten, bevor sie selbst in den 2. Weltkrieg hineingezogen wurden. Die US 1st Armored Division wurde noch im Juli des Jahres aufgestellt, weitere folgten bald.

Mit dem extravaganten General George S. Patton besaßen die USA einen hervorragenden Panzertruppenkommandeur, der viel zur Vorbereitung der amerikanischen Panzerkräfte auf ihren Kriegseintritt in Nordafrika 1942 beitrug. Zwangsläufig brauchten die Besatzungen einige Zeit, um sich an richtige Gefechte zu gewöhnen, doch bei der Landung auf Sizilien 1943 konnte Patton seine Panzer mit Verve einsetzen; instinktiv erkannte er, dass der Schwung des Angriffs unbedingt erhalten bleiben musste.

Die meisten amerikanischen Panzereinheiten waren mit dem M4 Sherman ausgerüstet, der zwar schnell war, aber ungenügend gepanzert und mit seiner 75-mm-Kanone dem deutschen Tiger frontal nichts anhaben konnte. Sein überragender Vorteil war jedoch die Produktion in großen Stückzahlen. Beim Ausbruch aus der Normandie 1944 bewiesen die amerikanischen Panzerbesatzungen, vor allem die in Pattons 3. Armee, ihr Können, als ihr Vorstoß durch Frankreich allein durch Nachschubprobleme aufgehalten wurde. Die rasche Reaktion auf den deutschen Gegenangriff in den Ardennen im Winter 1944/45 war ein weiterer wichtiger Beitrag der US-Panzertruppe zur Niederlage des Dritten Reiches.

Einmarsch in München
Shermans aus General Pattons 3. Armee rücken im Mai 1945 entlang der Dachauer Straße in München ein.

BRITISCHES PANZERREGIMENT

Die Briten hatten den Panzer zwar erfunden, waren aber bei Beginn des 2. Weltkrieges in der Entwicklung entsprechender Taktiken hinter die Deutschen zurückgefallen. Sie hatten große, langsame Panzer zur Infanterieunterstützung, leichte Panzer zur Aufklärung und »Kreuzer«, um den Gegner in laufenden Schlachten anzugreifen. Keiner dieser Ansätze funktionierte jedoch im Kampf um Frankreich 1940 gegen die Deutschen. Die 7th Armoured Division (»Wüstenratten«) bezwang zwar die Italiener in Libyen, das Eintreffen des Deutschen Afrikakorps 1941 stellte aber sofort eine neue Hürde dar. In dieser frühen Kriegsphase hatten die britischen Panzer vielfältige Mängel.

Wüstenkrieg
Die britische 8. Armee setzte in Nordafrika viele amerikanische Lee und Grant ein. Diesen M3A3 Grant nutzte General Bernard Montgomery zur Frontbeobachtung.

Der schwere Matilda erreichte nur 13 km/h; der Crusader war ein schneller, aber dünn gepanzerter Kreuzer, zu leicht bewaffnet und unzuverlässig. Taktisch hatten die Briten den deutschen 8,8-cm-Panzerabwehrkanonen nichts entgegenzusetzen, sie konnten höchstens dagegen anrennen wie Infanterie im 1. Weltkrieg gegen MGs. Später brachten der britische Cromwell und der aus den USA gelieferte Sherman Verbesserungen.

An Mumm und Entschlossenheit fehlte es den britischen Panzersoldaten jedoch nie. Sie vertrieben Rommel aus Afrika, kämpften sich durch die Normandie und beendeten den Krieg im Herzen Deutschlands. Das Royal Tank Regiment wurde seinem Motto »Fear Naught« (»Fürchte nichts«) gerecht, die Männer trugen ihr schwarzes Barett mit Stolz.

DEUTSCHE PANZERBESATZUNGEN

Der führende Kopf der Panzerdivisionen NS-Deutschlands war General Heinz Guderian. In den 30er-Jahren entwickelte er den taktischen Ansatz, der später als »Blitzkrieg« bekannt wurde. Sein Ziel waren massierte Panzerkräfte, die unterstützt von motorisierter Infanterie und Artillerie die feindlichen Linien an Schwachpunkten durchbrechen und durch die Breschen rasch in die Tiefe vorstoßen. »Wenn die Panzer Erfolg haben«, schrieb Guderian 1937, »wird der Sieg folgen.« Anders als Befürworter der Panzertruppen in anderen Ländern konnte Guderian seine Regierung überzeugen – Hitler war ein begeisterter Anhänger der Schockwirkung maximaler Kräfte.

BLITZKRIEG UND ZERMÜRBUNG

In den ersten Jahren des 2. Weltkrieges besaß Deutschland weniger Panzerfahrzeuge als seine Feinde, die vorhandenen waren außerdem technisch nicht überlegen. Dem Geschick und der Initiative deutscher Panzerkommandanten und ihrer Besatzungen kam jedoch nichts gleich. Mit dem »Sichelschnitt« durch Nordfrankreich erzielten Guderians Panzer im Sommer 1940 den vorhergesagten Blitzsieg. Nachdem Rommel im Januar 1941 das Afrikakorps übernommen hatte, konnte er die britischen Panzer in der Wüste mehrfach bezwingen und ausmanövrieren. Das Geschehen wiederholte sich 1941/42 in der Sowjetunion. Nach und nach wurden die Panzer an allen Fronten jedoch von der schieren Zahl ihrer Gegner überwältigt.

Später im Krieg führten die Deutschen die Panzertypen Tiger und Panther ein, denen hinsichtlich Feuerkraft und Panzerung nur der sowjetische T-34 gleichkam. In den mühsamen Gefechten in der Normandie 1944, wo Hecken und Böschungen rasche Manöver bremsten, setzten sie den alliierten Panzern heftig zu. So schoss ein einzelner Panther an einem Tag neun Shermans ab. An der Ostfront konnten diese hoch entwickelten, aber relativ wenigen Fahrzeuge das Kriegsschicksal jedoch nicht wenden. Anders als die Luftwaffe litt die Panzertruppe nie an der sinkenden Qualität ihrer Besatzungen. Ohne Schutz aus der Luft und mit immer knapperem Kraftstoff kämpften sie oft bis zum bitteren Ende.

Panzerfahreruniform
Panzerbesatzungen trugen kurze, taillierte Jacken, die für das beengte Innere der Panzer geeignet waren. Besatzungen, die zur Waffen-SS gehörten, trugen neben den Rang- und Divisionsabzeichen die SS-Runen auf der Uniform.

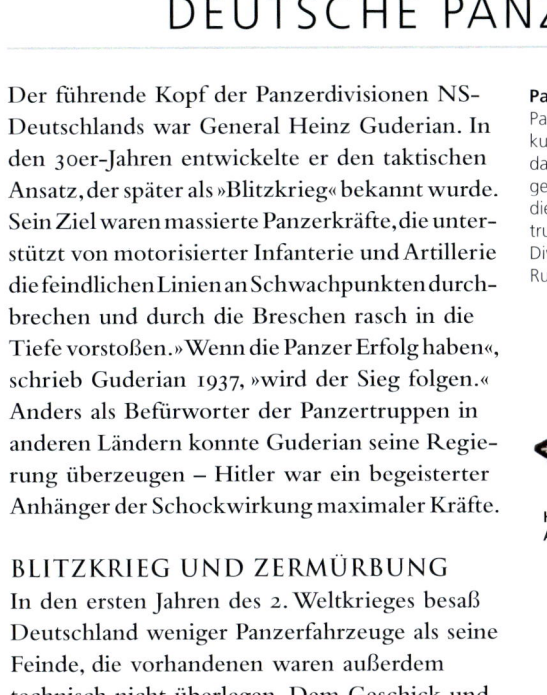

Hoheitsabzeichen des Dritten Reiches

FELDMÜTZE

Totenkopf-abzeichen der Waffen-SS

SCHULTER-KLAPPE

Divisions-abzeichen

Kragenspiegel mit SS-Runen

HOHEITS-ABZEICHEN

PANZER-JACKE

Koppelschloss mit Adler und Devise

KOPPEL

Ärmelband der Leibstandarte-SS Adolf Hitler

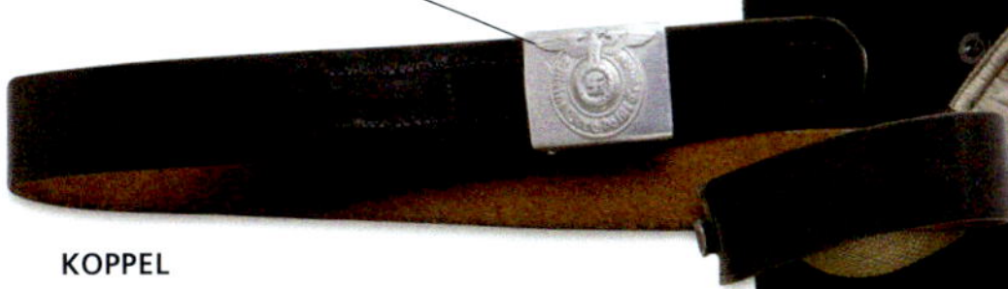

STIEFEL

HOSE

Knöchelschlitz mit Einfassung

»DER MOTOR DES PANZERS IST EBENSO SEINE WAFFE WIE DIE KANONE.«

GENERAL HEINZ GUDERIAN

1942–1954

US-BOMBERBESATZUNGEN

» JE NÄHER MAN DEM ZIEL KOMMT, DESTO SCHNELLER SCHLÄGT DAS HERZ. MAN ATMET IMMER SCHWERER ... MAN IST SO NERVÖS UND ÄNGSTLICH, DASS MAN BEI JEDER EXPLOSION EINER FLAKGRANATE ODER FLUGZEUGBEWEGUNG DENKT: DAS IST DAS ENDE. «

Bomberbesatzung einer B-17
Eine zehnköpfige Besatzung einer B-17 ist nach einem Bombenangriff auf Deutschland zu ihrer englischen Basis zurückgekehrt *(oben)*. Jedes Besatzungsmitglied trug eine aufblasbare Schwimmweste *(rechts)*, falls das Flugzeug auf dem Meer notlanden musste. Durch Ziehen an den schwarzen Bändern füllte sich das Innere der Weste mit Kohlendioxid.

D ie US-Bomberbesatzungen, die mit ihren B-17 Flying Fortress und B-24 Liberator Tagangriffe über Deutschland und dem besetzten Europa flogen, erlitten mit die höchsten Verluste aller US-Truppen im 2. Weltkrieg. Am Tage waren sie vor allem ohne Begleitjäger durch deutsche Flak und Jagdflugzeuge verwundbar. Um ihre Ziele tief im Feindesland zu treffen, mussten sich die Bomber »hineinschießen und wieder herausschießen«.

Alle Flieger der US Army Air Force hatten sich freiwillig zum Dienst gemeldet. Die meisten waren um die 20 Jahre alt und kamen aus allen Teilen der USA und aus allen Berufen. Fast alle waren allerdings weiß, da hohe Kommandeure der Air Force entschlossen waren, Schwarze aus dem Luftkampf herauszuhalten. Die Bomberbesatzungen wurden in der Heimat sorgfältig ausgebildet, bevor man sie nach Übersee in den Krieg schickte. Zur Besatzung einer B-17 gehörten vier Offiziere: Pilot (das Mitglied mit dem höchsten Rang, oft Captain [Hauptmann]), der gleichzeitig Kommandant war, Copilot, Bombenschütze und Navigator. Dazu kamen sechs Unteroffiziere: Funker, Bordmechaniker, zwei Bordschützen im Rumpf, ein weiterer im Heck und einer unter dem Rumpf. Jeder lernte die speziellen Fertigkeiten für seine Rolle an Bord. Die Piloten mussten den Flug in enger Formation beherrschen, was zu einer ganzen Reihe tödlicher Unfälle führte. Bis zum Ausbildungsende hatte die Besatzung etwa 360 Flugstunden absolviert, doch konnte sie nichts auf das vorbereiten, was sie auf dem europäischen Schauplatz erwartete.

STRATEGISCHE BOMBARDIERUNG

Ihren strategischen Bombenkrieg führte die USAAF von Stützpunkten in England, Nordafrika und später auch Italien aus. Die Befehlshaber glaubten, dass ihre schnellen, schwer bewaffneten Bomber Präzisionsangriffe auf Ziele wie Fabriken oder Kraftstofflager ausführen könnten. Die Bomber griffen bei Tag in großer Höhe in massierten For-

mationen an. Theoretisch sollte die Kombination aus Geschwindigkeit, Höhe und Feuerkraft ihr Überleben sicherstellen; mit dem neuen, hoch entwickelten Norden-Zielgerät sollten die Bombenschützen ihre Fracht genau im Ziel abliefern.

THEORIE UND PRAXIS

Es kam jedoch anders als geplant. Präzisionsangriffe stellten sich als unerreichbares Ideal heraus: Das Wetter war in Europa völlig anders als in den sonnigen südlichen oder westlichen US-Bundesstaaten, in denen die Besatzungen geübt hatten. Die Ziele waren häufig durch Wolken verdeckt, und unter Einsatzbedingungen waren nur wenige Bombenschützen in der Lage, ihre komplexen Zielgeräte richtig zu bedienen. Bald setzten die Amerikaner nur noch im führenden Bomber der Formation das Zielgerät ein; alle anderen warfen die Bomben dann gleichzeitig mit dem Anführer ab. Dringender als die mangelnde Präzision war das Problem des Überlebens. 1943, in der ersten Phase der Bombenangriffe, waren die Verluste erschreckend hoch. So wurden am 17. August 1943 von 376 B-17, die Schweinfurt und Regensburg angriffen, 60 abgeschossen und 11 so schwer beschädigt, dass man sie nur noch abschreiben konnte.

Für die Besatzungen auf den US-Flugplätzen in Ostengland begann 1943 ein Kampfeinsatz sehr früh. Gegen 3 Uhr morgens schaltete ein Einsatzoffizier das Licht in den überfüllten Baracken an, in denen die Männer schliefen. Sie stolperten durch die Dunkelheit zu einem Besprechungsraum, wo sie über den Einsatz informiert wurden.

SCHWIMMWESTE DER US ARMY AIR FORCE

> ## DER SCHRECKEN BEGINNT IN DER NACHT VOR DEM EINSATZ ... SORGEN, TRÄUME ... AUSREDEN, UM NICHT ZU FLIEGEN ... DURCHFALL, SCHÜTTELN UND STILLE. «

HOWARD JACKSON, BOMBENSCHÜTZE, USAAF 15TH AIR FORCE

Wurde ein Ziel tief in Deutschland genannt, folgte ein Schwall von Stöhnen und Flüchen. Während die Bodenmannschaften die Maschinen fertig machten, frühstückten die Besatzungen, falls der Magen mitspielte. Gestartet wurde im Morgengrauen; alle 30 Sekunden hob eine B-17 ab, voll beladen mit Bomben und Treibstoff benötigte sie dazu die ganze Länge der Startbahn. Die Bomber stiegen dann zum Sammelpunkt und nahmen dort ihren Platz in der Formation ein (was kein einfaches Unterfangen war), bevor sie Kurs auf das besetzte Europa nahmen. Die Bordschützen in Heckstand und Kugelturm begaben sich erst nach dem Start auf ihre Plätze. Den Schützen im Kugelturm beneidete niemand um seine eingezwängte Position unter dem Rumpf, in der nicht einmal für einen Fallschirm Platz war. Einen komfortablen Flug hatte allerdings niemand. In einem Flugzeug ohne Druckkabine waren die Männer in 7600 m Höhe Temperaturen bis zu -45 °C ausgesetzt, ohne Sauerstoffmasken und elektrisch beheizbare Anzüge waren die stundenlangen Flüge nicht zu überleben.

Hatten die Bomber die Reichweite ihrer Begleitjäger überschritten, griffen die Messerschmitts und Focke-Wulfs der Luftwaffe an. Ein Vorteil der engen Bomberformationen war, dass die feind-

Splitterschutzhelm
Dieser Stahlhelm wurde gegen feindliches Feuer getragen. Seine spezielle Beschichtung verhinderte, dass die Finger des Trägers in großer Höhe am Metall festfroren.

lichen Jäger der kollektiven Feuerkraft der gesamten Formation ausgesetzt waren – wenn sie selbst unter Feuer kamen, konnten die Bomberpiloten andererseits auch nicht ausweichen. Für die Bordschützen wurden Langeweile und Unbequemlichkeit schlagartig durch Angst und Adrenalinstöße abgelöst bei dem Versuch, die sich schnell bewegenden Ziele zu treffen. Viele vergaßen das Gelernte, feuerten auf zu große Entfernung oder stellten ihre Visiere falsch ein. Die Schützen an den Rumpfseiten und auf dem Rumpfrücken standen bald in Haufen leerer Geschosshülsen. Manche deutschen Jäger griffen frontal von vorn an, wo die Bomber mit den von Hand gerichteten Waffen von Bombenschütze und Navigator nur schlecht zu verteidigen waren. B-17 stürzten brennend in die Tiefe, Besatzungen versuchten, sich an Fallschirmen zu retten. Der Anflug auf das Ziel durch schweres Feuer der Flugzeugabwehrkanonen (Flak) war der nervenaufreibendste Teil des ganzen Einsatzes. In der führenden Maschine übernahm der Bombenschütze mit dem Norden-Zielgerät, das an einen Autopiloten gekoppelt war, die Steuerung. Die ganze Formation musste für den Bombenabwurf Richtung und Höhe beibehalten und wurde damit zur perfekten Zielscheibe der deutschen Flak. Machte die B-17 nach dem Abwurf einen Ruck nach oben, war die ganze Besatzung erleichtert. Doch der Heimweg war natürlich kaum leichter als der Hinflug. Oft musste der Pilot ein beschädigtes Flugzeug mit Verwundeten oder Toten an Bord nach Hause bringen. Nach der Landung auf dem Stützpunkt im Laufe des Nachmittages wurden die Verluste gezählt und die Verwundeten versorgt.

DURCHKOMMEN UND ÜBERLEBEN

Die normale Stationierungszeit einer Bomberbesatzung betrug ursprünglich 25 Einsätze, später wurde sie auf 35 verlängert. Allgemein rechnete man mit einer Chance von 1:3, diese Zeit zu überleben. In manchen Einheiten standen die Chancen jedoch weitaus schlechter. Eine von East Anglia aus fliegende Staffel hatte 1943 nach Abschluss der 25 Einsätze sieben ihrer neun anfänglichen Besatzungen verloren.

Bordschütze im Sperry-Turm
Ein Bordschütze zwängt sich in den Kugelturm unter dem Rumpf einer B-17E. Der Schütze nahm seinen Platz immer erst nach dem Start ein und kletterte aus dem Inneren der Maschine in den Turm.

B-17-FORMATION

Eine typische B-17-Formation basierte auf einer Gruppe zu drei Staffeln (»Squadrons«) mit jeweils sechs oder sieben Bombern *(unten)*. In der Mitte flog die »führende« Staffel, rechts oberhalb davon die »obere« Staffel, links unterhalb die »untere« Staffel. Alle Maschinen flogen in unterschiedlicher Höhe, sodass die Bordschützen freies Schussfeld hatten. Drei Gruppen bildeten ein Geschwader (»Wing«) aus 54 oder mehr Maschinen, in dem die Gruppen wiederum als »führende«, »obere« und »untere« flogen. Das hintere Ende dieser »Kastenformation« war durch feindliche Angriffe von hinten relativ gefährdet.

Bord- und Bombenschütze
Bombenschütze Lieutenant William Witt im Bug einer B-17, die von einem Einsatz über Deutschland zurückkehrt. Neben seiner wichtigen Aufgabe, das Flugzeug zum Bombenabwurf zu führen, schoss der Bombenschütze auch mit dem Bug-MG auf Feindflugzeuge, die frontal angriffen.

Die Anspannung der Männer, die ihren letzten oder vorletzten Einsatz flogen, war fast unerträglich. Der Aberglaube blühte, die Männer vertrauten auf einen Liebesbrief oder eine Glücksmünze, die sie immer bei sich hatten. Alle Spuren der Toten wurden sofort ausradiert, man hielt es für besser, sie nie mehr zu erwähnen und so zu tun, als hätte es sie nie gegeben. Während die Bodenmannschaft immer gleich blieb, wechselten die Besatzungen ständig, weil neue Rekruten die Gefallenen ersetzten. Für die meisten Flieger war ihre Besatzung ihre wichtigste Quelle für Unterstützung und Kameradschaft.

AM ENDE DER SIEG

Wenn der strategische Bombenkrieg auch nie einfach war, so besserten sich die Umstände doch im Laufe des Krieges. Die ab Mitte 1943 ausgelieferten B-17G verfügten über einen Kinnturm, der die Verluste durch Frontalangriffe minderte. Ab Anfang 1944 begleiteten Langstreckenjäger, vor allem P-51 Mustang, die Bomber bis zu ihren Zielen in Deutschland. Die Verluste, die sie den deutschen Jägern zufügten, konnte die Luftwaffe auf Dauer nicht verkraften. Im letzten Kriegsjahr setzten die alliierten Bombenangriffe der Industrieproduktion, Kommunikation und vor allem der Kraftstoffversorgung Deutschlands erheblich zu. Doch hatte der Erfolg einen hohen Preis. Die 8th Air Force, die 1942–1945 von England aus operierte, verlor jeden achten ihrer 210 000 Flieger; die Gesamtverluste einschließlich der Verwundeten und nach Absprüngen in Gefangenschaft Geratenen betrug 53 000 Mann, mehr als jeder Vierte. Auch die 9th Air Force (die 1944 aus Italien nach England verlegte) und die 15th Air Force hatten hohe Verluste zu beklagen. Die Männer, die all das ertrugen, zeigten außergewöhnlichen Mut und Einsatzwillen.

Draufsicht
Horizontal war die Formation so ausgelegt, dass kein Flugzeug den Bombenabwurf eines anderen behinderte. Dass dennoch viele Bomber von den Bomben höher fliegender Maschinen getroffen wurden, zeigt, wie schwierig die enge Formation zu halten war. Die ganz hinten fliegenden Bomber, »Tail-end Charlie« (»Schlussmann«) genannt, waren am stärksten gefährdet.

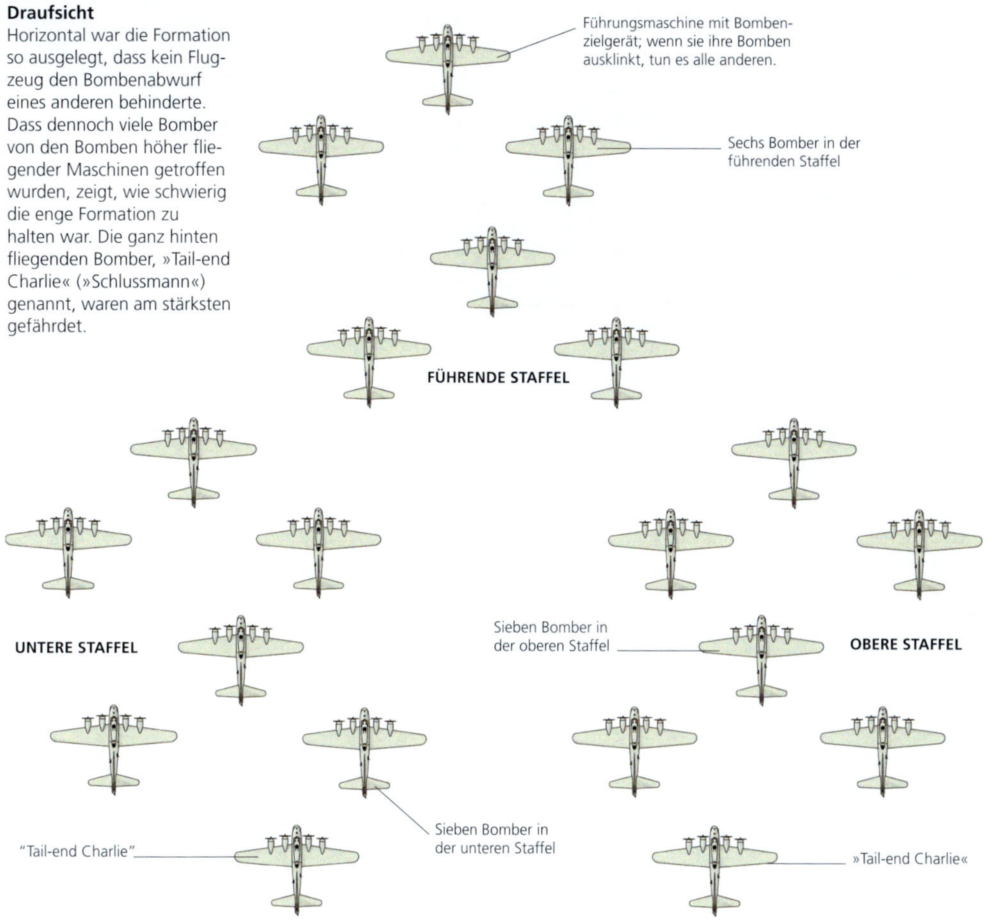

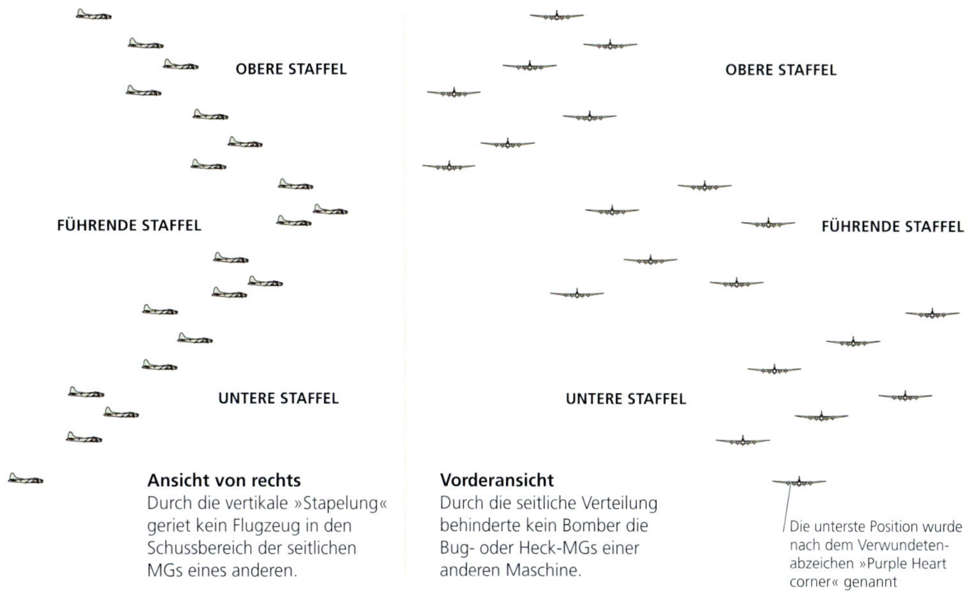

Führungsmaschine mit Bombenzielgerät; wenn sie ihre Bomben ausklinkt, tun es alle anderen.

Sechs Bomber in der führenden Staffel

FÜHRENDE STAFFEL

UNTERE STAFFEL

Sieben Bomber in der oberen Staffel

OBERE STAFFEL

"Tail-end Charlie"

Sieben Bomber in der unteren Staffel

»Tail-end Charlie«

OBERE STAFFEL

OBERE STAFFEL

FÜHRENDE STAFFEL

FÜHRENDE STAFFEL

UNTERE STAFFEL

UNTERE STAFFEL

Ansicht von rechts
Durch die vertikale »Stapelung« geriet kein Flugzeug in den Schussbereich der seitlichen MGs eines anderen.

Vorderansicht
Durch die seitliche Verteilung behinderte kein Bomber die Bug- oder Heck-MGs einer anderen Maschine.

Die unterste Position wurde nach dem Verwundetenabzeichen »Purple Heart corner« genannt

UNIFORM B-17-CREWS

Ihre Ausrüstung musste den Besatzungen das Überleben in großen Höhen ermöglichen. So musste die Kleidung wärmen, da die Temperatur im Flugzeug weit unter null Grad fallen konnte. Als Alternative zu dicker Kleidung wurden elektrisch beheizbare Anzüge eingeführt, die Besatzungen zogen allerdings Leder und Schaffell vor. In der dünnen Höhenluft war die Sauerstoffversorgung lebenswichtig – fiel sie aus, verlor ein Flieger in wenigen Minuten das Bewusstsein. Außerdem musste die Besatzung jederzeit auf einen Absprung gefasst sein.

Sauerstoffmaske wird am Helm befestigt.

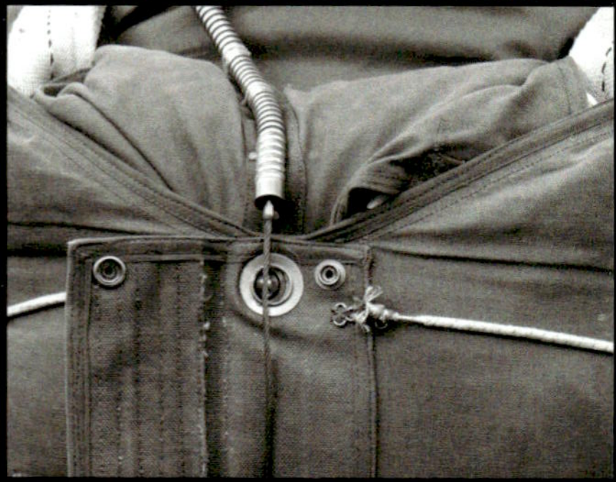

Reißleine hinten am Fallschirm

Vorderseite mit Gurtzeug, rechts die Reißleine

Helm A-11
Der Helm A-11 war bei allen Flugzeugbesatzungen Standard, er verfügte über integrierte Kopfhörer und Druckknöpfe für den Anschluss der Sauerstoffmaske A-14. Die Schutzbrille B-8 war durch ihre Auflage aus weichem Leder in der Kälte angenehm zu tragen, je nach Lichtverhältnissen ließen sich weiße, gelbe, rote oder grüne Gläser einsetzen.

Schutzbrille B-8

Sauerstoffmaske A-14

Schlauchverbindung zum Sauerstoffbehälter

Fliegerjacke
Die Fliegerjacke B-10 aus dicht gewebtem Baumwollstoff war mit Alpakawolle gefüttert. Um die Wärme besser zu halten, hatte die Jacke einen Pelzkragen sowie Strickbündchen an den Manschetten und am Bund. Sie wurde 1943 eingeführt und diente als Vorlage für viele Entwürfe. Das Modell D-1 war ein älterer Entwurf, der aber noch bis zum Koreakrieg eingesetzt wurde.

Fliegerjacke D-1

ARMY AIR FORCES

Fliegerjacke B-10

Gurtzeug wird an der Taille geschlossen.

Handschuhe A-10
Wegen der besseren Beweglichkeit trugen Bordschützen lieber Fingerhandschuhe als die dicken, wattierten Fausthandschuhe. Einsätze aus Viskose boten noch mehr Wärme.

Rückenfallschirm B-8
Der Fallschirm B-8 wurde manuell mit einer Reißleine vorne am Gurtzeug ausgelöst. Beim Absprung aus großer Höhe musste eine Sauerstoffflasche getragen werden, um während des Abstieges nicht das Bewusstsein zu verlieren.

Rückseite des Fallschirmes

Hosen A-3
Die Hose A-3 bestand aus Lammfell, das mit Acryllack eingesprüht war.

Schultergurt

Reißleine

Hosenträger

Gepanzerte Vorderseite

Splitterschutzweste M-3
Die aus olivgrünem Baumwollsegeltuch bestehende Weste war nur auf der Vorderseite gepanzert. Sie wurde von Besatzungsmitgliedern getragen, deren Sitzlehnen gepanzert waren, z.B. Piloten und Kugelturmschützen.

DIENSTSCHUHE

Schuhwerk
Fliegerstiefel wurden über den normalen Dienstschuhen getragen, die bei einem Absprung über schwierigem Gebiet wichtig waren. Der Fliegerstiefel A-6 hatte ein verbessertes Profil und statt Schnallen einen Reißverschluss.

FLIEGERSTIEFEL A-6

BOMBER B-17

Als der Prototyp der Boeing B-17 am 28. Juli 1935 als Modell 299 seinen Erstflug absolvierte, wurde er von Journalisten »Flying Fortress« (»Fliegende Festung«) genannt. Die B-17 gehörte zu einer neuen Generation von Ganzmetalleindeckern mit geschlossenem Cockpit. Dieser für seine Zeit große und schnelle viermotorige Bomber wurde das Rückgrat der amerikanischen strategischen Bomberflotte im 2. Weltkrieg.

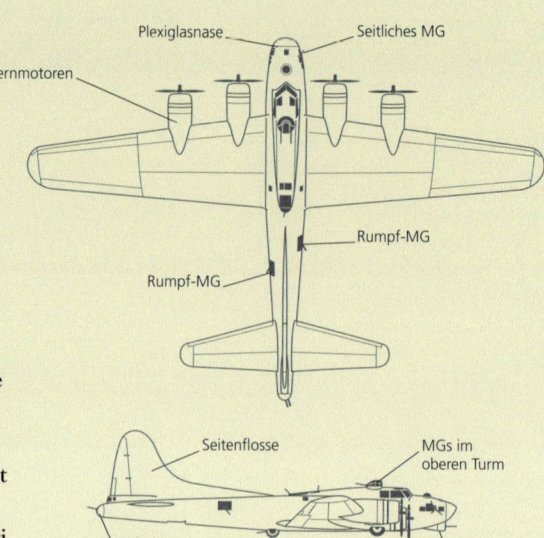

Zwischen ihrem Prototypstadium und dem Eintritt der USA in den 2. Weltkrieg erfuhr die B-17 radikale Veränderungen. Die erste in großen Stückzahlen produzierte Version, die B-17E, kam ab September 1941 zum Einsatz, die Ausführungen B-17F und B-17G wurden 1942 eingeführt, etwa zwei Drittel aller gebauten B-17 waren G-Modelle. Diese Version war mit bis zu 13 Maschinengewehren bewaffnet (daher der Spitzname) und erreichte 462 km/h in 7600 m Höhe, wobei die normale Reisegeschwindigkeit in großen Formationen nur bei 290 km/h lag. Über kurze Strecken konnte die Maschine 7983 kg Bomben schleppen, wegen der erforderlichen Treibstoffmenge für Langstreckeneinsätze lag die praktikable Bombenlast in der Regel bei 1814 bis 2724 kg. Die B-17 war nie ein komfortables Flugzeug, war aber bei ihren zehnköpfigen Besatzungen wegen ihrer legendären Fähigkeit, schwere Schäden »einstecken« zu können, sehr beliebt. Die Verluste waren dennoch hoch: Rund 4750 B-17 gingen im Krieg bei Kampfeinsätzen verloren, über ein Drittel der 12 761 produzierten Maschinen.

Bomberprofil
Die B-17 hatte eine Spannweite von 31,62 m und war 22,78 m lang. Ihre große Seitenflosse gab ihr das charakteristische Profil.

> »WIR LEBTEN, SCHLIEFEN, ASSEN, ARBEITETEN UND SPIELTEN ZUSAMMEN. WIR TEILTEN UNSER LEBEN BIS ZUM TOD ODER ZUM KRIEGSENDE.« LIEUTENANT ROLAND PEPIN, B-17-NAVIGATOR

Fliegerstiefel
Um in großer Höhe keine kalten Füße zu bekommen, trugen die Besatzungsmitglieder mit Schaffell gefütterte Stiefel mit Gummisohle, außerdem elektrisch beheizbare Fliegermonturen, die sie an Bord anschließen konnten.

Schwimmweste
Zur lebensrettenden Ausrüstung gehörten auch aufblasbare Schwimmwesten (»Mae West« genannt).

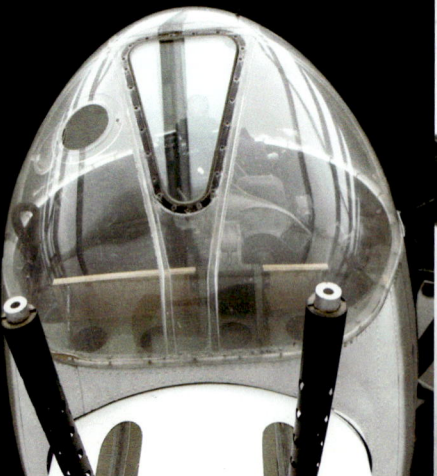

Flugzeugnase
Die Plexiglasnase bot dem Bombenschützen, der die B-17 zum Abwurfpunkt führte, ausgezeichnete Sicht.

Kinn-MG
Eines der beiden MGs im Kinnturm, den der Bombenschütze fernbediente. Sie wurden gegen Frontalangriffe eingeführt.

Sternmotor
Jeder der vier Motoren leistete 1200 PS. Um die Leistung in großer Höhe zu steigern, waren die Motoren mit Turboladern ausgestattet.

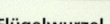

Flügelwurzel
Die B-17 wurde in großen Stückzahlen produziert und war daher möglichst einfach konstruiert. Zu einem großen Teil bestand sie aus genieteten Aluminiumblechen.

MG-Turm auf dem Rumpfrücken
Der vom Bordmechaniker bediente Turm war hydraulisch angetrieben und konnte um 360 Grad geschwenkt werden.

Maschinengewehr
Die B-17 war mit Browning-MGs Kaliber .50 (12,7 mm) ausgerüstet, einer im 2. Weltkrieg überall eingesetzten Waffe der Amerikaner. Hier ist sie im seitlichen Rumpffenster montiert.

MG an der vorderen Flanke
Eines der beiden flexiblen Browning-MGs, die manchmal an den Flanken neben der Plexiglasnase montiert und vom Navigator bedient wurden.

Fortlaufender Nachschub
Eine B-17 fliegt 1945 über Europa. Für jedes Flugzeug, das die Deutschen abschossen, produzierten US-Fabriken zwei neue. Dadurch standen in den letzten Kriegsmonaten mehr B-17 im Dienst als jemals zuvor.

Robustes Fahrwerk
Die hydraulische Federung fing einen Teil der Belastungen ab, die der Flugbetrieb für das Fahrwerk darstellte.

Sperry-Kugelturm
Der Sperry-Kugelturm ließ sich horizontal um 360 und vertikal um 90 Grad schwenken. Er war an einem an der Rumpfdecke befestigten Gestänge kardanisch aufgehängt.

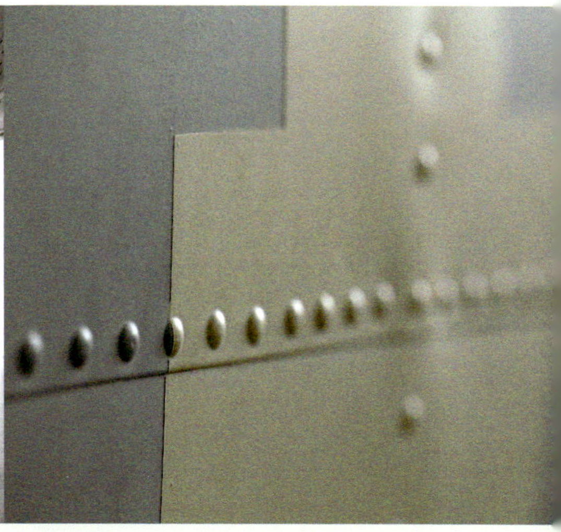

Aluminiumhaut
Der Rumpf bestand aus Ringen (Spanten) aus Aluminiumlegierung, die durch Aluminiumstringer längs versteift und mit Aluminiumblechen beplankt waren.

IN DER B-17

Die mit Bomben und Treibstoff vollgestopfte B-17 bot ihrer Besatzung nur wenig Raum. Bombenschütze und Navigator mussten sich zusammenkauern, um ihre Plätze im Bug der Maschine zu erreichen, von denen aus sie dann allerdings eine hervorragende Aussicht hatten. Pilot und Copilot saßen im Cockpit, der Bordmechaniker etwas erhöht hinter ihnen. Nur der Funker konnte in seinem Abteil, das durch den Bombenschacht vom vorderen Besatzungsbereich getrennt war, aufrecht stehen. Die beengte Position des Schützen im Kugelturm war am wenigsten beliebt, der Heckschütze musste ebenfalls in seinen Kampfstand kriechen.

Obere MGs
Die beiden MG-Stände auf dem Rumpfrücken der B-17 bedienten der Bordmechaniker (vorderer) und der Funker (hinterer).

Handsteuerung
Die Bedienelemente einer B-17 waren derart komplex, dass auch ein einigermaßen ruhiger Flug die Zusammenarbeit von Pilot und Copilot erforderte.

Norden-Bombenzielgerät
Das Norden-Bombenzielgerät war vor dem Sitz des Bombenschützen in der Plexiglasnase installiert. Die Zielgeräte unterlagen der Geheimhaltung und wurden zwischen den Einsätzen aus den Flugzeugen entfernt und bewacht.

Fallschirmbuch
In dem Buch wurde jeweils festgehalten, wann der Fallschirm gepackt, benutzt und repariert wurde.

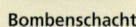

Kugelturm
Der Schütze kletterte erst nach dem Start in seinen beengten Arbeitsplatz. Beim Sitzen hatte er die Knie vor der Brust und konnte keinen Fallschirm tragen, sodass er ihn im Notfall rasch anlegen musste.

Bombenschacht
Durch den Bombenschacht, der unmittelbar hinter dem Cockpit lag, führte ein rund 20 cm breiter Laufsteg. In der Regel war der Bomber mit einer Mischung aus etwa 2700 kg Spreng- und Brandbomben beladen.

Sauerstoffregler
An jedem Platz war ein Sauerstoffanschluss. Um sich im Flugzeug zu bewegen, musste man eine kleine Sauerstoffflasche mitnehmen.

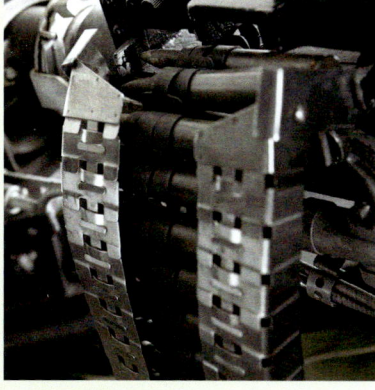

Visier und Munition
Die Bordschützen an den Rumpfseiten hatten hoch entwickelte Visiere zur Verfügung. Theoretisch konnte ein Schütze einen Munitionsgurt in einer halben Minute verschießen, tatsächlich gab er wesentlich kürzere Feuerstöße ab.

Splitterschutzhelm M4A2
Der mit grünem Stoff überzogene Stahlhelm wurde Ende 1943 ausgegeben. Er ließ sich mit Kopfhörern tragen und war schlank genug für die Schützen in ihren Türmen.

Sauerstoffbehälter
An Bord der Maschine befanden sich etwa 18 Sauerstoffbehälter. Für die Einsatzflüge in über 7600 m Höhe waren sie lebenswichtig.

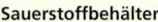

MG in der Rumpfseite
Die zwischen dem Funker und dem Heckschützen auf beiden Rumpfseiten positionierten Bordschützen standen vor offenen Fenstern in der Kälte. Im Gefecht war der Boden rasch mit leeren Geschosshülsen bedeckt.

Heckstand
Der Heckschütze kniete in seinem Kampfstand auf Polstern. Da Jagdflugzeuge häufig von hinten angriffen, war dieses hydraulisch betätigte Zwillings-MG lebenswichtig für den Schutz des Bombers.

Cockpit
Der Pilot saß links der zentralen Steuerkonsole, der Copilot rechts davon. Das Cockpit bot gute Sicht nach vorn, nicht jedoch nach unten oder hinten.

Ruderdrähte
An der Decke verliefen Steuerdrähte zum Betätigen von Rudern und Flügelklappen vom Cockpit zum Heck und zu den Flügeln.

Innenansicht des Rumpfes
Der Blick nach vorn über das Funkerabteil durch den Bombenschacht bis zum Cockpit. Die Aluminiumspanten der Rumpfstruktur sind deutlich sichtbar. Das schwarze Rohr trägt den Kugelturm unter dem Rumpf.

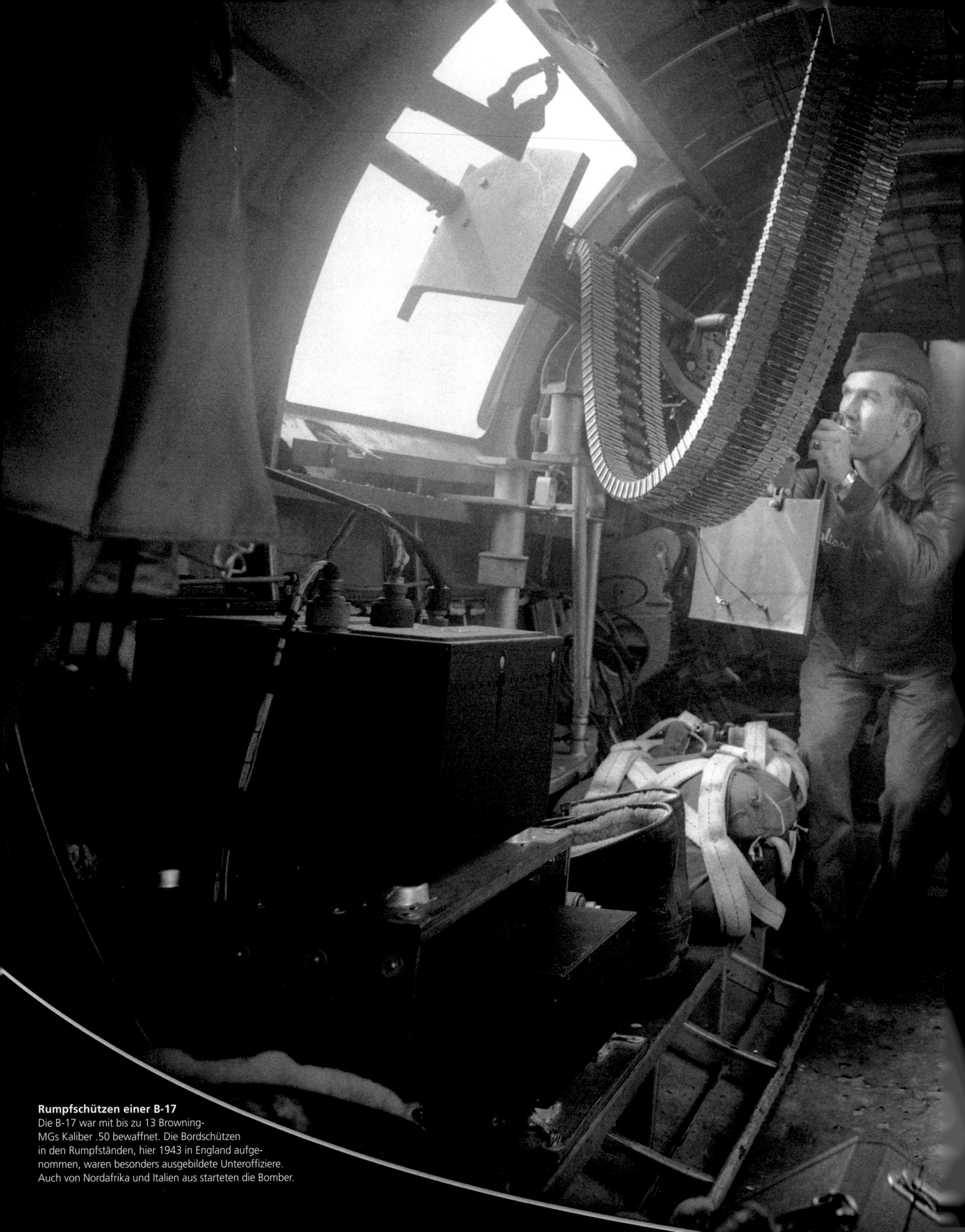

Rumpfschützen einer B-17
Die B-17 war mit bis zu 13 Browning-
MGs Kaliber .50 bewaffnet. Die Bordschützen
in den Rumpfständen, hier 1943 in England aufge-
nommen, waren besonders ausgebildete Unteroffiziere.
Auch von Nordafrika und Italien aus starteten die Bomber.

JAGDFLIEGER DES 2. WELTKRIEGES

Jagdflieger hatten im 2. Weltkrieg die glorreichste Aufgabe. In allen Krieg führenden Staaten bewarben sich junge Männer um die Chance, die am weitesten entwickelten Jagdflugzeuge der Welt zu fliegen. Die wenigen mit der idealen Kombination aus Reaktionsschnelligkeit, Sehvermögen und Killerinstinkt konnten außergewöhnlichen Einfluss auf den Luftkrieg ausüben.

Man schätzt, dass 40 Prozent der Abschüsse auf das Konto der besten fünf Prozent der Piloten gehen. Daher veränderte sich das Gleichgewicht stark zuungunsten von Ländern, die durch starke Verluste gezwungen waren, zu viele unerfahrene Piloten einzusetzen, so wie Deutschland und Japan in den späteren Kriegsjahren. Beide Länder sollten sich davon nicht mehr erholen.

PILOTEN VON US-BEGLEITJÄGERN

Die B-17- und B-24-Bomber der USA waren auf Tagangriffe ohne Begleitjäger ausgelegt, ihre Geschwindigkeit, Flughöhe und Feuerkraft sollten sie gegen feindliche Jagdflugzeuge immun machen. Schwere Verluste 1942/43 zeigten jedoch, dass der Schutz durch Jäger sehr wohl erforderlich war. Anfangs flogen die amerikanischen Jagdflieger in Europa meistens Spitfires, deren Reichweite zu gering war, oder P-38 Lightnings, die nicht manövrierfähig genug waren. Die P-47 Thunderbolt war ein Fortschritt, konnte die Bomber aber immer noch nicht bis ins Zentrum Deutschlands eskortieren. Erst mit der P-51 Mustang änderte sich die Situation ab Anfang 1944. Mit ihrer eindrucksvollen Höchstgeschwindigkeit von 700 km/h war die Mustang allen deutschen Jagdflugzeugen überlegen, mit ihren Abwurftanks konnte sie die Bomber zu allen Zielen begleiten.

Die Qualität der US-Jagdflieger entsprach der ihrer Maschinen. 1944 hatten viele bereits lange Kampferfahrung, übten aber weiterhin, um die Leistung hochzuhalten. Einige der berühmtes-

P-51 Mustang
Die Mustang wird vielfach als das beste Jagdflugzeug des 2. Weltkrieges angesehen. Das amerikanische Flugzeug wurde von einem britischen Rolls-Royce Merlin angetrieben.

ten amerikanischen Piloten flogen in Mustangs Begleitschutz, darunter Chuck Yeager, der später die Schallmauer durchbrach; im Oktober 1944 schoss er an einem Tag fünf deutsche Flugzeuge ab. Zwischen den einzelnen Jägergruppen, die wie die Bomber meistens in England und Italien starteten, gab es Wettbewerbe, welche die sicherste für die Bomber sei. Besonders eifrig zeigte sich die 332nd Fighter Group, in der nur schwarze Piloten flogen. Diese »Tuskegee Airmen« hatten lange gegen Rassendiskriminierung für das Recht gekämpft, Jagdflugzeuge zu fliegen; jetzt zeigten

sie ihr Können. Auch bei Flügen zu den schwersten Zielen, darunter Berlin und die Ölfelder von Ploieşti, behaupteten sie – vielleicht etwas übertrieben –, nie einen Bomber verloren zu haben. Die Jäger der Luftwaffe passten ihre Taktik an die Herausforderung an, die die Mustang darstellte. Sie schlugen in schnellen Massenangriffen zu und hofften zu verschwinden, bevor die Begleitjäger reagieren konnten. Ferner setzten sie den ersten Strahljäger ein: Die Messerschmitt Me 262 war noch einmal 160 km/h schneller als die Mustang. Doch half nichts gegen die steigenden Verluste, vor allem, nachdem die Amerikaner sich von den Bombern zu entfernen begannen und auch die Flugplätze der Luftwaffe angriffen. Bei Kriegsende hatten die mit Mustangs ausgerüsteten Jägergruppen etwa 5000 deutsche Jäger abgeschossen und über 4000 am Boden zerstört.

Keep us flying!
BUY WAR BONDS

Tuskegee Airmen
Die schwarzen Piloten der in Tuskegee, Alabama, ausgebildeten 332nd Fighter Group wurden Helden der farbigen Bevölkerung.

DEUTSCHE JAGDFLIEGER

In den ersten Jahren des 2. Weltkrieges waren die deutschen Jagdflieger in Ausbildung, Taktik und Kampferfahrung überlegen. Die Luftwaffe war eine Leistungsgesellschaft mit einem antiautoritären Ethos, der Status beruhte auf Flug- und Kampferfahrung (Mitglieder der Legion Condor aus dem Spanischen Bürgerkrieg sahen sich als privilegierte Elite), die »Trefferjagd« wurde gefördert. Im weiteren Kriegsverlauf veränderte sich die Stellung der Luftwaffe jedoch radikal. Die Jagdflieger, die die Bomber in der Luftschlacht um England begleitet hatten, mussten ihre Heimat gegen alliierte Bomberflotten verteidigen und gleichzeitig dem an der Ostfront kämpfenden Heer Luftunterstützung leisten. Zwar zeichneten sich die Einheiten im

Heimatschutz bei Tag- wie auch Nachteinsätzen aus, doch unterlagen sie ständiger Zermürbung, aus der mit dem Auftauchen der amerikanischen Langstreckenjäger über Deutschland massive Verluste wurden. An der Ostfront waren die Verluste noch höher, obwohl deutsche Piloten viele der massiert auftretenden sowjetischen Flugzeuge abschossen. Allein Erich Hartmann erzielte 352 Abschüsse und wurde mit den meisten Treffern aller Zeiten das Ass der Asse.

Im Winter 1944 mangelte es der Luftwaffe an Treibstoff wie auch an erfahrenen Piloten. Viele der überlebenden Asse wie Adolf Galland flogen die noch nicht völlig ausgereifte Messerschmitt Me 262 als Abfangjäger in einem letzten Versuch, Deutschland vor den zahlenmäßig weit überlegenen Alliierten zu schützen.

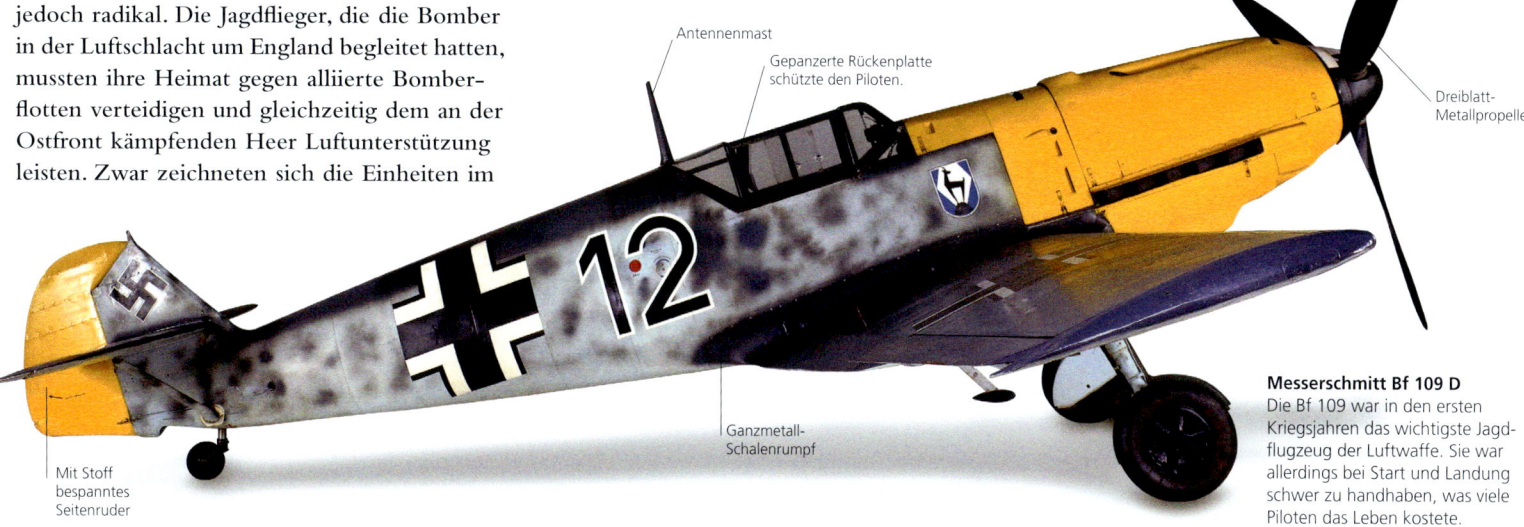

Antennenmast

Gepanzerte Rückenplatte schützte den Piloten.

Dreiblatt-Metallpropeller

Ganzmetall-Schalenrumpf

Mit Stoff bespanntes Seitenruder

Messerschmitt Bf 109 D
Die Bf 109 war in den ersten Kriegsjahren das wichtigste Jagdflugzeug der Luftwaffe. Sie war allerdings bei Start und Landung schwer zu handhaben, was viele Piloten das Leben kostete.

JAPANISCHE MARINEFLIEGER

Die japanischen Piloten, die im Dezember 1941 die US-Marinebasis Pearl Harbor auf Hawaii angriffen, gehörten zu den besten Marinefliegerkräften der Welt. Nicht nur die Flugzeuge, wie der Jäger Mitsubishi A6M »Zero«, waren von höchster Qualität, auch die Piloten waren hervorragend ausgebildet und hatten in Japans Krieg gegen China seit 1937 Kampferfahrung gesammelt.

Im Pazifikkrieg konnten sich die japanischen Marineflieger auch 1942/43 noch gegen die Amerikaner behaupten, aber durch die verlustreichen Kämpfe nahm die Zahl erfahrener Piloten rasch ab, die Leistung der US-Piloten und ihrer Maschinen stieg dagegen. In der Schlacht in der Philippinensee verloren die Japaner im Juni 1944 an einem Tag 300 Flugzeuge, ihre gesamte dort eingesetzte Flugzeugträgerflotte wurde versenkt, sodass die Marineflieger von Land aus operieren mussten. In der Schlacht im Golf von Leyte

im Oktober 1944 führte die auf den Philippinen stationierte 1. Luftflotte Selbstmordangriffe aus. Diese von den Amerikanern »Kamikaze« (»Göttlicher Wind«) genannten Piloten stürzten sich mit ihren Flugzeugen, die oft mit Sprengstoff beladen waren, auf die US-Kriegsschiffe. Die Piloten sahen sich als Elitekrieger. Da das Leben der erfahrenen Piloten jedoch kostbar war, ging die Kamikazerolle bald auf notdürftig geschulte Neulinge über. Bis April 1945 entstand eine »Spezialangriffstruppe« mit über 2000 Maschinen. Nach offiziellen amerikanischen Angaben wurden bis Kriegsende 34 Kriegsschiffe durch Kamikazeangriffe versenkt und viele mehr beschädigt.

Kamikazeangriff
Während einer Welle von Selbstmordangriffen auf die alliierte Flotte 1944/45 stürzt ein japanischer Zero-Jäger auf das Deck der USS *Missouri*.

» MÖGE UNSER TOD SO PLÖTZLICH UND REIN SEIN WIE DAS SPLITTERN VON KRISTALL. «

NOTIZEN EINES **KAMIKAZEPILOTEN** VOR SEINEM EINSATZ

1940–1945

SOE-AGENTEN

» EINE NEUE ORGANISATION, UM DIE EINHEIMISCHEN IN DEN UNTERDRÜCKTEN LÄNDERN ZU KOORDINIEREN, ZU INSPIRIEREN, ZU STEUERN UND IHNEN ZU HELFEN … WIR BRAUCHEN ABSOLUTE GEHEIMHALTUNG, EINEN GEWISSEN FANATISCHEN ENTHUSIASMUS … «

HUGH DALTON, BRITISCHER MINISTER FÜR KRIEGSWIRTSCHAFT, JULI 1940

ie im 2. Weltkrieg in London beheimatete Special Operations Executive (SOE) schickte Geheimagenten in das von Deutschen besetzte Europa, um Widerstandsgruppen zu unterstützen und zu organisieren, Informationen zu sammeln und Sabotage- und Mordaufträge auszuführen. Viele Agenten gerieten bei der gefährlichen Arbeit in die Hände der SS oder Gestapo. Bei Kriegsende hatte die SOE einige Erfolge vorzuweisen, hatte allerdings nicht das von Winston Churchill gesteckte ehrgeizige Ziel erreicht, »Europa in Brand zu stecken«.

Die im Juli 1940 aufgestellte Special Operations Executive (etwa »Durchführung besonderer Unternehmungen«) war Ausdruck von Churchills Entschlossenheit, den Kampf auch unter den ungünstigsten Umständen zum Feind zu tragen. Nach der Niederlage der britischen und französischen Armee beherrschten Deutschland und seine Verbündeten Europa militärisch unangefochten. Die britische Regierung stellte sich einen kontinentweiten revolutionären Aufstand gegen Nazis und NS-freundliche Regimes vor. Der Minister für Kriegswirtschaft, Dr. Hugh Dalton, dem die SOE politisch unterstellt war, plante Bewegungen ähnlich der nordirischen Sinn Féin oder Mao Tse-tungs chinesischer Guerilla und die Förderung von »industrieller und militärischer Sabotage, Streiks, fortlaufender Propaganda, Terrorakten gegen Verräter und deutsche Anführer, Boykotts und Unruhen«, um Hitler einen Strich durch die Rechnung zu machen.

REKRUTIERUNG UND AUSBILDUNG
Die Führungsebene der SOE wurde in typisch britischer Manier aus den persönlich miteinander bekannten »Old Boys« rekrutiert, den Absolventen der führenden Privatschulen und der Universitäten Oxford und Cambridge. Deswegen waren sie nicht ungeeignet oder inkompetent, sie wurden aber zuweilen von den etablierten Geheimdiensten kritisiert. Colonel Colin Gubbins, ein energiegeladener Mann, der für Ausbildung und Operationen der SOE zuständig war, hatte sich

ausgiebige Gedanken über Taktik und Strategie der irregulären Kriegführung gemacht. Die Organisation richtete ihr Hauptquartier in der Londoner Baker Street ein und belegte Landhäuser in ganz Großbritannien als Ausbildungszentren. Potenzielle Agenten und Mitarbeiter kamen aus allen Schichten und Berufen; Violette Szabo, eine der effektivsten Agentinnen, war die halb französische Tochter eines Autohändlers aus Süd-London. Sprachkenntnisse waren entscheidend, da sich die Agenten in anderen Ländern unentdeckt bewegen mussten. Viele Rekruten waren wie Szabo zweisprachige britische Bürger oder Ausländer, darunter Mitglieder alliierter Exilregierungen. Fertigkeiten aller Art waren gefragt; so brachten Einbrecher den Agenten das Knacken von Schlössern bei, verurteilte Fälscher fertigten ihre falschen Ausweise an. Zu seinen Hochzeiten beschäftigte die SOE wohl rund 13 000 Menschen, davon etwa 5000 Agenten im Einsatz.

Die Grundausbildung konzentrierte sich auf die körperliche Kondition und den Gebrauch grundlegender Waffen. Durch Beobachtung wurde die psychische Eignung eingeschätzt, darunter das Verhalten unter Alkoholeinfluss. Wer bestanden hatte, kam zur Kommandoausbildung in das schottische Hochland, wo er Fallschirmspringen, Sabotage mit Sprengstoffen und das Töten mit bloßen Händen lernte. Den tödlichen Einzelkampf lehrten E. A. Sykes und W. E. Fairbairn, die sich bei der Polizei von Shanghai kennen gelernt hatten.

Sabotagespezialisten
Eine der erfolgreichsten Sabotageoperationen führte die SOE im deutsch besetzten Norwegen durch. Norwegische Kommandokämpfer *(oben)* wurden zum Angriff auf das Werk von Norsk Hydro in Rjukan eingeflogen, wo schweres Wasser produziert wurde, das die Deutschen für die Herstellung von Atombomben hätten nutzen können. Die Automatikpistole Webley & Scott 1907 *(rechts)* benutzten die SOE-Agenten bei vielen derartigen Operationen gerne.

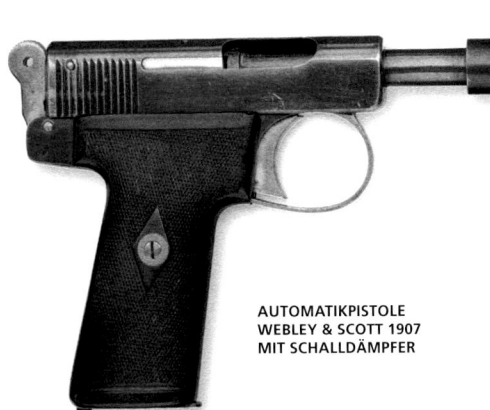

AUTOMATIKPISTOLE
WEBLEY & SCOTT 1907
MIT SCHALLDÄMPFER

Der letzte Ausbildungsteil war dem generellen Handwerk des Geheimagenten gewidmet: Identifizierung der Mitglieder feindlicher Polizei- und Sicherheitsbehörden, Gebrauch von Kurzwellenfunkgerät und Codes sowie Widerstandsfähigkeit bei Verhören.

Geheimer Einsatz aus der Luft
Der Westland Lysander reichten kurze Landepisten, daher war sie für Einsätze im besetzten Europa, wie das Absetzen von SOE-Agenten und Vorräten, sehr gut geeignet.

Die Qualität von Ausbildung und Ausrüstung war gemischt. So war niemandem klar, wie schnell die Deutschen die Quelle von Kurzwellenfunksprüchen anpeilten; die Agenten wurden nicht genügend gewarnt, Funksprüche kurz zu halten

und nicht mehrfach von derselben Stelle aus zu senden. Daher wurden Funker oft verhaftet, kaum dass sie ihre Arbeit aufgenommen hatten. Die gefälschten Dokumente waren im Allgemeinen exzellent, aber Details wie das Ausstatten der Agenten mit der richtigen Zigarettenmarke wurden mitunter übersehen. Die SOE war ein Vorreiter beim Einsatz von Plastiksprengstoff, verschwendete aber Zeit mit der abstrusen Idee, ihn wie Mist auf der Straße aussehen zu lassen. Allgemein führte der Druck für rasches Handeln dazu, dass viele Agenten, die auf den Kontinent gingen, auf ihre großen Aufgaben allzu dürftig vorbereitet waren.

IN DAS BESETZTE EUROPA

Die bevorzugte Methode der SOE für das Absetzen von Agenten war anfänglich das Anlanden mit Fischerbooten oder schnellen Motorbooten an einsamen Küsten. Die zögerliche Kooperation der Royal Navy und ein Kampf um Ressourcen mit dem Secret Intelligence Service (SIS), der dieselbe Idee hatte, führte zum Absetzen aus der

Falsche Identitäten
Tadellose Dokumente für ihr heimliches Leben waren für die SOE-Agenten lebenswichtig, um nicht entdeckt zu werden.

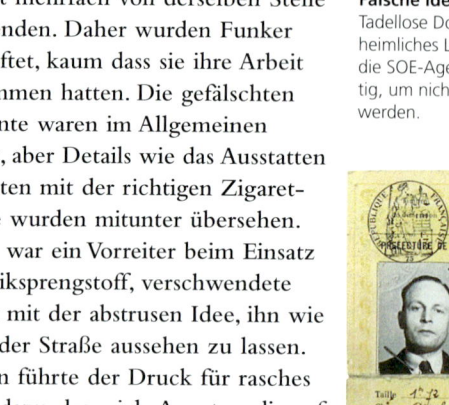

SOE-KARTEIKARTE

FRANZÖSISCHE AUSWEISPAPIERE

Luft. Agenten und Vorräte wurden nachts per Fallschirm oder mit Flugzeugen wie der Westland Lysander abgesetzt, die mit kurzen, unbefestigten Start- und Landestrecken auskam. In der Regel wurde der Agent von Mitgliedern einer Widerstandsgruppe oder anderen SOE-Agenten in Empfang genommen, die für eine unauffällige Beleuchtung der Landebahn oder Abwurfzone sorgten. Die Ankunft auf feindlichem Gebiet und der Weg zu einer sicheren Unterkunft gehörten zwangsläufig zu den gefährlichsten Phasen eines Agenteneinsatzes.

VERDECKTE OPERATIONEN

Die SOE-Agenten erfüllten verschiedene Aufgaben. Die höchste Verantwortung trugen die Organisatoren, die man mit dem Aufbauen und Entwickeln von Widerstandsnetzen betraute; wie die Funker und Sabotagespezialisten waren es fast ausschließlich Männer. Frauen setzte man allgemein als Kuriere ein, da man annahm, dass sie auf Reisen weniger Verdacht erregten. Unter dem Deckmantel einer falschen Identität mussten die Agenten im feindlichen, stark überwachten Gebiet »jeden Tag mit einer pausenlosen Angst« leben, so Gubbins.

Hinter feindlichen Linien
Captain John Roper der SOE in einem Wald bei Savournon kurz nach seinem Fallschirmsprung in die französische Region Haute Savoie.

Verhaftung war gleichbedeutend mit Folter und fast sicherem Tod. Zum Überleben musste man ständig seine Rolle spielen und jedes Detail seines Verhaltens kontrollieren, um nicht als ungewöhnlich oder ausländisch Verdacht zu erregen. Um überhaupt etwas zu erreichen, mussten die Agenten mit den Einheimischen in Verbindung treten; jeder Kontakt barg jedoch das Risiko des Verrats – denn die Opposition zu den deutschen Besatzern war keineswegs so allgemein, wie die SOE naiv angenommen hatte. Unter Druck ließen offenbar manche Agenten den gesunden Menschenverstand oder das Gelernte außer Acht, schrieben Adressen oder Codes auf, die sie auswendig lernen sollten, hatten gleichzeitig Ausweise für zwei verschiedene Decknamen dabei oder unterhielten sich in der Öffentlichkeit auf Englisch. Andere wiederum gingen in ihrer Umgebung auf und hielten ihre falschen Identitäten auch unter argwöhnischen Kreuzverhören durch.

ERFOLGE UND MISSERFOLGE

Eine der bemerkenswertesten SOE-Operationen war das Attentat auf Reinhard Heydrich, Chef des Reichssicherheitshauptamtes und Stellvertretender Reichsprotektor von Böhmen und Mähren. Im Mai 1942 erschossen ihn in Prag die beiden mit dem Fallschirm angesetzten SOE-Agenten Jan Kubiš und Josef Gabčik. Als Vergeltung ermordeten die Deutschen rund 5000 tschechische Zivilisten, darunter die Einwohner von Lidice. Kubiš und Gabčik wurden verraten und töteten sich vor der Verhaftung selbst. Ein weiteres erfolgreiches Beispiel war die Sabotage des Norsk-Hydro-Werkes im besetzten Norwegen im Februar 1943. Dort wurde schweres Wasser produziert, das die Deutschen für den Bau einer Atombombe hätten nutzen können. Norwegische SOE-Agenten sprengten nicht nur das Werk, sondern versenkten später auch eine Fähre mit einer Lieferung schweren Wassers für Deutschland.

Frauen im Krieg
Die SOE setzte im Krieg viele Agentinnen ein. Manche wurden mit Sabotage- oder Funkaufgaben (links) betraut, die meisten jedoch erfolgreich als Kuriere eingesetzt.

Heimliche Verbindung
Mit dem Kofferfunkgerät Typ 3 Mk II hielten SOE-Agenten Verbindung zur Führungsstelle. Die codierten Sendungen wurden ständig verändert, um nicht entdeckt zu werden.

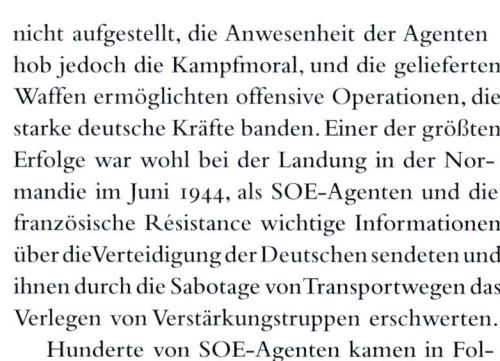

Andere SOE-Operationen waren dagegen verlustreiche Fehlschläge, der schlimmste der gescheiterte Versuch, 1942–1944 in den Niederlanden ein Netzwerk aufzubauen. Die ersten Agenten wurden von einem Kollaborateur verraten, der deutsche Nachrichtendienst knackte ihren Code. Ein verhafteter SOE-Funker erklärte sich bereit, Nachrichten für die Deutschen zu senden, ließ dabei aber bewusst alle Sicherheitsprüfungen weg, um seine Abteilung in der Heimat zu warnen, dass man ihn »umgedreht« hatte. Unverständlicherweise ignorierten SOE-Offiziere diese Hinweise aber und schickten Agenten und Vorräte zu den von den Deutschen festgelegten Treffpunkten. Über 50 Agenten fielen in deutsche Hände, bevor die Täuschung bemerkt wurde.

Kopfhörer

BREIT ANGELEGTER WIDERSTAND

1944 unterstützte und versorgte die SOE umfangreiche Widerstandsbewegungen im ländlichen Guerillakrieg in Jugoslawien, Griechenland und Südfrankreich. Die SOE hatte diese Gruppen zwar nicht aufgestellt, die Anwesenheit der Agenten hob jedoch die Kampfmoral, und die gelieferten Waffen ermöglichten offensive Operationen, die starke deutsche Kräfte banden. Einer der größten Erfolge war wohl bei der Landung in der Normandie im Juni 1944, als SOE-Agenten und die französische Résistance wichtige Informationen über die Verteidigung der Deutschen sendeten und ihnen durch die Sabotage von Transportwegen das Verlegen von Verstärkungstruppen erschwerten.

Hunderte von SOE-Agenten kamen in Folterkammern und KZs der Nazis ums Leben, in Frankreich etwa jeder Vierte.

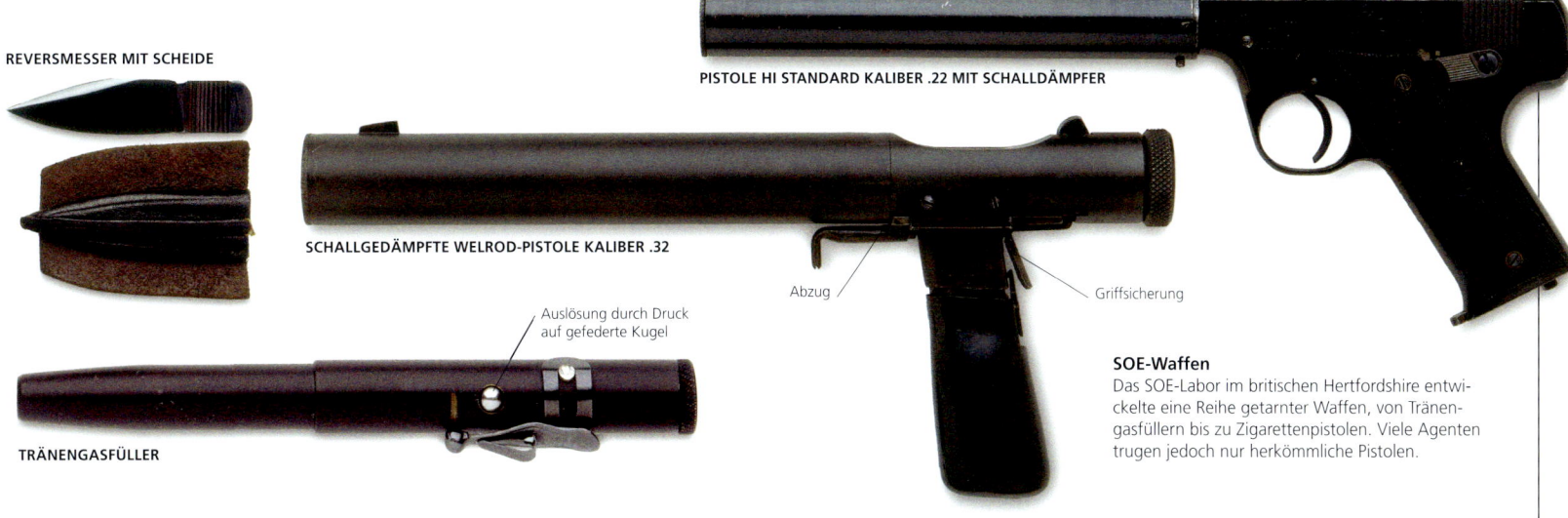

REVERSMESSER MIT SCHEIDE

PISTOLE HI STANDARD KALIBER .22 MIT SCHALLDÄMPFER

SCHALLGEDÄMPFTE WELROD-PISTOLE KALIBER .32

Auslösung durch Druck auf gefederte Kugel

Abzug

Griffsicherung

TRÄNENGASFÜLLER

SOE-Waffen
Das SOE-Labor im britischen Hertfordshire entwickelte eine Reihe getarnter Waffen, von Tränengasfüllern bis zu Zigarettenpistolen. Viele Agenten trugen jedoch nur herkömmliche Pistolen.

SOE-AUSRÜSTUNG

Die britische Special Operations Executive (SOE) bildete Hunderte von Geheimagenten aus. Viele sprangen mit dem Fallschirm und der gezeigten Ausrüstung über feindlichem Gebiet ab, um lokale Widerstandsgruppen zu unterstützen und zu koordinieren. Mitunter führten Agenten am Boden die Transportflugzeuge mit tragbaren Sender-Empfängern (S-Phones) zu sicheren Abwurfzonen. Für den Fall, dass sie nicht von einem »Empfangskomitee« erwartet wurden, verfügten die Agenten über Kompass und Karten.

Kopfhörer

Kopfhörer-kabel

Mikrofon

S-Phone-Transceiver
Das S-Phone war ein miniaturisierter Sender-Empfänger, der nur 7 kg wog. Damit konnte der Agent mit dem Piloten eines bis zu knapp 70 km entfernt in 3050 m Höhe fliegenden Flugzeuges sprechen.

Ohrhörer

ANTENNE

ABZEICHEN DER SOE SPECIAL FORCES (SPEZIALKRÄFTE)

Bodenlanger Reißverschluss, um den Overall rasch ausziehen zu können

Schutzbrille aus Zelluloid

SOE-Overall
Dieser Tarnanzug für Geheimagenten, die per Fallschirm in besetztem Gebiet landeten, schützte die darunter getragene Kleidung vor Beschädigungen. In seinen vielen Taschen ließ sich wichtige Ausrüstung unterbringen. Am Boden zog der Agent den Anzug sofort aus und verschwand in ortsüblicher Straßenkleidung in der Nacht. Von da an gab er vor, als normaler Bürger in der Gemeinschaft zu leben und zu arbeiten, in der er eingesetzt war.

Schnalle

Kinnriemen

Gepolsterter Helm

Halteriemen für Helm

Innentasche

Antennen-
buchse

Frequenz-
knopf

**DUPLEX-
TRANSCEIVER**

Stecker für Kopfhörer
und Mikrofon

Lichtabdeckung

Leuchtende
Innenbe-
schichtung aus
Radiumfarbe

Leitlichter
Mit diesen Lichtern
wurden Flugzeuge zur
Landung in feindlichem
Gebiet geleitet.

Ein-aus-
Schalter

Messer-
tasche

Stecker und Kabel
zur Stromversorgung

Integrierte
Pistolentasche

Verborgenes
Fach

Klinge
im Blatt

Goldmünze für
Notfälle

Halter aus
Segeltuch für
Goldmünzen

Kartenlegende

Taschentuchkarte
Dieses ansonsten normale Taschentuch zeigte vertrauliche Kartenkoor-
dinaten oder Codewörter, wenn es
in Urin getaucht wurde.

Einlegesohlen als Verstecke
Einlegesohlen waren der perfekte Ort,
um Geld, Waffen oder falsche Dokumente zu verstecken, die in einem
Notfall erforderlich sein könnten.

SOE-WAFFEN

Den SOE-Agenten stand eine ganze Reihe raffinierter Waffen zur Verfügung. Vollständig schallgedämpfte Pistolen waren üblich, auch Armbrüste wurden eingesetzt. Viele weitere Waffen wurden in den SOE-Labors in Welwyn Garden City bei London auf Tarnung hin entwickelt. Die Waffen mussten klein genug sein, um sich leicht verstecken oder in alltäglichen Gegenständen unterbringen zu lassen, von dem recht einfachen Reversmesser und Zigarettenschießgerät bis hin zur Gürtelpistole. Da die Waffen klein waren, hatten sie häufig eine geringe Reichweite von kaum 4 m. Dieses Arsenal wurde aber in der Regel nur eingesetzt, wenn die Tarnung des Agenten aufgeflogen war und er sich der Verhaftung entziehen musste.

Abzugskabel

Daumenabzug

Zigarettenpistole
Dieses Gerät mit Kaliber .22 war in einer nachgebildeten Zigarette verborgen und wurde durch Ziehen an der Schnur abgefeuert.

Abzugsschnur

Lauf in Zigarettennachbildung verborgen

Sicherungsdraht wird vor dem Schuss entfernt.

Gerät ist im Mundstück verborgen.

Pfeifenpistole
Diese Pistole, eine weitere Entwicklung aus den SOE-Labors, wurde abgefeuert, indem man das Mundstück abnahm, das Rohr festhielt und den Pfeifenkopf drehte. Wegen ihrer Größe hatte sie jedoch nur eine geringe Reichweite.

Spiralfeder

Stiftmesser und -pistole
Diese beiden Waffen wurden für Fluchtversuche entwickelt. Die Stoßklinge des Messers (oben) ließ sich im Nahkampf einsetzen, das Schussgerät (unten) verschoss eine 6,35-mm-Patrone.

Mit Schnur umwickelter Griff

Klinge mit kreuzförmigem Querschnitt

Hahn unter Federspannung im Gehäuse

6,35-mm-Patrone

Abschuss durch Zurückziehen und Loslassen des Knopfes

Metallbolzen

BOLZEN

Befiederung

Rahmen

Pistolenhalterung

Gürtelpistole
Verborgen unter seiner Kleidung trug der Agent auf der rechten Körperseite am Gürtel eine modifizierte Webley-Pistole mit Kaliber .25.

Fernbedienter Auslöser

SOE-Messer
Das Saboteurmesser hatte eine Klappklinge und am hinteren Griffende eine zweite Klinge zum Aufschlitzen von Reifen. Das Doppelhaken-Stichmesser sollte dicke Kleidung durchdringen.

Verschlussfeder

Klingenlöseknopf

Doppelhakengriff

SABOTEURMESSER

Klinge zum Aufschlitzen von Reifen

DOPPELHAKEN-STICHMESSER

Mit Schnur umwickelter Griff

Klinge mit kreuzförmigem Querschnitt

ARMBRUST

Armbrust und Bolzen
Die Gummisehnen dieser SOE-Armbrust wurden vor dem Schuss mit einer Winde gespannt. Der besseren Transportfähigkeit wegen ließen sich der vordere Rahmen und die Schulterstütze zusammenfalten. Der Bolzen (oben) war aus Metall.

Spannvorrichtung

Gummischlingen

Welgun-Maschinenpistole
Die Welgun war eine leichte und kompakte experimentelle Maschinenpistole (MP), die für die SOE entwickelt wurde. Die Schulterstütze wurde nach oben geklappt. Das Magazin fasste 32 Schuss.

Externer Schalldämpfer

Magazingehäuse

Lauf

Colt und Holster
Diese SOE-Pistole wurde im Holster unter der Jacke getragen.

Schulterstütze

Kimme

Griff der Spannwinde

Aufklappbare Schulterstütze

Abdeckung der Kimme

Abzugsbügel

Schlittengriff

Befestigungsschraube für Griffschalen

Webley & Scott 1907
Das Modell 1907 war eines von mehreren, die Webley & Scott Anfang des 20. Jh. herstellten. Diese Pistole, mit der britische Agenten im 2. Weltkrieg ausgerüstet wurden, hat einen Schalldämpfer.

1942 – 1945

US-FALLSCHIRMJÄGER

>> WIE DIE ... AMERIKANISCHEN PIONIERE, DEREN MUT DIESE NATION GRÜNDETE, HABEN WIR MIT DER VERGANGENHEIT UND IHREN TRADITIONEN GEBROCHEN, UM UNSEREN ANSPRUCH AUF DIE ZUKUNFT ZU BEKRÄFTIGEN. <<

GENERALBEFEHL NR. 5, MIT DEM DIE 101ST AIRBORNE GEGRÜNDET WURDE, AUGUST 1942

Invasion Siziliens
US-Fallschirmjäger bereiten sich im Juli 1943 auf den Absprung über Sizilien vor *(oben)*. 1942 erhielt der Karabiner M-1 *(rechts)* für den Einsatz bei den Fallschirmjägern eine klappbare Schulterstütze.

I m Laufe des 2. Weltkrieges stellten die USA fünf Luftlande-Infanteriedivisionen auf, die zu Eliteeinheiten mit außergewöhnlicher Kampfkraft wurden. Die Männer definierten sich nicht allein durch ihre Landung an Fallschirmen oder mit Lastenseglern, sondern durch ihre Kondition, Ausbildung, Initiative, Aggression und ihr Kampfgeschick. Die 82nd (»All American«) und die 101st Airborne Division (»Screaming Eagles«) spielten auf einigen der härtesten Kriegsschauplätze Europas eine wichtige Rolle.

Die USA entwickelten erst recht spät Luftlandetruppen, als die Sowjetunion, Japan, Italien, Deutschland und Großbritannien bereits über derartige speziell ausgebildete Einheiten verfügten. Im August 1942 wurde die 82. Infanteriedivision zur ersten Luftlandeeinheit umgebildet, gefolgt von der 101. sowie 1943 von der 11., 13. und 17. Luftlandedivision.

Die große Mehrheit der im 2. Weltkrieg kämpfenden US-Soldaten waren eingezogene Bürgersoldaten, nicht professionelle »lebenslange« Vollzeitsoldaten. In ein Fallschirmregiment konnte man jedoch nicht eingezogen werden, vielmehr wurden Freiwillige dazu aufgerufen. Dieser Weg zog die ehrgeizigsten und am meisten vom Konkurrenzgeist geprägten Männer an, die ihre Zeit in der Armee positiv nutzen wollten und hier eine Chance sahen, sich zu bewähren. Der angebotene Extrasold war nur eine schwache Motivation im Vergleich zur Anziehungskraft einer Eliteeinheit mit ihren besonderen Standards und stolz getragenen Abzeichen. Daher überstieg die Anzahl der Freiwilligen auch immer die der verfügbaren Plätze. Wer die erste Auswahl und die folgenden harten Ausbildungsmonate überstand, musste schon außerordentlich gesund und entschlossen sein. In der nach Rassen getrennten US-Armee wurden nur weiße Freiwillige genommen, die aber ansonsten aus allen Teilen der USA

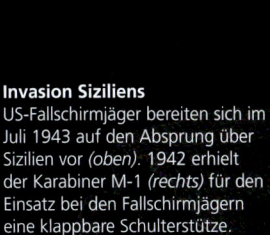

Abzeichen der Luftlandetruppen
Dieses silberne Abzeichen mit Flügeln und Fallschirm trugen die Fallschirmjäger auf der Jackentasche.

und aus allen Gesellschaftsschichten stammten. Die Mehrheit war in der schweren Zeit der Weltwirtschaftskrise aufgewachsen, die harten Bedingungen bei der Ausbildung schreckten sie daher weniger als Rekruten einer bessergestellten Generation. Es heißt, dass diese Männer bereit waren, den Tod für das Recht zu riskieren, Silberflügel auf ihren Jackentaschen zu tragen und ihre Hosen oben in die Stiefel zu stopfen. Seltsamerweise waren die Soldaten in den Lastenseglerregimentern, die einen wichtigen Teil der Luftlandedivisionen bildeten, keine Freiwilligen und erhielten auch keinen Extrasold, obwohl die Landung in Seglern viel gefährlicher war als der Absprung per Fallschirm.

DER WEG ZUR LANDUNG
Von Anbeginn an war in den Luftlandedivisionen die körperliche Ertüchtigung auf Rekordniveau. Das Konkurrenzdenken zwischen den Männern und Einheiten wurde mit Gewaltmärschen bei Tag und Nacht gefördert. An den Grenzen seiner Ausdauer wollte kein Freiwilliger seiner Erschöpfung oder Angst nachgeben, niemand wollte »herausgespült« werden. Der erste Fallschirmsprung war immer eine entscheidende Herausforderung, bei der manch einem die Nerven versagten.

KARABINER M-1A1 FÜR FALLSCHIRMJÄGER

> » TAUSENDE WEISSER FALLSCHIRME SANKEN DURCH EIN INFERNO DER FLAK, WÄHREND ... SEGLER IN SCHAUERN BLAUER FUNKEN HOCHSPANNUNGSLEITUNGEN STREIFTEN. «

DER **FRANZÖSISCHE PILOT PIERRE CLOSTERMANN** ÜBER DIE LUFTLANDEUNTERNEHMEN AM RHEIN IM MÄRZ 1945

Daneben mussten die Männer bedingungslosen Gehorsam an den Tag legen. Allerdings waren die Offiziere im Allgemeinen kompetent und erwarben sich den Respekt ihrer Leute, ebenso die aus den Reihen der freiwilligen Fallschirmjäger beförderten Unteroffiziere.

Die Ausbildung war auf das Absetzen hinter den feindlichen Linien ausgerichtet, wo sie in kleinen Einheiten ohne Unterstützung kämpfen sollten. Die Männer lernten mit Funkgeräten umzugehen, mit hochexplosivem Sprengstoff Sabotage auszuführen, bei Nacht zu kämpfen und lange Zeit ohne Nachschub auszukommen. Mit allem Erforderlichen für den Einsatz beladen, war es für die

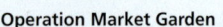

Diensttagebuch
Ein leichtes Tagebuch gehörte zur Grundausstattung der Soldaten.

Männer schon schwierig, ihre C-47-Transportflugzeuge zu besteigen, ganz zu schweigen vom Absprung.

EINSATZ IN ÜBERSEE

Die ersten US-Luftlandetruppen wurden in Nordafrika stationiert. In der Nacht vom 9. auf den 10. Juli 1943 sprangen Einheiten der 82nd Airborne im Rahmen der Invasion Siziliens zu ihrem ersten Kampfeinsatz ab. Auch an der Invasion Italiens bei Salerno im September nahm die 82nd teil. Der größte Teil der amerikanischen Luftlandetruppen wurde jedoch zur Vorbereitung der Landung in der Normandie in Großbritannien stationiert.

Diese jungen Männer hatten nicht nur keinerlei Kampferfahrung, die meisten hatten auch noch nie die USA verlassen. Nach der Fahrt über den Atlantik in überfüllten Truppentransportern kamen sie auf ihren ländlichen englischen Stützpunkten in einer völlig fremden Welt an. Ohne die heimatlichen Beschränkungen waren sie immer für ein Spektakel gut. Im Lager beanspruchte die rigorose Ausbildung jedoch weiterhin ihre ganze Energie.

Bei der Landung auf Sizilien waren die Fallschirmjäger durch starken Wind, die grundlegenden Probleme des Fliegens bei Nacht sowie feindliches Flakfeuer über einen weiten Bereich verstreut worden. Dennoch waren auch für die Invasion in der Normandie im Juni 1944 ähnliche Nachtsprünge vorgesehen, unterstützt durch die Landung von Lastenseglern. Groß angelegte Übungen zur Vorbereitung des D-Days zeigten

Operation Market Garden
US-Fallschirmjäger springen 1944 bei Operation Market Garden aus Transportflugzeugen auf holländische Felder. Im Vordergrund sind bereits alliierte Lastensegler gelandet.

Invasion Frankreichs
Fallschirmjäger der 439th Troop Carrier Group an Bord einer Douglas C-47 vor dem Start von einem Flugplatz in England. Für den Notfall trugen die Männer Reservefallschirme und Schwimmwesten (ganz links).

immer noch dieselben Probleme, trotzdem wurde es Aufgabe von 82nd und 101st Airborne, wichtige Ziele im Landesinneren hinter den Stränden zu besetzen und zu halten.

Für den Großteil der Fallschirmjäger, der nicht in Sizilien oder Italien gekämpft hatte, war es nach zwei Jahren Ausbildung der erste Einsatz. Da der Absprung bei völliger Dunkelheit erfolgen sollte, erhielten die Soldaten »Klicker«, um sich anhand des Knackgeräusches am Boden zu finden, und ein Kennwort, um sich nicht gegenseitig zu töten.

NORMANDIE

In der Nacht vom 5. auf den 6. Juni hob eine ganze Flotte von Transportflugzeugen und geschleppten Lastenseglern mit den Luftlandedivisionen von britischen Flugplätzen ab. Über der französischen Küste folgte das Chaos, als die Maschinen wegen Nebels und heftigem Flakfeuer ihre Fallschirmspringer über einem weiten Gebiet absetzten. Viele Männer verloren ihre Ausrüstung; manche ertranken im Meer oder im Marschland. Die bemerkenswerte Qualität

Mützenabzeichen
Das Abzeichen an der Dienstmütze zeigte einen weißen Fallschirm auf der Infanteriefarbe Blau.

ihrer Ausbildung zeigte sich, als es größtenteils unerfahrenen Soldaten in verstreuten Einheiten mit wenigen Waffen dennoch gelang, hinter den deutschen Linien Verwirrung zu stiften, wichtige Geschützstellungen, Brücken und Dämme zu erobern und deutsche Gegenangriffe auf die Landung der US-Kräfte am Strandabschnitt »Utah« abzuwehren. Drei bis fünf Wochen blieben die Luftlandetruppen mitten in den Kämpfen in der Normandie und erlitten beträchtliche Verluste.

KRIEG BIS ZUM ENDE

Nach den Kämpfen in der Normandie hatten die alliierten Kommandeure vollstes Vertrauen in Luftlandeoperationen und verließen sich bei der Operation Market Garden im September 1944 auf sie. Rund 33 970 in der 1st Airborne Allied Army zusammengefasste amerikanische,

Waschzeug
Zum Standardwaschzeug gehörte ein Rasierapparat mit Klingen, Säure neutralisierendes Zahnpulver, eine Zahnbürste und ohne Pinsel zu verwendende Rasiercreme.

ZAHNBÜRSTE

ZAHN-PULVER

RASIER-APPARAT UND KLINGEN

RASIER-CREME

britische und polnische Luftlandesoldaten sollten in den deutsch besetzten Niederlanden eine Reihe von Brücken über Maas, Waal und Rhein einnehmen und halten, bis vorstoßende Panzer ankamen. Die US-Truppen erreichten die gesteckten Ziele und konnten zahlreiche deutsche Gegenangriffe abwehren. Die Briten eroberten aber nur eine Seite der Rheinbrücke, insgesamt verlief die Operation wenig erfolgreich. Statt nach übermenschlichen Anstrengungen die verdiente Ruhe zu bekommen, mussten 82nd und 101st Airborne von Dezember 1944 bis Januar 1945 in den Ardennen die verzweifelte deutsche Winteroffensive abwehren. Vor allem die 101st Airborne zeichnete sich bei der Verteidigung von Bastogne aus. In dieser Schlacht kam auch die 17th Airborne zu ihrem ersten Einsatz; diese relativ frische Division nahm auch an der letzten großen Luftlandeoperation des Krieges teil, die im März 1945 östlich des Rheins erfolgreich verlief.

AUSGEZEICHNETER DIENST

Der 2. Weltkrieg zeigte auch die Grenzen großer Luftlandeoperationen. Während der Schwebephase waren die Fallschirmjäger durch Beschuss vom Boden aus sehr verwundbar. Viele Lastensegler gingen durch Unfälle oder Flakfeuer verloren. Durch schlechtes Wetter und feindliches Feuer landeten die Soldaten oft verstreut und weit von ihren Zielen entfernt. Ohne schweres Gerät war das Überle-

ben bei Gegenangriffen verlustreich. Hatte das Absetzen per Fallschirm auch kaum Zukunft, so bewährten sich die Luftlandedivisionen dennoch hervorragend als leichte Infanterie. 101st und 82nd erlitten über 16 000 Mann Verluste, darunter 3400 Tote. Die begonnene Tradition ließ sich nicht ohne weiteres beenden. Die 82nd Airborne wurde nach Kriegsende nicht demobilisiert, die 101st reaktivierte man 1954. Beide sind weiterhin Eliteeinheiten der US Army, springen allerdings nicht mehr in Massen zum Kampfeinsatz ab.

Schwere Last
Schwer beladene Fallschirmjäger der 82nd Airborne Division bereiten sich am 6. Juni 1944 über der Normandie auf den Sprung vor. Vor dem Bauch trugen sie den Reservefallschirm, in den Beintaschen Ausrüstungsteile.

UNIFORM DER US-FALLSCHIRMJÄGER

Die Unterschiede zwischen der Uniform der Luftlandesoldaten und der der normalen Infanterie, die anfänglich zu Streitigkeiten führten, wurden weniger aus praktischen Gründen eingeführt, sondern um die Eliteeinheiten erkennbar zu machen. Das Recht, spezielle Stiefel zu tragen und die weiten Hosen hineinzustecken, war streng gehütetes Privileg. Wegen der charakteristischen Kleidung wurde das 509th Infantry (Airborne) Battalion bei Anzio von einem deutschen Offizier »Teufel in Flatterhosen« genannt.

> ICH SOLL ANDEREN SOLDATEN … DURCH MEINE ORDENTLICHE KLEIDUNG, DIE SORGE FÜR MEINE WAFFEN UND AUSRÜSTUNG ZEIGEN, DASS ICH EIN … GUT AUSGEBILDETER SOLDAT BIN. «

AUSZUG AUS DEM CREDO DER FALLSCHIRMJÄGER

Springerjacke M-1942
Die in Olivgrün ausgegebenen Jacken und Hosen wurden von den Soldaten mit Tarnfarbe besprüht. Dabei trug der Soldat seine Uniform und hatte einen Karton über den Kopf gestülpt, um den Kragen zu schützen. Überzählige Patronenbandeliere wurden zerschnitten und innen als zusätzliche Taschen eingenäht.

Fluoreszierende Scheibe, um Kameraden im Dunkeln zu erkennen

Colt M-1911 als Seitenwaffe

»Lebkuchenmann«-Abzeichen

Fallschirmjägerhelm M-2
Ihre in einfachem Olivgrün ausgegebenen Helme bemalten die Träger selbst mit Tarnfarbe. Der »Lebkuchenmann« war das Abzeichen des 509th Battalion.

Überzug aus getrocknetem Kork, um die Oberfläche abzudunkeln

D-Ring-Halterung für den Kinnriemen

Abzeichen wurde bei Nachtsprüngen abgedeckt.

Tarnung von Soldaten aufgetragen

Tasche mit Reißverschluss auf beiden Seiten enthält Schnappmesser M-2, um sich im Notfall loszuschneiden.

Kragen wurde nicht besprüht.

Am Unterschenkel getragenes Kampfmesser M-3

Kavalleriehandschuhe
Die ursprünglich für die Kavallerie vorgesehenen Handschuhe verwendeten die Fallschirmjäger wegen der praktischen Bewegungsfreiheit. Der Riemen war verstellbar.

Gelbes Pferdeleder

Hose M-1942
Die olivgrünen Hosen passten die Fallschirmjäger an ihre Anforderungen an. Wegen der schweren Handgranaten und sonstigen Ausrüstungsteile in den Taschen trugen sie die Hosen mit Hosenträgern. Die gesamte Kleidung wurde behandelt, um gegen chemische Waffen zu schützen.

Verstärkte Taschen konnten zwei K-Rationen aufnehmen.

Hellbraunen Gürtel trugen nur Fallschirmjäger.

schweren Hand
granaten nicht
zu reißen

Springerstiefel
Das begehrte Statussymbol war auf die besonderen Sicherheitsanforderungen der Fallschirmjäger ausgelegt: zusätzlicher Knöchelschutz, Zehenkappen und schräger Absatz, um auf dem unebenen Flugzeugboden nicht hängen zu bleiben.

Chromleder

Nach hinten abgeschrägter Absatz

Interner Knöchelschutz aus Segeltuch

AUSRÜSTUNG DER US-FALLSCHIRMJÄGER

US-Luftlandesoldaten nutzten im 2. Weltkrieg meistens die übliche Ausrüstung der US-Infanteristen, bevorzugten allerdings leichte und gut tragbare Geräte. K-Rationen für Männer, die ohne Versorgung hinter feindlichen Linien überleben mussten, testeten 1942 zunächst Fallschirmjäger, bevor man sie allgemein einführte; ergänzen ließen sie sich durch die energiereicheren D-Rationen. Das Kampfmesser M-3 für den Nahkampf wurde ab 1943 in großen Stückzahlen produziert.

Kampftasche M-1936 und Seil

Die von den Fallschirmjägern wegen ihrer Vielseitigkeit übernommene Kampftasche (»Musette Bag«) enthielt Munition, Rationen und persönlichen Besitz. Mit dem Seil konnte sich der Soldat von einem Baum oder Gebäude abseilen.

10 m langes Seil

Standardregenjacke unter der Klappe gefaltet

Gaszylinder

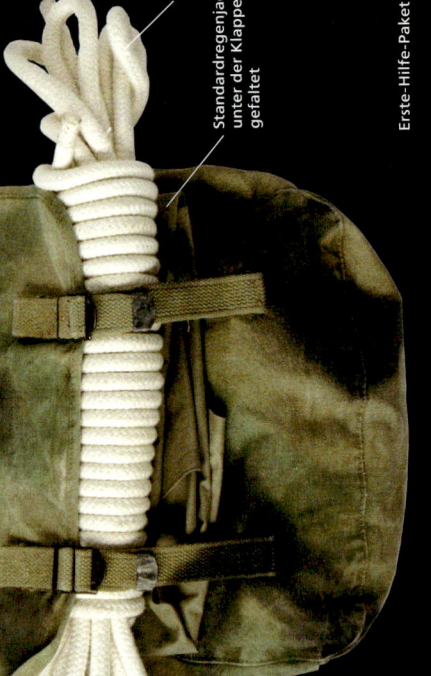

Erste-Hilfe-Paket

Schnappmesser M-2

Mit diesem Messer konnte sich der Soldat von seinem Fallschirmgurtzeug befreien.

Patronengurt mit Gurtzeug M-1928

Der mit Tarnfarbe besprühte Gurt hatte Taschen für 80 Schuss für das Gewehr M-1.

Erste-Hilfe-Paket M-1910

Insgesamt zehn Taschen, jeweils mit einem Acht-Schuss-Ladestreifen für das Gewehr M-1

Feldflasche M-1910

Schanzwerkzeug (Klappspaten)

Messerbajonett M-1

Garand-Gewehr M-1 mit Munition

Das Garand war im 2. Weltkrieg die Standardwaffe der US Army. Es arbeitete halb automatisch, zum Laden setzte man einen Ladestreifen mit acht Schuss in das leere Magazin ein. Er wurde nach dem letzten Schuss automatisch ausgeworfen. Beim Laden musste der Soldat darauf achten, den Daumen nicht im Verschluss einzuklemmen. Der Karabiner M-1A1 war eine Sonderausführung für die Luftlandetruppen.

KAMPFMESSER M-3

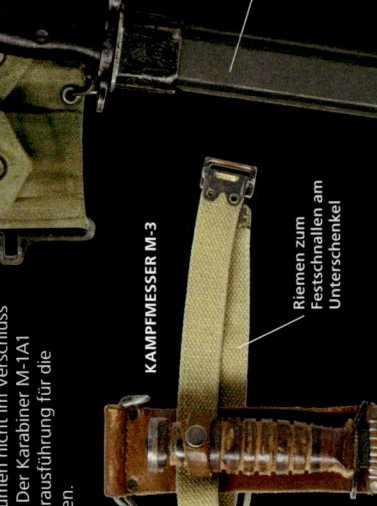

Riemen zum Festschnallen am Unterschenkel

Korn

Korn

WASSERDICHTER STREICHHOLZBEHÄLTER

ESBIT

HOLZSPIRITUS

Kochgeräte
Die Soldaten waren mit dem normalen Kochgeschirr und Besteck ausgestattet. Sie kochten mit Holzspiritus, der mit einer heißen Flamme brannte, oder mit Esbit-Tabletten, die kein Anzündholz benötigten.

STANDARDBESTECK

KOCHGESCHIRR

D-RATION

U. S. ARMY FIELD RATION D

Rationen
K-Rationen gab es in drei verschiedenen Packungen für Frühstück, Mittag- und Abendessen. Sie enthielten haltbare Nahrungsmittel wie trockenen Zwieback, Schinken und Ei in der Dose, Zucker, Fruchtsaft und Kaffee, daneben Kaugummi und Zigaretten. Im Langzeitgebrauch boten diese Notrationen nicht genügend Kalorien und waren zu eintönig. Die D-Ration war ein hoch konzentrierter, mit Vitaminen angereicherter Energieriegel aus Hafermehl und Schokolade.

Bandelier
Der über der Brust getragene Gurt enthielt sechs zusätzliche Ladestreifen mit jeweils acht Schuss des Kalibers .30-06.

Enthielt einen Ladestreifen

Supper RATION TYPE K

Dinner RATION TYPE K

RATION, TYPE K DINNER UNIT

K-RATIONEN

HANDGRANATE MK II

Stift

Spannhebel

Kammer

Bodenplatte des internen Acht-Schuss-Magazins

Kimme

FALLSCHIRM

Trotz der Erfolge der Luftlandetruppen hatten Fallschirme bei Kampfeinsätzen große Nachteile. Unter Beschuss, bei Nacht oder ungünstigem Wetter war der präzise Absprung schwierig. Beim Abstieg waren Fallschirmjäger sehr verwundbar, da sie gut sichtbar waren und nicht manövrieren konnten. Direkt nach der Landung waren sie eine leichte Beute, während sie sich noch von der Ausrüstung befreiten. Unter Umständen hatte der Soldat zu viel Ausrüstung für einen guten Sprung, aber zu wenig für effektive Infanterieoperationen dabei.

Schultergurt (Haupttragegurt)

Fallschirm Typ T-5
Der T-5 war das im gesamten 2. Weltkrieg genutzte Standardmodell der USA. Die Schirme waren ursprünglich weiß und aus Seide, später aus Nylongewebe in Tarnfarben. Die Soldaten klinkten ihre statischen Aufziehleinen am Flugzeug ein, sodass die Schirme beim Sprung automatisch geöffnet wurden. Nach der Landung war die Fallschirmausrüstung schwierig abzulegen, viele Soldaten schnitten sich vom Gurtzeug los.

Aufziehleine schlauft in Zickzacklinie aus, bevor sie die Abdeckung vom Hauptschirm zieht und diesen öffnet.

Haken der Aufziehleine wird am Flugzeug festgemacht.

Rettungsweste B-4 (»Mae West«)
Die nach der wohlgeformten Schauspielerin benannte »Mae West« war Standard bei der US Army Air Force und wurde auch von den Fallschirmjägern unter dem Gurtzeug getragen, wenn sie in der Nähe von Wasser absprangen. Der Vorteil war eher psychisch als praktisch: Vor dem Aufblasen der Weste musste erst das Gurtzeug abgelegt werden, was im Wasser schwierig war.

Venti zum Aufblasen

Gummiertes Segeltuch

Sitz für den Soldaten

Riemen läuft am Rücken entlang.

Bauchband wird durch zwei Schlaufen am Reserveschirm geführt, um diesen zu halten.

Musette-Tasche auf der Vorderseite des Gurtzeuges

Unter dem Gurtzeug getragene Mae West

Reservefallschirm mit sichtbarem Auslösegriff

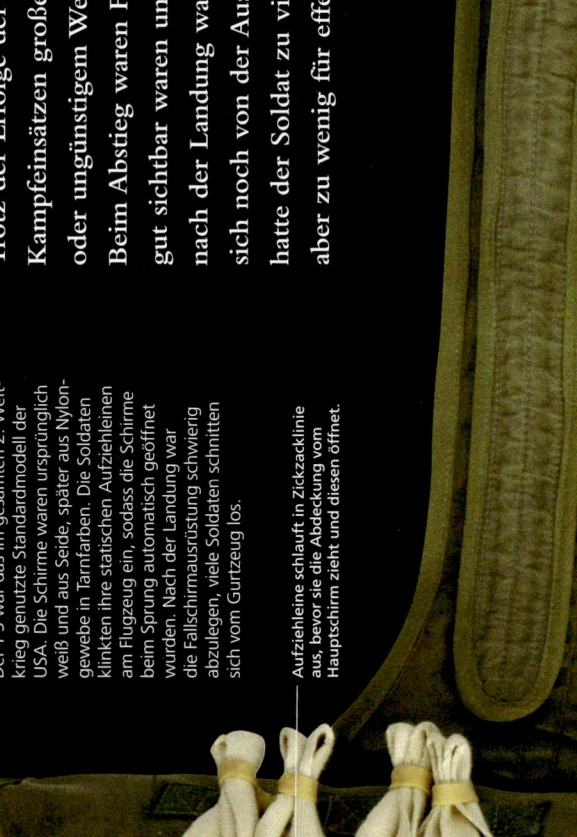

Abdeckung des Hauptschirms ist an der Aufziehleine befestigt.

Segeltuch

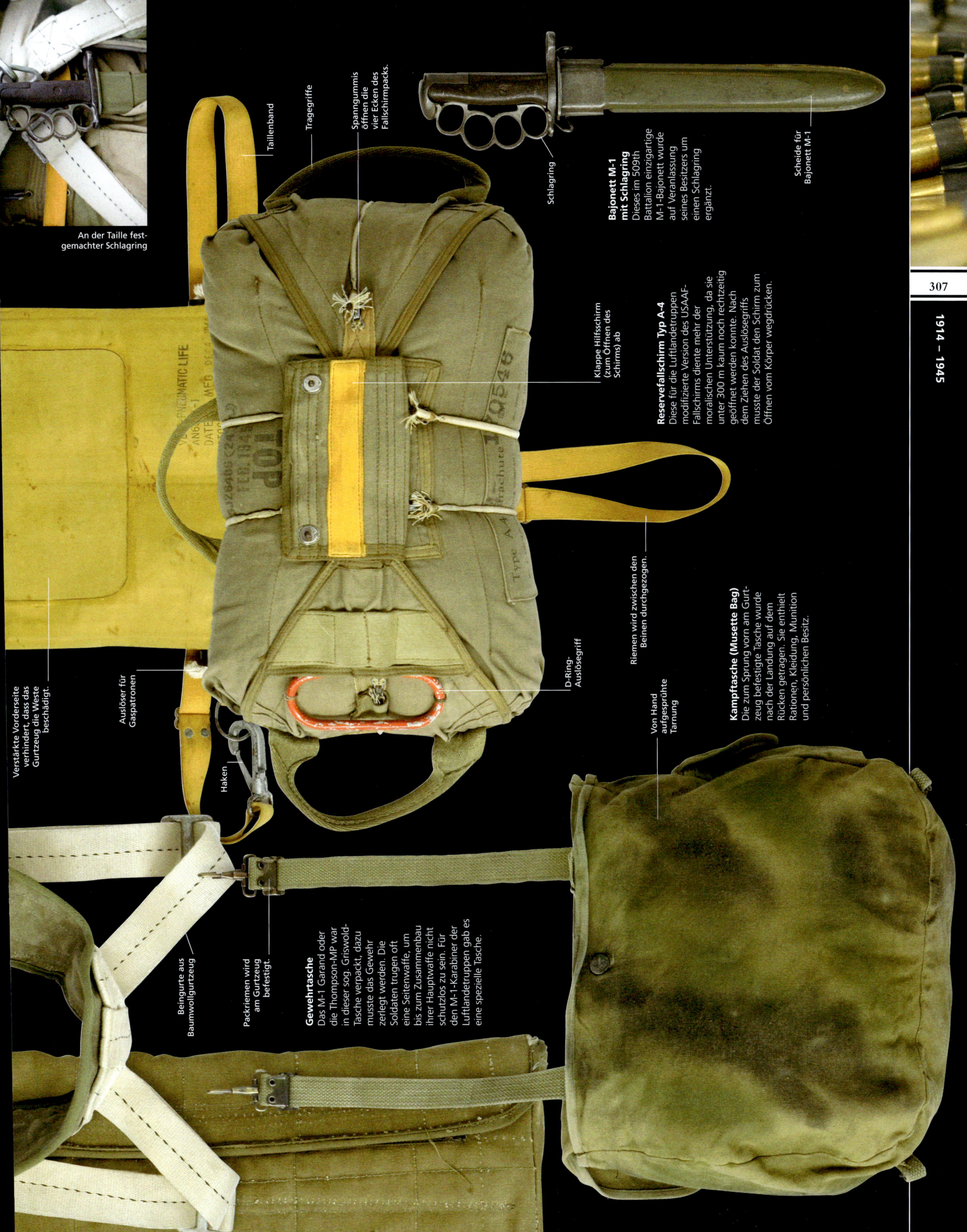

An der Taille fest-gemachter Schlagring

Taillenband

Tragegriffe

Spanngummis öffnen die vier Ecken des Fallschirmpacks.

Schlagring

Bajonett M-1 mit Schlagring
Dieses im 509th Battalion einzigartige M-1-Bajonett wurde auf Veranlassung seines Besitzers um einen Schlagring ergänzt.

Scheide für Bajonett M-1

Klappe Hilfsschirm (zum Öffnen des Schirms) ab

Reservefallschirm Typ A-4
Diese für die Luftlandetruppen modifizierte Version des USAAF-Fallschirms diente mehr der moralischen Unterstützung, da sie unter 300 m kaum noch rechtzeitig geöffnet werden konnte. Nach dem Ziehen des Auslösegriffs musste der Soldat den Schirm zum Öffnen vom Körper wegdrücken.

Riemen wird zwischen den Beinen durchgezogen.

Kampftasche (Musette Bag)
Die zum Sprung vorn am Gurtzeug befestigte Tasche wurde nach der Landung auf dem Rücken getragen. Sie enthielt Rationen, Kleidung, Munition und persönlichen Besitz.

D-Ring-Auslösegriff

Von Hand aufgesprühte Tarnung

Verstärkte Vorderseite verhindert, dass das Gurtzeug die Weste beschädigt.

Auslöser für Gaspatronen

Haken

Beingurte aus Baumwollgurtzeug

Packriemen wird am Gurtzeug befestigt.

Gewehrtasche
Das M-1 Garand oder die Thompson-MP war in dieser sog. Griswold-Tasche verpackt, dazu musste das Gewehr zerlegt werden. Die Soldaten trugen oft eine Seitenwaffe, um bis zum Zusammenbau ihrer Hauptwaffe nicht schutzlos zu sein. Für den M-1-Karabiner der Luftlandetruppen gab es eine spezielle Tasche.

GUERILLAS UND SPEZIALEINHEITEN

S eit dem Ende des 2. Weltkrieges gab es keinen Tag, an dem weltweit Frieden herrschte, irgendwo wurde immer gekämpft. Militärtheoretiker haben wiederholt das Ende des traditionellen Kämpfers vorhergesagt, der durch Atomwaffen oder präzisionsgeführte, aus sicherer Entfernung abgefeuerte Waffen überholt wäre. Doch selbst die am weitesten entwickelten Armeen mit ihrer Elektronik, Lenkwaffen und ferngesteuerten Flugzeugen haben sich immer wieder im Kampf Mann gegen Mann wiedergefunden, ob in den Städten des Irak oder im Dschungel Vietnams.

KALTER KRIEG

Die ersten vier Jahrzehnte der »Nachkriegszeit« waren von der weltweiten Konfrontation zweier atomar bewaffneter Supermächte bestimmt, den USA und der Sowjetunion. Die Angst vor der Zerstörungskraft des gegnerischen Waffenarsenals verhinderte einen direkten Konflikt; in kleinere regionale Kriege schickten jedoch beide Seiten ihre Truppen oder unterstützten die Armeen anderer Mächte. Die größten dieser Kriege waren der Koreakrieg von 1950 bis 1953, in dem die USA und ihre Verbündeten unter UN-Flagge mit Südkorea gegen das sowjetisch und chinesisch unterstützte Nordkorea kämpften, sowie der Vietnamkrieg ab Mitte der 60er-Jahre. Die US-Kräfte, die sich im 2. Weltkrieg einen hervorragenden Ruf erarbeitet hatten, darunter das Marine Corps und die Luftlandetruppen, hatten erneut die schlimmsten Kämpfe zu bestehen.

Volksbefreiungsarmee
Die chinesische VBA, die bis 1946 als Rote Armee bezeichnet wurde, umfasst mit 1,6 Millionen Soldaten das größte stehende Heer der Welt. Theoretisch müssen alle Bürger in der VBA dienen, praktisch ist der Dienst jedoch freiwillig.

Delta Force
Bei einer Übung springen Soldaten von einem fahrenden Humvee. Die Delta Force wurde speziell für den Kampf gegen den Terrorismus und für Eingreifoperationen in anderen Ländern aufgestellt; sie bildet den Kern der Einheit, die Osama Bin Laden jagt. Als amerikanisches Gegenstück zum britischen SAS unterwirft die Delta Force ihre Rekruten einem harten Auswahlverfahren.

Abgesehen vom Einsatz von Hubschraubern für Transport und Feuerunterstützung unterschied sich der Kampf des Infanteristen in diesen Konflikten nicht viel von dem im 2. Weltkrieg.

ZERFALLENDE REICHE

Der Vietnamkrieg war nicht nur ein begrenzter Krieg im Kontext des Kalten Krieges, sondern auch ein Kampf um nationale Befreiung im Rahmen eines weltweiten Prozesses der Dekolonisierung. Die europäischen Imperialmächte, die im 19. Jh. einen Großteil von Afrika und Asien unter sich aufgeteilt hatten, hatte der 2. Weltkrieg finanziell, militärisch und mental geschwächt. In der Nachkriegszeit entstanden in den Kolonien Unabhängigkeitsbewegungen, die sich teilweise bewaffneten. In Lateinamerika sahen sich Befreiungsbewegungen auch als Teil der antikolonialen Bewegung, die die USA als Kolonialmacht betrachtete.

Die natürliche Vorgehensweise von Kämpfern, die es mit Kolonialtruppen aufnahmen, war der Guerillakrieg. Das Vorbild der Guerillas war Mao Tse-tungs Sieg 1949 im Chinesischen Bürgerkrieg, den er durch stufenweise Steigerung von kleinen Überfällen ländlicher Guerillas bis hin zum groß angelegten konventionellen Krieg errang. Das Muster wiederholte sich in Vietnam in den 60er- und 70er-Jahren, als die USA und die südvietnamesische Regierung einen Krieg verloren, den Vietcong in Gummisandalen begannen und Soldaten der nordvietnamesischen Armee mit Panzern beendeten.

Allgemein blieben Guerillatruppen jedoch relativ kleine, leicht bewaffnete Gruppen. Waren sie erfolgreich, so deswegen, weil der Widerstandswillen ihrer Gegner zerbrach. So beruhte 1959 der Triumph Fidel Castros in Kuba mehr auf dem politischen Zusammenbruch der kubanischen Regierung als auf der militärischen Stärke von Castros Guerillas. Doch obwohl revolutionäre Guerillabewegungen ihre Ziele oft nicht oder nur durch äußere Umstände erreichten, wurde der Guerillakämpfer zweifellos zu einem der am meisten bewunderten Krieger der neueren Zeit.

KONVENTIONELLER KRIEG

Ende der 70er-Jahre war die Kolonialzeit vorbei, erkennbar weniger Kriege gab es deswegen nicht. In den 80er-Jahren wurden die USA ein Förderer von Guerillakriegen; sie unterstützten irreguläre Kräfte gegen die Sowjetunion in Afghanistan sowie gegen linke Regierungen in Nicaragua, Angola und Mosambik. Gleichzeitig interessierten sich westliche Staaten immer mehr für schnelle Eingreiftruppen, die bei Bedarf für Interventionen im Ausland bereitstanden. Die Zeit der großen Wehrpflichtarmeen schien zu Ende zu gehen, man verließ sich zunehmend auf gut ausgebildete Berufssoldaten. Spezialkräfte waren in der konventionellen Kriegführung ebenso gefragt wie im Kampf gegen Guerillas und andere irreguläre Truppen.

Ein weiteres Betätigungsfeld für Spezialkräfte war die Bekämpfung des wachsenden internationalen Terrorismus. Terroristische Taktiken wie Mordanschläge und Bombenattentate hatten immer zum Guerillakrieg gehört, doch ab den späten 60er-Jahren existierte der Terrorismus unabhängig als Waffe unterschiedlicher Gruppen im Kampf gegen die von den USA angeführte kapitalistische Welt. Spezialkräfte trainierten für Szenarien wie Flugzeugentführungen und Geiselnahmen; die Strategen überlegten Vorgehensweisen gegen einen Feind, der fast unter dem militärischen Horizont operierte. Den Einsatz konventioneller Truppen in einem Krieg gegen den Terrorismus – wie ihn US-Präsident George W. Bush 2001 erklärte – hat man mit dem einer Pistole gegen einen Bienenschwarm verglichen.

INSTABILE WELT

Viele terroristische Aktivitäten gehen vom Nahen Osten aus, der vor und nach Ende des Kalten Krieges in den späten 80er-Jahren ein Brennpunkt war. Israel wurde in einer Reihe von Kriegen mit seinen arabischen Nachbarn durch militärisches Können gegründet und erhalten; Saddam Husseins Herrschaft im Irak löste eine Reihe von Konflikten aus: mit dem Iran, mit den Kurden im Irak, mit einer UN-Koalition nach dem irakischen Überfall auf Kuwait und schließlich 2003 mit einer amerikanisch-britischen Invasionsarmee. Der Zerfall des Irak nach Saddams Sturz ließ ihn unter die vielen Regionen der Welt abgleiten, in denen Krieg ein Dauerzustand ist, wie z. B. Afghanistan, Kongo, Kolumbien oder der Sudan. Die Welt war voller Waffen, und Männer waren wie eh und je bereit, für Macht, Profit, Ideale oder aus Hass und Furcht zu kämpfen.

1945 – HEUTE

FREMDENLEGIONÄRE

» JEDER FREMDENLEGIONÄR IST DEIN WAFFENBRUDER. IM KAMPF HANDELST DU OHNE LEIDENSCHAFT UND HASS. DU ACHTEST DEINE BESIEGTEN FEINDE. UNTER KEINEN UMSTÄNDEN GIBST DU DEINE GEFALLENEN, VERWUNDETEN ODER WAFFEN AUF. «

D ie französische Fremdenlegion ist eine einzigartige Freiwilligeneinheit, die traditionell keine Fragen stellte und entwurzelten Außenseitern Unterschlupf bot. Die dramatischste Periode ihrer außergewöhnlichen Geschichte erlebte die Legion nach dem 2. Weltkrieg im Kampf Frankreichs um den Erhalt seines zerfallenden Kolonialreiches. Ihre heldenhafte Niederlage bei Dien Bien Phu 1954 wurde zur militärischen Legende. Doch die Legion hat das Kolonialreich überlebt und ist im 21. Jh. eine der angesehensten Eliteeinheiten der Welt.

Die Fremdenlegion wurde 1831 aufgestellt, um ein Verbot zur Aufnahme von Fremden in die französische Armee zu umgehen. Die im algerischen Sidi-bel-Abbès stationierte Einheit erwarb sich bald einen Ruf für Zähigkeit, unerbittliche Disziplin und die Bereitschaft, Rekruten aus aller Herren Länder aufzunehmen, ohne nach ihrer Identität oder Vorgeschichte zu fragen. Die Legion zog französische und ausländische Freiwillige an: Abenteurer, Flüchtlinge, Arbeits- und Heimatlose; Männer, die etwas beweisen wollten, deren Leben eine ungünstige Wendung genommen hatte – und von denen einige eigentlich im Gefängnis sein sollten. Nach dem 1. Weltkrieg wurden potenziellen Rekruten die Fingerabdrücke abgenommen, um geflohene Sträflinge und noch nicht gefasste Kriminelle auszusortieren, dennoch blieb die Legion ein Auffangbecken für die, die ihre Vergangenheit vergessen wollten. Nach Ende des 2. Weltkrieges rekrutierte die Legion aktiv in französischen Kriegsgefangenenlagern, darunter auch Soldaten der Waffen-SS. Selbst heute gehört zur Anziehungskraft der Legion die Möglichkeit, ein neues Leben zu beginnen. Heute müssen potenzielle Legionäre in den Rekrutierungsbüros in

Abzeichen Unteroffizier
Das rautenförmige Ärmelabzeichen zeigt die »siebenflammige Granate« der Legion.

Frankreich einen gültigen Pass oder einen anderen Ausweis vorzeigen, aus Sicherheitsgründen überprüft man ihre Herkunft. Sich unter einem Pseudonym zu melden ist dennoch so normal, wie den Familienstand zu verheimlichen – offiziell sind alle Legionäre unverheiratet.

AUSBILDUNG UND AUSLESE
Haupthürde für die Aufnahme in die Legion ist die geforderte hohe Kondition der Rekruten, die sich einer Vielzahl von medizinischen und psychologischen Untersuchungen sowie mörderischen Übungen unterziehen müssen. Auch das Ausbildungssystem ist eines der härtesten der Welt, unter anderem mit gnadenlosen Gewaltmärschen mit voller Ausrüstung. Die Disziplin und das asketische Leben als Legionär sowie eventuell doch nicht so wichtige Eintrittsgründe machen Fahnenflucht zu einem Problem. Man verpflichtet sich zunächst für fünf Jahre. Ein Ausländer, der sich weiter verpflichtet, erlangt nach zehn Dienstjahren das Anrecht auf die französische Staatsbürgerschaft; nach 15 Jahren in der Legion hat er Anrecht auf eine Pension. Alle Unteroffiziere werden aus den Mannschaften befördert, jedoch nur zehn Prozent der Offiziere, den Rest stellt die französische Armee.

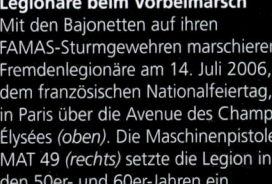

Legionäre beim Vorbeimarsch
Mit den Bajonetten auf ihren FAMAS-Sturmgewehren marschieren Fremdenlegionäre am 14. Juli 2006, dem französischen Nationalfeiertag, in Paris über die Avenue des Champs-Élysées *(oben)*. Die Maschinenpistole MAT 49 *(rechts)* setzte die Legion in den 50er- und 60er-Jahren ein.

MASCHINENPISTOLE
MAT 49

Ausbildung und Tradition
In einem Ausbildungszentrum tief im Dschungel Französisch-Guayanas fahren Legionäre den Approuague flussaufwärts *(rechts)*. Das FAMAS-Sturmgewehr ist eine »Bullpup«-Konstruktion: Der Lauf beginnt bereits in der Schulterstütze, die Waffe wird kürzer, das Magazin sitzt hinter dem Abzug. Wenn die Legionäre stillstehen *(ganz rechts)*, hängt das Gewehr vor der Brust.

» DU BIST EIN FREIWILLIGER, DER DEM FRANZÖSISCHEN STAAT MIT EHRE UND TREUE DIENT. JEDER FREMDENLEGIONÄR IST DEIN WAFFENBRUDER, GLEICH WELCHER STAATSANGEHÖRIGKEIT, RELIGION ODER RASSE ER IST. DU FÜHLST DICH IHM IMMER VERBUNDEN, WIE ES DIE ZUSAMMENGEHÖRIGKEIT EINER GROSSEN FAMILIE ERFORDERT. « EHRENKODEX DER FRANZÖSISCHEN FREMDENLEGION

Mit Französisch als Befehlssprache haben Rekruten aus Frankreich oder französischsprachigen Ländern die besten Aufstiegschancen.

Da die Legionäre vielen verschiedenen Nationalitäten angehören, werden sie traditionell auf die Legion und nicht auf Frankreich verpflichtet – daher auch das Motto *Legio patria nostra* (»Die Legion ist unsere Heimat«). Den Legionären wird über 170 Jahre Kriegsgeschichte eingeimpft, in denen die Opferbereitschaft in der Niederlage noch enthusiastischer gefeiert wird als der Sieg. Den Ruf der Legion im Kampf gründeten Jahrzehnte des Wüstenkrieges gegen muslimische Stämme, die sich unter Abd el-Kader bis hin zu Abd al-Karim der französischen Präsenz in Nordafrika widersetzten. Die im Laufe der Zeit bevorzugte Expeditionstruppe Frankreichs kämpfte im 19.Jh. in den 50er-Jahren auf der Krim, in den 60ern in Mexiko, in den 80ern in Indochina und in den 90ern in Dahomey (Benin) und auf Madagaskar. In Mexiko wurde im berühmten Gefecht von Camerone eine Kompanie der Legion völlig aufgerieben. Auch in Europa zeichnete sich die Legion aus, in den Schlachten von Magenta und Solferino 1859 in Italien ebenso wie im 1. Weltkrieg in den Schützengräben der Westfront. Im 2. Weltkrieg war die Legion nach der Niederlage Frankreichs 1940 zwischen der Treue zur Vichy-Regierung und zum Freien Frankreich gespalten; 1941 kämpften Legionäre in Syrien für kurze Zeit gegeneinander. Einheiten der Legion verteidigten 1942 in der libyschen Wüste Bir Hakeim standhaft gegen Rommels Truppen und waren 1944 an der Befreiung Frankreichs beteiligt.

Fallschirmjägerabzeichen
Diesen geflügelten Dolch trägt das Fallschirmregiment am Barett.

ENDE DES KOLONIALREICHES
Dazu entschlossen, an seinem Kolonialreich festzuhalten, benötigte Frankreich seine Fremdenlegion nach 1945 dringend. Aus politischen Gründen konnte man die Wehrpflichtigen, die den Großteil der französischen Armee ausmachten, nicht zur Unterdrückung der antikolonialen Aufstände heranziehen; stattdessen setzte man die Kolonialtruppen und vor allem die Fremdenlegion

ein. In dieser kontroversesten Phase ihres Bestehens war die Legion vielleicht zäher als jemals zuvor oder danach. Das größte ausländische Kontingent stellten die Deutschen, von denen viele bei Kriegsende direkt aus den Kriegsgefangenenlagern rekrutiert wurden. Die Bezeichnung »kampfgestählt« wäre eine Untertreibung, da viele in dem fast unvorstellbaren Gemetzel an Deutschlands Ostfront teilgenommen hatten. Auch viele Franzosen, die während der deutschen Besetzung mit den Nazis kollaboriert hatten, suchten in der Legion Zuflucht vor Vergeltung. Diese Männer standen von 1946 bis 1954 den von den Kommunisten angeführten Vietminh in einem brutalen Ringen um die Kontrolle über Indochina gegenüber. Zu dieser Zeit waren dort immer 20 000 bis 30 000 Legionäre stationiert, die angesichts eines schwer fassbaren, nach Guerillaweise kämpfenden Feindes den Befehl zur Errichtung und Verteidigung stark befestigter Stützpunkte auf umstrittenem Terrain bekamen.

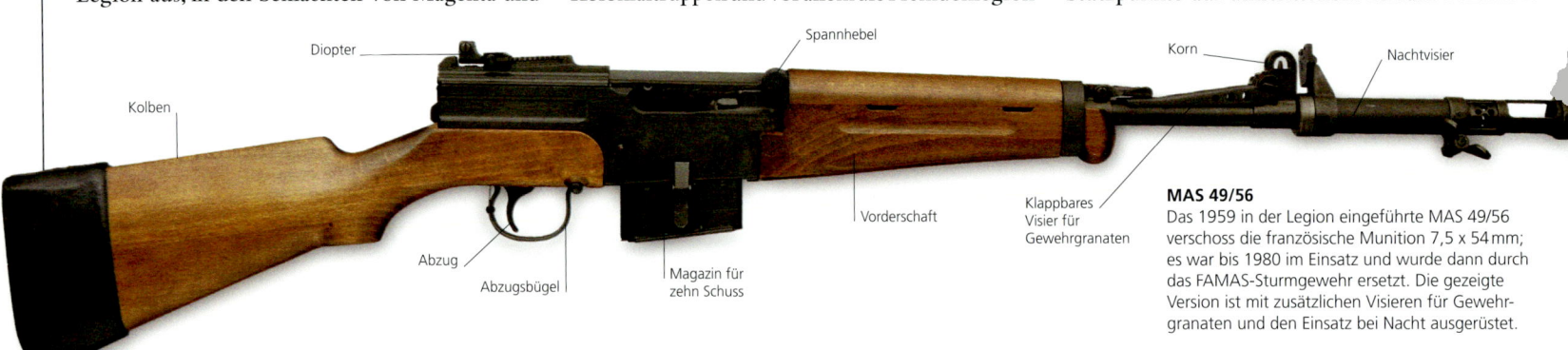

Diopter — Spannhebel — Korn — Nachtvisier

Kolben

Abzug — Abzugsbügel — Magazin für zehn Schuss — Vorderschaft — Klappbares Visier für Gewehrgranaten

MAS 49/56
Das 1959 in der Legion eingeführte MAS 49/56 verschoss die französische Munition 7,5 x 54mm; es war bis 1980 im Einsatz und wurde dann durch das FAMAS-Sturmgewehr ersetzt. Die gezeigte Version ist mit zusätzlichen Visieren für Gewehrgranaten und den Einsatz bei Nacht ausgerüstet.

Die Vietminh erwiesen sich als tödliche Meister darin, auf den Wegen zu diesen befestigten Schlüsselpositionen Hinterhalte einzurichten, sodass die Legion ihre ersten Fallschirmbataillone aufstellte, um Soldaten in der Kampfzone abzusetzen. Im Laufe des Krieges führte sie 156 Sprungoperationen durch. Die brutalen Kämpfe, bei denen beide Seiten Massaker und Gräueltaten begingen, gipfelten 1954 in der entscheidenden Niederlage der Franzosen in der Schlacht von Dien Bien Phu. Insgesamt fielen etwa 10 000 Legionäre im Indochinakrieg, weitere 30 000 wurden verwundet oder gerieten in Gefangenschaft. Für die Legion war es ein Desaster, vor allem, da mit dem Ende des Indochinakrieges in Algerien, der traditionellen Heimat der Legion, ein neuer Konflikt begann.

ALGERIEN UND DIE FOLGEN

Ab 1954 führte die FLN, eine nationalistische Bewegung, einen Guerillakrieg mit terroristischen Aktivitäten, um die Franzosen aus Algerien zu vertreiben. Wieder bildete die Legion den Kern der militärischen Antwort Frankreichs. Das 1er Régiment Etranger de Parachutistes (REP, Fallschirm-

Abzeichen der Fremdenlegion
Diese siebenflammige Granate in einem Ring wurde 1963 als Abzeichen der Legion eingeführt.

jägerregiment der Fremdenlegion) spielte eine wichtige Rolle in der umstrittenen Schlacht um Algier 1957, einem unbarmherzig effektiven Durchgreifen gegen die in der Kasbah der Stadt operierenden FLN-Terroristen, bei dem zum Teil systematisch gefoltert wurde. Als der französische Präsident General Charles de Gaulle Algerien 1961 die Unabhängigkeit gewährte, beteiligte sich das 1er REP an einem Putschversuch entfremdeter französischer Generale. Der Putsch schlug jedoch fehl, da der größte Teil der Legion und die französische Armee insgesamt eine Unterstützung verweigerten. Als Strafe für diesen Akt der Rebellion wurde das 1er REP dauerhaft aufgelöst.

Am 24. Oktober 1962 verließ die Legion Algerien und richtete ihr Hauptquartier im südfranzösischen Aubagne ein. Auch weiterhin vertraten die hervorragend ausgebildeten Kräfte auf der ganzen Welt französische Interessen. Das in Korsika stationierte 2ème REP erwarb sich einen ausgezeichneten Ruf als schnelle Eingreiftruppe, und Teile der Legion wurden 1991 in den Krieg gegen den Irak geschickt sowie später in Afghanistan gegen die Taliban.

Am Fallschirm nach Dien Bien Phu
Legionäre landen während des katastrophalen Indochinakrieges 1953 mit dem Fallschirm im befestigten Tal von Dien Bien Phu.

SCHLACHT VON DIEN BIEN PHU

Im Winter 1953/54 flogen die Franzosen rund 16 000 Soldaten ein, um bei einer Landepiste bei Dien Bien Phu in einer abgelegenen Talmulde nahe der Grenze zwischen Vietnam und Laos Befestigungen zu errichten und zu bemannen. Legionäre stellten einen Großteil der Kräfte, die sich in den Stellungen verschanzten. Im März 1954 hatte General Vo Nguyen Giap, der Befehlshaber der Vietminh, mit etwa 50 000 Mann Dien Bien Phu eingekesselt und in den umgebenden Hügeln schwere Artillerie in Stellung gebracht.

Niederlage der Franzosen

Die Franzosen glaubten, dass die Versorgung aus der Luft möglich wäre und dass ihre Feuerkraft die Vietminh vernichten könnte. Giaps Artillerie zerstörte die Piste jedoch rasch, Flakfeuer gefährdete die Versorgung per Fallschirm. Die beiden weiter entfernten Stellungen Beatrice und Gabrielle wurden am 13./14. März überrannt, danach verhärtete sich der Widerstand. Freiwillige Legionäre wurden als Verstärkung per Fallschirm abgesetzt, einige absolvierten dabei ihren ersten Fallschirmsprung. Ihr Mut war jedoch vergebens: Am 7./8. Mai wurden die französischen Stellungen eingenommen. Fast die Hälfte der bei Dien Bien Phu gefallenen 4000 Verteidiger waren Fremdenlegionäre.

AUSRÜSTUNG DER FREMDENLEGIONÄRE

Wenige Einheiten in der Welt hängen so an ihren Traditionen wie die Fremdenlegion. So hat ein Ausrüstungsstück wie das weiße *Képi* zwar kaum praktische Relevanz, für seinen Träger aber große symbolische Bedeutung. Die Legion ist immer mit den besten französischen Infanteriewaffen ausgestattet gewesen; zur Zeit des Indochinakrieges war das MAS 49 ein technisch hoch entwickeltes Gewehr. Zuverlässig und genau, war es auch noch im Algerienkrieg in Gebrauch.

Gewehr MAS 49

Das 1949 von der *Manufacture d'Armes St. Etienne* entwickelte MAS 49 ist ein halbautomatisches Infanteriegewehr mit einem kolbenlosen Gasdrucklader. Es verschießt die französische Munition des Kalibers 7,5 x 54 mm aus einem abnehmbaren Magazin für zehn Schuss. Die Legion setzte es erstmals im Indochinakrieg 1946–1954 ein.

Vorderschaft

Laufring

Gaszylinder

Korn im Kornträger geschützt

Kampfanzug M1947

Diesen leichten Wüstenanzug aus Baumwolle trugen die Legionäre der *Compagnie d'Instruction* 1954–1962 im Algerienkrieg. Er war auf gute Beweglichkeit in der Hitze Nordafrikas ausgelegt.

Ledernes Gurtzeug

Képi blanc

Das weiße *Képi* wurde 1939 offizielle Kopfbedeckung der Legion. Zuvor war es nur ein abnehmbarer weißer Überzug für das farbige *Képi* als Schutz gegen die Sonne wie der abgebildete kakifarbene *(rechts)*. Im Dienst ist ein grünes Barett die übliche Kopfbedeckung der Legion, das *Képi blanc* wird nur bei Paraden und außerhalb des Dienstes getragen.

Abnehmbarer Überzug

Kinnriemenattrappe

Nackenschutz

Wüstenschal, im Sandsturm als Turban verwendbar

Abnehmbares
Kastenmagazin
für zehn Schuss

Abzugsbügel

Spannhebel

Schiene für
optisches Visier

Kimme

Rote Oberseite

Képi eines Unteroffiziers, Algerien
Seit Mitte des 19. Jh. wurden in der Fremdenlegion
verschiedene Arten von *Képis* getragen. Die ursprüngliche
blaue und rote Variante ist jetzt Unteroffizieren und unteren
Offiziersdienstgraden vorbehalten; die meisten Männer
tragen heute Varianten des oben gezeigten *Képi blanc*.

Anfang des 20. Jh. wurde die
Regimentsnummer durch die
siebenflammige Granate ersetzt.

Nachtblauer
Stumpen

Taschen für MAS-49-
Magazine

» DU BIST STOLZ, FREMDENLEGIO-
NÄR ZU SEIN. DEINE UNIFORM,
IMMER TADELLOS UND ELEGANT,
BEWEIST ES. DEIN BENEHMEN
DRÜCKT BESCHEIDENHEIT UND
GUTE ERZIEHUNG AUS. «

EHRENKODEX, ARTIKEL VIER

1965–1971

US MARINES

» NUR DAS UNITED STATES MARINE CORPS STEHT ALS ELITETRUPPE GANZ FÜR SICH SELBST. MARINE IST EIN WORT DES RESPEKTS. DIESES WORT RUFT BILDER VON SPARTANERN, VON VORBILDLICHEN BEISPIELEN AMERIKANISCHER EXZELLENZ HERVOR. DIE ELITE DER ELITE. «

SERGEANT BILL M. BROWER, UNITED STATES MARINE CORPS 1969–1972

D ie ersten amerikanischen Bodentruppen, die offensiv gegen die Vietcong und die nordvietnamesische Armee eingesetzt wurden, waren die US Marines, die am 8. März 1965 im südvietnamesischen Da Nang an Land gingen. Dass die Marines als Speerspitze der US-Intervention in Vietnam gewählt wurden, zeigt ihren Status als Elitetruppe sowie ihre traditionelle Rolle als Mittel amerikanischen Eingreifens in Übersee. Die folgenden sechs Jahre Krieg sollten das Durchhaltevermögen der Marines bis an seine Grenzen testen.

Die in Vietnam eingesetzten US-Marineinfanteristen waren die Erben einer langen und stolzen Tradition. Das Marine Corps verfolgt seine Wurzeln bis zu den beiden 1775 aufgestellten Bataillonen der Continental Marines zurück, die im Unabhängigkeitskrieg auf Schiffen der Kriegsmarine dienten. Im Laufe des 19. und frühen 20. Jh. entwickelten sich die Marines zu einer Eingreiftruppe für Konflikte außerhalb der USA – eine ihrer bemerkenswertesten Operationen war die Besetzung des Hafens in der Guantánamo-Bucht auf Kuba im Spanisch-Amerikanischen Krieg 1898. Sie zeichneten sich im 1. Weltkrieg aus, auf den sie viel besser vorbereitet waren als die US Army. Im 2. Weltkrieg entwickelten die Marines amphibische Kampfverfahren, die sie beim »Inselspringen« im Pazifik 1942 bis 1945 erfolgreich gegen die Japaner einsetzten. Der Koreakrieg bestätigte ihren Anspruch, die härteste amerikanische Infanterietruppe zu sein – womit die US Army naturgemäß nicht einverstanden war.

AUSBILDUNG EINER ELITE
Die Qualität der Marines als Kämpfer hing vor allem von der Qualität ihrer Ausbildung ab. Zur Zeit des Vietnamkrieges war das Marine Corps wie heute eine eigenständige Teilstreitkraft mit allen Waffen, darunter Artillerie, Hubschrauber und Flugzeuge. Im Zentrum der Operationen stand allerdings die Infanterie (die Luftfahrzeuge dienten vor allem zur Luftnahunterstützung), alle Rekruten wurden als Schützen ausgebildet. Die Härte des 13-wöchigen Ausbildungslagers im Parris Island Recruit Depot und im Ausbildungszentrum San Diego ist legendär. Die mörderischen Märsche, Liegestütze und Läufe werden ständig von aggressiv gebrüllten Beschimpfungen und Befehlen der Ausbilder begleitet. Den Höhepunkt bildet eine 54-stündige Geländeübung, während der die Rekruten höchstens acht Stunden Schlaf bekommen. Erfolgreiche Rekruten setzen in anderen Lagern die reguläre Infanterieausbildung fort, mit besonderem Augenmerk auf präzises Schießen auf große Entfernungen, und erlernen dort weitere Spezialfertigkeiten. Ein Schild in Parris Island verkündet:»Die tödlichste Waffe der Welt – ein Marine und sein Gewehr«.

Der nach Vietnam geschickte Marineinfanterist war typischerweise 18 bis 20 Jahre alt. Die Rekruten kamen aus den gesamten USA, viele aus dem mittleren Westen und dem Süden. Die seit der Endphase des Koreakrieges ohne Rassentrennung vollständig gemischte Truppe zog viele Schwarze an, die zu einer Zeit, als Bürgerrechte in den USA heftig umstritten waren, in den Streitkräften bessere Arbeitsbedingungen und relative Gleichbehandlung vorfanden.

Abzeichen des US Marine Corps
Adler und Anker stehen für die unterschiedlichen Fähigkeiten des Marine Corps.

Aufklärungsteam
Ein Zugführer der 1st United States Marine Division bei Operationen in Vietnam am Funkgerät *(oben)*. Das wichtigste Maschinengewehr der Marines war das Mehrzweck-MG M60 *(rechts)*.

MASCHINENGEWEHR M60

Amphibische Kriegführung
Amphibische Landungsverfahren spielen in der Ausbildung des Marine Corps eine wichtige Rolle. Hier verlässt 1965 an der Küste Südvietnams ein Zug einen gepanzerten Mannschaftstransporter LVTP-5.

immer wieder zu Verlusten. Außerhalb der amerikanischen Basen wurde jede Nachlässigkeit bestraft – wegen der Hitze die kugelsichere Weste abzulegen konnte das Leben kosten.

Zunächst stellten sich die Marines den Herausforderungen mit guter Kampfmoral und passten sich gut an die schwierigen Verhältnisse an. Mit dem Combined Action Program gingen sie sogar auf intelligente Weise gegen die Guerillas vor: Kleine Trupps von Marines wurden zusammen mit lokaler Miliz in »freundlichen« Dörfern stationiert, um die Vietcong abzuhalten. Es war eine der wenigen Gelegenheiten, bei denen das amerikanische Militär die einfachen Vietnamesen als potenzielle Freunde und Verbündete ansah. Doch wesentlich mehr Zeit als mit dem Gewinnen von Freunden verbrachten die Marines damit, den Feind – Vietcong-Guerillas oder nordvietnamesische Soldaten – aufzuspüren und zu vernichten, vor allem in den dünn besiedelten Bergen. Die US-Befehlshaber glaubten, den Konflikt mit der Kombination aus Beweglichkeit durch die Hubschrauber und maximaler Feuerkraft gewinnen zu können. Für die nötige Feuerkraft sorgten vorgeschobene Stellungen, von denen aus die Artillerie die in feindliches Gebiet vorrückende Infanterie unterstützte. Hubschrauber setzten Aufklärungsteams zu sechs bis acht Mann im Feindesland ab oder transportierten größere Einheiten zu Landezonen (LZs) im Dschungel, von wo aus sie zu Patrouillen aufbrachen.

Diese Art der Kriegführung erwies sich als ermüdend und kostspielig. Die Männer, die mit ihrer 36 kg schweren Ausrüstung – darunter ein M16-Gewehr, Handgranaten, Munition, Feldflaschen, Schanzwerkzeug, Machete, Verbandzeug

Feldflasche
Diese heute noch gebräuchliche Standard-Feldflasche enthält 950 ml (1 US-Quart) Wasser.

1968 war etwa jeder zehnte Marine ein Schwarzer, wobei der Anteil in den kämpfenden Einheiten wesentlich höher war als bei den sicheren technischen und administrativen Posten. Schwarze Offiziere gab es nur wenige, 1968 weniger als ein Prozent. Weiße wie schwarze Marineinfanteristen kamen eher aus den weniger gebildeten und am stärksten benachteiligten Schichten der amerikanischen Gesellschaft. Sie waren mutige Soldaten, jedoch nicht unbedingt einfühlsame Vermittler amerikanischer Lebensart.

NACH VIETNAM
Die Marines wurden im nördlichen Sektor von Südvietnam in einer Region eingesetzt, die direkt an die Demilitarisierte Zone (DMZ) zwischen dem US-gestützten Süden und dem kommunistischen Norden angrenzte. Ihr Operationsgebiet umfasste eine dicht besiedelte Küstenebene und im Landesinneren die wilden, von Dschungel bedeckten Berge der Annamitischen Kordilleren.

Die Ebene wie auch die Berge waren für den Marineinfanteristen eine fremde Umgebung. In den Dörfern und Reisfeldern der Ebene umgab ihn eine Bevölkerung mit einer Kultur und Sprache, die er nicht verstand; aktive Unterstützer der Vietcong-Guerillas waren nicht von friedlichen Zivilisten zu unterscheiden. Im Hochland verfolgte er einen nicht greifbaren Feind zwischen zerklüfteten Hügelketten und in Nebel gehüllten Schluchten, schlug sich mit der Machete Pfade durch das Dschungelgewirr, wurde von Insekten geplagt und kämpfte gegen Hitze und Feuchtigkeit. Selbst bei Routinepatrouillen in theoretisch von der südvietnamesischen Regierung beherrschten Gebieten kam es durch Minen und Fallen (die die Vietcong meisterhaft anlegten) oder Scharfschützen

M79 »Blooper«
Mit einer Reichweite von max. 300 m füllte der Granatwerfer M79 die Lücke zwischen Handgranate und Mörser. Jede Schützengruppe verfügte über zwei Stück.

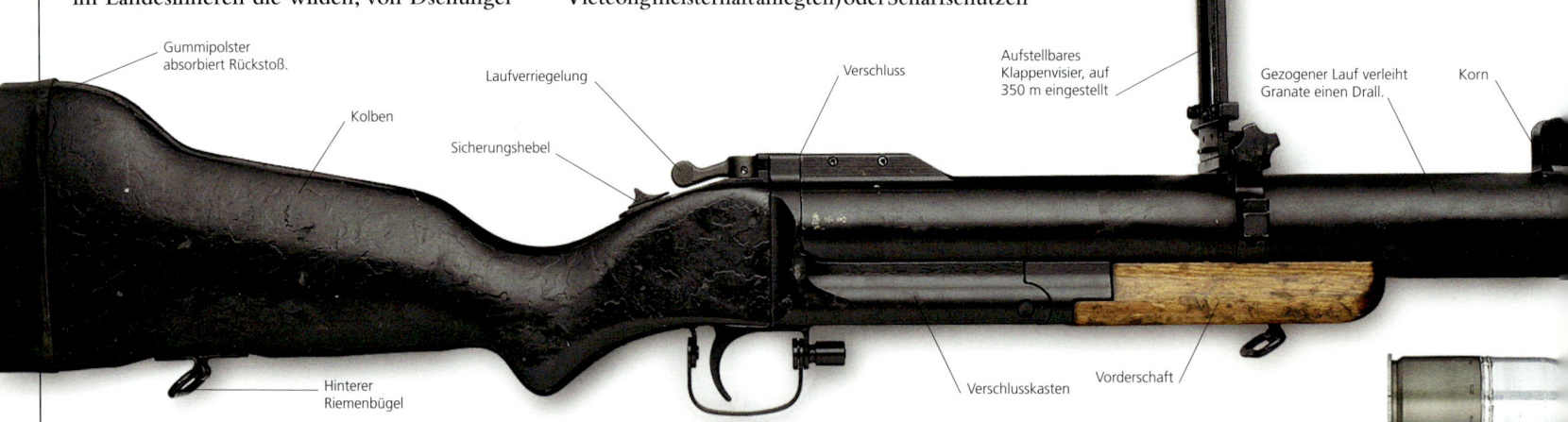

Gummipolster absorbiert Rückstoß.

Kolben

Laufverriegelung

Sicherungshebel

Verschluss

Aufstellbares Klappenvisier, auf 350 m eingestellt

Gezogener Lauf verleiht Granate einen Drall.

Korn

Hinterer Riemenbügel

Verschlusskasten

Vorderschaft

40-MM-GRANATPATRONE FÜR M79

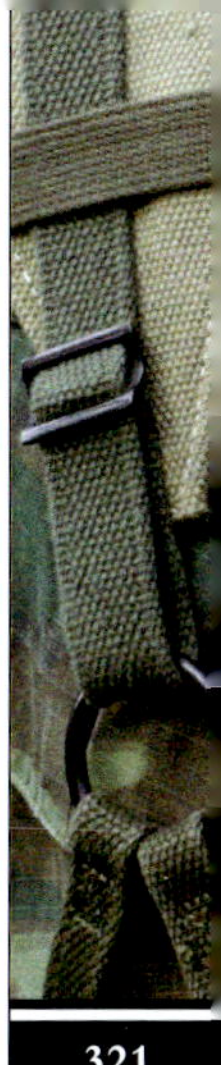

und kugelsichere Weste – durch bewaldete Berge vorrückten, schafften mitunter gerade 500 m pro Stunde.

Auch ohne Feindeinwirkung kam es zu Ausfällen durch Stürze, Schlangenbisse, Hitzschläge und andere natürliche Ursachen. Einsätze »ohne Kontakt« waren häufig. Bei Feuergefechten fügten die gut ausgebildeten, zähen kommunistischen Infanteristen den Marines unweigerlich Verluste zu. Hubschrauber zur Evakuierung der Verwundeten retteten viele Leben, doch waren die »Medevac«-Einsätze sehr gefährlich: Niedrig fliegende Hubschrauber boten gute Ziele für feindliches Mörserfeuer.

BELAGERUNGSZUSTAND

Die Marines fanden sich zunehmend in der Defensive wieder, als ihre Feuerstellungen und Außenposten südlich der DMZ von den nordvietnamesischen Kräften angegriffen wurden. Im September 1967 griff die Infanterie des Nordens die auf einem Hügel gelegene Basis Con Thien an. Zwar konnten die Marineinfanteristen den Angriff abwehren, doch wurden sie danach aus der DMZ heraus von 130- und 152-mm-Artillerie beschossen. Artillerie und Flugzeuge der Marines griffen die Nordvietnamesen an, auch in der Nähe der Basis. Die Marineinfanteristen erlebten damit in den Bunkern von Con Thien Ähnliches wie in den Gräben des 1. Weltkrieges. Mit den einsetzenden Monsunregen versank die Basis im roten Morast, der den Männern bis zum Knie reichte. Um die überfluteten Bunker herum schuf das Artilleriefeuer eine öde Mondlandschaft, versengt und mit Kratern übersät. Die Belagerung von Con Thien endete im Oktober, deutete aber die zukünftige Entwicklung an.

Am 21. Januar 1968 griffen die Nordvietnamesen die Marines-Basis Khe Sanh am Fuße der Kordilleren mit Artillerie, Raketen und Mörserfeuer an. Das Munitionsdepot der Marines explodierte und

SONNENBRILLE
LIPPEN-
FETTSTIFT
SONNEN-
CREME
SUNBURN
PREVENTIVE PREPARATION
WASSER-
REINIGUNGS-
TABLETTEN
TROCKEN-
BRENNSTOFFTABLETTE
FOOT POWDER
FUSSPULVER
INSECTICIDE
LOUSE POWDER
LÄUSE-
PULVER

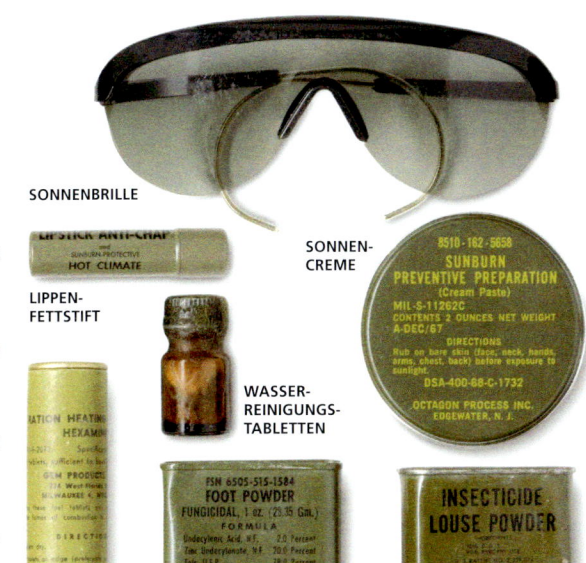

Überlebensausrüstung für den Dschungel
Jeder Marine erhielt eine Reihe von Medikamenten und vorbeugenden Mitteln. Ohne Anzündholz verwendete man Trockenbrennstoff zum Kochen.

> »DAS CORPS – WIR LIEBEN ES UND WERDEN DAFÜR STERBEN. WENN DU NIE DARIN GEWESEN BIST, WIRST DU ES NIE VERSTEHEN.«
>
> **BRAD LEMKE**, US MARINE CORPS GUNNERY SERGEANT

ET
153360
MARINES
2G

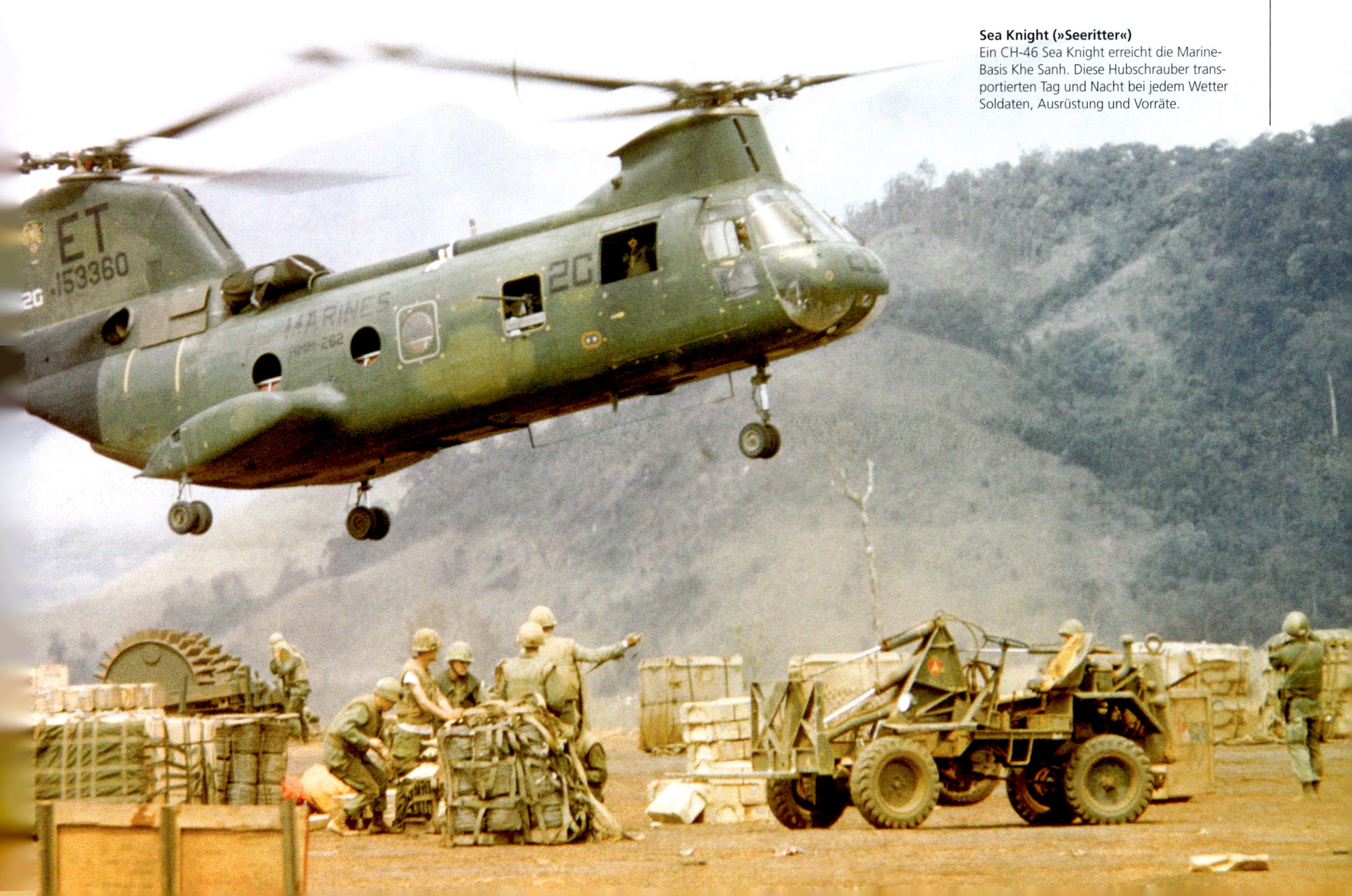

Sea Knight (»Seeritter«)
Ein CH-46 Sea Knight erreicht die Marine-Basis Khe Sanh. Diese Hubschrauber transportierten Tag und Nacht bei jedem Wetter Soldaten, Ausrüstung und Vorräte.

TAKTIK DES SUCHENS UND VERNICHTENS

US-Bodentruppen gingen in Südvietnam mit dem Ziel in die Offensive, den Feind »zu finden, zu stellen und zu vernichten«. Typischerweise setzten Hubschrauber eine Kompanie in einem Teil des Dschungels ab, in dem kommunistische Truppen operierten. Das Gebiet um die vorgesehene Landezone (LZ) wurde vor Eintreffen der Hubschrauber mit Luft- oder Artillerieangriffen »vorbereitet«. Alleine oder bei einer größeren Aktion gemeinsam mit anderen Einheiten suchte die Kompanie dann im Wald zu Fuß die Begegnung mit der feindlichen Infanterie.

Luft- und Artillerieunterstützung

Hatte ein Feuergefecht begonnen, forderten die Amerikaner Artilleriefeuer oder Luftangriffe auf die feindliche Stellung an. Das Einkreisen feindlicher Einheiten schlug in der Regel fehl. Die beweglichen Kommunisten waren Meister darin, Einkesselungen zu durchdringen und Verstärkungskräfte in Hinterhalten anzugreifen. Allein durch die beeindruckende Feuerkraft der Amerikaner, vor allem aus der Luft, fielen wesentlich mehr Vietcong und nordvietnamesische Soldaten als US-Soldaten. Andererseits sah sich der Marineinfanterist am Boden häufig im Nachteil, da er gegen einen zahlenmäßig weit überlegenen Feind kämpfen musste.

zerstörte die meisten ihrer Vorräte. Für die Amerikaner sollte es der Unheil verheißende Beginn einer 77-tägigen Belagerung werden. Etwa 6000 Mann verteidigten die Basis, die meisten gehörten zum 26th Marine Regiment.

Die Basis war von etwa 40 000 Nordvietnamesen eingekreist; sie hoben Gräben aus, die sich den Sandsack- und Stacheldrahtbarrieren bis auf 90 m näherten, konnten die Basis aber nicht erstürmen. Die Marines wiederum hatten große Schwierigkeiten, die Garnison aus der Luft zu versorgen, da die Landebahn feindlichem Feuer ausgesetzt war und Flak die Einflugschneisen bedrohte. Ständig tief hängende Wolken erschwerten die Luftoperationen zusätzlich. Der Albtraum der Amerikaner war, dass die Basis überrannt würde oder zur Übergabe gezwungen wäre, wie es 1954 die Franzosen in Dien Bien Phu gegenüber den Vietminh erlebt hatten. Doch die Marines hielten Khe Sanh und die umliegenden Außenposten, bis sich am 8. April Entsatz einen Weg gebahnt hatte. Die Verteidigung von Khe

Auf Patrouille
Captain Charles Robb mit einer Gruppe Marines auf Patrouille südlich von Da Nang im Mai 1968. Patrouillen wurden in der Regel in Zug- oder Kompaniestärke (20 bzw. 100 Mann) durchgeführt.

Notizblock der US Army
Im Vietnamkrieg kam ein Großteil der Marines-Ausrüstung – trotz der Rivalität – aus Beständen der Army.

Sanh forderte 199 Todesopfer und 830 Verwundete.

Während der Belagerung von Khe Sanh starteten die Kommunisten die Tet-Offensive (benannt nach dem Neujahrsfest Tet), mit der sie die Städte Südvietnams unter ihre Kontrolle bringen wollten. Während die meisten Stadtgebiete von US- und südvietnamesischen Kräften gehalten oder rasch zurückerobert wurden, konnten die nordvietnamesischen Soldaten Hue 25 Tage lang halten. Unter Führung der Marines wurden sie schließlich vertrieben, diese kämpften sich dazu häuser- und straßenweise voran und verloren zeitweise für jeden eroberten Meter einen Mann. Als der nordvietnamesische Widerstand am 24. Februar endlich gebrochen war, hatten die Marines fast 1000 Getötete und Verwundete zu beklagen.

DIE KAMPFMORAL BRÖCKELT

In Khe Sanh und Hue hatten die US Marines die erwarteten Qualitäten gezeigt. Viele waren bis an die Grenzen ihres Durchhaltevermögens getrie-

Kochgerätschaften
Die meiste Verpflegung erhielten die Marines in Dosen. Nach dem Essen steckte man das Besteck mit den Löchern auf den Pfannenstiel, um es beim Spülen nicht zu verlieren.

BLECHPFANNE ZUM KOCHEN UND ESSEN

BESTECK

> » DIE STÄRKE DES RUDELS IST DER WOLF. DIE STÄRKE DES WOLFS IST DAS RUDEL. «
>
> **MOTTO** DES 3RD LIGHT ARMORED RECONNAISSANCE BATTALION

ben worden; Kriegsreporter beschrieben den starren »Tausend-Meter-Blick« der Soldaten, die durch die Belastungen des ständigen Kampfes ausgepumpt waren.

Doch hatten sie feindlichem Feuer standgehalten, ohne einzubrechen, und hatten weiter ihre Arbeit erledigt. Trotzdem schwand die Kampfmoral der Marines und auch der anderen US-Bodentruppen in Vietnam bedrohlich. Je mehr Marines ihre Heimreise in grünen Leichensäcken antraten, desto mehr konzentrierte sich der gemeine Soldat darauf, seine 13-monatige Stationierungszeit zu überleben. Selbst ohne die ständige Kritik, die Journalisten und Antikriegsbewegung in den USA am Krieg äußerten, konnten die Männer sehen, dass es nur geringe Chancen für so etwas wie einen »Sieg« gab. Für die schwarzen Marines war das Erfüllen ihrer Pflicht besonders hart. Nach der Ermordung des Bürgerrechtlers Martin Luther King im April 1968 waren sich viele unsicher, ob es überhaupt richtig war, für die USA zu kämpfen.

VIETNAM UND DIE FOLGEZEIT

Der Abzug aus Vietnam 1971 war für die Marines eine Entlastung, jetzt war die Army auf sich allein gestellt. Offensive Operationen hatten sie zu diesem Zeitpunkt schon lange nicht mehr durchgeführt. Etwa 800 000 Marines hatten im Krieg gekämpft, davon waren 13 091 gefallen und 51 392 verwundet worden. Damit waren etwa ein Viertel aller US-Kriegstoten in Vietnam Marines. Das Image und die Kampfmoral des Corps wiederherzustellen brauchte ein Jahrzehnt, doch die Marineinfanteristen spielten weiterhin eine wichtige Rolle in späteren Konflikten.

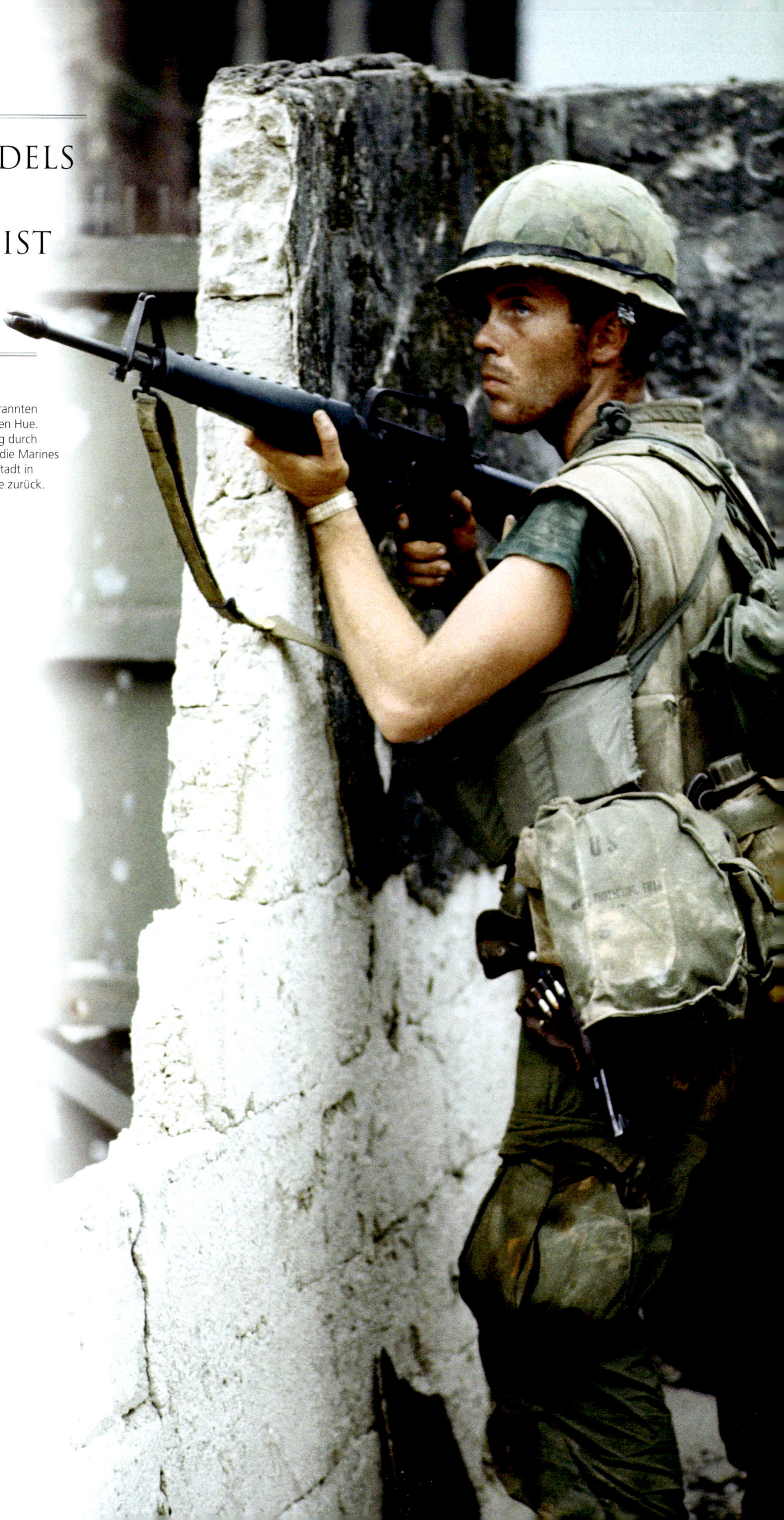

Häuserkampf
Bei der Tet-Offensive überrannten nordvietnamesische Truppen Hue. Unter ständiger Bedrohung durch Scharfschützen eroberten die Marines von Task Force X-Ray die Stadt in einem Monat straßenweise zurück.

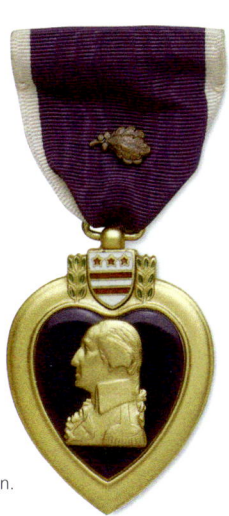

Purple Heart (»Purpurherz«)
Dieser militärische Verdienstorden wurde 1782 von dem darauf abgebildeten George Washington eingeführt, zu der Zeit Oberbefehlshaber der Kontinentalarmee. Er wird Soldaten verliehen, die im Kampf verwundet oder getötet wurden.

UNIFORM DER US MARINES

Als die Marines 1965 in Vietnam eintrafen, mangelte es ihnen an der geeigneten Ausrüstung. Erst 1966/67 ersetzten spezielle Kampfanzüge für das Dschungel die normale olivgrüne Kleidung (OG-107). Wegen der gefährlichen Operationen in Vietnam, wo Fallen aller Art zu hohen Verlusten führten, legte man besonderen Wert auf den Schutz; daher wurden kugelsichere Westen getragen und später auch verstärkte Stiefel eingeführt.

Helm M1

Der M1 war flacher als der im 2. Weltkrieg verwendete Helm, da sich die tiefere Form des älteren Modells bei der Herstellung nicht so gut pressen ließ. Der automatische Verschluss sollte verhindern, dass eine Druckwelle den Träger erdrosselt.

Manganstahl

Automatischer Verschluss T1

Seilwulst verhinderte das Abrutschen des Waffengurtes.

Tropenjacke WR Class II

Das dichte Baumwoll-Popelin-Gewebe machte diese Feldbluse winddicht und nahezu wasserdicht, es hatte sich als die beste Mischung aus Atmungsfähigkeit und Schutz gegen Insektenbisse erwiesen.

Schutzweste M1955

Auf Patrouille oder im Gefecht musste der Marine eine Schutzweste aus Nylon und Doron tragen, die zwar längst nicht jede Kugel abhielt, aber gegen Schrapnells schützte. Sie war schwer, und in den Tropen wurde es darunter warm; viele wurden verwundet oder getötet, nachdem sie die Weste aus Bequemlichkeit abgelegt hatten.

M16-Magazin

Doron-Platten aus Glasfaser und Plastik in der Weste

Schulterpolster wurden nicht ausgegeben, sondern von Marines zugekauft.

Ösen zum Einhängen von Ausrüstungs-

Taschen für zusätzliche Ladestreifen

Mitchell-Tarnmuster

An der Taille festge-zurrtes Gurtzeug

M14-Magazin-tasche für durchschnittlich 80 Schuss

Erste-Hilfe-Paket M1943 für den Dschungel

Entwässerungs-löcher unten in den Taschen

Feldflasche M-1910 mit isolierender Hülle aus Wolle

Scheide M6

Gurtzeug M61
Mit den Riemen über den Schultern wurde das Gurt-zeug wie eine Jacke getra-gen, an der Taille hängte man seine Ausrüstung ein. Auf der Rückseite waren weitere Druckknopfbefes-tigungen für Taschen mit Gewehrmunition.

>> BEREIT ZU SEIN IST NICHT WICH-
TIG. WICHTIG IST, ZU GEWINNEN,
WENN MAN DORT IST. <<

LIEUTENANT GENERAL V. H. KRULAK, USMC, ZU EINER EINHEIT AUF DEM WEG NACH VIETNAM, APRIL 1965

Tropenhose WR Class II
Diese Standard-Tarnhose trugen Marines und auch Army-Soldaten. An den Knöcheln waren Kordeln zum Zuziehen angebracht, der Saum wurde auf dem Stiefel nach oben gerollt, um sich nicht voll Wasser zu saugen.

Taschen für Rationen und persönlichen Besitz

Erkennungsmarke am Stiefel zur leichteren Identifizierung

M14-Magazintasche

Koppel aus Baumwollgewebe mit Schließe

Tropen-Kampfstiefel
Diese bei den Marines am weitesten verbreiteten Stiefel waren aus Leder und Segeltuch; die abriebfeste Gummisohle wurde direkt angegossen, da Nähte im tropischen Klima leicht ver-rotteten. Ab 1967 erhielten die Stiefel eine Panamasohle mit Stahleinlage als Schutz gegen Punjis: Fallen mit spitzen Holzstöcken.

Ablauföffnung

Im tiefen Profil sammelte sich Schlamm.

Gummi-sohle

WAFFEN DER US MARINES

Die Ausrüstung der Marines in Vietnam entsprach größtenteils der aus dem 2. Weltkrieg oder dem Koreakrieg. Das 1965 eingesetzte M14-Gewehr stammte direkt vom M-1 Garand aus dem 2. Weltkrieg ab, wurde jedoch ab 1967 meistens durch das innovative M16 ersetzt. Aus der Hand gestartete Fallschirmleuchtkugeln wurden zur Verteidigung bei Nachtangriffen verwendet; Mittel zur Insektenabwehr waren im Dschungel unerlässlich.

Mitchell-Tarnmuster wurde nur an das Marine Corps ausgegeben.

Klappspaten M1943

Feldflasche und Tasse
Aluminium-Feldflaschen enthielten 950 ml (1 US-Quart) Wasser; wie hier gezeigt passten sie in die Blechtasse. Mitunter verwendete man durchlöcherte Dosen als provisorische Kochherde.

Zweischneidige Klinge aus Kohlenstoffstahl

MESSER M7

KARTE DES GEBIETS UM DIE BASIS SAIGON

SAIGON FACILITIES MAP

WARNING
TO FIRE THIS 'NAL

FALLSCHIRMLEUCHTKUGEL

Kampftasche M1941
Das aus einem Oberteil (hier gezeigt) und einem Unterteil bestehende Gepäck enthielt Rationen und persönlichen Besitz. Das aufgerollte Segeltuch bildete eine Hälfte eines Zweimannzeltes und wurde mit Druckknöpfen an der anderen Hälfte befestigt, die ein anderer Soldat trug.

Aufgerollte Zeltbahn aus Segeltuch

WINKEL-LAMPE

Lade-/Auswurfschieber

Messer M7 und Scheide M8
Das M7 diente sowohl als Kampfmesser als auch als Bajonett. Die Scheide M8 wurde für verschiedene Messer verwendet.

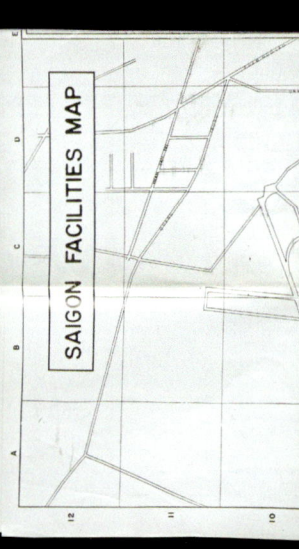

Rutschfester Griff

Gewebter Tragriemen

SCHEIDE M8

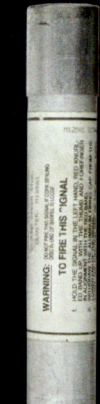

Granatwerfer M203

Gewehrkorn

Eingeklapptes Korn des Granatwerfers

Riemen, um den Munitionsgurt über die Brust zu hängen

Bandelier
Dieser Munitionsgurt aus Baumwolle enthielt Magazine für das Gewehr M16.

INSEKTEN-ABWEHR

ERSTE-HILFE-PAKET

PFLASTER

JOD

WASSER-REINIGUNGS-TABLETTEN

WUNDVERBAND

Erste-Hilfe-Paket M1943 für den Dschungel
Die Marines verwendeten Pakete, die auch im 2. Weltkrieg im Dschungel eingesetzt wurden. Neben Insekten abwehrenden Mitteln nahmen die Marines wegen der Bedrohung durch Malaria jede Woche eine Malariatablette.

Karabiner
Wird zum Abseilen oder Befestigen verwendet. Der gefederte Teil lässt sich leicht öffnen, kann aber nicht von alleine aufgehen.

Minentasche
Nachdem der Marine die Claymore-Antipersonenmine gelegt hatte, verwendete er die Tasche als Kampftasche.

Bedienungs-anweisung

Handgranaten
Diese Kugelhandgranaten M67 wirkten nach der Detonation durch Splitter des Metallkörpers.

Granatwerferabzug

Magazin mit 30 Schuss

Automatisches Gewehr M16 mit Granatwerfer M203
Das M16 wurde 1967 die wichtigste Infanteriewaffe für US Army und Marines, war aber zunächst nicht sehr beliebt. Es galt bei den Soldaten als unzuverlässig, die 5,56-mm-Patrone als nicht wirksam genug. Dennoch ist das M16 bis heute im Einsatz.

Gewehr-spannhebel

Unter Beschuss
Nach Beginn der Operation Piranha
im September waten im November 1965
US-Soldaten der 7th Marines von ihrem Landungs-
fahrzeug bei Kap Batangan, Vietnam, an Land.
1965 trafen US-Truppen in großer Zahl in Vietnam ein.

VIETCONG-GUERILLAS

» DIE NACHT ... GEHÖRT DEN VIETCONG.
IM SCHUTZE DER DUNKELHEIT BRINGEN SIE
IHRE TRUPPEN IN STELLUNG UND STARTEN
VIELE IHRER ANGRIFFE. «

Der Vietcong, wie sie in der westlichen Welt bezeichnet wurden, war eine bäuerliche Guerillaarmee, die im Vietnamkrieg gegen die USA und die von ihnen gestützte südvietnamesische Regierung kämpfte. Wie die Infanterie der nordvietnamesischen Armee, an deren Seite sie kämpfte, waren die Guerillas des Vietcong geschickte und engagierte Kämpfer. Im Kampf erlitten sie fast immer wesentlich höhere Verluste als ihre Gegner, doch halfen ihnen Kameradschaftlichkeit und Zielbewusstsein.

Der Vietcong entstand aus der kommunistisch geführten Guerillabewegung der Vietminh, die gegen die französische Kolonialherrschaft in Indochina kämpfte. Nach der Niederlage der Franzosen 1954 wurde Vietnam geteilt: Der Süden geriet unter die Kontrolle der US-gestützten Regierung Ngo Dinh Diems, den Norden beherrschten die Kommunisten. Zehntausende Vietminh-Guerillas siedelten vom Süden in den Norden über; andere frühere Guerillas lebten wieder als Bauern in den Dörfern des Südens.

Diems Regierung erwies sich als korrupt und brutal und brachte bald einen Großteil der Bevölkerung Südvietnams gegen sich auf. 1957 war der Guerillakrieg in vielen ländlichen Gebieten wieder aufgeflammt. Die nordvietnamesische Regierung hielt die Zeit für gekommen, den Kampf um ein vereintes, kommunistisches Vietnam wieder aufzunehmen, und schickte 1959 Zehntausende früherer Vietminh-Guerillas als »Kader« zurück in den Süden, um einen Aufstand im großen Maßstab zu organisieren.

Im Norden hatte man diese Männer in Theorie und Praxis der revolutionären Kriegführung rigoros ausgebildet. Sie hatten gelernt, dass politischer und militärischer Kampf untrennbar waren. Nach dem langen, harten Marsch durch

rillakrieg zu gewinnen. Die südvietnamesischen Bauern sahen in den Kadern Leute wie sich, die von Dingen sprachen, die sie angingen, z.B. übermäßig hohe Steuern und unbeliebte lokale Landbesitzer. Die 1960 als politischer Arm der Guerillabewegung eingerichtete Nationale Befreiungsfront NLF unterstützte die Propaganda der Kader durch geheime Radiosendungen, Plakate und Informationsblätter.

GUERILLAARMEE

Wo immer die Kader bei der örtlichen Bevölkerung Unterstützung erhielten, rekrutierten sie Guerillasoldaten. Sie ermunterten die am besten geeigneten jungen Männer, ihre Dörfer zu verlassen und Vollzeitguerillas zu werden; auch Frauen wurden für unterstützende Rollen aufgenommen. Es gab viele Freiwillige, allerdings wurde auch Druck unterschiedlicher Art ausgeübt und zuweilen mit vorgehaltener Waffe rekrutiert. Die Vollzeitguerillas wurden unterteilt in regionale Kräfte, die im Bereich ihrer Heimat begrenzte Operationen durchführten, und in Soldaten der Hauptstreitkräfte, die in dünn besiedelten Regionen eine richtige Infanterieausbildung erhielten und in großen Formationen kämpfen sollten. Die in den Dörfern verbleibenden Bauern erhielten nur eine sehr grundlegende militärische

Kriegerin
Eine Vietcong-Soldatin 1968 mit einem RPG-7-Granatwerfer im Mekong-Delta *(oben)*. Obwohl sie auf Propagandafotos als Kämpferinnen herausgestellt wurden, dienten Frauen vor allem in unterstützenden Rollen. Der RPG-7 war wie das leichte Degtjarjow-MG *(rechts)* eine Waffe aus sowjetischer Produktion, die über Nordvietnam zu den Guerillas gelangte.

DEGTJARJOW-MG DPM

Ausbildung, konnten aber z.B. Informationen sammeln, Fallen für Regierungssoldaten einrichten und Tunnel graben, die Guerillatruppen und ihrer Ausrüstung als Verstecke dienten.

Anfang 1965 hatte der Vietcong – vor allem durch begrenzte Guerillaaktivitäten – drei Viertel Südvietnams unter seine Kontrolle gebracht. Vietcong-Einheiten überfielen Dörfer, töteten die von der Regierung ernannten Dorfvorsteher und massakrierten lokale regierungstreue Milizen.

weglosen Dschungel nahmen sie im Süden Kontakt zu den Dorfbewohnern auf, schlichen sich nachts in die Weiler, um mit den Bewohnern zu sprechen und ihre Unterstützung für den Gue-

Isolierte Außenposten des Militärs wurden überrannt, Straßen durch Hinterhalte unpassierbar gemacht. In den Städten erfolgten terroristische Angriffe gegen die US-Militärberater der Regierung, darunter Bombenattentate auf von Amerikanern besuchte Kinos und Clubs.

GEGEN DIE AMERIKANER

Ab 1965 änderte sich die Art des Krieges radikal. Die USA entsandten Streitkräfte, um den Sturz der südvietnamesischen Regierung zu verhindern; gleichzeitig schickte die nordvietnamesische Armee Truppen in großer Zahl in den Süden. Neben dem Guerillakrieg der Hinterhalte, Fallen und Morde trat jetzt der Kampf der US-Soldaten gegen die nordvietnamesische Infanterie oder Guerillas der Vietcong-Hauptmacht im wilden, weitgehend verlassenen Land. Als leichte Infanterie erwiesen sich die Vietcong den US-Bodentruppen als gleichwertig. Geführt von Offizieren, die ihre Entbehrungen teilten,

Guerillawaffen
Die Vietcong setzten die verschiedensten Infanteriewaffen ein, viele davon stammten aus der Sowjetunion. Die abgebildeten Guerillas verwenden ein schweres 7,62-mm-Gorjunow-MG SGM aus dem Koreakrieg, Simonow-Gewehre und die modernen AK-47-Sturmgewehre.

Chinesischer Kompass
Einen Großteil ihrer Ausrüstung erhielten die Vietcong aus dem kommunistischen China. Kompasse waren für die Orientierung im Dschungel unerlässlich.

bewegten sie sich flink durch das Land, legten geschickt Hinterhalte an, kesselten ein und blieben bei Feuergefechten nah am Feind, um dessen Luftnahunterstützung zu behindern. Für die US-Kräfte waren sie frustrierend schwer zu fassen und verschwanden einfach vor der entscheidenden Niederlage. Für die Guerillas, die Bombardierung und Beschuss mit Napalm und anderen Waffen aller Art ausgesetzt waren, war der Kampf gegen die US-Truppen vor allem eine mörderische Tortur, in der sie schwere Verluste erlitten.

FERN DER HEIMAT

Aus Sicht der Guerillas bedeutete der Krieg Furcht, Entbehrung, Heimweh und Langeweile. Den Bauern von den Reisfeldern war der Dschungel ebenso fremd wie den Amerikanern. Für die Vietnamesen waren die mit Dschungel überzogenen Berge Orte der Furcht, an denen Geister und wilde Tiere hausten. Sie litten schrecklich unter Malaria und Schlangenbissen – ihre berühmten Gummisandalen boten den Guerillas wenig Schutz. Häufig waren sie halb verhungert, die kleinen Portionen Reis, Salz und Trockenfisch oder -fleisch reichten kaum. Ihre Rationen ergänzten sie durch Tiere des Dschungels, darunter Affen, Elefanten und große Falter, die sie grillten.

Kartentasche aus Segeltuch

Transportwege

Feindliche Basen

Karte und Kartentasche
Die Kartentaschen der Vietcong stammten aus China. Auf dieser Karte sind Detailinformationen über feindliche Basen markiert.

> TAGSÜBER VERSCHWINDEN SIE IN DER REGEL, SIE SCHLAFEN UND VERSTECKEN SICH IM DICHTEN DSCHUNGEL UND IN HÖHLEN IN DEN HÜGELN. <

ARTIKEL IM US-MAGAZIN *TIME*, 21. JULI 1967

Vietnamkrieg
Der Krieg war ein Konflikt zwischen dem von China und der Sowjetunion unterstützten Nordvietnam und der US-gestützten Regierung Südvietnams. Auch Laos und Kambodscha wurden hineingezogen.

DER VIETNAMKRIEG 1965–1975

Südvietnam	Nordvietnam

Versorgungsrouten der Kommunisten
→ Ho-Chi-Minh-Pfad
→ Sihanouk-Pfad

Offensiven der Vietcong und Nordvietnamesen
Tet-Offensive 1968
Osteroffensive der Vietcong 1972
Schlussoffensive 1974/1975

Große Schlachten mit US-Beteiligung
1965/1966   1967–1969

Die Guerillas erhielten 60 Piaster (etwa 2 Dollar) im Monat, die sie für Luxusgüter wie Zucker, Seife und Tabak ausgaben, die Versorgungsoffiziere auf kambodschanischen Märkten beschafften. Vergnügungen gab es selten. Die Guerillas übten immerzu, wurden in revolutionären Losungen unterrichtet oder auf den aktuellen Stand der Weltnachrichten gebracht. Gelegentliche Besuche in Unterhaltungseinheiten wurden trotz der sich wiederholenden patriotischen Filme und Lieder begrüßt. Gegen das Heimweh erhielten die Guerillas zuweilen Heimaturlaub, allerdings war die Reise durch das Kriegsgebiet gefährlich.

Griffen die Amerikaner im Rahmen des »Suchens und Vernichtens« an, regierte statt Langeweile sofort Furcht. Unter Umständen mussten die Männer von einer Sekunde auf die nächste fliehen und dann tagelang durch den Wald streifen, sich tagsüber vor dem Feind verstecken und nachts in einer Hängematte zwischen zwei Bäumen schlafen. Als am meisten Angst einjagend beschreiben alle die Angriffe der B-52-Bomber, die ganze Waldgebiete in einem Donnern untergehen ließen, das Trommelfelle zerriss und die Nerven erschütterte. Tunnel, von denen viele mit Küchen, Schlafräumen und behelfsmäßigen Krankenstationen ausgestattet waren, boten etwas Schutz, konnten allerdings einstürzen und ihre Bewohner lebendig begraben. Nach dauerhafter Bombardierung mussten manche Guerillas mit Kriegsneurose ins Krankenhaus gebracht werden.

TET UND DIE FOLGEN
Im Januar/Februar 1968 nutzte der Vietcong die Neujahrsfeiern (»Tet«), zu denen viele südvietnamesische Soldaten dienstfrei hatten, um Städte in ganz Südvietnam zu besetzen. Diese sogenannte Tet-Offensive, bei der auch Saigon kurzzeitig besetzt war, dämpfte den Willen der Amerikaner zur Fortsetzung des Krieges erheblich; sie war jedoch mit hohen Verlusten der Guerillas verbunden. Im folgenden Jahr desertierten Tausende aus dem Vietcong, die die Spannungen und Entbehrungen des jahrelangen Guerillalebens nicht länger ertragen wollten. Allerdings hatten die Regierungstruppen noch wesentlich mehr Fahnenflüchtige zu verzeichnen. Ein Mitglied der politischen Führung des Vietcong, Truong Nhu Tang, schrieb: »Obwohl die Guerillas wenig Verpflegung hatten und oft krank waren, bewahrten sie die Art Esprit und Kameradschaftlichkeit, die Menschen anregt, die für ein gemeinsames Ziel kämpfen, an das sie mit ganzem Herzen glauben. Sie machten unter entsetzlichen Bedingungen weiter durch gegenseitige Unterstützung und eine raue, aber echte Liebe füreinander.«

Die Niederlage der südvietnamesischen Regierung 1975 erreichte die nordvietnamesische Armee jedoch letztlich in einem konventionellen Krieg mit konventionellen Waffen, darunter Panzer und Artillerie. Viele Vietcong-Guerillas waren nicht nur militärisch vom Ausgang des Krieges desillusioniert. Längst nicht alle waren Kommunisten. Die strenge Einfachheit des wiedervereinigten Vietnams war nicht, was sie gewollt hatten: nur das Ende der fremden Einmischung in ihrem Land und ein besseres Leben für ihre Familien.

FALLEN DER VIETCONG

Fallen spielten eine große Rolle in den begrenzten Guerillaaktionen auf dem Lande. Zu den wirksamsten – und einfachsten – gehörten Punjis. Die Dorfbewohner spitzten Bambusstäbe an, beschmierten die Spitzen mit Kot oder anderen infizierenden Substanzen, vergruben die Stäbe senkrecht und deckten sie mit Blättern oder Gras ab. Trat ein Soldat darauf, bohrte sich die Spitze durch die Stiefel- und Fußsohle. Mitunter wurden ganze Lichtungen mit Punji-Stäben bestückt, um sie als Landezonen für Hubschrauber unbrauchbar zu machen. Nachdem die Amerikaner ihre Stiefelsohlen verstärkt hatten, damit sie nicht mehr durchbohrt werden konnten, erfanden die Guerillas eine Falle aus zwei mit Spitzen versehenen Brettern, die das Bein über dem Stiefel verletzten. Andere Fallen bestanden aus Granaten mit einem Stolperdraht aus Angelleine sowie entwendeten US-Hausbitzengranaten, die mit neuen Zündern zu ferngesteuerten Minen wurden. Der Einsatz der Fallen hatte schwerwiegende psychische Auswirkungen auf die Truppen der USA und Südvietnams; die Verwundungen erforderten oft Amputationen oder verliefen tödlich. Heckenschützen der Guerillas in der Nähe der Fallen vergrößerten mitunter das Chaos.

Vietcong-Fallen
Verbreitete Fallen waren das Nagelbrett und die Granate (hier ohne den Stolperdraht).

AUSRÜSTUNG DER VIETCONG

Das Wesen der Vietcong-Strategie lag darin, sich unter die Zivilbevölkerung zu mischen. Die Grundausstattung – leichter schwarzer Baumwollanzug, weicher schwarzer Hut und Schal – ließ daher Männer wie Frauen als lokale Dorfbewohner durchgehen. Bei aktiven Operationen wurde der Dschungel geschickt zur Tarnung genutzt. Amerikanische Fallschirme waren eine wichtige Quelle für Umhängetücher und Helmüberzüge.

>> ZWEI LEICHTE SCHWARZE ANZÜGE, MEHRERE UNTERHOSEN, EIN MOSKITONETZ UND EIN PAAR QUADRATMETER LEICHTE FOLIE ... WAREN DER GANZE BESITZ EINES GUERILLA. <<

TRUONG NHU TANG,
A VIET CONG MEMOIR (»ERINNERUNGEN EINES VIETCONG«)

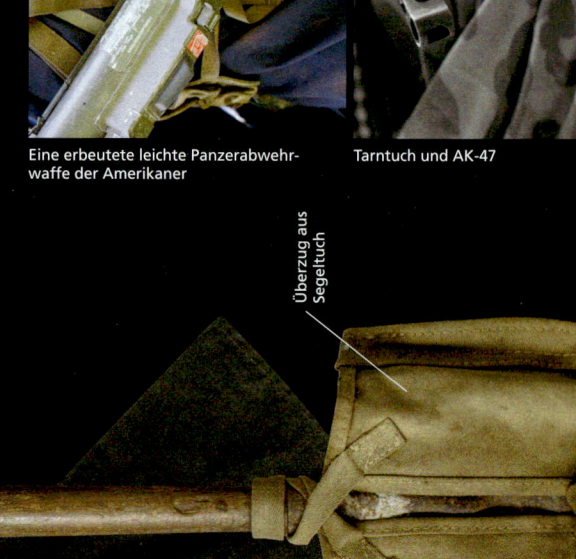

Eine erbeutete leichte Panzerabwehrwaffe der Amerikaner

Tarntuch und AK-47

Tarnhut
In der Regel trugen die Vietcong zu ihrer Kleidung passende schwarze Baumwollhüte oder die konischen Strohhüte der örtlichen Bauern. Im Kampf trugen sie stattdessen oft Tropenhelme oder Hüte in Tarnfarben wie den hier gezeigten, der dem amerikanischen ähnelte.

Reisschlauch
Ihre Verpflegung transportierten die Vietcong auf einfache, aber praktische Weise in einem langen, mit Reis gefüllten Baumwollschlauch, den sie sich wie einen Patronengurt um den Hals hängten.

Schlauch mit Tuchfetzen verknotet

Männerjacke
Guerillakämpfer und -kämpferinnen trugen sehr ähnliche Kleidung, allerdings verliefen die Nähte auf den Jacken der Frauen etwas anders.

Leichte Schaufel
Das Graben spielte bei den Guerillaaktionen der Vietcong eine wichtige Rolle. Neben den berühmten Tunnelsystemen, in denen sie sich ungesehen durch den Dschungel bewegen konnten, errichteten sie auch gut getarnte Bunker und Befestigungen.

Überzug aus Segeltuch

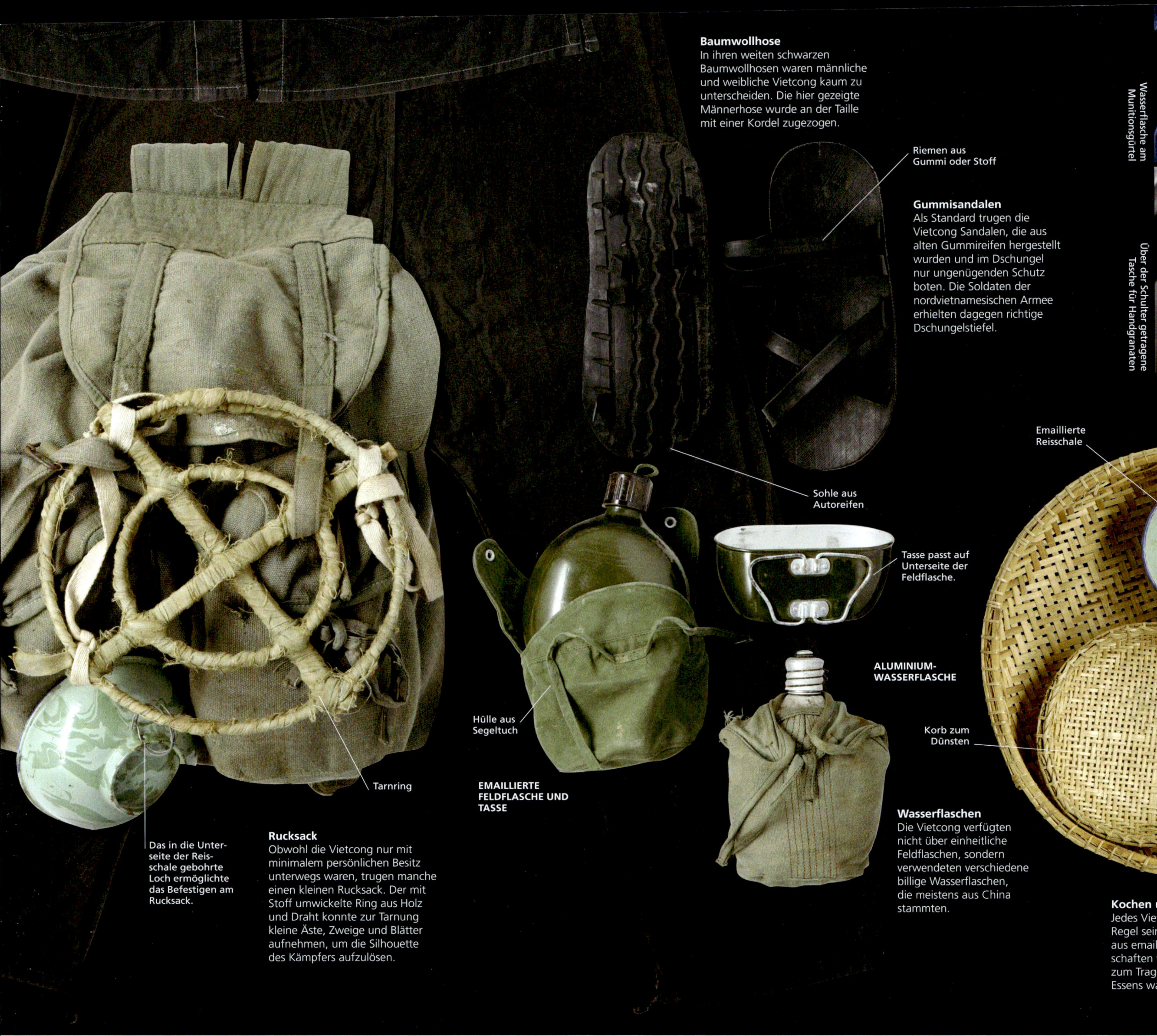

Wasserflasche am
Munitionsgürtel

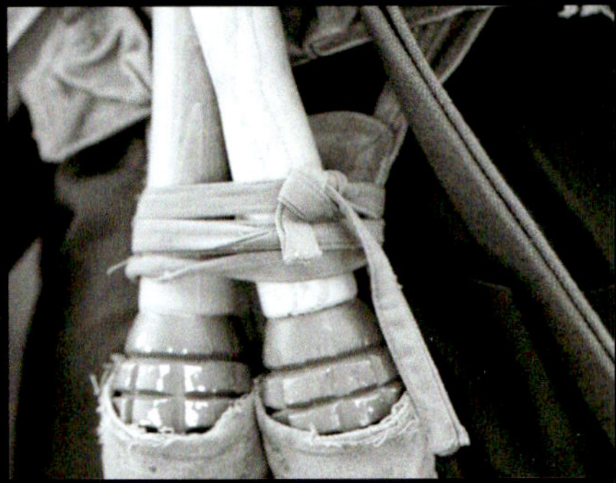

Über der Schulter getragene
Tasche für Handgranaten

Kochen und essen
Jedes Vietcong-Mitglied besaß in der Regel seine eigene Reisschale, meistens aus emailliertem Stahl. Die Kochgeräte schaften waren minimal, leichte Körbe zum Tragen und auch Dünsten des Essens waren allerdings verbreitet.

Emaillierte
Reisschale

Korb zum
Dünsten

Wasserflaschen
Die Vietcong verfügten nicht über einheitliche Feldflaschen, sondern verwendeten verschiedene billige Wasserflaschen, die meistens aus China stammten.

Baumwollhose
In ihren weiten schwarzen Baumwollhosen waren männliche und weibliche Vietcong kaum zu unterscheiden. Die hier gezeigte Männerhose wurde an der Taille mit einer Kordel zugezogen.

Riemen aus
Gummi oder Stoff

Gummisandalen
Als Standard trugen die Vietcong Sandalen, die aus alten Gummireifen hergestellt wurden und im Dschungel nur ungenügenden Schutz boten. Die Soldaten der nordvietnamesischen Armee erhielten dagegen richtige Dschungelstiefel.

Sohle aus
Autoreifen

Tasse passt auf
Unterseite der
Feldflasche.

ALUMINIUM-
WASSERFLASCHE

Hülle aus
Segeltuch

EMAILLIERTE
FELDFLASCHE UND
TASSE

Tarnring

Rucksack
Obwohl die Vietcong nur mit minimalem persönlichen Besitz unterwegs waren, trugen manche einen kleinen Rucksack. Der mit Stoff umwickelte Ring aus Holz und Draht konnte zur Tarnung kleine Äste, Zweige und Blätter aufnehmen, um die Silhouette des Kämpfers aufzulösen.

Das in die Unter-
seite der Reis-
schale gebohrte
Loch ermöglichte
das Befestigen am
Rucksack.

WAFFEN DER VIETCONG

In den Anfangsjahren des Aufstandes setzten die Vietcong alle verfügbaren Waffen ein und zeigten großes Geschick bei der Entwicklung selbst gemachter Waffen. Später erhielten sie über den Ho-Chi-Minh-Pfad und durch Kontakt zur nordvietnamesischen Armee MGs, Gewehre und Granatwerfer aus der Sowjetunion und aus China. Auch bei ihren Feinden bedienten sich die Vietcong und erlangten z.B. Waffen und Munition durch Tausch mit südvietnamesischen Soldaten.

Machete
Die Vietcong setzten die Überreste des modernen Krieges geschickt neu ein. Messer wie diese kleine Mehrzweckmachete entstanden oft aus Stahl, der aus zerstörten US-Fahrzeugen geborgen wurde.

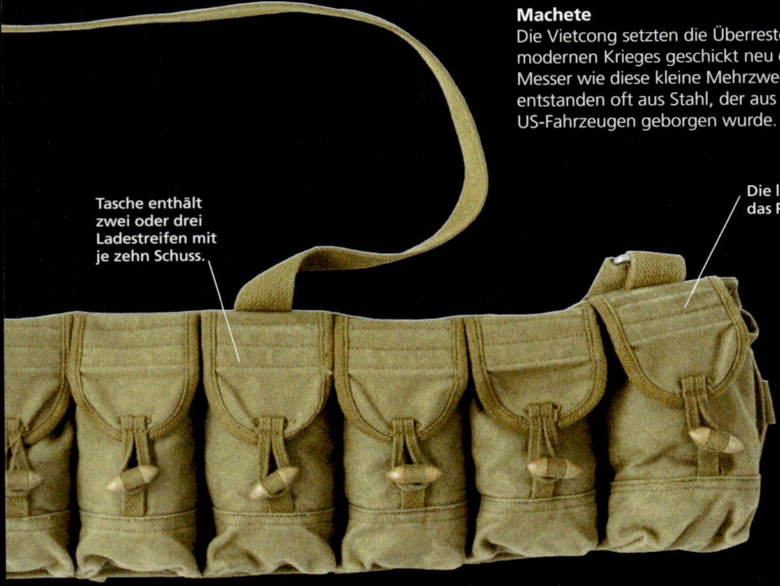

Die letzte Tasche enthält das Putzzeug für das SKS.

Munitionsgürtel
Dieser leichte Stoffgurt war speziell auf die Munition für das SKS ausgelegt. Der Riemen wurde um den Hals gelegt und auf der Rückseite am Gürtel befestigt, die Taschen befanden sich vor dem Bauch.

Tasche enthält zwei oder drei Ladestreifen mit je zehn Schuss.

Handgranaten
Die Vietcong setzten eine enorme Bandbreite sowjetischer und chinesischer Handgranaten ein, gegen Panzer war vor allem die sowjetische RKG-3 sehr beliebt. Nach dem Herausziehen des Stiftes wurde ein Fallschirm ausgestoßen, an dem die Granate langsam auf der Oberseite des Panzers, seiner verwundbarsten Stelle, aufsetzte.

Fallschirm im Griff

PANZERABWEHR-HANDGRANATE RKG-3

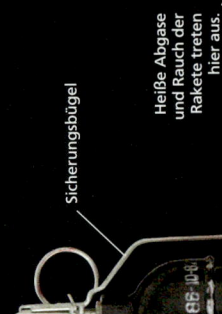

Sicherungsbügel

Heiße Abgase und Rauch der Rakete treten hier aus.

SOWJET. HAND-GRANATE RGD-5

TASCHE FÜR VIER HANDGRANATEN

Riemen, um die Tasche wie einen Patronengurt über die Schulter zu hängen

Chinesische Stielhandgranate

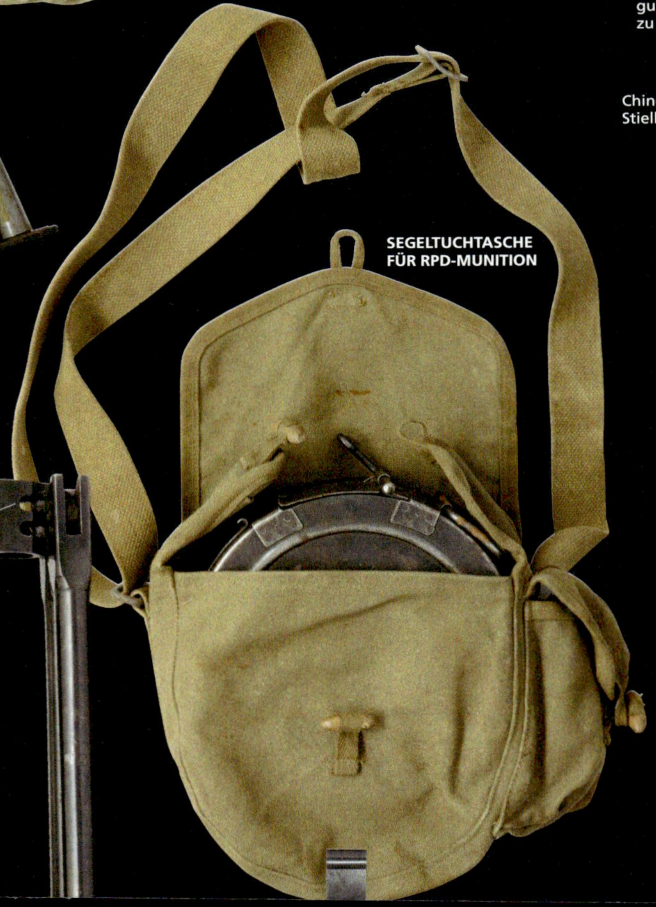

SEGELTUCHTASCHE FÜR RPD-MUNITION

LADESTREIFEN MIT SKS-MUNITION

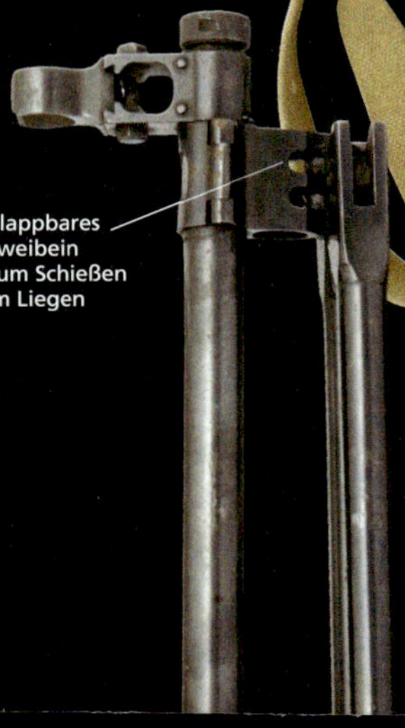

Klappbares Zweibein zum Schießen im Liegen

Integriertes Bajonett klappt auf den Lauf.

Putzstock

GRANATWERFER RPG-7

Metallrohr; Holzummantelung schützt vor Wärme der Raketenabgase.

SOWJET. SPLITTER-HANDGRANATE F1

VIETCONG-KOPIE DER F1-HANDGRANATE

GRANATWERFER RPG-2

Granatwerfer

Der von den Sowjets als Handwaffe zur Panzerabwehr entwickelte RPG-2 für raketengetriebene Granaten wird von einem einzelnen Soldaten bedient, der das Rohr auf der Schulter trägt. Die verbesserte Version RPG-7 setzten die Vietcong etwa ab 1967 ein. Die Granaten erwiesen sich als sehr wirksam gegen Panzerfahrzeuge, Verteidigungsstellungen und sogar Hubschrauber im Flug.

Hahn

Granate wird mit gefalteten Stabilisierungsflossen in die Mündung geladen.

Rudimentäres Visier – außer auf kurze Entfernungen war die Waffe sehr unpräzise.

Patronengurt

Das RPD-MG wurde mit einem Gurt mit 100 Schuss versorgt, dieser befand sich in einer Trommel, die unten in das MG einrastete.

Trommel enthält Gurt mit 100 Schuss.

7,62-mm-Patronen wie im SKS-Gewehr und im AK-47

Trommel wird hier eingehängt.

RPD-TROMMELMAGAZIN

Maschinengewehr RPD

Diese erfolgreiche Waffe, die die Sowjets gegen Ende des 2. Weltkrieges entwickelten, wurde in kommunistische Länder auf der ganzen Welt exportiert. Die Chinesen produzierten mit dem Typ 56 ihre eigene Version. Der luftgekühlte Gasdrucklader verfügte über ein fest angebrachtes Zweibein, war aber leicht genug, um damit wie mit einem Gewehr von der Schulter aus zu schießen.

Gaszylinder unter dem Lauf

Gasentnahme

SKS

Das bei den Vietcong am weitesten verbreitete Gewehr war der Karabiner SKS, ein halbautomatischer Gasdrucklader, den die Sowjets 1945 entwickelt hatten. Obwohl in der sowjetischen Armee bald durch das AK-47 verdrängt, wurde er andernorts noch lange eingesetzt.

Handschutz um Gaszylinder

Magazin wird von der Oberseite befüllt.

Magazinentriegelung

MODERNE GUERILLAKÄMPFER

In den 30er-Jahren des 20. Jh. formulierte Mao Tse-tung in China die Theorie des ländlichen Guerillakrieges als Weg der kommunistischen Revolution. Seinem Triumph in China 1949 und der Niederlage der Franzosen gegen die Vietminh 1954 folgte Fidel Castros Sieg in Kuba 1959. In den 60er-Jahren sahen die USA den Kampf gegen Aufständische als entscheidend an, um die Ausbreitung des Kommunismus zu verhindern. Ab Ende der 70er-Jahre unterstützten die USA jedoch selbst Guerillas im Kampf gegen linksgerichtete Regierungen in Afghanistan, Angola und Nicaragua. Im 21. Jh. waren die Guerillaaktivitäten in manchen Ländern auf das Niveau ständiger Konflikte bewaffneter Banden gesunken, die teilweise am internationalen Drogenhandel beteiligt waren.

MUDSCHAHEDIN IN AFGHANISTAN

1978 begannen Gruppen von Aufständischen gegen die prosowjetische marxistische Regierung Afghanistans in pakistanischen Basen mit der Ausbildung. Ab Sommer 1979 wurden diese Mudschahedin (»die Kämpfenden«) von der amerikanischen CIA und von pakistanischen Geheimdiensten unterstützt. Im September 1979 schickte die Sowjetunion gegen den sich ausweitenden Aufstand Truppen nach Afghanistan. Die Guerillas, die den Sowjets gegenüberstanden, waren meistens lokale Stammeskrieger in Gruppen von wenigen Hundert Mann. Im Verlauf des Krieges verbanden sie sich immer mehr, bis sie schließlich Operationen mit bis zu 10 000 Mann durchführen konnten. Angesichts intensiven sowjetischen Vorgehens gegen die Aufständischen führten die Mudschahedin Blitzüberfälle durch, bei denen sie ihre Kenntnis des bergigen Geländes nutzten; in städtischen Gebieten hatten sie jedoch damit keinen Erfolg. Ihre Waffen stammten vor allem aus den USA, Saudi-Arabien, Iran und China und wurden über islamische Parteien in Pakistan eingeschleust, die die Führung des Aufstandes beanspruchten. Arabisch-islamische Fundamentalisten, darunter der saudische Geschäftsmann Osama Bin Laden, engagierten sich ebenfalls in dem Konflikt. Ab 1985 erhielten die Mudschahedin Flugabwehrraketen wie die amerikanische Stinger und die britische Blowpipe, die den Einsatz sowjetischer Hubschrauber einschränkten. Außerhalb der Städte übten die Sowjets kaum Kontrolle aus; nach Verlusten von über 64 000 Mann zogen sie 1988/89 ihre Truppen ab.

Rohr

Optisches Visier

Gasaustritt

Abzug

RPG-7
Dieser sowjetische Werfer für raketengetriebene Panzerabwehrgranaten kam in Afghanistan oft gegen die sowjetischen Truppen zum Einsatz.

Asymmetrischer Krieg
Afghanische Mudschahedin auf dem Wrack eines sowjetischen Hubschraubers, den sie mit einer amerikanischen Boden-Luft-Rakete Stinger abgeschossen haben.

SANDINISTISCHE REBELLEN

Die Frente Sandinista de Liberación Nacional (FSLN, Sandinistische Nationale Befreiungsfront) war nach Augusto César Sandino benannt, der in den 20er-Jahren eine gegen die Amerikaner gerichtete Guerillakampagne startete. Sandino wurde 1934 von der Somoza-Familie ermordet, die eine von den USA gestützte Diktatur errichtete. Die FSLN wurde 1962 als kleine marxistische Guerillagruppe in einem entlegenen Teil Nicaraguas gegründet. Als die Somoza-Diktatur in den 70er-Jahren immer unbeliebter wurde, erhielten die Sandinistas aktive Unterstützung von der Bevölkerung. Trotz groß angelegter Maßnahmen Somozas gegen die Aufständischen war bis September 1978 ein Großteil Nicaraguas in der Hand der Sandinisten. Die Diktatur brach im Juli 1979 zusammen, als ihr die USA ihre Unterstützung entzogen. Paradoxerweise wurde auch das Regime der Sandinistas in den 80er-Jahren durch rücksichtslose Guerillaaktionen unterminiert – durch die von den USA bewaffneten und finanzierten Contras.

Britisches L1A1
Viele dieser britischen Armeegewehre gelangten über Belize, eine frühere Kolonie der Briten, zu den Sandinistas.

Unterstützung durch die Bevölkerung
Sandinista-Rebellen im Juli 1983 in einem Dorf unter sandinistischer Kontrolle nahe der Grenze zu Honduras.

KUBANISCHE REBELLENARMEE

Am 2. Dezember 1956 landete Fidel Castro mit 81 Gefolgsleuten an der Küste Kubas, um die Diktatur Fulgencio Batistas zu stürzen. Nach einem Zusammenstoß mit den Regierungstruppen waren jedoch bald nur noch 22 Mann übrig, die ab Mai 1957 begrenzte Guerillaüberfälle ausführten, auf die die Regierung nicht reagieren konnte. Eine Offensive der Regierung in den Bergen im Frühjahr 1958 endete in einem Desaster, denn die zahlenmäßig weit unterlegenen Guerillas besiegten die Regierungstruppen mehrfach. Unterdessen entzogen die USA dem Diktator die militärische Unterstützung. Im August 1958 gingen die bereits mehrere Tausend Mann starken Guerillas wieder in die Offensive. Von dem argentinischen Arzt Ernesto »Che« Guevara geführte Kräfte marschierten am 1. Januar 1959 in Havanna ein.

Castro und seine Comandantes
Fidel Castro und sein Stab planen 1957 einen Überfall. Che Guevara sitzt als Zweiter von rechts.

> » EINE REVOLUTION IST DER KAMPF UM LEBEN UND TOD ZWISCHEN DER ZUKUNFT UND DER VERGANGENHEIT. «
>
> **FIDEL CASTRO** BEI EINER REDE IN HAVANNA, 2. JANUAR 1961

FARC

Die FARC (Fuerzas Armadas Revolucionarias de Colombia, Revolutionäre Streitkräfte Kolumbiens) wurden Mitte der 60er-Jahre des 20. Jh. von Marxisten aufgestellt, um im Namen des kolumbianischen Volkes zu kämpfen. Ab den 80er-Jahren entwickelten sie sich unter dem Einfluss Jacobo Arenas' zu einer selbst ernannten »Volksarmee«, um mit einer Militärkampagne die Macht im Lande zu übernehmen. Die entlegenen Dschungel- und Bergregionen Kolumbiens boten sichere Zufluchtsorte unter der Kontrolle der Guerillas, die Kokaernte war eine potenzielle Geldquelle für den Kauf moderner Waffen. Zwar führten die FARC in den 90er-Jahren einige bemerkenswerte Militäroperationen aus, doch zeigten sie eine Tendenz, zu einer einfachen kriminellen Bande zu degenerieren. Sie kämpfen mit den starken rechtsgerichteten Paramilitärs um die Kontrolle über den Drogenhandel und finanzieren sich daneben durch Entführung, Erpressung und Schutzgeldforderung. Dennoch erscheint es im armen, unsicheren ländlichen Kolumbien trotz der Risiken als vernünftige Berufswahl, Mitglied der FARC zu werden, da man so vermutlich wesentlich mehr verdient als in einer rechtmäßigen Beschäftigung.

1941 — HEUTE

SAS-SOLDATEN

>> UM DEN KAMPF GEGEN TERRORISTEN ZU LERNEN,
MUSS MAN AUCH WISSEN, WIE ES IST, EINER ZU SEIN,
UND DIE JUNGS IM REGIMENT WAREN VIELLEICHT
DIE PROFESSIONELLSTEN DER WELT. <<

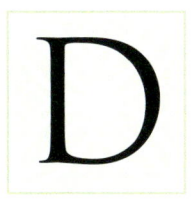

D ie im 2. Weltkrieg aufgestellte Eliteinfanterie Special Air Service (SAS) hat sich zum Kern der britischen Spezialeinheiten entwickelt. Ursprünglich sollte sie im Rahmen eines konventionellen Krieges hinter den feindlichen Linien operieren, sie engagiert sich aber auch im Kampf gegen aufständische Guerillas sowie gegen Terroristen wie 1980 bei der oft publizierten Erstürmung der iranischen Botschaft in London. Die überragende Professionalität der SAS-Soldaten ist weltweit anerkannt.

Es brauchte einige Zeit, bis sich der SAS in den britischen Streitkräften dauerhaft etabliert hatte. Im Juli 1941 in Nordafrika aufgestellt, um im Wüstenkrieg hinter den Linien der Achsenmächte Sabotageakte durchzuführen, wurde die Einheit nach Ende des 2. Weltkrieges aufgelöst. Der Bedarf für Spezialkräfte zum Verfolgen und Vernichten von Guerillas im malaysischen Dschungel führte in den 50er-Jahren zur Wiederbelebung als Teil der regulären Armee, der auch auf der Arabischen Halbinsel und in Borneo erfolgreich gegen Rebellen eingesetzt wurde. In den 70er-Jahren hatte der SAS in Militärkreisen seinen Ruf als zähes, effizientes Regiment etabliert, dem häufige Einsätze bevorstanden. Genauso bekannt war er für das härteste Auswahl- und Ausbildungsverfahren in der British Army.

SAS-Abzeichen
Es zeigt ein geflügeltes Damoklesschwert mit dem Motto »Who dares wins« (»Wer wagt, gewinnt«).

REKRUTIERUNG UND AUSBILDUNG
SAS-Rekruten stammen aus der regulären Armee oder aus den eigenen Territorialeinheiten des Regimentes, sodass alle Kandidaten vor der Auswahl bereits ihre Grundausbildung absolviert haben. Freiwillige aller Dienstgrade

benötigen eine Empfehlung von ihrem kommandierenden Offizier. Die Herausforderung besteht für die Männer darin, ihre mentalen und physischen Grenzen zu erfahren, sowie im Prestige der Zugehörigkeit zu einer Eliteeinheit. Etwa jeder zehnte Bewerber scheitert bereits bei der medizinischen Untersuchung und dem Eignungstest.

Dem Rest steht der dreiwöchige Auswahlkurs in den Brecon Beacons in Wales bevor, der körperliches wie geistiges Durchhaltevermögen erfordert, bei aller Härte jedoch zivilisiert verläuft. Die Männer, die als Soldaten bereits Disziplin gewohnt sind, erhalten eine Reihe immer schwierigerer Aufgaben, bei denen sie sich den Elementen und ihren eigenen Grenzen stellen müssen. Lange Märsche allein über wegloses Gelände mit schwerem Gepäck und Gewehr mögen als primitive Auswahl gelten, doch bezeugen Teilnehmer die extreme Entschlossenheit, die das Zurechtkommen mit Erschöpfung, Ausgeliefertsein und Isolation erfordert. Verletzungen sind häufig, es sind auch bereits SAS-Anwärter in den Hügeln umgekommen. Nach dem ersten Auswahlkurs

Terrorbekämpfung
Mit MP5-Maschinenpistolen mit Maglites bewaffnet und mit S10-Gasmasken ausgestattet stürmt ein SAS-Geiselrettungsteam ein Landhaus (oben). Die vom SAS oft verwendete MP5 gibt es in mehreren Varianten, darunter auch mit Granatwerfer (rechts).

MASCHINENPISTOLE
HECKLER & KOCH MP5 A5

Ständige Ausbildung
Über bestimmte Fertigkeiten, wie das Vorgehen gegen Terroristen, verfügen alle Mitglieder. Dazu lernen die Soldaten, sich in begrenzten Räumen zu bewegen *(ganz rechts)*. Die Spezialausbildung hängt von der Truppe des Soldaten ab: Air Troop (Luftlandezug), Boat Troop (amphibischer Zug), Mobility Troop (mobiler Zug mit Landfahrzeugen) oder Mountain Troop (Gebirgsjäger).

»WIE DER SAS SELBST IST AUCH DIE AUSWAHL EINFACH, DIREKT UND MÖRDERISCH EFFEKTIV.«

MICHAEL ASHER, SAS-TERRITORIALFREIWILLIGER, IN *SHOOT TO KILL (SCHIESSEN, UM ZU TÖTEN)*

werden etwa vier von fünf Bewerbern zu ihren alten Einheiten zurückgeschickt.

Übersteht ein Kandidat all dies, gehört er offiziell zum Regiment. Er wird jedoch viele weitere Spezialausbildungen absolvieren, dazu kann das Lernen von Fremdsprachen, Bergsteigen, Fallschirmspringen oder Erste Hilfe bis hin zur Feldchirurgie gehören.

Nach Durchlaufen dieses Auswahl- und Ausbildungsverfahrens soll der Soldat ausgeglichen, selbstständig und geistig und körperlich in Hochform sein. Er muss lange Zeit unter erschwerten Bedingungen in einer kleinen Einheit operieren können, ohne mit seinen Kameraden zu streiten. Notfalls muss er alleine und ohne Befehle weitermachen. Er wird dafür ausgebildet, kaltblütig zu töten, falls er es als nötig erachtet; wer

daran jedoch »Gefallen« findet, wird aussortiert. Aggression ist streng zu kontrollieren und gezielt einzusetzen. Unter Druck einen kühlen Kopf zu bewahren ist charakteristisch für SAS-Männer; sie sind weder Schläger noch Angeber. Drill und andere Militärgepflogenheiten werden auf ein Minimum beschränkt, Dienstgrade zählen weniger als Geschick und Leistung.

TAKTIKEN FÜR DEN KAMPF GEGEN AUFSTÄNDISCHE
Der SAS legt traditionell auf Geheimhaltung und Anonymität Wert – öffentliches Geschwafel über das Regiment sucht man zu verhindern. Die Erstür-

mung der iranischen Botschaft veränderte das Profil der Einheit in der Öffentlichkeit. Ende der 60er- und in den 70er-Jahren hatte der internationale Terrorismus mit einer Serie von Geiselnahmen und Flugzeugentführungen die Bühne der Welt betreten, worauf der SAS in Hereford sein CRW-Ausbildungszentrum (Counter Revolutionary Warfare, Guerilla-/Terrorbekämpfung) einrichtete, in dem Verfahren für den Umgang mit Geiselnahmen entwickelt wurden. In einem »Todeshaus« übte man das Erstürmen von Gebäuden, in denen Geiseln festgehalten werden, an einer Flugzeugattrappe den Umgang mit Entführungen. CRW-Schnelleinsatzkräfte sollten jederzeit auf Terrorakte reagieren können. Am 5. Mai 1980 zahlte

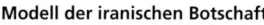

Modell der iranischen Botschaft
Mit diesem Holzmodell der iranischen Botschaft machten sich die SAS-Soldaten mit den Räumen vertraut, in die sie eindringen würden. Die Etagen waren abnehmbar, um die jeweils darunter liegenden zeigen zu können.

EINDRINGTAKTIK

In den 70er-Jahren spielte der SAS eine wichtige Rolle bei der Entwicklung von Taktiken für das Eindringen in Gebäude, in denen Bewaffnete Geiseln festhalten. Zunächst muss man sich Zutritt verschaffen, was durch das kontrollierte Sprengen von Fenstern oder Türen geschehen kann. Danach müssen die Geiselnehmer durch Blend- oder Reizgasgranaten außer Gefecht gesetzt werden. Kleine bewaffnete Gruppen folgten genau festgelegten Verfahren, um mit ihren automatischen Waffen den gesamten Raum abzudecken und feindliche Personen zu identifizieren. Dabei sollen weder die Männer selbst noch unschuldige Geiseln zu Schaden kommen. Jeder Mann positionierte sich so, dass nie ein anderer in seine Schusslinie gelangte. Der Grundsatz des SAS war, alle Geiselnehmer zu erschießen, damit sie keine verborgenen Sprengladungen aktivieren konnten.

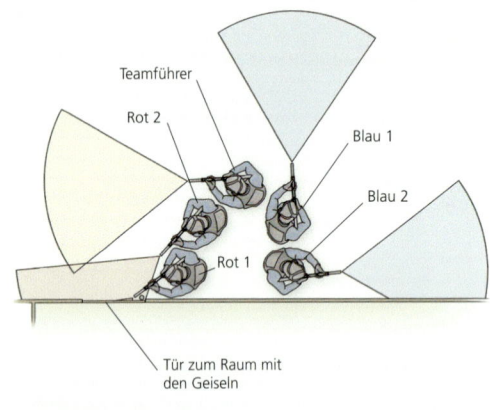

Teamführer
Rot 2
Blau 1
Blau 2
Rot 1
Tür zum Raum mit den Geiseln

Aufstellung
Ein typisches Team besteht aus fünf Männern: Rot 1 und Rot 2, die die Vorhut bilden, dem Teamführer in der Mitte und Blau 1 und Blau 2 als Nachhut. Um einen Raum zu säubern, stellt sich das Team auf der Seite der Tür auf, an der sich die Klinke befindet.

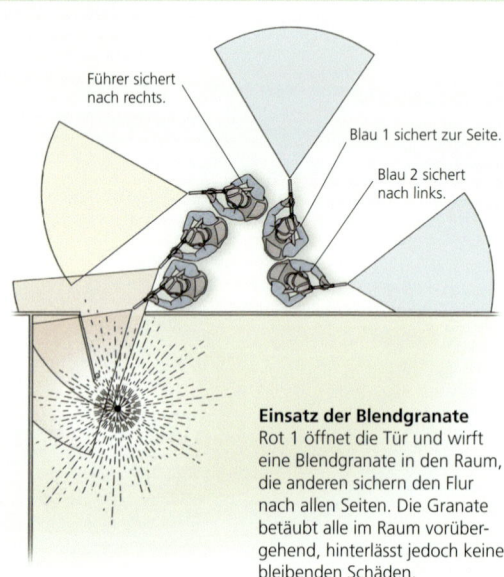

Führer sichert nach rechts.
Blau 1 sichert zur Seite.
Blau 2 sichert nach links.

Einsatz der Blendgranate
Rot 1 öffnet die Tür und wirft eine Blendgranate in den Raum, die anderen sichern den Flur nach allen Seiten. Die Granate betäubt alle im Raum vorübergehend, hinterlässt jedoch keine bleibenden Schäden.

sich das jahrelange Trai-
ning aus, als ein SAS-Team
die iranische Botschaft in
London stürmte, in der
sechs arabische Terroristen
26 Geiseln festhielten.

Bei dem sorgfältig
vorbereiteten und durch-
geführten Angriff genügten
elf Minuten, um das Ziel zu
erreichen. Das SAS-Team
erschoss fünf Terroristen
und nahm den sechsten fest.
Zwei Geiseln hatten die
Terroristen getötet. Diese
Operation wurde teilweise
live im Fernsehen übertragen und machte den
SAS weltweit berühmt.

Allerdings gehörte zum neuen Image des
SAS jetzt auch das des kaltblütigen Killers,
da zumindest einige der Terroristen erschossen
wurden, als sie keinen Widerstand mehr leisteten.
Kritik an der angeblich übermäßigen Rücksichts-
losigkeit des SAS wurde in den 80er-Jahren
beim langen Kampf gegen den IRA-Terror laut.
Verdeckt eingesetzte SAS-Einheiten erzielten in
Nordirland große Erfolge, bis sie nach Vorwürfen,
gezielt zu töten, abgezogen wurden. In einer der
bekanntesten Operationen erschoss der SAS im
März 1988 in Gibraltar drei IRA-Bombenleger
unter strittigen Umständen. Die Rücksichtslosig-
keit der SAS-Männer wurde hier und da gelobt
bzw. kritisiert, niemand war jedoch der Meinung,
dass sie zu weit gegangen wären.

SPEZIALISTEN DER INFANTERIE
Trotz der öffentlichen Aufmerksamkeit bei der
Terrorbekämpfung blieb der SAS in erster Linie
eine Spezialisteneinheit der leichten Infanterie.
In einem konventionellen Krieg konnten die

Erstürmung der iranischen Botschaft
Ein SAS-Soldat verheddert sich 1980 bei
der Erstürmung der Botschaft in seinem
Seil. Das Team seilte sich vom Dach zu
einem Balkon im ersten Stock ab.

Männer ihre Fertigkeiten 1982
im Falklandkrieg unter Beweis
stellen. Während eine britische
Task Force zu den von argentinischen Truppen besetzten Inseln
aufbrach, setzten Hubschrauber
SAS-Patrouillen zu je vier Mann
auf den Inseln ab, um verdeckte
Beobachtungsposten einzurichten.
Sie versteckten sich bei schlechtem
Wetter wochenlang in dem rauen Gelände
und übermittelten Details über die argentinischen
Truppen. Nachdem eine Patrouille eine Landepiste
als Angriffsziel identifiziert hatte, zerstörten etwa
50 per Hubschrauber eingeflogene SAS-Männer
elf argentinische Flugzeuge am Boden, ohne dabei
eigene Verluste zu erleiden. Abgesehen von den
Hubschraubern war es die Art Operation, die der
SAS bereits in der libyschen Wüste gegen Rom-

mels Truppen ausgeführt hatte. Auch im Golfkrieg
von 1991 führte der SAS ähnliche Operationen
hinter den Linien durch. Von Hubschraubern
abgesetzt oder mit Landrovern oder Motorrädern
durch die Wüste in den Irak gelangt, zerstörten die Männer Startanlagen für Scud-Raketen
und Nachrichtenverbindungen des Feindes.

NACH DEM DIENST
Unteroffiziere und Mannschaften verlassen den
SAS in der Regel erst, wenn sie ins Zivilleben
zurückkehren. Manche finden Berufe, in denen
sie ihre Fertigkeiten einsetzen können, so als
Leibwächter, Industriespione oder auch Söldner.
Offiziere werden zum SAS von ihren eigentlichen
Regimentern abgeordnet und kehren oft nach
einiger Zeit dorthin zurück. Einige sind in die
höchsten Ränge der British Army aufgestiegen
– ein Zeichen für das hohe Ansehen des SAS.

»Pink Panther« des SAS
Dieser nach seiner Wüstentarnung benannte modifizierte Landrover, der von den 60er- bis in die 80er-
Jahre im Einsatz war, führte genügend Kraftstoff für
2400 km Reichweite mit.

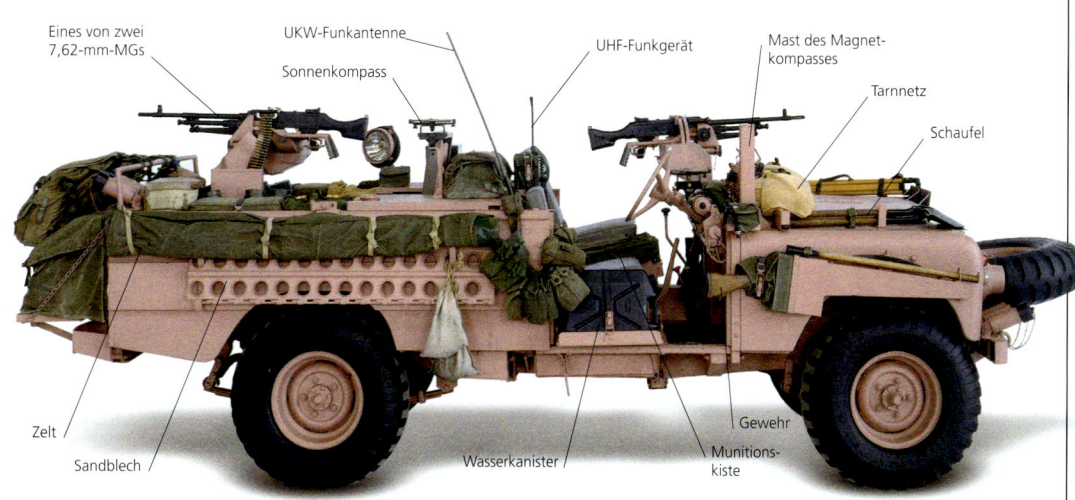

Eines von zwei
7,62-mm-MGs

UKW-Funkantenne

Sonnenkompass

UHF-Funkgerät

Mast des Magnet-
kompasses

Tarnnetz

Schaufel

Zelt

Sandblech

Wasserkanister

Munitions-
kiste

Gewehr

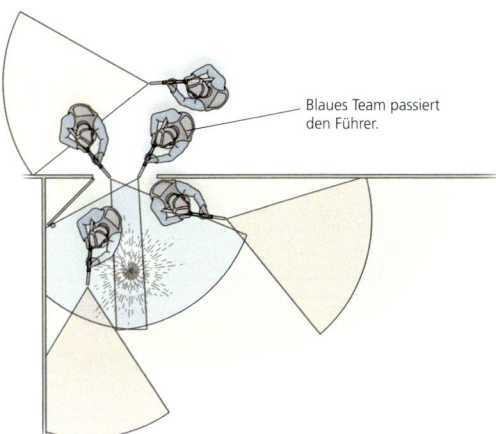

Blaues Team passiert
den Führer.

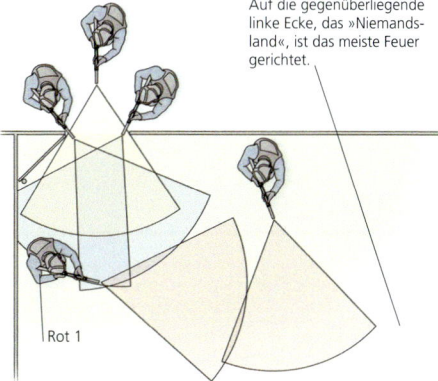

Auf die gegenüberliegende
linke Ecke, das »Niemandsland«, ist das meiste Feuer
gerichtet.

Rot 1

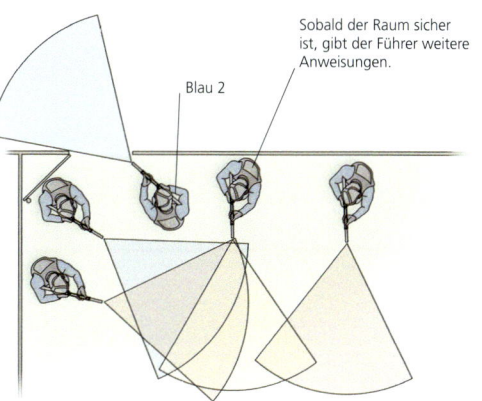

Sobald der Raum sicher
ist, gibt der Führer weitere
Anweisungen.

Blau 2

Der tödliche Trichter
Rot 1 tritt zuerst ein und sichert die rechte Hälfte
des Raumes, Rot 2 folgt und sichert die linke.
Blau 1 und 2 bereiten sich auf den Eintritt vor,
der Führer sichert den Flur.

Säuberung des Raumes
Während sich Rot 1 in die gegenüberliegende rechte Ecke
begibt und seine Waffe auf die entgegengesetzte Ecke richtet,
bewegt sich Rot 2 in die diesseitige linke Ecke und richtet
seine Waffe auf die gegenüberliegende Wand.

Sicherung des Raumes
Rot 2 säubert die diesseitige linke Ecke, während Rot 1
die gegenüberliegende linke sichert. Blau 1 tritt ein und
hält die diesseitige rechte Ecke, es folgt Blau 2, der die
Tür sichert. Zuletzt tritt der Führer ein.

SAS-AUSRÜSTUNG

Mit der Entwicklung seiner Terrorbekämpfungsverfahren in den 70er-Jahren führte der SAS Bekleidung und Waffen ein, die für Angriffe auf Gebäude oder Flugzeuge geeignet waren, in denen Geiseln festgehalten wurden. Bei der Erstürmung der iranischen Botschaft in London 1980 setzten die SAS-Soldaten Blendgranaten und Reizgas ein, um die Geiselnehmer zu verwirren. Mit ihren Gasmasken konnten sie trotz des Gases operieren. Die meisten Terroristen wurden mit den Heckler & Koch MP5 erschossen.

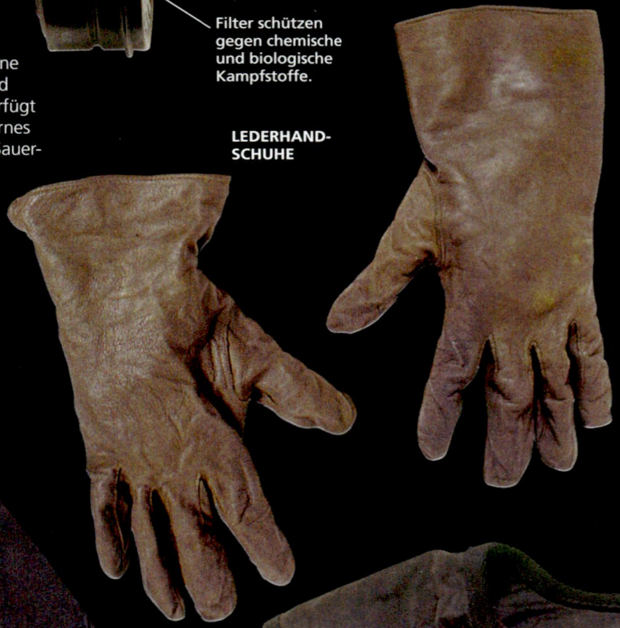

Freigegebener
Sicherungsbügel

Hier saß der
Sicherungsstift
(nicht gezeigt).

Blendgranate G60
Die hier gezeigte Granate wurde 1980 in London in der iranischen Botschaft verwendet. Neben einem starken Lichtblitz erzeugt sie Lärm von 160 Dezibel und verwirrt damit jede Person in ihrer Nähe. Aktuelle Versionen enthalten auch Reiz- oder Tränengas.

Kanister
enthielt eine
flüchtige
Mischung
aus Queck-
silber und
Magnesium-
pulver.

Kugelsichere Weste
Mit den integrierten Stahlplatten und der Füllung soll die Weste Kugeln hemmen und ihre kinetische Energie absorbieren.

Filter schützen
gegen chemische
und biologische
Kampfstoffe.

LEDERHAND-
SCHUHE

Kopfbedeckung
Die über der Balaklava getragene Gasmaske schützt vor Reiz- und Tränengas sowie Rauch. Sie verfügt über Blitzschutzgläser, ein internes Mikrofon und Anschlüsse für Sauerstoff und ein Funkgerät.

Kampfweste
aus schwarzem
Wildleder

GASMASKE

BALAKLAVA

Messer in
der Scheide

Füllung verteilt die Wucht der Kugel, um Verletzungen zu verhindern.

Verstärkte Kappe

LEDERSTIEFEL

Eingeschobene Schulterstütze

Feuerwahlschalter

Integrierte Stahloder Keramikplatten

15-Schuss-Magazin

Maschinenpistole MP5 A5
Die MP5 kann mit 800 Schuss pro Minute feuern. Diese Version ist mit einem Granatwerfer ISTEC 40 x 46 mm ausgestattet.

Tasche für Granaten

Geriffelter Spanngriff zum Zurückziehen des Schlittens

Pistole Browning HP
Die 9-mm-Browning High Power verfügt über ein Magazin mit 13 Schuss.

Kampfanzug
Der einteilige Overall ermöglicht maximale Bewegungsfreiheit; nachts bietet der feuerhemmende schwarze Stoff optimalen Schutz.

Magazintasche

Oberschenkeltasche

Munition des Kalibers 9 x 19mm

40-mm-Granate

Riemen hält Holster am Oberschenkel.

WEITERE SPEZIALKRÄFTE

Seit dem 2. Weltkrieg haben Armeen erkannt, welchen Nutzen Elitetruppen haben, die in kleinen Einheiten tief im Feindesland auf konventionelle Weise kämpfen oder gegen Aufständische vorgehen können. Alle Spezialkräfte setzen rigorose Auswahlverfahren und harte Ausbildung ein, bei denen sie besonderen Wert auf Einzelinitiative, mentale Stärke, kontrollierte Aggression und das Überleben unter schwierigen Bedingungen legen. Als Reaktion auf die Massenschlachten in den Weltkriegen stellen die Spezialkräfte wieder Professionalität und Qualität über die reine Masse der Soldaten. Seit den 70er-Jahren ist die Terrorbekämpfung eine zentrale Aufgabe der Spezialkräfte geworden, Verfahren zum Umgang mit Geiselnahmen werden länderübergreifend ausgetauscht.

ISRAELISCHE SPEZIALKRÄFTE

Im Guerillakrieg, der 1948 zur Gründung des Staates Israel führte, entwickelten die Israelis eine Tradition rücksichtsloser Geheimoperationen, die auch Überfälle auf feindlichem Gebiet, Sabotage und Mord einschlossen. Nach der Unabhängigkeit wurde sie im Konflikt mit den arabischen Staaten und mit paramilitärischen Organisationen an den Grenzen fortgeführt. Israels erste Spezialeinheit, die von Ariel Sharon geführte Einheit 101, wurde 1953 nach einem berüchtigten Massaker an 69 palästinensischen Zivilisten im Westjordanland aufgelöst. Ihr folgten jedoch andere Spezialeinheiten, darunter Sajeret Golani, Sajeret Tsanhanim und als bekannteste Sajeret Matkal (allgemein als »die Einheit« bekannt).

Die 1958 aufgestellte Sajeret Matkal war ursprünglich eine hochgeheime Einheit, die nur über persönliche Kontakte und Familien rekrutierte, ähnlich wie im 2. Weltkrieg die britische SOE. Dadurch erklärt sich zum Teil ihre enge Verbindung zur regierenden Elite in Israel. Heute besteht Sajeret Matkal aus Freiwilligen, die sich einem harten Auswahlverfahren unterzogen haben. Die Einheit hat einen hervorragenden Ruf für Aufklärung und Sabotage tief in arabischem Territorium. Viele ihrer Operationen sind geheimnisumwittert; häufig dürfte es um die Ermordung vermuteter Feinde Israels gehen. Sajeret Matkal befasst sich auch mit Geiselnahmen. Ihr bekanntester Erfolg war die Befreiung der von Terroristen auf dem ugandischen Flugplatz Entebbe festgehaltenen Geiseln im Juli 1976.

Kimme — Korn — Mündungsfeuerdämpfer

Schulterstütze lässt sich nach links einklappen.

Spannhebel — Gasentnahme — Befestigung für Zweibein

Pistolengriff aus Kunststoff — Magazinverriegelung

Abnehmbares Kurvenmagazin mit 35 Schuss

Galil-Sturmgewehr
Dieser von Israel Galil entwickelte und 1974 eingeführte Gasdrucklader ist die israelische Antwort auf das sowjetische AK-47. Das Sturmgewehr basiert auf dem finnischen Valmet M62 und hat das NATO-Kaliber 5,56 x 45 mm.

GSG 9

Dass Deutschland eine Antiterroreinheit benötigte, zeigte die missglückte Befreiung der Geiseln, die palästinensische Terroristen 1972 bei den Olympischen Spielen in München genommen hatten. Am 17. April 1973 wurde die GSG 9 (»Grenzschutzgruppe 9«) einsatzbereit gemeldet. Zwar gehörte sie dem Namen nach zum damaligen Bundesgrenzschutz (heute: Bundespolizei), war jedoch eine völlig neuartige und eigenständige Einheit. Unter der strengen Führung ihres Gründungskommandeurs Ulrich Wegener entwickelte sich die GSG 9 rasch zu einer Eliteeinheit in der Terrorbekämpfung. In den 70er-Jahren war die Bundesrepublik durch den Terror der RAF (Rote Armee Fraktion) bedroht. Im Oktober 1977 entführte ein Terrorkommando unter dem Palästinenser Zohair Akache eine Lufthansa-Maschine mit 86 Passagieren an Bord, um in Deutschland gefangene RAF-Mitglieder freizupressen. Nachdem die Terroristen den Flugkapitän ermordet hatten, erstürmten GSG-9-Mitglieder, die von zwei SAS-Männern unterstützt wurden, auf dem somalischen Flughafen Mogadischu die Maschine. Drei der vier Terroristen wurden in dem Feuergefecht getötet, nur eine Geisel wurde verletzt. Diese »Operation Feuerzauber« begründete den Ruf der GSG 9, den sie durch nachfolgende Operationen bestätigt hat.

GSG-9-ABZEICHEN

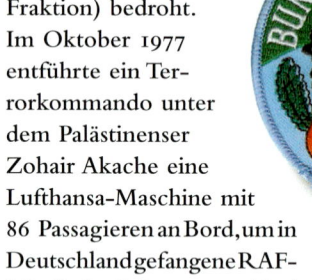

Mannschaftstransporter
Bell Huey gehören zu den Hubschraubern, die GSG-9-Beamte zu Einsätzen in ganz Deutschland bringen.

US-SPEZIALEINHEITEN

Über ein halbes Jahrhundert nach der zögernden Aufstellung der allgemein als Green Berets (»Grüne Barette«) bekannten US Army Special Forces 1952 gibt es in den US-Streitkräften eine ganze Reihe von Einheiten für die nicht konventionelle Kriegführung. 1987 wurden sie unter dem Dach des US Special Operations Command in Tampa, Florida, zusammengeführt. Anfang des 21. Jh. sind geschätzt etwa 50 000 US-Militärs in Spezialoperationen eingebunden.

Bekannt wurden die zu einem großen Teil in Fort Bragg, North Carolina, stationierten Green Berets vor allem unter US-Präsident John F. Kennedy, der Anfang der 60er-Jahre Einheiten zum Kampf gegen Aufständische förderte. Ihren Ruf festigten die Berets durch ihre entschlossenen Bemühungen, im Vietnamkrieg Bergstämme als antikommunistische Kräfte zu organisieren. In Vietnam wurden auch die US Army Rangers als Fernaufklärungstruppe neu formiert. Ein weiteres Produkt des Interesses dieser Zeit an der Guerilla-bekämpfung waren die SEAL-Teams (Sea, Air, Land) der US Navy, die 1962 aufgestellt und 1966 erstmals in Vietnam eingesetzt wurden, vor allem bei Operationen auf Flüssen. In den 70er-Jahren verschob sich der Fokus mit dem Aufkommen des internationalen Terrorismus. 1977 stellte Colonel Charles Beckwith die allgemein als Delta Force bekannte US Army Combat Applications Group vor allem als Antiterroreinheit auf. Sie ist nach wie vor eine der geheimsten Organisationen für die nicht konventionelle Kriegführung, zum Teil möglicherweise wegen der 1980 bekanntermaßen

Waffen der Spezialkräfte
Weltweit setzen Spezialkräfte Armeewaffen ein. Zu den Favoriten der US-Truppen gehören das Sturmgewehr M16 und die Maschinenpistole MP7.

Mündungs-feuerdämpfer · Korn · Vorderschaft · Eingeklappte Kimme · Feuerwahlschalter · Granat-werfer · Magazin mit 30 Schuss

STURMGEWEHR M16A1 MIT GRANATWERFER M203

fehlgeschlagenen Operation zur Befreiung der amerikanischen Geiseln im Iran.

US-Spezialeinheiten haben in den jüngsten Konflikten eine wichtige Rolle gespielt, vor allem bei den Invasionen in Afghanistan und im Irak sowie im sich lange hinziehenden Kampf gegen Aufständische in beiden Ländern. Das US-Verteidigungsministerium sieht sie im Kampf gegen weltweite Terrornetzwerke auch zukünftig als entscheidend an.

Optisches Visier · Korn · Mündungs-feuerdämpfer · Eingeschobene Schulterstütze · Magazin im Pistolengriff · Einklappbarer vorderer Griff

MASCHINENPISTOLE MP7

» FÜR DEN KRIEG ÜBEN; KÄMPFEN, UM ZU GEWINNEN; DIE FEINDE UNSERER NATION BESIEGEN. «
AUSZUG AUS DEM **EHRENKODEX DER US NAVY SEALS**

Small Boat Unit
US Navy SEALs 1994 in Panama bei einer Spezial-operation mit einer SBU (»Special Boat Unit«). Im Vordergrund ein getarnter Soldat mit Gewehr M16A3 mit Granatwerfer M203.

MODERNE INFANTERIE DES WESTENS

Nach dem Ende des Kalten Krieges mit der Sowjetunion Ende der 80er-Jahre schienen die Streitkräfte der NATO-Staaten zunächst ohne Gegner zu sein. Stattdessen veranlasste die irakische Invasion Kuwaits 1990 die USA und ihre Verbündeten 1991 zum Golfkrieg gegen den Irak. Islamischer Terrorismus und irakische Unnachgiebigkeit führten danach zu den Invasionen Afghanistans 2001 und des Irak 2003, beide unter der Führung der USA mit britischer Unterstützung und beide gefolgt von einer schwierigen Besatzungszeit. Die Berufsinfanterie aus Freiwilligen, die in diesen Konflikten kämpfte, war gut ausgebildet und ausgerüstet. Die Erfahrungen zeigten jedoch, dass das Leben der Soldaten am Boden so anstrengend wie eh und je war.

US-INFANTERIST

Seit die USA 1973 aus Vietnam abzogen, ist die US Army eine der Chancengleichheit verpflichtete Freiwilligenarmee. Der Anstieg der Frauenquote (von 2 Prozent 1973 auf fast 15 Prozent des Personals 2006) stellte einen starken Bruch in der langen Tradition des Krieges als eine Domäne der Männer dar. Viele männliche wie weibliche Freiwillige kamen aus Schichten der US-Gesellschaft, in denen sie wenig Aussicht auf andere Arbeit hatten. So musste die Armee Menschen ausbilden, die oft wenig Erziehung genossen hatten und sich Disziplin potenziell widersetzten. Zum Teil wurde dies durch höhere Zulassungsstandards ausgeglichen. Die Rekruten erhielten nach der Grundausbildung eine fortgeschrittene Einzelausbildung – Letztere war speziell auf die technischen Anforderungen des modernen Krieges abgestimmt.

Der Golfkrieg von 1991 und der Einmarsch im Irak im Jahre 2003 demonstrierten die überwältigende Wirksamkeit der US Army in einem konventionellen Krieg gegen einen weniger gut ausgerüsteten und schlechter ausgebildeten Feind. Die unter einem Oberkommando vereinigten Land-, See- und Luftstreitkräfte gingen mit nicht aufzuhaltender Geschwindigkeit und Gewalt vor, ihr Erfolg trug wesentlich zur dringend benötigten Glaubwürdigkeit der USA bei – deren Kompetenz zumindest auf dem Schlachtfeld seit dem Vietnamkrieg infrage stand. Doch die danach folgende militärische Besatzung des Irak und Afghanistans zeigte, dass die USA einen nicht greifbaren Feind, der leichte, aber fortschrittliche Waffen rücksichtslos einsetzte, nicht unterdrücken konnten. Trotz regelmäßiger Rückschläge bewiesen die meisten US-Soldaten weiterhin ihre Treue zur Armee und fanden im Militärdienst eine Möglichkeit, wertvolle Fertigkeiten zu erlernen und den Respekt zu erhalten, der ihnen in der Zivilgesellschaft oft versagt blieb.

US-Infanterist auf Patrouille
Ausgerüstet mit einem Sturmgewehr M16 mit Granatwerfer patrouilliert ein US-Infanterist 2006 im Irak in einem Schützenpanzerwagen.

BRITISCHER INFANTERIST

Großbritannien setzt seit langer Zeit eine kleine Berufsarmee in begrenzten Kriegen unterschiedlicher Art in Übersee ein; nur im 20. Jh. wurde diese Tradition mit der massenhaften Einberufung für die beiden Weltkriege vorübergehend unterbrochen. Mit der Rückkehr zur regulären Freiwilligenarmee kehrte das Land Anfang der 60er-Jahre des 20. Jh. auch zu seiner Tradition zurück. Gegen die Traditionen der Armee gefochten wurde an anderer Stelle – durch mehrfache Reformen des Regimentssystems, das zwar als überholt galt, von seinen Anhängern aber hartnäckig verteidigt wurde.

Bis in die 90er-Jahre war die British Army der Nachkriegszeit vor allem als Teil der NATO in Westdeutschland für die Verteidigung gegen eine sowjetische Invasion stationiert, die nie stattfand, sowie zur Bekämpfung von Aufständischen in britisch beherrschten Gebieten, zuletzt in Nordirland. Das Ende des Kalten Krieges und die danach folgende Einstellung des Kampfes seitens der IRA veranlassten kostenbewusste Politiker dazu, in den 90er-Jahren die Infanterie zu verkleinern. Der amerikanischen Doktrin folgend, verschob sich der Schwerpunkt hin zu Investitionen in fortschrittliche Technologien und zum Aufbau einer schnellen Eingreiftruppe.

Die British Army stellte das zweitgrößte Kontingent der UN-Truppen, die im Golfkrieg 1991 die Iraker aus Kuwait vertrieben – das größte stellten natürlich die USA. Anfang des 21. Jh. unterstützten die Briten die Amerikaner bei den Invasionen Afghanistans (2001) und des Irak (2003) und beim anschließenden Kampf gegen Aufständische durch die Besatzungstruppen. Die Anforderungen eines langen Krieges dieser Größenordnung belasteten die Kampfmoral und zeigten Mängel bei Ausrüstung und Logistik.

2007 bestand die British Army aus über 100 000 Vollzeitsoldaten sowie etwa 40 000 Reservisten der Territorialarmee. Zum Teil wegen der geringen Arbeitslosigkeit in Großbritannien stammten Rekruten zunehmend aus dem Ausland, vor allem aus den Ländern des Commonwealth. Ob auf Patrouille im Irak oder im Kampf gegen die Taliban in der afghanischen Provinz Helmand: Der britische Infanterist erwies sich immer wieder als professioneller Kämpfer.

Wüstenkampfanzug
Der speziell für die Wüste entwickelte Kampfanzug der British Army besteht aus einer leichten Baumwoll-Polyester-Mischung. Er wurde Anfang des 21. Jh. im Irak und in Afghanistan getragen.

Trinkrucksack

Trinkschlauch

»Disruptive Pattern« löst Umrisse auf.

Schraubverschluss für 3-l-Wasserbehälter

INFANTERIEHELM MK 6 AUS KEVLAR

TARNHEMD

SA80-BAJONETT

30-Schuss-Magazin hinter dem Abzug

Pistolengriff aus Kunststoff

Sturmgewehr SA80
Das SA80 ist eines von nur drei weltweit eingeführten »Bullpup«-Gewehren, die anderen sind das französische FAMAS und das österreichische AUG. Um das Gewehr zu verkürzen, liegt der Verschluss im Kolben und das Magazin hinter dem Abzug. Dieses Modell ist das L85 A1.

WÜSTENSTIEFEL

TARNHOSE

REGISTER

DANK

Dorling Kindersley dankt folgenden Institutionen und Personen, die freundlicherweise die Reproduktion ihrer Fotos genehmigt haben.

BILDNACHWEIS:
Legende: o = oben, u = unten, m = Mitte, l = links, r = rechts, g = ganz oben, a = außen, s = Seitenleiste

2-3 Getty Images: AFP. **4 DK Images:** Board of Trustees of the Armouries (gl). **4-5 DK Images:** Mit freundlicher Genehmigung der Trustees of the Wallace Collection (um). **5 DK Images:** American Museum of Natural History (ul); Imperial War Museum (mu); Pitt Rivers Museum, University of Oxford (ur); Royal Green Jackets Museum, Winchester (um). **7 DK Images:** Staatliches Historisches Museum, Moskau (gl). **9 DK Images:** Board of Trustees of the Armouries (gr) (ul). **14 DK Images:** British Museum (m). **14-43 Werner Forman Archive:** British Museum (g/seitliche Leiste). **15 DK/**Sharon Spencer: Ermine Street Guard (gr) (um) (ul). **16-17 akg-images:** Erich Lessing. **17 DK Images:** British Museum (mr). **18 The Art Archive:** Museo di Villa Giulia, Rom / Dagli Orti (g). **Hellenic Navy:** (ul). **19 Alamy Images:** Walter Bibikow (u). **DK Images:** British Museum (mro). **20 The Art Archive:** Archäologisches Museum, Neapel / Dagli Orti (u). **21 Alamy Images:** The Print Collector (gl). **DK/**Sharon Spencer: Hoplite Society (gr). **22 DK/**Sharon Spencer: Hoplite Society (gr/Schild). **24-25 Luisa Ricciarini Photoagency, Milan. 26-27 Corbis:** Araldo de Luca (g). **27 DK Images:** British Museum (mru) (ur) (mr). **28-29 DK/** Sharon Spencer: Ermine Street Guard (u). **30 Corbis:** Roger Wood (u). **Lunt Roman Fort:** (gl/Lager). **31 Corbis:** Nathan Benn (gr). **32 akg-images:** (gr). **34 DK/**Sharon Spencer: Ermine Street Guard (gr/ Wangenklappen). **35 DK Images:** Ermine Street Guard (gr). **DK/**Sharon Spencer: Ermine Street Guard (gl/ Börse). **36 DK Images:** British Museum (gm). **38 akg-images:** (ul). **Tyne and Wear Museum/**Sharon Spencer: (um) (ur). **Wikingerschiff-museum, Roskilde, Dänemark:** (gr). **39 Tyne and Wear Museum/** Sharon Spencer. **40 DK Images:** British Museum (aml) (mlo). **Tyne and Wear Museum/**Sharon Spencer: (ul) (mo). **40-41 Tyne and Wear Museum/**Sharon Spencer: (u). **41 DK Images:** British Museum (um). **Tyne and Wear Museum/** Sharon Spencer:(gl) (ur) (gr). **42 Corbis:** Gianni Dagli Orti (u) (mr). **43 Corbis:** Araldo de Luca (ml). **DK Images:** British Museum (ul). **Werner Forman Archive:** British Museum (ur). **46 DK Images:** Warwick Castle, Warwick (ul). **DK/**Sharon Spencer: (mu). **46-105 DK Images:** Mit freundlicher Genehmigung der Trustees of the Wallace Collection (g/seitliche Leiste). **47 The Board of Trustees of the Armouries:** (ul) (um). **The Art Archive:** Laurie Platt Winfrey (g). **DK Images:** Board of Trustees of the Armouries (ur). **48-49 Corbis:** The Art Archive / Alfredo Dagli Orti (g). **49 DK Images:** Statens Historiska Museum, Stockholm (mr). **50 Sky High Entertainment, Quebec:** (u). **51 DK Images:** Statens Historiska Museum, Stockholm (mlo); Universitets Oldsaksamling, Oslo (ur). **52 Corbis:** Werner Forman (gr). **Andrew Horeckyj:** (gm). **53 Corbis:** Ted Spiegel (u). **54 Geoff Buxton:** (gm). **Andrew Horeckyj:** (agr) (gr). **55 Andrew Horeckyj:** (gl). **58 Mick Baker:** (ml). **Wikingerschiff-museum, Roskilde, Dänemark:** Erwan Crouan (ul) (um); Werner Karrasch (ur). **59 Wikingerschiff-museum, Roskilde, Dänemark:** (gl) (l); Erwan Crouan (mro) (mru); Werner Karrasch (gr) (ur). **60 The Art Archive:** Musée de la Tapisserie, Bayeux / Dagli Orti (u). **61 akg-images:** Amelot (ur). **62 Ancient Art & Architecture Collection:** R. Sheridan (mo). **DK Images:** Mit freundlicher Genehmigung der Trustees of the Wallace Collection (ur). **63 DK Images:** Nigel Hicks (gm). **66-67 akg-images:** British Library. **68 The Board of Trustees of the Armouries:** (um). **Corbis:** Gianni Dagli Orti (gl). **DK Images:** Mit freundlicher Genehmigung der Trustees of the Wallace Collection (mr) (ur). **69 The Board of Trustees of the Armouries:** (mlo). **The Bridgeman Art Library:** British Library, London © British Library Board (ur). **70 Corbis:** Bettmann (u). **Getty Images:** Kean Collection / Hulton Archive (g). **71 DK Images:** Board of Trustees of the Armouries (aul) (ul) (ur); Mit freundlicher Genehmigung der Trustees of the Wallace Collection (r) (um). **72 DK Images:** Mit freundlicher Genehmigung der Trustees of the Wallace Collection (um). **72-73 DK Images:** Mit freundlicher Genehmigung der Trustees of the Wallace Collection (mo); Warwick Castle, Warwick (u) (um). **73 DK Images:** Board of Trustees of the Armouries (g/Schwert) (ur/ Diechlinge); Warwick Castle, Warwick (mro/Beinschutz) (mr) (aur). **74-75 The Art Archive:** Biblioteca Nazionale Marciana, Venedig / Dagli Orti. **76 Corbis:** Darama / zefa (ml); Angelo Hornak (ul). **DK Images:** Order of the Black Prince (mr). **77 National Trust Photographic Library:** Alasdair Ogilvie (um) (agl). **Richard White:** (gl) (ur) (aur) (agr) (gr). **78 DK Images:** Warwick Castle, Warwick (ml). **79 The Bridgeman Art Library:** Bibliothèque Nationale, Paris (ur). **80-81 Getty Images:** Bridgeman Art Library (g). **81 DK Images:** Board of Trustees of the Armouries (ur). **82 The Art Archive:** British Library (u) (gm). **83 DK Images:** Board of Trustees of the Armouries (u); Robin Wigington, Arbour Antiques Ltd, Stratford-upon-Avon (mru/Pfeile). **Getty Images:** Stringer / Hulton Archive (m). **86 The Art Archive:** (ul). **The Bridgeman Art Library:** Sammlung des Earl of Leicester, Holkham Hall, Norfolk (m). **87 The Board of Trustees of the Armouries:** (ul). **DK Images:** Board of Trustees of the Armouries (mru/Bolzen); Mit freundlicher Genehmigung der Trustees of the Wallace Collection (mr). **88-89 akg-images:** (g). **90 Corbis:** Barry Lewis (u). **DK Images:** University Museum of Archaeology and Anthropology, Cambridge (ml). **91 The Bridgeman Art Library:** Privatsammlung (u). **92 The Board of Trustees of the Armouries:** (ul). **92-93 The Board of Trustees of the Armouries:** (ur) (g). **93 The Board of Trustees of the Armouries:** (ml) (gm). **94-95 The Kobal Collection:** Warner Bros. / David James (g). **95 DK Images:** Mit freundlicher Genehmigung der Trustees of the Wallace Collection (u). **96 Alamy Images:** Photo Japan (gm). **DK Images:** Judith Miller / Barry Davies Oriental Art Ltd (m); Pitt Rivers Museum, University of Oxford (u). **97 Corbis:** Burstein Collection (u). **DK Images:** Judith Miller / Sloan's (gl). **98 DK Images:** Board of Trustees of the Armouries (ul) (mlo) (mr). **98-99 DK Images:** Board of Trustees of the Armouries (mr) (m) (g). **99 DK Images:** Board of Trustees of the Armouries (mro). **100 DK Images:** Board of Trustees of the Armouries (mlo) (mo/Schwert & Scheide). **100-101 DK Images:** Board of Trustees of the Armouries (m); Pitt Rivers Museum, University of Oxford (g) (u) (ur/oberer Kogai). **101 DK Images:** Board of Trustees of the Armouries (ur/oberes Kozuka). **102-103 Alamy Images:** Jamie Marshall / Tribaleye Images. **104 The Art Archive:** Universitätsmuseum Cuzco / Mireille Vautier (l). **Justin Kerr:** (ur). **105 The Art Archive:** Eileen Tweedy (u). **DK Images:** CONACULTA-INAH-MEX / Michel Zabe (gl) (m). **106 TopFoto.co.uk:** Roger-Viollet (u). **108 DK Images:** Mit freundlicher Genehmigung der Trustees of the Wallace Collection (ul). **108-141 DK Images:** Board of Trustees of the Armouries (g/seitliche Leiste). **109 The Board of Trustees of the Armouries:** (um). **Corbis:** Brooklyn Museum (gr). **DK Images:** Pitt Rivers Museum, University of Oxford (ur). **110-111 The Art Archive:** Château de Blois / Dagli Orti (g). **111 DK Images:** Mit freundlicher Genehmigung der Trustees of the Wallace Collection (ur). **112 akg-images:** (u). **Getty Images:** Handout / Hulton Archive (g). **114-115 DK Images:** Board of Trustees of the Armouries (u) (mo) (g); Mit freundlicher Genehmigung der Trustees of the Wallace Collection (u/Rüstung) (m). **116 akg-images:** (ul). **117 DK Images:** Board of Trustees of the Armouries (mlu) (mr). **118-119 The Bridgeman Art Library:** Topkapi-Palastmuseum, Istanbul, Türkei (g). **120 Alamy Images:** Images & Stories (gr). **The Bridgeman Art Library:** Topkapi-Palastmuseum, Istanbul, Türkei (gm). **DK Images:** Board of Trustees of the Armouries (ur). **121 The Art Archive:** Topkapi-Museum Istanbul / Dagli Orti (ul). **124-125 Corbis:** Stapleton Collection (g). **126 The Bridgeman Art Library:** Ägyptische Nationalbibliothek, Kairo, Ägypten / Giraudon (ul). **DK Images:** National Museum, New Delhi (ur). **127 The Board of Trustees of the Armouries:** (mo). **128-129 The Board of Trustees of the Armouries:** (g) (u) (mo). **DK Images:** Board of Trustees of the Armouries (mo/Streitkolben). **129 The Board of Trustees of the Armouries:** (ur) (mru). **DK Images:** Pitt Rivers Museum, University of Oxford (gr). **130-131 Paul Self:** English Civil War Society (gl). **132 Corbis:** Bettmann (g). **136-137 akg-images:** Rabatti - Domingie. **139 Corbis:** Underwood & Underwood (u). **140-141 akg-images:** (u). **141 DK Images:** Imperial War Museum (r). **144-223 DK Images:** Musée de l'Empéri, Salon-de-Provence (g). **145 The Board of Trustees of the Armouries:** (ul). **DK Images:** Pitt Rivers Museum, University of Oxford (um). **National Archives and Records Administration, USA:** (gr). **146-147 Military & Historical Image Bank:** (gl). **148 Army Art Collection, U.S. Army Center of Military History:** H. Charles McBarron (gl). **149 Corbis:** William A. Bake (u). **Peter Newark's Military Pictures:** F. C. Yohn (gl). **153 The Art Archive:** (mo). **Art Resource, NY:** (gr). **Getty Images:** Brendan Smialowski / Stringer (ul). **154 The Bridgeman Art Library:** Courtesy of the Council, National Army Museum, London (u). **DK/** Sharon Spencer: **156-157 The Bridgeman Art Library:** Art Gallery of New South Wales (gl). **158 The Art Archive:** Musée de L'Armée, Paris / Dagli Orti (g). **159 The Bridgeman Art Library:** Musée du Louvre, Paris (gl). **DK Images:** David Edge (gr) (ur) (mr). **160-161 The Bridgeman Art Library:** Musée Condé, Chantilly, Frankreich / Giraudon (u) (um). **166 DK Images:** David Edge (ul) (um) (mro). **166-167 The Art Archive:** Musée du Château de Versailles / Dagli Orti (um). **167 The Bridgeman Art Library:** Musée de l'Armée, Brüssel / Patrick Lorette (ur). **168-169 The Bridgeman Art Library:** National Gallery of Victoria, Melbourne, Australien. **170-171 DK/**Sharon Spencer: (gl). **172 Getty Images:** Time & Life Pictures (gr). **173 Mary Evans Picture Library:** (u). **174 akg-images:** (u). **DK Images:** Royal Green Jackets Museum, Winchester (mr). **180-181 National Maritime Museum, London:** Denis Dioghton (gl). **182 The Bridgeman Art Library:** Stapleton Collection, UK (gl). **182-183 National Maritime Museum, London:** Greenwich Hospital Collection (um). **186 Alamy Images:** Gary Curtis (ur); Richard Naude (ml); Trafalgar 2005 (um). **Royal Naval Museum, Portsmouth:** (mru). **187 Alamy Images:** Nigel Reed (ur). **188 Royal Naval Museum, Portsmouth:** (ml). **189 Royal Naval Museum, Portsmouth:** (mlo). **190-191 Getty Images:** Stringer / Hulton Archive (gl). **192 Library Of Congress, Washington, D.C.:** (u) (gr). **194 DK Images:** Confederate Memorial Hall, New Orleans (ul/außer Streich-hölzern). **National Archives and Records Administration, USA:** (gl). **Robert Szabo. 195 Library Of Congress, Washington, D.C.:** (u). **Robert Szabo:** (gl). **199 DK Images:** Gettysburg National Military Park, PA (mro/Ketchum-Handgranate). **200 The Bridgeman Art Library:** Privatsammlung (u). **202-203 National Archives and Records Administration, USA. 204-205 Corbis:** Anders Ryman. **205 DK Images:** Pitt Rivers Museum, University of Oxford (u). **206 DK Images:** Pitt Rivers Museum, University of Oxford (mo). **PhotoNewZealand:** Geoff Mason (gr). **207 DK Images:** Pitt Rivers Museum, University of Oxford (ul). **PhotoNewZealand:** (r). **208-209 The Bridgeman Art Library:** Michael Graham-Stewart (u). **210-211 The Kobal Collection. 211 The Board of Trustees of the Armouries:** (ur). **DK Images:** Powell-Cotton Museum, Kent (ur/ Schild). **212 The Board of Trustees of the Armouries:** (ul). **Corbis:** Underwood & Underwood (g). **213 Alamy Images:** The Print Collector (u). **The Bridgeman Art Library:** Stapleton Collection, UK (gr). **214 The Bridgeman Art Library:** Privatsammlung / Heini Schneebeli (gl). **DK Images:** Powell-Cotton Museum, Kent (gr) (mr/Keule). **214-215 The Board of Trustees of the Armouries:** (mr). **DK Images:** Powell-Cotton Museum, Kent (ur). **215 The Bridgeman Art Library:** Heini Schneebeli. **DK Images:** Powell-Cotton Museum, Kent (gl). **216-217 Corbis:** Brian A. Vikander. **217 DK Images:** Pitt Rivers Museum, University of Oxford (ur). **218 Alamy Images:** Visual Arts Library (London) (ul). **DK Images:** American Museum of Natural History (g). **219 Corbis:** (u). **DK Images:** American Museum of Natural History (mr). **220-221 DK Images:** American Museum of Natural History (ur) (mru). **221 DK Images:** American Museum of Natural History (ml); British Museum / Museum of Mankind (mo); Pitt Rivers Museum, University of Oxford (Messer und Scheiden). **222 DK Images:** Board of Trustees of the Armouries (ml). **Getty Images:** MPI / Stringer / Hulton Archive (u). **223 The Bridgeman Art Library:** Privatsammlung, Peter Newark's American Pictures (ur). **DK Images:** American Museum of Natural History (gl) (gr); British Museum / Museum of Mankind (ul). **225 DK Images:** Sammlung Jean-Pierre Verney (ml/Feldflasche). **226 DK/**Sharon Spencer: (m).

227 Corbis: Bettmann (gr). 228-229 Alamy Images: Popperfoto. 230 Corbis: Hulton-Deutsch Collection (gl). 232 Alamy Images: Popperfoto (u). 234 DK Images: Board of Trustees of the Armouries (mlu). 234-235 DK Images: Imperial War Museum (ul) (mr/Stiefel). 235 DK Images: Sammlung Jean-Pierre Verney (um). 236 DK Images: Board of Trustees of the Armouries (u/Bajonett); Sammlung Jean-Pierre Verney (mro/Granate Nr.1); Imperial War Museum (mo/Mills-Bombe). 237 DK Images: Sammlung Jean-Pierre Verney (g) (m) (mo). 238-239 Corbis: Bettmann. 239 DK Images: Board of Trustees of the Armouries (u). 240 Corbis: Hulton-Deutsch Collection (u). DK Images: Sammlung Jean-Pierre Verney (gm). 241 Corbis: Bettmann (ur). 244 Corbis: Bettmann (ml). DK Images: Sammlung Jean-Pierre Verney (mru). Peter Gombeir: Bayernwald-Graben (ul) (ur). 245 Peter Gombeir: Bayernwald-Graben (gl) (um) (ul) (ur) (m) (gm) (gr). 246 Corbis: Hulton-Deutsch Collection (ul). DK Images: Sammlung Jean-Pierre Verney (mu) (mr). 247 Corbis: Bettmann (mro). DK Images: Sammlung Jean-Pierre Verney (gr) (um) (ml); Ministry of Defence Pattern Room, Nottingham (ul). 248 Corbis: Bettmann (ul). DK Images: Sammlung Jean-Pierre Verney (u) (um) (ml) (mru); Firepower, The Royal Artillery Museum, Royal Artillery Historical Trust (mlo). 249 Corbis: Hulton-Deutsch Collection (mro) (aur/Bajonett). DK Images: Sammlung Jean-Pierre Verney (mlo) (mlu) (mru); Firepower, The Royal Artillery Museum, Royal Artillery Historical Trust (ur/Karabiner). 250-251 Getty Images: Stringer / Hulton Archive. 252 Corbis: EFE (u). 253 The Bridgeman Art Library: Bibliothèque Nationale, Paris / Archives Charmet (mlu). Robert Hunt Library: (gm). 254-255 Getty Images: Arthur Tanner / Stringer / Hulton Archive. 256 Getty Images: Fox Photos / Stringer (g); Hans Wild / Stringer (ul). 257 Getty Images: Fox Photos / Stringer (u). 258 Getty Images: Harry Shepherd / Stringer / Hulton Archive (u). 259 Corbis: Hulton-Deutsch Collection (gl). 264 Corbis: Bettmann (u). 265 Alamy Images: Popperfoto (u). 266-267 DK/Sharon Spencer. 268 Getty Images: Hulton Archive (ul). 269 Corbis: The Dmitri Baltermants Collection (u). 272 DK/Sharon Spencer: (aul) (ur). 273 DK/Sharon Spencer: (um). 274 DK Images: Imperial War Museum (ul). Getty Images: Horace Abrahams / Stringer / Hulton Archive (mr). 275 DK Images: Michael Butler Collection (m) (mlu) (r). 276-277 Corbis: Hulton-Deutsch Collection. 278 Getty Images: Frank Scherschel / Stringer / Time & Life Pictures (ul). Wikipedia, Die freie Enzyklopädie: (gl). 279 Getty Images: Frank Scherschel / Stringer / Time & Life Pictures (gl). 282 Alamy Images: Nic Hamilton (aul). Getty Images: Margaret Bourke-White / Stringer / Time & Life Pictures (ml). 283 Alamy Images: Nic Hamilton (gl). Getty Images: Keystone / Stringer / Hulton Archive (m). 284 EAA: (ul) (um) (ml). Brian Lockett (www.air-and-space.com) : (gr). 285 DK Images: Board of Trustees of the Armouries (mlo). EAA: (mr) (ur). 286-287 Getty Images: PNA Rota / Stringer / Hulton Archive. 288 Wikipedia, Die freie Enzyklopädie: National Archives and Records Administration (mu); USAF (mr) (ul). 289 Corbis: Hulton-Deutsch Collection (ur). 290-291 The Ronald Grant Archive. 291 DK Images: Board of Trustees of the Armouries (ur). 292 Cody Images: (ml). DK Images: Imperial War Museum (mro). Imperial War Museum: (ul). 293 DK Images: Imperial War Museum (aul) (ul); Ministry of Defence Pattern Room, Nottingham (u); Royal Green Jackets Museum, Winchester (gr). The Kobal Collection: Central Office Of Information (gm). 294 DK Images: Imperial War Museum (m). 294-295 DK Images: Imperial War Museum (u). 295 DK Images: Charles Fraser-Smith † (gm/Lichter) (gr); H. Keith Melton Collection (mro) (mr/Gürtelpistole). 296 DK Images: H. Keith Melton Collection (ml/Pfeifenpistole); Imperial War Museum (m) (ur) (aur). Imperial War Museum: (ml/Stiftmesser). 296-297 DK Images: RAF Museum, Hendon (m). 297 DK Images: Imperial War Museum (r). 298 Corbis: Bettmann. 300 Getty Images: Time & Life Pictures / Stringer (u). 301 Getty Images: Time & Life Pictures / Stringer (gm); US Army Air Force / Stringer / Time & Life Pictures (ur). 304-305 DK Images: Board of Trustees of the Armouries (u). 310 DK Images: Board of Trustees of the Armouries (ur). Getty Images: Frederic J. Brown / AFP (m). 311 U.S. Army: PFC Brandon R. Aird (gm). 312-313 Corbis: Alain Nogues. 313 DK Images: Board of Trustees of the Armouries (ur); Denis Lassus, Paris (m). 314 Corbis: Robbie Cooper (gm); Pierre Vauthey (gr). DK Images: Lieutenant Commander W.M. Thornton MBE RD RNR (m). 315 akg-images: ullstein bild (u). DK Images: Lieutenant Commander W.M. Thornton MBE RD RNR (gl). 318-319 Getty Images: Three Lions / Stringer / Hulton Archive. 319 DK Images: Board of Trustees of the Armouries (u); Royal Marines Museum, Portsmouth (m). 320 DK Images: Board of Trustees of the Armouries (u). Getty Images: Paul Schutzer / Stringer / Time & Life Pictures (g). 321 Corbis: Bettmann (u). 322 Corbis: Bettmann (ul). 323 Corbis: Bettmann (r). DK Images: Andrew L. Chernack (u). 328-329 Getty Images: Paul Schutzer / Stringer / Time & Life Pictures. 330-331 Getty Images: AFP. 332 Getty Images: Three Lions / Stringer / Hulton Archive (u). 338 Corbis: Alain DeJean / Sygma (u). DK Images: Board of Trustees of the Armouries (mr). 339 Corbis: Jean-Louis Atlan / Sygma (mo); Bettmann (um). DK Images: Board of Trustees of the Armouries (gr). 340-341 Military Picture Library. 341 DK Images: Board of Trustees of the Armouries (ur); Royal Signals Museum, Blandford Camp, Dorset (m) (mo). 342 DK Images: Imperial War Museum (m). Military Picture Library: Peter Russell (gl) (gr). 343 Cody Images: (gl). DK Images: Fahrzeug zur Verfügung gestellt von Steve Wright, Chatham, Kent (mr). 344-345 DK Images: Imperial War Museum (Kleidung). 345 DK Images: Board of Trustees of the Armouries (gr/Maschinenpistole, Munition und Granate). 346 Cody Images: (ul). 347 Corbis: Leif Skoogfors (u). 348 Corbis: Tim Tadder.

Umschlagabbildung:
Corbis: Darama/zefa

Alle anderen Bilder © Dorling Kindersley
Weitere Informationen finden Sie unter: www.dkimages.com

Dorling Kindersley bedankt sich bei den folgenden Veranstaltungen, Nachstellungsorganisationen (Re-enactment) und Personen für die Darstellung und für die zur Verfügung gestellten Ausrüstungen, Informationen und die Beratung:

Veranstaltungen:

Kelmarsh Festival of History, Kelmarsh Hall, English Heritage

Military Odyssey, Detling, Kent Gary Howard

Battle of Hastings, English Heritage (Nachstellung von Normannen und Sachsen)

Organisationen und private Sammler:

Greek Hoplite Society (Nachstellung antiker Griechen), George Georgiou

www.4hoplites.com (Antike griechische Ausrüstung), Elaine und Andy Cropper

Ermine Street Guard (Nachstellung und Ausrüstung der Römer), Chris Haines

Tyne & Wear Museum, Discovery Museum Newcastle upon Tyne (Römisches Kastell), Alex Croom

Vikings! (of Middle England) Wikingerausrüstung zur Verfügung gestellt von:
Dagmaer Raemundsson
Halfdan Badgerbeard
Hrothgar Sigurddson
Rafen, The Merkismathir
Bölverkr inn fróthr

Wikingerschiffmuseum, Dänemark (Details des Wikingerschiffes), Rikki Tørnsø Johansen

Battle of Hastings (Nachstellung von Normannen und Sachsen). Danke an alle in diesem Buch erwähnten Gruppen einschließlich:
Alan Larsen von The Troop
Hag Dik Arnaud Lefèbvre

Franko-Flamischoa-Kontingent Triglav Domsborgelag
Igor Gorewicz

Modell des englischen Langbogenschützens, Royal Armouries: Andrew Balmforth

Shogun Fight School (Nachstellung der Samurai), Dean Wayland, Mary Gentle, und Robert Johnson

English Civil War Society (Ausrüstung des englischen Musketiers), George Bowyer, Christian Towers

Queen's Rangers (Amerikanischer Unabhängigkeitskrieg – Ausrüstung der Queen's Rangers und des amerikanischen Jägers), Michael Butterfield, Chris Smith

47th Regiment of Foot (Nachstellung der Rotröcke des amerikanischen Revolutionskrieges), Paul Pattinson, Nigel Hardacre

1er Chasseurs à Cheval de la Ligne, 2e Compagnie Zur Napoleonic Association of Great Britain gehörend (Ausrüstung des napoleonischen Kavalleristen), John Norris

Schaugruppe der polnischen leichten Reiterei (Nachstellung napoleonischer Kavallerie), George Lubomski

Polnische Weichsellegion (Nachstellung napoleonischer Armeen)

33rd Re-enactment (Nachstellung von Rotröcken der napoleonischen Zeit), Kate MacFarlane

68th Durham Light Infantry (Nachstellung und Ausrüstung von Rotröcken der napoleonischen Zeit), Kevin Walsh

Modell des britischen Matrosen, Royal Armouries: Stuart Greig

HMS Victory (Details des Linienschiffes), Peter Goodwin, Betreuer und Kustos

Southern Skirmish Association (Nachstellung des amerikanischen Sezessionskrieges – Ausrüstung der Union, Ausrüstung der Konföderation), Roy Daines, Andrew Rose und Steve Boulton

South Staffordshire Regiment Museum, Whittington Barracks, Lichfield, Staffs (Objekte aus dem 1. und 2. WK), Erik Blakely und Willy Turner

Birmingham Pals (Ausrüstung des britischen Infanteristen aus dem 1. WK), Richard Sheard, Edwin Field, Sean Featherstone und Malcom Cook

5. Kompagnie, Infanterie-Regiment Nr. 28 »von Goeben« (Ausrüstung des deutschen Sturmsoldaten aus dem 1. WK), John Pearce

RAF-Jagdflieger aus dem 2. WK, Ausrüstung
Privatsammler, Richard Simms

2nd Guards Rifle Division (Ausrüstung eines sowjetischen Panzersoldaten aus dem 2. WK), Adrian Stevenson

Sowjetischer Panzer T-34
Privatsammler: Neil Culham

B-17-Bomberbesatzung aus dem 2. WK, Ausrüstung
Privatsammler: Tim Parker, Richard Simms

First Allied Airborne Associaton (Ausrüstung eines US-Fallschirmjägers aus dem 2. WK),
Lee Bowden und Neil Galloway
Privatsammler: Tim Parker

Flame Torbay Costumiers
Lionel Digby (Ausrüstung eines preußischen Soldaten, Ausrüstung einer deutschen U-Bootbesatzung, Ausrüstung eines Fremdenlegionärs)

US Marine, Ausrüstung
Privatsammler: Tim Parker

Vietnam Rolling Thunder (Ausrüstung eines Vietcong-Guerillas), Stuart Beeney

Danke auch für die Hilfe der folgenden Gruppen und Personen, die wegen des begrenzten Buchumfangs nicht aufgeführt werden konnten:

The Garrison Keith Brigstock
Ranger Re-enactment David Pratt
95th Regiment (Royal Green Jackets) Neil Collins, Andrew Rayfield, Ian Wilkinson und Rob Gray
Anglesey Hussars Ian Walker

DK dankt den folgenden Organisationen und Personen für ihren Beitrag zu diesem Buch:

The Royal Armouries in Leeds und Phillip Abbott für Hilfe und Rat; Richard Holmes für Rat zu den Schützengräben; John Freeman für die Präsentationsfotos; Dennis Bacon für die Hilfe beim Fotografieren vor Ort; Steve Setford, Phillip Parker und Tom Broder für redaktionelle Arbeit; Ted Kinsey und Terry Jeavons für Entwurfsarbeit; Shaz Madani und Sarah Oiestad für Entwurfsunterstützung; Phil Gamble für die Taktikillustrationen; Rob Strachan für DTP-Unterstützung; Sarah Smithies für Bildrecherche; Myriam Megharbi für Unterstützung bei der Bildrecherche.

Dorling Kindersley hat sich bemüht, alle Rechteinhaber ausfindig zu machen. Eventuelle Auslassungen wird der Verlag bei entsprechendem Hinweis gerne in einer späteren Auflage korrigieren.